ISBN 978-0-282-18577-0
PIBN 10586477

1 MONTH OF
FREE
READING

at

www.ForgottenBooks.com

By purchasing this book you are eligible for one month membership to ForgottenBooks.com, giving you unlimited access to our entire collection of over 700,000 titles via our web site and mobile apps.

To claim your free month visit:
www.forgottenbooks.com/free586477

English
Français
Deutsche
Italiano
Español
Português

www.forgottenbooks.com

Mythology Photography **Fiction**
Fishing Christianity **Art** Cooking
Essays Buddhism Freemasonry
Medicine **Biology** Music **Ancient
Egypt** Evolution Carpentry Physics
Dance Geology **Mathematics** Fitness
Shakespeare **Folklore** Yoga Marketing
Confidence Immortality Biographies
Poetry **Psychology** Witchcraft
Electronics Chemistry History **Law**
Accounting **Philosophy** Anthropology
Alchemy Drama Quantum Mechanics
Atheism Sexual Health **Ancient History**
Entrepreneurship Languages Sport
Paleontology Needlework Islam
Metaphysics Investment Archaeology
Parenting Statistics Criminology
Motivational

Lessing's Werke.

~~~~~~~~

Vierzehnter Theil.

Theologische Schriften.

Erste Abtheilung.

Herausgegeben und mit Anmerkungen begleitet

von

Christian Groß.

Berlin.

Gustav Hempel.

Inhalt.

Theologische Schriften. I. Abtheilung.

Seite

Rettung des Hier. Cardanus 23

Rettung des Inepti Religiosi 47

Rettung des Cochläus 69

Berengarius Turonensis 85

Aus Lessing's Nachlaß:

Gedanken über die Herrnhuter 203

Das Christenthum der Vernunft 213

Ueber die Entstehung der geoffenbarten Religion . . . 219

Von der Art und Weise der Fortpflanzung und Ausbreitung
    der christlichen Religion 221

Vorbemerkungen des Herausgebers:

    zu diesem Bande 5

    zu den Rettungen des Cardanus, des Inepti Religiosi und des
        Cochläus 17

    zu Berengarius Turonensis 87

    zu den Aufsätzen aus Lessing's Nachlaß 197

Vorbemerkungen des Herausgebers.

Der 14. Band dieser Ausgabe von Lessing's Werken umfaßt seine **theologischen Abhandlungen** bis ins Jahr 1770. Es sind die drei „Rettungen", des Carbanus, Ineptus Religiosus und Cochläus, die im Jahre 1754 im 3. Theil von Lessing's „Schriften" zuerst veröffentlicht worden sind; ferner „Berengarius Turonensis", vom Jahre 1770, eine Schrift, die mit Fug und Recht gleichfalls als eine „Rettung" bezeichnet werden könnte, und endlich die in diese Zeit fallenden Abhandlungen und Fragmente aus dem theologischen Nachlasse. Unter letzteren steht die bedeutendste, die „Gedanken über die Herrnhuter", wahrscheinlich aus dem Jahre 1750, ihrer Tendenz nach den „Rettungen" wenigstens sehr nahe, so daß also im Wesentlichen dieser 14. Band, trotz der scheinbaren Verschiedenheit seines Inhalts und trotz des langen Zeitraumes, den er umspannt, einen ziemlich einheitlichen Charakter an sich trägt.

Welches ist nun der theologische Standpunkt, den Lessing in dieser ersten Periode seiner theologischen Schriftstellerei einnimmt?

Ehe wir diese Frage beantworten, müssen wir zunächst die Vorfrage erledigen, ob nämlich Lessing in dieser Periode seines Lebens sich überhaupt schon so gründlich in theologische Studien eingelassen habe, daß bei ihm von einem bestimmten, klaren und ihm selbst bewußten theologischen Standpunkte die Rede sein könne. Karl Schwarz in seiner Schrift „G. E. Lessing als Theologe" hat dies geleugnet. Er sagt: „In den letzten Jahren seines Aufenthalts in Breslau (1760—1765) fing er zuerst an, **sich mit theologischen Untersuchungen zu befassen;**" und weiter: „Erst vom Jahre 1770 datirt sich eine lebhaftere Betheiligung an der Theologie wie an der Philosophie." Schon Danzel (G. E. Lessing, sein Leben und seine Werke, Bd. I. S. 14) hat diese Behauptung

zurückgewiesen, und wenn man bedenkt, daß die „Gedanken über
die Herrnhuter" spätestens im Jahre 1755 verfaßt sind (der Her=
ausgeber des theologischen Nachlasses, Lessing's Bruder, setzt sie
sogar ins Jahr 1750), so bleibt nur das Eine unbegreiflich, wie
man nämlich ein Buch über den „Theologen" Lessing schreiben und
eine solche Behauptung aufstellen kann. Wir können im Gegentheil
behaupten, daß Lessing seit seinen Schuljahren niemals aufgehört
hat, „sich lebhaft an der Theologie zu betheiligen." Daß Lessing
als Leipziger Student der Theologie die theologischen Vorlesungen
nicht besuchte, ist gewiß kein Beweis des Gegentheils. Denn man
kann sich ja wol für eine Sache recht lebhaft interessiren und kann
doch, vielleicht gerade deshalb, die Vorlesungen der Herren Uni=
versitätsprofessoren über diesen Gegenstand unausstehlich finden.
Lessing hat schon als Student, wie er im Jahre 1749 an seinen
Vater schreibt, „klüglich gezweifelt"; wo aber ein Lessing zweifelt,
da prüft er auch. Beides aber, der Zweifel wie die Prüfung, setzt
doch wol, dächten wir, ein lebhaftes Interesse voraus, besonders
wenn es einer Sache gilt, der wir unser Leben widmen sollen, wenn
wir es auch nicht wollen. Für die folgende Zeit bezeugt uns Lessing
dieses lebhafte Interesse für theologische Dinge mit ausdrücklichen
Worten, in dem kleinen, „Bibliolatrie" genannten und gegen
Walch gerichteten Aufsatze. Er sagt daselbst, er sei in die Frag=
mentenstreitigkeiten . . . „namentlich von dem Herrn Hauptpastor
Göze in Hamburg . . . gleichsam bei den Haaren gezogen wor=
den. Ich sage, bei den Haaren gezogen worden," fährt er dann
fort. „Nicht, weil ich mich vor einem solchen Streite a u s U n =
k u n d e d e r S a c h e zu fürchten gehabt. Denn ich hatte es l ä n g st
für meine Pflicht gehalten, mit e i g e n e n A u g e n z u p r ü f e n,
q u i d   l i q u i d u m   s i t   i n   c a u s a   C h r i s t i a n o r u m. Nur
weil man dergleichen Untersuchungen doch e i g e n t l i c h   n u r   z u
s e i n e r e i g n e n B e r u h i g u n g aufstellt und sich selten die Mühe
nimmt, ihnen die Ründe und Politur zu geben, durch welche sie
allein im Publico Umlauf erhalten können, war es mir verdrieß=
lich, zu einer Arbeit zurückzukommen, die ich einmal für allemal
abgethan glaubte." Und weiter unten erklärt er sich noch ausführ=
licher über die Eigenthümlichkeit seines theologischen Interesses.
„Der bessere Theil meines Lebens ist — glücklicher oder unglück=
licher Weise? — in eine Zeit gefallen, in welcher Schriften für die
Wahrheit der christlichen Religion gewissermaßen M o d e s c h r i f t e n
waren. Nun werden Modeschriften, die meistentheils aus Nach=
ahmung irgend eines vortrefflichen Werks ihrer Art entstehen, das

sehr viel Aufsehen macht, seinem Verfasser immer sehr ausgebrei=
teten Namen erwirbt . . . nun werden Modeschriften, sag' ich,
eben weil es Modeschriften sind, sie mögen sein von welchem In=
halte sie wollen, so fleißig und allgemein gelesen, daß jeder Mensch,
der sich nur in etwas mit Lesen abgiebt, sich schämen muß, sie nicht
auch gelesen zu haben. Was Wunder also, daß meine Lectüre
ebenfalls darauf verfiel und ich gar bald nicht eher ruhen
konnte, bis ich jedes neue Product in diesem Fache
habhaft werden und verschlingen konnte. Ob ich
daran gut gethan, — auch wenn es möglich gewesen wäre, daß bei
dieser Unersättlichkeit, die nämliche wichtige Sache nur immer von
einer Seite plädiren zu hören, die Neugierde nie entstanden wäre,
endlich doch auch einmal zu erfahren, was von der andern Seite
gesagt werde, — will ich hier nicht entscheiden. Genug, was unmög=
lich ausbleiben konnte, blieb bei mir auch nicht einmal lange aus.
Nicht lange, und ich suchte jede neue Schrift w i d e r die Religion
nun ebenso begierig auf und schenkte ihr eben das geduldige un=
parteiische Gehör, das ich sonst nur den Schriften f ü r die Religion
schuldig zu sein glaubte. So blieb es auch eine geraume Zeit. Ich
ward von einer Seite zur andern gerissen; keine befriedigte mich
ganz. Die eine sowol als die andere ließ mich nur mit dem festen
Vorsatze von sich, die Sache nicht eher abzuurtheln, quam utrinque
plenius fuerit peroratum. Bis hieher, glaub' ich, ist es manchem
Andern gerade ebenso gegangen. Aber auch in dem, was nun kömmt?

„Je zusetzender die Schriftsteller von beiden Theilen wurden —
und das wurden sie so ziemlich in der nämlichen Progression: der
neueste war immer der entscheidendste, der hohnsprechendste — desto
mehr glaubte ich zu empfinden, daß die Wirkung, die ein jeder auf
mich machte, diejenige gar nicht sei, die er eigentlich nach seiner Art
hätte machen müssen. War mir doch oft, als ob die Herren wie
dort in der Fabel der Tod und Liebe ihre Waffen vertauscht
hätten! Je bündiger mir der eine das Christenthum erweisen
wollte, desto zweifelhafter ward ich. Je muthwilliger und trium=
phirender mir es der andere ganz zu Boden treten wollte, desto ge=
neigter fühlte ich mich, es wenigstens in meinem Herzen aufrecht
zu erhalten.“

Diese Worte beweisen sicherlich nicht blos, daß Lessing das leb=
hafteste Interesse für theologische Schriften schon längst vor dem
Jahre 1770 hegte, sondern daß er diese Schriften auch mit der in=
nigsten Herzensbetheiligung studirte, oder, wie er selbst sagt, „ver=
schlang.“ Und der Erfolg war eine genaue Bekanntschaft nicht

blos mit den theologischen Richtungen seiner Zeit, sondern überhaupt mit der theologischen Literatur. Denn es ist durchaus nicht
etwa eitle Renommisterei, wenn Lessing behauptet, er habe „nicht
aus Unkunde der Sache einen Streit mit den Theologen zu fürchten gehabt," sondern ein wohl begründeter und nach allen Seiten
hin gerechtfertigter Stolz.

Allerdings ist dieses Interesse ohne Frage ein einseitiges; denn
es bezieht sich zunächst nur auf solche Schriften, in denen die Frage
erörtert wird, „quid liquidum sit in causa Christianorum", oder
in denen „das pro und contra über die christliche Religion" verhandelt wird, wovon Lessing schon im Jahre 1768 in einem Briefe
an Ebert klagt, „er habe Eines so satt wie das Andre". Es sind
mit einem Worte die Schriften der deistischen Aufklärer und Freigeister sowie die ihrer theologischen Gegner, die Lessing mit Vor-
liebe las und bei deren Lectüre er die den großen Dialektiker so
schön charakterisirende psychologische Erfahrung machte, daß er es
immer mit der unterliegenden Partei hielt, daß die Vertheidiger
des Christenthums ihn nur desto zweifelhafter machten, während
er sich dem triumphirenden Muthwillen der Feinde desselben gegenüber „desto geneigter fühlte, es wenigstens in seinem Herzen aufrecht
zu erhalten."

Sein Interesse an der Theologie ist also durchaus kein gewöhn-
liches wissenschaftliches Interesse, dem der Gegenstand ziemlich
gleichgiltig ist, es ist überhaupt kein Verstandesinteresse, sondern
das tiefe, leidenschaftliche Interesse des Wahrheit suchenden
Herzens. Zweifel und Prüfung sind diesem Interesse geradezu Bedürfniß. Und so dürfen wir uns nicht wundern, daß Lessing schon
in seinem zwanzigsten Lebensjahre diesen Standpunkt kritischer
Prüfung einnimmt. So schreibt er im Jahre 1749 an seinen Vater: „Die Zeit soll es lehren, ob Der ein besserer Christ ist, der die
Grundsätze der christlichen Lehre im Gedächtnisse und, oft ohne sie
zu verstehen, im Munde hat, in die Kirche geht und alle Gebräuche
mitmacht, weil sie gewöhnlich sind, oder Der, der einmal klüglich
gezweifelt hat und durch den Weg der Untersuchung zur Ueberzeugung gelangt ist, oder sich wenigstens noch darzu zu gelangen
bestrebet. Die christliche Religion ist kein Werk, das man von
seinen Eltern auf Treue und Glauben annehmen soll. Die
Meisten erben sie zwar von ihnen, ebenso wie ihr Vermögen, aber
sie zeugen durch ihre Aufführung auch, was vor rechtschaffne Christen
sie sind. So lange ich nicht sehe, daß man eins der vornehmsten
Gebote des Christenthums, seinen Feind zu lieben, nicht

beffer beobachtet, so lange zweifle ich, ob Diejenigen Christen sind, welche sich davor ausgeben."

Was Lessing schon in jenen jungen Jahren für das Wesen der Religion hielt, sieht man aus den letzten Worten deutlich genug. Und wir wären damit also der Beantwortung unserer Hauptfrage, welches nämlich der theologische Standpunkt Lessing's in der ersten Periode seiner theologischen Schriftstellerei gewesen ist, ziemlich nahe gerückt.

Orthodox ist dieser Standpunkt nun keineswegs. Zwar wenn man den Berengarius und namentlich dessen höchst interessante Schlußbetrachtung liest, in der Lessing die Lutherische Abendmahls= lehre als die der historischen Entwicklung dieses Dogmas allein entsprechende hinstellt, so könnte man sich versucht fühlen, Lessing für einen Hort des orthodoxen Lutherthums zu halten. Lessing fühlte dies selbst. Denn er schreibt am 25. October 1770 an Ma= dame König: „Sie glauben nicht, in was für einen lieblichen Ge= ruch von Rechtgläubigkeit ich mich bei unsern Lutherischen Theologen gesetzt habe. Machen Sie Sich nur gefaßt, mich für nichts Geringe= res als für eine Stütze unserer Kirche ausgeschrieen zu hören." Aber er fügt mit gutem Bedacht hinzu: „Ob mich das aber so recht kleiden möchte, und ob ich das gute Lob nicht bald wieder verlieren dürfte, das wird die Zeit lehren." Selbst Lessing's Bruder Karl wurde damals bange, er möchte durch die gute Auf= nahme des Berengarius von Seiten der Lutherischen Theologen, die ihn fast mit dem theologischen Doctorhute geschmückt hätten, sich verleiten lassen, den besten Theil seiner Thätigkeit theologischen Untersuchungen zuzuwenden. Lessing's Antwort auf eine darauf be= zügliche Mahnung des Bruders war gewiß geeignet, dessen Be= sorgnisse gründlich zu zerstreuen. Sie ist vom 4. Julius 1771 da= tirt und lautet: „Wenn Dir um sonst nichts bange ist, als daß ich mich durch das schale Lob der Theologen dürfte verführen lassen, mich mehr mit ihren Quisquilien und Ungereimtheiten zu beschäftigen, so kannst Du meinetwegen ganz ohne Sorgen sein. Aber ich muß Dir leider sagen, daß das Unglück sonst sein Spiel mit mir hat. Ich bin, seitdem ich Dir das letzte Mal geschrieben, auch nicht einmal im Stande gewesen, mich mit theologischem Unsinn abzugeben, geschweige, daß ich etwas Gescheiteres vor= zunehmen fähig gewesen wäre." Nicht wahr, das ist deutlich? Aber wie kam es denn, wird man fragen, daß bei einer solchen Ge= sinnung die Orthodoxen im Stande gewesen sind, Lessing für einen von den Ihrigen zu halten? War es denn so schwer, Lessing's Ver=

hältniß zur Lutherischen Orthoboxie richtig zu beurtheilen? Aller=
dings müssen wir zugeben, daß in dieser ersten Periode Lessing's theo=
logischer Standpunkt noch nicht so klar hervortritt, daß er sich
mit so ungenirter Freimüthigkeit kundgiebt wie in der zweiten.
Lessing weiß das selbst; denn er schreibt am 9. Januar 1771 an
Moses Mendelssohn: „Sie allein dürfen und können in dieser
Sache (wider Lavater) so sprechen und schreiben und sind daher
unendlich glücklicher als andre ehrliche Leute, die den Umsturz
des abscheulichsten Gebäudes von Unsinn nicht anders
als unter dem Vorwande, es neu zu unterbauen, befördern kön=
nen." Was konnte aber Lessing bestimmen, bei seinem Kampfe
gegen die Lutherische Orthoboxie zu einem solchen Vorwande zu
greifen, ihn, der es im Berengarius für Pflicht erklärt, „wenn
man Wahrheit lehren wolle, sie ganz oder gar nicht
zu lehren?" Wir antworten: Einzig und allein die Rücksicht auf
seinen Vater, der bekanntlich ein durchaus orthoboxer Lutherischer
Geistlicher war. Schon Danzel spricht (I. S. 16) diese Vermuthung
mit den Worten aus: „Auch würde es seiner (Lessing's) würdig
sein, wenn er etwa sein entschiedenes Auftreten in theologischen
Dingen absichtlich bis nach dem Tode des Vaters aufgeschoben
haben sollte; denn große Männer haben Zeit im Leben und
brauchen bei ihrem inneren Reichthume eine bedeutende Geistesthat
nicht mit der Verletzung der einfachen menschlichen Pflichten zu er=
kaufen." Diese innige, pietätsvolle Hingabe an seine Familie, die
auch durch die unberechtigtsten Anforderungen an ihn nie getrübt
werden konnte, ist ja gerade der liebenswürdigste Zug in Lessing's
Charakter.   Jedenfalls ist zwischen der Art seines Auftretens den
Theologen gegenüber vor und nach dem Jahre 1770, in welchem
sein Vater starb, ein gewaltiger Unterschied. Uebrigens war es für
Den, der zwischen den Zeilen zu lesen versteht und mehr auf die
Sache als auf die Form sieht, schon vor dem Fragmentenstreit
nicht gerade besonders schwierig, Lessing's Stellung zur Lutherischen
Orthoboxie zu durchschauen. Wie schonungslos wird z. B. in der
sogenannten Rettung des Lemnius Luther beurtheilt! Lessing selbst
hält es für seine Pflicht, diesem Urtheil eine besänftigende Einlei=
tung vorauszuschicken, indem er sagt: „Vorher aber muß ich Sie
um Alles, was heilig ist, bitten, mich nicht für einen elenden Feind
eines der größten Männer, die jemals die Welt gesehen hat, zu
halten. Luther steht bei mir in einer solchen Verehrung, daß es mir,
Alles wohl überlegt, recht lieb ist, einige kleine Mängel an ihm ent=
deckt zu haben, weil ich in der That der Gefahr sonst nahe war, ihn

zu vergöttern. Die Spuren der Menschheit, die ich an ihm finde, sind mir so kostbar als die blendendste seiner Vollkommenheiten. Sie sind sogar für mich lehrreicher als alle diese zusammengenommen, und ich werde mir ein Verdienst daraus machen, sie Ihnen zu zeigen." Aber dennoch, wie beleidigend für den Lutherischen Stolz waren diese „Spuren der Menschheit", die Lessing an dem großen Reformator nachzuweisen sich bemühte. „Ein aufgebrachter Luther," behauptet Lessing, „war Alles zu thun vermögend. Bedenken Sie, seine blinde Hitze ging so weit, daß er sich nicht scheute, in einer öffentlichen an die Kirchthüren angeschlagenen Schrift zu behaupten: der flüchtige Bube, wie er den Lemnius nennt, würde, wenn man ihn bekommen hätte, nach allen Rechten billig den Kopf verloren haben. Den Kopf? und warum? Wegen einiger elenden Spöttercien, die nicht er, sondern seine Ausleger giftig gemacht hatten? Ist das erhört? Und wie hat Luther sagen können, - daß ein paar satirische Züge gegen Privatpersonen mit dem Leben zu bestrafen wären, er, der auf gekrönte Häupter nicht stichelte, sondern schimpfte? In eben der Schrift, in welcher er den Epigrammatisten verdammt, wird er zum Pasquillanten. Ich will seine Niederträchtigkeiten ebenso wenig wiederholen als des Lemnius seine. So viel aber muß ich sagen: was Lemnius hernach gegen Luthern ward, das ist Luther hier gegen den Kurfürsten von Mainz. — — — Gott, was für eine schreckliche Lection für unsern Stolz! Wie tief erniedrigt Zorn und Rache auch den redlichsten, den heiligsten Mann! Aber," setzt Lessing in einer sehr bezeichnenden Wendung hinzu, die in etwas veränderter Form auch in der Rettung des Cochläus wiederkehrt, „war ein minder heftiges Gemüthe geschickt, dasjenige auszuführen, was Luther ausführte? Gewiß nein! Lassen Sie uns also jene weise Vorsicht bewundern, welche auch die Fehler ihrer Werkzeuge zu brauchen weiß!" — Von Luther's „blinder Hitze" und gar von „seinen Niederträchtigkeiten" zu reden, das war ohne Frage ein Gräuel für jedes orthodoxe Lutherische Herz, dem man nach einem 1752 entstandenen Epigramme Lessing's zu Luther's Ehre eher den Teufel als den Papst loben durfte. Wir dürfen uns daher gewiß nicht über den Eindruck wundern, den nach Lessing's Bruder Karl die „Rettungen" bei ihrem ersten Erscheinen in gewissen Kreisen hervorriefen. „Ich erinnere mich gar wohl," erzählt er in seinem Vorbericht zum dritten Theil seiner Ausgabe von Lessing's Schriften, „was diese Schriften bei ihrer ersten Bekanntwerbung unter den Geistlichen unserer Vater-

ſtadt und der umliegenden Gegend für ſonderbare Urtheile veran=
laßten. Wenn der gute ehrliche Schlag von Freunden für ihn
ein andächtiges Vater Unſer betete, ſo gab es wiederum chriſtliche
Eiferer, die aus Liebe und Mitleid den frechen, von ſeiner Väter
Glauben abweichenden Sohn der ſtrengſten Kirchenzucht übergeben
hätten. Da ſie aber vollends hörten, daß ſein Freund und Lands=
mann, der Freigeiſt Mylius, ihn nach Berlin gezogen, ſo kreuzig=
ten und ſegneten ſie ſich und wünſchten ſolches Herzeleid an ihren
Kindern nicht zu erleben.“

Aber nicht blos in dieſem freimüthigen Urtheile über die menſch=
lichen Schwächen des als heilig und unantaſtbar verehrten Luther,
wobei auch der Charakterſchwäche Melanchthon’s ein derber Hieb
verſetzt wird, erſcheint Leſſing’s Verhältniß zur Lutheriſchen Ortho=
doxie als ein feindſeliges, ſondern noch in vielen andern Punkten.

Leſſing findet das Weſen der Religion durchaus nicht in dem
verſtandesmäßigen Fürwahrhalten irgend welcher Glaubensſätze,
wie dies jede Orthodoxie in jeder Kirche thut, ſondern, wie nach
ihm Schleiermacher, in der Heiligung der Gefühle, in der Rei=
nigung und Veredlung des Willens, oder, mit einem Worte, in
der Liebe. Mit ſouveräner Verachtung jenes unſittlichen Princips
der Orthodoxie ſchreibt Leſſing am 23. Mai 1770 an C. A. Schmid:
„Als ob man nicht in jeder Kirche ſehr rechtgläubig ſein
und dennoch ein ärgerliches Leben führen könnte.“ Es iſt
dies das punctum saliens nicht blos in Leſſing’s Streit wider die
Orthodoxie, ſondern in allen Kämpfen der wahren Religioſität
wider die herrſchenden Vorurtheile, ſo in dem Kampfe Chriſti wider
die Phariſäer und in dem Streite Luther’s wider die römiſche Kirche.
Während alſo die Orthodoxie den Glauben predigt, predigt Leſſing
die Liebe; während die Orthodoxie die Sätze detont, die uns von
den Gegnern trennen, detont Leſſing diejenigen, die uns mit ihnen
vereinigen; während die Orthodoxie Streit und Krieg verkündet,
verkündet Leſſing Verſöhnung und Duldung. Lange genug hat
nach ſeiner Anſicht die Menſchheit gelitten unter dem unverſöhn=
lichen Kampf der Parteien, um endlich den Frieden allgemein
als wünſchenswerth erſcheinen zu laſſen. „Sie müſſen mir er=
lauben,“ ſchreibt er daher im Berengarius, „die Namen von
Lutheranern und Reformirten ganz aus dem Spiele zu laſſen. Ich
wünſchte, daß ich dieſes ſchon dort (weiter oben) gethan hätte.
Denn ich möchte den Argwohn nicht gern auf mich laden, daß ich
die Lippen einer Wunde, die man ſo gern ſich ſchließen ſähe, aufs
Neue klaffen zu machen geſucht, nachdem ſo viel würdige Männer

beiber Kirchen Alles gethan haben, die Harschung durch Heftpflaster zu erzwingen." Toleranz also, und zwar Toleranz in des Wortes kühnster Bedeutung, ist Lessing's Losung im Kampfe. Während dem Orthodoxen die Toleranz gegen Andersgläubige zum Mindesten als eine sträfliche Schwäche erscheint, hält Lessing nach einer Anmerkung zum Lemnius „die Lehre von der Toleranz für eine wesentliche Lehre der christlichen Religion und jede Religion und Secte, die von keiner Toleranz wissen will, für ein Papstthum." Die Toleranz ist daher der Text, wenn Lessing auf „seiner Kanzel", der Bühne, predigt; die Toleranz ist die Tendenz seiner sämmtlichen Tendenzdramen, von den Juden und dem Freigeist bis zum Nathan. Und Lessing's Toleranz scheut sich durchaus nicht, die letzten Consequenzen zu ziehen. Sie gilt in keiner Weise nur einseitig den verschiedenen Parteien des Christenthums, sondern erstreckt sich gleichmäßig auch auf Juden und Mohamedaner. Und woraus erklärt sich bei Lessing diese grundsätzliche Duldung aller Religionen? Die Schriften der ersten Periode geben uns auf diese Frage keine vollständig befriedigende, unzweideutige Antwort. Lessing betont in diesen nur das Recht der vergleichenden Prüfung aller Religionen, aber allerdings nur zu dem ausgesprochenen Zwecke, sich von der Wahrheit seiner eigenen zu überzeugen. So sagt er in der Rettung des Cardanus: „Was ist nöthiger, als sich von seinem Glauben zu überzeugen, und was ist unmöglicher als Ueberzeugung ohne vorhergegangene Prüfung? Man sage nicht, daß die Prüfung seiner eignen Religion schon zureiche, daß es nicht nöthig sei, die Merkmale der Göttlichkeit, wenn man sie an dieser schon entdeckt habe, auch an andern aufzusuchen. Man bediene sich des Gleichnisses nicht, daß, wenn man einmal den rechten Weg wisse, man sich nicht um die Irrwege zu bekümmern brauche. — — Man lernt nicht diese durch jenen, sondern jenen durch diese kennen." Aber dieses „Aufsuchen der Merkmale der Göttlichkeit an andern Religionen" setzt doch wenigstens die Möglichkeit voraus, daß diese Merkmale auch an andern zu finden sein möchten. Bemerkenswerth in dieser Beziehung sind die Selbstvertheidigungen, die Lessing in der Rettung des Cardanus dem Israeliten und dem Mohamedaner gegen Cardan in den Mund legt. Man hat in ihnen nicht mit Unrecht ein Vorspiel zu der berühmten Rede des Nathan gefunden.

Wir werden also wol schließen dürfen, daß Lessing auch in dieser Periode seines Lebens schon ebenso wie später das Lutherthum nicht als die alleinberechtigte Erscheinungsform des Christenthums

und das Christenthum nicht als die alleinberechtigte Erscheinungs=
form des religiösen Geistes überhaupt betrachtet, sondern beide nur
als mangelhafte, weil menschliche Darstellungen des ewigen und
vollkommenen Wesens der Religion neben andern ebenso berechtig=
ten und ebenso mangelhaften Darstellungen desselben.

Wenn nun aber dieses das Verhältniß Lessing's zum Christen=
thum ist, kann man ihn dann überhaupt noch einen Christen
nennen? Die Frage ist leichter zu beantworten, als man denken
sollte. Der Klosterbruder in Lessing's Nathan beantwortet sie näm=
lich, indem er den Juden Nathan wegen seiner durch die That
bewiesenen christlichen Tugend der Feindesliebe für einen Christen
erklärt: „Nathan, Ihr seid ein Christ, ein beßrer Christ war
nie!"

Wer aber von dem Christen außer dieser christlichen Gesinnung
noch ein bestimmt formulirtes christliches Glaubensbekenntniß ver=
langt, oder wer gar behauptet, daß ohne dieses Glaubensbekennt=
niß jene christliche Gesinnung überhaupt nicht möglich sei und nicht
vorkomme, wie denn schon die Väter der alten Kirche die Tugen=
den der Heiden für glänzende Laster erklärten, der wird auch Lessing
für keinen Christen halten können. Jedenfalls ist sein Standpunkt
der Religion gegenüber eigentlich kein theologischer, wenigstens
kein christlich=theologischer mehr, sondern ein rein menschlicher oder,
wenn man will, ein philosophischer.

Wir dürfen uns daher auch nicht darüber wundern, daß
Lessing's Ansichten über die christliche Religion, als sie während des
Fragmentenstreites ganz klar und unzweideutig aus Licht traten,
von Seiten der Theologen, und zwar nicht blos der streng ortho=
doxen, den heftigsten Widerspruch erfuhren; wir müßten uns viel=
mehr darüber wundern, wenn dies nicht der Fall gewesen wäre.
Doch gehört die Schilderung dieser Kämpfe sowie überhaupt die
eingehende Betrachtung seiner religiösen Ansichten im Einzelnen
nebst der Würdigung seines Verhältnisses zu den von ihm im All=
gemeinen verachteten Aufklärern des vorigen Jahrhunderts nicht
mehr hierher, sondern wird erst in der Einleitung zum folgenden
Bande eine Stelle finden. —

Rettungen

des

Cardanus,

des

INEPTI RELIGIOSI

und des

Cochläus.

Vorbemerkungen des Herausgebers.

Lessing hielt sich seit dem December 1751 etwa ein Jahr lang in Wittenberg auf und beschäftigte sich hier neben gründlichen Studien der Alten namentlich mit der Gelehrtengeschichte, beson= ders des Reformationszeitalters. „Ich habe schon einigemal dar= auf hingewiesen," bemerkt Danzel (I. S. 226), „wie Lessing in frischer Unmittelbarkeit seine Thätigkeit immer größtentheils an den Ort, an welchem er sich gerade aufhielt, und die Umgebung, in der er lebte, anzuknüpfen gewußt habe. In Wittenberg konnte nichts näher liegen und zugleich nichts in jeder Beziehung lohnen= der sein als Beschäftigung mit der Geschichte der Reformation und der Reformatoren. Ein Interesse für dieselbe hatte Lessing von dem Vater gleichsam geerbt, ja, sie konnte, da ja der älteste Vorfahr des Hauses selbst in der Kirchengeschichte des Protestantismus vor= kam, gleichsam für ein Familieninteresse gelten." Eine Frucht dieser eingehenden Studien sind neben mehreren anderen Schriften auch die drei in diesem Bande abgedruckten „Rettungen". Das Vor= bild Lessing's bei Abfassung derselben ist der berühmte Verfasser des historisch=kritischen Wörterbuches, Pierre Bayle (geb. 1647 zu Carlat im südwestlichen Frankreich, gest. 1706). Wie Dieser die Fehler des Moréri und der Verfasser ähnlicher Wörterbücher zu verbessern sich vornahm, so bemühte sich Lessing, „nach seinen besten Kräften die unzähligen Fehler in dem Gelehrtenlexikon von Jöcher zu vermindern." Und wie Bayle, um die Wahrheit in ein desto helleres Licht zu rücken, überall an die Irrthümer und Mißver= ständnisse Anderer anknüpft und vor den Augen des Lesers gewisser= maßen als Vertheidiger oder Ankläger den Proceß der geschilderten Person gegen deren Verleumder oder Lobredner führt, so tritt auch Lessing in diesen „Rettungen" gleichsam als Sachwalter Verstorbener gegen Lebende auf, um im Interesse der historischen Wahrheit ihren verlornen guten Ruf im Ganzen oder im Einzelnen wiederherzu= stellen. Daher der Name „Rettungen". „Der Grundgedanke dieser Aufsätze ist ein ganz Bayle'scher," sagt Danzel. Die Rettung des Cardanus erklärt Lessing selbst für „einen guten Zusatz zu dem Artikel, welchen Bayle in seinem kritischen Wörterbuche von diesem Gelehrten gemacht hat." Ja, einzelne Gedanken dieser Rettung sind fast wörtlich aus Bayle herübergenommen.

Das aus der oben bezeichneten Grundanlage dieser Aufsätze sich ergebende Streben Lessing's, den status causae et controversiae möglichst klar und bestimmt vor dem Leser zu entwickeln und seine große Geschicklichkeit, die Blößen des Gegners aufzusuchen, um ihm den tödtlichen Streich zu versetzen, bedingen hier wie so häufig in Lessing's prosaischen Schriften eine solche Lebhaftigkeit der Darstellung und bewirken eine so energische innere Theilnahme des Lesers, daß auch die scheinbar unbedeutendsten Dinge durch die Kunst des Schriftstellers interessant und bedeutend werden. —

Bei Herstellung des Textes waren mannichfache Fehler der bisherigen Ausgaben zu berichtigen, welche augenscheinlich meist durch die von den „Schriften" (1753—55) vorhandenen Doppeldrucke veranlaßt worden sind. Bei der für den Kundigen ziemlich augenfälligen Fehlerhaftigkeit dieser Doppeldrucke muß es befremden, daß die bisherigen Herausgeber, insbesondere Lachmann (dem wieder Maltzahn gefolgt ist) statt des Originals solche mangelhafte Abdrücke desselben bei ihren Ausgaben zu Grunde gelegt haben, ja, daß sogar bisweilen die richtige Lesart der von Karl Lessing und Schink redigirten Ausgaben von Lachmann auf die Autorität eines fehlerhaften Nachdrucks hin corrumpirt worden ist, obgleich eben diese Varianten zu einer eingehenden Prüfung und Ermittelung des Sachverhaltes hätten auffordern sollen. Von den zum Theil ziemlich bedeutenden Abweichungen unserer Ausgabe von der Lachmann'schen führen wir unten nur einige wenige Beispiele aus den „Rettungen" an,[1] welche als

---

1) Seite 25 Zeile 31 muß es heißen: vernichten statt zernichten. S. 26 Z. 27 wolle es dem st. wolle dem. S. 28 Z. 12 haec et illa st. haec illa. S. 33 Z 11 desto in die Augen fallender st. desto besser in die Augen fallender. S. 33 Z. 40 Verblendung st. Verläumdung. S. 37 Z. 29 so viel st. viel. S. 39 Z. 40 macht st. gemacht. S. 39 Z. 41 Hirngespinster st. Hirngespenster. S. 46 Z. 21 ihrer st. gelehrter. S. 49 Z. 24 quod dicitur st. dicitur. S. 50 Z. 23 meine st. eine. S. 50 Z. 33 Bessers st. besser. S. 52 Z. 31 Gesellschaftern st. Gesellschaften. S. 57 Z. 1 noch alle Seiten st. noch Seiten. S. 80 Z. 25 wolle es st. wolle er. S. 81 Z. 12 manchmal selbst widersprochen st. manchmal widersprochen. S. 82 Z. 34 durch seine st. durch eine. S. 84 Z. 8 der Menschen st. des Menschen. S. 84 Z. 12 glaube st. glaubte, u. a. m.

Beweis genügen werden, daß selbst die berühmte Arbeit eines Lach=
mann eine neue Textrevision nicht überflüssig gemacht hat. —
Ueber die von Lessing geretteten Persönlichkeiten und Schriften
möchte der Herausgeber noch folgende Bemerkungen vorausschicken:

1. Hieronymus Cardanus.

Hieronymus Cardanus, berühmter italienischer Arzt, Natur=
forscher, Mathematiker und Philosoph, wurde geboren zu Pavia
am 24. Sept. 1501 (1500?). Seine Bildung erhielt er theils zu Mai=
laub, theils zu Pavia. Er führte das bewegte Leben eines berühm=
ten Gelehrten und eines Arztes von europäischem Rufe; so hielt er
sich im Jahre 1552 zehn Monate in England auf, um den Erz=
bischof Hamilton von einem Asthma zu heilen. Er war Professor
an verschiedenen italienischen Universitäten: zu Mailand, Pavia
und Bologna. Einen Ruf nach Kopenhagen schlug er aus, theils
wegen des Klimas, theils aus Besorgniß, zum Protestantismus
übertreten zu müssen. Cardanus starb am 21. Sept. 1576
(1575?) und hinterließ den Ruf eines der größten Gelehrten, aber
auch der größten Sonderlinge des sechzehnten Jahrhunderts. Sein
Leben und sein Charakter sind in der That nicht frei von den
schlimmsten Vorwürfen, so daß auch Lessing in seiner „Rettung"
sich zu der Erklärung gezwungen sieht: „Leser, welche den Cardan
kennen und auch mir zutrauen, daß ich ihn kenne, müssen es schon
voraussehen, daß meine Rettung den ganzen Cardan nicht
angehen werde." So ist z. B. die berühmte „Cardanische Formel"
zur Auflösung kubischer Gleichungen nur durch eine Niederträchtig=
keit in den Besitz Cardan's gelangt und müßte eigentlich nach Car=
ban's Zeitgenossen Tartaglia benannt werden. Ueberhaupt war
Cardan ein literarischer Freibeuter der schlimmsten Art. Sein
Aberglaube ferner streift geradezu an partiellen Wahnsinn. Auch
Lessing bemerkt in dieser Beziehung: „Man muß glauben, daß der
größte Verstand mit der größten Thorheit sehr wesentlich verbunden
ist, oder sein Charakter bleibt ein unauflösliches Räthsel," indem
er ein unter dem Artikel Cardan von Bayle citirtes geistreiches
Wort des Seneca in seiner Weise verwerthet. Es lautet: „Nullum
magnum ingenium sine mixtura dementiae." Von welcher Be=
schaffenheit das sittliche Urtheil Cardan's war, ersieht man beson=
ders aus der Art, wie er in seiner Selbstbiographie (De vita propria) das traurige Ende seines ältesten Sohnes erzählt. Dieser
hatte ein armes Mädchen von niederer Herkunft geheirathet und

2*

hernach, als ihn dieser Schritt reute, seine Frau zu vergiften ver=
sucht. Aber nicht über diese schreckliche That des Sohnes ist der
Vater unglücklich, sondern nur über die natürliche Folge derselben,
seine Hinrichtung.

2. Ineptus Religiosus.

Der Ineptus Religiosus ad mores horum temporum descriptus M. J. S. Anno 1652 ist eine satirische Schrift, die ihre pole=
mische Spitze hauptsächlich gegen den Synkretismus kehrt oder
gegen dessen Hauptvertreter, den Helmstädter Professor Georg Ca=
lixtus (den „älteren", geb. zu Medelbye in Schleswig den 14 Dec.
1586, gest. im Jahre 1656), den größten Lutherischen Theologen
des siebzehnten Jahrhunderts. Das Wort Synkretismus bezeich=
net eigentlich ursprünglich die löbliche Sitte der Kretenser, sich
gegen äußere Feinde brüderlich zu vereinigen (συγκρητίζειν),
während sie sich sonst vielfach gegenseitig bekämpften. Und so be=
zeichnet das Wort auch im sechzehnten Jahrhundert und in der
ersten Hälfte des siebzehnten während der schrecklichen Religions=
streitigkeiten ein Zusammenhalten Dissentirender trotz ihres Dis=
senses. Es wird in gleicher Weise zum Lobe wie zum Tadel ge=
braucht. Wo nämlich ein solches Zusammenhalten zulässig befun=
den wird, da wird auch der Synkretismus empfohlen, wo es hin=
gegen für unmöglich gilt, da wird er verworfen. Auch das §. 30.
genannte, kurz vor Ausbruch des dreißigjährigen Krieges erschie=
nene Irenicum des reformirten Heidelberger Professors Pareus
(nicht Paräus, wie Lessing schreibt, denn Pareus hieß eigentlich
Wängler und bildete seinen Namen um nach dem griechischen
παρειά, die Wange) empfiehlt das einstweilige Zusammenhalten
der beiden evangelischen Kirchen gegen den gemeinsamen Feind,
leider ohne Erfolg. Erst im Kampfe gegen Calixtus schoben dessen
Gegner (und zwar zuerst der Mainzer Jesuit Erbermann) in
sophistischer Weise dem Worte einen andern Sinn unter, indem sie
nicht des Calixtus edles Streben nach einer äußern Union der bei=
den evangelischen Kirchen, unter Anerkennung ihrer innern Ver=
schiedenheit, damit bezeichneten, sondern ihn fälschlich des Ver=
suches einer leichtsinnigen Religionsmengerei beschuldigten,
unter verkehrter, aber auch später noch vielfach üblicher Ableitung
des Wortes von συγκεράννυμι, zusammenmischen.

Der Ineptus Religiosus ist eine ziemlich plumpe Satire, und
es wird daher Lessing nicht schwer, den Pastor Vogt, der in seinem

Verzeichniſſe rarer Bücher den Inhalt für Ernſt genommen und
vor demſelben als vor einem „böſen und gottloſen Büchelchen" ge=
warnt hatte, ad absurdum zu führen. Wer der Verfaſſer dieſer
„Scharteke" geweſen, ob, wie Leſſing vermuthet, der ſchleswig=
holſteiniſche Generalſuperintendent Joſua Schwarz (I. S.) oder
vielleicht der in die ſynkretiſtiſchen Streitigkeiten ebenfalls ſehr
ernſtlich verwickelte Wittenberger Profeſſor Johann Scharf,
der von 1649 an eine Reihe von Streitſchriften gegen Calixt er=
ſcheinen ließ, dürfte auch heute noch zu entſcheiden nicht leicht ſein.

3. Cochläus.

Johann Cochläus war geboren im Jahre 1479 zu Wendelſtein
bei Nürnberg. Er hieß eigentlich Dobeneck, nannte ſich aber der
Sitte oder vielmehr Unſitte jener Zeit gemäß nach ſeinem Geburts=
ort in allerdings ſehr geſuchter Weiſe (Wendelſtein=Wendeltreppe=
Schnecke = lat. cochlea) Cochläus. Er führte, wie ſein geiſtes=
verwandter Zeit= und Geſinnungsgenoſſe Thomas Murner, ein
ſehr bewegtes Leben. Um 1511 war er Rector der Schule zu St.
Lorenz in Nürnberg, dann Dechant an der Frauenkirche zu Frank=
furt a. M. und Kleriker zu Mainz, ſpäter Domherr zu Meißen
und Secretär des katholiſchen Herzogs Georg zu Dresden, und
endlich Domherr zu Breslau, wo er den 10. Januar 1552 ſtarb.
Bei den Verhandlungen zur Beſeitigung der Reformation war er
vielfach thätiges Werkzeug, wenn er auch ſeiner Heftigkeit wegen,
„die ihn wol im Eifer bis zum Lächerlichen führte", in der Regel
nur eine untergeordnete Rolle ſpielte. So war er neben Eck Mit=
arbeiter an der gegen die Augsburgiſche Confeſſion gerichteten Con=
futationsſchrift und war betheiligt bei dem Regensburger Collo=
quium von 1546. Als ſchriftſtelleriſcher Bekämpfer der Reforma=
tion und der Reformatoren war er in Ernſt und Scherz ſehr frucht=
bar. So ſchrieb er gegen Luther: „De actis et scriptis Mt. Lutheri", „Luthers septiceps ubique sibi contrarius", „Bockſpiel
Martin Luther's" u. A., und gegen Philipp Melanchthon „Phi-
lippicae", die er an Karl V. richtete und die nach Camerarius'
Urtheil „et malitia improbitatis et ineptiarum levitate refertae"
waren. „Seine Polemik," urtheilt Weizſäcker (Herzog's Real=
Encykl., Bd. 2. S. 769), „iſt von geringem ſachlichem Werthe; ſie
ſteht hierin ſogar hinter der klopffechteriſchen Sophiſtik eines Eck
zurück; aber ſie iſt bezeichnend für ihn und für die Sache, der er
diente, durch ihre ganze Art und Weiſe; er iſt es vornehmlich, der

den persönlichen Angriff führte, die Reformation aus dem Gesichtspunkte des gemeinsten Pragmatismus zu erklären und
mit dem Schmutze der Verleumbung zu beflecken suchte, und
ist hierin der Vater jener bis auf den heutigen Tag nicht ausge-
storbenen Streitweise geworden, welche die ganze Kirchenspaltung
nur aus der zufälligen Eifersucht des Dominicaner- und
Augustiner-Ordens ableiten möchte, mag er auch nicht der erste
Erfinder dieser großen Entdeckung sein." Gerade diese
zuletzt angeführte „Kleinigkeit" nachzuweisen hat Lessing in seiner
Rettung des Cochläus versucht.

Rettung

des

Hier. Cardanus.

Leser, welche den Carban kennen und auch mir zutrauen, daß ich ihn kenne, müssen es schon voraussehen, daß meine Rettung den ganzen Carban nicht angehen werde. Dieses außerordentliche Genie hat alle Nachwelt seinetwegen in Zweifel gelassen. Man muß glauben, daß der größte Verstand mit der größten Thorheit sehr wesentlich verbunden ist, oder sein Charakter bleibt ein unauflösliches Räthsel. Zu was hat man ihn nicht gemacht, oder vielmehr, zu was hat er sich nicht selbst in einem Werke gemacht, dergleichen ich wollte, daß jeder große Mann mit eben der Aufrichtigkeit schreiben müßte (De vita propria)!

Es wäre ein Wunder, wenn ein so seltner Geist dem Verdachte der Atheisterei entgangen wäre. Hat man oft mehr gebraucht, ihn auf sich zu laden, als selbst zu denken und gebilligten Vorurtheilen die Stirne zu bieten? Selten hat man nöthig gehabt, in der That anstößige Sätze und ein problematisches Leben, wie Carban, damit zu verbinden.

Eine augenscheinliche Verleumdung, die man noch nicht aufhört aus einem Buche in das andre überzutragen, treibt mich an, dieses Verdachts in etwas zu gedenken. Man gründet ihn, wie bekannt, auf drei Stücke: auf ein Buch, welches er wider die Unsterblichkeit der Seele soll geschrieben haben, auf seine astrologische Unsinnigkeit, dem Heilande die Nativität zu stellen, und endlich auf eine gewisse Stelle in seinem Werke de subtilitate.

Von den beiden erstern Gründen werde ich nichts sagen, weil schon Andre nur allzu viel davon gesagt haben. Den ersten widerlegt sogleich das „soll“. Er soll so ein Buch geschrieben haben, welches er zwar nicht drucken lassen, aber doch heimlich seinen Freunden gewiesen. Und wer ist denn der Währmann dieses Vorgebens? Kein Anderer als Martinus del Rio (Disput. Magic., Tom. I. Lib. II.). Wenn man es noch glauben will, so muß man diesen Spanier nicht leunen. — Den zweiten Grund vernichten die eignen Worte des Carban's, welche insonderheit der Herr Pastor Brucker aus dessen seltnen Werke, über des Ptole-

mäus vier Bücher de astrorum judiciis, angeführet hat (Hist.
Crit. Phil., Tomi IV. Parte altera, p. 76).

Ich werde mich, wie gesagt, hierbei nicht aufhalten; ich wende
mich vielmehr sogleich zu dem letztern Puulte, weil ich in der
That hoffe, etwas besonders dabei anzumerken. Man wird es
als einen guten Zusatz zu dem Artikel ansehen können, welchen
B a y l e in seinem kritischen Wörterbuche von diesem Gelehrten ge=
macht hat.

Es ist billig, daß man die Ankläger des C a r d a n' s zuerst höret.
Es sind deren so viele, daß ich nur einen werde das Wort können
führen lassen. Dieses mag ein noch lebender Schriftsteller sein,
dessen Buch in seiner Art ein Handbuch der Gelehrten geworden
ist, der Herr Pastor V o g t, oder vielmehr d e l a M o n n o y e durch
Diesen. Er führt, in seinem Verzeichnisse von raren Büchern, die
erstre und noch eine andre Ausgabe des Cardanischen Werks de
subtilitate an, und was er dabei anmerkt, ist Folgendes: „Man
lieset," sagt er, „in diesen ungemein seltnen Ausgaben eine sehr
gottlose und ärgerliche Stelle, die man in den nachherigen Ab=
drücken weggelassen hat. Ich will die ganze Sache mit den
Worten des gelehrten d e l a M o n n o y e, im 4. Th. der Menagia=
nen, S. 305, erzählen. Noch schlimmer als Pomponaz, sagt
Dieser, macht es C a r d a n. In dem elsten seiner Bücher de subtilitate vergleicht er die vier Hauptreligionen kürzlich unter einan=
der, und nachdem er eine gegen die andre hat streiten lassen, so
schließt er, ohne sich für eine zu erklären, mit diesen unbedacht=
samen Worten: „igitur his arbitrio victoriæ relictis." Das heißt
auf gut Deutsch, er wolle es dem Zufalle überlassen, auf welche Seite
sich der Sieg wenden werde. Diese Worte veränderte er zwar
selbst in der zweiten Ausgabe; dennoch aber ward er drei Jahr
darauf von dem Scaliger, Exercit. 258, n. 1., sehr bitter deswegen
bestraft, weil der Sinn derselben sehr schrecklich ist und die Gleich=
giltigkeit des C a r d a n' s in Ansehung des Sieges deutlich beweiset,
welchen eine von den vier Religionen, es möge nun sein, welche
es wolle, entweder durch die Stärke der Beweise oder durch die
Gewalt der Waffen davontragen könne."

Aus dieser Anführung erhellet, daß S c a l i g e r der Erste gewesen
ist, dem die Stelle, wovon ich rede, zum Anstoße gereicht hat.
Man darf aber nicht glauben, daß von ihm bis auf den d e l a
M o n n o y e sie von keinem Andern sei gerüget worden. M a r i n u s
M e r s e n n u s ist in seiner Auslegung des ersten Buchs Mosis (S.
1830) darwider aufgestanden und hat sie für nichts Schändlichers

als für einen Inbegriff des berüchtigten Buchs von den drei Betriegern[1]) gehalten. Aus dem Mersennus hat sie hernach besonders Morhof (Polyh., T. I. Lib. I. c. 8. §. 6) Bücherkennern
bekannt gemacht, und diese haben sie einander redlich aus einer
Hand in die andre geliefert. Reimann (Hist. univers. Atheismi et Atheorum, p. 365 et
547), die Hällischen Verfasser der Observat. selectarum (Tom. X.
p. 219), Freytag (Analect. litteraria, p. 210), die Bibliothek des
Salthenius (p. 272) sagen Alle ebendasselbe. Alle nennen die
angeführte Stelle locum impium et scandalosissimum, locum of-
fensionis plenissimum. Ich muß Diesen noch einen Freund von
mir beisetzen, nämlich den Herrn Adjunct Schwarz[2]) in Wittenberg, welcher in seiner ersten Exercitation in utrumque Samari-
tanorum Pentateuchum gelegentlich eben diese Saite berührt.

Was wird man aber von mir denken, wenn ich kühnlich behaupte, daß alle diese Gelehrte entweder nur Nachbeter sind oder,
wenn sie mit ihren eignen Augen gesehen haben, nicht haben con-
struiren können. Ich sage: nicht können; denn auch das kann
man nicht, woran uns die Vorurtheile verhindern.

Ich für mein Theil habe es dem nur gedachten Herrn Adjunct Schwarz zu danken, daß ich nicht in das gemeine Horn mit-
blasen darf. Bei ihm habe ich die allererste Ausgabe des Cardan'schen Werks de subtilitate in die Hände bekommen und sie
mit um so viel größrer Begierde durchblättert, da ebendasselbe
Exemplar dem Philipp Melanchthon zugehöret hatte, von
dessen eigner Hand hier und da einige kleine Noten zu lesen waren.
Es war mir leid, daß ich den nunmehrigen Besitzer desselben von
der Richtigkeit meiner Anmerkung nicht überzeugen konnte.

Ich will mich nicht länger verweilen, sie dem Leser vorzulegen, vorher aber nur noch einige Worte von der ersten Ausgabe selbst gedenken. Aus einigen Kleinigkeiten schließe ich, daß
sie Herr Vogt nicht selbst gesehen hat. Man vergleiche nur folgenden Titel mit dem seinigen: HIERONYMI CARDANI, Medici

---

1) Das „berüchtigte Buch von den drei Betriegern" (De tribus impostori-
bus), nämlich den drei großen Religionsstiftern Moses, Christus und Mohamed,
ist wahrscheinlich in der zweiten Hälfte des sechzehnten Jahrhunderts in Deutschland entstanden. Man hat seine Abfassung den verschiedensten berühmten Männern zugeschrieben, z. B. Kaiser Friedrich II., Boccaccio, P. Pomponazzo, Erasmus, Macchiavelli, Rabelais, Giordano Bruno u. A., Allen mit Unrecht. — A. d. H.
2) Friedrich Immanuel Schwarz war zwei Jahre nach Lessing von
der Schule zu Meißen abgegangen. Seit 1751 war er Custos an der Universitätsbibliothek zu Wittenberg, wurde 1764 Bibliothekar ebendaselbst und später Professor der Theologie in Leipzig. — Anm. des Herausg.

Mediolanensis, de subtilitate Libri XXL ad illustr. Principem
Ferrandum Gonzagam, Mediolanensis Provinciæ præfectum.
Nach dieser Aufschrift folgt auf dem Titel selbst eine kleine Anrede
des Druckers an den Leser, in welcher er ihm die Vortrefflichkeit
des Buchs anpreiset. Hier ist sie: *Joh. Petrejus* Lectori: Habes
hoc in libro, candide Lector, plus quam sesquimille, variarum
non vulgarium, sed difficilium, occultarum et pulcherrimarum
rerum causas, vires et proprietates, ab authore hinc inde expe-
rimento observatas: quæ non solum propter cognitionem dele-
ctabiles, sed etiam ad varios usus, tum privatos tum publicos,
multo utiliores quam hactenus plurimorum scripta, quæ etsi ex
philosophia sint, minoris tamen momenti esse, legens hæc et illa,
haud mecum dissenties! uti singula in adjecto indice perspicue
licet cernere.   Unter diesem kurzen Buchhändlerpanegyrico
stehet endlich: Norimbergæ apud Jo. Petrejum, jam primo im-
pressum, cum Privilegio Cæs. atque Reg. ad Sexennium. Ao.
MDL. Das Format ist Folio, die Stärke 373 Blätter, ohne das
Register.

Nunmehr wird man es mir hoffentlich zutrauen, daß ich die
streitige Stelle wirklich aus der ersten Originalausgabe anführen
werde. — — Aber man erlaube mir, daß ich es nicht lateinisch
thun darf. Das Latein des Carban's ist so schlecht, daß der Leser
nichts dabei einbüßt, wenn er es auch schon in ebenso schlechtes
Deutsch verwandelt sieht. Denn habe ich nicht die Güte des Aus-
drucks auch in der Uebersetzung beibehalten müssen? Hier ist
sie also:

Stelle aus dem XI. Buche des Carbanus *de subtilitate.*

„Die Menschen sind von jeher an Sprache, Sitten und Gesetzen ebenso sehr unter sich von einander unterschieden gewesen
als die Thiere von ihnen. Bei den Verehrern des Mahomet's
wird ein Christ und bei Beiden ein Jude nicht höher geschätzt als
der verworfenste Hund; er wird verspottet, verfolgt, geschlagen,
geplündert, ermordet, in die Sclaverei gestoßen, durch die gewalt-
samsten Schändungen gemißhandelt und mit den unsaubersten
Arbeiten gemartert, so daß er von einem Tiger, dem man die
Jungen geraubet, nicht so viel auszustehen haben würde. Der
Gesetze aber sind viere: der Götzendiener, der Juden, der Christen
und der Mahometaner.

„Der Götzendiener zieht sein Gesetz aus vier Gründen vor. Erstlich, weil er so oft in den Kriegen wider die Juden den Sieg davongetragen habe, bis es ihm endlich gelungen, ihre Gesetze ganz und gar zu vertilgen; es müsse daher dem höchsten Werk= meister und Regenten die Verehrung eines einzigen Gottes nicht mehr als die Verehrung vieler Götter gefallen haben. Hernach sagen sie: so wie es sich, wenn das Volk einen obersten Regenten über sich habe, für Jeden gezieme, in Privatsachen und besonders in Kleinigkeiten seine Zuflucht vielmehr zu den Befehlshabern und Hofleuten Desselben zu nehmen, als dem Könige selbst um jeder Ursach willen beschwerlich zu fallen, ebenso müsse man, da der höchste Gott sich um das, was hier auf Erden vorgeht, und wovon die Angelegenheiten der Privatpersonen den aller= kleinsten Theil ausmachen, sehr wenig bekümmert, vielmehr zu den Göttern, die dieser höchste Gott zu seinen Dienern geordnet hat, bei nicht wichtigen Dingen fliehen, als daß man Denjenigen selbst, den kein Sterblicher nicht einmal mit den Gedanken erreichen kann, aus jeder nichtswürdiger Ursache mit Bitten belästige. Endlich behaupten sie, daß durch dieses Gesetz und durch diese Beispiele, indem sie Hoffnung machten, nach dieser Sterblichkeit göttlich ver= ehrt zu werden, Viele wären angetrieben worden, sich durch Tugenden berühmt zu machen, als Hercules, Apollo, Jupiter, Mercurius, Ceres. Was aber die Wunder anbelange, so könn= ten sie ebensowol Exempel der offenbaren Hilfe ihrer Götter und Orakelsprüche anführen als irgend Andre. Auch sei unsre Meinung von Gott und dem Ursprunge der Welt nicht allein nicht weniger abgeschmackt, sondern auch noch abgeschmackter als ihre, welches aus dem Streite unter den andern Gesetzen und aus dem Hasse derselben gegen alle Weltweise, als bie Urheber der Wahr= heit, erhelle. Diese aber werfen ihnen die Menschenopfer, die Verehrung todter Bildsäulen und die Menge der Götter vor, welche auch von den Ihrigen selbst verlacht würden; desgleichen die schändlichen Laster dieser ihrer Götter, die man sich schon an einem Menschen einzubilden schäme, und die undankbare Ver= gessung des allerhöchsten Schöpfers.

„Nachdem Diese also auf besagte Art widerlegt worden, so steht der Jude wider die Christen auf. Wenn in unserm Gesetze, sagt er, Fabeln enthalten sind, so sind sie alle auch auf Euch ge= kommen, die Ihr unser Gesetz annehmet. Die Einheit Gottes hat Niemand so unverfälscht verehret als wir, und von uns stammet diese Wahrheit auch her. Ferner kann sich kein Gesetz so großer

Wunder und Zeichen und kein Volk eines solchen Adels rühmen.
Hierauf aber sprechen die Uebrigen wider dieses Gesetz: Alles das,
was untergegangen sei, müsse Gott nicht gefallen haben; sie, die
Juden, hätten wider ihre Propheten gewüthet, ihr Volk wäre
allezeit der ganzen Welt ein Abscheu gewesen, und Diejenigen,
welche von den Christen und Mahometanern verehret würden, die
befehle ihnen ihr eignes Gesetze anzubeten.

„Nachdem auch dieses Gesetz übern Haufen geworfen, so
streitet nunmehr der Christ wider den Mahometaner. Dieser
Streit ist schärfer und wird auf beiden Theilen mit großen Kräf=
ten unterstützet, von welchen das Wohl ganzer Reiche und Länder
abhängt. Der Christe stützet sich besonders auf vier Gründe. Erst=
lich auf das Zeugniß der Propheten, welche Alles, was sich mit
Christo zugetragen, so genau erzählten, daß man glauben sollte,
es sei nicht vorhergesagt, sondern nachdem Alles schon geschehen,
aufgeschrieben worden. Diese aber melden nicht das Geringste
von dem Mahomet. Zweitens auf das Ansehen der Wunder=
werke Christi, die von solcher Größe und Beschaffenheit gewesen
sind, daß sie mit den Wundern der Mahometaner in keine Ver=
gleichung kommen: wie zum Exempel die Auferweckung der
Todten, des Lazarus, des Mägdleins und des Sohnes der Wittwe.
Die Wunderwerke der Mahometaner hingegen, das Herabfallen
der Steine von den schwarzen Vögeln, oder die Verbergung in
der Höhle, wie er in seinem Korane lehret, oder dieses, daß er in
einer Nacht von Mecca nach Jerusalem wäre geschickt oder ver=
setzt worden, oder seine Aufnahme in den Himmel, oder seine Zer=
theilung des Mondes: alle diese können entweder nicht mit Zeugen
bestätiget werden oder sind ganz und gar keine Wunder: Daß
Steine von Vögeln herabgeschmissen werden, dieses ist zwar etwas
Wundersames und mag es immerhin gewesen sein, aber kein
Wunder ist es nicht; daß der Mond zertheilt scheinet, dieses ist
weder ein Wunder noch etwas Wundersames. Von Mecca nach
Jerusalem versetzt werden, oder in den Himmel hinaufsteigen,
dieses wäre zwar ein Wunder, allein die Zeugen mangeln ihm.
Der dritte Grund wird von den Geboten Christi hergenommen,
welche nichts enthalten, was mit der Moral oder mit der natür=
lichen Philosophie streitet. Was sein Leben anbelangt, darinne
kann es ihm Niemand gleich thun, und wenn es auch der Aller=
beste wäre; aber es nachahmen kann ein Jeder. Wie? kann sag'
ich? Ja, so viel Du Dich von seinem Exempel entfernst, so viel
Gottlosigkeit nimmst Du an. Mahomet hingegen räth Mord und

Krieg und den Thurm im Paradiese[1]); das Paradies aber beschreibt er so, daß man darinne heirathe, von schönen Knaben
bedient würde, Fleisch und Aepfel esse, Nektar trinke, auf seidnen
Betten liege und unter dem Schatten der Bäume Edelsteine und
seidne Lager besitze. Welcher gesunde Verstand wird dadurch
nicht beleidiget? Und wie abgeschmackt ist nicht jenes Vorgeben
im Korane, nach welchem Engel und Gott für den Mahomet
beten sollen? Desgleichen die Erdichtung, daß Gott von der
Erde gen Himmel hinansteige, und daß er selbst bei den Geistern,
seinen Dienern, schwöre. Was soll man von der Historie mit dem
Kameele, wenn es anders eine Historie und nicht vielmehr eine
Fabel ist, sagen, die wenigstens fünfmal wiederholet wird? Hier-
zu kommt noch als der letzte Grund für die Christen dieses, daß
unser Gesetz von sehr wenigen unerfahrnen und armen Leuten
gegen so viele Kaiser und reiche Priester der Götzen ist geprediget
worden, und daß es, da es auch schon von innerlichen Spaltungen
geschwächt war, dennoch des ganzen Erdkreises sich bemächtiget hat.

„Nun haben aber auch die Mahometaner fünf Beweisgründe
für sich. Erstlich sagen sie: Die Christen verehrten die Einheit
Gottes nicht so lauter als sie; die Christen gäben ihm einen
Sohn, welcher ebenfalls Gott sei. Wann aber, fahren sie fort,
mehrere Götter sind, so werden sie auf einander erbittert sein, weil
dieses bei einem Reiche etwas Unvermeidliches ist, daß es von
Vielen ohne Eifersucht nicht kann verwaltet werden. Es ist aber
auch etwas Gottloses, dem erhabensten Gott, dem Schöpfer aller
Dinge Einen beizugesellen, der ihm gleich sei, da er doch der Aller-
höchste ist, und ihm einen Sohn zu geben, da er doch keinen
braucht und ewig ist. Ueber das also, sagen sie, was die Christen
ihm beilegen, empören sich die Himmel, und die Erde flieht vor
Entsetzen davon. Gott wird daher bei ihnen eingeführet, als ob
er sich beklagte, und Christus, als ob er sich entschuldigte, daß
er sich dieses nicht selbst, sondern daß es ihm Andre, wider seinen
Willen, beigelegt hätten. Der zweite Beweisgrund kömmt von
dem Mahomet selbst, welcher den Christen zur Last legt, daß sie
die Bilder andeten, und daß sie also Verehrer der Götter und
nicht eines einzigen Gottes zu sein scheinen. Hierauf folgt der

---

1) „Mahomet räth.... den Thurm im Paradiese". Der Sinn der Worte ist
unkel. Vielleicht sollen sie bedeuten: „Er verheißt den Gläubigen den Thurm
im Paradiese", wobei man z. B. an die Stelle des Koran (Sure 39) benken
mag: „Die aber, so Gott fürchten, werden im Paradiese herrliche, übereinan-
dergebaute Gemächer finden, unter welchen Wasserströme fließen." — A. d. H.

dritte Beweisgrund, welcher aus dem Erfolge hergenommen ist
indem sie schon so viel Siege erfochten und schon so viel Provin
zen erobert hätten, daß das christliche Gesetz kaum ein Theil de
Mahometischen würde zu nennen sein, wann nicht durch Vorsorg
unsers Kaisers schon zum Theil eine andre Welt in der christliche
Religion wäre unterrichtet worden. Ist es aber, sagen sie, nu
nicht wahrscheinlich, daß Gott Denjenigen wohlwolle, welche eine
richtigern Glauben haben? Er könnte ja so Viele mit der aller
kleinsten Hilfe retten, wenn er sich nicht von ihnen abgewant
hätte und sie freiwillig verderben wollte. Was aber ihr Lebe
und ihre Sitten anbelangt, so geben diese ihrem Gesetze kein g
ringes Ansehen, indem auf eine ganz umgekehrte Weise wir den
Mahomet und sie Christo nachzuahmen scheinen; sie beten, s
fasten, sie bedienen sich einer sehr simpeln, ja der allersimpelste
Tracht, sie enthalten sich des Mordes, der Glücksspiele, des Eh
bruchs und der abscheulichen Lästerungen gegen Gott, von we
chen vier Lastern hauptsächlich die Völker der Christenheit fast gar
und gar überschwemmt sind. Und was sagt man, wenn man d
Ehrbarkeit ihrer Weiber und die Verehrung ihrer Tempel b
trachten will? Was endlich die Wunder anbelangt, so behaupte
sie, daß wir nur erzählte Wunder haben, sie aber noch bis je
gegenwärtige. Einige enthalten sich viele Tage lang des Essen
Andre brennen sich mit Feuer und zerfleischen sich mit Eisen, ohn
das geringste Zeichen eines Schmerzes von sich zu geben. Viel
können durch den Bauch reden, welche ehedem Engastrimuthi[1]
genennt wurden; dieses aber können sie besonders alsdenn, wer
sie gewisse Orgia begehen und sich im Kreise herumdrehen. S
wie es mit diesen drei Punkten seine völlige Richtigkeit hat, i
dem sie, wie wir oben erinnert haben, natürlicher, obgleich wu
dersamer Weise zugehen, so ist es hingegen eine bloße Erdichtun
daß bei ihnen auch Kinder von Weibern ohne Beischlaf gebor
würden. Auch sogar ihre Heiligen haben sie, welche durch wu
derbare Hilfleistungen berühmt sind: den Sedichasim zum Sieg
den Vanus zum Frieden, den Ascichus zur Wiederversöhnung d
Eheleute, den Mirtschinus zur Bewahrung des Viehes, d
Chidirelles für die Reisenden, der, auf einem bunten Pferde sitzen
ihnen begegnen und den rechten Weg zeigen soll. Sie heben au
noch die Schuh' Desjenigen auf, welcher von einem Könige u
schuldiger Weise verdammt und in einen glühenden Ofen gewo

---

1) Aus dem Griechischen: ἐγγαστρίμυϑος, der Bauchredner. — A. b.

fen worden, gleichwol aber, nach Art der drei Männer im Feuer=
ofen, deren die heilige Schrift gedenkt, unverfehrt davongekom=
men fei. Ganz bekanut ist endlich auch das Wunder des Mirath=
beg, eines türkischen Regenten, welchen die Lateiner Amurath
nennen, wodurch er aus einem großen und kriegerischen Könige
ein Priester geworden ist und sich freiwillig in ein Kloster einge=
schlossen hat." —

So weit gehet der Streit, den Carban die vier Religionen
unter einander führen läßt. Noch sind einige Perioden davon
übrig, die ich aber noch wenig Augenblicke versparen will, um die
Rettung meines Philosophen desto in die Augen fallender zu
machen. Man erlaube mir, vor allen Dingen einige Anmerkungen
über das, was man gelesen hat, zu wagen.

Warum verdammt man eigentlich diese Stelle? Ist die Ver=
gleichung der verschiednen Religionen an und vor sich selbst
strafbar, oder ist es nur die Art, mit welcher sie Carban unter=
nommen hat?

Das Erste wird man sich wol nicht in den Sinn kommen
lassen, zu behaupten. Was ist nöthiger, als sich von seinem
Glauben zu überzeugen, und was ist unmöglicher als Ueber=
zeugung ohne vorhergegangene Prüfung? Man sage nicht, daß
die Prüfung seiner eignen Religion schon zureiche, daß es nicht
nöthig sei, die Merkmale der Göttlichkeit, wenn man sie an dieser
schon entdeckt habe, auch an andern aufzusuchen. Man bediene
sich des Gleichnisses nicht, daß, wenn man einmal den rechten
Weg wisse, man sich nicht um die Irrwege zu bekümmern brauche.
— — Man lernt nicht diese durch jenen, sondern jenen durch diese
kennen. Und benimmt man sich nicht durch die Anpreisung dieser
einseitigen Untersuchung selbst die Hoffnung, daß die Irrgläu=
bigen aus Erkenntniß unsre Brüder werden können? Wenn man
dem Christen befiehlt, nur die Lehren Christi zu untersuchen, so
befiehlt man auch dem Mahometaner, sich nur um die Lehre des
Mahomet's zu bekümmern. Es ist wahr, Jener wird darüber nicht
in Gefahr kommen, einen bessern Glauben für einen schlechtern
fahren zu lassen; allein Dieser wird auch die Gelegenheit nicht
haben, den schlechtern mit einem bessern zu verwechseln. Doch
was rede ich von Gefahr? Der muß ein schwaches Vertrauen
auf die ewigen Wahrheiten des Heilandes setzen, der sich fürchtet,
sie mit Lügen gegen einander zu halten. Wahrer als wahr kann
nichts sein; und auch die Verblendung hat da keine Statt, wo

ich auf der einen Seite nichts als Unsinn und auf der andern
nichts als Vernunft sehe. Was folgt also daraus? Daß der Christ
bei der Vergleichung der Religionen nichts verlieren, der Heide,
Jude und Türke aber unendlich viel gewinnen kann, daß sie nicht
nur nicht zu untersagen, sondern auch anzupreisen ist.

Cardan muß also in der Art dieser Vergleichung gefehlt ha=
ben. Wir wollen sehen. Es kann auf eine gedoppelte Art geschehen
sein. Entweder er hat die Gründe der falschen Religionen
allzu stark oder die Gründe der wahren allzu schwach vorgestellt.

Hat er wol das Letztere gethan? — — Ich verlange unpar=
teiische Leser; und diese sollen es mir sagen, ob einer von allen
den unzählbaren Gottesgelehrten und Weltweisen, welche nach
dem Cardan die Wahrheit der christlichen Religion erwiesen
haben, einen Grund mehr oder ebendieselben Gründe stärker
vorgetragen hat als er. Weitläuftiger wol, aber nicht stärker.
Man weiß, daß die vornehmsten derselben die historischen sind;
und welche Art von ihnen vermißt man hier? Man kann dieser
Arten drei annehmen. Historische Gründe, welche aus den Zeiten
vor der Menschwerdung des Heilandes hergenommen sind; histo=
rische Gründe aus den Zeiten des Heilandes selbst, und endlich
historische Gründe aus den Zeiten, die nach ihm gefolget sind.
Die ersten sind diejenigen, die uns die Propheten an die Hand
geben; die andern slud die, welche auf den Wundern unsers Er=
lösers beruhen, und die dritten werden aus der Art, wie die christ=
liche Religion ausgebreitet worden, hergeholt. Alle diese hat
Cardan mit wenig Worten, aber mit sehr nachdrücklichen, be=
rührt. Was kann man von den Vorherverkündigungen der jü=
dischen Propheten Stärkers sagen als dieses: daß sie in Christo
so genau erfüllet worden, daß man sie eher für Erzählungen, die
nach geschehener Sache aufgesetzt worden, als für das, was sie
sind, halten sollte? Kann die Zweideutigkeit derselben mit aus=
drücklichern Worten geleugnet werden? Ich will nicht hoffen,
daß man mit lieblosen Vermuthungen so weit gehen werde, daß
man behaupte, Cardan habe, eben durch diesen Zusatz, sie ver=
dächtig machen und ganz von Weitem anzeigen wollen, für was
man sie eigentlich zu halten habe. So unsinnig kann kein ver=
nünftiger Mann sein, welcher es weiß, daß noch jetzt ein ganzes
Volk ihr unverfälschtes Alterthum zu seiner eignen Widerlegung
behauptet. — Auch von den Wundern Christi spricht unser Philo=
soph sehr scharfsinnig und bemerkt zwei Dinge dabei, deren eines
bei den Wundern der falschen Religionen immer mangelt. Er

behauptet, daß sie wirkliche Wunder sind, und behauptet, daß sie
als solche von glaubwürdigen Zeugen bekräftiget worden. Er
unterscheidet sie also von den Täuschereien eines gelehrten Be-
triegers, welcher einem unwissenden Pöbel das Seltene für das
Göttliche und das Künstliche für das Wunderbare verkauft. Er
unterscheidet sie auch ferner von den Prahlereien der Schwärmer,
die wer weiß was wollen gethan haben; nur Schade, daß es
Niemand gesehen hat. Kann man ihre Glaubwürdigkeit besser,
oder kann man sie nur anders beweisen? — Endlich sehe man
auch, wie gründlich er von dem Beweise aus der Fortpflanzung
der christlichen Religion redet. Er berührt nichts davon, als was
wirklich eine schließende Kraft hat, und läßt alles Zweifelhafte
weg. Er sagt: sie ward von a r m e n Leuten geprediget; man
kann sie also aus keinen eigennützigen Absichten angenommen
haben, und diese armen Leute waren noch dazu u n w i s s e n d, folglich waren sie Denen, die sie belehrten, am Verstande nicht überlegen, und was sie vermochten, war einer höhern Kraft zuzuschreiben. Er bemerkt den Widerstand, der ihnen natürlicher Weise
unüberwindlich gewesen wäre, und bemerkt auch etwas, welches
ich nur von Wenigen bemerkt finde. Dieses nämlich, daß unsre
Religion auch alsdann nicht aufgehört hat, sich die Menschen
unterwürfig zu machen, da sie von innerlichen Secten zerrissen und
verwirret war. Ein wichtiger Umstand! Ein Umstand, welcher
nothwendig zeigt, daß in ihr etwas sein müsse, welches unab-
hänglich von allen Streitigkeiten seine Kraft zu allen Zeiten äußert.
Und was kann dieses anders sein als die immer siegende Wahrheit? C a r d a n läßt bei diesem Beweise nichts weg als das, was
ich wünschte, daß man es immer weggelassen hätte. Das Blut
der Märtyrer nämlich, welches ein sehr zweideutiges Ding ist.
Er war in ihrer Geschichte ohne Zweifel allzu wohl bewandert,
als daß er nicht sehr Viele unter ihnen bemerken sollte, die eher
Thoren und Rasende genannt zu werden verdienen als Blut-
zeugen. Auch kannte er ohne Zweifel das menschliche Herz zu
gut, als daß er nicht wissen sollte, eine geliebte Grille könne es
ebenso weit bringen als die Wahrheit in allem ihren Glanze.
Kurz, er ist nicht allein ein starker Verfechter des christlichen Glaubens, sondern auch ein vorsichtiger. Zwei Dinge, die nicht immer
beisammen sind. — — Man betrachte noch das Uebrige! C a r -
b a n hätte es bei den historischen Gründen können bewenden
lassen; denn wer weiß nicht, daß, wann diese nur ihre Richtigkeit
haben, man sonst alle Schwierigkeiten unter das Joch des Glau-

3 *

bens zwingen müsse? Allein er ist zu klug, diese Aufopferung der
Vernunft so geradehin zu fordern. Er behauptet vielmehr, daß
die ganze Lehre Christi nichts enthalte, was mit der Moral und
mit der natürlichen Weltweisheit streite oder mit ihr in keine
Einstimmung könne gebracht werden: „nihil continent præcepta
Christi a philosophia morali aut naturali *absonum*" sind seine eigne
Worte. Das ist Alles, was man verlangen kann! Man sage
nicht, daß er dadurch auf einer andern Seite ausgeschweift sei
und unsrer Religion ihre eigenthümlichen Wahrheiten, auf welche
die Vernunft vor sich allein nicht kommen kann, absprechen
wolle. Wenn dieses seine Meinung gewesen wäre, so würde er
sich ganz anders ausgedrückt haben; die Lehre Christi, hätte er
sagen müssen, enthält nichts anders, als was die Moral und natürliche Philosophie enthält; nicht aber: was sie enthält, harmo-
nirt mit diesen. Zwei ganz verschiedne Sätze! Besonders dringt
er auf die Vortrefflichkeit der christlichen Moral und sagt klar,
daß nur Christus das vollkommenste Muster aller Tugenden sei:
„illius vitam æquare nemo quamvis optimus, imitari autem quili-
bet potest. Quid potest? imo quantum ab illius exemplo absce-
dis, tantum nefarii moris induis." Man wäge diese Worte, die ich
vielleicht in der Uebersetzung zu schwach gegeben habe! Aber
man sage mir nun endlich auch, ob man mehr Gutes von unsrer
Religion sagen könne? Wer mehr Gründe verlangt, verräth,
meines Erachtens, Lust, gar keine stattfinden zu lassen, und
wer mehrere beibringt, Begierde, lieber viele und schlechte als
wenige und gute zu haben. Mit einem Worte, ich halte diese
Stelle des C a r d a n' s für den gründlichsten Auszug, den man aus
allen Vertheidigungen der christlichen Religion, die vor ihm und
nach ihm sind geschrieben worden, machen kann.

Noch ist der zweite Fall zurück. Waun C a r d a n die Gründe
für die Wahrheit nicht geschwächt hat, so kann er doch der Lügen
Farbe und Leben gegeben und sich dadurch verdächtig gemacht
haben. Auch dieses verdient, erwogen zu werden.

Vor allen Dingen frage ich also, ob es erlaubt sei, bei Untersuchung der Wahrheit sich die Unwissenheit seines Gegners zu
Nutze zu machen. Ich weiß wohl, daß man in bürgerlichen Händeln nicht nöthig hat, seinem Widersacher Beweise gegen sich an
die Hand zu geben, ohne die er seine Sachen sogleich verlieren
müßte. Man würde vielmehr Denjenigen für einen Rasenden halten, der es thäte, wann er nicht gewiß wäre, daß er Alles und
Jedes auf das Augenscheinlichste widerlegen könne. Aber warum?

Weil sein Verlust nothwendig mit des Andern Gewinne verbunden ist, und weil man von einem Richter weiter nichts fordern kann, als daß er mit seinem Ausspruche auf diejenige Seite tritt, welche das meiste Recht vor sich zu haben s c h e i n e t. Dieses aber findet sich bei den Streitigkeiten, welche die Wahrheit zum Vorwurfe haben, nicht. Man streitet zwar um sie; allein es mag sie der eine oder der andre Theil gewinnen, so gewinnt er sie doch nie für sich selbst. Die Partei, welche verlieret, verlieret nichts als Irr= thümer und kann alle Augenblicke an dem Siege der andern Theil nehmen. Die Aufrichtigkeit ist daher das Erste, was ich an einem Weltweisen verlange. Er muß mir keinen Satz deswegen verschweigen, weil er mit seinem System weniger übereinkömmt als mit dem System eines Andern, und keinen Einwurf deswegen, weil er nicht mit aller Stärke darauf antworten kann. Thut er es aber, so ist es klar, daß er aus der Wahrheit ein eigennütziges Geschäfte macht und sie in die engen Grenzen seiner Untrüglichkeit einschließen will. — Diese Anmerkung also vorausgesetzt, möchte ich doch wissen, wie man eine ernsthafte Beschuldigung daraus machen könne, wenn ein Philosoph auch die falschen Religionen und die allergefährlichsten Sophistereien in das allervortheil= hafteste Licht setzt, um sich die Widerlegung nicht sowol leicht als gewiß zu machen? Ich möchte doch wissen, was denn nun= mehr daraus folgte, wann es auch wahr wäre, daß C a r d a n den heidnischen, jüdischen und türkischen Glauben mit so vielen und starken Gründen unterstützt hätte, daß auch die allerfeinsten Köpfe von ihren eignen Anhängern nichts mehr hinzuthun könn= ten? Würden sie deswegen weniger falsch bleiben, oder würde unser Glaube deswegen weniger wahr werden? — — Doch es fehlt so viel, daß C a r d a n dieses gethan habe, daß ich ihm viel= mehr zu meinem großen Leidwesen gleich das Gegentheil Schuld geben muß.

Ich behaupte also, er sei mit keiner einzigen Religion auf= richtig verfahren als mit der christlichen; die übrigen alle hat er mit den allerschlechtesten Gründen unterstützt und mit noch schlech= tern widerlegt. Man braucht nur ohne Vorurtheile zu sein, um hierinne mit mir übereinzukommen. Ich will von der heidnischen nichts und von der jüdischen nur wenig gedenken. Wider diese läßt er die übrigen drei den Einwurf machen, daß Gott dasjenige nicht könne gefallen haben, was er habe lassen untergehen. Ist sie denn untergegangen, die jüdische Religion? Wie, wann ihr jetziger Zustand nichts als eine verlängerte Babylonische Ge=

fangenschaft wäre? Der Arm, der sein Volk damals rettete, ist
noch jetzt ungeschwächt. Vielleicht hat der Gott Abraham's die
Schwierigkeit, die Nachkommenschaft dieses Frommen wieder in
ihr Erbtheil zu führen, nur darum sich so häufen und nur darum
so unübersteiglich werden lassen, um seine Macht und Weisheit
in einem desto herrlichern Glanze, zur Beschämung ihrer Unter=
drücker an den Tag zu legen. „Irre Dich nicht, Cardan!" würde ihm
ohne Zweifel ein rechtgläubiger Israelite geantwortet haben;
„unser Gott hat uns so wenig verlassen, daß er auch in seinen
Strafgerichten noch unser Schutz und Schirm bleibt. Wann er
nicht über uns wachte, würden wir nicht längst von unsern Fein=
den verschlungen sein? Würden sie uns nicht längst von dem Erd=
boden vertilgt und unsern Namen aus dem Buche der Lebendigen
ausgelöschet haben? In alle Winkel der Welt zerstreuet und
überall gedrückt, beschimpft und verfolgt, sind wir noch eben Die,
die wir vor tausend und viel mehr Jahren gewesen sind. Er=
kenne seine Hand, oder nenne uns ein zweites Volk, das dem
Elende so unüberwindliche Kräfte entgegensetzt und bei allen Trüb=
salen den Gott anbetet, von dem diese Trübsalen kommen, ihn noch
nach der Weise ihrer Väter anbetet, die er mit Guten überschüttete.
Was dieser Gott zu dem Satan sagte, als er seinen Mann, Hiob, auf
die Probe stellen wollte: „Siehe da, er sei in Deiner Hand,
doch schone seines Lebens!" eben das sprach er zu unsern
Feinden: „Mein Volk sei in Eurer Hand, doch schonet
seines Lebens!" Da sind die Grenzen Eures Tobens; da ist das
Ufer, an welchem sich die Wellen Eures Stolzes brechen sollen! Bis
hierher und nicht weiter! Fahrt nur fort, uns zu plagen; machet der
Bedrängnissen kein Ende; Ihr werdet den Zweck nicht erreichen, den
Ihr sucht. Er hat ein „Schonet!" gesprochen, und was er spricht,
ist wahr. Umsonst werden Bildads und Zophars aus unserm
eignen Geschlechte aufstehen und an unsrer guten Sache zwei=
feln; umsonst werden uns unsre eigne Weiber zurufen: „Haltet Ihr
noch fest an Eurer Frömmigkeit? Ja, segnet Gott und sterbt!"
Wir wollen ihm nicht segnen; denn endlich wird er doch in einem
Wetter herabfahren und unser Gefängniß wenden und uns zwei=
fältig so viel geben, als wir gehabt haben." —— Ich will meinen
Israeliten nicht weiter reden lassen; es sei nur eine Probe, wie
leicht er die Trugschlüsse des Cardan's widerlegen könnte. Und
ebenso leicht würde ihn auch der Mahometaner eintreiben, gegen
dessen Glauben er noch ungerechter gewesen ist. Ungerecht sollte
ich zwar vielleicht nicht sagen, weil Unwissenheit ohne Zweifel

mehr Schuld daran hat als der böse Wille. Die Nachrichten, die man zu seinen Zeiten von dem Mahomet und dessen Lehren hatte, waren sehr unzulänglich und mit tausend Lügen vermengt, welche die christlichen Polemici desto lieber für Wahrheiten annahmen, je ein leichtres Spiel sie dadurch erhielten. Wir haben nicht eher eine aufrichtige Kenntniß davon erhalten als durch die Werke eines R e l a n d ' s und S a l e , aus welchen man am Meisten erkannt hat, daß Mahomet eben kein so unsinniger Betrieger und seine Religion eben kein bloßes Gewebe übel an einander hangender Ungereimtheiten und Verfälschungen sei. Aber bei dem Allen ist C a r d a n noch nicht entschuldiget; er, der sich um so viel unbekannte Sachen bekümmerte, hätte sich auch hierum erst bekümmern können, ehe er eine Vergleichung wagte, die eine völlige Erkenntniß voraussetzt, wenn sie einem Philosophen nicht unanständig sein soll. Und was würde er wol haben erwidern können, wann sich ein Muselmann, der eben der gelehrteste nicht zu sein braucht, folgender Gestalt mit ihm eingelassen hätte: „Man sieht es wohl, mein guter Cardan, daß Du ein Christ bist und daß Dein Vorsatz nicht sowol gewesen ist, die Religionen zu vergleichen, als die christliche so leicht als möglich triumphiren zu lassen. Gleich anfangs bin ich schlecht mit Dir zufrieden, daß Du die Lehren unsers Mahomet's in eine Classe setzest, in welche sie gar nicht gehören. Das, was der Heide, der Jude und der Christe seine Religion nennet, ist ein Wirrwarr von Sätzen, die eine gesunde Vernunft nie für die ihrigen erkennen wird. Sie berufen sich Alle auf höhere Offenbarungen, deren Möglichkeit noch nicht einmal erwiesen ist. Durch diese wollen sie Wahrheiten überkommen haben, die vielleicht in einer andern möglichen Welt, nur nicht in der unsrigen Wahrheiten sein können. Sie erkennen es selbst und nennen sie daher Geheimnisse, ein Wort, das seine Widerlegung gleich bei sich führet. Ich will sie Dir nicht nennen, sondern ich will nur sagen, daß eben sie es sind, welche die allergröbsten und sinnlichsten Begriffe von Allem, was göttlich ist, erzengen; daß sie es sind, die nie dem gemeinen Volke erlauben werden, sich seinen Schöpfer auf eine anständige Art zu gedenken; daß sie es sind, welche den Geist zu unfruchtbaren Betrachtungen verführen und ihm ein Ungeheuer bilden, welches Ihr den Glauben nennet. Diesem gebt Ihr die Schlüssel des Himmels und der Höllen; und Glücks genug für die Tugend, daß Ihr sie mit genauer Noth zu einer etwanigen Begleiterin desselben macht! Die Verehrung heiliger Hirngespinster macht bei Euch ohne Ge-

rechtigkeit felig, aber nicht diefe ohne fene. Welche Verblendung!
Doch dem Propheten felbft ift es nur zum Theil geglückt, Euch die
Augen zu eröffnen, und ich follte es unternehmen? Wirf einen
Blick auf fein Gefetz! Was findeft Du darinne, das nicht mit der
allerftrengften Vernunft übereinkomme? Wir glauben einen
einigen Gott; wir glauben eine zukünftige Strafe und Belohnung,
deren eine uns, nach Maaßgebung unferer Thaten, gewiß treffen
wird. Diefes glauben wir, oder vielmehr, damit ich auch Eure
entheiligten Worte nicht brauche, davon find wir überzeugt und
fonft von nichts! Weißt Du alfo, was Dir obliegt, wann Du
wider uns ftreiten willft? Du mußt die Unzulänglichkeit unfrer
Lehrfätze beweifen! Du mußt beweifen, daß der Menfch zu mehr
verbunden ift, als Gott zu kennen und tugendhaft zu fein, oder
wenigftens, daß ihn Beides die Vernunft nicht lehren kann, die
ihm doch eben dazu gegeben ward! Schwatze nicht von Wun=
dern, wann Du das Chriftenthum über uns erheben willft! Ma=
homet hat niemals dergleichen thun wollen; und hat er es denn
auch nöthig gehabt? Nur Der braucht Wunder zu thun, welcher
unbegreifliche Dinge zu überreden hat, um das eine Undegreifliche
mit dem andern wahrfcheinlich zu machen. Der aber nicht, welcher
nichts als Lehren vorträgt, deren Probirftein ein Jeder bei fich
führet. Wann Einer aufftehet und fagt: „Ich bin der Sohn Gottes,"
fo ift es billig, daß man ihm zuruft: „Thue etwas, was ein folcher
nur allein thun könnte!" Aber wenn ein Andrer fagt: „Es ift nur
ein Gott, und ich bin fein Prophet," das ift, „ich bin Derjenige, der
fich beftimmt zu fein fühlet, feine Einheit gegen Euch, die Ihr ihn
verkennet, zu retten," was find da für Wunder nöthig? Laß Dich
alfo das Befondere unfrer Sprache, das Kühne in unfrer Art zu
denken, welche den geringften Satz in blendende Allegorien gern
einfchließt, nicht verführen, Alles nach den Worten anzunehmen
und dasjenige für Wunder zu halten, worüber wir felbft fehr be=
troffen fein würden, wenn es in der That Wunder wären. Wir
fchenken Euch gar gerne diefe übernatürlichen — — ich weiß nicht,
wie ich fie nennen foll. Wir fchenken fie Euch, fage ich, und
danken es unferm Lehrer, daß er feine gute Sache nicht dadurch
hat verdächtig machen wollen. Auch wirf uns nicht die Gewalt
der Waffen vor, bei deren Unterftützung Mahomet predigte. Es
ift wahr, er und feine Anhänger haben fehr viel, und Chriftus
und feine Apoftel haben gar kein Blut vergoffen. Aber glaubft
Du wol, daß das, was bei Euch eine Graufamkeit gewefen wäre,
es bei uns nicht ift? Gieb Acht, es wird auf das Vorige hinaus=

kommen! Wann Der, welcher unbegreifliche Dinge vorträgt, die
ich höchstens nur deswegen glauben kann, weil ich ihn für einen
ehrlichen Mann halte, der mich nicht hintergehen wird, wann Der,
sage ich, den Glauben mit dem Schwerte erzwingen will, so ist
er der verabscheuungswürdigste Tyrann und ein Ungeheuer, das
den Fluch der ganzen Welt verdienet. Wann aber Der, welcher
die Ehre des Schöpfers rettet, halsstarrige Verruchte findet, die
nicht einmal das, wovon die ganze Natur zeuget, die nicht einmal
seine Einheit bekennen wollen, und diese von dem Erdboden vertilgt, den sie entheiligen, so ist er kein Tyrann; er ist, — — wann
Du ihn ja keinen Propheten, der Friede verkündiget, nennen willst,
nichts als ein rächendes Werkzeug des Ewigen. Oder glaubst Du
in der That, daß Mahomet und seine Nachfolger ein ander Bekenntniß von den Menschen gefordert haben als das Bekenntniß
solcher Wahrheiten, ohne die sie sich nicht rühmen können, Menschen
zu sein? Weißt Du, was Abu Obeidach an Die von Jerusalem
schrieb, als er diesen heiligen Ort belagerte? „Wir verlangen
von Euch, zu bezeugen, daß nur ein Gott und Mahomet sein
Apostel ist, und daß ein Tag des Gerichts sein wird, da Gott die
Todten aus ihren Gräbern erwecken will. Wann Ihr dieses Zeugniß ablegt, so ist es uns nicht erlaubt, Euer Blut zu vergießen
oder uns an Eurem Haß und Gut oder Kindern zu vergreifen.
Wollt Ihr dieses ausschlagen, so bewilliget, Tribut zu bezahlen
und uns unterwürfig zu sein; sonst will ich Leute wider Euch
bringen, welchen der Tod süßer ist als Euch der Wein und das
Schweinefleisch." — —*) Siehe, diese Aufforderung erging an
Alle! Nun sprich, verdienten Die zu leben, welche nicht einmal die
Einheit Gottes und die Zukunft des Gerichts bekennen wollen?
Stoße Dich nicht daran, daß man von ihnen auch verlangte, den
Mahomet für einen Gesandten Gottes zu erklären. Diese Clausel
mußte beigefügt werden, um zu ersehen, ob sie auch die Einheit
Gottes recht eigentlich annehmen wollten; denn auch Ihr be-
hauptet, sie anzunehmen; aber wir kennen Euch! Ich will nicht
weiter in Dich dringen; aber lachen muß ich noch zuletzt über Dich.
Du glaubst, daß wir die sinnlichen Vorstellungen des Paradieses
nach den Buchstaben verstehen. Sage mir doch, wenn ich Euern
Koran recht gelesen habe, versteht Ihr die Beschreibung Eures
himmlischen Jerusalem's auch nach den Buchstaben?" — —
Doch ich glaube, das heißt lange genug einen Andern reden

---

*) Okley, aus einer geschriebenen arabischen Geschichte des heiligen Landes.

laſſen. Ich ergreife das Wort wieder ſelbſt und ſage, daß es mich bei ſo geſtalten Sachen nicht wundern würde, wann beſonders die Mahometaner den guten Carban, im Fall, daß ſie ihn einmal kennen lernten, unter ihre boshafteſten Verleumder rechnen ſollten, daß es mich aber ſehr wundert, wann die Chriſten ihn unter die ihrigen rechnen.

Ich habe alſo noch den letzten Schritt zu thun. — — „Je nun,“ wird man ohne Zweifel ſagen, „ſo mag denn die Stelle ſelbſt ſo unſchuldig ſein, wie ſie will; genug, daß Carban durch einen gottloſen Schluß ſein Innerſtes nur allzu unglücklich verrathen hat. Das „Igitur his arbitrio victoriæ relictis“ iſt ſo erſchrecklich, daß gewiß keine Wendungen zureichen werden, es zu etwas Beſſern als zu einer Geringſchätzung alles Göttlichen zu machen.“

Da ſei Gott vor, daß ich Wendungen brauchen wollte! Die Stelle muß ſich ſelbſt retten, oder ich will Derjenige ſein, welcher am Meiſten wider ſie eifert. Man gehe alſo einen Augenblick zurück und ſehe, wo ich oben auf der 33. Seite aufhörete. „Und ſich freiwillig in ein Kloſter eingeſchloſſen hat“ waren die letzten Worte. Auf dieſe nun folgen unmittelbar folgende, die ich der größern Glaubwürdigkeit wegen in ihrer Sprache anführen will: „Sed utinam tam facile esset, arma illorum superare, quam hæc objecta diluere. Verum res ad arma traducta est, quibus plerumque major pars vincit meliorem.“ Doch wollte Gott, heißt dieſes, daß man ihre Waffen ebenſo leicht überwinden köunte, als man dieſe ihre Einwürfe zunichte machen kann. Allein die Sache iſt zu den Waffen gekommen, wo der ſtärkere Theil meiſtentheils den beſſern überwindet. — — Nunmehr verläßt Carban auf einmal dieſe Materie und wendet ſich zu den Verſchiedenheiten, die man unter den Gegenden der Erde bemerkt. Die Worte aber, die er zu dem Uebergange braucht, ſind die ſo oft verdammten Worte: „Igitur his arbitrio victoriæ relictis, ad provinciarum discrimina transeamus.“

Wenn ich ein Mann von Ausrufungen wäre, ſo würde ich mich jetzt ganz und gar darinne erſchöpfen. Ich würde mit manchem O! und Ach! zu verſtehen geben, daß auch nicht das Allerdeutlichſte vor liebloſen Verdrehungen ſicher ſei. Ich würde den guten Carban bejammern; ich würde allen ehrlichen Gelehrten wünſchen, daß ſie der liebe Gott ja für Neider behüten möge, die lieber die Regeln der Grammatik nicht kennen, als nicht verleumden wollen.

Doch ich will Alles dieſes nicht thuu, ſondern blos die Stelle in ihrem Zusammenhange noch einmal herseßen: „Verum res ad arma traducta est, quibus plerumque major pars vincit meliorem. Igitur his arbitrio victoriæ relictis, transeamus" etc. O, sagen Sie mir doch, meine Herren Scaliger, Merſennus, Morhof, de la Monnoye, Vogt, Salthenius, Freytag, Schwarz, worauf geht denn *his*? Warum soll es denn auf den Inhalt zweier vorhergehenden Seiten gehen, und warum denn nicht auf arma? Warum soll es denn heißen: „Ich will es auf das gute Glück ankommen laſſen, welche von den vier Religionen den Vorzug behaupten wird?" und warum denn nicht vielmehr: „Wir müſſen es dem Glücke überlaſſen, ob die Waffen der Mahometaner oder die Waffen der Chriſten die Oberhand, nicht in ihren Lehrsäßen, ſondern in den Schlachten davontragen werden?" Ist denn Beides etwa einerlei? Was haben Sie an dem leßtern Sinne zu tadeln? Dieſes doch wol nicht, daß Sie Ihre fromme Galle nicht daran auslaſſen können? Wenn ein Andrer an meiner Stelle wäre, der würde die ſeinige vielleicht an Ihnen auslaſſen.

Alles dieſes ist ſo klar, daß ich mich wohl hüten will, noch ein Wort hinzuzuſeßen. Es würde ſcheinen, als ob ich mit meinen Leſern ſelber ſtreiten wollte, die mir ohne Zweifel gleich bei dem erſten Worte die ganze Verleumdung eingeräumt haben.

Allein warum hat Carban gleichwol dieſe Worte hernach geändert? — — Als wenn man nur Alles änderte, was man ſelbſt für uurecht erkennet; als wenn man es nicht auch oft mit dem Allerunſchuldigſten thäte, wenn man sieht, daß Gegner Gift daraus ſaugen wollen!

Hier würde es vielleicht nicht unbienlich ſein, zu beſtimmen, in welcher Ausgabe dieſe Veränderung am Erſten vorgenommen worden; allein ich muß diese Arbeit Demjenigen überlaſſen, welchem die Mittel dazu nicht fehlen. Ich habe zu allem Unglücke keine andre Ausgabe bei der Hand als eine von den jüngsten, wo es nicht gar die allerjüngſte ist, nämlich die von 1664, in Baſel bei Emanuel König. Und auch von dieser kann ich nicht einmal ſagen, nach welcher ältern Ausgabe sie abgedruckt worden; ich vermuthe aber, nach derjenigen, welche Carban ohne Zweifel in dem Jahre 1560 zum zweiten Male überſah, weil ich ſowol die zweite Zuschrift an den Herzog von Sueſſe als auch die Actionem primam in Calumniatorem dabei finde. Dem ſei unterdeſſen, wie ihm wolle, ich will ſo viel thun, als ich thun kann, und die Aenderungen bemerken, die Carban in dieser ganzen Stelle, nach meiner Ausgabe zu urtheilen, gemacht hat.

Man irret sich sehr, wenn man glaubt, daß er nichts als die
Worte Igitur bis etc. ausgestrichen und mit andern, weniger an=
stößigen, wenn Gott will, ersetzt habe. Ich bemerke sonderlich
drei Stellen, welche sich in der Originalausgabe vorzüglich befin=
den und in den verbesserten weggeblieben sind. Die erste ist die,
welche man im Vorhergehenden auf meiner 31. Seite findet, wo an=
statt der Worte: „Und wie abgeschmackt," bis „seinen Die=
nern schwöre," Cardan folgende zu setzen für gut befunden hat:
„Absurda nonne sunt, quod fingant Deum ascendere ad cœlum e
terris, et quod ipse etiam per Dæmones servos suos juret?" Man
sieht also, daß er aufrichtig genug gewesen ist, die abgeschmackte
Beschuldigung wegzulassen, die er daselbst dem Korane macht, als
ob er lehre, Gott und die Engel beteten für den Mahomet. Allein
ich wollte, daß er noch aufrichtiger gewesen wäre und auch das
Uebrige weggelassen hätte. Denn was will er damit? Wie kann
er dem Korane etwas zur Last legen, wovon die heilige Schrift
selbst nicht frei ist? Wird nicht auch in dieser von dem Herauf=
und Herabsteigen Gottes unzähligmal geredet? Und wenn schon
nicht darinne gesagt wird, daß Gott bei dem Himmel und bei der
Erde schwöre, so schwört er doch bei seiner Seele. Ein Ausdruck,
der ohne Zweifel auch seine Erklärungen nöthig hat. Die zweite
Stelle ist der ganze erste Beweisgrund der Mahometaner, welcher
von der Einheit Gottes, deren Verleugnung sie den Christen
Schuld geben, hergenommen ist. (Siehe oben S. 31, von: „Nun
haben aber auch" ꝛc. bis: „Der zweite Beweisgrund
kömmt.") Alles dieses hat er in wenig Worte folgender Gestalt
zusammengeschmolzen: „At Mahumetani et ipsi munimenta habent. Primum quod Christiani non eam quam ipsi in Deo simpli-
citatem colant, et quod Christicolæ imagines venerentur, videan-
turque Deorum non Dei unius cultores." Die dritte Stelle ist end=
lich die, wo Cardan von den Heiligen der Mahometaner redet,
und von der ich in meiner Ausgabe nicht die geringste Spur sehe.
Sie geht oben S. 32, von: „Auch sogar Heilige haben sie"
bis zu Ende des ganzen Ortes, S. 33, „eingeschlossen hat." —
Von diesen drei Veränderungen kann man ohne viel Mühe einen
Grund angeben; allein was ich von der vierten, die ich gleich an=
führen will, sagen soll, weiß ich nicht. Ich finde nämlich, daß
er auch diejenige Worte, die zur Rettung seiner guten Gesinnung
so vortrefflich sind, nämlich: „Sed utinam tam facile esset, arma
illorum superare quam hæc objecta diluere. Verum res ad arma
traducta est, quibus plerumque major pars vincit meliorem"

gänzlich weggelaſſen hat. Er bricht da ab, wo ich auf der 33.
Seite abgebrochen habe, und ſetzt anſtatt des berüchtigten Ueber=
ganges nichts als die kahlen Worte: „Sed hæc parum philosophos
attinent, pro quibus institutus est sermo: ad provinciarum mira-
cula transeamus" etc.

Ich nenne dieſe Worte hoffentlich mit Recht k a h l, und wer
weiß, ob ich ihnen nicht noch ein härter Beiwort geben ſollte.
Dem guten Cardan iſt es wie hundert andern Gelehrten gegangen,
die ſich ebenſo wenig als er auf das Verbeſſern verſtanden
haben. Setzt er nicht offenbar für etwas Anſtößiges noch etwas
Anſtößigers? Was hindert es, ſein „hæc parum philosophos attinent" zu überſetzen: „Was hat ſich ein Philoſoph um die Religio=
nen zu bekümmern? Was geht ihn das abergläubiſche Zeug
an?" Ich weiß wol, ſeine Meinung iſt ſo arg nicht, und er will
weiter nichts ſagen als: „D i e ſ e s g e h t d i e j e n i g e n W e l t=
w e i ſ e n, f ü r d i e i ch h i e r ſ ch r e i b e, d i e N a t u r f o r ſ ch e r
n ä m l i ch, w e n i g e r a n." Er meint alſo nicht die Weltweiſen über=
haupt, für welche die Religionen allerdings ein ſehr würdiger
Gegenſtand ſind. Allein nimmt man denn Gründe an, wenn
man verdrehen will?

Ich will nur noch ein paar Worte von der Ordnung, in
welcher die verſchiedenen Ausgaben der Bücher de subtilitate auf
einander gefolgt ſind, beifügen und alsdann mit einer Anmer=
kung ſchließen, die vielleicht von einigem Nutzen ſein kann. Die
erſte Ausgabe iſt ohne allem Streit die oben angeführte von
1550, in Nürnberg. Für die zweite hält Herr F r e y t a g eine Aus=
gabe von Baſel, ohne Jahrzahl, in Folio; für die dritte die von
1554, gleichfalls in Baſel, bei Ludovico Lucio, und für die vierte
die von 1560, welche in 8° an ebendemſelben Orte herausge=
kommen iſt. Ueber dieſe Folge wird er mir erlauben, einige An=
merkungen zu machen. I. C a r d a n ſagt es ausdrücklich ſelbſt, in
ſeiner Actione prima auf der 728. S., daß die zweite Ausgabe
ſeines Buchs 1554, und zwar im Anfange des Jahrs erſchienen ſei.
D e l a M o n n o y e, welchen Herr F r e y t a g tadelt, könnte alſo
doch wol Recht haben, wenn er behauptet, daß die anſtößigen Worte
in derſelben wären verbeſſert worden. Doch muß ich auch dieſes
zu des Herrn F r e y t a g's Entſchuldigung ſagen, daß C a r d a n,
wenn er die Ausgabe von 1554 die zweite nennet, dadurch ohne
Zweifel nicht ſagen wolle, als ob die erſte niemals nachgedruckt
worden ſei; er nennt ſie die zweite, weil alle die vorhergehenden,
als von einer einzigen Originalausgabe abgedruckt, nur für eine

in Ansehung des unveränderten Inhalts anzusehen sind. II. Weil
aber doch auf der Basel'schen Ausgabe in Folio, ohne Jahrzahl,
sehr vieler Verbesserungen gedacht wird, weil man auch sogar
die Actio prima auf dem Titel genennt findet, so irret sich Herr
Freytag ganz gewaltig, wenn er sie für die zweite halten will.
Wie ist das möglich? Hat dieser Bücherkenner vergessen, daß
erst 1557 des Scaliger's Exercitationes herausgekommen sind,
und daß also die Actio prima, welches eine Antwort darauf sein
soll, von noch späterm Dato sein muß? III. Warum aber auch
nicht, nach des Herrn Freytag's Art zu rechnen, die Ausgabe von
1554 die dritte sein kann, ist dieses der Grund, weil Cardan selbst
auf der 791. S. der Actio prima von einer prima et secunda
Norimbergensi, desgleichen von einer Lugdunensi und Lutetiana
redet. Von der Lugdunensi nun weiß ich es gewiß, daß diese
1551 in Octav ans Licht getreten sei, weil sie der Verfasser des
in dem X. Theile der Observationum Hallensium befindlichen
Aufsatzes de libris raris ausdrücklich anführt. Ueberhaupt ver=
muthe ich, daß man aus diesen und vielen andern dabei vorkom=
menden Schwierigkeiten sich schwerlich jemals werde helfen können,
weil die Buchhändler ohne Zweifel auch hier ein Stückchen nach
ihrer Art gespielt und um einerlei Ausgabe mehr als einen
Titel gedruckt haben.

Ich komme endlich auf die Anmerkung, mit welcher ich schließen
will. Diese Beschuldigung des Cardan's, welche ich hoffentlich
unwidersprechlich zu Schanden gemacht, haben unsre Litteratores
aus den Händen der Katholiken, besonders eines hitzigen Mer=
sennus. Ich will ihnen rathen, daß sie Alles, was sie diesen
Glaubensgenossen abborgen, vorher wohl untersuchen, ehe sie
mit ihnen gemeinschaftliche Sache machen. Diese Herren haben
oft besondre Ursachen, dem und jenem Verfasser einen Schandfleck
anzuhängen, welche bei uns wegfallen. Cardanus zum Exem=
pel läßt die Vielheit der Götter in der streitigen Stelle auf eben
die Art vertheidigen, wie sie die Heiligen zu vertheidigen pflegen,
dergleichen er auch den Mahometanern beilegt. Sollte dieses die
Katholiken nicht etwa weit mehr verdrossen haben als alles
das Andre? Allein sie waren vielleicht zu klug, um nicht einen an=
dern Vorwand zu suchen. Ich bitte, dieses zu überlegen.

Rettung

des

INEPTI RELIGIOSI

und

seines ungenannten Verfassers.

Diese ganze Rettung wird wider den Herrn Paſtor Vogt
gerichtet ſein; oder vielmehr ſie wird dieſem Gelehrten Gelegen=
heit geben, ſich eines Umſtandes wegen zu erklären, welcher, wenn
er ihm erſt nach ſeinem Tode ſollte zur Laſt gelegt werden, ſeiner
Aufrichtigkeit einen ziemlichen Stoß geben könnte. Ich habe für
ſeine Verdienſte alle Hochachtung; ja, eben dieſe Hochachtung iſt
es, welche mich dieſen Schritt zu thun bewegt.

Zur Sache! Der Herr Vogt gedenkt in ſeinem Verzeichniſſe
rarer Bücher in dem Buchſtaben J einer Scharteke, welche zu
Anfange der zweiten Hälfte des vorigen Jahrhunderts in
lateiniſcher Sprache unter folgendem Titel ans Licht gekommen
iſt: „Ineptus Religiosus ad mores horum temporum descriptus
M. I. S. Anno 1652.“ In Duodez, auf zwei Bogen. Das Ur=
theil, welches er davon fällt, iſt folgendes: „Ein höchſt ſeltnes,
aber böſes und gottloſes Büchelchen. Dem Exemplare, welches
mir der Herr Göring, Superintendent in Minden, aus ſeiner
zahlreichen Bibliothek mitgetheilet hat, war Folgendes am Rande
beigeſchrieben: „Mente cares, si res tibi agitur seria: rursus fronte
cares, si sic Indis amice Faber. Hæc sunt Erasmi verba, alia
occasione prolata, in hunc libellum optime quadrantia.“ Sh. die
vermiſchte Hamburgiſche Bibl., Band III. S. 581. Ich will das=
jenige daraus herſetzen, was man in dem 45. Paragrapho lieſet,
und was den Sinn des Verfaſſers verräth: „Omnes quæstiones
et controversias ab ovo, quod dicitur, semper incipito. Nihil
suppone; semper quæras, an Christus fuerit in rerum natura.““

Ich habe an dieſem Richterſpruche Zweierlei von Wichtigkeit
auszuſetzen: erſtlich, daß Herr Vogt ſeinem Leſer von dieſer ſelt=
nen Schrift einen durchaus falſchen Begriff macht; zweitens,
daß er die daraus angeführte Stelle offenbar verfälſcht.

Der erſte Punkt. Herr Vogt macht ſeinen Leſern einen
ganz falſchen Begriff davon. Er ſagt, es ſei ein höchſt böſes
und gottloſes Büchelchen. Ich aber ſage, es ſei ein ſehr gutes
und rechtgläubiges Büchelchen. Wie werde ich dieſen Gegenſatz

am Beſten beweiſen? Nicht beſſer, glaube ich, als wenn ich es
den unparteiiſchen Leſer ſelbſt verſuchen laſſe, was es für
Wirkungen bei ihm haben werde, wenn er es von einem Ende
zum andern leſen ſollte. Dieſes alſo will ich thun; doch um ihm
den Verdruß zu erſparen, ſich mit dem ziemlich barbariſchen
Lateine, in welchem es geſchrieben iſt, zu plagen, lege ich ihm
nichts als einen deutſchen Auszug davon vor. Einen Auszug,
ſage ich, und nicht eine Ueberſetzung, damit ich in jenem das
Gift, wenn anders welches darinnen iſt, ſo nahe zuſammen=
bringen kann als möglich, und damit dieſes auf einem Haufen
ſeine Kräfte gewiß äußere, wann es anders welche äußern kann.
     Ich ſage alſo, daß der Ineptus Religiosus eine kleine Schrift
iſt, die aus einer Zueignungsſchrift, aus 53 Paragraphen, aus
einem kleinen Gedichte und endlich aus einer Stelle des
Auguſtinus beſtehet. Man betrachte Eines nach dem Andern.
Zuerſt die

Zueignungsſchrift.

     Hier iſt das Vornehmſte davon. — — „Mein lieber Freund,
Du befindeſt Dich jetzo außer Deinem Vaterlande, in den am
Meere liegenden Ländern Europens; Deine größte Begierde geht
dahin, daß Du in allen Stücken einen recht galanten Weltmann
und einen recht großen Geiſt aus Dir machen mögeſt. Das iſt
löblich, und ich halte es für meine Schuldigkeit, Dich noch mehr
dazu aufzumuntern. Ich will Dir ſogar mit meinem guten Rathe
an die Hand gehen und Dir dasjenige mittheilen, was ich, nach
einer neulichen Unterſuchung, für das Beſte zu ſein fand, um ein
nicht unwürdiger Gottesgelehrter“ — — (ſo will ich unterdeſſen
das Wort Religiosus überſetzen) „dieſes Jahrhunderts zu wer=
den. Ich weiß gewiß, es wird Dir ſehr nützlich ſein, und Du
wirſt in Kurzen ſehr viel daraus lernen können, wenn Du nur
folgſam ſein willſt. Lebe wohl! Datum et conceptum in otio
febrili.“
     Nach dieſer Zueignungsſchrift, die nicht viel Beſſers als eine
— — doch der Leſer mag es ſelbſt entſcheiden, was ſie zu ver=
ſprechen ſcheinet. — — Hier folgt die Abhandlung ſelbſt, deren
Hauptſätze ich folgender Maßen zuſammenziehe.

§. 1.

     „Höre mir zu, der Du Dich von dem Pöbel abſondern, zu
einer größern theologiſchen Weisheit gelangen und viel in

kurzer Zeit lernen willst. Du wirst sehen, daß der Weg zu dem Erhabensten heutzutage sehr leicht ist, so daß Du Dich über die Glückseligkeit Deiner Zeiten und über Deine eigne Fähigkeit wundern wirst. Ohne viel Sprachen zu lernen, ohne die Nächte schlaflos hinzubringen, ohne viel Oel und Fleiß zu verlieren, will ich Dir das Innerste der Weisheit eröffnen. Laß Andre sich quälen, so viel wie sie wollen; sie wollen das Gute nicht erkennen 2c.

§. 2.

„Du also, der Du Dich berühmt zu machen gedenkest, überrede Dich vor allen Dingen, daß Du ein ganzer Mann bist und daß Dir nichts fehlt, um von Allen, was Dir in den Weg kömmt, urtheilen zu können. Weg mit der thörichten Behutsamkeit! Wer wird seine Meinung Andern unterwerfen wollen? Weg mit solcher Sclaverei! Keine Sclaverei ist schimpflicher als die freiwillige 2c.

§. 3.

„Halte die Gottesgelahrtheit für das allerleichteste Studium — — Glaube, daß nichts weniger Mühe kostet, als das Wahre von dem Falschen und das Licht von der Finsterniß zu unterscheiden. Ich versichre Dir, daß alle Schwierigkeiten in der Einbildung bestehen, und daß nichts schwer ist, als was Einem schwer scheinet. Der Löwe entsetzt sich über das Quaken des Frosches, und wann er näher kömmt, zertritt er ihn 2c.

§. 4.

„Ferner verachte das Ansehen der Alten und der Verstorbenen! Wir sind zwar überall unsern Vorfahren viel schuldig; nur in der Religion sind wir ihnen nichts schuldig 2c.

§. 5.

„An die Hirten und Lehrer, unter welchen Du lebest, kehre Dich nicht! In einer so wichtigen Sache, als das Heil Deiner Seelen ist, mußt Du Dich auf Niemanden verlassen. Der beste Christ ist Der, welcher sein eigner Hirt ist. Die Sorge für Deine Seligkeit ist Niemanden aufgetragen, und Niemand wird für Dich zum Teufel fahren. Du kannst Dich ja selbst aus Büchern genugsam unterrichten, deren heutzutage oft ein Schuster und Schneider mehrere hat als sonst ein großer Doctor des kanonischen Rechts. Und was ist jetziger Zeit gemeiner als die Gelehr-

4*

famkeit? Was haben die Gelehrten vor gemeinen Handwerks=
leuten, die oft fertiger mit der Zunge sind als sie, voraus als
den Namen? Vor Diesen mochte es wol wahr sein, daß man
die Gelehrsamkeit nur bei den Gelehrten finden konnte; allein jetzt
                    redeunt Saturnia regna,
        In quibus Assyrium vulgo nascetur Amomum.

§. 6.

„Mit diesen witzigen Köpfen also, welche eigentlich keine Ge=
lehrte sind, rathe ich Dir, fleißig umzugehen. Alle Pastores, Ma=
gistros, Doctores, Baccalaureos verachte gegen sie! Diese finstern
Leute wollen, daß man nur ihnen Alles glauben müsse; sie sind
aufgeblasen und in ihre Grillen närrisch verliebt. Wann sich
ja noch Einige unter ihnen finden, die diese Fehler nicht haben,
so sind sie dafür albern, blödsinnig, einfältig und dumm. Ueber=
haupt aber werden sie Dich alle mit so viel Sophistereien und
schulmäßigen Unterscheidungen plagen, daß Du nothwendig einen
Ekel für sie bekommen mußt. Sie werden Dich auf die Gram=
matiken, auf die Vernunftlehren, auf die Wörterbücher, auf
Commentarios, Disputationes, Thomisten und Scotisten ver=
weisen; sie werden Dich zu einem ewigen Sclaven der Bücher
machen, damit sie Dich ja in ihren Ketten behalten und Du nur
immer ihre Speichel lecken mußt 2c.

§. 7

„Noch einmal also, laß diese düsteren Köpfe und gieb Dich
mit Niemanden als mit Solchen ab, welchen Wahrheit und
Lügen gleichgiltige Dinge sind, und die weder die Kunst zu
schließen noch zu bisputiren gelernt haben. Du brauchst eben
nicht, um die Theologie zu lernen, Deine andern Hantierungen
aufzugeben; Du kannst Alles dabei treiben, was Du nur willst,
und es ist genug, wenn Du nur in müßigen Stunden mit
Deinen Gesellschaftern ein Wenig von der Religion schwatzest. Du
kannst Alles unter Scherz und Lachen lernen — — Schuster und
Schneider sind oft die besten Theologen, weil sie aus Erfahrung
reden. Die Stimme des Pöbels ist die Stimme Gottes. Ver=
such es nur!

§. 8.

„Du wirst aber desto leichter lernen, je mit Beredtern Du
umgehest, dergleichen jetziger Zeit die Engländer und Holländer
zu sein pflegen, bei welchen alle Marktplätze von Religion wi=

berſchallen. Ihre Weibleins ſogar ſind die geſchwätzigſten, die nur zu finden ſind, und ſie können fertiger von theologiſchen Dingen plaudern als mancher langbärtige Profeſſor der Theo= logie. Doch auch nicht immer mit Einem unterrede Dich! Bald mit Dieſem, bald mit Jenem, damit Du ſein Vielerlei in den Kopf bekömmſt ꝛc.

§. 9.

„Nun muß ich Dich ferner zur Kühnheit aufmuntern. Das Sprichwort ſagt: „Den Kühnen hilft das Glück," und ich ſage Dir: Den Kühnen hilft die Weisheit. Furchtſame bleiben auf dem bekannten Wege; Zweifelhafte folgen einem Führer, und Die den Weg nicht wiſſen, treten in Andrer Fußtapfen. Die Feigheit verräth ein unedles Gemüth. Ein Weiſer weiß, daß er etwas weiß; er verehrt ſich und läßt ſich von Andern verehren. Was fragt er darnach, ob ihn Andre frech, verwegen, oder wie ſie ſonſt wollen, nennen?

§. 10.

„Mit dieſer Tugend iſt die Großmuth verwandt, die Du auch lernen mußt. Sie iſt es, welche Dich die Kleinigkeiten der Sprachlehrer und die Kindereien der Dialektiker verachten lehrt ꝛc.

§. 11.

„Mit dieſen Eigenſchaften ausgerüſtet, mußt Du Dich zu keiner gewiſſen Secte bekennen und auf Keines Worte ſchwören. Auch die Namen der Lutheraner, Papiſten und Calviniſten mußt Du nicht einmal vertragen. Remonſtranten oder Contra= remonſtranten,[1]) was will das ſagen? Die Chriſten müſſen unter ſich alle Brüder ſein. Luther war ſo gut ein Menſch als Andre, und wir fehlen Alle mannichfaltig ꝛc.

§. 12.

„Wann Du aber ja in einer von den Secten biſt auferzogen worden, ſo verachte doch die andern nicht dabei! Jede hat etwas Gutes; ſuche Dir das Beſte aus; lerne aus allen etwas und nicht aus einer Alles! Haſt Du aber ſchreiben gelernet, ſo mache Dir ſelbſt ein theologiſches Syſtem ꝛc.

---

1) Remonſtranten = Arminianer; Contraremonſtranten = Gomariſten oder ſtrenge Calviniſten. Vgl. die erſte Anmerkung zu §. 16. A. d. H.

§. 13.

„Haffe alfo keine Secte und glaube, daß, wie der Deutfche gt, hinter dem Berge auch noch Lente wohnen. Gedenke an as, was Barläus in feinem fchönen Epigrammate fagt:

— — — — — non unius ævi,
Non populi unius credimus esse pium.
Si sapimus diversa, Deo vivamus amici,
Doctaque mens pretio constet ubique suo etc.

§. 14.

„Wann Du ja haffen willft, fo haffe die Katholiken vor llen Andern, weil fie die Gewiffen binden, uns alle Freiheit n Denken rauben und nach Art der Alten eine gar zu ftrenge irchenzucht haben; weil fie die Kirche zu einem Gefängniffe nd den Glauben zu einer Marterbank machen 2c.

§. 15.

„Nach Diefen verachte die Lutheraner oder Ubiquetiften. [1]) iefe Heerde ift fehr zankfüchtig, fie dünkt fich alleine klug und at noch viel von den äußerlichen päpftifchen Ceremonien bei= halten. Alle Ceremonien aber befehl' ich Dir zu fliehen. ozu foll das Kniebeugen, das Kreuzmachen, die Entblößung es Hauptes? Dergleichen Grimaffen gehören für die Klopf= chter und Tänzer.

§. 16.

„Sonft aber halte alle Secten in gleichem Werthe, es ögen nun Arminianer oder David=Joriten oder Browniften [2]) in. Tros Tyriusve fuat, nullo discrimine habeto. Läß Dir es uch niemals in den Sinn kommen, als wenn die päpftliche

---

1) Ubiquetiften werden die Lutheraner genannt, weil fie die Ubiquitas .eberallheit) des Leibes Chrifti annahmen. Anm. des Herausg.

2) 1. Arminius (geb. 1560, geft. 1609 als Profeffor zu Leyden) ift tifter der Arminianer oder Remonftranten, der berühmteften Secte der refor irten Kirche. Die Arminianer verwerfen im Gegenfaße zu den Gomariften lvin's ftrenge Prädeftinationslehre. Der bekanntefte Anhänger des Arminius ar der in dem „Ineptus Rel." viel genannte große Gelehrte und Staatsmann ugo Grotius. 2. David Joris (geb. 1501 zu Delft in Holland, geft. 1556 zu afel) ift Ucheber der antitrinitarifch=anabaptiftifchen Secte der David=Joriten. Robert Browne (geb um 1550 zu Northampton in England, geft. 1630 in inem Geburtsort) ftiftete die puritanifche Secte der Browniften, aus der fich rch J. Robinfon die große Congregation der Independenten entwickelte. Anm. s Herausg.

Religion weniger zu haffen wäre als die Photinianifche[1]) oder Mahometanifche. Den Sectirer mußt Du fliehen, fofern er ein Sectirer ift, nicht aber, infoferne er irret.

§. 17.

„An allen Glaubenslehren und Lebenspflichten zweifle in Deinem Leben wenigftens einmal. Und wann Du es thuft, fo entziehe Dich allem Umgange der Menfchen! Begieb Dich in die Einfamkeit, welche Dich Manches lehren wird! Ziehe keine Bücher dabei zu Rathe, fondern blos und allein Dich! Wenn der Geift von allzu vielem Lefen abgemattet ift, fo kann er von nichts gehörig urtheilen 2c.

§. 18.

„Die Bibel, rathe ich Dir, ohne alle Hilfe zu lefen. Doch brauchft Du nicht immer darüber zu liegen, aufs Höchfte bei garftigem und traurigen Wetter, oder wann Du von der Arbeit müde und zu andern Verrichtungen ungefchickt bift. Fliehe alle Ausleger; denn glaube mir, kein einziger ift von Vorur= theilen frei.

§. 19.

„Alle andre Gebetbücher oder Gefangbücher kannft Du bei der Bibel entbehren. Ich rathe Dir überhaupt nicht, Dich gewiffer Formeln bei dem Beten zu bedienen, nicht einmal des Väter Unfers. Das ift eine elende Andacht, die ihr Jener aus den Büchern holen will! 2c.

§. 20.

„Die Bibel felbft aber lies mit Sorgfalt und Ueberlegung, nicht mit jener finnlofen Ehrfurcht, die man Andacht zu nennen pflegt! Es find Orte, wo felbft Paulus anftößt, und wo Petrus ftolpert. Homer fchläft ja felbft manchmal ein. Lies die Bibel nicht anders, als Du den Livius, Frofchmäusler oder der Gräfin von Pembroke Arkadien liefeft. Einiges davon lobft Du; Einiges übergehft Du; von Einigem wollteft Du, daß es lieber anders als fo heißen möge. Es fteckt auch noch Vieles in der Bibel, das noch Niemand bemerkt oder an den Tag gebracht hat, und das ent=

---

1) Bifchof Photinus von Sirmium, der Stifter der Photinianifchen Secte, wurde 351 wegen Sabellianifirender (unitarifcher) Lehren feines Amtes entfetzt. Anm. des Herausg.

weder auf Deine oder auf eines Andern Hand wartet. Viele
Stellen sollten ganz anders ausgelegt werden! Bei vielen folgt
ein Schöps dem andern und ein Ausleger dem andern 2c.

§. 21.

„Hieraus kannst Du leicht schließen, was ich von dem aka=
demischen Disputiren halte. Damit diese Leutchen doch etwas
thun mögen, so zanken sie sich über Worte, die weder bei ihnen
noch bei Andern einen Sinn haben. Ich möchte doch wissen,
welcher von den Aposteln ihre Sophistereien de causa efficiente,
formali, informante, assistente etc. verstehen würde? Von ihren
Hæcceitatibus, Quidditatibus und dergleichen Dingern, die sie
dem Thomas und Holcoth abborgen, will ich nichts sagen. Wie
sehr hat man es vergessen, was der heil. Ambrosius sagt:
„Piscatoribus creditur, non Dialecticis." etc.

§. 22.

„Wenn Du aber ja mit mir nicht durchgängig einig bist und
ohne Bücher nicht gelehrt zu werden glaubst, so will ich Dir
wenigstens sagen, was für welche Du loben und billigen mußt.

§. 23.

„Erst siehe, ob der Verfasser eine gute Schreibart hat. Sie
muß Ciceronianisch sein. Dieses Lob haben besonders die Bücher
der Arminianer, desgleichen Calvinus und verschiedene im vorigen
Jahrhunderte verstorbene schweizersche Theologen 2c.

§. 24.

„Die andre Tugend eines Schriftstellers ist die Bescheiden=
heit. Er muß mit seinen Gegnern sein säuberlich verfahren.
Er muß den Ausspruch des Heilandes beständig in Gedanken
gehabt haben: „Richtet nicht!"

§. 25.

„Die dritte Tugend ist die Versöhnlichkeit, welche die Grie=
chen ἐπιεικειαν nennen. Sie müssen immer bereit sein, sich mit
ihren Feinden zu vereinigen, und beständig im Munde führen: „So
viel an Euch ist, haltet mit allen Menschen Friede!" Dergleichen
Bücher kommen heutzutage sehr viele ans Licht und erhalten
hier und da Beifall.

§. 26.

„Die vierte Tugend ist die Frostigkeit, welche die Griechen
ψυχρολογιαν nennen. Sie müssen nicht dem Leser ans Herz

reden, noch alle Seiten mit Ausrufungen und Fragen anfüllen. Sie müssen keine Leidenschaften rege machen, ob man dieses gleich sonst für einen Fehler zu halten pflegt 2c.

§. 27.

„Fünftens wollte ich wohl rathen, daß man auf einen guten Druck, auf weißes Papier und saubere Lettern sehen möge; allein das weiß Jeder schon von sich selbst. Ich will also eine andre Regel geben, die wichtiger ist; diese nämlich: man fliehe sorgfältig alle methodische Bücher. Die besten sind diejenigen, welche frei und ohne Zwang geschrieben sind 2c.

§. 28.

„Endlich, welches ich gleich zuerst hätte erinnern sollen, halte besonders diejenigen für auserlesene Bücher, welche ohne Namen des Verfassers herauskommen und auch keinen Ort des Drucks angeben, es müßte denn etwa eine Stadt in Utopien sein. In solchen Büchern wirst Du Schätze antreffen, weil sie meistentheils von witzigen und wahrheitliebenden Männern kommen. Die Welt ist sehr undankbar, daß sie dergleichen Schriften verbieten oder sie nicht frei verkaufen lassen will.

§. 29.

„Solche Bücher, wie ich sie Dir jetzt beschrieben habe, liebe und lies; alle die übrigen aber, Ausleger, Streitschriften, Com= pendia 2c., brauche

Ad piper et quicquid chartis amicitur ineptis.

§. 30.

„Ausdrücklich Dir aber diejenigen Bücher zu nennen, welche Du lesen mußt, will sich nicht thun lassen, weil ich dazu den Ort, wo Du Dich aufhältst, und sonst Deine Umstände wissen müßte. Unterdessen aber kannst Du mit folgenden anfangen: mit Hugonis Grotii Büchern von der Wahrheit der christlichen Re= ligion und seinen Auslegungen über das Alte und Neue Testa= ment; mit Thomas Brown's Religion des Arztes (welches Buch Hugo besonders wegen seiner reinen Schreibart Vielen anzupreisen pflegte), mit des Marcus Antonius de Dominis Republica Ecclesiastica; mit des Paräus Irenico, mit Gott= fried Hotton's Concordia Ecclesiastica, und was Dir etwa sonst für welche in den holländischen Buchläden vorkommen.

§. 31.

„Nun will ich noch einige gute Regeln beifügen, die Dir durch Dein ganzes Leben nützlich sein können ꝛc.

§. 32.

I. „Verachte Deinen Katechism, und was Du sonst in Deiner Jugend gelernet haſt! Allen dieſen Bettel mußt Du mit den Kinderſchuhen ablegen ꝛc.

§. 33.

II. „Wage Dich gleich an etwas Großes; und das Geringſte, worüber Du ſtreiteſt, laß die Vorherbeſtimmung von Ewigkeit, die allgemeine Gnade, die Nothwendig= keit der guten Werke zur Seligkeit, die Art und Weiſe, wie Chriſtus im Abendmahl zugegen iſt, und andere ſolche Fragen ſein. Wann Du gleich nichts davon verſtehest, das ſchadet Alles nichts.

§. 34.

III. „Von Denen, die wichtige Aemter bei der Kirche oder im Staate bekleiden, glaube durchgängig, daß ſie unwiſſend und dumm ſind; denn es wäre ein Wunder, wenn Anſehen und Ver= ſtand beiſammen ſein ſollten. Wann Du findeſt, daß ſie auch nur in einer Kleinigkeit gefehlt haben, ſo ſchließe weiter!

§. 35.

IV. „Gewöhne Dich, Deine Meinung über Alles zu ſagen. Weg mit dem Pythagoriſchen Stilleſchweigen! Erſt lehre Andre, und alsdenn lerne ſelbſt! Ueberall aber, in Wein= und Bier= häuſern, ſuche die Unterredung auf theologiſche Dinge zu leuken.

§. 36.

V. „Gieb beständig Acht, wo Du etwas zu widerſprechen findeſt. Es ſei Dir deswegen erlaubt, den unwiderſprechlichſten Grund des Chriſtenthums anzutaſten; man bekömmt wenigſtens dadurch eine große Meinung von Dir ꝛc.

§. 37.

VI. „Halte Dich zu Denjenigen, die von den oberſten Geiſt= lichen verachtet und gedrückt werden. Es werden immer witzige und gelehrte Männer ſein, die man wegen ihrer Wahrheitsliebe verfolgt, und aus deren Umgange Du Vieles lernen kannſt.

§. 38.

VII. „Auch aus den Reden des allergeringsten Menschen schäme Dich nicht, etwas zu lernen, und wenn es auch ein alt Weib wäre 2c.

§. 39.

VIII. „Wann Du mit Männern, die gelehrt sein wollen, von der Religion redest, und sie sagen Dir etwas, was Dir schwer und dunkel scheinet, so halte es für verdächtig! Alles, was schwer ist, erkenne für Possen, und nur das, was Du gleich fassen kannst, für Wahrheit!

§. 40.

IX. „Der Hauptzweck aller Deiner Unterredungen und Handlungen sei, die Secten zu vereinigen und Friede und Ruhe in der Kirche herzustellen. Die Theologen selbst sind viel zu eigennützig, halsstarrig und zänkisch, als daß sie sich damit beschäftigen sollten 2c.

§. 41.

X. „Bei Streitunterredungen suche beständig auf eine neue Art zu antworten! Mit dem Antworten selbst aber sei ja recht fertig! Jedes große Genie redet Alles aus dem Stegreife. In theologischen Sachen besonders sind oft die erstern Gedanken besser als die letztern 2c.

§. 42.

XI. „Die Streitigkeiten, welche unter den Secten obwalten, mache so geringe als möglich; denn sie sind es, die der Vereinigung am Meisten im Wege stehen. Oft sind es nur Wortstreite, und der ganze Fehler ist der, daß beide Parteien einander nicht verstehen. Ueberhaupt wird Dir hier der Unterschied zwischen Glaubensartikeln, die zur Seligkeit unumgänglich nöthig sind, und denen, die es nicht sind, sehr wohl zu Statten kommen.

§. 43.

XII. „Wann Du von den verschiednen Secten sprichst, so drücke Dich allezeit bescheiden aus. Die Bescheidenheit ist die erste Tugend eines Jüngers der großen und allgemeinen Religion. Mische daher fein oft in Deine Reden die Wörter: wenn, vielleicht, es scheint, ich halte, meistentheils, kaum, ohne Zweifel. Sage zum Exempel: Wenn irgend ein Glaubensbekenntniß nach allen Vorschriften der Frömmigkeit und Heiligkeit abgefaßt ist, so ist es wol das Augsburgische; die Photinianer sind des christlichen Namens kaum würdig; die Calvi= nisten scheinen aus Begierde, die göttliche Gnade groß zu machen, den unbedingten Rathschluß auf= gebracht zu haben; dem ehrlichen Hugo Grotius ist hier etwas Menschliches zugestoßen, ꝛc. Aber ganz anders mußt Du von Denjenigen reden, die mit Deinen beson= bern Meinungen nicht übereinkommen wollen.

§. 44.

XIII. „Gieb Dich bei Streitunterredungen niemals über= wunden! Wenn Dein Gegner scharfsinniger ist und Dich mit Schlüssen eintreiben will, so halte immer einen Einfall in Be= reitschaft, den Du diesem Schulfuchse in den Bart werfen kannst. Allenfalls kannst Du ihm auch sagen, daß er Dich nicht verstehe, und daß er selbst nicht wisse, was er wolle.

§. 45.

XIV. „Bei allen Streitfragen fange ganz von vorne an! Setze nichts voraus! — — — (Doch ich will diesen Paragra= phen nicht weiter ausziehen; ich werde ihn unten ganz einrücken müssen, weil die von dem Herrn Vogt angezogene Stelle daraus genommen ist.)

§. 46.

XV. „Rühme Dich oft Deiner heiligen Betrachtungen, Deiner Geduld, Deiner Demuth und Deiner andern Dir verliehenen Gnadengaben! Thue aber, als wenn Du hierbei nicht Deine, sondern Gottes Ehre suchtest!

§. 47.

XVI. „Lebe so, als wenn Dich diese Zeiten ganz und gar nichts angingen! Entweder siehe beständig auf das Vergangne, oder spare Dich bessern Zeiten! Die Berge werden bald etwas gebären, und alsdann wird eine sehr große Veränderung ent= stehen.

§. 48.

XVII. „Was Dir in der Nähe ist, verachte! Bücher und

Menſchen aus Deiner Gegend müſſen Dir ekeln. Nur das Aus=
ländiſche muß Dich ergetzen. 2c.

§. 49.

XVIII. „Wenn Du auf dieſe Art in Deiner Religion zu=
genommen haſt, ſo ſinne endlich einmal darauf, wie die ganze
Hierarchie der Kirche abgeſchafft werden könne. Die Geiſtlichen
koſten der Republik jährlich ſehr große Summen; ein Erzbiſchof
verzehrt in einem Monate mehr als ein andrer Vornehmer in
einem Jahre. Von was für einer Laſt würde der Staat nicht
befreit ſein, wenn er dieſe Koſten erſparen könnte!

§. 50.

XIX. „Endlich, wann Du Dich in Deinen Glaubensartikeln
feſtgeſetzt haſt, ſo fange auch an, Dich um den Zuſtand Deiner
politiſchen Obrigkeit zu bekümmern. Lebſt Du in einer Monarchie,
ſo unterſuche, was Dein Monarch für Recht habe, über freie
Leute zu herrſchen; ob es erlaubt ſei, daß Einer über Alle ge=
biete. Kannſt Du auch Andre mit dazu aufmuntern, daß ſie
gleiche Unterſuchungen mit Dir anſtellen, ſo iſt es deſto beſſer 2c.

§. 51.

XX. „Um aber von Deiner Obrigkeit ein richtiges Urtheil
fällen zu können, wirſt Du ſehr wohl thun, wann Du von allen
ihren Mängeln und Fehlern Nachricht einzuziehen ſuchſt, welche
Du am Beſten durch ihre Mägde oder andre Botſchaftträgerinnen
bekommen kannſt 2c.

§. 52.

„Mit dieſen und dergleichen Unterſuchungen bringe Deine
Jugend hin, und ſei nicht ſo unſinnig, ſie bis auf das Alter zu
verſparen 2c.

§. 53.

„Hier will ich aufhören und ein Mehreres Deiner eignen
Klugheit überlaſſen. Vielleicht erkläre ich mich zu einer andern
Zeit weitläuftiger, beſonders wann ich erfahren ſollte, daß dieſes
nicht übel aufgenommen worden.“

*   *   *

Noch iſt es einige Augenblicke zu zeitig, meine Leſer zu fra=
gen, was ſie wol geleſen haben? Es iſt vorher noch ein kleiner

Anhang übrig, den ich ihnen gleichfalls mittheilen muß. Er bestehet, wie schon gesagt, aus einem kurzen Gedichte und aus einer Stelle des Augustinus. Das erstre ist „Manuductio ad Epicureismum" überschrieben und lautet von Wort zu Wort so:

> „Vitam quæ faciunt suis beatam
> Porcis, hæc Epicurus ille tradit:
> Ne spectes hominum Deive mentem!
> Non est qui regat et curet orbem;
> Spem vitæ bene rideas futuræ,
> Quamvis mens ratioque sana monstrent.
> Te soli tibi finge procreatum,
> Certus, cuncta tuo esse nata ventri;
> Silenus placeat nihilque malis.
> Vivas ut tua sus tuusque porcus;
> Et tandem moriare porcus et sus.
> Sic, sic itur ad insulas beatas,
> Aeterno quibus igne carcer ardet
> Et tales coquit ustulatque porcos.
> Tunc malles, Epicure, non fuisse,
> Sed sero venient eæ querelæ;
> Et disces aliud fuisse quiddam,
> Quam quod riseris hic inane numen."

Diese Verse sind die besten nicht, und sie würden schwerlich hier stehen, wann ich sie gemacht hätte. — — Endlich folgt auch die Stelle des Kirchenvaters: „Utile est libros a pluribus fieri diverso stilo, non diversa fide, etiam de quæstionibus iis dem, ut ad plurimos res ipsa, quæ orthodoxe tractatur, perve nire possit." — —

„Ho! ho!" wird man mir nunmehr entgegenrufen, „diese Stelle war wol noch nöthig, uns recht mit der Nase darauf zu stoßen daß der ganze Bettel eine Satire sei? Die Wendung darinn, ist gleichwol weder neu noch selten! Der Verfasser sagt überal das Gegentheil von dem, was er sagen will, und sagt es oft mi so dürren Worten, daß man sehr dumm sein muß, wenn ma seine Meinung nicht fassen will."

Und das urtheile ich auch. Ich will Denjenigen sehen, de mir das geringste Anstößige oder Gottlose darinne zeigt, sobald dasjenige verneinet, was unser Spötter bejahet, und dasjenige bejahet, was er verneinet. Doch auch dieses ist nicht einm nöthig; man nehme Alles nach den Worten an; man gehe vo

dem eigentlichen Verstande derselben nirgends ab: was ist es
nunmehr? Hat nicht ein Religiosus ineptus sollen geschildert
werden? Was hat man dazu für andre Züge wählen können?
Um die Ironie überall noch besser einzusehen, darf man sich
nur an die Streitigkeiten erinnern, welche besonders um die
Mitte des vorigen Jahrhunderts die Lutherische Kirche zerrütte=
ten. Eine der vornehmsten war die synkretistische oder diejenige,
welche die Helmstädter Gottesgelehrten, und besonders der ältere
Calixtus, erregten. Um das Jahr 1652 war sie eben sehr heftig
geworden, und sie ist es, gegen die unser Verfasser die meisten
und schärfsten Pfeile losdrückt. Man sehe besonders auf den
zweiundvierzigsten und dreiundvierzigsten Paragraphum und
überhaupt auf alle zurück, wo er von den verschiednen Secten,
von der Bescheidenheit, die man gegen sie brauchen müsse, und
von ihrem Unterscheide, der nichts weniger als wesentlich sei, redet.
Auch auf die damaligen Unionsbemühungen, welche mit
jener Streitigkeit eine Art von Verwandtschaft haben, zielt er.
Ich berufe mich deswegen besonders auf den 25. Paragraphum,
wo er von der Verträglichkeit spricht, und auf den 30., wo er fast
lauter Bücher anpreiset, die auf die Wiedervereinigung der christ=
lichen Religion bringen. Was er aber daselbst von des Thomas
Brown's Religion des Arztes sagt, ist mir beinahe ein
Wenig verdächtig. „Quem Hugo ex puritate dictionis multis
solitus commendare," sind seine Worte. Gleichwol ist das Werk
eigentlich englisch geschrieben, und die lateinische Uebersetzung,
wenn ich mich recht erinnere, ist erst herausgekommen, als Gro=
tius schon todt war.
Ferner scheint mir der ganze 21. Paragraphus, und wo
er sonst noch der scholastischen Philosophie gedenkt, auf die
Streitigkeiten zu gehen, welche der Helmstädt'sche Superintendent
D. Hoffmann anspann, der sich durch seinen Haß gegen die
Weltweisheit ungemein lächerlich machte.
Desgleichen sticht er die Anwendung der Cartesischen Philo=
sophie in der Gottesgelahrtheit offenbar in dem 17. Para=
grapho an: „De omnibus articulis fidei deque omnibus do-
ctrinis morum fac semel in vita dubites."
Endlich besinne man sich noch auf die Schwärmereien des
erleuchteten Schusters von Görlitz, welcher ohne Wissenschaft
und Gelehrsamkeit, durch seinen bloßen Unsinn das Haupt einer
Secte und der Theosoph Deutschlands zu werden das Glück
hatte. Auch auf Diesen und seine Anhänger wird sich Vieles

nicht übel deuten laſſen, ſo daß man, wenn man noch wenig
andre Anwendungen auf die Wiedertäufer und auf die ſtarken
Geiſter damaliger Zeit macht, wenig in den Wind Geſagtes
finden wird.

Ich will die Auswicklung aller dieſer kleinen Umſtände dem
Leſer ſelbſt überlaſſen und mich begnügen, ihn nur mit dem
Finger darauf gewieſen zu haben. Er wird durchgängig nach
einer kleinen Ueberlegung finden, daß, wenn eine Satire in der
Welt orthodox abgefaßt worden, ſo ſei es gewiß dieſe, welche der
Herr Paſtor Vogt als böſe und gottlos ausſchreit.

Doch ein Jeder hat ſeine eigene Art zu denken, und es
könnte wol ſein, daß dieſer Gelehrte vollkommen nach ſeiner
Empfindung geſchrieben habe. Es iſt nicht Allen gegeben, Scherz
zu verſtehen, beſonders wenn er auf etwas fällt, woran unſere
Eigenliebe Theil nimmt. Ich würde ihm daher ſein bloßes Ur=
theil nicht verdenken, wann er es dabei hätte wollen bewenden
laſſen. Allein daß er unſre Beiſtimmung durch Verfälſchungen
erzwingen will, das verdenke ich ihm ſehr.

Und dieſes iſt der zweite Punkt, den ich erweiſen muß.
Man ſehe alſo in dem Vorhergehenden die Worte nach, die er
aus dem 45. Paragrapho des Religiosi Inepti will genommen
haben. Es waren folgende: „Omnes Quæstiones et Controversias ab ovo, quod dicitur, semper incipito. Nihil suppone;
semper quæras, an Christus fuerit in rerum natura." Geſetzt
einen Augenblick, dieſe Anführung hätte ihre vollkommene Rich=
tigkeit, was nun? Die ganze Schrift, wie wir geſehen haben,
iſt eine Jronie, und alſo auch dieſe Zeilen! Als eine ſolche aber
ſind ſie die unſchuldigſten von der Welt, und ich kann auf keine
Weiſe einſehen, wie ſie den böſen Sinn des Verfaſſers verrathen
können. Der Herr Vogt wird ihm doch nicht Schuld geben
wollen, als habe er gezweifelt, ob jemals ein Chriſtus in der
Welt geweſen ſei? Und beinahe kann er ihm nichts anders damit
Schuld geben.

Wie alſo, wenn ich ihm mit ausdrücklichen Worten in eben
dieſer Stelle grade das Gegentheil zeigte? Und nichts iſt leichter;
denn ich darf ſie nur herſetzen, ſo wie ſie eigentlich in dem Ori=
ginale, das ich vor mir habe, lautet. Es heißt aber daſelbſt
nicht ſchlechtweg: „Nihil suppone," ſondern es heißt: „Nihil AB
ALIIS PROBATUM AUT DECISUM suppone!" Hier iſt der
ganze Paragraphus, den ich oben nur mit wenig Silben ange=
führt habe:

§. 45.

XIV. „Omnes quæstiones et controversias ab ovo, quod dicitur, semper incipito. Nihil *ab aliis probatum aut decisum* suppone. Semper quæras: utrum etiam sint angeli seu spiritus? An Christus fuerit in rerum natura? An diluvium Mosaicum fuerit universale et similia. Neque opus est, ut tamdiu expectes, donec necessitate quadam eo perducaris, sed ultro te torque et quam studiosissime labora, ut dubia et disputabilia quaedam habeas. Quæstiones etiam tales amato: unde scire possum veram esse scripturæ interpretationem, quam Pastor meus proponit? quo indicio constat Lutheranam religionem congruam esse verbo Dei, quum id Photiniani etiam jactent?"

Nun muß ich aber in allem Ernste fragen, warum der Herr Pastor Vogt das *„ab aliis probatum aut decisum"* an einem Orte weggelassen hat, wo der ganze Verstand davon abhängt. Daß er aber hier davon abhängt, wird Niemand leugnen. „Es ist zwar wahr," will der ungenannte Verfasser sagen, „Andre haben es längst ausgemacht und bewiesen, daß es Geister giebt, daß Christus in der Welt gewesen ist; aber gleichwol, was gehen Dich, der Du klüger als die ganze Welt mußt sein wollen, was gehen Dich, sage ich, Andre an? Deine Fragen sind zu Millionen Malen beantwortet worden; doch was schadet das? Du kannst sie schon noch einmal aufwerfen und Dir dadurch das Ansehen eines Geistes geben, der bis auf den Grund der Sachen dringet." — — Wer ist so einfältig, diese Sprache nicht zu verstehen? Und wer sieht nicht, daß die ganze Stärke des Spottes auf dem „ab aliis probatum aut decisum" beruhet? Sobald dieses weg ist, sobald scheint Alles, besonders wenn es außer dem Zusammenhange genommen wird, wo nicht im vollen Ernste, wenigstens in einer sehr plumpen Jronie gesagt zu sein.

Ich habe schon hin und her auf einige Entschuldigungen für den Hrn. Vogt gedacht. Wie gerne wollte ich annehmen, daß er die Schrift niemals selbst gesehen, und daß ihm ein unachtsamer Freund die Stelle daraus mitgetheilt habe; doch hierwider ist sein eignes Bekenntniß. Wie gerne wollte ich ferner vermuthen, daß er vielleicht einen andern, veränderten Abdruck gebraucht habe, wann ich nur den geringsten Grund hätte, zu glauben, daß ein solcher in der Welt sei!

Wenn es ihm daher gefallen sollte, sich etwa in einer neuen Ausgabe seines Verzeichnisses hierüber zu erklären, so wollte ich wol wünschen, daß er seine Vermuthungen beifügen möge, wer sich etwa unter die Buchstaben **M. J. S.** könne versteckt haben. Kaum darf ich es wagen, die meinigen vorzulegen, weil ich es ganz gerne gestehe, daß sie auf ziemlich schwachen Gründen ruhen. Anfangs nämlich, da ich die Schrift selbst noch nicht gesehen hatte, gingen meine Gedanken auf den J o h a n n S t e l l e r, welcher sich durch die Vertheidigung des Pilatus berüchtigt gemacht hat. Nach der Zeit aber bin ich auf den J o s u a S c h w a r z gefallen, welcher zuletzt schleswig=holsteinischer Generalsuperintendent war. Er war in seiner Jugend ziemlich gereiset und konnte also Ketzer und Schwärmer genung gekannt haben, um Lust zu bekommen, ihre Thorheiten nach dem Leben zu schildern. Was dieser Muth= maßung noch das meiste Gewicht geben müßte, wäre der Haß, den er beständig gegen die Synkretisten geäußert hat. Er mußte ihrentwegen sogar sein Vaterland verlassen, welche Verdrießlich= keit ihm um die Jahre einige sechzig begegnete. Doch ich sage es noch einmal: diese Wahrscheinlichkeiten sind zu klein, als daß man darauf bauen könnte.

Man wird oben ohne Zweifel bemerkt haben, daß Herr V o g t den dritten Theil der Hamburgischen vermischten Bibliothek anführet. Wann man sich die Mühe nehmen will, die Stelle nachzusehen, so wird man finden, daß daselbst Herr H a r e n b e r g unter den Merkwürdigkeiten seiner westphälischen Reise gleichfalls des Inepti Religiosi gedenkt. Das Exemplar, welches er davon durchlaufen, ist ebendasselbe, welches Herr V o g t gebraucht hat. Allein wie verschieden sind die Urtheile beider Gelehrten! Herr H a r e n b e r g trifft viel näher zum Zwecke, und ich bin durchgängig mit ihm einig, nur darinne nicht, daß er vorgiebt, man könne es nicht so leicht errathen, ob der Schriftsteller im Ernste oder nur spottweise dem Leser so viel heillose Lehren vorhalte. — — Hat er etwa bei jedem Paragrapho hinzusetzen sollen: „Aber merkt's, Ihr Leute, daß ich mich nur der Ironie bediene?" Das sind schlechte Satiren, über die man es ausdrücklich schreiben muß, daß es Satiren sein sollen.

Es taugt, sollte ich meinen, überhaupt nicht viel, wenn man die gefährlichen Bücher ohne Noth vermehret. Es wäre besser, wenn man sie so viel als möglich verringerte, welches dadurch am Ersten geschehen kann, wenn man jedes nach seiner Absicht beurtheilt und sich begnügen läßt, ein nichtswürdiges Buch ein nichtswürdiges zu nennen, ohne es zu einem gottlosen zu machen.

Diese Regel der Klugheit scheinen nur die wenigsten unserer Bücherkenner zu beobachten. Da sie gewohnt sind, den Werth

ihrer Entdeckungen nach den Graden der Seltenheit eines Werks
abzumessen, so werden sie nur gar zu oft von einer kleinen Ruhm-
sucht verleitet, diese durch Uebertreibungen zu erhöhen und den
Inhalt wenigstens atheistisch zu machen. So ist es zum Exempel
mit den Werken des Bruscambille ergangen, wider die Herr
Reimann nach seiner Art auf der 392. Seite der Historiæ uni-
versalis Atheism. sehr fürchterlich declamirt. Herr Vogt hat in
seinem Verzeichnisse dessen eigne Worte beibehalten, und Beiden
sind sie liber æternis tenebris dignus. Ich habe eine neuere
Ausgabe davon, welche 1668 in Paris in Duodez gedruckt worden. Es ist wahr, man findet nichts als Possen darinne; weiter
aber auch nichts als Possen. Bruscambille selbst muß ein
Komödiant des vorigen Jahrhunderts gewesen sein; denn fast
alle in seinen Werken enthaltene Stücke sind entweder an die Zuschauer vor oder nach den Schauspielen gerichtet, oder es sind
Tiraden, wie man sie auf der französischen Bühne zu nennen
pflegt. Herr Reimann irrt sich daher sehr, wenn er vermuthet,
daß Rabelais vielleicht der eigentliche Verfasser sei. Die Schreibart ist viel neuer als die Schreibart dieses französischen Lu-
cian's. — —

Doch ich muß nur aufhören, ehe mich die Lust zu Ausschweifungen mehr Beispiele vorzulegen verleitet.

Rettung

des

Cochläus,

aber nur

in einer Kleinigkeit.

Ich gestehe es ganz gerne, daß Cochläus ein Mann ist, an den ein ehrlicher Lutheraner nicht ohne Abscheu denken kann. Er hat sich gegen unsern Vater der gereinigtern Lehre nicht als einen wahrheitliebenden Gegner, sondern als einen unsinnigen Lästrer erwiesen; er hat von 1521 bis 1550 fast kein Jahr verstreichen lassen, ohne eine Schmähschrift wider ihn an Tag zu bringen, welche alle von den römischen Glaubensgenossen als Evangelia aufgenommen wurden; Verfälschungen, Lügen, Schimpfworte, Flüche waren seine einzigen Waffen, welche der Aberglaube heiligte, so ungerecht sie auch waren. Ich habe daher lange Zeit bei mir angestanden, ob er wol etwas Beßres verdiene, als daß man mit Gegenverleumdungen wider ihn verfahre. Man würde ihm, wenn man es auch noch so arg machte, dennoch nicht so viel Unrecht thun können, als er Luthern gethan hat.

Doch endlich überlegte ich auch auf der andern Seite, daß man dadurch, so gut als er, einen Mangel an Gründen, die keines falschen Zusatzes benöthiget sind, verrathen würde; daß durch eine ungezwungne Aufrichtigkeit sich sein Ansehen sichrer untergraben ließe als durch ihm abgelernte Ränke; und kurz, daß man auch dem Teufel nicht zu viel thun müsse. Dieser Ueberlegung habe ich es also zuzuschreiben, daß ich mich Folgendes aufzusetzen habe überwinden können.

Unter den Vorwürfen, welche die Katholiken uns wegen der Reformation zu machen pflegen, ist derjenige keiner von den geringsten, den sie von den vorgeblichen veranlassenden Ursachen hernehmen. „Dieses Werk," sagen sie, „ward ganz und gar nicht aus einem heiligen Eifer angefangen; der Neid war die Triebfeder. Es verdroß Luthern, daß man seinem Orden den Ablaßkram entzogen und ihn den Dominicanern gegeben hatte."

Es haben verschiedne Gelehrte unsrer Kirche diese Beschuldigung hinlänglich beantwortet. Hunnius, Seckendorf, Möller scheinen Alles gesagt zu haben, was man darauf sagen kann.

Weil sie es aber nur mit wenig Worten gethan haben, so hat es der Herr D. Kraft vor einiger Zeit für werth gehalten, sich umständlicher darüber einzulassen. Er vertheidigte daher im Jahr 1749, als er sich noch in Göttingen befand, eine Streitschrift „De Luthero contra indulgentiarum nundinationes haud quaquam per invidiam disputante." Diese Arbeit ward sehr wohl aufgenommen, sogar daß man auch einige Jahre darauf eine freie Uebersetzung, unter dem Titel „Die gerettete Ehre des sel. D. Martin Luther's", davon besorgte. Man kann ihr auch in der That, wenn man billig sein will, ihr Lob nicht entziehen; das Hauptwerk, was er beweisen wollen, hat er glücklich bewiesen, und nur über einen einzigen Umstand dabei habe ich meine Anmerkung zu machen. Der Herr D. Kraft will nämlich, daß Cochläus der allererste Erfinder obgedachter Verleumdung sei, und daß vor ihm auch Luther's allerärgsten Feinde nicht daran gedacht hätten.

· Wir wollen seine eigne Worte hören, die ich aus dem 14. Paragrapho der deutschen Uebersetzung nehme. „Wir setzen aber," heißt es daselbst, „den allgemeinen Grund voraus, welcher allerdings ein großes Gewicht hat, daß alle Schriftsteller, welche zu Luther's Zeiten gelebt, nicht ein Wort von dieser Zunöthigung gedacht haben. Es ist nicht einmal nöthig, daß wir uns auf die berühmten Männer, welche sich eine allgemeine Hochachtung erworben haben, beziehen, nämlich den Schleidan, Thuan, Guicciardini; oder daß wir diejenigen anführen, welche sich noch ziemlich unparteiisch und aufrichtig bewiesen, nämlich den Jovius, Alphonsus a Castro, Ferron, Surius c., als die insgesammt Luther's Aufstand aus andern Quellen herleiten und von dieser Anschuldigung nichts wissen; sondern wir wollen uns ohne alles Bedenken auf die Schriften der giftigsten Feinde Luther's berufen, welche den möglichsten Fleiß angewandt, Alles mit vieler Bitterkeit zu sammeln und drucken zu lassen, was ihre Raserei wider ihn Verdächtiges und Lächerliches nur aussinnen können. Es ist dieser Umstand wahrhaftig nicht obenhin anzusehen, daß unter allen diesen Vorfechtern, welche vom Jahr 1517 bis an den Tod Luther's, 1546, ihm mündlich und schriftlich einen Rang abzulaufen gesucht, auch nicht einmal in dem ersten Treffen, als von dem Ablaß allein und von den Ursachen des angefangnen Streits eigentlich die Rede war, nicht ein Einziger so unverschämt gewesen, daß er diesen Bewegungsgrund angegeben und Luthern eines solchen Neides beschuldiget hätte, der-

gleichen ihm nach der Zeit zur Last gelegt worden. — — Coch=
lüns selbst, der unglückliche Erfinder dieser Fabel, hat in den
Schriften, die er dem noch lebenden Luther entgegengesetzt,
davon nicht einmal gelallt, sondern ist erst (§. 4.) nach dessen
Tode, in dem Verzeichnisse der Thaten und Schriften
Martin Luther's in Sachsen, damit hervorgerückt" 2c.

Jn dieser Stelle also, welche dem Herrn D. Kraft einer von
den allgemeinen Beweisgründen ist, warum die Beschuldigung,
daß Luther die Reformation aus Neid angefangen, erdichtet sei,
behauptet er mit ausdrücklichen Worten, I. daß Cochläus, und
folglich ein Mann ohne Treu und Glaube, sie zuerst vorgebracht
habe, und daß II. in den Jahren von 1517 bis 1546 von keinem
Menschen jemals sei daran gedacht worden.

Doch Beides, mit Erlaubniß des Herrn Doctors, ist falsch.
Jch kenne ein Zeugniß, welches sich von einem Andern als von
Cochläo herschreibt und gleich in den ersten Jahren ist abgelegt
worden. Hier ist es: „Habes primam," sagt mein Schriftsteller,
nachdem er den Ursprung der Lutherischen Unruhen erzählt, „hujus
Tragœdiæ scenam, quam Monachorum odiis debemus. Dum
enim Augustinensis invidet Dominicano, et Dominicanus vicissim
Augustinensi, atque hi etiam Franciscanis, quid quæso poterimus
præter gravissima dissidia sperare?"

Wirft diese Stelle, wenn anders die Umstände wahr sind,
die ich davon vorgegeben habe, nicht Alles, was Herr Kraft in
den vorigen behauptet hat, auf einmal über den Haufen? Jch
sollte es meinen.

Allein ist es auch gänz gewiß, daß Cochläus nicht Urheber
davon ist? Ganz gewiß! Jhr Urheber ist Alphonsus Balde=
sius. Jst es auch ganz gewiß, daß sie in den Jahren von
1517 bis 1546 geschrieben worden? Auch dieses ist ganz gewiß.
Sie ward den 31. August 1520 geschrieben.

Wer ist denn aber dieser Alphonsus Baldesius?[1] —
Jch will es ganz gerne glauben, daß ich auch Denen, die in der

---

1) Alonso de Valdés (Alphonsus Baldesius) und Juan de Valdés (Johann
Baldesius) wurden um das Jahr 1500 zu Cuenca in Castilien geboren. Jhr
Vater wird im Jahre 1520 als Regibor jener Stadt erwähnt (Rector Conchensis). Beide Brüder waren Freunde und Förderer der Reformation. Sie kamen
Beide früh an den castilianischen Hof. Alonso begleitete den jungen König Karl
im Jahre 1520 zur Kaiserkrönung nach Aachen, und weiter nach Worms, wo er
die Luther'schen Schriften verbrennen sah. Bei dem Augsburger Reichstage von
1530 verhandelte er als Secretär des Kaisers vielfach mit Melanchthon. Seit 1533
hören wir nichts mehr von ihm. — Anm. des Herausg.

Reformationsgeschichte noch so wohl bewandert sind, einen ganz unbekannten Namen genennt habe. Einen Johann Valdesius, der in Neapolis den ersten Samen des Lutherthums ausgestreuet hat, werden sie wol leunen; allein von einem Alphonsus die= ses Namens ist überall das tiefste Stillschweigen.

Ich muß daher Alles mittheilen, was ich von ihm weiß. — Alphonsus Valdesius war magnae spei juvenis, er war ferner ein Sohn Ferdinandi de Valdes, Rectoris Conchensis, und hat an den Peter Martyr,[1]) nicht Vermilium, sondern Anglerium, aus Holland und Deutschland verschiedne Briefe geschrieben. — — Das slud sehr buulle und unzulängliche Nachrichten, wird man sagen; es ist wahr; allein kann ich sie besser geben, als ich sie habe? Ich habe es nicht einmal gewagt, sie deutsch zu über= setzen, aus Furcht, auch nur mit dem allergeringsten Worte von ihrem eigentlichen Verstande abzuweichen.

Meinen Währmann aber wird man ohne Zweifel daraus errathen können. Es ist der nur gedachte Peter Martyr. Dieser Gelehrte war ein geborner Mailänder aus Anghiera, verließ sein Vaterland und begab sich nach Spanien, wo er bei dem König Ferdinand sehr ansehnliche Ehrenstellen bekleidete. Seine Schriften sind bekannt, ob sie gleich fast alle unter die seltnen ge= hören. Besonders werden seine Briefe wegen der ganz beson= dern darinne enthaltenen Nachrichten sehr hochgeschätzt. Sie sind das erste Mal im Jahre 1530 zu Complut[2]) in Folio gedruckt und von den Elzeviren im Jahr 1670 zu Amsterdam, in eben= demselben Formate, nachgedruckt worden; doch hat man nur sehr wenige Exemplare davon abgezogen, so daß sie dieser neuen Auflage ohngeachtet gleichwol noch ein sehr rares Buch bleiben. Sie sind in 38 Bücher abgetheilt, und die Briefe, deren Zahl sich auf 813 beläuft, gehen vom Jahr 1488 bis auf 1525.

In dem sechshundertundneunundachtzigsten dieser Briefe nun, desgleichen in dem siebenhundertundzweiundzwanzigsten

---

1) Der Vorname „Peter Martyr" war in Italien, seitdem 1252 Peter von Verona als Inquisitor von Ketzern ermordet und bald darauf als Märtyrer heilig gesprochen worden war, sehr gewöhnlich. 1) Der bekannteste des Namens ist Peter Martyr Vermigli (Vermilius), der gelehrteste und berühmteste der italienischen Protestanten des sechzehnten Jahrhunderts, geb. zu Florenz, den 8. Sept. 1500, nach einander Professor und Prediger in Zürich, Straßburg und Oxford, gest. den 12. Nov. 1562 zu Zürich. — 2) Peter Martyr d'Anghiera (Anglerius), geb. 1455 zu Arona im Herzogthum Mailand, berühmt als Staats= mann (unter Ferdinand dem Katholischen) und historischer Schriftsteller, gest. um 1526 in Granada. — Anm. des Herausg.
2) „Complut" ist die Stadt Alcala in Spanien. — Anm. des Herausg.

theilet Martyr zwei Schreiben mit, die er von dem gedachten Alphonsus Valdesius erhalten hatte. Beide betreffen das Reformationswerk; der erste ist aus Brüssel den 31. August 1520 und der zweite aus Worms den 15. Mai 1521 datirt. Aus jenem ist die oben angeführte Stelle, welche alle erforderliche Eigenschaften hat, das Vorgeben des Hrn. D. Kraft's zu vernichten. Man kann sie, wenn man mir nicht trauet, auf der 381. Seite der zweiten angeführten Ausgabe selbst nachsehen. Ich finde von diesem Valdesius noch einen dritten Brief in den 699. eingerückt; allein er betrifft ganz etwas Anders, die Krönung Karl's nämlich zum römischen Könige, bei welcher er zu Aachen gegenwärtig gewesen war.

Es verlohnet sich ohne Zweifel der Mühe, daß ich von den erstern Briefen etwas umständlicher rede, besonders da sie so wenig bekannt geworden sind. Ich wüßte nicht einen einzigen Schriftsteller, der sich mit der Reformationsgeschichte abgegeben hätte und ihrer gedächte. Unterdessen hätten sie es doch nur allzu wohl verdient, weil sie in der That mit vieler Unparteilichkeit geschrieben zu sein scheinen. Ich hoffe, daß eine Art von Uebersetzung derselben dem Leser angenehm sein wird, damit er sich um so viel mehr daraus überzeugen könne, ob die von mir angeführte Stelle auch in der That dasjenige beweise, was sie beweisen solle. Der Eingang, den Martyr dem ersten Briefe voranschickt, ist folgender: *„Petrus Martyr A. M. Marchionibus discipulis. Quæ in regnis geruntur, vos non latent. Ex·his quæ ab exteris habemus, legite prodigium horrendum, mihi ab Alphonso Valdesio, magnæ spei juvene, cujus patrem Ferdinandum de Valdes, Rectorem Conchensem nostis, non minus fideliter quam ornate descriptum, cujus epistola sic habet."* Man sieht, daß diese Worte die Quelle meiner obigen Nachrichten sind. Der Leser mag es selbst untersuchen, was das Rector Conchensis sei, ob man einen Statthalter oder einen Schulrector in Conches,[1] oder was man sonst darunter verstehen solle. Ich bekenne meine Unwissenheit ganz gerne. Was liegt endlich an diesem Umstande? Die Briefe selbst werden deswegen ihren Werth nicht verlieren. Hier sind sie:

Der erste Brief
des Alphonsus Valdesius an den Peter Martyr.

„Du verlangest von mir zu wissen, was die jüngst unter den

. 1) Natürlich das Erstere. S. Anm. 1 auf Seite 73. — Anm. des Herausg.

Deutschen entstandene Secte der Lutheraner für einen Ursprung-
habe, und wie sie ausgebreitet worden. Ich will Dir Alles, wo
nicht zierlich, doch getreulich überschreiben, wie ich es von glaubwürdigen Personen erfahren habe. Du wirst ohne Zweifel
gehört haben, daß der Papst Julius II. dem Apostel Petro einen
unglaublich prächtigen und großen Tempel bauen zu lassen angefangen habe. Er hielt es vermuthlich für unanständig, daß
der oberste der Apostel in einem niedrigen Tempel wohnen solle,
besonders da aus allen Theilen der Welt unzählige Menschen
der Religion wegen daselbst einträfen. Er würde, nach seiner
Großmuth, diesen Bau auch gewiß zu Staube gebracht haben,
wenn ihn nicht mitten in dem Laufe der Tod aus der Zeitlich-
keit abgefordert hätte. Leo X. folgte ihm auf dem päpstlichen Stuhle; weil er aber nicht Geld genug hatte, einen solchen
Aufwand zu bestreiten, so ließ er durch die ganze christliche Welt
Denjenigen Ablaß verkündigen, welche zum Bane dieses Tempels
einige Beisteuer geben wollten. Er hoffte, daß er auf diese Art
eine unsägliche Menge Geldes, besonders unter den Deutschen,
welche die römische Kirche mit einer ganz besondern Hochachtung
verehrten, zusammenbringen werde. Doch wie nichts in der
Welt so fest und beständig ist, daß es nicht entweder durch die
Gewalt der Zeit oder durch die Bosheit der Menschen verfallen
sollte, so konnten auch diese Ablaßverkündigungen nicht davon
ausgenommen bleiben, sondern sie wurden die Ursache, daß
Deutschland, welches keiner andern christlichen Nation an Frömmigkeit etwas nachgab, jetzo von allen und jeden darinne über-
troffen wird. Es sprang nämlich in Wittenberg, einer Stadt
in Sachsen, als ein gewisser Dominicaner predigte und dem
Volke den Ablaß, woraus er selbst keinen geringen Vortheil zu
ziehen trachtete, aufbringen wollte, ein Augustinermönch mit
Namen Martinus Luther hervor, welcher der Urheber dieser
Tragödie ward und vielleicht aus Neid gegen den Dominicaner
verschiedene Artikel im Druck ausgehen ließ, in welchen er behauptete, daß der Dominicaner mit seinem Ablasse viel weiter
gehe, als ihm der Papst erlaubt habe oder auch erlauben könne.
Der Dominicaner, als er diese Artikel gelesen hatte, gerieth
wider den Augustiner in Wuth; die Mönche fingen nunmehr an,
theils mit Scheltworten, theils mit Gründen hitzig unter einander zu streiten; einige vertheidigten die Predigt, andre die
Artikel, bis endlich (weil das Böse niemals Grenzen kennet) der
Augustiner den päpstlichen Ablaß ganz und gar zu verspotten

wagte und vorgab, er sei nicht sowol zum Heile des christlichen
Volks, als vielmehr um den Geiz der Priester zu sättigen, er=
funden worden. Dieses ist also der erste Auftritt dieser Tragödie,
die wir dem Hasse der Mönche zu danken haben. Denn da der
Augustiner auf den Dominicaner, der Dominicaner auf den
Augustiner und Beide auf die Franciscaner neidisch sind, was
kann man sich anders als die allerheftigsten Uneinigkeiten ver=
sprechen? Nun kommen wir auf den zweiten Auftritt. Der
Herzog von Sachsen, Friedrich, hatte gehört, daß aus diesem
Ablasse dem Cardinal und Erzbischofe zu Mainz, Alberto, seinem
Collegen bei Erwählung römischer Kaiser, mit dem er aber über
den Fuß gespannt war, viel Vortheil zufließen werde, so wie er
mit dem Papste deswegen eins geworden war. Da nun also der
Herzog auf Gelegenheit dachte, Dem von Mainz diesen Vortheil
zu entrücken, so bediente er sich des Mönchs, der zu Allem kühn
und unverschämt genug war und dem päpstlichen Ablasse schon
den Krieg angekündiget hatte. Er ließ alles Geld, welches in
seinen Ländern aus dem Ablaßkrame war gelöset worden, den
Commissaren wegnehmen und sagte: er wolle selbst einen
eignen Mann nach Rom schicken, welcher dieses
Geld zu dem Baue der heil. Petrikirche überdringen
und zusehen solle, was man für einen Gebrauch von
dem übrigen Gelde, das von andern Seiten her=
beigeschafft würde, in Rom mache. Der Papst, dem
es zukömmt, die Freiheit der Kirche zu beschützen und zu ver=
hindern, daß kein weltlicher Fürst sich in dasjenige mische, was
der päpstlichen Heiligkeit einzig und allein zustehet, ermahnte den
Herzog zu verschiednen Malen, theils durch die höflichsten Briefe,
theils durch besondre Abgeordnete, daß er dem päpstlichen Stuhle
diese Beschimpfung nicht anthun, sondern das aufgefangne Geld
wieder herausgeben möge. Doch da der Herzog sich dessen hals=
starrig weigerte und auf seiner Meinung blieb, so that ihn der
Papst in Bann. Der Augustiner wollte diese Gelegenheit, sich
bei dem Herzoge einzuschmeicheln, nicht versäumen und be=
hauptete mit vieler Frechheit, daß ein so unbilliger Spruch ganz
und gar keine Kraft habe, und daß der Papst Keinen unschuldiger
Weise in den Bann thun könne. Er fing hierauf an, sehr viel
Heftiges wider den römischen Papst und seine Anhänger auszu=
stoßen, welches Alles gedruckt und sehr geschwind in ganz Deutsch=
land ausgebreitet wurde. Zugleich ermahnte er den Herzog von
Sachsen, sich durch diese Drohungen von seinem einmal gefaßten

Entschlusse nicht abbringen zu lassen. Die Gemüther der Deutschen
waren schon längst durch die mehr als heidnischen Sitten der
Römer aufgebracht worden und hatten schon heimlich das Joch
des römischen Papstes abzuschütteln gesucht. Daher kam es denn,
daß, sobald Luther's Schriften öffentlich bekannt wurden, sie bei
Allen einen ganz erstaunlichen Beifall fanden. Die Deutschen
frohlockten, schimpften auf die Römischgesinnten und verlangten,
daß ein allgemeines christliches Concilium gehalten werden solle,
worinne man Luther's Lehren untersuchen und eine andre Einrichtung in der Kirche treffen könne. Und wollte Gott, daß
dieses geschehen wäre! Doch da der Papst mit aller Gewalt sein
Recht behaupten wollte, da er sich für ein allgemeines Concilium
fürchte, da er, die Wahrheit frei zu sagen, seinen Privatvortheil,
welcher vielleicht dabei Gefahr laufen könnte, dem Heile der
Christenheit vorzog, da er Luther's Schriften ohne Untersuchung
vertilgen wollte: so schickte er einen Legatum a Latere an den
Kaiser Maximilian, welcher es dahin dringen sollte, daß Luthern
von dem Kaiser und dem ganzen römischen Reiche ein Stillschweigen auferlegt werde. Es wurden daher in Augsburg
Reichsversammlungen angestellt, auf welche Luther von dem
Kaiser gefordert wurde. Er erschien also daselbst, fest entschlossen,
seine Schriften tapfer zu vertheidigen und mit dem Cajetanus
(so hieß der Legate) sich in einen Streit darüber einzulassen.
Cajetanus sagte: man müsse den Mönch ganz und
gar nicht anhören, der so viel Lästerungen wider
den römischen Papst geschrieben hätte. Allein die
Reichsstände erwiderten: es würde sehr unbillig sein,
wenn man ihn unverhört verdammen oder zwingen
wolle, diejenigen Schriften, die er zu vertheidigen
entschlossen wäre, ohne Ueberzeugung zu widerrufen. Wenn daher Cajetan (der, wie Du weißt, in
der heiligen Schrift selbst nicht unerfahren ist) Luthern überzeugen könne, so wären sie und der Kaiser bereit,
ihn zu verurtheilen. Da Cajetan also sahe, daß er
nichts ausrichten werde, wenn er sich nicht mit Luthern näher
einlassen wollte; da er es auch wirklich verschiednemal versuchte
und sehr unglücklich damit war, so begab er sich unverrichteter
Sache wieder fort. Luther aber, der mit größern Ehren weg-
ging, als er war vorgelassen worden, triumphirte, als ob er
völlig den Sieg erfochten hätte. Weil er sich übrigens auf den
Schutz des Herzogs von Sachsen verlassen konnte, so trieb ihn

seine Hitze immer weiter und weiter, und er hörte nicht auf, be=
ständig neue Lehren, die mit dem apostolischen Glauben streiten,
in Druck ausgehen zu lassen. Da also der Papst sahe, daß er
es im Guten nicht dahin bringen könne, daß man diesen lästern=
den Mönch zur verdienten Strafe zöge; da er befürchten mußte,
daß das Gift, welches schon weit und breit um sich gegriffen hatte,
noch mehr Schaden thun und Luther auch rechtgläubige Männer
auf seine Seite ziehen könne, so ließ er eine sehr heftige Bulle
wider ihn und seine Anhänger ausgehen und erklärte sie alle für
Irrgläubige und Ketzer. Hierdurch ward Luther nicht sowol
aufgebracht, als völlig in Raserei gesetzt, und erklärte den Papst
selbst (welche Unverschämtheit!) für einen Irrgläubigen und
Ketzer. Er gab unter andern ein Buch unter dem Titel „De Capti-
vitate Babylonica Ecclesiæ“ heraus, und es ist unglaublich, mit
was für Ränken er darinne die Lehrsätze und Anordnungen der
Kirchenversammlungen und Päpste angreift. Er behauptet sogar,
daß Johann Huß auf dem Concilio zu Costnitz unschuldig
sei verbrannt worden, und daß er alle seine Artikel, die man ver=
dammt habe, als rechtgläubig vertheidigen wolle. Doch auch
hieran ließ er sich nicht einmal begnügen, sondern verbrannte
noch in Wittenberg alle Bücher des kanonischen Rechts, so viel er
deren daselbst auftreiben konnte, weil sie, nach seinem Vorgeben,
die christliche Frömmigkeit verdorben hätten und also bei Seite
geschafft werden müßten. Nachdem sich das Gerüchte hiervon
durch ganz Deutschland ausgebreitet, sind die Gemüther der
Deutschen auf eine so unbeschreibliche Art wider den apostolischen
Stuhl erbittert worden, daß, wenn der Papst nicht die Klugheit
oder der Kaiser nicht das Glück hat, mit einer allgemeinen
Kirchenversammlung dem Uebel abzuhelfen, nur allzu sehr
zu besorgen steht, dieses Unheil werde noch so weit um sich
greifen, daß zuletzt ganz und gar kein Mittel darwider vor=
handen sein wird. — — So viel habe ich Dir vor jetzt melden
wollen. Nimm es geneigt auf und lebe wohl! Brüssel, den
31. August 1520.“ [1]

Zweiter Brief
des Alphonsus Valdesius an den Peter Martyr.

„Den Ursprung der Lutherischen Secte und ihren Fortgang

---

[1] Der Brief ist vom 31. August 1520 datirt; Luther hat aber erst am
10. December jenes Jahres „alle Bücher des kanonischen Rechts“ (sammt

bis auf den heutigen Tag habe ich Dir aus Brüssel geschrieben. Vernimm nunmehr, was darauf gefolgt ist. Nachdem der Kaiser in diese Stadt Worms die Kurfürsten des römischen Reichs und alle Stäude zusammenberufen, hat er vor allen Dingen Luther's Sache vorzunehmen verlangt, damit durch das Ansehen des ganzen Reichs der Unsinn dieses Mannes endlich gebändiget und Andre ihm beizutreten abgehalten würden. Ob er dieses nun schon sehr eifrig getrieben, so hat er doch nichts weiter erlangen können, als daß Luther unter kaiserlichem sicherm Geleite nach Worms gerufen und vorher gehört würde, ehe man etwas wider ihn beschließen wolle. Sie behaupteten Alle, daß es unbillig sein würde, ihn unverhört zu verdammen, und daß es der Würde und Frömmigkeit des Kaisers zukomme, wenn Luther seine Irrthümer widerrufe, das Uebrige, was er sonst so gelehrt als christlich geschrieben habe, zu untersuchen und Deutschland von den Unterdrückungen und Beschwerden des päpstlichen Stuhles zu befreien. Da der Kaiser sahe, daß er nichts weiter erlangen könne, so ließ er L u t h e r n unter seinem sichern Geleite kommen, der sich auch vor ihm und allen Stäuden des Reichs stellte. Er ward gefragt: ob er sich zu den Büchern, die hier und da unter seinem Namen herumgingen, bekenne, und ob er das, was er darinne geschrieben habe, widerrufen wolle oder nicht. Er antwortete: er bekenne sich zu allen diesen Büchern (deren Titel ihm auf sein Begehren vorgelesen wurden) und wolle es weder jetzt noch jemals leugnen, daß er Verfasser davon sei. Was aber den zweiten Punkt der an ihn geschehenen Frage anbelangte, ob er nämlich das, was er geschrieben habe, widerrufen wolle, so bat er, der Kaiser möge ihm Bedenkzeit lassen, die ihm auch der Kaiser bis auf den folgenden Tag verstattete. An diesem nun wurde M a r t i n u s L u t h e r u s abermals vor den Kaiser, die Kurfürsten und alle Reichsstände gefordert, und man verlangte von ihm, daß er auf den zweiten Theil der gestrigen Frage antworten solle. Hierauf hielt er eine lange und weitläuftige Rede, theils in lateinischer, theils in deutscher Sprache, und beschloß endlich:

---

der Bannbulle) in Wittenberg verbrannt, „weil sie, nach seinem Vorgeben, die christliche Frömmigkeit verdorben hätten", oder nach den Worten Luther's bei Mathesius: „Weil Du gottloses Buch den Heiligen des Herrn betrübt oder geschändet hast, so betrübe und verzehre Dich das ewige Feuer!" Der Brief des Valdesius kann demnach nicht am 31. August geschrieben sein, sondern ist vermuthlich, da er mit diesem Factum und dem unmittelbaren Eindruck desselben auf die Deutschen schließt, am 31. December 1520 verfaßt. — Anm. d. H.

damit: daß er nichts, was in seinen Büchern enthal=
ten sei, widerrufen könne, wenn man ihm nicht aus
der Lehre des Evangelii und aus dem Alten oder
Neuen Testamente zeigen könne, daß er geirret
und gottlose Sachen vorgetragen habe. Und als
man aufs Nene in ihn drang, daß er, alles Andre bei Seite
gesetzt, entweder mit Ja oder Nein antworten möge, ob er bei
den Lehrsätzen und Anordnungen der Kirchenver=
sammlungen bleiben wolle, so antwortete er: er wolle
nichts widerrufen und könne auch bei den Lehr=
sätzen der Kirchenversammlungen nicht bleiben,
weil die Kirchenversammlungen sich manchmal selbst
widersprochen hätten. Der Kaiser befahl ihm hierauf, abzu=
treten, und ließ die Versammlung auf diesen Tag aus einander. Den
Tag drauf ließ er die Kurfürsten zu sich kommen und legte ihnen
eine von seiner eignen Hand aufgesetzte Schrift vor, in der er
ihnen, was nunmehr zu thun sei, erklärte und sie insgesammt
seiner Meinung beizutreten bat, daß man nämlich geschärfte
Befehle wider Luthern und die Lutheraner ergehen und die
Bücher dieses unsinnigen Mannes verbrennen lassen wolle. Die
Reichsstände aber, deren einige Luther's Gift eingesogen hatten,
andre aber Luthern nicht eher verdammt wissen wollten, als bis
die Deutschen erst von den Unterdrückungen und Beschwerden des
römischen Hofes befreit wären, lagen dem Kaiser mit inständigen
Bitten an, daß man Luthern wenigstens insgeheim
ermahnen möge, dasjenige, was er wider die
Kirche geschrieben habe, zu widerrufen. Als ihnen der
Kaiser dieses erlaubt, und sie ganzer drei Tage den verstockten
Luther, aber umsonst, ermahnt hatten, sahen sie wohl, daß sie
nichts ausrichten würden, und unterschrieben also das kaiserliche
Decret. Als dieses geschehen war, wollte der Kaiser gleichwol nicht
wider das Luthern ertheilte sichre Geleite handeln, sondern ließ
ihn durch ein öffentliches Instrument erinnern, daß er sich den
folgenden Tag sogleich aus der Stadt Worms und
innerhalb zwanzig Tagen in einen sichern Ort be=
geben solle. Luther gehorchte, und der Kaiser ließ nun=
mehr in seinem, in der Kurfürsten und aller Reichsstände Namen
nicht nur ein sehr scharfes Edict wider Luthern und seine An=
hänger ergehen, sondern ließ auch seine Schriften, so viel man
deren hier finden konnte, mit großem Gepränge verbrennen,
welches er auch in den übrigen Städten Deutschlands zu thun

befahl. Hier hast Du also von dieser Tragödie, wie Einige wollen,
das Ende; so wie ich aber ganz gewiß überzeugt bin, nicht das
Ende, sondern den Anfang.   Denn ich sehe, daß die Deutschen
wider den päpstlichen Stuhl allzu erbittert sind, und glaube nicht,
daß die Befehle des Kaisers bei ihnen von großem Nachdrucke
sein werden, weil man, auch nach Ergehung derselben, Luther's
Bücher hin und wieder frei und ungestraft verkauft.   Du kannst
daher leicht muthmaßen, was vollends in Abwesenheit des
Kaisers geschehen wird.   Diesem Uebel hätte zum größten Nutzen
der Christenheit ganz leicht können gesteuert werden, wenn der
Papst gegen eine allgemeine Kirchenversammlung nicht so abge=
neigt wäre und die öffentliche Wohlfahrt seinen besondern Vor=
theilen vorzöge.   Allein da er sein Recht auf das Hartnäckigste
vertheidiget, da er nichts anhören, sondern blos, vielleicht aus
einem heiligen Affecte, Luthern verdammt und verbrannt wissen
will, so sehe ich zum Voraus, daß die ganze christliche Republik
zu Grunde gehen wird, wann sich Gott nicht selbst unsrer an=
nimmt.   Lebe wohl!   Worms, den 15. Mai 1521."

                    *   *   *

        Ich bin so weit entfernt, diesen Briefen eine Lobrede zu hal=
ten und mich zu ihrem ungedingten Vertheidiger aufzuwerfen,
daß ich es vielmehr ganz gerne einräumen werde, wenn man hier
und da einige kleine Falschheiten darinne entdecken sollte.   Ich
habe sie eigentlich aus keiner andern Ursache angeführt und mit=
getheilt als wegen der Stelle, die ich dem Herrn D. Kraft daraus
entgegensetze, und aus welcher er wenigstens so viel ersehen
wird, daß Cochläus den unserm Luther vorgeworfnen Neid
nicht, wie man zu reden pflegt, aus den Fingern gesogen habe,
sondern dabei ohne Zweifel dem Gerüchte gefolgt sei.
        Indem ich aber leugne, daß dieser geschworne Feind des
großen Reformators der Erfinder gedachter Beschuldigung sei, so
will ich sie doch deswegen für nichts weniger als für wahr hal=
ten.   Sie hat zu wenig Wahrscheinlichkeit, wenn man sie mit
Luther's uneigennützigem und großmüthigen Charakter vergleicht.
Er, der durch seine Glaubensverbesserung nichts Irdisches für sich
selbst zu gewinnen suchte, sollte den die Gewinnsucht oder, wel=
ches auf Eins hinauskömmt, der Neid über den Gewinn eines
Andern dazu angetrieben haben?
        Eine Betrachtung aber wird man mir erlauben. — — Ich
sehe nicht, was unsre Gegner gewinnen würden, wann es auch

wahr wäre, daß Luthern der Neid angetrieben habe, und wann auch sonst Alles wahr wäre, was sie zur Verkleinerung dieses Helden vordringen. Wir sind einfältig genug und lassen uns fast immer mit ihnen in die heftigsten Streitigkeiten darüber ein; wir untersuchen, vertheidigen, widerlegen und geben uns die undankbarste Mühe; oft sind wir glücklich und öfters auch nicht; denn das ist unstreitig, daß es leichter ist, tausend Beschuldigungen zu erdenken, als eine einzige so zu Schanden zu machen, daß auch nicht der geringste Verdacht mehr übrig bleibe. Wie wäre es also, wenn man dieses ganze Feld, welches so vielen Kampf zu erhalten kostet und uns doch nicht das Geringste einbringt, endlich aufgäbe? Genug, daß durch die Reformation unendlich viel Gutes ist gestiftet worden, welches die Katholiken selbst nicht ganz und gar leugnen; genug, daß wir in dem Genusse ihrer Früchte sitzen; genug, daß wir diese der Vorsehung des Himmels zu danken haben. Was gehen uns allenfalls die Werkzeuge an, die Gott dazu gebraucht hat? Er wählt überhaupt fast immer nicht die untadelhaftesten, sondern die bequemsten. Mag doch also die Reformation den Neid zur Quelle haben; wollte nur Gott, daß jeder Neid ebenso glückliche Folgen hätte! Der Ausgang der Kinder Israel aus Aegypten ward durch einen Todtschlag, und man mag sagen, was man will, durch einen strafbaren Todtschlag veranlaßt; ist er aber deswegen weniger ein Werk Gottes und weniger ein Wunder?

Ich weiß wol, daß es auch eine Art von Dankbarkeit gegen die Werkzeuge, wodurch unser Glück ist befördert worden, giebt; allein ich weiß auch, daß diese Dankbarkeit, wenn man sie übertreibt, zu einer Idolatrie wird. Man bleibt mit seiner Erkenntlichkeit an der nächsten Ursach kleben und geht wenig oder gar nicht auf die erste zurück, die allein die wahre ist. Billig bleibt Luther's Andenken bei uns in Segen; allein die Verehrung so weit treiben, daß man auch nicht den geringsten Fehler auf ihm will haften lassen, als ob Gott das, was er durch ihn verrichtet hat, sonst nicht würde durch ihn haben verrichten können, heißt, meinem Urtheile nach, viel zu ausschweifend sein. Ein neuer Schriftsteller hatte vor einiger Zeit einen witzigen Einfall; er sagte, die Reformation sei in Deutschland ein Werk des Eigennutzes, in England ein Werk der Liebe und in dem liederreichen Frankreich das Werk eines Gassenhauers gewesen. Man hat sich viel Mühe gegeben, diesen Einfall zu widerlegen; als ob ein Einfall widerlegt werden könnte! Man kann ihn nicht anders widerlegen, als wenn man ihm den Witz nimmt, und das ist hier nicht möglich. Er bleibt witzig, er mag nun wahr oder falsch sein. Allein ihm sein Gift zu nehmen, wenn er anders welches hat, hätte man ihn nur so ausdrücken dürfen: in Deutschland hat die ewige Weisheit, welche Alles zu ihrem Zwecke zu lenken weiß, die Reformation durch den Eigennutz, in England durch die Liebe und in Frankreich durch ein Lied gewirkt. Auf diese Art wäre aus dem Tadel der Menschen ein Lob des Höchsten geworden! Doch wie schwer gehen die Sterblichen an dieses, wann sie ihr eignes nicht damit verbinden können!

Ich komme auf meine Briefe wieder zurück. Ich glaube, sie verdienen auch schon deswegen einige Achtung, weil sich Valdesius über die Fehler des Papst sehr frei darinne erklärt und genugsam zeigt, daß er das damalige Verderben der Kirche eingesehen habe. Endlich können sie auch noch diesen zufälligen Nutzen haben, daß sich künftig unsre Theologen ein Wenig genauer erkundigen, ehe sie den zuversichtlichen Ausspruch wagen: Dieses und Jenes hat Der und Der zuerst ausgeheckt.

Noch erinnere ich mich, was der Papst Leo, nach dem Berichte des Herrn von Seckendorf's, bei dem Anfange der Reformation soll gesagt haben: „Der Bruder Martin hat einen guten Kopf; es ist nur eine Mönchszänkerei." Liegt in dem Worte Mönchszänkerei[1]) nicht fast eben die Beschuldigung der Mißgunst, die unter den verschiednen Ordensleuten herrschte? und hätte der Herr D. Kraft auch nicht diesen kleinen Ausspruch in Betrachtung ziehen sollen? — — Doch genug hiervon!

---

1) Wenn man den lateinischen Wortlaut des päpstlichen Ausspruchs beachtet, so bekommt Lessing's Meinung einen noch festern Halt: „Fratrem Martinum pulcherrimo esse ingenio et has esse invidias monachales." — Anm. des Herausg.

Berengárius Turonensis.

Vorbemerkungen des Herausgebers.

Durch den Erbprinzen Karl Wilhelm Ferdinand von Braun=
schweig war Lessing im Herbste des Jahres 1769 als Bibliothekar
an die berühmte Herzogliche Bibliothek in Wolfenbüttel berufen
worden. Da die Hoffnungen, die er an die Gründung eines Na=
tionaltheaters in Hamburg für sich geknüpft, gänzlich fehlgeschlagen
waren, und da außerdem der Wunsch nach einer ehelichen Verbin=
dung mit Frau Eva König ihm eine feste Stellung begehrenswerth
erscheinen lassen mußte, so nahm er die Stelle an. Am 21. April
1770 traf Lessing in Braunschweig ein, am 4. Mai fuhr er nach
Wolfenbüttel hinüber und wurde am 7. d. M. in sein Amt einge=
führt und vereidet. Lessing war wenigstens im Anfang mit seiner
neuen Stellung sehr zufrieden. „Die Stelle selbst ist so, als ob sie
von jeher für mich gemacht wäre," schreibt er am 27. Juli an
seinen Vater, „und ich habe es um so viel weniger zu betauren,
daß ich bisher alle andern Anträge von der Hand gewiesen. Sie
ist auch einträglich genug, daß ich gemächlich davon leben kann,
wenn ich nur erst wieder auf dem Trocknen, das ist aus meinen
Schulden sein werde: Sechshundert Thaler Gehalt, nebst freier
Wohnung und Holz auf dem fürstl. Schlosse.

„Das Allerbeste aber dabei ist die Bibliothek, die Ihnen schon
dem Ruhme nach bekannt sein muß, die ich aber noch weit vortreff=
licher gefunden habe, als ich mir sie jemals eingebildet hätte. Ich
kann meine Bücher, die ich aus Noth verlaufen müssen, nun sehr
wohl vergessen. Ich wünschte in meinem Leben noch das Ver=
gnügen zu haben, Sie hier herumführen zu können, da ich weiß,
was für ein großer Liebhaber und Kenner Sie von allen Arten von
Büchern sind. Eigentliche Amtsgeschäfte habe ich dabei keine
andere, als die ich mir selbst machen will. Ich darf mich rühmen,
daß der Erbprinz mehr darauf gesehen, daß ich die Bibliothek, als
daß die Bibliothek mich nutzen soll. Gewiß werde ich Beides zu
verbinden suchen, oder eigentlich zu reden, folget schon Eines aus
dem Andern."

Die Wolfenbüttler Bibliothek war in der That eine der vor=
trefflichsten in Europa, so daß Lessing nicht blos das Plan=
mäßige ihrer Anlage rühmen, sondern auch behaupten konnte:
„daß in diesem Jahrhunderte schwerlich eine Bibliothek in Europa
so viele und so wichtige Beiträge zu so mancherlei Theilen der Ge=
lehrsamkeit geliefert habe als die von Wolfenbüttel.“ Und diese
ausgezeichnete Bibliothek sollte jetzt eben durch Lessing in die be=
rühmteste Epoche ihres Daseins treten. Denn „Lessing war,“ wie
Guhrauer sagt, „ein geborner Bibliothekar, er, der wie sein ehe=
maliger Vorgänger Leibniz in der Bücherwelt groß geworden, der
schon als Student sich gern in Bibliotheken vergrub, dessen einzige
Verschwendung, wenn dieses Wort erlaubt ist, auf Bücher und
gute Ausgaben ging.“

Gleich in den ersten Tagen seines Aufenthaltes in Wolfenbüttel
entdeckte Lessing unter den zahlreichen Manuscripten der Bibliothek
eine Handschrift, die nur auf die Hände Lessing's gewartet zu haben
schien, um aus dem Grabe jahrhundertelanger Vergessenheit an
das helle Licht des Tages gezogen zu werden und durch die Bedeu=
tung, die Lessing ihr zu geben wußte, die ganze gelehrte Welt in stau=
nende Aufregung zu versetzen. Der Berengarius Turonensis
war in der That die bedeutendste literarische Entdeckung, die aus
dem Jahrhundert Gregor's VII. gemacht werden konnte. „Gleich
anfangs,“ so erzählt Lessing in dem oben bereits citirten Briefe an
seinen Vater, „habe ich unter den hiesigen Manuscripten, deren an
6000 vorhanden, eine Entdeckung gemacht, welche sehr wichtig ist
und in die theologische Gelehrsamkeit einschlägt. Sie kennen den
Berengarius, welcher sich in dem XI. Jahrhunderte der Lehre der
Transsubstantiation widersetzte. Von Diesem habe ich nun ein
Werk aufgefunden, von dem ich sagen darf, daß noch kein Mensch
etwas weiß, ja, dessen Existenz die Katholiken schlechterdings ge=
leugnet haben. Es erläutert die Geschichte der Kirchenversamm=
lungen des gedachten Jahrhunderts, die wider den Berengarius
gehalten worden, ganz außerordentlich und enthält zugleich die un=
widersprechlichsten Beweise, daß Berengarius vollkommen den nach=
herigen Lehrbegriff Lutheri von dem Abendmahle gehabt hat und
keineswegs einer Meinung davon gewesen, die der Reformirten
ihrer beikäme.“

Eine kurze Betrachtung der Persönlichkeit des Berengarius und
des Verhältnisses seiner Lehre zur Lehrentwicklung der christlichen
Kirche möge dazu dienen, die Bedeutung von Lessing's Fund mög=
lichst hervorzuheben. Einen Fund nämlich wollte er mit seinem

Manuscripte gemacht haben, keine Entdeckung; denn „man ent=
deckt, was man sucht; man findet, woran man nicht deukt."
Berengarius (geb. zu Tours im Anfang des 11. Jahrhun=
derts, gest. 1088) legte den Grund zu seiner Bildung in der Schule
des ehrwürdigen Bischofs Fulbert zu Chartres. Schon hier zeich=
nete er sich dadurch vor seinen Mitschülern aus, daß er die Be=
hauptungen seines Lehrers einer Prüfung unterzog; er war eben
ein Lessing verwandter Geist. Anfangs scheint er sich besonders
der weltlichen Wissenschaft hingegeben zu haben; erst später beschäf=
tigte er sich eingehender mit der Bibel und den Kirchenvätern, be=
sonders mit Augustin. Dialektische Gewandtheit, Kenntniß und
geschickte Anwendung römischer Classiker, eine für seine Zeit her=
vorragende Gelehrsamkeit und eine freiere Methode, die ihn in dem
beginnenden Kampfe der Scholastik zwischen der freien Forschung
der Vernunft und dem Ansehen der kirchlichen Ueberlieferung ent=
schieden für erstere Partei nehmen ließ, zeichneten diesen scharfsinnig=
sten der Menschen, wie ihn sein Gegner, Bischof Hugo von Laugres,
nannte, vor all seinen Zeitgenossen aus. Seiner ganzen Geistesart
nach kann er als ein Vorläufer Abälard's bezeichnet werden. Zum
Lehrer war ein solcher Mann wie geschaffen. Dies zeigte sich, als
er um 1030 nach Tours zurückkehrte und bald darauf zum Vor=
steher der dortigen Domschule ernannt wurde, was er auch blieb,
nachdem er 1039 Archidiakonus zu Angers geworden war. In
kurzer Zeit brachte er diese Anstalt in neuen Schwung, so daß aus
der Nähe und Ferne ihm Schüler zuströmten. Auch unter den
Bischöfen gab es nicht wenige, die ihn hochschätzten, und der ge=
fürchtete Graf Gaufried von Anjou war sein Gönner.

In Streitigkeiten über die Abendmahlslehre wurde Beren=
garius etwa seit dem Jahre 1046, und zwar durch seinen etwas
beschränkten Freund Adelmann verwickelt, der damals Scholasticus
(Lehrer der Domschule) in Lüttich war. Dieser hatte nämlich ge=
hört, daß sein Freund Berengarius die damals fast allgemein an=
genommene Verwandlungslehre des Paschasius Radbertus ver=
werfe, dagegen die Lehre des Scotus Erigena, oder vielmehr, wie
wir unten sehen werden, des Ratramnus verbreite. Lessing hat
mit seiner S. 193 ausgesprochenen Vermuthung vollkommen Recht,
daß der bloße Tropus oder die Lehre von den bloßen
Zeichen (die Lehre Zwingli's) niemals die Lehre der Kirche ge=
wesen ist. In den Einsetzungsworten: „Dies ist mein Leib," „Dies
ist mein Blut," faud man zu allen Zeiten der Kirche die Gewähr
einer wunderbaren Gegenwart des Leibes und Blutes Christi, zu=

nächst allerdings nur in naiver, unbewußter Weise, ohne daß man
sich über das Wie dieser Gegenwart oder die Beschaffenheit dieses
Leibes genaue Rechenschaft ablegte. Erst Paschasius Radbertus,
Abt des Klosters Corbie in Frankreich, erhob im 9. Jahrhundert
die unbewußte Vorstellung zur Klarheit des Begriffes, indem er in
seinem Buche „De corpore et sanguine Christi" erklärte: „Was
der Glaube im Abendmahl empfängt, ist der Leib Christi, den
Maria geboren, der am Kreuze gelitten und der aus dem
Grabe auferstanden ist." Fragt man ihn, wie derselbe im Abend=
mahl gegenwärtig sein kann, so antwortet er: „Brod und Wein
werden in den Leib und das Blut Christi verwandelt, jedoch
so, daß Gestalt, Farbe und Geschmack beider Elemente zurück=
bleiben." Diese Stufe der Entwicklung nennt man Impanation,
da von einer wesentlichen (substantiellen) Verwandlung der Ele=
mente noch nicht die Rede ist, sondern gewissermaßen nur von einer
„Brodwerdung" (impanatio) Christi, wie man ja auch von seiner
„Fleischwerdung" (incarnatio) zu reden gewohnt war. Dieser
Abendmahlslehre des Abtes Radbertus von Corbie trat auf Ver=
anlassung des Königs Karl des Kahlen ein Mönch desselben
Klosters, Ratramnus (Bertramnus), entgegen. Seine Schrift
über diesen Gegenstand gerieth jedoch bald in Vergessenheit, oder
man schrieb vielmehr ihre Abfassung dem berühmtesten Gelehrten
des 9. Jahrhunderts, dem Scotus Erigena, zu. Es ist dieselbe
Schrift, die, wie S. 155 erzählt wird, auf der Synode zu Vercelli
als „Joannis Scoti liber de Eucharistia" verdammt und zerrissen
worden ist. Dies hat Lauf (Studien und Krit., 1828. 4.) und
nach ihm Ebrard (Das Dogma vom h. Abendm., I. S. 420) un=
widersprechlich nachgewiesen.

Lessing glaubte, daß durch die von ihm aufgefundene Schrift
des Berengarius jene Streitigkeiten des Paschasius Radbertus und
Ratramnus „ein besonderes Licht erhalten" (S. 96), hat sich darin
aber geirrt, wie Stäudlin, der sich nach ihm am Eingehendsten
mit dieser Schrift beschäftigt hat, wol nicht ohne Grund behaup=
tet; „ich gestehe," sagt dieser gründliche Gelehrte, „daß ich nichts
dahin Gehöriges oder dazu Dienliches darin angetroffen habe."

Indessen ließ sich durch den Widerspruch das Fortschreiten des
Dogmas auf der einmal eingeschlagenen Bahn höchstens verzögern,
aber nicht auf die Dauer zum Stillstand bringen. Sprach noch
Radbertus allerdings schon von einer Wandlung, aber doch nur
im Sinne der Impanation, so daß wenigstens das Brod seinem
Wesen nach Brod blieb, so redete man später umgekehrt von einer

Verwandlung des Brodes in den Leib Chrifti im Sinne der
Transſubſtantiation, ſo daß das Brod ſeinem Weſen (substantia) nach Brod zu ſein aufhören und nur ſeinen Eigenſchaften
oder Accidentien nach Brod bleiben ſollte. Wie es möglich ſein
ſoll, in dieſer Weiſe das Weſen einer Sache von ihren Eigenſchaften
zu trennen, dies zu erklären, muß natürlich der Schlauheit der
Scholaſtiker reſp. der heutigen katholiſchen Theologen überlaſſen
bleiben. Jedenfalls war des Berengarius Verſtand zu dieſer geiſt=
reichen Trennung nicht ſcharf genug. Er widerſprach, aber nur
zu ſeinem eigenen Unglück, da er zwar einzelne wenige Kirchen=
fürſten, unter ihnen auch den einflußreichen Hilbebrand, ſpätern
Papſt Gregor VII., für ſich, aber die große Majorität der Kirche,
der auch ein Hilbebrand auf die Dauer nicht zu widerſprechen wagen
durfte, gegen ſich hatte. Zudem hielt ſich Berengarius durchaus
nicht für verpflichtet, ein Märtyrer ſeiner Ueberzeugung zu werden.

Der Verlauf des Streites iſt von Leſſing in der vortrefflichſten
Weiſe geſchildert; nur wenige Punkte verlangen eine nähere Er=
örterung.

Zunächſt iſt die Kirchenverſammlung zu Paris nicht „erlogen“,
wie Leſſing (S. 164 ff.) behauptet, ſondern hat allerdings, und
zwar im Jahre 1051 ſtattgefunden, wie H. Sudendorf (Beren=
garius Turonenſis oder eine Sammlung ihn betreffender Briefe,
S. 31) nach bisher unbenutzten Quellen endgiltig nachgewieſen hat.
Ferner irrte Leſſing, wenn er (S. 161) annahm, Berengarius
nenne den König von Frankreich nur deshalb Abt der Kirche von
Tours, weil er im Allgemeinen Schutzherr der Kirche von Frank=
reich war; denn die Könige von Frankreich waren im eigent=
lichen Sinne Aebte von St. Martin zu Tours. Leſſing führt
(in einer Anm. zu S. 168) ſelbſt eine Stelle des Fleury an, aus
welcher das Richtige unzweideutig hervorgeht. Endlich verdient
noch ein dritter Punkt hier hervorgehoben zu werden, um einen
Irrthum Leſſing's zu berichtigen. Wenn Leſſing in ſeinem fünften
Brief (V. S. 187 ff.) auf Grund der von ihm gefundenen Hand=
ſchrift den Nachweis führen zu können glaubt, daß Berengarius
ein Vorläufer der Luther'ſchen Abendmahlslehre geweſen, ſo hat er,
wie die bedeutendſten Forſcher auf dieſem Gebiete (z. B. Stäudlin,
Neander, Ebrard) übereinſtimmend gezeigt haben, zu viel behaup=
tet; Berengarius iſt vielmehr ein Vorläufer Calvin's. Während
nämlich Luther als Anhänger der ſogenannten Conſnbſtantia=
tionslehre eine ſubſtantielle (reale) Gegenwart des Leibes
und Blutes Chriſti im Abendmahle in, mit und unter dem

Brod und Wein behauptet, hat Calvin nur eine dynamische
Gegenwart des Leibes und Blutes Christi angenommen, so daß
Brod und Wein ihm nicht Träger, sondern nur Unterpfän=
der des Leibes und Blutes Christi sind, dessen Kraftwirkungen
nur im Glauben empfangen werden können. Fast ganz in der
letzteren Weise leugnet Berengarius nicht nur die Transsubstan=
tiation, sondern jede substantielle Gegenwart, jede Vereini=
gung des Leibes und Blutes Christi mit dem Brode und Weine,
sowie jeden leiblichen Genuß desselben, und lehrt dagegen, daß
Brod und Wein nur insofern Leib und Blut Christi würden, als
sie es darstellten.

Lessing beabsichtigte, die ganze Schrift des Berengarius selbst
herauszugeben; er kam jedoch schon während der Ausarbeitung der
Ankündigung davon zurück, weil er sehr wohl begriff, wie er in der
Vorrede sagt, „was für ein Unterschied es sei, eine dergleichen
Handschrift für sich so und so zu brauchen und sie der Welt in
allen Stücken brauchbar zu machen.“ Einem „Gottesgelehrten von
Würde und erkannten Verdiensten“ wolle er aber alles Recht,
welches ihm selbst die erste Entdeckung geben könne, mit Vergnügen
abtreten. Merkwürdigerweise hat sich unter den evangelischen
Theologen dieser Mann „von Würde und erkannten Verdiensten“
bis auf den heutigen Tag noch nicht gefunden; denn nachdem
Lessing’s Freund C. A. Schmid am Schlusse des „5. Beitrags zur
Geschichte und Literatur“ ꝛc. eine Berichtigung einiger Stellen des
Berengarius Turonensis gegeben, und nachdem Stäudlin und
Hemsen seit 1820 den Anfang einer Herausgabe gemacht, wurde
zwar das Ganze von A. F. und F. Th. Vischer (Berlin 1834)
herausgegeben, aber diese beiden Herren Vischer hatten wol kaum
eine andere „Würde“ und ein anderes „Verdienst“, als die Enkel
ihres Großvaters Stäudlin zu sein; denn das Prädicat „fehlerhaft
genug“, das Guhrauer ihrer Ausgabe ertheilt, ist ein entschieden
noch zu günstiges.

Bei Herstellung des Textes gegenwärtiger Ausgabe wurde die
Originalausgabe vom Jahre 1770 (erschienen zu Braunschweig,
im Verlage der Buchhandlung des Waisenhauses) zu Grunde ge=
legt; nur die aus dem Manuscripte von Lessing angeführten
Stellen wurden theils nach C. A. Schmid, A. F. und F. Th.
Vischer gleich im Text berichtigt, theils, wo dies nicht thunlich er=
schien, die abweichende Lesart von Schmid und Vischer unter dem
Texte mitgetheilt.

Berengarius Turonensis

oder Ankündigung eines wichtigen Werkes Desselben, wovon in der Herzoglichen Bibliothek zu Wolfenbüttel ein Manuscript befindlich, welches bisher völlig unerkannt geblieben; von Gotthold Ephraim Lessing, Bibliothekar daselbst.

1770.

Vorrede.

Den Gelehrten ist bekannt, daß Herr S ch m i d, Professor der Theologie bei dem Carolino in Braunschweig, ohnlängst den Brief des A b e l m a n n ' s an den B e r e n g a r i u s aus einer Hand= schrift der Herzoglichen Bibliothek zu Wolfenbüttel zu ergänzen das Glück gehabt. Die Ausgabe davon erschien zu eben der Zeit, als des regierenden H e r z o g s D u r ch l a u ch t mir die Aufsicht über diese Bibliothek anzuvertrauen die Gnade hatten, und es war natürlich, daß meine Neugierde, die ungedruckten Schätze der= selben kennen zu lernen, dadurch ihre erste Richtung erhielt.

Ich zweifle, ob sie eine glücklichere hätte erhalten können. Denn gleich in den ersten Tagen gerieth mir das Werk in die Hände, welches ich dem Publico hiermit ankündige.

Wie billig, ertheilte ich dem Herrn S ch m i d die erste Nachricht davon, und gegenwärtige Ankündigung selbst bestehet nur aus den Briefen, die ich darüber an ihn zu schreiben Gelegenheit nahm.

Zwar schrieb ich diese Briefe sogleich in der Absicht, von Mehrern gelesen zu werden. Aber dennoch muß ich bekennen — und um Verzeihung bitten —, daß ich weder die Zeit noch den Fleiß darauf verwandt habe, den diese weitere Absicht erfordert hätte.

Ich glaubte sogar, hier sei es allerdings besser, lieber um Verzeihung bitten zu wollen, als den Fehler nicht zu begehen. Es kömmt mehr darauf an, was ich ankündige, als wie ich es an= kündige, und lieber die Neugierde der Welt, die ein so wichtiges Werk so lange entbehren müssen, ein Wenig zum Nachtheil meiner Eitelkeit befriediget als später.

Besonders merke ich nun wol, daß es mir ergangen, wie es fast immer ergeht, wenn man von der Hand weg schreibt. Man wird zugleich zu kurz und zu lang; man sagt zugleich zu viel und zu wenig. Diesen und jenen ganz kritischen Punkt hätte ich viel= leicht nur kaum berühren sollen; mit gewissen Schriftstellern hätte ich mich bei Weitem so tief nicht einlassen sollen. Dagegen hätte ich mich bei dem wesentlichen Inhalte des angekündigten Werkes länger aufhalten und mehr Besonderheiten desselben mittheilen müssen.

Doch wenn bei jenen Auswüchsen höchstens nur einige Bogen verschwendet worden, so ist diesem Mangel durch einige Bogen mehr leicht ein auder Mal abzuhelfen. Ich habe ohnedem noch gewisse Dinge zurück, die zwar nicht eigentlich das Werk des Be = rengarius betreffen, aber doch aus demselben ein so besonderes Licht erhalten und mit demselben in so genauer Verbindung stehen, daß sie einer eigenen Erörterung gewiß sehr werth sind. Vornehmlich wird es die Schriften des Paschasius und Ra = tramnus gelten. Mehr brauche ich der Sache kundigen Lesern nicht zu sagen.

Was ich inzwischen vor itzt liefere, so viel oder so wenig es ist, wird doch immer hinlänglich sein, um einen Begriff von dem Ganzen zu machen und die Anfrage darauf zu gründen, ob und wie = fern dieses Ganze völlig an das Licht gebracht zu werden verdiene.

Ich sehe voraus, wie unendlich verschieden die Urtheile hier = über ausfallen müssen. Aber wer erräthet auch nicht, welche Ur = theile allein entscheiden können? Unstreitig nur die Urtheile der Theologen unserer Kirche, und unter diesen vorzüglich nur derer, welche die Sache mehr nach dem Bedürfnisse als nach dem Tone der Zeit ermessen können und wollen.

Daß sodann des regierenden Herzogs Durchl. die Erlaub = niß zu dem Abdrucke des Manuscripts ertheilen dürften, glaube ich versprechen zu können. Ein so guter und weiser Fürst ist zu sehr überzeugt, daß auch solche Schätze keine Schätze sind, wenn sie nicht Jeder nutzen kann, der ihrer bedarf.

Ungern nur möchte ich mich selbst der Ausgabe unterziehen. Ich kenne meine Kräfte und begreife sehr wohl, was für ein Unterschied es ist, eine dergleichen Handschrift für sich so und so zu brauchen, und sie der Welt in allen Stücken brauchbar zu machen. Schon das Bestreben, dieses zu thun, würde mich zudem mehr Zeit kosten, als ich von meinen andern Geschäften entübrigen kann. Diese mögen wichtiger sein oder nicht, es sind doch immer mehr meine Geschäfte. Auch wünschte ich sehr, daß dem Beren = garius die gute Aufnahme unter uns so zuverlässig gemacht würde als möglich; welches nicht wol anders geschehen kann, als wenn ein Gottesgelehrter von Würde und erkannten Ver = diensten ihn einzuführen sich gefallen läßt. Einem solchen, er sei wer er wolle, will ich alles Recht, welches mir die erste Entdeckung geben könnte, mit Vergnügen abtreten, und er soll zu einer Arbeit willkommen sein, zu der ich mich einzig und allein in Ermang = lung eines jeden andern Besorgers zu verstehen gedenke.

I.

Der Inhalt meines Vorigen war eine Kleinigkeit, nur einem Herausgeber nicht gleichgiltig, der seinen Schriftsteller gern mit allen möglichen Erläuterungen und Rettungen in die Welt schicken will. *)

Ich eile, Ihnen eine andere Entdeckung mitzutheilen, die viel zu wichtig ist, als daß ich nicht zu völliger Benutzung derselben Ihren oder eines andern würdigen Gelehrten unserer Kirche Beitritt auffordern dürfte.

Die Ergänzung des Abelmann's macht Ihnen als Criticus Ehre, dem es genug ist, die Ueberreste des Alterthums dem Untergange zu entreißen, ohne sich zu bekümmern, ob sie von großem Nutzen sind, und wem damit am Meisten gedienet sein möchte. Gestehen Sie aber selbst, daß es nicht unsere, sondern die römische Kirche ist, die Sie darunter am Meisten sich verpflichtet haben. Diese hat ungern einen so angesehenen Vertheidiger einer ihrer Hauptlehren bisher nur verstümmelt aufweisen können; und sie durfte es aus dem Bücherschatze eines protestantischen Hauses vielleicht am Wenigsten erwarten, einen Mangel ersetzt zu sehen, **) wodurch sie nun freilich nicht eben neue Waffen, aber doch eine alte Waffe ausgebessert und frisch aufgeputzt erhält.

Zwar weiß ich wohl, daß ihr selbst die Beistimmung des Abelmann's kann streitig gemacht werden. Flacius trug kein Bedenken, ihn unter seinen Zeugen der Wahrheit aufzuführen, ***) und klar ist es, daß in dem ganzen Briefe des Abelmann's kein Ausdruck zu finden, welcher den cruden Begriff der Transsubstantiation schlechterdings voraussetzte. Da jedoch Abelmann auch mit keinem Worte sich gegen diesen Begriff, welcher der herrschende geworden war, erkläret; da er zwischen dem einen Abwege des Paschasius, den die Kirche mit vollem Haufen einschlug, und dem andern Abwege, auf welchem er den Berengarius glaubte, keine Mittelstraße zu erkennen scheinet, so dürfen wir uns wenigstens nicht wundern, wenn ihn unsere Gegner

---

*) Es betraf die Nachweisung des Aufsatzes vom Doneba (in der Raccolta d'Opusculi scient. e filol., T. XLVI.), in welchem die Zeit, wenn Abelmann mit Tode abgegangen, näher bestimmt werden soll, und mit welchem Herr Prof. Schmid seine Ausgabe noch hätte bereichern können.
**) Galeardus wandte sich desfalls außer den Bibliotheken in Italien an die zu Paris und Wien; aber bei unserer Nachfrage zu halten, muß ihm auch nicht einmal eingefallen sein; ob es schon freilich mit allen solchen Nachfragen eine sehr mißliche Sache ist.
***) Cat. Test. Ver., lib. XII. p. 1279. Edit. Genev.

für sich anzuziehen mehr Recht zu haben glauben, als sie uns
thun zu können jemals einräumen werden.

Es sei denn auch! Wir können ihnen so einen Mann gern
gönnen, der es — wenn Sie mir erlauben wollen, mein Freund, —
kaum verdiente, daß Sie Sich die geringste Mühe gaben, ihn zu
einem Deutschen zu machen. Er sei ein Deutscher oder ein Wale,
oder was er will, gewesen, er war Einer von den ganz gemeinen
Leuten, die mit halb offnen Augen wie im Traume ihren Weg
so fortschlendern. Entweder weil sie nicht selbst denken können,
oder aus Kleinmuth nicht selbst denken zu dürfen vermeinen, oder
aus Gemächlichkeit nicht wollen, halten sie fest an dem, was sie
in ihrer Kindheit gelernt haben; und glücklich genug, wenn sie
nur von Andern nicht verlangen, mit Gutem und Bösen verlangen,
daß sie ihrem Beispiele hierin folgen sollen.

Lieber wollte ich, daß Sie mir den Berengarius zu einem
Deutschen machen könnten! — „Den Berengarius? diesen
Ketzer? diesen doppelten Ketzer? Ketzer in seiner Trennung von
der Kirche, Ketzer in seiner Rückkehr zu ihr!"

Wäre das auch Alles so, nichtsdestoweniger! Das Ding, was
man Ketzer nennt, hat eine sehr gute Seite. Es ist ein Mensch,
der mit seinen eigenen Augen wenigstens sehen wollen.
Die Frage ist nur, ob es gute Augen gewesen, mit welchen er
selbst sehen wollen. Ja, in gewissen Jahrhunderten ist der Name
Ketzer die größte Empfehlung, die von einem Gelehrten auf die
Nachwelt gebracht werden können, noch größer als der Name
Zaubrer, Magus, Teufelsbanner; denn unter Diesen läuft doch
mancher Betrieger mit unter.

Daß Berengarius in einem solchen Jahrhunderte gelebt,
das ist wol unstreitig. — Also auch: wenn Ihnen die Wahl noch
itzt frei stünde, ob Sie lieber vom Adelmann oder vom Berengar etwas an das Licht bringen wollten: wem würden Sie
Ihren Fleiß wol am Liebsten widmen? Doch das bedarf keiner
Frage. Sie wissen über dieses zu wohl, wie unbekannt noch bis itzt
der wahre Berengarius ist, wie unzuverlässig sich noch bis itzt
von seiner wahren Meinung urtheilen lasse, und wie sehr auch
daher schon Alles erhalten und bekannter gemacht zu werden verdienet, was ihn angehet und dieser Unzuverlässigkeit abhelfen
kann.

Berengarius selbst hat Alles gethan, um die Nachwelt wegen seiner eigentlichen Lehre nicht in Zweifel zu lassen. Er hat sie in
mehr als einer Schrift vorgetragen und gegen seine Widersacher

in mehr als einer vertheidiget. Das bezeugt **Sigebertus Gemblacensis.***)

Aber wo sind sie, diese Schriften? Hielt man es nicht der Mühe werth, sie zu erhalten? Oder hielt man es der Mühe werth, sie vorsätzlich zu vernichten? Wenn die Schriften seiner Gegner zugleich mit dahin wären, so möchte leicht jenes ebenso wahrscheinlich sein als dieses. Aber da kann man außer Ihrem **Abelmann**, — wenn man will, — noch einen **Lanfrancus**, einen **Guitmundus**, einen **Algerus**, einen **Deobuinus**, und wie sie Alle heißen, der verderbenden Zeit zum Trotze lesen, die sich Alle trefflich mit dem armen Berengarius herumzanken und — Recht behalten. Wie natürlich; denn man hört nur immer Einen sprechen, und wenn der Andere ja einmal etwas sagt, so sagt er es durch den Mund seines Gegners.

Es müssen aber schon zu des **Flacius** Zeiten die Schriften des **Berengarius** so gut als aus der Welt gewesen sein. Man kennet den unverdrossenen Fleiß dieses Mannes (seinen improbus labor, in jedem Verstande, wie man sagt), mit welchem er Alles überall zusammensuchte, was er zu seiner Absicht dienlich hielt. Gleichwol war ihm weiter nichts von dem **Berengarius** bekannt geworden, als was Jedermann kannte: seine Palinodie[1]) auf der Kirchenversammlung zu Rom, unter Nicolaus dem Zweiten, und die wenigen Stellen, welche aus seiner nachherigen Verdammung dieser Palinodie uns **Lanfrancus** aufzubehalten für gut befunden hat.

Dieses waren denn auch die Beweisstücke alle, auf die man sich in den unglücklichen sacramentarischen Streitigkeiten berufen konnte, wenn von der einen oder von der andern Gemeinde der protestantischen Kirche des **Berengarius** zum Schutz oder zum Trutz Erwähnung geschah. Ich wünschte nur, daß es von beiden Theilen mit mehr Mißtrauen in die Glaubwürdigkeit derselben geschehen wäre. Ein Widerruf, den ein vermeinter Irrgläubiger gezwungen unterschreiben muß, einzelne, unzusammenhangende Stellen, die seine Gegner ihren Widerlegungen aus seinen Schriften einverleiben, beweisen wol, was diese Gegner sich eingebildet, daß dieser Irrgeist geglaubt; beweisen wol, was sie verlangt,

---

*) „Scripsit contra Adelmannum — defendens suam de mysteriis Christi sententiam. Et quia multi ad eum, vel contra eum super hac re scripserunt, scripsit et ipse ad vel contra eos." — *De Script. Eccl.*, *cap.* 154., *in Bibl. Eccl. Fabricii*, *p.* 111.

1) Palinobie = Widerruf. — Anm. des Herausg.

daß er an deſſen Statt glauben ſollen; aber das, was er eigent=
lich geglaubt hat, kann von Beiden, von dem Einen ſowol als
von dem Andern gleich weit entfernt ſein.

Luther hatte hier kein Arges; er nahm das, was für die
wahre Meinung des Berengarius von den Widerſachern Deſſel=
ben ausgegeben ward, dafür an; und da er immer noch der Trans=
ſubſtantiation geneigter blieb als dem bloßen Tropus, [1]) da er
ſich überſührt hatte, daß dieſe Auslegung mehr mit dem Weſent=
lichen des Glaubens ſtreite als ſene, ſo bezeigte er ſeinen ganzen
Unwillen gegen den Berengarius und erkannte nicht allein die
von dem Papſt gegen ihn gebrauchte Gewalt für Recht, ſondern
billigte auch die Ausdrücke des ihm aufgedrungenen Widerrufs
ſogar mehr, als ſie ſelbſt von manchen Katholiken waren gebilliget
worden. [*]) Berengar ward in ſeinen Augen das Schlimmſte,
was er ſein konnte, ein Vorläufer der ihm ſo verhaßten Sacra=
mentirer, deſſen Irrthum Carlſtadt und Zwinglius blos
erneuerten; [**]) und was Berengarius in Luther's Augen
war, das blieb er in den Augen ſeiner orthodoxen Nachfolger,
der Weſtphale und Selnecker, die ihn mit aller Strenge be=
handelten. Mir iſt unter den ältern Theologen unſerer Kirche
nur ein einziger bekannt, welcher gelinder und vortheilhafter von
dem Berengarius urtheilet; und dieſes iſt eben der Fla=
cius, [***]) der gleichwol zu ſeiner beſſern Meinung von ihm
nicht mehr Data hatte als Jene zu ihrer ſchlimmern. Arnol=
den [2]) könnte ich ihm allenfalls noch beigeſellen; aber in Deſſen
Plane war es, ſich aller Ketzer anzunehmen.

---

*) „Darum thun die Schwärmer unrecht, ſowohl als die Gloſſa im geiſtlichen
Recht, daß ſie den Pabſt Nicolaus ſtrafen, daß er den Berenger hat gedrungen zu
ſolcher Bekänntniß, daß er ſpricht: Er zubrücke und zuriebe mit ſeinen Zähnen den
wahrhaftigen Leib Chriſti. Wollte GOtt, alle Päbſte hätten in chriſtlich in allen
Stücken gehandelt, als dieſer Pabſt mit dem Berenger in ſolcher Bekänntniß ge=
handelt hat!" Luther's Bekänntniß vom Abendmahl Chriſti, im Jahr 1528.

**) „Carlſtadt erneuerte den greulichen Irrthum Berengarii vom Sacra=
ment des Abendmahls, daß daſelbſt nur Brodt und Wein" u. ſ. w. Aurifaber,
im Bericht, was ſich mit Luther und ſeiner Lehre in den Jahren 1524 und 25
zugetragen.

***) Sowol in ſeinem Cat. T. Verit. als auch in den Magdeburgiſchen Cen=
turien, die unter ſeiner Aufſicht ganz in dem Geiſte jenes Werks verfaßt wurden.

1) „Der bloße Tropus" iſt die Anſicht Zwingli's. Zwingli meinte nämlich,
die Einſetzungsworte hätten einen blos bildlichen (tropiſchen) Sinn; „dies
iſt mein Leib" ſei vollſtändig = „dies bedeutet meinen Leib", und von einer
realen Gegenwart des Leibes Chriſti könne nicht die Rede ſein. — Anm. des H.

2) Gottfried Arnold (geb. 1666 zu Annaberg in Sachſen, geſt. 1714 als
ev. Pfarrer und Inſpector zu Perleberg) warf ſich in ſeiner „Unparteiiſchen

Hingegen ließen es Die, welche sich zur Meinung des Zwing=
lius bekannten, sich nicht zweimal sagen, daß Berengarius ihr
Vorgänger gewesen sei; sie griffen begierig zu und setzten sich
ganz in den Besitz dieses Mannes. Wer kann es ihnen verdenken?
Es war ihnen daran gelegen, daß ihre Lehre für keine Neuerung
angesehen ward; es mußte ihnen lieb sein, in frühern Jahrhun=
derten die Spuren davon aufweisen und dadurch wahrscheinlich
machen zu können, daß ihr Glaube kein andrer als der Glaube der
ersten Christen sei. Dabei war Berengarius ein so angesehener,
so gelehrter, so scharfsinniger und von Seiten seines Lebens, selbst
nach Zeugnissen seiner Feinde, so untadelhafter Mann gewesen,
daß sie im Geringsten nichts wagten, sich freiwillig für seine Nach=
folger zu bekennen. Von jeher haben daher auch die angesehen=
sten reformirten Theologen, wo sie in ihren dogmatischen oder pole=
mischen oder historischen Schriften auf den Berengarius kom=
men konnten, sich sehr gern bei ihm verweilet und ihn mit so
vieler Geflissenheit, mit so vieler Wärme vertheidigt, daß Luthe=
rische Gelehrte davor warnen zu müssen nicht umhin zu können
glaubten.*)

Nur endlich zu Anfange dieses Jahrhunderts hätten leicht die
Wagschalen für den Berengarius umschlagen können. Außer
verschiednen Kleinigkeiten von ihm, welche fleißige Gelehrte aus
Handschriften nach und nach bekanut machten, die aber mit seiner
Streitigkeit vom Abendmahle in geringer oder gar keiner Ver=
bindung stehen, brachten nämlich Martene und Durand eine
von dem Berengarius selbst aufgesetzte Verhandlung von der
unter Gregorius dem Siebenten im Jahr 1078 seinetwegen
gehaltenen Kirchenversammlung aus einem Manuscripte zu Gem=

Kirchen= und Ketzerhistorie" zum Patron der Ketzer und Sectirer aller Zeiten in
keineswegs unparteiischer Weise auf. — Anm. des Herausg.

*) „Inter eos, qui Historiam *Berengarii* consignarunt, circumspecte et
caute legendi sunt Reformati, quandoquidem id agunt, ut purgent Berengarium, specioseque defendant, quorum refero Joannem Episcopum Du-
nelmensem." *Fechtius de Origine et superstitione Missarum, App. II. de
Concomitantia Sacr.*, p. 1024. Es ist Johann Cosin, Bischof zu Durham, den
Fecht namentlich anführet, und dessen Historia Transsubstantiationis Papalis
zu Bremen 1678 nachgedruckt worden. Er hätte aber ebensowol einen Mornäus,
Forbesius, Usserius und zwanzig Andere nennen können, welche Tribbe=
chovius ohne Zweifel in Gedanken hatte, wenn er schrieb: „Hæc de certamine
Berengarii non mea, sed Historicorum fide docere volui, cum viderem ex
Reformatis non paucos apposito verborum colore, obscuratis aliquibus,
nonnullis etiam silentio pressis, nimis dubiam et incertam reddidisse *Berengarii* Historiam." *De Doctoribus Scholasticis, cap. VI.*

b l o u an das Licht.*) Hatte man bis dahin wol noch gezweifelt, ob überhaupt Berengarius unter nur gedachtem Papste nochmals persönlich zu Rom verdammet und zum Widerrufe ge= zwungen worden,**) so sahe man nun nicht allein aus dieser eige= nen Schrift des Berengarius, daß Solches allerdings geschehen, sondern man sahe auch zugleich, wie es geschehen, und daß es ungefähr ebenso damit zngegangen, als es zwanzig Jahre vor= her unter Nicolaus dem Zweiten zuging. Berengarius ließ wiederum die Furcht über sich Meister werden und bequemte sich wiederum seinen Feinden; kaum aber war er auch wiederum in sein Frankreich, und da in Sicherheit, als er wiederum mündlich und schriftlich bezeugte, wie fest er noch an seiner Lehre hange, und wie wenig ein abgedrungener Eid auch diesesmal auf ihn wirken könne und solle. Indem er dieses bezeugte, hatte er zu= gleich Gelegenheit, seine Lehre selbst abermals in ihr richtiges Licht zu setzen; und es ist klar, daß besagte diese Schrift daher das einzige Authentische enthält, was wir überhaupt bis itzt davon haben.

Aber wie lautet dieses? Es lautet so, daß die Herausgeber, Martene und Durand, ihm von seiner Ketzerei ein Großes erlassen zu müssen glaubten. Sie erklärten, aus den klaren Wor= ten des Berengarius sowol als aus der Nachsicht selbst, mit welcher die Kirche bei allen den wiederholten Verdammungen gegen ihn verfahren, erhelle unwidersprechlich, daß Berengarius nur in einem einzigen Punkte sich von dem allgemeinen Glauben entfernt habe; daß er zwar die Transsubstantiation, aber nicht die wirkliche Gegenwart Christi in dem Abendmahle geleugnet und bestritten habe. ***) Eben dieses Urtheil war auch bereits

---

*) Acta Concilii Romani sub *Gregorio VII.* in causa *Berengarii* conscripta. cum ipsius postea recantatione; ex Ms. codice Gemblacensi, *Tomo IV. Thes. novi Anecdot.*, p 99.

**) „Conciliorum rhapsodus ex *Blondo* et *Sabellico* tradit, sub *Gre-gorio septimo* alteram revocationem fuisse factam a *Berengario*, quem in Pontificia sententia mortuum esse fingit. Illa vero, cum fundamento careant, omittimus." *Flacius, Cat. Test. Verit., l. c., p.* 1274. Doch war auch durch den Ungenannten, dessen Aufsatz De Berengarii Hæresiarchæ damnatione multiplici P. Fr. Chifletius herausgegeben hatte, die Sache schon so ziemlich außer Zweifel gesetzt.

***) „Ex hoc loco et ex superius dictis patet, *Berengarium* realem, ut ajunt, Christi præsentiam admisisse in Eucharistia, sed transsubstantia-tionem præsertim eum negasse, id quod probat multisque exemplis demon-strat noster *Mabillonius* in præfat. ad Sæculum VI." Bened., Tomo II. *l. c., p.* 107.

vom **M a b i l l o n** gefället und weitläuftig erhärtet worden, welcher
das nämliche Manuscript zu Gemblou genutzt und, wenn ich
seine Worte recht verstehe, gar zuerst entdecket hatte. *)

Ist nun aber dieses, hat **B e r e n g a r i u s** die wirkliche Gegen=
wart Christi in dem Abendmahle geglaubt und bekannt, hat er
seine Waffen einzig und allein gegen eine Lehre gerichtet, welche
auch von unserer Kirche bestritten wird, so ist klar, daß, wenn
er darum schon nicht ein Genosse unseres Glaubens muß gewesen
sein, er doch ganz gewiß auch der Mann nicht sein kann, den die
Reformirten zu ihrem Vorgänger annehmen dürfen.

Ich bin in den Schriften der neuesten reformirten Theologen
zu wenig belesen, um zu wissen, ob sie bemohngeachtet fort=
gefahren, den **B e r e n g a r i u s** zu einem ihrer Glaubenshelden
zu machen. Ich weiß nur, daß **C l e r i c u s** nicht säumte, dem
Urtheile des **M a r t e n e** und **D u r a n d** zu widersprechen, **)
und zu zeigen suchte, daß aus den Worten des **B e r e n g a r i u s**
noch lange nicht folge, was sie daraus folgern wollen. Da, wo
C l e r i c u s dieses thut, bekennet er zwar, daß er die weitere
Ausführung ihres Urtheils beim **M a b i l l o n** damals noch nicht
gelesen habe; aber auch das weiß ich nicht einmal, ob er sie nach=
her gelesen und irgendwo sonst umständlicher darauf geantwortet
hat.

Von Allem diesem, mein Freund, werden Sie mir mehr
zu sagen wissen. Ich werfe nur noch einen Blick auf das Ver=
halten unserer Theologen bei diesem Vorfalle, und ich bin so=
gleich, wo ich sein will.

Unsere Theologen verhielten sich bei dieser anscheinenden
Möglichkeit, ihren verschieden denkenden Brüdern einen so ange=
sehenen Vorfechter abzuspannen, sehr gleichgiltig. Ich will nicht
sagen, ob sie in solchen Dingen überhaupt ein Wenig zu gleich=
giltig sind, ob sie, von der Wahrheit ihrer Lehre überzeugt,
sich nicht zu wenig bekümmern, wer ihnen darin vorgegangen.
Ich will nicht sagen, ob sie ein= für allemal gegen den **B e r e n =
g a r i u s** zu sehr eingenommen waren, als daß sie gern ein Wort
um ihn verlieren wollten. Sie mögen gar wohl von jenem
Kaltsinne gegen das Alterthum und von dieser Abneigung

---

*) „Hoc scriptum olim inveni in Bibliotheca Gemblacensi, quae ante
paucos annos non levi reipublicae litterariae detrimento incendio con-
sumpta est." *Praef. Tomi I. Saeculi VI. Act. Ord. Bened.*, p. *XVI.*
) Bibliothèque anc. et moderne, T. **XV. p. 306.

gegen einen Namen, mit dem sie von jeher einen nachtheiligen
Begriff verbunden hatten, gleich weit entfernt gewesen sein.
Aber sie überlegten ohne Zweifel, daß es sich kaum der Mühe
verlohne, ihr Gegentheil zu schwächen, ohne sich selbst dadurch
zu verstärken. Bei der Ueberzeugung von der wirklichen Gegen=
wart des Leibes und Blutes Christi im Abendmahle finden
außer dem päpstischen Mißglauben noch so viel andere hetero=
doxe Vorstellungen Statt, und Impanation, Consubstantiation,
Assumtion, Augmentation[1]) sind der gesunden Vernunft und der
Einfalt des Glaubens nicht weniger entgegen als die Transsub=
stantiation selbst. Wenn Berengarius sich von diesem Irr=
wege entfernet hatte, wer konnte ihnen sagen, ob er sich nicht auf
einem von jenen verloren, gesetzt auch, daß er wirklich nicht aus
Scylla in Charybdis gestürzet wäre? Hierüber gewiß zu sein,
reichte auch das noch lange nicht zu, was Martene und Durand
von ihm bekannt gemacht hatten, und so ließen sie den Mann
stehen, wo er nun schon einmal stand, von dessen völliger Lauter=
keit sie doch nicht überzeugt sein konnten.

Anders zu verfahren, würde allerdings einer Neckerei ähn=
licher gesehen haben als einem Angriffe von ernstlichen Folgen.
Nur hätte Mosheim sich eines Verdachts enthalten sollen, der
den Berengarius allzu sehr erniedriget. Weil Mosheim zu=
geben wollte, daß die wahre Meinung des Berengarius nicht
deutlich genug erhelle, so bedachte er sich zugleich eines Grundes
von dieser Undeutlichkeit und fiel unglücklicher Weise gerade auf den,
an welchem, meines Bedünkens, der ehrliche Name eines
Mannes, der das Ansehen haben will, sich allgemeinen Irr=
thümern zu widersetzen, am Gewissesten scheitert. Er vermuthete

---

1) Die vier Ausdrücke „Impanation", „Consubstantiation", „Assumtion" und
„Augmentation" drücken sämmtlich gewisse Modificationen des Begriffs der Gegen=
wart des Leibes Christi im Abendmahle aus, und zwar so, daß Impanation und
Assumtion dieselbe Sache nur mit andern Worten bezeichnen; denn ob ich sage:
Christus wird Brod, oder er nimmt die Natur des Brodes an, das ist offenbar so
ziemlich dasselbe. Beide Wörter drücken eine monophysitische Verwandlung
des Leibes Christi in Brod aus und stehen der gleichfalls monophysitischen Trans=
substantiation sehr nahe. Ganz anders verhält es sich mit den Ausdrücken „Con=
substantiation" und „Augmentation", in denen allerdings etwas der Transsubstan=
tiation Aehnliches liegen kann, in denen aber nicht nothwendig etwas Anderes
liegen muß, als daß neben dem Brod und Wein auch der Leib und das Blut
Christi substantialiter im Abendmahl zugegen sind. Vom Standpunkte
Luther's aus sind diese Ausdrücke also ganz unverfänglich, und wir haben daher
auch mit dem Worte Consubstantiation in den Vorbemerkungen (S. 91)
geradezu die Ansicht Luther's bezeichnet. — Anm. des Herausg.

nämlich, Berengarius habe mit Fleiß seine Meinung so dunkel und zweideutig vorgetragen, damit sie nicht allzu gräulich scheinen möge.*)

Ein harter Verdacht! Und womit hätte Berengarius diesen Verdacht verdienet? Etwa damit, daß seine Feinde die aus= führlichsten seiner Schriften unterdrücket haben? Oder will man sagen, damit, daß er schwach genug war, die erkannte Wahrheit zu verleugnen?

Das sei fern! — Ich weiß nicht, ob es Pflicht ist, Glück und Leben der Wahrheit aufzuopfern; wenigstens sind Muth und Entschlossenheit, welche dazu gehören, keine Gaben, die wir uns selbst geben können. Aber das, weiß ich, ist Pflicht, wenn man Wahrheit lehren will, sie ganz oder gar nicht zu lehren, sie klar und ruud, ohne Räthsel, ohne Zurückhaltung, ohne Mißtrauen in ihre Kraft und Nützlichkeit zu lehren, und die Gaben, welche dazu erfordert werden, stehen in unserer Ge= walt. Wer sie nicht erwerben oder, wenn er sie erworben, nicht brauchen will, der macht sich um den menschlichen Ver= stand nur schlecht verdient, wenn er grobe Irrthümer uns be= nimmt, die volle Wahrheit aber vorenthält und mit einem Mittelbinge von Wahrheit und Lüge uns befriedigen will. Denn je gröber der Irrthum, desto kürzer und gerader der Weg zur Wahrheit; dahingegen der verfeinerte Irrthum uns auf ewig von der Wahrheit entfernt halten kann, je schwerer uns ein= leuchtet, daß er Irrthum ist.

Weil Berengarius schwach war, muß er darum mit Vor= satz auch falsch gewesen sein? Weil ich ihn beklagen muß, soll ich ihn auch verachten müssen? Der Mann, der bei drohenden Gefahren der Wahrheit untreu wird, kann die Wahrheit doch sehr lieben, und die Wahrheit vergiebt ihm seine Untreue um seiner Liebe willen. Aber wer nur darauf denkt, die Wahrheit unter allerlei Larven und Schminke an den Mann zu bringen,

---

*) „Nescio, an de vera ejus hodie sententia satis aperte constet. Sunt qui praeter Figuram corporis et sanguinis domini nil esse in sacra coena, hominem disputasse perhibent; sunt qui exploratum putant esse, quod crediderit, corpus et sanguinem vere exhiberi. Quidquid ejus restat, id multum habet barbariei et obscuritatis, neque statim legenti sensus apparet vocabulorum, quae adhibuit, scholasticorum. Nec fortassis erra= bit, qui consulto Berengarium sententiam, ne nimis atrox videretur, occultasse ac ambigue proposuisse, conjecerit." *Institut, Hist. Eccles., lib. III. p. 553.*

der möchte wol gern ihr Kuppler sein, nur ihr Liebhaber ist er nie gewesen.

Ich wüßte kaum etwas Schlechters als einen solchen Kupp=ler der Wahrheit; und der Verdacht, daß Berengarius der=gleichen gewesen sein könne, ist Dessen, den er trifft, und Dessen, der ihn hegen konnte, gleich unwürdig. Auch ist es dem be=scheidenen Mosheim nur selten widerfahren, so voreilig zu arg=wohnen.

Aber, werden Sie sagen, wenn es bei dem Allen dennoch mehr als Argwohn wäre! Die Möglichkeit wäre doch da, und ich könnte wol ebenso voreilig vertheidigen, als Mosheim arg=wohnen.

Nur diesesmal nicht; denn kurz, ich habe den unwidersprech=lichsten Beweis in Händen. Und das eben ist die Entdeckung, welche ich Ihnen mitzutheilen eile. —

Was meinen Sie, wenn ich Ihnen sage, daß ein Werk des Berengarius, ein umständliches, ausführliches Werk, welches allem Ansehen nach sein wichtigstes Werk gewesen ist; daß so ein Werk, dessen kein Mensch gedenket, von dessen Wirklichkeit sich Niemand träumen lassen; daß so ein Werk, von dem solcher Dinge sonst sehr kundige Männer sogar behaupten, daß es nie existiret habe, auf dessen Nichtsein eben diese Männer ganze Ge=bäude von frommen Vermuthungen und Lügen aufführen: was meinen Sie, wenn ich Ihnen sage, daß ein solches Werk noch vorhanden, daß es hier bei uns, unter den ungedruckten Schätzen der hiesigen Fürstlichen Bibliothek vorhanden?

Nicht wahr, das wäre noch ein anderer Fund als Ihr Adelmann, der Ihnen unter eben diesen Schätzen so glücklich in die Hände gerieth?

Sie werden mir kaum glauben; auch habe ich lange meinen eigenen Augen nicht trauen wollen. Und doch ist es, wie ich sage. Kommen Sie; ich rufe Ihnen selbst das $\mathit{E\varrho\mu\eta\varsigma\ \varkappa o\iota\nu o\varsigma}$ [1]) zu; denn Sie sind es, Ihr Adelmann ist es, ohne die ich doch ge=wiß diesen Fund nicht gemacht hätte.

II.

Ich habe Ihnen keine vergebene Freude verursacht, und ich will sogleich Ihre Neugierde mehr befriedigen.

---

1) = Halb Part! — Anm. des Herausg.

Sie wiſſen, daß Lanfrancus unter den Gegnern des Beren=
garius den erſten Platz einnimmt. Berengarius war auf der
Kirchenverſammlung zu Rom unter Nicolaus dem Zweiten ge=
zwungen worden, das Anathema über ſeine Meinung zu ſprechen
und eine Glaubensformel zu unterſchreiben, welche hernach ihren
Platz unter den Decretalen gefunden. Aber kaum war er aus
den Händen ſeiner Feinde, als er Alles wieder zurücknahm, was
er aus Furcht vor dem Tode gegen die Wahrheit geredet und
geſchrieben hatte. Er entſagte jener Glaubensformel in einer
eigenen Schrift, in welcher er ſeine abgeſchworne Meinung zu=
gleich aufs Neue vertheidigte. Dieſe Schrift war es, welche
Lanfrancus in einem Werke zu widerlegen glaubte, das mit
großem Beifalle von der Kirche aufgenommen ward und noch
itzt als ein Hauptwerk in den euchariſtiſchen Streitigkeiten be=
trachtet wird. Es iſt ſehr oft, bald einzeln, bald mit andern
ähnlichen Werken, bald mit den ſämmtlichen Schriften des Ver=
faſſers, bald in den Bibliotheken der Väter und in andern der=
gleichen großen Sammlungen gedruckt und wieder gedruckt
worden. Sie kennen es und wiſſen, was für Lobſprüche nicht
allein die Theologen der römiſchen Kirche ohne Ausnahme,
ſondern auch einige der unſrigen daran verſchwendet haben.
Es iſt nichts Geringers als ein niederdonnerndes Werk, voll der
triumphirendſten Gründe.

Aber haben Sie wol jemals gehöret oder irgendwo ge=
leſeu, daß Berengarius gleichwol auf dieſes niederdonnernde,
triumphirende Werk geantwortet hat?

Gewiß, das haben Sie nicht. Vielmehr werden Sie Sich
erinnern, gerade das Gegentheil davon geleſen zu haben. Ins=
beſondere behaupten die Benedictiner, welche die Gelehrten=
geſchichte von Frankreich ſchreiben, ausdrücklich, daß Berenga=
rius die Widerlegung des Lanfrancus ohne Antwort gelaſſen;
ja, ſie nehmen an, daß die Vorſehung ſich eben dieſer Wider=
legung bedient habe, dem unglücklichen Scholaſtiker die Augen
zu öffnen und das Herz zu rühren; kurz, ſie ſchreiben dem Buche
des Lanfrancus die Bekehrung des Berengarius ganz
ſicherlich zu.*)

---

*) Wenn ſie von den verſchiedenen Schriften reden, in welchen Berengarius
ſeine Meinung vorgetragen, ſo ſagen ſie: „Ecrits au reste qui furent mis au
poudre par le docte *Lanfranc*, son illustre adversaire, du vivant meme
de *Berengar*, qui les laissa sans replique." Wenn ſie die Zeit beſtimmen
wollen, um welche Lanfrancus ſein Werk geſchrieben, ſo muthmaßen ſie in dem zu=

Die gutherzigen Väter! Wenn die Bekehrung des Berenga=
rius ebenso wahr ist als diese Veranlassung, die sie ihr geben,
so mögen die Canonici St. Martini zu Tours ja fleißig fort=
fahren, auf seinem Grabe das Ex profundis anzustimmen. Ich
bedauere, daß so viel schöne Figuren, so viel treffliche Schlüsse,
als Don*** (wie er nun heißt, der in dem achten Bande
benannter Geschichte die Feder geführet hat) anwendet, für
nichts und wieder nichts angewendet sein sollen. Ich bedauere,
daß sein frommer Eifer gegen jeden vermessenen Ergoteur, der
ihm seine gute Meinung von der Schrift des Lanfrancus
streitig machen will, nicht Vernünfteleien und Schlüssen, die er
verachtet, sondern dem Augenscheine und der Sache selbst leider
wird weichen müssen.

Denn, mit seiner Erlaubniß, eben das Manuscript, welches
ich Ihnen ankündige, ist die Antwort des Berengarius auf
jene unwiderlegte und unwiderlegliche Schrift seines Lanfran=
cus! — Und nun wird es Ihnen doch bald wahrscheinlich wer=
den, daß ich nicht zu viel Aufhebens davon gemacht habe? —

Aber Sie wollen wissen, wie ich zu dieser Entdeckung ge=
kommen, und wie es möglich gewesen, daß sie mir aufbehalten
bleiben können?

Auf den ersten Punkt antworte ich Ihnen, daß es, genau
zu reden, keine Entdeckung, sondern, wie ich es schon genannt
habe, ein Fund ist. Man entdeckt, was man sucht; man
findet, woran man nicht denkt. Ich war dabei, mir, meiner
itzigen Bestimmung gemäß, die Manuscripte der Bibliothek
näher bekannt zu machen, als es aus den bloßen Verzeichnissen
geschehen kann. Ich hatte meine Ursachen, warum ich mit den soge=

---

versichtlichsten Tone: „Il y a tout sujet de croire, que Dieu se servit de ce
meme ecrit, pour ouvrir les yeux et toucher le coeur à cet infortuné
Scolastique. Il y trouva effectivement tout ce qui etoit necessaire pour
le convaincre de sa mauvaise foi, de ses alterations, ou falsifications
meme à citer les Peres, de ses autres artifices pour soutenir et repandre
ses erreurs, de sa fausse dialectique, de sa perfidie, de ses parjures, de
ses propres contradictions. Il y trouva de plus une refutation completo
de toutes ses objections prétenduës triomphantes, et la croïance commune
de l'Eglise établie d'une maniere invincible." Und wenn sie von dem ähn=
lichen Werke reden, welches Guitmundus dem Berengarius entgegensetzte,
so behaupten sie geradezu: „Ces deux Ouvrages fermerent la bouche à notre
Ergoteur, et furent les principaux instruments que Dieu emploïa pour le
ramener à la foi catholique. Depuis cette époque il garda un profond
silence." — — *Histoire literaire de France, T. VIII. p.* 208, 212, 213.

nannten Weißenburgischen,[1] deren Geschichte Ihnen unge=
fähr aus dem Burkhard bekannt sein wird,[*] anfangen wollte.
In dem festen Vorsatze, Stück nach Stück vor die Hand zu
nehmen und keines eher wieder wegzulegen, als bis ich mir
eine hinlängliche Idee davon gemacht, traf ich gleich anfangs
auf einen Band, der von außen „Tractatus de Coena Domini et
Transsubstantiatione" neuerlich beschrieben war. Ungefähr die
nämliche Aufschrift, „De Coena Domini praesertim de Transsubstantiatione", hatte eine andere, etwas ältere Hand innerhalb, auf
den untersten Rand des ersten Blattes gesetzt. Ihr Abelmann
war mir noch im frischen Gedächtnisse; und da die Handschrift
eines mit seinem Briefe so verwandten Inhalts mir dem Alter
nach seinen Zeiten sehr nahe zu kommen schien, so können Sie
leicht denken, ob sie meine Neugier weniger reizte als eine
andere. Um in der Geschwindigkeit Alles davon zu wissen, was
Andere schon davon gewußt hätten, nahm ich meine Zuflucht zu
den Catalogis.[**] Doch in diese fand ich mehr nicht eingetragen, als
was jene Aufschriften besagen; blos mit dem Zusatze: „Anonymi".

---

[*] Hist. Bibl. Augustae, Parte I. p. 256.

[**] Leibniz, zu dessen Zeiten die Weißenburgischen Manuscripte in die
Bibliothek gekommen waren, und der bei der ersten Gelegenheit ergriff, ihrer zu
gedenken, sagt (De Nummis Gratiani, Op. T. IV. Pr. II. p. 253): „Plerique
scripti sunt temporibus Carolingiorum, et ne dubites, extat in uno
Catalogus ipse antiquus Bibliothecae Monasterii, addito nomine Abbatis,
ubi hi ipsi bona ex parte recensentur, qui nuper Guelferbytum fuere
translati." Es war natürlich, daß ich auch diesen Catalogus aufsuchte,
welcher sich hinter dem Augustinus de Concordia Evangelistarum (Nro. 30)
befindet. Doch sobald ich sahe, daß der Abt, unter welchem er geschrieben
worden, Folmarus sei, der bereits 1043 mit Tode abgegangen, so fiel es von
selbst weg, das Manuscript des Berengarius darin zu erwarten. Wer sonst
diesen Catalogus zu kennen wünscht, den verweise ich auf des Ungenannten
Seriem Abbatum Monasterii Weissenburgensis beim Schannat (Vind. litt.
Coll. I. p. 8), wo er, nur wenig verschieden, eingerücket ist. Die darin
benannte Werke, ausgenommen was eigentliche Kirchenbücher sind, finden sich
fast alle hier, bis auf wenige, unter welchen leider die drei Bände eines
deutschen Psalters sind. Dafür aber sind eine beträchtliche Anzahl anderer dazu=
gekommen, welche das Kloster ohne Zweifel erst nach dem Abt Folmar an=
geschafft hatte.

[1] Die „Weißenburgische Handschriftensammlung" wurde im Jahre 1689 für
die Wolfenbüttler Bibliothek erworben. Sie hat ihren Namen von der alten
Abtei Weißenburg im Elsaß und wurde 1678 den Rhein hinunter zur Frankfurter
Messe geführt, um als altes Pergament für die Goldschläger verkauft zu werden;
in Mainz wurde sie von Heinr. Jul. v. Blum gerettet und nach elfjähriger Ver=
handlung für den geringen Preis von 1000 Thlr. an die Bibliothek von Wolfen=
büttel verkauft. Unter den 102 Bänden, meistens vom 8. bis 11. Jahrhundert
geschrieben, befanden sich fünf Sterne erster Größe, unter ihnen der von Lessing
aufgefundene Berengarius. — Anm. des Herausg.

Dieſer Zuſatz ſelbſt machte mir ſchlechte Hoffnung, meinen Mann
kennen zu lernen, angenommen nämlich, daß man nur den=
jenigen Schriftſteller einen Anonymus nennen ſollte, der ſich vor
ſeinem Werke nicht allein nicht genannt, ſondern auch in dem
Werke ſelbſt Alles ſorgfältig vermieden hat, was ſeine Perſon
verrathen könnte. Das Beſte, was ich mir alſo verſprach, war,
einen namloſen Mönch des zwölften Jahrhunderts vor mir zu
haben, der vielleicht die ſeine Lehre des Paſchaſius aufs Reine
bringen helfen. Doch fing ich an zu blättern; und das Erſte, was
mich zu etwas Wichtigerm vorbereitete, war die Raſur eines
Namens, welche mehr als einmal vorkömmt. Ich erkannte
dieſen rabirten Namen gar bald für Joannes Scotus; und wel=
cher wichtigere Name hätte mir in einer Schrift vom Abend=
mahle aus dieſen Zeiten aufſtoßen können?[1]) Sein Buch über
dieſen Glaubensartikel, wenn es nicht noch unter einem fremden
Namen vorhanden iſt oder ebenſo unerkannt wie Berengarius
in irgend einer Bibliothek ſtehet, iſt verloren; aber Stellen aus
ihm durfte ich in meinem alten Buche, wenn es anders ein noch
unbekanntes Buch wäre, zu finden glauben, welche zu Vielerlei
zu brauchen ſtünden. Zugleich fiel mir ſehr häufig bald ein
„Inquis tu“, bald ein „Inquio ego“ in die Augen, welche anzeigten,
daß der Vortrag polemiſch ſei. Das war mir um ſo viel lieber;
und nun fing ich mit Ernſt an zu leſen. Doch kaum hatte ich
einige Blätter geleſen und dabei mich in Blimmer's Samm=
lung*) mit umgeſehen, als ich auf einmal erkannte, daß jenes „Tu“
Lanfrancus, und dieſes „Ego“ Berengarius wären. Kurz,
ich fand, was ich geſagt habe, ein Werk, worin Berengarius
dem Lanfrancus Schritt vor Schritt folget und auf jedes ſeiner
Argumente und Einwendungen nach der nämlichen Methode
antwortet, welche ſein Gegner wider ihn gebraucht hatte; näm=
lich daß er erſt die eigenen Worte Deſſelben anführet und ſo=
dann ſeinen Beſcheid ausführlich darauf ertheilet.

Was ich Ihnen über den andern Punkt zu ſagen hätte,
werden Sie zum Theil aus der nähern Beſchreibung des Ma=
nuſcripts ermeſſen. Es gehöret, wie ich bereits erwähnet habe, zu
den Weißenburgiſchen Manuſcripten, welche der erſte große

---

*) De veritate corporis et sanguinis Je. Ch. in Euch. sacra Authores
vetusti. Louanii 1561. 8vo.
1) Daß dieſes Buch nicht von Johannes Scotus, ſondern von Ratramnus
verfaßt iſt, iſt in den Vorbemerkungen d. Herausg. (S. 90) angegeben. — A. d. H.

Zuwachs waren, den die Bibliothek nach den Zeiten des Herzogs August erhielt. Ihm und seinem Conring, dessen Urtheil er über jede beträchtliche Handschrift zu Rathe zog, die ihm in den letzten Jahren seines Lebens vorkam, dürfte Berengarius wol schwerlich unerkannt geblieben sein. So lange sich Leibniz der Bibliothek annahm, hatte er sein vornehmstes Augenmerk auf die Geschichte, und ebenso hingen die folgenden verdienten Männer, welche die Bibliothek nutzten oder ihr vorstanden, ihrem Hauptstudio viel zu emsig nach, als daß sie außer ihrem Wege nach Abenteuern hätten umherschauen sollen. Das Manuscript selbst ist auf Pergamen und macht einen mäßigen Band in klein Quart von hundertundvierzehn Blättern. Es hat alles Ansehen, noch in dem elften, längstens zu Anfange des zwölften Jahrhunderts geschrieben zu sein. Nur war es nicht mit der Sorgfalt geschehen, daß eine spätere Hand nicht viel Fehler und Lücken darin zu verbessern und zu füllen sollte gefunden haben. Doch hat auch diese spätere Hand noch alle Merkmale des zwölften Jahrhunderts. Das Schlimmste ist dieses, wovon Sie vielleicht aus der schwankenden Angabe des Titels schon etwas besorgt haben: es hat weder Anfang noch Ende. Ich darf glauben, daß nicht die bloße ohne Absicht verwüstende Zeit an dieser Verstümmelung Ursache ist, sondern daß Vorsatz mit dabei gewaltet. Man hat das Werk den Augen der Neugierde entziehen wollen; man hat die gemeinen Leser, welche der Name Berengarius zu häufig anlocken dürfte, wollen vorbeischießen lassen. Vielleicht hat man es auch vor einer gänzlichen Vernichtung, die es von dummen Eiferern und eigennützigen Zwangslehrern zu besorgen hatte, dadurch in Sicherheit setzen wollen; man hat die kenntlichsten Theile aufgeopfert, um das Ganze zu bergen. Mit beiden Absichten reimet sich der besondere Umstand sehr wohl, dessen ich schon gedacht habe, daß nämlich der Name Scotus, bis auf den Anfangsbuchstaben, durchgängig ausgekratzt war. Und dieser Vorsorge, das Werk eines Erzketzers, es sei nun weniger in die Augen fallend zu machen oder vor dem Untergange zu retten, habe ich es denn ohne Zweifel vornehmlich zu danken, daß die Wiedererkennung desselben mir aufgesparet bleiben können.

Doch noch Eines scheinet hieran fast nothwendig! Dieses: es müssen sonst keine Abschriften von diesem Werke des Berengarius mehr vorhanden sein, die unsere muß die einzige sein, die sich, vielleicht durch Hilfe ihrer Verstümmlung, erhalten,

oder man müßte annehmen, daß noch ißt Bibliotheken ber=
gleichen haben könnten, ohne es haben zu wollen; daß es noch
ißt Gelehrte geben könne, die wohl wüßten, wo ſo etwas im
Verborgenen ſtecke, und es mit gutem Fleiße im Verborgenen
ließen.

Dieſes zwar anzunehmen, dürfte leicht wenig gewagt ſein;
und mehr als ein Umſtand könnte ſogar dazu berechtigen. Zum
Exempel: ſchon Labbe und De Roye haben angezeigt, daß die
erſte Schrift des Berengarius, auf welche ſich die Widerlegung
des Lanfrancus beziehet, in der Königlichen Bibliothek zu Paris
ganz vorhanden ſei. *) Laufraucns führet nur einzelne Stellen
daraus an, bekennet aber, daß in dem Uebrigen, welches zum
Theil nicht zur Sache gehöre, Berengarius ſeine Dornen mit
Roſen unterflochten habe. **) Wie kömmt es, dürfte man fragen,
daß uns keine von dieſen Roſen aus dem vollſtändigen Werke
jemals mitgetheilet worden? Martene, Mabillon und Jhres=
gleichen haben ſo viel unnützes Zeug aus Handſchriften an das
Licht gebracht; warum haben ſie dieſem vollſtändigen Werke des
Berengarius nicht eben den Dienſt erwieſen? Wenn ich mich
recht erinnere, ſo bekennet Mabillon ſogar, an einem Orte, der
mir ißt nicht wieder in die Hände fallen will, daß er es ganz
geleſen; aber was er darin geleſen, wüßte ich nirgends bei ihm
gefunden zu haben. Sicherlich hätte er es leſen können, und die
mehr belobten Benedictiner hätten es leſen müſſen, da wenigſtens
ihnen nicht unbekannt ſein konnte, daß die Treue, mit welcher
Lanfrancus die einzeln Stellen behandelt, vom Oudinus
und Andern in Zweifel gezogen werden. ***)

Auch kommen in mehrern Bibliotheken Frankreichs und Ita=
liens Handſchriften unter dem Namen des Berengarius vor,
die vielleicht mehr enthalten, als der Titel, den ſie vor der Welt
führen, beſagt. Verſchiedene heißen „Confessio“ oder „Recantatio
Berengarii“, †) und ſo ganz gewiß iſt es doch wol nicht, daß es
die bloßen aus wenig Zeilen beſtehende Bekenntniſſe oder Wider=

---

*) Hist. liter. de France, T. VIII. p. 223.
**) „Nec ad omnia responsurus sum, quia spinis rosas interseris, et
albis atque nigris coloribus phantasma tuum depingis, quaedam etiam
dicis, quae nihil pertinent ad propositum quaestionis.“ *Cap. II. p. 232.
Edit. Dach.*
***) Comment. de Script. Eccl. antiq., T. II. p. 631.
†) Beim Montfaucon in der Biblioth. Bibliothecarum Msptorum
nachzuſehen.

rufe wären, die Berengarius auf den Kirchenversammlungen ablegen und unterzeichnen müssen.

Nur um zwei dergleichen Handschriften, die sich aber in britischen Bibliotheken befinden, hat sich der einzige Dubinns näher bekümmert. Die eine ist die, welche das Dreifaltigkeits= collegium zu Dublin besitzt, unter dem Titel: „Berengarius de Sacramento altaris", welchem das Verzeichniß beifüget, daß sie von einer Handschrift bei den Jesuiten zu Löwen copiret wor= den. Die andre ist die, welche Cave aus dem Verzeichnisse des Collegii Zur ehernen Nase in Orford anführet und „Dis= putationes Berengarii cum Lanfranco de praesentia Christi in coena" benennet.

Doch aus der Abschrift, welche Dubinus durch Basnagen von ersterer erhielt, erkannte er, daß es kein Werk des Beren= garius, sondern der Tractat eines Ungenannten de Eucharistia sei, den schon Cellotius herausgegeben. Und ebenso versichert er von der andern, daß sie eigentlich nichts vom Berengarius, wol aber die Widerlegung des Lanfrancus enthalte, mit deren Worten des zweiten Capitels, „Patres redarguis incurrisque" etc. sie anfange, weil die ersten Blätter verloren gegangen.

Wenn indeß zufälliger Weise von der letztern Handschrift zu Orford Dubinus, oder wer sie sonst für ihn in Augenschein nahm, gerade weiter nichts zu lesen sich die Mühe genommen hätte als die Anfangsworte, die er für Worte des Lanfraucns erkannte, so dürfte eine nochmalige genauere Besichtigung nicht ganz unnöthig sein. Denn es wäre möglich, daß, der Worte des Lanfrancus ungeachtet, womit das verstümmelte Werk an= fängt, es dennoch kein Werk des Lanfrancus, sondern ein Werk des Berengarius wäre, und zwar das nämliche Werk, welches ich vor mir habe. Wie ich nämlich schon angemerkt, wollte Be= rengarius seinem Gegner in dessen eigener Methode begegnen, welche eine Art von Dialog sein soll, und indem er also Stelle vor Stelle den Lanfrancus durch ein „Inquis tu" redend einführt, so hätte es sich sehr leicht fügen können, daß eben das Blatt mit einer solchen Stelle angefangen, an welchem auch dort die Wuth, es sei der Zeit oder der Barbarei oder des frommen Eifers, zu= erst ermüdete.

Doch dem Allen sei, wie ihm wolle. Genug, so weit wir die ungedruckten Schätze der vornehmsten Bibliotheken in Europa bis itzt kennen, darf ich mit Grund behaupten, daß unsere Fürstliche an dem wiedererkannten Werke des Berengarius ein Kleinod besitzet, dessen sich keine andere rühmen kann, ja dessen Gleichen auch nur, sowol an Seltenheit als am innern Werthe, ihnen allen schwer sein möchte, uns entgegenstellen zu können.

III.

Ist unser Berengarisches Werk einzig, so kann es ja wol nicht anders als den höchsten Grad der Seltenheit haben.

Doch, was Seltenheit, wenn es nichts als Seltenheit wäre? Ich getraue mir, zu behaupten, daß der nützliche Gebrauch, der sich davon machen läßt, nahe so groß ist als seine Seltenheit.

Und gesetzt nun auch, daß es zu weiter nichts dienen könnte, als die zuversichtlichen Benedictiner unwiederbringlich abzuweisen, die uns das Buch des Lanfrancus so gern als ein unwiderlegt gebliebenes Buch, als ein Buch anschwatzen möchten, durch welches die Bekehrung des Berengarius vornehmlich mit bewirket worden: wäre es denn auch schon dann nicht wichtig genug? Wie viele alte Schriften treten denn noch itzt an das Licht, durch die dergleichen parteiische Verkleider der historischen Wahrheit augenscheinlich zu Schanden gemacht werden?

Die sogenannte Bekehrung des Berengarius beruhet auf so unerheblichen Zeugnissen, und sie ist an und für sich selbst so unwahrscheinlich, so unbegreiflich, daß, wenn sie auch auf ungleich giltigern Zeugnissen beruhte, ich mir dennoch die Freiheit nehmen würde, daran zu zweifeln. Ja, ein großer Theil meiner Beruhigung würde von diesem Zweifel abhangen. — Ein Mann wie Berengarius hätte die Wahrheit gesucht, hätte die gesuchte Wahrheit in einem Alter, in welchem sein Verstand alle ihm mögliche Reife haben mußte, zu finden geglaubt, hätte die gefundene Wahrheit muthig bekannt und mit Gründen Andere gelehret, wäre bei der bekannten und gelehrten Wahrheit trotz allen Gefahren, trotz seiner eignen Furchtsamkeit vor diesen Gefahren dreißig, vierzig Jahre beharret, und auf einmal, in eben dem Augenblicke, da unter allen erworbenen Schätzen dem Menschen keine werther sein müssen als die Schätze der Wahrheit, die einzigen, die er mit sich zu nehmen Hoffnung hat — eben da auf einmal hätte seine ganze Seele so umgekehrt werden können, daß Wahrheit für ihn Wahrheit zu sein aufhörte? — Wer mich dieses bereden könnte, der hätte mich zugleich beredet, allen Untersuchungen der Wahrheit von nun an zu entsagen. Denn wozu diese fruchtlosen Untersuchungen, wenn sich über die Vor-

urtheile unserer ersten Erziehung doch kein dauerhafter Sieg erhalten läßt? wenn diese nie auszurotten, sondern höchstens nur
in eine kürzere oder längere Flucht zu bringen sind, aus welcher
sie wiederum auf uns zurückstürzen, eben wenn uns ein andrer
Feind die Waffen entrissen oder unbrauchbar gemacht hat, deren
wir uns ehedem gegen sie bedienten? Nein, nein! einen so grausamen Spott treibet der Schöpfer mit uns nicht. Wer daher in
Bestreitung aller Arten von Vorurtheilen niemals schüchtern,
niemals laß zu werden wünschet, der besiege ja dieses Vorurtheil
zuerst, daß die Eindrücke unserer Kindheit nicht zu vernichten
wären. Die Begriffe, die uns von Wahrheit und Unwahrheit
in unsrer Kindheit beigebracht werden, sind gerade die aller-
flachsten, die sich am Allerleichtesten durch selbst erworbene Begriffe auf ewig überstreichen lassen, und Diejenigen, bei denen sie
in einem spätern Alter wieder zum Vorschein kommen, legen dadurch wider sich selbst das Zeugniß ab, daß die Begriffe, unter
welchen sie jene begraben wollen, noch flacher, noch seichter, noch
weniger ihr Eigenthum gewesen als die Begriffe ihrer Kindheit.
Nur von solchen Menschen können also auch die gräßlichen Erzählungen von plötzlichen Rückfällen in längst abgelegte Irrthümer auf dem Todbette wahr sein, mit welchen man jeden
kleinmüthigern Freund der Wahrheit zur Verzweiflung bringen
könnte. Nur von Diesen, aber von keinem Berengarius. Ein
Berengarius stirbt sicherlich, wie er lehrte; und so sterben sie
Alle, die ebenso aufrichtig, ebenso ernstlich lehren als er. Freilich muß ein hitziges Fieber aus dem Spiele bleiben; und, was
noch schrecklicher ist als ein hitziges Fieber: Einfalt und Heuchelei
müssen das Bette des Sterbenden nicht belagern und ihm so
lange zusetzen, bis sie ihm ein paar zweideutige Worte ausge-
nergelt, mit welchen der arme Kranke sich blos die Erlaubniß
erkaufen wollte, ruhig sterben zu können. —

Allerdings bedarf eine so befremdende Erscheinung in der
menschlichen Natur, als die endliche Bekehrung eines Berengarius gewesen wäre, auf alle Weise ausstaffiret zu werden, wenn
sie auch nur der Allerblödsinnigste glauben soll; und ich bedauere
die Männer, die es für ihre Pflicht halten, dergleichen fromme
Gespenster ausstaffiren zu helfen. Nur müssen diese Männer es
denn auch nicht übel nehmen, wenn ein Andrer es gleichfalls für
seine Pflicht hält, ihre Ausstaffirungen wieder abzureißen und
das Ding zu zeigen, wie es ist; sie mögen darüber zum Gespötte
werden oder nicht.

Es ist jast unglaublich, was für seltsame Wendungen die guten Benedictiner nehmen, was für Verdrehungen sie sich erlauben, was für Armseligkeiten, die sie bei jeder andrer Gelegenheit gewiß verachtet hätten, sie sich zu Nutze machen, um es nur ein Wenig wahrscheinlich herauszubringen, daß Berengarius durch das Werk des Lanfrancus bekehret worden. Alles, wie man leicht sieht, kömmt hierbei auf die Zeit an, wenn Laufrancus dieses Werk geschrieben, und die gemeine Meinung hierüber taugte in ihren Kram ganz und gar nicht. Wenn Berengarius unter Gregorius dem Siebenten, im Jahre 1079, nochmals widerrufen, und wenn er auch von diesem Widerrufe nochmals rückfällig geworden, so muß nothwendig Lanfrancus erst nach diesem Jahre geschrieben haben, oder er war es nicht, welcher den Berengarius bekehren half, wenn der jemals bekehret worden. Und nun, wie fangen sie es an, zu erweisen, daß Lanfrancus wirklich nicht früher geschrieben? Es verlohnet der Mühe, sie nach der Länge selbst zu hören.

„Wegen der Zeit, wenn Lanfrancus" (schreiben sie in dem Leben desselben)*) „sein Werk verfertiget, ist man sehr uneinig. Die Chronike der Abtei zu Bec**) sagt, daß es im Jahre 1053 geschehen sei, welches ein offenbarer Irrthum ist, weil die Schrift des Berengarius, welche Lanfrancus darin widerlegt, wenn sie früh erschienen, erst sechs Jahr nachher kann erschienen sein. Don Mabillon, nachdem er über diesen Punkt ein Wenig veränderlich gewesen, entschloß sich endlich für 1069.***) Ueberhaupt kömmt man darin überein, daß der Verfasser noch Abt in dem Kloster des heil. Stephanus zu Caen gewesen, als er sein Buch herausgegeben. Doch Die, welche für dieses allgemeine Datum sind, das acht bis neun Jahre in sich faßt, gründen sich einzig und allein auf die Meinung, nach welcher man voraussetzt, daß es eben das nämliche Werk gewesen, welches Lanfrancus von Canterbury aus an den Papst Alexander den Zweiten schickte, und von welchem er selbst saget, daß er es noch als Abt verfertiget habe.†) Eine Voraussetzung, die sehr

---

*) T. VIII. p. 279.
**) Chronicon Beccense in Append. ad Opera Lanfranci, Paris 1648, fol., p. 2.
***) Acta Sanctorum Ordinis S. Benedicti, T. IX. p. 633; ibid., Praef. §. 57; Annal. Ord. S. Bened., lib. 63. T. V. §. 46.
†) Lanfranc. Ep. 3. p. 303.

zweideutig, ich will nicht sagen gänzlich falsch, ist, und zwar aus folgenden Gründen:

„Die Schrift, welche Lanfrancus an benannten Papst schickte, war zwar wirklich gegen den Berengarius; aber sie heißt doch nur ein bloßer Brief: „Epistolam quam *Berengario* Schismatico, dum adhuc Cadomensi coenobio praeessem, transmisi, Paternitati vestrae . . . transmittere curavi." Man gebe sich die Mühe, die Ausdrücke dieser Stelle des Lanfrancus eigentlich zu erwägen. Die Rede ist von einem Briefe, den er aus Caen an den abtrünnigen Berengarius geschrieben. Reimt sich diese Vorstellung wol mit dem Begriffe, den wir von seinem Tractate von dem Leibe und Blute des Herrn wider diesen Ketzer haben, und den der Verfasser selbst *Liber Scintillarum* überschrieben hatte? Würde ihn Lanfrancus wol dem Papste unter einem andern Titel übersendet haben, als den er ihm selbst gegeben? Wenn man es nicht erweisen könnte, daß Lanfrancus außer seinem Tractate vom Abendmahle auch noch andere Schriften gegen den Berengarius ausgehen lassen, so dürfte man allenfalls noch eher zu der Voraussetzung, die wir hier widerlegen, berechtiget sein. Aber Sigebertus, ein zeitverwandter Schriftsteller, versichert mit ausdrücklichen Worten,[*] daß außer diesem Tractate, den er sehr sorgfältig bezeichnet, Lanfrancus mehr als einen Brief wider seinen Gegner geschrieben und die Irrthümer desselben mit vielem Nachdrucke darin widerlegt habe: „Scripsit invectivas contra *Berengarium* Turonensem epistolas, refellens scripta ejus;" worauf Sigebertus insbesondere den Tractat unsers Erzbischofes vom Abendmahle sehr genau beschreibet. Nichts kann klärer sein als das Zeugniß dieses Schriftstellers; auch ist es hinlänglich, die Voraussetzung zu vernichten, die man gemeiniglich wegen der vom Lanfrancus an den Papst Alexander überschickten Schrift zu machen pflegt. Es war nicht sein Tractat vom Abendmahle, der bis auf uns gekommen ist; sondern es war einer von den ersten Briefen, die er über den nämlichen Gegenstand, wie wir gesehen, an den Berengarius geschrieben hatte, und dessen uns die Unfälle der Zeit beraubet haben.

„Was das eigentliche Datum des Tractats anbelangt, von welchem wir hier handeln, so muß solches aus dem zweiten Capitel desselben genommen werden. Lanfrancus redet da-

---

[*] De Script. Eccles., cap. 155.

ſelbſt von dem, was unter der Regierung Gregorius' des
Siebenten zu Rom wegen des Berengarius verhandelt
worden, und führet von Wort zu Wort das ganze Glaubens=
bekenntniß an, welches dieſer Archidiaconus auf der im Februar
1079 gehaltenen Kirchenverſammlung, ſechs Jahre nach dem
Tode des Papſt Alexander's, unterzeichnet hatte. Folg=
lich kann Lanfrancus ſelbſt dieſes höchſtens nur in dem
nämlichen oder etwa dem folgenden Jahre geſchrieben haben,
in welches die Bekehrung des Berengarius fällt, zu der
das Werk des Lanfrancus, wie anderwärts von uns be=
merkt worden, das Seinige gar wohl beigetragen haben
mochte. Doch der Ort, auf den wir dieſes Datum gründen,
wird in verſchiednen Handſchriften und in den nach ſelben be=
ſorgten Ausgaben vermißt, ob er ſich ſchon in den Ausgaben
von 1540, 1648 und 1677 befindet. Was kann hieraus folgen?
So viel, ſagt man, folge hieraus, daß Lanfrancus, der dieſen
ſeinen Tractat geſchrieben, als er noch Abt zu Caen geweſen, ihn
nach der Zeit müſſe wieder überſehn und mit dem vermehret ha=
ben, was ſich unter Gregorius dem Siebenten zugetragen.
Allein ſo ſchließen, heißt mehr errathen wollen, als ſchließen.
Weit natürlicher iſt es, daß die Lücke durch Unachtſamkeit eines
Abſchreibers entſtanden iſt. Es braucht nur Einer den Fehler
begangen zu haben, und er kann ſich in mehrern Manuſcripten
finden, die nämlich nach ſeinem gemacht worden. Der Beiſpiele
von dergleichen Lücken ſind unzählige. —

„Sollte ſich mit dem Allen ein Vernünftler (Ergoteur) fin=
den, der, unſrer Meinung zu widerſprechen, dieſes als einen
Grund anführen wollte, daß man ſonach keine Urſache abſehen
könne, warum es Lanfrancus an die zwanzig Jahre verſchoben
habe, die Schrift des Berengarius zu widerlegen, ſo dürfen wir
nur wiederum fragen, warum er, nach der gemeinen Meinung,
es gleichwol zehn Jahre verſchoben hätte? Wenigſtens erhellet
aus ſeinen Worten ſelbſt, daß er es nicht eher als nach dem Tode
des Cardinal Humbertus gethan, folglich doch erſt ganze fünf
Jahre nachher, als Berengarius ſeine Schrift ausgehen laſſen.
Man dürfte ſehr verlegen ſein, eine kategoriſche Urſache von
dieſer Verzögerung anzugeben. Nur die, welche wir anführen
können, iſt ſehr natürlich und gründet ſich auf Facta. Lanfran=
cus, der, wie Sigebert verſichert, die Irrthümer des Beren=
garius ſchon mehr als einmal beſtritten hatte, ſahe, daß andere
Schriftſteller, wie Durandus, Abt zu Troarn, wie Euſebius

Bruno, Bischof zu Angers, auch vielleicht wie Guitmun=
dus, und wer sie sonst waren, ihnen sehr einleuchtende Schriften
entgegensetzten. Er hoffte, daß Berengarius endlich dadurch
zum Stillschweigen gebracht und diese ärgerliche Streitigkeiten ge=
endet werden sollten. Als er aber eines Theils bemerkte, daß sich noch
Niemand angelegen sein lassen, die Schmähungen abzulehnen,
mit welchen dieser Ketzer den Cardinal Humbertus angegriffen
hatte, und andern Theils sehen mußte, daß er seine falsche Lehre
durch die Schrift erneuere, in der er auch demjenigen Bekennt=
nisse, welches er 1079 unterschrieben hatte, entsagte: sodann
entschloß sich Lanfrancus, nicht sowol diese als vielmehr das
ältere Werk des Berengarius gegen sein erstes zwanzig Jahre
vorher unterschriebenes Bekenntniß zu widerlegen. Warum er
sich aber lieber an dieses als an jenes Werk halten wollte, kam
wol daher, weil beide die nämlichen Spitzfindigkeiten und
Trugschlüsse enthalten, in dem erstern aber sich die schimpflichen
Vorwürfe befinden, deren wegen er den Humbertus und die
römische Kirche rächen wollte. Indem also Lanfrancus seine
Waffen gegen die erste Schrift des Berengarius richtete, so ge=
lang es ihm nicht allein, diesen seinen Vorsatz zu erreichen, sondern
auch die eine Schrift sowol als die andere zu widerlegen. Mit
einem Worte, eine Gelegenheit mußte Lanfrancus haben, wider
den Berengarius zu schreiben. Die Bekanntmachung der 1059
ausgefertigten Schrift desselben war diese Gelegenheit nicht, in=
dem er, wie andere Kritici wollen, wenigstens fünf, wo nicht gar
zehn Jahre verstreichen ließ, ehe er darauf antwortete. Sondern
die Schrift von 1079 schaffte ihm diese Gelegenheit und setzte
ihn gleichsam in die Nothwendigkeit, seinem Gegner den Mund
zu stopfen. Wir haben uns bei diesem Punkte der Kritik viel=
leicht ein Wenig zu lange aufgehalten; aber allgemein ange=
nommene Vorurtheile machen es öfters nöthig, daß man sich
umständlich einlassen muß, um sie desto gewisser aus dem Wege
zu räumen.

„Diesem Grundsatze zu Folge erlaube man uns also nur
noch eine einzige Anmerkung, die mit zur Bestätigung unsrer bis=
her dargethanen Meinung dienen kann. Seitdem Lanfrancus
zum Bischof erhoben war, hatte er dem Studio und Gebrauche
der weltlichen Wissenschaften gänzlich entsagt. *) Dieses ver=
sichert er uns selbst; und ohne Zweifel muß man auch die

---

*) Epist. 53.

Dialektik darunter begreifen, als die einen Theil derselben ausmacht. Hiermit vergleiche man nun, was er von dem Gebrauche dieser Kunst in seinem Werke wider den Berengarius sagt, dem er vorwirft, daß er in Ermangelung giltiger Beweisstellen seine Zuflucht zu ihr nehme. *) Lanfrancus bekennet, daß er seines Theils in Dingen, welche die Religion betreffen, keinen Gefallen an den Regeln der Dialektik habe, weil er nicht gern scheinen wolle, sich mehr auf sie als auf die Wahrheit selbst und auf das Ansehen der heiligen Väter zu verlassen. Sogar wenn der Gegenstand des Streits von der Beschaffenheit wäre, daß er sich durch diese Regeln am Leichtesten auseinanderjeßen lasse, bemühe er sich, sie so viel möglich zu verstecken, indem er sich gleichgeltender Ausdrücke bediene. Aus der Beschreibung, welche Sigebert von des Lanfrancus Auslegungen der Briefe Pauli macht, hat man gesehen, daß er sich der nämlichen Enthaltsamkeit von dieser Kunst bei Weitem nicht beflissen, als er nur noch Abt war. Folglich muß er schon Erzbischof gewesen sein, als er die Schrift gegen den Berengarius aufseßte, die uns noch von ihm übrig ist; ob er sich schon darin keinen andern Titel als den Titel eines katholischen Christen von Gottes Barmherzigkeit giebt."

So viel halb Wahres, so viel Falsches auch in dieser langweiligen Stelle ist, so würde es doch schwer fallen, sie ohne unser Manuscript auf eine schlechterdings befriedigende und unwidersprechliche Art zu widerlegen. Denn Alles, was man dagegen sagen könnte, würde doch die Möglichkeit des Gegentheils nicht aufheben, die nur alsdann in keine Betrachtung mehr kömmt, wenn man ihr das Wirkliche entgegenstellen kann. Ich würde daher zwar nur meine Zeit verschwenden, wenn ich, mit Zurückhaltung des Alles entscheidenden Augenscheines, Vermuthungen blos mit Vermuthungen bestreiten wollte. Aber dennoch kann ich mich auch nicht enthalten, wenigstens über ein paar Punkte ohne Rücksicht auf meinen stärkern Hinterhalt einige Anmerkungen zu machen.

1. Woher weiß es denn der Benedictiner, daß Lanfrancus selbst sein noch vorhandenes Buch wider den Berengarius „Liber Scintillarum" überschrieben habe? Es sei immer wahr, daß Bromton in seiner Chronike**) es unter diesem Titel anführet. Aber da in keiner von den Handschriften, aus welchen es hernach

---

*) Cap. 7.
**) Historiae Angl. Script., p. 952.

abgedruckt worden, die geringste Spur davon muß anzutreffen gewesen sein, als in welchen es schlechtweg „Liber de Corpore et Sanguine Domini" geheißen, so könnte ja gar wohl eine so spie= lende Aufschrift, „Das Buch der Funken", der witzige Einfall eines spätern Mönchs sein. Daß mehrere Abschreiber diesem Buche des Lanfrancus einen Titel nach ihrem Gutdünken ge= geben, bestätiget auch das Exempel der h. Diemude beim Peß,*) die es „Conflictus *Lanfranci* contra *Berengarium*" benannte. Andere haben es „Dialogus" geheißen. Aber bei dem Allen kömmt ihm doch schlechterdings keine Benennung mit mehrerm Rechte zu als die Benennung eines Briefes, die ihm Lanfrancus selbst in seinem Schreiben an den Papst Alexander giebt. Denn ist es dann nicht wirklich ein Brief? eine schriftliche Anrede eines Abwesenden? Kann die Stärke oder Weitläuftigkeit desselben machen, daß es ein Brief zu sein aufhöret? Lanfrancus hätte seine Schrift mit der gewöhnlichen Briefformel angefangen,**) und er sollte Bedenken getragen haben, sie gegen den Papst einen Brief zu nennen?

2. Müßten wir es denn aber schlechterdings dem Bromton auf sein Wort glauben, daß die noch vorhandene Schrift des Lanfrancus gegen den Berengarius von dem Verfasser selbst „Liber Scintillarum" überschrieben gewesen, warum müßten wir ihm nicht ebenfalls auf sein Wort glauben, daß Lanfrancus dieses so überschriebene Werk als Prior der Abtei zu Bec ver= fertiget habe? Denn Beides sagt er in der nämlichen Stelle, so zu reden, mit dem nämlichen Zuge der Feder: „*Lanfrancus Beccensis Prior tonantem librum* contra *Berengarium* ·edidit, quem *Scintillarum* intitulavit.* " Kann, diesen Worten zu Folge, das Buch, welches Lanfrancus an den Papst Alexander senden mußte, nicht Desselben noch vorhandene Schrift wider den Berengarius sein, weil diese „Liber Scintillarum" über= schrieben gewesen, so kann ja, eben diesen Worten zu Folge, die nämliche Schrift nicht unter Gregorius dem Siebenten abgefaßt sein, welches der Benedictiner doch mit aller Gewalt behaupten will, als unter dessen Regierung Lanfrancus längst nicht mehr Prior zu Bec, sondern bereits Erzbischof zu Canter= bury war. Aber, was das Vornehmste ist, wo sagt denn

---

*) Thes. Anecd., T. I., Prf. p. 21. §. 37.
**) „*Lanfrancus* misericordia Dei Catholicus, *Berengario* Catholicae Ecclesiae adversario".

Bromton, daß eben das noch vorhandene Buch des Lan=
francus wider den Berengarius „Liber Scintillarum" be=
titelt gewesen? In den angeführten Worten sagt er es doch
wahrlich nicht. Der Benedictiner selbst beruft sich so nachdrücklich
auf das Zeugniß des Sigebertus, daß Lanfrancus mehrere
Bücher gegen den Berengarius geschrieben. Nun wohl; wir
müssen ihm zugeben, daß nach diesem Zeugnisse das Buch wider
den Berengarius, welches Lanfrancus an den Alexander
schickte, nicht eben das noch vorhandene muß gewesen sein, daß
es ein anderes gewesen sein kann. Muß er aber nicht hinwiederum
zugeben, daß nach eben dem Zeugnisse dieses noch vorhandene
Buch auch nicht nothwendig dasjenige sein muß, welches „Liber
Scintillarum" überschrieben gewesen? Denn warum könnte es
kein anderes gewesen sein, das diesen Titel geführet? Kann es
aber ein anderes gewesen sein, wo bleibt sein Schluß? Ja, es
muß ein anderes gewesen sein, wenn das Ansehen des Bromton
überhaupt etwas gelten soll. Das noch vorhandene Buch ist
augenscheinlich eine geraume Zeit nach dem Tode des Cardinal
Humbertus geschrieben, da sogar die Schrift des Berengarius,
die es widerlegen soll, erst nach diesem Tode aufgesetzt zu sein
scheinet. Nun starb Humbertus 1063, und wann Lanfrancus
in diesem Jahre nicht schon Abt von St. Stephanus zu Caen
war, so ward er es doch wenigstens. Folglich kann er sein noch
vorhandenes Buch gegen den Berengarius als Prior zu Bec
nicht geschrieben haben, und das Buch der Funken, welches er
in dieser Würde schrieb, muß ein anders gewesen sein. Ja, ich
glaube sogar nicht unwahrscheinlich angeben zu können, welches
andere Buch es gewesen. Sie erinnern Sich, daß Lanfrancus
von sich selbst erzählet, er sei auf der Kirchenversammlung zu
Rom unter Leo dem Neunten, welches die erste war, die gegen
den Berengarius gehalten ward, fast selbst in den Verdacht ge=
kommen, daß er der Meinung des Berengarius zugethan sei.
Der Papst habe ihm also besohlen, sich zu rechtfertigen, ein Be=
kenntniß seiner Orthodoxie abzulegen und die allgemeine Lehre
der Kirche, nicht sowol durch Gründe der Vernunft als durch
Beweisstellen aus der Schrift und den Vätern zu erhärten.
Dieses habe er denn auch gethan und den Beifall der ganzen
Versammlung erhalten.*) Wenn man nun annehmen darf, daß

---

*) „Post haec praecepit Papa, ut ego surgerem, fidem meam expone-
rem, expositam plus sacris authoritatibus, quam argumentis probarem.

dieses nicht blos mündlich geschehen, sondern daß Lanfrancus sein Bekenntniß, seine Erörterung der katholischen Lehre entweder vorher oder nachher auch schriftlich werde aufgesetzt haben, so dürfte ein solcher Aufsatz vielleicht am Ersten, es sei von ihm selbst oder von Andern, mit dem Titel des Buchs der Funken sein belegt worden. Denn, wie gesagt, es sollte vornehmlich eine Sammlung einzelner von dort und da zusammengetragener Beweisstellen, gleichsam also einzelner Funken sein, aus welchen sich die leuchtende Flamme der Wahrheit erzeuge. Hingegen einen Tractat so zu benennen, wie der noch vorhandene des Lanfrancus ist, in welchem man einen Gegner Punkt vor Punkt widerlegen und die ganze streitige Materie nach allen Gründen für und wider erschöpfen will, würde so abgeschmackt sein, daß man sich schwerlich bereden könne, es sei von dem Verfasser selbst geschehen. Auch war es insbesondere als Titel zu diesem Tractate, daß ich ihn in dem Vorhergehenden für den witzigen Einfall eines spätern Mönchs erklärte.

3. Es ist sehr seltsam, mit dem Benedictiner anzunehmen, daß Lanfrancus ganze zwanzig Jahre angestanden haben sollte, den Berengarius förmlich zu widerlegen, und daß er, als er sich endlich dazu entschlossen, sich lieber dabei an die allererste, längst vergessene Schrift desselben hätte halten wollen als an die allerneueste. Aber noch seltsamer ist die Beschönigung, daß Lanfrancus doch auch, nach der gemeinen Meinung, wenigstens fünf, wo nicht gar zehn Jahre seine Widerlegung verzögert habe. Als ob Zwanzig und Zehn und Fünfe Alles Eines wäre! Und worauf gründet sich denn nun auch diese Beschönigung? Woher hat es denn der Benedictiner, daß Lanfrancus auch nur fünf Jahre verstreichen lassen? Es ist wahr, Lanfrancus hat erst nach dem Tode des Humbertus, das ist nach 1063 geschrieben, und Berengarius hatte bereits im April 1059 zu Rom widerrufen. Das macht freilich fünf Jahre; aber muß denn darum auch gleich im Jahre 59 Berengarius seinen Widerruf öffentlich zurückgenommen und die Schrift, in welcher er es that, Allen bekannt gemacht haben? Wer hat dem Benedictiner das gesagt? Ist es nicht vielmehr höchst wahrscheinlich, daß die Klugheit dem Berengarius angerathen, vorher den Tod sowol des Papstes als des Cardinals abzuwarten, die ihn zu dem Widerrufe gezwungen?

Itaque surrexi; quod sensi dixi, quod dixi probavi, quod probavi omnibus placuit, nulli displicuit." *Cap. IV.* p. 234. *Edit. Dach.*

Auch ergiebt sich aus mehr als einem Umstande, daß er diesem Rathe der Klugheit wirklich gefolget. Nicolaus starb 1061, und Humbertus das zweite Jahr darauf. Von 59 bis 63 ist kein Jahr verflossen, in welchem nicht zu Rom oder in Frankreich ansehnliche Kirchenversammlungen gehalten worden. Aber auf keiner wurde des Berengarius und seiner erneuerten Ketzerei gedacht. Nur erst in dem nämlichen 63sten Jahre fand man auf der Kirchenversammlung zu Rouen wieder für nöthig, die Schlüsse der Kirche gegen den Berengarius und seine Anhänger zu wiederholen. Ja, wie ich schon angemerkt, die Worte des Berengarius selbst, mit welchen er des Humbertus in seiner Schrift gedachte, scheinen nicht von der Art, daß sie von einem noch lebenden Cardinale gesagt worden.*) — „Scriptum *Humberti* Burgundi, quem *fecerant* Romae Episcopum Cardinalem, quod scripsit contra catholicam veritatem, quod inferius patebit, ut cogeretur ex illo *Berengarius* quasi profiteri errorem *ineptissimi* Burgundi.“ Ich denke, nur von einem Todten spricht man in diesem lange nachher erzählenden und freimüthigem Tone. Vielleicht schien auch sonst diese Zeit dem Berengarius vorzüglich bequem, einen so kühnen Schritt zu thun, als die öffentliche Zurücknahme seines Widerrufs war. Die oberste Gewalt der Kirche war getheilet; zwei zugleich und mit mächtigen Unterstützungen herrschende Päpste sicherten ihn vor der Tyrannei des einen und des andern. Honorius der Zweite, oder vielmehr die Kirchenversammlung zu Basel, die ihn erwählte, hatte sogar alle Thathandlungen und Schlüsse seines Vorgängers, Nicolaus des Zweiten, für null und nichtig erkläret,**) als worunter die Verdammung des Berengarius und seiner Lehre nothwendig begriffen war. Indeß will ich den Einfluß, den diese letztere Umstand auf den Berengarius gehabt haben kann, für nichts als eine Vermuthung geben, genug, daß aus den übrigen sattsam erhellet, daß die Schrift des Berengarius schwerlich vor 1063 bekannt geworden. Und nun kann sie Lanfrancus ein, zwei, drei Jahre darauf beantwortet haben; wer will das bestimmen? Nur daß er bis 69 sollte damit verzögert haben, das ist wenigstens daraus nicht zu schließen, woraus es Mabillon schließen will.***) Es ist wahr, Lanfrancus

---

*) Apud *Lanfrancum*, p. 2. Edit. *Vlimmerii.*
**) *Fr. Pagi Brev.*, T. II. p. 386; *Harduini* Acta Concil., T. VI. Par. I. p. 117.
***) Annal. Bened., lib. XIII. p. 19.

chickte seine Widerlegung nicht eher als 70 oder 71 an den Papst
Alexander; aber nicht darum, weil sie nicht eher fertig war,
sondern darum, weil sie der Papst nicht eher verlangt hatte.
Oder schickte etwa jeder Mönch, der ein Buch geschrieben hatte, ein
Exemplar sofort an den Papst? Alexander ohnedem verfuhr mit
dem Berengarius sehr säuberlich; *) es sei nun, weil er ihn
für so irrgläubig nicht hielt, oder weil er in der Verfassung war,
Alles gern zum Freunde zu behalten, was nur immer sein Freund
sein wollte. Dieses wissen wir noch itzt; warum sollte es nicht
auch damals Lanfrancus gewußt haben? Und wußte er es, so
wird er sich gewiß nicht übereilt haben, sein heftiges verketzerndes
Buch eher an den gelinden Papst zu senden, als er es ausdrücklich
von ihm verlangte.

4. „Gleichwol,“ wird man sagen, „geschieht doch in dem
Buche des Lanfrancus des Widerrufs, zu welchem sich
Berengarius auch unter Gregorius dem Siebenten
gebracht sahe, nicht allein Meldung, sondern dieser Widerruf
selbst ist von Wort zu Wort daselbst eingerückt. Wie wäre das
möglich, wenn nicht Lanfrancus nachher erst geschrieben
hätte?“ — Durch die unbesonnene Interpolation eines Abschreibers, antworte ich, war es möglich; und man sollte
sich schämen, diese hier leugnen zu wollen. Doch, was ich
in dem einen Manuscripte für eingeschoben erkläre, erkläret
der Benedictiner in den andern Manuscripten für ausgelassen.
Wie wird das zu entscheiden sein? Ich sollte meinen, daß hier
sehr Vieles schon auf die Anzahl der Manuscripte ankomme. Ein-
geschaltet hat sich die streitige Stelle nur in einem einzigen Manuscripte gefunden, nämlich in dem, nach welchem Franciscus
Quadratus das Werk des Lanfrancus herausgab, ausgelassen
aber in allen übrigen. Welches ist nun wahrscheinlicher? Dieses,
daß von der einzigen Handschrift, in welcher die Stelle ausgelassen war, alle übrige Abschriften genommen worden? oder
dieses, daß die eine verfälschte Abschrift glücklicher Weise ohne
weitere Abschrift geblieben? Die Ausgabe des Quadratus
erschien zu Rouen 1540; und Quadratus bildete sich fest
ein, daß er das Werk des Lanfrancus zuerst an das Licht
brächte. — „Novum,“ sagt er in der Zueignungsschrift, „dixi

---

*) „Litteris eum satis amice præmonuit, ut a Secta sua cessaret, nec
amplius sanctam Ecclesiam scandalizaret.“ *Anonymus Chisletianus apud
Hard., T. VI. Concil., P. I. p. 1015.*

propter eos, qui vel *Desiderii Erasmi*, vel nescio cujus opera
hoc jam editum esse mentiuntur, certe non extat." Gleich=
wol war es keine Lüge, daß zwar nicht Erasmus, sondern
Joh. Sichardus ihm bereits zuvorgekommen war. Diese
Ausgabe des Sichard ist zu Basel 1528 in Octav gedruckt
und mit dem Philastrius verbunden, den dieser um mehrere
alte Schriftsteller verdiente Mann gleichfalls zuerst drucken ließ.
Er hatte Beider Handschriften in einer alten Bibliothek zu
Trier entdeckt, und in der von dem Werke des Lanfrancus
fand sich die streitige Stelle nicht. Da indeß dem Qua=
bratus sein Vorgänger so völlig unbekannt geblieben war, so
konnte ihm so leicht kein Argwohn darüber beifallen, und wir
können es ihm nicht verdenken, daß er Alles drucken ließ, wie er
es vor sich hatte. Nur dem Dacherius, der die gesammten
Werke des Lanfrancus 1648 herausgab, ist es zu verargen,
daß er dem Quadratus die Ehre der ersten Ausgabe be=
stätigte, da er doch wußte, daß überall, wo der Tractat des
Lanfrancus sonst abgedruckt war, von mehrgedachter Stelle
nicht die geringste Spur zu sehen sei. Dieses hätte ihn ja wohl
eine andere Quelle müssen vermuthen lassen; und indem er
dieser nachgeforscht, würde ihm Sichard nicht haben entgehen
können. Denn obschon auch Blimmer, nach dem Quadra=
tus, eine Ausgabe von dem Buche des Lanfrancus 1561
besorgt hatte, in welcher sich die Stelle gleichfalls nicht befindet,
so konnte Dacherius darum doch nicht glauben, daß man in
allen den großen Sammlungen, in welche das Buch des Lan=
francus aufgenommen worden, dem einzigen Blimmer ge=
folgt sei. Denn einige derselben sind früher als Blimmer's
Ausgabe; z. E. das Μικροπρεσβυτικον von 1550 und die
Orthodoxographa von 1555, bei welchen beiden man nur
allein der Sichard'schen Ausgabe kann nachgegangen sein,
da man in ihnen Gregorius' des Siebenten an dem
zweifelhaften Orte ebenso wenig erwähnt findet als beim
Sichard. Kurz, Dacherius hatte sehr Unrecht, sich an
den einzigen Quadratus zu halten und, indem er den Text
desselben allen übrigen vorzog, gleichsam den Grund zu den
verführerischen Unwahrheiten zu legen, welche der Benedictiner
in der Folge darauf zu bauen beliebte. Denn glauben Sie
ja nicht, daß die drei Ausgaben von 1540, 1648 und 1677, in
welchen er sagt, daß sich die Stelle vom Gregorius befinde,
drei wirklich verschiedene Ausgaben sind. Die von 1540 ist das

Original des Quabratus; die von 1648 ist die Sammlung des Dacherius, der Jenem blindlings folgte; und die von 1677 ist der Abdruck in dem 18ten Bande der Bibl. max. Patrum, in welcher man ebenso blindlings sich an den Dacherius gehalten hat, so daß man überall auf den leidigen Quabratus zurückkömmt. Ich gebe es zu, daß die Ausgabe des Sicharb höchst selten ist. Auch die größten Bücherkenner, wenn sie ja etwas von ihr wissen, haben nur einen sehr verwirrten Begriff davon, welches ich Ihnen mit dem Beispiele des Fabricius beweisen könnte. *) Aber den Dacherius kann das noch lange nicht entschuldigen. Er hatte doch sonst sechs bis sieben gedruckte Ausgaben vor sich, und außer diesen, wie er selbst bekennet, noch drei Manuscripte, welche alle der Interpolation des Quabratus widerstritten. Was hätte dieser Einzige gegen so Viele bei ihm vermögen sollen? Zwar will er sich durch die Vermuthung rechtfertigen, daß Lanfrancus vielleicht selbst die Stelle in nachfolgenden Zeiten eingeschoben, um sein Buch desto vollständiger zu machen.**) Aber wo ist der Verfasser, der sein Buch auf Unkosten aller Ordnung, alles Zusammenhanges, alles gesunden Menschenverstandes mit einer einzigen Nachricht vermehren wollte, die man bei ihm gar nicht sucht? Und daß dieses hier der Fall wäre, wird Jeder empfinden, der sich die Mühe nehmen will, die ersten zwei Capitel in einem Striche

---

*) „Liber *Lanfranci* contra *Berengarium* primum editus est a *Francisco Careo* sive *Quadrato*, Beccensi Cœnobita, recusus cum Philastrio Basil. 1528, 1651. 8. et cum *Paschasii Ratberti* libro per *Guil. Ratum Rothomag.* 1540. 8.“ *Fabr. Bibl. med. et inf. Latinit. libr. XI.* Es ist kaum möglich, daß Fabricius eine einzige von allen diesen Auflagen kann selbst gesehen haben. Denn falsch ist es, daß die Ausgabe des Quabratus die erste ist. Falsch ist es, daß das Buch des Lanfrancus mit dem Philastrius wieder aufgelegt worden; eben diese Auflage ist die allererste des Sicharb's. Falsch endlich ist es, daß ein Guil. Ratus 1640 zu Rouen den Lanfrancus herausgegeben; eben diese Ausgabe von Rouen und benanntem Jahre ist die Ausgabe des Quabratus, und Guil. Ratus heißt nur Der, welchem sie Quabratus zuschrieb. Ich kann nicht begreifen, woher diese Verwirrung entstanden. Denn eine bloße Verwirrung kann es doch nur sein, ob ich sie schon auch von Hr. Hambergern wiederholt finde. Zuverlässige Nachrichten, Th. III. S. 805.

**) „Deinde collato Tractatu ad tria Ms. Bibliothecarum Regiæ, Beccensis et Petavianæ, nec non ad omnes, quæ occurrerunt editiones, cum ejuscemodi professionis ne vel minima syllaba legeretur, magis augebatur suspicio: Nihilo tamen secius additamenta esse quæ protulimus, non est cur affirmemus, quandoquidem adjecisse ea B. Lanfrancum, elaborasseque ut amplior atque emendatior foret libellus, vero simillima est ratio; quod et solent plerique auctores saepiuscule opera a se edita sub incudem revocare.“ *Dacherius ad Lectorem.*

zu lesen. Ein Anderes wäre es, wenn noch sonst Spuren der Um=
arbeitung und Vermehrung in dem Texte des Quadratus sich
fänden. Allein keine einzige als diese und eine so unförmliche,
das ist schlechterdings unglaublich. Dennoch, wie bescheiden ist
noch Dacherius im Vergleich mit dem Benedictiner, dem Lan=
francus nicht blos so verwirrt ergänzt, sondern gleich anfangs
geschrieben haben soll! Ist es möglich, daß dieser Mann auch
nur den Anfang des Werks mit Aufmerksamkeit kann gelesen
haben?

5. Denn endlich: was erhellet aus diesem Anfange unwider=
sprechlicher, als daß Lanfrancus nicht in England geschrie=
ben? Lanfrancus wirft dem Berengarius vor, daß er
ihm ausweiche, ihn vermeide, daß er sich mündlich mit ihm nicht
einlassen, kein freundschaftliches Gespräch über die streitige Ma=
terie unter Zuziehung frommer und einsichtsvoller Schieds=
richter mit ihm eingehen wolle. „Si divina pietas cordi tuo
inspirare dignaretur, quatenus respectu ejus atque animæ tuæ
mecum loqui velles locumque opportunum, in quo id competen-
ter posset fieri, salubri deliberatione eligeres: multum fortasse
tibi, procul dubio autem iis consuleres, quos decipis. — —
Sed quia elegisti pravitatem, quam semel imbibisti, clandesti-
nis disputationibus apud imperitos tueri; palam autem atque
in audientia sancti Concilii orthodoxam fidem non amore
veritatis, sed timore mortis confiteri: propterea *refugis me*,
refugis religiosas personas, qui de verbis tuis, ac meis possint
ferre sententiam." Nun frage ich einen Jeden: lässet sich
so ein Vorwurf einem Manne machen, den Land und Meer
von uns trennen? Berengarius flohe den Lanfrancus;
also mußten sie doch einander noch leicht treffen können? Be=
rengarius wollte an dem dritten Orte mit dem Lanfran=
cus nicht zusammenkommen; wie ist das? sollte der Archi=
diaconus zu dem Bischofe nach England, oder wollte der Bischof
zu dem Archidiaconus nach Frankreich kommen? Thorheit!
Berengarius und Lanfrancus mußten nothwendig noch
in benachbarten Provinzen des nämlichen Landes leben; und
über die See, aus einem Lande in das andere macht man der=
gleichen Einladungen und Verweise nicht. —

Ich sollte glauben, mein Freund, dieser letzte Grund allein
überwiege alle Sophistereien des Benedictiners. Und doch, wie
gesagt, getraute ich mir nur wenig mit ihm und allen Vorher=
gehenden gegen einen Mann auszurichten, dem das sicherste

Zeichen der historischen Wahrheit dasjenige zu sein scheinet, was seiner Religion am Meisten Ehre macht. In der Ueberzeugung, daß, wenn die Dinge sich schon nicht so, wie er sagt, wirklich zugetragen hätten, sie sich dennoch so hätten zutragen sollen, würde er mich einen unerträglichen Ergoteur über den andern heißen, und es käme darauf an, wie viele Leser ihm sehr Unrecht geben würden, da es die Schwachheit der meisten ist, mehr Gefallen an dem Aufbauen als an dem Niederreißen zu finden.

Gut also, daß auf dieses Spiegelgefechte nichts ankömmt und der Benedictiner sich in ein ernsthafteres nun wol schwerlich einlassen dürfte. Er wird schwerlich noch behaupten wollen, daß Berengarius die Schrift des Lanfrancus ohne Antwort gelassen; denn hier ist die Antwort. Er wird schwerlich uns noch bereden wollen, daß Berengarius durch die Schrift des Lanfrancus bekehret worden; denn die Antwort des Berengarius enthält so wenig eine Billigung seines Gegners, daß dieser Gegner vielmehr darin so eingetrieben wird, daß allem Ansehen nach nicht Lanfrancus, sondern Berengarius das letzte Wort behalten. Doch, das letzte Wort! Als ob nur Der immer Recht hätte, der das letzte Wort behält.

Noch weniger, denke ich, wird der Benedictiner (oder, wenn der nämliche nicht mehr am Leben, einer von seinen Ordensbrüdern, der die Ehre ihres gemeinschaftlichen Werkes retten zu müssen glaubte) darauf bestehen wollen, daß demohngeachtet Lanfrancus erst unter Gregorius dem Siebenten müsse geschrieben haben. Denn warum sollten sie ein elendes Einschiebsel noch länger vertheidigen wollen, da sie doch die Hauptsache, welche sie damit zu erhalten gedachten, aufgeben müssen? Zwar beharret man oft auf der Behauptung solcher unbedeutender Umstände um so viel hartnäckiger, je weniger man sich bloßgeben will, daß man sie anfangs nicht sowol ihrer eigenen Evidenz wegen als nur zum Behuf eines andern zu erschleichenden Punkts von größerer Wichtigkeit behauptet habe. Und auch auf diesen Fall versiehet mich unser Manuscript mit Grüuden, ihm zu begegnen.

Denn wie kann Lanfrancus sein Buch erst unter Gregorius dem Siebenten geschrieben haben, da des Berengarius Widerlegung dieses Buches weit früher geschrieben ist? Hiervon aber fallen überall die unwidersprechlichsten Beweise in die Augen. Vors Erste gedenkt Berengarius seines letzten Widerrufs unter genanntem Papste mit keinem Worte; er ent-

schuldiget sich blos wegen des erſten, zu dem man ihn unter
Nicolaus dem Zweiten gezwungen hatte; und unmöglich
hätte er jenen ſo gänzlich mit Stillſchweigen übergehen können,
wenn er bereits geſchehen geweſen wäre, wenn ihm Lanfran=
cus denſelben ſogar mit vorgeworfen hätte. Zweitens: Be=
rengarius beruft ſich namentlich mehr als einmal auf den Car=
dinal Hildebrand; folglich war Hildebrand noch nicht
Gregorius der Siebente, und Berengarius mußte
dieſes noch unter der Regierung Alexander's des Zweiten
ſchreiben. Drittens: Berengarius nennet den Lanfran=
cus ſelbſt durchgängig Monachum; eine Benennung, die dem
Lanfrancus nur bis 1070 zukommen konnte, und die ihm auch
noch als Biſchof zu ertheilen die gröbſte Beleidigung geweſen
wäre.

Ich werde in meinen folgenden Briefen Gelegenheit haben,
Ihnen aus dem Manuſcripte ſelbſt verſchiedne Stellen mitzu=
theilen, aus welchen dieſe Data erhellen. Itzt merke ich über=
haupt nur noch an, daß dem Allen zu Folge der Zeitraum zwiſchen
63 und 69 fallen muß, in welchem Berengarius zuerſt ge=
ſchrieben, Lanfrancus ihn widerlegt und Erſtrer auf die Wi=
derlegung geantwortet haben kann. So viele Jahre können auch
gar wohl darüber verfloſſen ſein; denn ſo Schlag auf Schlag
ließen ſich die gelehrten Streitigkeiten im elften Jahrhunderte
ohne Zweifel noch nicht führen, als wir ſie itzt im achtzehnten ge=
führt zu ſehen gewohnt ſind.

IV.

Wenn es Nugae ſind, womit ich Sie in meinem vorigen
Briefe unterhalten habe, ſo ſind es doch Nugae aus der Claſſe
Derer, quae seria ducunt, und das muß mich entſchuldigen. Eine
handgreiflich untergeſchobene Stelle ſei eine noch ſo klägliche
Nichtswürdigkeit; das, wozu man dieſe Stelle brauchen will, iſt
wenigſtens keine Nichtswürdigkeit.

Denn überſehen Sie nur den ganzen Weg des Benedictiners,
von wannen er ausgehet und nach welchem Zicle er fortſchreitet.
Wann die Stelle des Lanfrancus, ſchließt er, nicht unterge=
ſchoben iſt, ſo hat Lanfrancus viel ſpäter geſchrieben; hat er
viel ſpäter geſchrieben, ſo kann er wol gar den Berengarius
belehrt haben; hat er ihn bekehren können, ſo hat er ihn gewiß
bekehrt; und hat er ihn, den Patriarchen aller Feinde der Trans=

substantiation, bekehret, so ist es bloße Hartnäckigkeit von mir und von Ihnen und von uns Allen, wenn wir uns nicht gleichfalls durch seine Gründe bekehren lassen.

Aber, wird man sagen, so schloß vielleicht nur ein einziger Benedictiner; so schlossen höchstens nur diejenigen Benedictiner, die gemeinschaftlich an einem Werke arbeiteten, das die Sanction ihrer Kirche weder erhalten hat, noch jemals erhalten wird; diese billiget dergleichen Fechterstreiche ebenso wenig, als sie deren bedarf.

Nun wohl, so wollen wir alle die kleinen Vortheile, die unser Manuscript gegen unbefugte Parteigänger an die Hand giebt, für nichts rechnen und zu wichtigern Dingen kommen.

Mit einem Worte, mein Freund, ich verspreche Ihnen nichts Geringeres als die Aufklärung und Berichtigung der gesammten Berengarischen Händel, in einem Grade, welcher schwerlich mehr zu erwarten stand. Sowol die eigentliche Meinung des Berengarius als die verschiednen Wege, welche man einschlug, diese Meinung in ihm zu unterdrücken, wohin vornehmlich die gegen ihn gehaltenen Kirchenversammlungen gehören, nebst der räthselhaften Nachsicht, die er bei allen seinen anscheinenden Rückfällen fand, Alles das sollen Sie in einem schlechterdings neuen Lichte erblicken, welches Ueberzeugung und Befriedigung auf den geringsten Umstand verbreitet.

Aber erlauben Sie mir, was ich Ihnen von der eigentlichen Meinung des Berengarius aus dem Manuscripte mitzutheilen habe, noch vors Erste bei Seite zu setzen. Ich halte es für schicklicher, bei dem blos Historischen anzufangen und Ihnen, nach der Zeitordnung, nicht unerhebliche Erörterungen über folgende besondere Stücke vorzulegen, als nämlich 1) über die erste Anklage des Berengarius bei dem Papste; 2) über die Zeit, wenn Berengarius seine Lehre zu behaupten und zu verbreiten angefangen; 3) über die erste wider ihn zu Rom unter Leo dem Neunten 1050 gehaltene Kirchenversammlung; 4) über die Kirchenversammlung zu Vercelli des nämlichen Jahres; 5) über die zu Paris in Gegenwart Heinrich's des Ersten, gleichfalls von diesem Jahre; 6) über die zu Tours von 1055; und endlich 7) über die zu Rom von 1059 unter Nicolaus dem Zweiten, als der nähern Veranlassung der zwischen dem Lanfrancus und Berengarius gewechselten Streitschriften.

Alles, was wir von diesen Dingen bisher gewußt haben, schreibet sich, wie bekanut, fast einzig und allein aus der Schrift des Lanfrancus her. Selbst der zeitverwandte Anonymus, dessen Aufsatz „De *Berengarii* damnatione multiplici“ Chiffletius herausgegeben hat, ist nichts als der oft wörtliche Copiste des Lanfrancus, bis er auf den allerletzten Widerruf des Berengarius unter Gregorius dem Siebenten kömmt, welchem er selbst beigewohnet haben will. Da ich nun gesagt, daß Berengarius in unserm Manuscripte dem Lanfrancus Schritt vor Schritt folge, so können Sie leicht erachten, daß er auch die historischen Umstände nicht werde vorbeigegangen sein, die Dieser seinen ersten Capiteln eingeflochten. Aber hier ist es, wo ich die Klage über die Verstümmlung wiederholen muß, welche das Manuscript erlitten. Es fängt nur wenige Zeilen vorher an, ehe Berengarius auf die Worte seines Gegners kömmt: „Cur ergo scriptum hoc magis *Humberto* asscribis quam tibi, quam *Nicolao*, quam concilio, quam omnibus ecclesiis, quae illud cum reverentia susceperunt?“ welche sich bei dem Lanfrancus zu Ende des zweiten Capitels in der Ausgabe des Dacherius auf der 283sten Seite befinden. Was also Berengarius auf alles Vorhergehende geantwortet, ist verloren. Wie viel dessen gewesen, ist nicht leicht zu bestimmen; aber daß es von Wichtigkeit gewesen, ist wol unstreitig und theils aus dem Inhalte des Lanfrancus, theils aus den eigenen nachfolgenden Beziehungen des Berengarius darauf zu unserm Leidwesen sattsam zu ermessen. Indeß, was würde es helfen, diesen Verlust viel zu bejammern? Was weg ist, ist weg; lassen Sie uns nur das, was wir noch haben, desto sorgfältiger brauchen. Und hiermit zur Sache!

1. Von der ersten Anklage des Berengarius bei dem Papste.

Wenn wir uns um Denjenigen bekümmern, welcher die besondere Meinung des Berengarius zuerst zu einer öffentlichen Angelegenheit der allgemeinen Kirche gemacht hat, um seinen ersten Ankläger bei dem Papste, so finden wir zwar, daß Lanfrancus selbst es weder leugnen wollen, noch leugnen können, daß er gewisser Maßen dafür anzusehen sei. Um jedoch allen Argwohn irgend eines persönlichen Hasses gegen den Berengarius von sich abzulehnen und sich, nicht sowol in dem Lichte eines verhaßten Anbringers, eines vorsätzlichen Ketzermachers, als vielmehr eines blos leidenden Werkzeuges erblicken zu lassen, deſſen ſich die Vorſicht dabei bedienen wollen, ſo erzählt er den Verlauf folgender Geſtalt:*) „Berengarius," ſagt er, „habe einen Brief über das Abendmahl an ihn nach der Normandie ge= ſchrieben; weil er (Lanfrancus) aber allda gleich nicht gegen= wärtig geweſen, ſo ſei der Brief verſchiednen Geiſtlichen in die Hände gerathen, welche ihn geleſen und den anſtößigen Inhalt weiter bekannt gemacht hätten. Er ſei darüber in den Verdacht gerathen, als ob er es wol ſelbſt mit dem Berengarius, es ſei aus bloßer Freundſchaft oder aus Ueberzeugung, halte, und dieſer Verdacht habe ſich ſogar in Rom verbreitet, als der Brief ihm von einem Geiſtlichen aus Rheims dahin nachgebracht wor= den. Der Papſt habe davon gehöret, und weil er eben ein Con= cilium um ſich verſammelt gehabt, ſo ſei der Brief öffentlich ver= leſeu und die darin geäußerte Meinung einmüthig verdammt worden; er ſelbſt aber habe auf päpſtlichen Befehl auftreten und die reine Lehre der Kirche zu ſeiner eigenen Rechtfertigung da= gegen erhärten müſſen."

Was nun den Brief ſelbſt anbelangt, welcher alle das Unheil angeſtiftet haben ſoll, ſo hat Lanfrancus nicht für gut befun= den, ihn uns mitzutheilen. Aber Dacherius hat aus einer Handſchrift in der königlichen Bibliothek zu Paris einen Brief des Berengarius an den Lanfrancus bekannt gemacht, welchen er für den nämlichen hält.**) Er iſt ſo kurz, und jedes Wort deſſelben verdienet in Abſicht deſſen, was ich darüber zu ſagen

---

*) „Tempore sancti *Leonis* Papae, delata est haeresis tua ad apostoli-cam sedem. Qui cum Synodo praesideret, ac resideret secum non parva multitudo Episcoporum, Abbatum, diversique ordinis a diversis regioni-bus religiosarum personarum, jussum est in omnium audientia recitari, quas mihi de Corpore et Sanguine Domini literas transmisisti. Portitor quippe earum legatus tuus me in Normannia non reperto, tradidit eas qui-busdam clericis; quas cum legissent, et contra usitatissimam Ecclesiae fidem animadvertissent, zelo Dei accensi quibusdam ad legendum eas por-rexerunt, plurimis earum sententias verbis exposuerunt. Itaque factum est, ut non deterior de te quam de me fuerit orta suspicio, ad quem videli-cet tales litteras destinaveris, putantibus multis me fovere, ac favere quae a te dicerentur, vel gratia qua te diligerem, vel illo qua re vera ita esse non dubitanter tenerem. Igitur cum a quodam Remensi clerico Romam perlatas recitator legeret, intellecto quod *Joannem Scotum* extolleres, *Paschasium* damnares, communi de Eucharistia fidei adversa sentires, promulgata est in te damnationis sententia privans te communione sanctae Ecclesiae, quam tu privare sancta ejus communione satagebas. Post haec praecepit Papa, ut ego surgerem, pravi rumoris a me maculam absterge-rem, fidem meam exponerem" etc. *Cap. IV. p. 234. Edit. Dach.*
**) In Notis et Observ. ad vitam *Lanfranci*, p. 22,

habe, erwogen zu werden, daß ich ihn gar wohl hier ganz ein=
rücken kann und muß.

„FRATRI LANFRANCO BERENGARIUS.

„Pervenit ad me, Frater Lanfrance, quiddam auditum ab In-
gelranno Carnotensi, in quo dissimulare non debui ammonere
dilectionem tuam. Id autem est, displicere tibi, immo haere-
ticas habuisse sententias Joannis Scoti de Sacramento altaris,
in quibus dissentit a suscepto tuo Paschasio. Hac ergo in re
si ita est, Frater, indignum fecisti ingenio, quod tibi Deus non
aspernabile contulit, praeproperam ferendo sententiam. Nondum enim adeo sategisti in scriptura divina cum tuis diligentio-
ribus. Et nunc ergo, Frater, quantumlibet rudis in illa scriptura vellem tantum audire de eo, si opportunum mihi fieret,
adhibitis quibus velles, vel judicibus congruis, vel auditoribus.
Quod quamdiu non fit, non aspernanter aspicias quod dico. Si
haereticum habes Joannem, cujus sententias de Eucharistia
probamus, habendus tibi est haereticus Ambrosius, Hieronymus,
Augustinus, ut de caeteris taceam.“

Dem Dacherius sind in seiner Meinung von diesem Briefe
die gelehrtesten Männer der katholischen Kirche ohne Bedenken
gefolgt. De Roye schloß so: Aus dem Briefe, welcher auf dem
Concilio vorgelesen ward, ersahe man, daß Berengarius
dem Johannes Scotus beitrete, daß er den Paschasius
verdamme, und daß er einen andern Glauben von dem Abend=
mahle habe als den gemeinen Glauben der Kirche; diese drei
Punkte sind auch aus gegenwärtigem Briefe zu ersehen, folglich
ist dieser jener und jener dieser. Cossartius billigte diesen
Schluß und bestätigte ihn noch durch die Vergleichung mit einer
Stelle aus dem Briefe des Berengarius an den Ascelinus,
die freilich sehr entscheidend ist.*) Ich übergehe den Du Pin**)
und Andere, welche gleich ihm die Entdeckung des Dacherius
stillschweigend billigen, indem sie dieselbe nutzen.

Der einzige Mabillon erkannte hiebei eine Schwierigkeit,
die allerdings so groß ist, daß man sich wundern muß, wie sie
von allen seinen Vorgängern hat können übersehen werden.
Wenn nämlich schon die vom De Roye und Cossartius an=

---

*) Conciliorum T. XII. p. 1430.
**) Nouv. Bibl. des Aut. Eccl., T. VIII. p. 7.

geführte Merkmale eintreffen, so ist doch noch ein anderes und
gerade das wichtigste Merkmal übrig, welches auf den vom
Dacherius bekanut gemachten Brief schlechterdings nicht passen
will. Ich meine den Verdacht, welcher aus dem Briefe des
Berengarius wider die Rechtgläubigkeit des Lanfrancus
selbst soll entstanden sein. Einen solchen Verdacht, sagt Ma=
billon, hat der gegenwärtige Brief dem Lanfrancus nicht
zuziehen können, weil ausdrücklich darin gesagt wird, daß Lan=
francus der Meinung des Berengarius nicht gewesen und
daß er sie sogar als ketzerisch verworfen habe. Folglich, urtheilet
Mabillon, müsse es ein andrer Brief gewesen sein, welcher in
dem Concilio verlesen worden, und dieses sei ohne Zweifel der
frühere gewesen, welchen den Lanfrancus in der Normandie
nicht gefunden. *)

Nun ist zwar das Letztere ganz ohne Grund. Denn aus den
Worten des Lanfrancus erhellet im Geringsten nicht, daß Be=
rengarius zweimal an ihn während seiner Abwesenheit aus der
Normandie geschrieben habe, sondern der Brief, welcher ihn in
der Normandie nicht saud, ist eben der, welcher von da nach
Rheims geschickt und von Rheims ihm nach Rom gebracht wurde,
wie Solches eben der Benedictiner, mit welchem ich mich in mei=
nem Vorigen herumgestritten, sehr wohl zeiget. **) Aber dem=
ohngeachtet bestehet der Einwurf des Mabillon in aller seiner
Stärke, und entweder ist es nicht wahr, daß Lanfrancus selbst
durch den Brief des Berengarius verdächtig geworden, oder
der Brief, durch welchen er es ward, ist nicht der, welchen wir vor
uns haben.

Daß Mabillon sich lieber an die letzte Folge halten wollte
als an die erste, ist natürlich. Wie hätte er die erste mit der
Verehrung reimen können, die er gegen einen Heiligen seiner
Kirche zu haben schuldig war? Der heilige Mann sagt es ja

---

*) „Ante has litteras *Berengarius* ad *Lanfrancum* alias, ut videtur,
priores perferendas tradiderat cuidam nuntio, qui, *Lanfranco* in Normannia minime reperto, eas aperuit, et quibusdam legendas praebuit. Hinc,
ut sunt proni ad sinistra judicia mortales, non deterior de *Berengario*
ipso, quam de *Lanfranco* orta opinio, quasi hic eadem cum illo sentiret,
quod praedictae epistolae convenire non potest, in qua *Lanfrancus* a *Berengario* dissentire aperte dicitur: adeoque necesse est, alias admittere
Berengarii ad *Lanfrancum* priores litteras, in quibus amice cum eo de suo
errore agebat." *Mabillon, Act. Sanctorum Ord. Bened., Saec. VI. Par. II.
Praef. §. 13.*
**) Hist. lit. de la Fr., T. VIII. p. 263.

selbst, daß seine eigene Orthodoxie durch den Brief des Beren=
garius verdächtig geworden: wie sollte nicht Alles wahr sein,
was so ein heiliger Mann sagt?

Und dennoch ist es nicht wahr! Es war ein bloßer Vorwand,
den Lanfrancus zu brauchen beliebte, und Berengarius
unterläßt nicht, diesen Vorwand in unserm Manuscripte geradezu
für das, was er war, für eine Lüge zu erklären. Denn freilich
war der vor uns liegende Brief eben der, der in dem Concilio
verlesen worden. Berengarius hatte ihn seiner Antwort ganz
eingerückt. Leider zwar auf den ersten Blättern, welche verloren
gegangen. Aber demohngeachtet erhellet aus dem, was er in
der Folge davon sagt, unwidersprechlich, daß wir uns unmöglich
irren können, wenn wir den Brief bei dem Dacherius für den
nämlichen und für so authentisch halten, als ob er aus den ver=
lornen Blättern selbst genommen wäre. Eben das also, wo=
durch er dem Mabillon verdächtig werden wollen, ist das,
was ihn am Allerkenntlichsten machen muß. Mabillon sagt,
daß durch diesen Brief Lanfrancus selbst unmöglich in Ver=
dacht gerathen können; eben dieses sagt auch Berengarius
von dem, welchen er eingerückt hatte; folglich ist es gewiß, daß sie
Beide den einen und ebendenselben meinen.

Hier sind die Stellen aus dem Manuscripte selbst, welche
das gut machen werden, was ich gesagt habe. Es ist, wie
Sie wissen, überall Lanfrancus, mit dem Berengarius
redet.

„Quod meum ad te scriptum sententias habuisse de corpore
et sanguine Domini dicere voluisti, indignissime tua veridici-
tate scripsisti, quia nullas de corpore tibi Christi et sanguine
sententias in scripto illo proposui, quod ut manifestum fiat,
ad scriptum illud, quod jam scripto isti inserui, qui voluerit
recurrat.“

Und nicht weit darauf:

„Saepius me de falsitate tua scriptum tuum compellit, ut
loquar. Qua enim fronte scribere potuisti suspicionem contra
te de meo ad te scripto potuisse oriri? Admonebat te scriptum illud meum, praeproperam contra Joannem Scotum te
tulisse sententiam, et ut de eo mecum agere dignareris
secundum scripturas. Nec sani ergo capitis fuit, aliquid
contra te suspicari de scripto illo, in quo ego reprehenderam,
quod omnes, ut scribis, te fecisse approbabant. Denique
legat scriptum illud qui voluerit, et nihil constantius reputare

valebit, quam non potuisse oriri de te suspicionem, quae de me orta fuerat per scriptum illud."

Ich fürchte nicht, aus diesen Stellen das Geringste mehr geschlossen zu haben, als die dürren Worte besagen. Noch weniger fürchte ich, daß man den ganzen Umstand für zu unerheblich halten werde, als daß er eine so besondere Erörterung verdiene. Wenigstens fürchte ich dieses von Denen nicht, welche wissen, was für Kleinigkeiten es öfters sind, die gerade das meiste Licht auf den Charakter eines Mannes werfen. Hat aus dem Briefe des Berengarius kein Verdacht gegen den Lanfrancus entstehen können, so ist auch keiner daraus entstanden. Ist keiner daraus entstanden, und Lanfrancus versichert es demohngeachtet, so wissen wir nun schon, was der gute Mann damit will. Der Kniff muß alt sein unter den Ketzermachern, und sie müssen sich sehr wohl dabei zu befinden glauben; denn so alt er ist, so üblich ist er unter ihnen noch. Immer wollen sie die grausamen Anklagen, durch welche sie ihres Nächsten Ehre und Wohlstand und Leben in die äußerste Gefahr setzen, für nichts als unumgängliche Selbstvertheidigung gehalten wissen. Ohne diese würden sie gern geschwiegen, es gern ihrem Gott nur in der Stille geklagt haben, wie sehr seine heilige Wahrheit gekränkt und verlästert werde; aber ihr eigner guter Leumund wird darüber verunglimpft, ihr eigner Glaube, dessen Licht sie vor aller Welt leuchten zu lassen so verbunden sind, wird darüber verdunkelt; nun müssen sie auftreten und müssen reden und müssen vor Gott und der Welt bezeugen, wie verderblich, wie gräulich, wie werth, mit Feuer und Schwert verfolget zu werden, sie die Irrthümer ihres ihnen sonst so lieben Nächsten, ihres Bruders in Christo, finden.

Es wäre schlimm, wenn aus der folgenden Untersuchung über die Zeit,

2. wenn eigentlich Berengarius seine Lehre zu behaupten und zu verbreiten angefangen,

die Heuchelei des Lanfrancus noch schwärzer und verhaßter erscheinen sollte.

Der Brief des Berengarius war kurz vor oder während der Kirchenversammlung geschrieben, welche zu Rheims in den letzten Monaten des Jahres 49 gehalten wurde; denn er ward dem Lanfrancus, welcher sich mit darauf befand, dahin nachgeschickt. Lediglich auf biesen Brief ward benn auch der Steller besselben in bem nächstfolgenben Jahre zu Rom und Vercelli ver= bammt. Lanfrancus sagt zwar, daß zu Vercelli bie Lehre bes Berengarius ber Kirchenversammlung vorgelegt worden, welches aus bem bloßen Briefe nicht wohl geschehen können und baher andere authentische Schriften sollte voraussetzen lassen. Allein was Berengarius bem Lanfrancus hierauf in unserm Manuscripte antwortet, ist höchst merkwürdig, nämlich:

„Quod sententiam meam scribis Vercellis in consessu illo
expositam: dico de rei veritate et testimonio conscientiae
meae, nullum eo tempore sententiam meam exposuisse, quia
nec mihi eo tempore tanta perspicuitate constabat, quia nondum tanta pro veritate eo tempore perpessus nondum tam
diligenti in scripturis consideratione sategeram.“

Was meinen Sie? Wenn wir einer so feierlichen Ver= sicherung glauben bürfen, — und ich wüßte nicht, warum wir nicht bürften! —wenn es wahr ist, daß in bem Jahre 50 schlech= terdings kein Mensch bie Lehre bes Berengarius vortragen können, weil er sie noch selbst nicht aufs Reine gebracht hatte, weil er sich noch selbst um ben Gegenstand berselben so genau nicht bekümmert hatte, als ihn bie Verfolgungen, bie er nachher barüber erbulden mußte, zu thun nöthigten; wie wird es um Die stehen, welche so zuverlässig wissen wollen, daß er weit früher an= gefangen habe, seine Ketzerei zu verbreiten und ihr durch Ueber= redung und Bestechung Anhänger zu verschaffen?

Ich übergehe bie elende Fabel, baß Berengarius eine be= sondere Neigung zur Heterodoxie schon als Schüler bes Bischof Fulbert zu Chartres verrathen habe, und baß ber sterbende Fulbert ihn nicht vor seinen Augen leiden wollen, weil er einen Teufel ihm nachtreten gesehen. Wenn das Geringste davon wahr wäre, so würde sein gewesener Mitschüler, Ihr Abel= mann, gewiß nicht unterlassen haben, in seinem Briefe es ihm vorzuhalten. Einigen Schriftstellern zu Folge soll Abelmann bas auch wirklich gethan haben, und Natalis Alexander schreibt ausbrücklich: „Saepe adolescentem petulantis ingenii et ad novitates propensi Praeceptor sanctissimus hortabatur ne a via regia, hoc est ab Apostolica fide et SS. Patrum doctrina deflecteret, ut Adelmannus testatur in Epistola ad ipsum data.“*) Aber wie muß bieser Mann gelesen haben? Sie

---

*) Diss. select. ad Hist. Eccles. Saeculi XI. et XII. prima, art. 1.

haben den Brief des Abelmanu's gewiß aufmerksamer gelesen
und wissen, daß die Ermahnung des Fulbert, auf dem ein=
mal gebahnten Wege zu bleiben, seinen Schülern überhaupt,
nicht aber dem Berengarius insbesondere gegolten. Hätten
sie die geringste besondere Beziehung auf den Berengarius
gehabt, so würde, wie gesagt, Abelmann sicherlich sich dieses
Vortheils gegen ihn da nicht begeben haben, wo er ja wol eines
ganz besondern Eindruckes fähig gewesen wäre.

Auch bei dem Baronius brauche ich mich nicht zu ver=
weilen, nach welchem Berengarius durch seine Ketzerei bereits
im Jahre 1035 Unruhen soll erregt haben. Denn daß dieses
falsch sei, haben Natalis Alexander und Aut. Pagi aus
eigenen anderweitigen Nachrichten des Baronius gezeigt, und
es ist nur zu verwundern, wie Basnage dem Baronius so
blindlings nachschreiben können.*)

Aber Pagi selbst nimmt dafür das Jahr 45 an, in welchem
die Ketzerei des Berengarius zuerst ausgebrochen sei, und
gründet sich desfalls nicht sowol auf die Zeugnisse verschiedener
Geschichtschreiber, an deren Genauigkeit sich noch wol zweifeln
ließe, als vielmehr auf die mit diesen Zeugnissen übereinstim=
mende Berechnung, welche sich aus dem Briefe des Abel=
mann's aufstellen läßt. Und diese ist es, welche hier in nähere
Erwägung gezogen zu werden verdienet.

Sie erinnern Sich, daß man aus den Worten des Abel=
mann's, „Teutonicas aures, inter quas tam diu peregrinor,"
schließen zu dürfen glaubet, daß er noch der Schule zu Lüttich
vorgestanden, als er seinen Brief an den Berengarius ge=
schrieben. Sie erinnern Sich, daß man als unstreitig annimmt,
Bischof zu Brescia sei er in dem Jahre 48 geworden. Hieraus
würde nun freilich folgen, daß auch der Brief längestens in die=
sem Jahre, wo nicht noch vorher, geschrieben worden, und da es
in demselben sogar heißt, daß bereits zwei Jahre vorher der Ruf
von der irrigen Lehre des Berengarius dem Abelmann zu
Ohren gekommen, so würde ebenso unstreitig weiter folgen, daß
Berengarius schon gegen 45 damit Aufsehen gemacht habe.
Wäre nun aber dieses, wie würde es um seine Versicherung stehen,
daß vor 50 keinem Menschen seine wahre Meinung bekannt ge=
wesen? Müßte er nicht entweder hiermit die Unwahrheit ge=

---

*) Hist. de l'Eglise, T. I. p. 1396. §. 10.

schrieben haben, oder leichtsinnig genug gewesen sein, eine Lehre zu behaupten und auszubreiten, die er selbst noch nicht hinläng= lich untersucht hatte?

Ich denke nicht, daß Eines von Beiden nothwendig folgt. Er kann gar wohl vor 50 eine Meinung geäußert haben, welche den blinden Anhängern des Paschasius ärgerlich war. Aber es war bis dahin nicht sowol seine eigene Meinung als die Mei= nung des Scotus.[1]) Denn so viel Uebergewicht, als damals auch schon die Lehre des Paschasius mochte gewonnen haben, so war sie doch noch durch keinen Schluß der Kirche für die einzig wahre erkannt worden. Die Lehre des Scotus war noch un= verworfen, und es mußte einem jeden Gliede der Kirche noch frei= stehen, sich für die eine oder für die andere zu erklären. Auch thut Berengarius in dem Briefe an den Lanfrancus selbst weiter nichts, als daß er zu Folge dieser Freiheit den Laufrau= cus vor Uebereilung und eigenmächtiger Verdammung eines Mannes warnet, in welche die unsträflichsten Väter der Kirche mit verwickelt werden könnten.

Sie werden sagen: „Alles das, so befriedigend es auch immer sein möge, könne doch nur für den Brief des Adelmanu's be= friedigen; aber diesen Brief habe Berengarius nicht ohne Antwort gelassen, beträchtliche Fragmente von dieser Antwort wären vorhanden, und diese Fragmente wenigstens widersprächen der angezogenen Versicherung ihres Verfassers, daß bis zur Kirchenversammlung zu Vercelli, sie selbst eingeschlossen, Niemand von seiner Meinung hinlänglich unterrichtet gewesen; angesehen in diesen Fragmenten im Geringsten nicht von der Meinung des Scotus, sondern von der eigenen Meinung des Berengarius die Rede sei, die er sowol durch Schlüsse als durch Stellen aus den Vätern zu behaupten suche."

Recht! Sie setzen nämlich voraus —Doch ehe ich es vergesse! Es ist ohne Zweifel ein bloßes Versehen Ihres Setzers oder Ab= schreibers, mein Freund, daß nur gedachte Fragmente in Ihrer Ausgabe als ein einziges fortlaufendes Fragment gedruckt wor= den. Martene und Durand hatten sie nicht in bloßen Ab= sätzen drucken lassen, sondern die Absätze selbst noch durch die Worte „Idem infra" von einander getrennet, und diese Worte sind es, welche ich ungern bei Ihnen vermisse. Nicht sowol des=

---

1) S. hierüber die Vorbemerkungen des Herausgebers, S. 90. — Anm. b. H.

wegen, weil man ohne sie nun leicht einen Zusammenhang suchen
möchte, wo keiner sein soll, als vielmehr deswegen, weil ohne sie
dem Leser so leicht nun nicht eine Frage beifallen kann, die nicht
so ganz für die lange Weile sein dürfte. Nämlich die: das Manuscript, aus welchem Martene und Durand ihre erste Ausgabe besorgten, enthielt es ebenfalls nur die mitgetheilten Fragmente aus der Antwort des Berengarius? oder enthielt es
diese Antwort ganz? Wenn gleichfalls nur die mitgetheilten
Fragmente, warum sagte man uns das nicht deutlich? Wenn
die Antwort ganz, warum erhielten wir sie nicht ganz daraus?
Was für Recht hatten diese Benedictiner, das Uebrige zu unterdrücken? In welchem Verdachte müssen uns solche Unterdrückungen bestärken? Ich habe diese unangenehme Saite schon
einmal berühren müssen.*) Nun wäre es leicht möglich, daß
das, was sie so zurückgehalten, gänzlich aus der Welt wäre;
denn das Manuscript, welches sie brauchten, wird ohne
Zweifel zu Gemblou mit verbrannt sein. Aber wieder in das
Gleis. — —

Sie setzen, sage ich, voraus, — daß, wenn man das Datum
eines Briefes wisse, man in dem Dato der Antwort nicht eben
sehr weit fehlen könne; daß also, wenn der Brief des Adelmann's vor 48 geschrieben worden, die Antwort des Berengarius wol schwerlich erst 50 und später werde erfolgt sein.
Gleichwol, so natürlich diese Voraussetzung ist, so muß sie doch
hier einem unstreitigern Beweise nachstehen. Der Brief des
Adelmann's mag geschrieben sein, wenn er will, die Antwort
des Berengarius ist gewiß erst nachher geschrieben, als er
mit dem Laufraucus bereits in Streit gerathen war. Dieses
ist aus den Worten unwidersprechlich: „Adversarii ergo, vulgus,
et cum vulgo insanientes, Paschasius, Lanfrancus et quicumque
alii ita causam intendebant: panem et vinum, per corruptionem
vel absumptionem sui, in particulam carnis Christi sensualiter
transire et sanguinis." Wie hätte Berengarius des Lanfrancus hier, und auf solche Weise, gedenken können, wenn er
nicht bereits jenen Brief an ihn geschrieben gehabt hätte, vor
welchem er noch kaum wußte, wie sehr abgeneigt Lanfrancus
von der bessern Meinung des Scotus sei? Hatte er aber jenen
Brief bereits geschrieben, so ist seine Antwort an den Adelmann auch zuverlässig später als die Kirchenversammlung von

---

*) In dem zweiten Briefe, S. 112.

Vercelli, in welcher man ihn wegen einer Meinung verdammte, von der, wie er versichert, noch kein Mensch wissen konnte, ob es seine Meinung sei oder nicht. Nur durch diese und die kurz vorhergegangene Römische Kirchenversammlung lernte Berengarius selbst den Lanfrancus erst recht kennen, und wenn er einige Monate vorher noch zweifelte, ob es auch wahr sei, was ihm Ingelrannus aus Chartres von dessen Gesinnungen erzählt hatte, so wird er ihn gewiß nicht noch früher zu dem blödsinnigen, rasenden Pöbel gerechnet haben, wie er in der Antwort an den Adelmann thut.

Ob nun aus dem so bestimmten spätern Dato dieser Antwort auch auf das spätere Datum des Briefes selbst müsse zurückgeschlossen werden, will ich nicht zu entscheiden suchen. Gesetzt, es müßte, so würde höchstens nur das Jahr, wenn Adelmann Bischof zu Brescia geworden, dadurch zweifelhaft werden. Denn jeder andere Grund, warum Adelmann nicht nach der Verdammung des Berengarius zu Vercelli könne geschrieben haben, ist so viel als keiner. Man fragt z. E., ob er ihn auch wol sodann noch sancte Frater angeredet haben würde? Sancte nun wol nicht, als welches Sie selbst für den Zusatz eines Abschreibers erkennen, aber Frater doch ohne Zweifel. Denn Frater nennet ihn ja auch Ascelinus in einem Briefe, der sicherlich nach den ersten Kirchenversammlungen geschrieben war, die den Berengarius verdammet hatten.

Und so, dächte ich, wäre die Versicherung des Berengarius, von welcher die Rede ist, gegen alle ihr entgegenstehende Behauptungen gerettet. Nun setze ich noch einen positiven Umstand hinzu, der es schlechterdings unglaublich macht, daß Berengarius schon vor 50 als ein Ketzer bekannt gewesen.

Nämlich wenn es nicht wahr ist, was Berengarius von sich versichert, daß die Kirchenversammlung zu Vercelli von seiner Meinung über das Abendmahl nichts wissen können, weil er noch selbst keine gehabt, die er sein eigen nennen können; wenn es im Gegentheil wahr ist, daß schon lange vorher der Ruf von seiner Ketzerei sich nicht allein in Frankreich, sondern auch in Italien und sogar in Deutschland, wie Adelmann sagt, verbreitet: wie kam es, daß sie auf keiner frühern Kirchenversammlung gerüget ward? Wie kam es, daß besonders auf der zu Rheims, bei welcher Leo der Neunte selbst zugegen war, ihrer nicht im Geringsten gedacht ward? Man sage nicht, daß die mit andern Dingen beschäftiget gewesen! In dem Eingange ihrer Verhand-

lungen, welche Baronius bekannt gemacht, heißt es ausdrück
lich, daß auch „De quibusdam haeresibus, quae in eisdem pullu-
laverant partibus," die Rede sein sollen, und bei Anführung der
von ihr gefaßten Schlüsse heißt es wiederum: „Et quia novi
Haeretici in Gallicanis partibus emerserant, Papa eos excom-
municavit, illis additis, qui ab eis aliquod munus vel servitium
acciperent, aut quodlibet defensionis patrocinium illis impen-
derent."*) Es hat auch an Gelehrten der römischen Kirche selbst
nicht gefehlt, welche wohl empfunden, wie schließend das Stillschweigen dieser Kirchenversammlung zu Rheims sei. Bouläus
ist nahe daran, den ganzen Schluß zuzugeben, und die einzige
Wendung, mit welcher er ihm noch auszuweichen glaubt, ist so
gezwungen, daß man ihr seine Verlegenheit dabei nur zu sehr an-
sieht. **) „Cum in actis," sagt er, „concilii Remensis nulla videa-
tur facta fuisse mentio Berengarii, credibile est, tum nondum
plane doctrinam illam extra scholas prodisse, aut si quid de ea
relatum est, Leonem noluisse agitari, ne si corruptissimis Ec-
clesiasticorum temporibus illa Quaestio publice moveretur, plurimos inveniret fautores praesertim in Francia, ubi Disciplina
plurimum elanguerat." Dieser Bedenklichkeit, welche er dem Leo
leihet, sie möchte nun zu billigen sein oder nicht, widerspricht
Lanfrancus selbst, wenn er mit deutlichen Worten sagt, daß
die Ketzerei des Berengarius erst nach der Kirchenversammlung zu Rheims dem Papste zu Ohren gekommen, als er das Jahr
darauf ein neues Concilium zu Rom um sich versammelt gehabt.
Leo wollte sie also zu Rheims nicht vertuschen, sondern er hatte
schlechterdings von ihr noch nichts gehöret, und das Erste, was er
davon erfuhr, erfuhr er aus dem Briefe an den Lanfrancus.
Hiedurch wird auch alle Vermuthung abgeschnitten, ob sich nicht
unter den zu Rheims verdammten Ketzereien, deren keine eigentlich
benennet wird, die Ketzerei des Berengarius wirklich mit befunden. Denn wenn sie schon in den geschriebenen Verhandlungen nicht namentlich vorkommen müssen, so hätte sie doch namentlich müssen verdammt sein; und auch dann hätte Lanfrancus nicht sagen können, daß sie erst das Jahr darauf zu Rom
vor den päpstlichen Stuhl gebracht worden und die Gelegenheit
darzu der eigene Brief des Berengarius gegeben habe.

Kurz, so gewiß es ist, daß in diesem Briefe nichts vorgekom-

---

*) Hard. Concil. T. V. P. I. p. 1002 et 1007.
**) Hist. Univers. Paris. T. I. p. 416.

men, wodurch Lanfrancus selbst verdächtig werden können,
ebenso gewiß möchte nun wol auch erhellen, daß der nämliche
Brief das Erste und Einzige war, was Berengarius zur Zeit
noch über die streitige Materie geschrieben hatte. Gleichwol
aber diese erste und einzige Schrift, in welcher nichts bestimmet
wird, in welcher blos zu einer vertrauten Unterredung eingeladen
wird, in welcher blos bis zu deren Ausgange vor übereilten und
stolzen Entscheidungen gewarnet wird; — gleichwol diese freund=
schaftliche, bescheidene, schmeichelnde Schrift so hämisch zu einer
förmlichen Anklage zu machen! o heiliger Lanfrancus, wenn
Du Dir das erlauben konntest, — bitte für mich nicht!

Das war es denn auch, wodurch ich besorgte, daß das Be=
tragen des Lanfrancus noch schwärzer erscheinen dürfte. Aber
ich komme

3. auf die Kirchenversammlung zu Rom unter Leo dem Neunten

nun selbst, und wenn ja zur Entlarvung des Heuchlers noch etwas
gefehlet hat, so wird es sich hier finden.

Als Lanfrancus zu Rom war, wohin ihm der Brief des
Berengarius nachgeschickt ward, was machte er daselbst?
was waren seine Verrichtungen damals zu Rom? Diese Frage
ist Mehrern eingefallen als mir; und die Meisten antworten dar=
auf: „Das wissen wir nicht.“ Nur hier und da hat es Einer zu
errathen gesucht, der vielleicht fühlte, daß es für den Lanfran=
cus doch wol gut wäre, wenn man es wüßte, um auch hier=
durch einem Verdachte vorzubeugen, den er selbst so gern von sich
ablehnen wollen.

De Roye wollte uns glauben machen, Lanfrancus sei
damals in Angelegenheiten seines Herzogs zu Rom gewesen,
nämlich des Herzogs Wilhelm von der Normandie, welcher
eine zu nahe Blutsverwandte geheirathet hatte und darüber mit=
sammt seinem Lande in den päpstlichen Bann gerathen war. Eine
verwirrte Stelle in der Chronike von Bec hatte ohne Zweifel den
De Roye verführt. Aber schon Dubois*) und nachher Cos=

---

*) „Lanfrancus hoc anno Romam venerat, et inter plures monachos,
qui aderant Concilio, astitit. Nondum ille Beccensis Abbas erat, qua vero
occasione Romam venerit, haud dixero. Certe non interdicti Nortman-
niae causa perrexisse Romam certum est, cum ea causa non ad Leonem
IX., sed ad Nicolaum PP. pertineat.“ *Dubois, Hist. Eccl. Paris., T. I.*
p. 670.

ſartius*) haben ihn desfalls widerlegt, und es iſt unleugbar,
daß jene Angelegenheit unter Nicolaus dem Zweiten ſich
ereignet. Zu ihrem Behuſe that Lanfrancus eine zweite
Reiſe nach Rom, und hier iſt nicht von ſeiner zweiten, ſondern
von ſeiner erſten die Rede.

Mein Benedictiner konnte in dieſen Fehler nicht fallen. Um
jedoch auch den Lanfrancus nicht das erſte Mal nach Rom reiſen
zu laſſen, blos um wieder zurückreiſen zu können, hat er eine an=
dere Muthmaßung erhaſcht, die ihm ſo glücklich und ſicher dünkt,
daß er ſie ganz in dem Tone einer ausgemachten Wahrheit vor=
trägt.**) „Der Brief des Berengarius,“ ſagt er, „wurde nach
der Normandie geſchickt, wo er aber den Lanfrancus nicht
fand. Lanfrancus hatte ſich auf das Concilium nach Rheims
verfügt, welches im Anfange des Octobers 1049 unter dem eige=
nen Vorſitze Papſt Leo des Neunten geſeiert ward. Dieſes
iſt ein Factum, welches allen Geſchichtſchreibern des Lanfran=
cus entwiſcht iſt, gleichwol ganz natürlich aus dem folget, was
Lanfrancus ſelbſt in dem dreizehnten ſeiner Briefe erzählt.
Er berichtet uns darin ausdrücklich, daß er ſich in dem Geſolge
dieſes Papſtes befunden, als er auf ſeiner Rückreiſe durch Loth=
ringen die Kirche zu Remiremont eingeweihet. Und ſeht
(voilà!), das war die wahre Urſache ſeiner erſten Reiſe nach
Rom, die bis auf dieſen Augenblick unbekannt geblieben.“

Und ſeht, das iſt wieder ein Freundſchaftsſtück, wie es nur
immer ein todter Benedictiner von einem lebendigen erwarten
kann! Ich will dem ſinnreichen Manne die Marſchroute, die er
dem Lanfrancus nachzeichnet, nicht ſtreitig machen, er ſcheinet
ihm nicht unglücklich nachgeſpürt zu haben; Lanfrancus mag
immer von Bec nach Rheims, von Rheims nach Remiremont und
von Remiremont weiter mit dem Papſte nach Rom gereiſet ſein.
Aber wenn wir wiſſen, wie er gereiſet iſt, wiſſen wir darum auch,
warum er gereiſet iſt? Die Einweihung der Kirche zu Remire=
mont war etwas, das er auf der Reiſe mit anſahe. Aber die
Abſicht ſeiner Reiſe konnte ſie doch gewiß nicht ſein. Was hätte
ein Mönch aus der Normandie bei der Einweihung einer Kirche
in Lothringen zu thun gehabt? Und hätte er ja etwas dabei zu
thun gehabt, warum von da nicht wieder nach Hauſe, in ſein
Kloſter? Warum weiter mit dem Papſte nach Rom? Die

---

*) Colcti Conciliorum T. XI. p. 1428.
**) Hist. lit. de la Fr., T. VIII. p. 263.

Wahrheit zu sagen, ich weiß schon nicht, was Lanfrancus auf
dem Concilio zu Rheims zu thun gehabt. Er war noch nicht Abt
von Bec. Wenn er also nicht eigene Angelegenheiten daselbst
hatte, im Namen seines Klosters brauchte er nicht da zu sein.

Aber wie, wenn er wirklich dergleichen eigene Angelegenheiten
gehabt hätte? wenn diese eigene Angelegenheiten eben die vor-
habende Anklage des Berengarius gewesen wäre? Wie,
wenn wir annähmen, er habe den Brief des Berengarius
schon zu Bec erhalten; er habe sich sogleich entschlossen, seine
Anklage auf diesen Brief zu gründen; er sei damit nach Rheims
auf das Concilium gereiset, aber zu Rheims habe er nicht für gut
befunden, damit herauszurücken, es sei nun, weil er unter der
daselbst versammelten Geistlichkeit zu Viele bemerket, die es ebenfalls mehr mit dem Scotus als Paschasius hielten, oder weil
ihm Berengarius selbst noch zu nahe war, zu geschwind selbst
bei der Hand sein konnte, sich mündlich zu vertheidigen; er sei
also von Rheims dem Papste nachgefolgt, in der Versicherung, mit
einem Papste eher fertig zu werden als mit einem Concilio; er
habe nach Rom den Brief sich nachdringen lassen mit allerlei
darüber ausgesprengten ihm selbst nachtheiligen Auslegungen;
er selbst habe unter der Hand zu Rom über diesen Brief des Re-
dens und des Aergernisses so viel zu machen gewußt, bis endlich
der Papst davon gehöret, bis der Papst ihm selbst eine Erklärung
darüber abgefodert und so die erste Flamme ausgebrochen?
Wie, wenn wir dieses annähmen? Wäre es denn so etwas ganz
Unerhörtes, daß Der zuerst Feuer gerufen, welcher das Feuer selbst
angelegt? Und was darf man sich von einem Manne nicht zu
argwohnen erlauben, den man einmal auf einer offenbaren Unwahrheit ertappt hat?

Erwarten Sie indeß nicht, daß ich diesen Plan von Verfolgung und Tücke mit Stellen aus unserm Manuscripte belegen
werde. Dergleichen hätten müssen bald im Anfange vorkommen,
welcher verloren gegangen. Aber dafür habe ich einen andern
Gewährsmann aufzustellen, welcher hier noch wol glaubwürdiger ist als Berengarius selbst. Es ist der eigene Biograph
des Lanfrancus, Milo Crispinus, der kurz nach dem
Lanfrancus in dem nämlichen Kloster zu Bec lebte.

Man fragt und zerfragt sich, in welcher Absicht Lanfrancus das erste Mal nach Rom gereiset; man antwortet bald Das,
bald Jenes, bald gar nichts; und wie? hat man denn auch schon
seinen Biographen darüber vernommen? Oder soll das Zeug-

niß Deſſelben nichts gelten? Hat dieſes Zeugniß noch Niemand
bemerkt? oder hat es Niemand bemerken wollen? Was ſagt
Milo Criſpinus?*) „Lanfrancus iterum Romanum Papam
adiit,“ nämlich in obgedachter Angelegenheit ſeines Herzoges,
„jam enim antea Romam petierat causa cujusdam clerici nomine
Berengarii, qui de Sacramento altaris aliter dogmatizabat quam
Ecclesia tenet.“   Kann etwas ausdrücklicher geſagt werden?
Romam petierat causa Berengarii! Heißt das etwa nur: „auch
beſchäftigte ihn in Rom die Sache des Berengarius?“ Oder
heißt es nicht unwiderſprechlich: „er reiſete eigentlich darum hin?“
Es iſt wahr, kurz darauf ſcheinet Milo Criſpinus ſich zu
widerſprechen, wenn er von ebenderſelben erſten Angelegenheit
des Lanfracus zu Rom ſagt: „At tum forte Lanfrancus ad
urbem profectus erat.“   Aber wer verſichert uns, wo ſich dieſes
„forte“ herſchreibt? Sollte dieſes einzige Wort, welches ſehr leicht
eingeſchoben ſein kann, eine vollſtändige Enunciation, welche es
nicht ſein kann, Lügen ſtrafen?   Und wenn es ſich auch von dem
Criſpinus ſelbſt herſchriebe, ſo könnte es doch für weiter nichts
als eine unſchickliche Einlenkung angeſehen werden, um die Sache
nunmehr, ſo viel möglich, nach dem eignen Sinne und mit den
eignen Worten des Laufrancus zu erzählen.

Ich habe kurz vorher einer verwirrten Stelle in der Chronike
von Bec gedacht, welche ohne Zweifel den De Roye verführt
habe. Sie lautet ſo:**) „Quapropter (nämlich ebenfalls in Abſicht, ſeinen Herzog von dem päpſtlichen Banne zu befreien) Lanfrancus Romam adiit, quamvis iturus esset occasione cujusdam
haeretici Berengarii: et tunc praesidebat Leo octavus: et etiam
ut ageret pro Duce Normannorum et uxore ejus. Igitur locutus
est cum Papa Nicolao, et ostendit quod ejus sententia, videlicet
interdictum, eos tantum gravabat“ etc.   Handgreiflicher Unſinn,
in Verwirrung oder vielmehr Zuſammenſchmelzung zweier Päpſte
und Zeiten! Nichts iſt wahrſcheinlicher, als daß die mit Curſiv
gedruckten Worte eine Gloſſe ſind, die von dem Raude in den
Text gekommen, wo es vielleicht geheißen: „quam jam adierat semel occasione haeretici Berengarii,“ oder was Sie ſonſt für
Chronikenlatein dafür ſetzen wollen. Und gleichwol würde die
Stelle auch ſo, wie ſie itzt geleſen wird, noch mit dem Zeugniſſe
des Criſpinus übereinſtimmen.   Denn können Sie das

_____

*) Cap. III. p. 6. Edit. *Dach.*
**) Edit. *Dach.*, p. 3.

„Quamvis iturus esset occasione Berengarii" anders verstehen als:
„Er reisete in Angelegenheiten seines Herzogs nach Rom, ob er
schon ohnedem auch des Berengarius wegen dahin
gereiset sein würde?"

Erst also sage man mir, warum beide diese Zeugnisse nicht
giltig sein können, ehe man von mir weitere Beweise verlangt,
daß Lanfrancus in der ausdrücklichen Absicht nach Rom gereiset, um den Berengarius der Ketzerei anzuklagen. Setzen
Sie dieses aber auch, wenn Sie wollen, als ganz unglaublich bei
Seite und betrachten Sie nur das übrige Betragen des Lanfrancus. Es sei, daß es der bloße Zufall war, welcher den
Brief des Berengarius vor den Papst brachte; es sei, daß
Lanfrancus wirklich selbst darüber in einen Verdacht gerieth,
den er durch die nachdrücklichste Vertheidigung der gegenseitigen
Lehre zu vernichten sich gemüßiget sahe: hätte man darum so weit
gehen sollen, daß man nicht allein die Lehre des Scotus, sondern zugleich die Lehre des Berengarius verdammte, und
nicht allein die Lehre verdammte, sondern zugleich mit Eins Den,
der sie hegte, ohne die geringste Abmahnung in den Bann that?
Hätte dieses Lanfrancus zugeben sollen? Wer hätte mehr
Recht gehabt, sich darwider zu setzen, als er? Wen würde man
gewisser gehört haben als ihn, wenn er sich darwider gesetzt
hätte? Die Lehre des Scotus für irrig zu erklären, darzu
mochte der Papst immer Stoff und Macht haben. Das Buch[1]
lag da, worin Scotus diese Lehre behauptet hatte. Nach den
Gründen, auf welche er sie gebauet, konnte er gerichtet werden.
Aber woher wußte man denn, wie viel oder wie wenig Berengarius von dieser Lehre annahm? Woher wußte man, daß er
das, was er davon annahm, nicht mit andern und bessern Gründen unterstütze, als bei dem Scotus sich fanden? Aus dem
Briefe an den Lanfrancus konnte man das wahrlich nicht
wissen, und andere schriftliche Beläge waren nicht vorhanden.
Doch zugegeben, es habe sich aus dem Briefe allerdings ersehen
lassen, daß seine Lehre in allen Stücken die Lehre des Scotus
sei. Wohl, so konnte man freilich die eine in der andern verdammen; aber auch weiter nichts als die Lehre verdammen, und
Berengarius ward zugleich excommuniciret! Wenn das
nicht übereilt, wenn das nicht grausam war, so ist es nie in der

---

1) Vergl. über dieses Buch die Vorbemerkungen des Herausgebers, S. 90.
— Anm. des Herausg.

Welt etwas geweſen. Denn, wie ſchon geſagt, die Lehre des Scotus war noch nie von der Kirche verworfen worden, und Niemand kounte alſo geſtraft werden, weil er ihr bisher ange=hangen. Sollte ſie von nun an verworfen ſein, ſo konnten nur Die vors Erſte mit Strafe bedrohet werden, die ihr weiter an=hangen würden. Aber Berengarius ward nicht erſt bedroht, er ward Knall und Fall beſtraft, und eines Irrglaubens wegen beſtraft, der noch nie für einen erklärt worden. War hier der Geiſt der Unterweiſung und der Zucht oder der Geiſt der Ver=folgung und der Rache geſchäftig?

Sie könneu Sich leicht einbilden, daß Berengarius auch noch in unſerm Manuſcripte die bitterſten Klagen über dieſe ſchreiende Ungerechtigkeit führet. Wollen Sie hören?

„Quod promulgatam dicis in me damnationis sententiam, sacrilegae sancto illi tuo Leoni notam praecipitationis affigis. Injustum enim esse praescribunt tam humana jura quam di-vina, inauditum condemnari. Contra quod Spiritus sanctus, *maledicent illi, et tu benedices;* et b. Augustinus in libro de Verbo Domini, *injusta vincula solvit justitia;* et b. Gregorius in quadam Homilia, *ipse hac,* inquit, *ligandi ac solvendi po-testate se privat, qui hanc non pro subditorum moribus, sed pro suae voluntatis motibus exercet.* Maxime cum me Leo ille accersisset, donec certum fieret, utrum praesentiam ejus ádire suffugerem, suspendenda fuit sententia, ut re vera co-gnosceret, quod falsissimum habet scriptum tuum, quaenam ego communi fidei adversa sentirem, ubi indignum te facis, ut jam dixi non semel, quod communem fidem communem dicis errorem. Expectandum inquam fuerat, ut per me ver-bis audiretur aut scriptis, quae ego in Johanne Scoto ap-probarem, quae in Paschasio, Corbeiensi Monacho, condemna-rem.“

Doch wer kann ſich Alles das nicht ſelbſt deuken? Lieber will ich Ihnen eine Stelle abſchreiben, welche den Charakter Leo des Neunten näher kennen lehrt. Denn freilich ſpielte der Papſt hier noch immer eine wichtigere Rolle als Lanfrancus ſelbſt. Wenn Lanfrancus hämtückiſch genug war, eine ſo ungerechte Verdammung, ſo viel an ihm lag, nicht zu hintertreiben, was mußte das für ein Papſt ſein, der ſie ergehen ließ? Gerade ſo e'iner, wie er dazu nöthig war: menſchengefällig, leichtſinnig, un=gewiß mit ſich ſelbſt, jedem Winde auf ihn ſtoßender Meinungen und Rathſchläge nach allen Seiten, zu allen Stunden beweglich und richtbar. Zwar gehöret die Stelle, welche ihn so zeiget, eigentlich zu dem folgenden Concilio von Vercelli. Doch da ich von diesem ohnedem genug zu sagen habe, und sie ebensowol der Schlüssel von dem Concilio zu Rom ist, so will ich sie hier einrücken. Machen Sie Sich gefaßt, mehr als eine Nachricht zu lesen, wovon die Geschichtschreiber der Kirche nur kaum murmeln. — Lanfrancus ist stolz auf den allgemeinen Beifall, welchen sein Vortrag bei dem Concilio erhalten habe, und hierauf antwortet ihm Berengarius:

„Dicens omnibus placuisse, quasi necessario me compellis dicere aliquid de indignitate tui illius Apostolici, et congregati tunc ab eo Concilii. Tempore enim, quo te Vercellis adfuisse scripsisti, Episcopus Vercellensis avunculo suo, Nobilium Papiae cuidam, sponsam suam publico flagitio abstulerat. Hoc flagitium per provinciam omnes jure commoverat, omnium contra Episcopi vesaniam zelo Dei suscitaverat corda. Nobilis ille Papiensis illatam sibi a Nepote sponsae praereptae injuriam ad Episcopos, ad apostolicum Leonem illum saepe pertulerat, nihilque tanto dignum maxime Episcopi flagitio optinuerat. Sed audito, quod affuturus esset Papa ille Vercellis, quae pertinerent ad Christi jura quantopere acturus, in multam spem respiraverat, quod tot Episcoporum, tot egregiarum personarum, tanto omnium conventu, saltim tunc a non animadvertenda tanta Apostolicus prohiberetur injuria. Spe ista ductus, conventui illi Vercellico Papiensis ille non defuit, nobilium conjugatorum, qui aderant, ad expostulandam injuriam suam zelum facile comparavit. Sed quanti istud? Apostolicus apud adulterum Vercellensem illum hospitium accepit, regalibus adulteri sumptibus per dies non paucos exceptus est, eadem domo, eodem non dubitans participare convivio, cum interim Papiensis pro illata sibi a Nepote injuria, foris, intus, in ecclesia, in consessibus omnia tentaret, omnibus, si forte apud Apostolicum pro tanto adulterio obtinerent, molestus esse non desisteret. Nihil effecit, etiam intacta ejus causa remansit. Nihilominus Papa idem, cum fuisset a quibusdam admonitus, quod faceret contra ecclesiasticas rationes, reordinare Episcopos et Presbyteros in Vercellensi illo concilio, a regia illa sua sede consurgens, omnes qui circum sedebant in medio positus postulavit, Dominum pro eo, quod reordinasset, ut sibi indulgeretur orare. Et id quidem recte: sed tamen quanta laboraret indigentia

pleni, quanta ageretur levitate, quam omni circumferretur
vento doctrinae, paucis post diebus excursis, manifestissimum
dedit. Romam enim reductum objurgatione adorti sunt hi,
quorum consilio reordinationes fecerat, cur Vercellis contra-
dictoribus illis ad non reordinandum cessisset; in errorem
rediit, atque post ad-voluntatem eorum, qui Romae fuerunt,
maxime Humberti illius tui, reordinavit Episcopum Redonensem, *Magnum* nomine, Episcopum Lemovicensem incertum, [1])
cognomento *Capreolum*, Abbatem quoque Redonensem, nomine *Pireneum*, quos pro eo nominatim inserui, quia noti
mihi erant et mecum de eo, quod Romae gestum fuit, ipsi
egerant, ne quis me putet de opinione, non de rei veritate
scripsisse. Nec de Papa illo Leone maledicendi voto haec
refero, cum audierim ex Evangelio, *neque maledici regnum
Dei possidebunt*; sed ut probabilius fiat eis, qui haec forte
legerint, quod tanti facit illum Papam scriptum tuum,
non de rei veritate, sed de mea tibi calumnia proces-
sisse." —

Es sind zwei verschiedene Punkte, welche in dieser Stelle dem
Papste zur Last fallen und deutlich zeigen, was für ein schaler,
leerer, veränderlicher Mann er gewesen, „quanta indigentia pleni
laboraverit," wie es Berengarius in seinem barbarischen, aber
oft nachdrücklichen Lateine ausdrückt, und zu welcher ärger=
lichen Nachsicht gegen das Laster ihn Menschengefälligkeit und
kleine Bedenklichkeiten vermögen können. Der erste betrifft
das Verbrechen des Bischofs zu Vercelli und der zweite die Re=
ordination.

Der Bischof zu Vercelli hieß Gregorius; und daß es keine
aus der Luft gegriffene Verleumdung sei, was Berengarius
hier von ihm erzählt, davon gewähret Hermannus Contrac=
tus die Versicherung, bei welchem es unter dem Jahre 1051
heißt: „Post Pascha item Dominus Papa Leo synodum Romae
collegit, ubi inter alia Gregorium Vercellensem Episcopum
propter adulterium cum vidua quadam, avunculi sui sponsa, ad-
missum, et perjuria perpetrata absentem et nescientem excom-
municavit: quem tamen non multo post Romam venientem, sa-
tisfactionemque promittentem, officio priori restituit." Das
Verbrechen ist bei Beiden das nämliche, und auch das, was sie

---

1) „Iterium" lesen C. A. Schmid, A. F. und F. Th. Vischer. — Anm. d. H.

von dem Betragen des Papstes sagen, kann sehr wohl bei einander bestehen. Berengarius sagt weiter nichts, als daß der Papst während seiner Anwesenheit zu Vercelli seinem strafbaren, aber freigebigem und prächtigem Wirthe durch die Finger gesehen; Hermannus hingegen sagt, daß er ihn das Jahr darauf excommuniciret habe. Vielleicht weil ihm zu Rom auch wegen dieser Nachsicht Vorwürfe gemacht worden und der beleidigte Theil von seinen Klagen nicht abstand. Genug, daß die Bestrafung selbst, da der Verbrecher so bald und so leicht Guode saub, nur zum Scheine ergangen zu sein scheinet und Berengarius also, wenn er auch Nachricht davon gehabt hätte, als er das schrieb, immer berechtiget gewesen wäre, sie für so gut als keine anzusehen. Aber bewundern Sie einmal, wie sehr man das Zeugniß des Hermannus Contractus, ohne Zweifel weil es das einzige war, zu entkräften und zu verfälschen sich nicht geschämet hat! Was man, nur aus dem Hermannus, wissen kounte, das findet man bei dem Ughellus folgender Maßen erzählt: *) „Cum sequenti anno Romae idem Leo Pontifex Concilium agitasset, Vercellensem Gregorium apud Patres, adulterii, aliorumque scelerum dicunt fuisse expostulatum, absentemque anathemate percussum; verum latae sententiae certiorem factum illico Romam advolasse, objectaque crimina diluisse.“ Wenn Hermannus sagt, der Bischof habe Genugthuung versprochen — und diese verspricht man doch nicht anders, als nachdem man sich schuldig erkannt — mit welcher Stirne hat man das in eine gänzliche Rechtfertigung wegen der vorgeworfnen Verbrechen verwandeln können? Zwar freilich, es war ein italienischer Bischof, und wer wird in einer Italia sacra so etwas auf einen italienischen Bischof kommen lassen?

Was es für Bewandniß mit der Reordination habe, ist Ihnen bekanut. Der Streit darüber war eine Folge von den Bemühungen, welche die Päpste anwandten, der eingerissenen Simonie zu steuren. Dabei fragte sich nämlich, ob Diejenigen, welche von Bischöfen ordiniret worden, die durch Simonie zu ihrer Würde gelangt, für gehörig ordinirt zu halten wären oder aufs Neue ordiniret werden müßten? Schon unter Clemens dem Zweiten war die Sache dahin entschieden worden: „Ut quicumque a Simoniaco consecratus esset, in ipso Ordinationis suae tempore non ignorans Simoniacum, cui se obtulerat pro-

---

*) Italia sac., T. IV. p. 775.

movendum, quadraginta nunc dierum poenitentiam ageret, et sic accepti Ordinis officio ministraret. *) Aber unter Leo dem Neunten kam sie aufs Nene in Bewegung, und aus der Erzählung des Berengarius sehen Sie, wie schlecht Se. untriegliche Heiligkeit sich dabei zu nehmen wußte. Petrus Damiani, darf man wol sagen, half endlich durch sein Buch „Gratissimus" den Zwist beilegen. Sie kennen dieses Buch; aber wenn Sie darin gelesen, **) „quod crescente fluctuationis ambiguo eatenus sit processum, ut nonnullos constet Episcopos a Simoniacis ordinatos Clericos denuo consecrasse," so hätten Sie wol nicht geglaubt, daß der Papst selbst sich unter diesen keßerischen Bischöfen befunden. Damiani hatte daher wohl Ursache, so leise als möglich zu treten, und die Demuth, die Unterwürfigkeit, mit der er seine Meinung vorträgt, dürfte die Lobsprüche des Baronius so recht nicht verdienen, besonders da man ohnedem weiß, daß Leo der Neunte nicht immer die beste Meinung von ihm unterhielt, wie einer seiner eigenen Briefe bezeuget. ***) Doch was lenket Baronius nicht Alles der unumschränkten Gewalt, der nie unterbrochenen Unfehlbarkeit des Papstes zum Besten? Sie werden es nun schwerlich, ohne den Mund zu verziehen, lesen können, wie viel Mühe er sich giebt, auch in dieser Sache allen Argwohn der Ungewißheit und Unentschlossenheit von dem Papste zu entfernen. †) Denn das heißt doch wahrlich etwas mehr als bloße Nachsicht gegen die Irrenden, wenn man sich ihnen durch die That selbst zugesellet und das durch eigene Ausübung bekräftiget, was man nur nicht mit Gewalt auszurotten das Ansehen haben will. Gut, daß Berengarius seine Erzählung nur auch mit Umständen beglaubiget hat, die allen Argwohn unterdrücken, daß er vielleicht falsch oder nicht sattsam unterrichtet gewesen. Er nennet sie mit Namen, die der Papst, uneingedenk seines reuigen Bezeigens zu Vercelli, auf Anliegen des Humbertus zu Rom wiederum reordinirte; er hat sie selbst gekannt und hat Alles aus ihrem eigenen Munde vernommen. Der Erste

---

*) *Pet. Damiani* Gratissimus, cap. 35.

**) Praef. ad Heinricum, p. 423. Edit. Lugd. 1623.

***) Epistolarum ad summos Pontf. III.

†) *Ad annum* 1052. „Non id quidem factum inscitia tanti Pontificis — at quoniam complures inventi sunt ex Ecclesiae filiis, qui zelum habentes, sed revera non secundum scientiam, — sanctissimus Pontifex consultius esse duxit pacifice rem agere, tractu temporis, lento gradu morbo mederi, quam non absque periculo ferro praecidere quod erat infirmum."

war ein Bischof von Rennes, Namens Magnus. Es muß
der nämliche sein, welcher bei den Sammarthanis*) unter
dem Namen Mainus oder Maino vorkömmt und von 1036
bis 1057 den bischöflichen Stuhl besessen hat. Der Zweite war ein
Bischof von Limoges, dessen eigentlichen Namen Beren=
garius nicht wußte,¹) dessen Zuname aber Capreolus war.
Nach Maaßgebung der Zeit wird es wol Jcterius oder Hic=
terius gewesen sein, aus der Familie der Chobots, welcher
1052 erwählt ward, und es könnte sein, daß selbst aus dem Hic=
terius oder Jcterius, das man für stößig genommen, der
Zuname Capreolus entstanden wäre. Der Dritte war ein
Abt zu Redon, welches auf Lateinisch Rotonum oder Regidonum
heißt; Berengarius schreibt seinen Namen Pirenëus, und
bei den Sammarthanis**) findet man ihn Permesius ge=
schrieben.

Ich will mich bei Dingen, die außer unserm Wege liegen,
nicht aufhalten. Es ist mir hier bloß um den Charakter des
Papstes zu thun, welcher so unbesonnen sein konnte, den Be=
rengarius unverhörter Sache zu verdammen, und dieser er=
hellet so, daß er keines weitern Commentars bedarf. Ich eile
vielmehr,

4. auf die Kirchenversammlung zu Vercelli

zu kommen, und ich bin versichert, daß hier Ihr Erstaunen um
ein Großes zunehmen werde.

Basnage meinet, man habe es bald merken müssen, wie
widerrechtlich man auf dem Concilio zu Rom verfahren; und
diesen Fehler gutzumachen, habe der Papst das Concilium zu
Vercelli ausgeschrieben, auf welches der beklagte und bereits ver=
dammte Berengarius persönlich vorgeladen worden. Lassen
Sie uns diese Vermuthung annehmen, weil sie doch zu Niemands
Nachtheil gereichet, und nun sehen, wie trefflich die Absicht des
gut zu machenden Fehlers erreicht worden.

---

*) Gallia Christ., T. III. p. 922.
**) T. IV. p. 179.
1) Die an sich unwahrscheinliche Annahme Lessing's, Berengarius habe den
Namen des Bischofs von Limoges nicht gewußt, wird einfach widerlegt durch die
auf S. 151 mitgetheilte richtige Lesart „Iterium" (statt incertum). — Anm. des
Herausgebers.

Lanfrancus ift wieberum ber Einzige, von welchem wir
die Nachrichten von diefem Concilio zu Vercelli entlehnen müffen.
Und wie lauten diefe? — Es wird gut fein, wenn Sie feine
eignen Worte ins Gedächtniß faffen, weil fich Berengarius
in den Stellen, die ich aus dem Manuscripte deshalb anführen
muß, darauf beziehet. „Dehinc," fchreibt er in Verfolg der oben
aus ihm genommenen Nachricht von dem Concilio zu Rom, *)
„declarata est synodus Vercellensis, ad quam vocatus non venisti.
Ego vero praecepto ac precibus praefati Pontificis usque ad
ipsam synodum secum remansi. In quā in audientia omnium,
qui de diversis hujus mundi partibus illuc convenerant, Joannis
Scoti liber de Eucharistia lectus est, ac damnatus, sententia
tua exposita est, atque damnata, fides sanctae Ecclesiae, quam
ego teneo, et tenendam astruo, audita, et concordi omnium as-
sensu confirmata. Duo Clerici, qui legatos tuos se esse dixerunt, volentes te defendere in primo statim aditu defecerunt
et capti sunt. Ab hac sententia nunquam discessit sanctus Leo
in omnibus conciliis suis, seu quibus ipse suam praesentiam
exhibuit, seu quae per legatos suos in diversis provinciis con-
gregari instituit."

Was Sie da gelefen, finden Sie in allen fiebentaufend Bü=
chern, in welchen des Berengarius und diefer Kirchenver=
fammlung zu Vercelli Erwähnung gefchieht, getreulich nachge=
fchrieben. Kein einziges fagt Ihnen etwas mehr oder etwas an=
ders; und es ift allerdings ein höchft melancholifcher Gedanke, zu
erfahren, wie leicht durch die Ausfage eines einzigen falfchen Zeugen
die Wahrheit auf immer kann unterdrückt werden. Getroft, nicht
auf immer! Ich freue mich, die Beifpiele vermehren zu könuen,
welche die Furcht vor Verleumbungen einem empfindlichen Geifte
minder fchrecklich machen, deffen ftärkfte Triebfeder die Ehre ift.
Zwar follte befonders der Freund der Wahrheit fich eblerer
Triebfedern bewußt fein; aber die edelften können nicht immer
die wirkfamften fein, und beffer, daß das Rad auch durch un=
reines Waffer umgetrieben wird, als daß die Mafchine ganz
ftillefteht.

Wir wollen Stück vor Stück vornehmen. Das erfte und
hauptfächlichfte ift ohnftreitig diefes, daß Berengarius, dem
ausbrücklichen Befehle ohngeachtet, perfönlich in Vercelli zu er=
fcheinen, dennoch nicht erfchienen ift. Alles, was man aus der=

---

*) S. 183 in der Note *).

gleichen Weigerungen, sich seinem Richter darzustellen, Nach=
theiliges zu schließen gewohnt ist, ist auch wider ihn geschlossen
worden. Das Verfahren zu Vercelli gegen ihn hätte nun noch
weit tumultuarischer, noch weit illegaler sein können, als das zu
Rom gewesen war, sein Ausbleiben macht es rechtsgiltig und
billig.

Berengarius leugnet nicht, daß er vorgeladen worden.
Aber er antwortet Zweierlei, warum er diese Vorladung nicht
befolgt. Wenn ihn das Erste nur entschuldigen könnte, so ist
es gewiß, daß ihn das Andere entschuldigen muß.

„Ich bin,“ sagt er, „nach Vercelli gefodert worden, aber Nie=
mand hatte Recht, mich dahin zu fodern. Kein Geistlicher bei
uns hat nöthig, außer seiner Provinz vor Gericht zu erscheinen.
Meine Freunde also nicht allein, sondern selbst ansehnliche Män=
ner der Kirche widerriethen es mir, mich zu stellen.“ Es versteht
sich, daß es die Vorrechte der französischen Kirche sind, auf die
sich Berengarius hiebei bezieht, und über die man schon da=
mals alle Ursache hatte, so eifersüchtig als möglich zu halten.
Denn es war allerdings schon ein großer Eingriff in diese Vor=
rechte, daß Leo das Jahr vorher sich erkühnt hatte, eigenmächtig
ein Concilium in Frankreich auszuschreiben und in Person dem=
selben vorzusitzen, ohne sich zu bekümmern, ob der König der
Feierung beitreten wolle oder nicht. Fleury und Andere
haben sehr Unrecht, es blos einem bösen Gewissen beizumessen,
warum sowol verschiedene vornehme Laien als verschiedene
von den ersten Geistlichen dem Könige riethen, dieses Concilium
zu hintertreiben. Ein böses Gewissen kann bei Einigen derselben
der Antrieb gewesen sein, einen dergleichen Rath zu ertheilen;
aber der König selbst mußte doch wol andere Befugnisse haben,
den Rath anzunehmen. Daß sich der Papst an die Vorstellungen
des Königes, das Concilium wenigstens aufzuschieben, nicht
kehrte, war um so viel schlimmer; und der darauf folgende zweite
Verstoß, den er sich mit dem Berengarius erlaubte, bewies
genugsam, daß er überhaupt die Freiheiten der gallischen Kirche
nicht kannte oder nicht kennen wollte. Die insbesondere, worauf
es dem Berengarius ankam, werden Sie bei dem Pithou
und seinem Commentator, dem Dupuy, ausführlich festgesetzet
und durch historische Beispiele aus spätern und neuern Zeiten
bestätiget finden,*) so daß ich mich nicht genugsam verwundern

---

*) De l'Edit. de Lenglet du Fresnoy, p. 46.

kann, wie sogar keinem einzigen Schriftsteller, meines Wissens, auch nur von Weitem die Frage einfallen wollen, was für Recht der Papst gehabt, einen französischen Geistlichen aus seiner Provinz, aus seinem Lande in ein fremdes Land vor sich zu fodern, und ob denn dieser so ungebührlich citirte Geistliche nothwendig erscheinen müssen, ob er wol erscheinen dürfen. Daß Lanfrancus, ein Italiener von Geburt, an Alles das nicht dachte oder wenigstens nicht that, als ob sich daran denken lassen könne, ist mir begreiflich. Aber daß auch nie einem Franzosen der Gedanke eingekommen, das Ausbleiben des Berengarius aus diesem Gesichtspunkte zu rechtfertigen, wenigstens als verzeihlich vorzustellen, das läßt sich nicht anders als aus einem Alles überwiegenden Abscheu gegen Ketzer und Ketzerei erklären. Mag doch das Eine und das Andere verdammt sein, wie es will, wenn es denn nur verdammt ist!

Und das war das Erste, wovon ich gesagt, daß es den Berengarius entschuldigen könnte. Doch der rechtschaffne Mann braucht nicht immer die Entschuldigung, die er brauchen könnte; besonders läßt er gern von den eigenen Vorrechten nach, die ihm als Glied irgend einer Gesellschaft zustehen, wenn er durch diese Entäußerung Wahrheit und Tugend befördern kann. In solchen Angelegenheiten ist ihm jeder Richter sein Richter, sobald er sich, ohne Vorurtheil von ihm gehöret zu werden, versprechen darf.

Man kann wol nicht sagen, daß sich Dieses auch Berengarius ganz gewiß zu versprechen hatte; gleichwol war er bereit, es darauf ankommen zu lassen. Nichts konnte ihn zwingen, sich vor einen Papst zu stellen, wenn es auch ein noch so würdiger gewesen wäre; Alles widerrieth ihm, sich vor einen zu stellen, der ihn ungehört schon vorläufig verdammt hatte. Aber dennoch wollte er der Würde die Ehrfurcht nicht entziehen, deren sich Der, welcher sie bekleidete, verlustig gemacht hatte; er wollte sich stellen. Nur vor sich selbst durfte er es zu thun nicht wagen; er mußte höhere Erlaubniß dazu haben, und keine geringere als des Königs selbst. Er macht sich auf, diese zu suchen; er kömmt nach Paris, und — — was meinen Sie, daß ihm geschieht? Sie meinen, daß ihm der König eine dem Ansehen seiner Kirche so nachtheilige, dem Berengarius selbst so gefährliche Erlaubniß versagte? So mitleidig grausam war der König nicht. Und wohl, daß er es nicht war! Als ob, würde es doch nur itzt heißen, sich dergleichen Verweigerungen nicht einleiten, nicht erschleichen ließen! Rathen Sie beſſer! — — Berengarius kömmt nach Paris, und — wird ins Gefängniß geworfen, und wird alle des Seinigen beraubt, und wird mit einer unerſchwing= lichen Geldbuße belegt, und wird ſo lange feſtgehalten, bis das Concilium zu Vercelli verſtrichen iſt. — — Der ungehorſame, lichtſcheue Keßer, daß er demohngeachtet nicht auf dieſes zu ſeiner Beſſerung lediglich angeſtellte Concilium kam!

Wo ſind Sie mit Ihren Gedanken, mein Freund? Hätten Sie dieſe Auflöſung Sich wol träumen laſſen? — — Sie wer= den fragen: „Aber erfuhr man denn hiervon zu Vercelli nichts? Warum ſchickte Berengarius gleichwol zwei Männer dahin, die ſeine Lehre für ihn vortragen und vertheidigen ſollten? Er hätte dieſes Geſchäft ſchlechterdings ſich ſelbſt vorbehalten und vor ißt über das ihm zugefügte Unrecht nur klagen ſollen.‟

Das iſt ſehr wahr. Dieſe zwei Männer waren aber auch keine Abgeordnete von ihm und hatten nichts weniger als den Auftrag, ſeine Lehre zu vertreten. Die Sache war ſo: Als man zu Tours das Unglück des Berengarius erfuhr, ſchickte die Kirche des heil. Martinus, an welcher er ſtand, unverzüg= lich Einen aus ihrem Mittel an den Papſt nach Vercelli, um ihn zu bitten, ſein Anſehn bei dem Könige zum Beſten des Beren= garius zu verwenden, der im Begriff geweſen ſei, ihm zu ge= horchen, und auf eine ſo grauſame Art daran verhindert worden. Dieſen Abgeſchickten begleitete ein Freund, wie es ſcheinet, aus bloßer Neugierde, und es waren nichts als wenige zufällige Worte, die Beiden außer dem Auftrage entfielen, wodurch ſie ſich als Anhänger der Lehre des Berengarius verdächtig machten. Wie es ihnen dafür erging, ſcheinet Lanfrancus mit Fleiß in einen zweideutigen Ausdruck verſteckt zu haben; wenigſtens iſt es gewiß, daß er nicht immer gehörig verſtanden worden.

Doch warum verzögere ich länger, den Berengarius ſelbſt reden zu laſſen? Leſen Sie, leſen Sie! das ſchlechte Latein wer= den Sie über den Inhalt vergeſſen.

„Ad eam Synodum vocatum me non venisse scripsisti, quod scri-
bens manifestam item fecisti malitiae tuae calumniam, magno-
pere contendens omnes, qui scriptum legissent tuum, a veritate revocatos in meum odium concitare, ubi quam maxima et
mihi in hoc negotio et rebus humanis commiseratio debebatur,
maxima nihilominus Papae illi indignatio propter nimiam a me
et a christiana et apostolica paternitate aversionem suam.

Pervenerat enim ad me, praecepisse Leonem illum, ut ego
Vercellensi illi conventui, in quo tamen nullam Papae debe-
bam obedientiam, non deessem. Dissuaserant secundum ecclesiastica jura, secundum quae nullus extra provinciam ad judi-
cium ire cogendus est, Personae ecclesiasticae; dissuaserant
amici. Ego ob reverentiam Pontificatus Romani multo Romam
iter labore susceperam, et ut irem securius ad Regem Franciae,
Ecclesiae, cujus eram Clericus, Abbatem, accesseram; nihil a
regia dignitate, nihil ab Abbatis paternitate sinistrum expecta-
bam; non ab Jerusalem descendere in Jericho, sed ab Jericho
in Jerusalem conscendere cogitabam, cum me carcerandum ac
rebus omnibus exspoliandum cuidam dedit. Hoc Leo ille Vercellis audivit, non apostolica dignitate, non paterna miseratione, non humana motus est compassione, qui si non mihi,
apostolicae saltim sedi, ad quam jussus contendebam, dare
debuit gloriam, ut si non pro me, saltim pro Apostolica dignitate, quantus posset, exsurgeret in eum, qui me ad se inten-
dentem carcere clauserat, rebus exspoliabat, pro me in eum
gladium christianae animadversionis exsereret. Haereticum
me potins voce sacrilega (non enim, miseratione divina,
veridica; verba autem sacerdotis scriptura dicit, aut vera aut
sacrilega), in conventu illo Vercellensi pronunciavit. Non
illum religio, non humanarum rerum ad compatiendum per-
movit conditio. Longum facio, quod omnino non vellem: sed
scriptum tuum in ista cogit falsissimum. Scripsisti enim, „ad
quam tu vocatus non venisti:“ sed vocari secundum ecclesiastica jura non debui; venire ob reverentiam Romanae
Ecclesiae non refugi, et revera, quantum in me fuit, veni; nec
scribere, *ad quam tu vocatus non venisti*, quia historia haec
etiam remotiores non latebat, nisi de falsitate calumniae potuisti, in quo non satis qui te noverit admirari sufficiet. Quid
de te tantum commerueras? Si mihi non parcebas ex abun-
dantia malitiae, parceres a tanta falsitate saltim tibi, nec ita
me in *Ticinum*, quod opinabaris, dares, ut te in *Padum* de-
mergeres. Johannis Scoti librum lectum scribis in audientia
omnium, qui de diversis mundi partibus convenerant, atque
damnatum. Ad hoc satis jam rescripsi, te ipsum narrasse quibusdam, librum illum pro eo damnatum, quod diceret, sacra-
menta altaris similitudinem, figuram, pignusque esse corporis
et sanguinis Domini, in quo maxime secundum scripturas
authenticas debuit approbari. Audieram etiam ab illis, qui

interfuerant concilio vanitatis, nulla librum illum alia diligentia damnatum, quam ut semel locus quidam illius audiretur et ita damnaretur; cum dicat Dominus, *scrutamini scripturas,* cumque poeticum illud, *haec decies repetita placebit,* pro philosophico revera sit habendum. Attestante ineptiae tuae Petro, Romanae Ecclesiae Diacono, et praecipitante sententiam, ut diceret, *si adhuc in figura sumus, quando rem tenebimus?* non attendente quod dicit b. Augustinus, *hunc panem significavit manna, hunc panem significat altare Dei; in signis diversa sunt, in re quae significatur paria:* et illud in Psalmo III. *corporis et sanguinis sui figuram discipulis commendavit:* non attendente, non interesse nihil inter figuram vel signum rei quae nunquam fuit, rei nondum exhibitae praenunciatoriam, et figuram vel signum rei existentis, rei jam exhibitae commonefactoriam. De diversis, inquis, mundi partibus convenerant: ad hoc satis respondi — — Quanquam falsissime scripseris, *de diversis mundi partibus,* cum de ejusdem regionis et linguae ad Vercellicum tumultum illum convenerint,*) — — — Immo si quis sententiam, sicut scribis, in consessu illo exposuit meam, non tamen jus ecclesiasticum habebat, absentem inadmonitumque aliquem debere damnari, in quo solo, si omittantur alia, de concilii Vercellensis diligentia potest quam plurimum aestimari. Illud quod nulla sit invalidum falsitate repeto: nullum qui meam de Eucharistia pernovisset sententiam, quam tu Vercellis expositam scribis atque damnatam, affuisse illi consessui Vercellensi. Fides, inquis, Ecclesiae, nec dubitas ineptorum turbas Ecclesiam nominare, contra quod summa mihi non deest auctoritas ejus, qui dicit: *sinite illos, coeci sunt duces coecorum;* Apostoli etiam, qui dicit: *si nos aut angelus de coelo aliud evangelizaverit vobis, anathema sit.* — — Duos clericos meos Vercellis affuisse scripsisti: nec mirandum usque eo, si alius minoris quam tu sis eruditionis tantam ab invidia sua et odio sibi sumeret libertatem mentiendi. Mihi in scripto tuo calumniaris, quod minus attendam quid dicam, dum Humbertum illum tuum in odium adducam: unde ego non injuria tibi dico, *cura te ipsum, Medice.* Qui in me istud reprehendas, sed calumniose, Domini misericordia, tanta mentiri, scripto tuo, ut in odium auditorum me adduceres tuorum, non debuisti permit-

---

*) Hierzwischen fehlen die Worte, die ich oben, S. 138 angeführt habe.

tere. Clerici enim illi mei revera non fuerunt; me defendere
minime susceperunt. Alter Concanonicus mihi erat in Ecclesia b. Martini, convictor et discipulus gloriosae memoriae
Gazonis, Leodicensis Episcopi; juvenis non parvae eruditionis, plurimae probitatis atque honestatis. Hunc clerus ille
b. Martini, cum me gregis sui Rex ille Franciae, totius regiae
dignitatis oblitus, carcerandum dedisset cuidam adulescentulo
suo (qua ex causa, etsi turpius dicere, turpe tamen erat scribere), ad exigendam a me quantam ego numquam pecuniam
noveram, consilio communi ad Leonem illum misit Vercel-
las,[1] si forte infortunio meo compatiens, christiano rigore
aliquid pro me adoriretur. Huic, cum esset in conventu illo
Vercellensi, et quidam interrogatus a Papa responderet ad
interrogata quod respondendum putavit, visum illi est,
sicut mihi ipse narravit, dare illum sententiam, quod essem
haereticus; quo viso perturbatissimus, ad quem nescie-
bat, inclamavit quantum potuit, *per Deum omnipotentem,
mentiris!* Alter Compatriota tuus, nomine Stephanus, ei, quem
ab Ecclesia b. Martini missum dico, non ignotus, cum vidisset
libellum Joannis Scoti ex nutu et libito tuo conscindi, nobili
permotus zelo non tacuit, similiter posse conscindi librum aliquem praeproperanter b. Augustini, non adhibita mora et
lima, utrum conscindendus esset, sufficientis considerationis.
Ita factum est, ut juberet Leo ille utrumque teneri, non tamen, ut ipse postea exponebat, et rei exitus approbavit, ut
illis aliquid injuriae fieret aut molestiae, sed ne turba forte in
illos illicitum adoriretur aliquid. Ita indignum eruditione tua
scriptum continuit tantam falsitatem tuum: „*duo clerici tui te
volentes defendere primo aditu defecerunt.*" Nullus cum eis
saltim forensi modestia rationem posuit; non illi causam
meam exponere, vel defendere sunt adorti." —

Laſſen Sie Sich von Ihrem Erſtaunen durch eine und die an=
dere Anmerkung zerſtreuen, die unter dem und jenem beſondern
Orte dieſer Stelle einmal Platz finden kann, wenn das Ganze im
Drucke erſcheinet.

1. **Berengarius** nennt den König **den Abt ſeiner
Kirche**: „Ecclesiae, cujus eram Clericus, Abbatem." Es könnte
dieſes auch wol einem Leſer auffallen, dem das Verhältniß, in
velchem ein König von Frankreich mit der Kirche ſeines Reiches

---

1) „misit *Vercellis*" leſen C. A. Schmid, A. F. und F. Th. Viſcher. — A b. H.

ſtehet, ſouſt nicht unbekannt wäre. Ich glaube aber nicht, daß
Berengarius mehr damit ſagen wollen als in ſpätern Zeiten
der Erzbiſchof von Rheims, Urſinus, wenn er Karl den
Siebenten den erſten Geiſtlichen und Prälaten der franzö=
ſiſchen Kirche nannte.*)   Was der König in Betrachtung der
Kirche überhaupt iſt, das iſt er ja wol um ſo viel mehr in An=
ſehung einer jeden einzeln Kirche insbeſondere. 1)

2. Es klingt ein Wenig geheimnißvoll, wenn Berengarius
von einem adolescentulo des Königs ſpricht, bei dem er in Ver=
haſt geweſen, und hinzüſetzt: „qua ex causa, etsi turpius dicere,
turpe tamen erat scribere.“ (Bei ihm ſteht öftrer erat, wo es
vielmehr esset heißen ſollte.)   Zwar wüßte ich nun eben nicht,
daß Heinrich der Erſte von dieſer Seite der Sitten bei den
Geſchichtſchreibern in übelm Rufe wäre, es ſei denn, daß man
das Beiwort mollis, welches ihm der Biſchof Odolricus in
einem Schreiben an den Biſchof Fulbert unter andern nach=
theiligen Benennungen giebt,**) dahin ziehen könnte. Indeß hat
doch Petrus Damiani ſeinen erbaulichen Liber Gomorrhianus
um dieſe Zeit geſchrieben; und wenn dieſes Laſter unter der Geiſt=
lichkeit damals ſo ſehr eingeriſſen war, warum ſollte man ſich
wundern, es auch bei vornehmen Laien und an den Höfen zu
finden?

3. Der Petrus, Romanae Ecclesiae Diaconus, von welchem
Berengarius ſagt, daß er dem Lanfrancus beigefallen,
kann kein Andrer als der nur gedachte Petrus Damiani
ſein, deſſen grobe Begriffe von der Gegenwart Chriſti in dem
Abendmahle Sie ohnedem aus ſeinen Schriften kennen werden.
Die Erzählungen, die er von der ſichtbarlichen Verwandlung des
geheiligten Brodes uns aufheſten will oder ſich aufheſten laſſen,
ſind ſo ärgerlich als ekel.***)   Was wir aber ganz Neues aus
ſeiner Erwähnung bei dem Berengarius lernen, iſt dieſes,
daß er bei dem Concilio zu Vercelli gegenwärtig geweſen, und
ſchon in der Würde eines Diaconus der römiſchen Kirche gegen=
wärtig geweſen. Dieſes mußte keiner ſeiner Lebensbeſchreiber,
nach welchen es läßt, als ob Stephanus der Neunte ihn

---

*) *Dupuy* sur le Traité de Pithou, p. 83.
**) T. X. Script. rerum Gall. et Fr. p. 504.
* *) De miraculosis narrationibus, p. 682. Operum Edit. Lugd.
1) Daß dieſe Annahme Leſſing's auf einem Irrthum beruht, iſt in den Vor=
bemerkungen des Herausgebers (S. 91) angegeben. — Anm. des Herausg.

vom bloßen Abte eines geringen Klosters zum Cardinal er=
hoben habe.

4. Ich finde bei dem Buläus,[*]) daß De Roye (denn das Werk
des De Roye selbst habe ich zur Zeit noch nicht brauchen können)
errathen oder muthmaßen wollen, die beiden Geistlichen, welche
Lanfrancus für Bevollmächtigte des Berengarius aus=
giebt, hätten Frewald und Waldo geheißen. Daß er falsch
gerathen oder gemuthmaßet hat, das wissen wir nun gewiß.
Den Einen, welches der eigentliche Abgesandte der Kirche des
h. Martinus zu Tours war, nennet er zwar selbst mit Namen
nicht, beschreibt ihn aber als seinen Mitcanonicus an gedachter
Kirche und als einen ehemaligen Schüler des Bischofs Gajo
von Lüttich, welcher 1047 gestorben war und bei den Sanmar=
thanis Vazo geschrieben wird. Der Andre hieß Stephanus
und war ein Landsmann des Lanfrancus.

5. Von diesen beiden Männern sagt Lanfrancus: „volentes
te defendere in primo statim aditu defecerunt, et capti sunt,"
und ich habe im Vorbeigehen bemerkt, daß nicht Alle den ganzen
Sinn dieser Worte gehörig gefaßt haben. Nicht allein Bas=
nage[**]) übersetzt sie bloß durch: „ils se trouverent pris d'abord,
et abandonnerent leur maitre," sondern selbst Du Pin[***])
giebt sie schlechtweg durch: „ils voulurent entreprendre sa de-
fense, mais ils n'eurent pas plûtôt commencé à parler qu'ils se
trouverent embarrassés, et réduits à garder le silence." Ohne
Zweifel konnten sich Beide nicht einbilden, wie man Bevollmäch=
tigte ins Gefängniß werfen könne, weil sie Alles für ihren Bevoll=
mächtiger sagen, was sich für ihn sagen läßt. Und wer konnte
sich leicht träumen lassen, daß es auf den Kirchenversammlungen
damals, auch solche nicht ausgenommen, bei welchen der Papst
selbst zugegen war, so wild und unbändig zugegangen, daß man
Beklagte oder deren Fürsprecher aus bloßer Vorsicht ins Ge=
fängniß setzen müssen, damit ihnen nicht etwas weit Aergeres von
dem gemeinen Haufen zugefüget würde? —
Noch ist ein wichtiger und merkwürdiger Gebrauch, der sich

---

[*]) *Hist. Univers. Paris. T. I. p.* 422. „Misit vero tantum *(Berengarius)*
illuc duos clericos, quos Franciscus De Roye in ejus vita suspicatur fuisse
Frevaldum et Waldonem erroris adstipulatores, qui Magistri absentiam
excusarent, ipsiusque nomine agerent."
[**]) Hist. de l'Eglise, Liv. XXIV. chap. 2. §. 12.
[***]) Nouv. Bibl. des Aut. Eccl., T. VIII. p. 8.

aus vorliegender Stelle machen läßt, zurück, und dieser wird sich bei dem zeigen, was ich

5. von der Kirchenversammlung zu Paris

zu sagen habe, welche, wenn Gott will, in dem nämlichen Jahre 1050, kurz nach dem Concilio zu Vercelli, ebenfalls wider den Berengarius auf Befehl Heinrich's des Ersten soll sein gehalten worden.

Mit einem Worte, mein Freund, diese Kirchenversammlung ist ein Unding[1]) oder, es mit einem weniger abstracten Worte zu sagen, eine Lüge, eine so unverschämte Lüge, als je eine in der Normandie, wo sie sich herschreibt, gemacht worden.

Denn hier habe ich es nicht mit dem Lanfrancus zu thun. Weder Lanfrancus, noch Berengarius selbst, noch der Anonymus des Chiflet gedenken dieser Kirchenversammlung mit einer Silbe. Und schon das müßte sie sehr verdächtig machen. Auch wußte bis auf 1648 kein Mensch etwas von ihr, außer daß Baronius aus einem Briefe eines Bischofs von Lüttich an den König Heinrich schließen wollte, sie müsse im Werke gewesen sein. Aber er urtheilte auch aus dem nämlichen Briefe, daß sie nicht zu Stande gekommen.

Ihr einziger Gewährsmann ist der Verfasser eines Tractats De Corpore et Sanguine Christi, den Dacherius im besagten Jahre 1648 als einen Anhang zu den Werken des Lanfrancus zuerst herausgab. In dem letzten Abschnitte dieses Tractats wird eine kurze Geschichte der ersten Berengarischen Unruhen beigefügt, und der Erzähler spricht als ein Mann, der zu den Zeiten selbst will gelebt haben. Dacherius fand ihn in seiner Handschrift Durandus, Abt von Troarn, genannt, und weil allerdings ein Abt dieses Klosters und dieses Namens ein Zeitverwandter des Berengarius gewesen, so blieb, wie billig, auch in der gedruckten Ausgabe dieser Durandus der Verfasser des Tractats und ward auf einmal eine sehr zuverlässige Quelle in der Geschichte der Ketzerei des Berengarius.

Eine sehr zuverlässige Quelle! Dafür sollte man sie wenigstens halten, wenn man sieht, wie allgemein sie seit ihrer Entdeckung

---

1) Daß Lessing hierin irrt, ist vom Herausgeber in seinen Vorbemerkungen (S. 91) angegeben. Diese Kirchenversammlung zu Paris hat wirklich stattgefunden, und zwar im Jahre 1051. — Anm. des Herausg.

genußt worden. Doch wenn anders eine Aussage badurch, daß
sie unendlichmal wiederholt worden, um nichts wahrer wird, als
sie für sich selbst ist, so scheue ich mich nicht, wenn der gutherzigen
Nachschreiber auch noch mehrere wären, die Aussage dieses D u =
r a n b u s für nichts weniger als glaubwürdig zu erklären.

Gerade heraus! Alles ohne Ausnahme, was dieser D u r a n =
b u s Historisches von dem B e r e n g a r i u s beibringt, ist erlogen;
und freilich muß ich es unserm Manuscripte vornehmlich danken,
daß ich zu dieser Einsicht gelangt bin, obschon auch ohne dieses
so viel Widersprüche von selbst in die Augen leuchten, in welche
er sowol mit sich als mit andern giltigern Zeugen verfällt, daß
man alle Mühe gehabt hat, ihn bei Ansehen zu erhalten. Lesen
Sie nur, was unter andern C o s s a r t i u s *) für Wendungen zu
nehmen nöthig findet; und doch kann er es nicht überall in Ab=
rede sein, daß sich D u r a n b u s wol möge geirret haben.

Den Beweis meines Urtheils in allem seinem Umfange zu
führen, muß ich mir indeß auf eine andere Gelegenheit vorbe=
halten. Die Weitläuftigkeit der Sache will, daß ich mich hier
lediglich auf die Kirchenversammlung zu Paris einschränke. Lesen
Sie, was D u r a n b u s davon sagt, **) und erwägen Sie folgende
Punkte:

---

*) Hard. Concil. T. IV. P. I. p. 1022. 23.
**) „Cum autem tanti mali fama crebresceret, et omnium corda fidelium
vehementius percelleret, perque multos hujusmodi virus latenter et aperte
jam serperet, contigit, ut ad aures etiam Regis Francorum Henrici perve-
niret, qui consulto sui regni pontificum procerumque, concilium Parisiis
cogi decimo septimo Kalendas Novembris praecepit, ac praefatum Berengarium, ut aut sua dicta Patrum autoritate firmaret, multis sibi obtinen-
tibus, aut si ea defendere nequiret, in catholicam, cui obviare non posset,
fidem prudenter transiret, interesse tantorum coetui Patrum imperavit.
Interea condicta venerat dies, frequensque conventus praesulum ac reli-
quorum sancti ordinis Clericorum, nec non nobilium laicorum, Parisiis
factus est, sed jam dictus Berengarius malae conscientiae perculsus ter-
rore, ut jussus erat eo venire distulit, seque cum Brunone suo, videlicet
Episcopo Andegavensi, sub quo Archidiaconi fungebatur honore, pro
eo maxime continuit, quia eodem errore utpote tanti viri credulus
et ipse noscebatur involvi. Interea Praesul Aurelianensis quosdam
apices in scheda haud parva digestos in conspectu omnium et Regis, in-
tererat enim, protulit. Et praecipiat, inquit, vestra Sanctitas, has litteras
a Berengario editas si libet recitari, quas ego quidem ab ipso nequaquam
accepi, sed cum eas cuidam suo familiari, nomine Paulo, per veredarium
dirigeret, violenter rapui. Quibus susceptis ad recitandum tradita, omnium aures eriguntur, ora in silentium componuntur, corda ad intelligen-
dum, quae continebantur in eis, praeparantur, sed inter legendum multum
repente fit murmur, et per singula absurdi sensus verba gravis instrepit
fremitus. Itaque omnibus talis lectio, quoniam nequissima sordebat hae-

Sie soll, diese Kirchenversammlung, bald nach der zu Vercelli im Monat October des nämlichen Jahres sein gehalten worden, welches das Jahr 1050 war. Ich will hier dem Duran̄bus nicht von Neuem aufmutzen, daß er dafür das Jahr 1053 angiebt; denn auch Die, welche ihn sonst für einen sehr glaub̄würdigen Mann halten, erkennen einmüthig, daß ihm hier sein Gedächtniß müsse einen Streich gespielt haben, weil ein Schreib̄fehler wegen der nicht mit Ziffern, sondern mit Worten ausge̅druckten Zahl nicht leicht anzunehmen sei. Ich will auch nicht fragen: wenn Berengarius nur eben zu Vercelli von dem Papste selbst verdammt war, wozu ein neues Concilium zu Paris? Denn auch schon Cossartius hat diese Frage berührt und sie so gut beantwortet, als er gekonnt hat. Sein schlechtester Be̅scheid darauf, „causae subesse potuerunt, quas ignoramus,“ soll mir begnügen. Nur hätte Durandus sonst keinen Umstand müssen einfließen lassen, von dessen Ungrund wir nunmehr über̅zeugt sind. Er versichert nämlich, Berengarius selbst sei von dem Könige auf das Concilium nach Paris gefodert worden, aber aus Furcht seines bösen Gewissens nicht erschienen. Wie? wissen wir denn nicht, daß Berengarius während dem Con̅cilio zu Vercelli des Königs Gefangner in Paris war? Wenn der König einen Monat darauf ein neues Concilium halten wollte, so mußte es damals ja wol schon ausgeschrieben sein? War man wol so thöricht, den Schuldigen auf die kurze Zeit noch laufen zu lassen, in Hoffnung, daß er gehorsam genug sein werde, sich wieder einzustellen? Man hatte es ihm doch wirklich nicht darnach gemacht. Nein, Durandus, da er einmal das Concilium uns aufheften wollte, hätte zugleich mit erdichten müssen, daß Berengarius dabei zugegen gewesen wäre. So würde sich dieses doch nun mit der eigenen Erzählung des Be̅rengarius besser reimen, und Die, bei denen er Unrecht haben und behalten muß, könnten immer noch sagen, es sei bloße Ver̅leumbung, daß er ein förmliches Concilium in eine so unrechtliche Procedur verwandele.

resi, vehementer displicuit, damnato proinde communi sententia talium auctore, damnatis ejus complicibus, cum codice Joannis Scoti, ex quo ea quae damnabantur sumpta videbantur, concilio soluto discessum est, ea conditione, ut nisi resipiscerent ejusmodi perversitatis auctor, cum sequacibus suis, ab omni exercitu Francorum praeeuntibus Clericis cum ecclesiastico apparatu instanter quaesiti, ubicumque convenissent eo usque obsiderentur, donec aut consentirent Catholicae fidei, aut mortis poenas lnituri caperentur.“ — *Editionis Dach. in operibus Lanfranci* p. 107.

Ein andrer Umstand, dessen völlige Widerlegung ebenfalls
aus unserm Manuscripte herzuholen, ist dieser, daß es der Bischof
von Orleans gewesen sein soll, welcher die Stelle des An=
klägers vertreten. Ich will die strafbare Nichtswürdigkeit nicht
rügen, welche Durandus den Bischof von sich selbst bekennen
läßt, daß er nämlich den vertrauten Brief des Berengarius
an einen Freund, aus welchem sich die Ketzerei desselben zeigen
sollte, mit Gewalt rauben lassen. Der Bischof ist ganz gewiß
unschuldig, und der Erzähler mochte wol eher als der Bischof
einer solchen frommen Straßenräuberei fähig sein. Dieser Bischof
von Orleans müßte Isambardus geheißen haben, welcher den
Stuhl von 1033 bis wenigstens 63 besessen. Da nun auch ein
Bischof von Orleans einige Jahre darauf, 1055, bei dem Con=
cilio zu Tours gegenwärtig war, so könnte auch dieser kein an=
derer als der nämliche Isambardus gewesen sein. Nun aber
berichtet von diesem uns Berengarius selbst Dinge, die
sich mit dem, was uns Durandus von seinem Bischofe zu Or=
leans erzählt, schlechterdings nicht reimen. Hier auf dem Con=
cilio zu Paris hätte Isambardus aus einem eigenen Briefe
des Berengarius die Ketzerei desselben umständlich ersehen,
hätte sie selbst weiter bekannt gemacht, hätte ihre Verdammung da=
durch bewirket, wäre dieser Verdammung beigetreten: und wenig
Jahre nachher sollte eben dieser Isambardus dort zu Tours
kaum mehr gewußt haben, wessen man den Berengarius be=
schuldige? sollte nicht gewußt haben, durch welche Beweisstücke
man ihn des Beschuldigten überführen könnte? sollte sich mit der
ersten der besten nähern Erklärung haben befriedigen wollen?
Jenes sagt Durandus, und dieses sagt Berengarius selbst;
und wenn sich Beides nicht widerspricht, so widerspricht sich nichts
in der Welt. Denn, wie gesagt, beide Bischöfe von Orleans
sind nur ein und ebenderselbe Mann, und es ist wol keine
Frage, welcher den rechten am Besten gekannt hat, ob Duran=
dus oder Berengarius.

Die Stelle aus dem Manuscripte, welche hieher gehöret, wird
weiterhin unter dem Concilio von Tours vorkommen. Itzt will
ich nur noch einen Punkt berühren, der durch die Nachricht von
der Mißhandlung, die Berengarius zu Paris über sich müssen
ergehen lassen, und auf welche das ganze Parisische Concilium
hinausläuft, eine ganz besondere Aufklärung erhält und zugleich
diese Nachricht selbst bekräftiget.

Sie erinnern Sich eines kurzen Briefes, vom Berengarius

an einen gewiſſen Richard geſchrieben, den Dacherius zuerſt
ans Licht brachte, *) und der hernach durchgängig als ein Anhang
zu den Verhandlungen des Concilii zu Paris mit durchlaufen
müſſen. Er fängt an: „Quia facile vobis factum esse cum Rege
loqui non nescio: vellem, si videretur et vobis, verbum illi aliquod pro me faceretis, si forte humanitatis, liberalitatis, digni-
tatisque regiae, atque Christianitatis reputatione, aliqua muni-
ficentia compensaret damnum, quod is clerico Ecclesiae suae
injustissime, ac regia majestate indignissime, tantum intulit.
Quod si facit, ab immodica culpa, se modica expensa, non modi-
cum exsolvit. Si autem non facit, me tamen praesto nihilominus habet in eo uno servire regiae majestati, ut satisfaciam
secundum scripturas illi et quibus velit: injustissime damnatum
Scotum Joannem, injustissime nihilominus assertum Paschasium
in concilio Vercellensi, perverse et regio auditu indignissime
exposuisse illi clericos Carnotenses (si ita res acta est quomodo
ad me pervenit) sententiam de Eucharistia, quam in scriptura
habent gloriosae memoriae Fulberti Episcopi" — u. ſ. w. Daß
dieſer Brief, ſagen die Sammler der Concilien und Alle, welche
deſſelben erwähnen, nach der Kirchenverſammlung zu Vercelli
geſchrieben worden, bezeugen die ausdrücklichen Worte. Aber,
fügeu ſie hinzu, er muß auch nach der Kirchenverſammlung zu
Paris geſchrieben ſein; denn über was für Unrecht von dem
Könige hätte Berengarius ſonſt zu klagen gehabt, als über
das, welches ihm in dieſer Kirchenverſammlung nach ſeiner Mei=
nung zugefügt worden?**) Und da ſolches Unrecht doch nicht in
der bloßen Verdammung ſeiner Lehrſätze könnte beſtanden haben,
ſo wollen Einige ſogar wiſſen, daß ihm der König die Einkünfte
ſeines Canonicats bei St. Martini zu Tours entzogen.***) — Es
iſt unglaublich, was gewiſſe Leute für eine Gabe haben, aus
nichts die allerentfernteſten Dinge zu ſchließen, indem ſie über
das, was ihnen klar vor den Augen liegt, hinwegſehen! Ich
frage: wie wäre es möglich, daß Berengarius die Strafe ſei=
nes Königs, mit der er ihn zu Folge eines förmlichen Concilii belegen

---

*) Spicilegii T. II. p. 105.
**) „Data est *(Epistola Berengarii ad Ricardum)* post concilium Ver-
cellense, cujus meminit: data item post Parisiense, cum factam sibi a
Rege dicat injuriam. Quam enim aliam?" *Hard. Concil. T. VI. P. I.*
p. 1024.
***) „Comme le Roi etoit Abbé de Saint Martin de Tours, il donna ordre
d'oter à Berenger le revenu qu'il tiroit en qualité de Chanoine de cette
Eglise." *Fleury, Hist. Eccles., T. XII. p. 541.*

wollen, ein damnum hätte nennen können, „quod is clerico Ecclesiae suae injustissime, ac regia majestate indignissime intulerit?" Ab= gesprochne Einkünfte wären hiernächst ja wol mehr nur lucrum cessans als damnum illatum. Doch es sei, daß, wer sich beein= trächtiget fühlet, seinen Verlust so unverdient, so groß, so wenig der Wahrheit gemäß beschreiben darf, als er nur immer will. So frage ich weiter: wenn diesem Briefe das vermeinte Concilium zu Paris vorhergegangen, auf welchem nach des D u r a n d u s eigner Versicherung die Lehre des S c o t u s ebenmäßig verdammt worden, warum hätte sich denn B e r e n g a r i u s nicht auf diese letztere, sondern auf die zu Vercelli geschehene Verdammung be= rufen? warum hätte er es denn gegen den Ausspruch des Con= cilii zu Vercelli, bei welchem der König nicht gegenwärtig ge= wesen war, von dessen Gründen der König nicht so völlig unter= richtet sein konnte, erweisen wollen, daß dem S c o t u s Unrecht geschehen? warum hätte er sich nicht lieber erbieten sollen, eben das gegen den Ausspruch des Concilii zu Paris zu beweisen, wo der König selbst den Vorsitz gehabt hatte, wo der König selbst mit angehöret haben konnte, warum so viele vornehme Geistliche seiner Kirche die Lehre des S c o t u s für irrgläubig erkannten? Gewiß, mein Freund, wenn man sich jemals bei dem Schlusse von der unterlassenen Erwähnung einer Sache auf die Unwirk= lichkeit derselben zu irren nicht hat fürchten dürfen, so ist es hier, hier, wo B e r e n g a r i u s der Begebenheit, die ich leugne, nicht blos hätte erwähnen k ö n n e n, sondern nothwendig hätte er= wähnen m ü s s e n, wenn das Geringste von ihr wahr gewesen wäre. Wir wissen es von ihm selbst denn nun auch besser, wie die Sache zusammengehangen, und bewundern die Vorsehung, die nach und nach von seinen eignen Feinden Dinge hervorziehen und erhalten lassen, die mit seiner endlichen Rechtfertigung auf eine so unerwartete Art übereinstimmen.

Warum sollte uns auch überhaupt das unbillige und tyrannische Verfahren des Königs gegen den B e r e n g a r i u s sehr befrem= den? Als ob es nicht ganz in dem Geiste seines Jahrhunderts wäre? Als ob es ihm an ehrwürdigen, frommen, heiligen Männern könnte gefehlt haben, die ihm so etwas zu rathen, ihm so etwas als seine Pflicht vorzuschreiben fähig waren? Sie merken wol, daß ich auf jenen Brief des Bischofs von Lüttich hinaus will, aus welchem, wie gesagt, *) B a r o n i u s abnahm,

---

*) Oben, Seite 164.

daß ein Concilium zu Paris im Werke geweſen. Ein ganz ab=
ſcheulicher Brief! Alle Haare müſſen ſich zu Berge richten über
die Herzensmeinung eines chriſtlichen Biſchofs, die man in dieſem
Briefe lieſet: „quod hujusmodi homines,“ — Schwachgläubige,
Zweifler, Ketzer, was es nun ſind — „nequaquam oporteat
audire; neque tam sit pro illis concilium advocandum, quam
de illorum supplicio exquirendum.“ Was that Heinrich nun
mehr, als daß er dieſen Ausſpruch befolgte?

Demohngeachtet, ſoll ich Ihnen aufrichtig ſagen, was ich
von dieſem abſcheulichen Briefe halte? Ich halte ihn für unter=
geſchoben, für nachher, und vielleicht für lange nachher ge=
ſchmiedet, in der Abſicht, das grauſame Verfahren des Königes
einigermaßen zu entſchuldigen. Ich denke nicht, daß meine
Gründe, dieſes zu vermuthen, von den ſchlechteſten ſind; aber
auch die kann ich Ihnen hier nicht auskramen. Ich muß eilen,
weiter zu kommen.

Damit ich Ihnen indeß bei meiner Eil' auch nichts zu über=
hüpfen ſcheine, nur noch dies einzige Wort: — Wenn an dem
Concilio zu Paris ſo viel als nichts iſt, was kann wol an einer
gewiſſen Verſammlung zu Brione ſein, welcher Beren=
garius ſelbſt beigewohnt haben ſoll, und die gleichfalls nur auf
dem einzigen Zeugniſſe des Duranbus beruhet? Zuverläſſig
noch weniger als nichts. Denn dieſe ſoll nun gar noch vor dem
Concilio zu Vercelli ſein gehalten worden, als Berengarius
wahrlich nicht Zeit hatte, noch eine ſo unnöthige Excurſion in
die Normandie zu machen. [1] — Doch ich habe mir ja ſchon die
völlige Beleuchtung des ganzen Duranbus auf ein ander Mal
vorbehalten. Bei Seite alſo itzt mit ihm und wieder zu dem
Lanfrancus, welcher von dem Allen nichts weiß und von
dem Concilio zu Vercelli unmittelbar auf das köumt, auf welches
ich nunmehr komme, nämlich

6. auf das Concilium zu Tours von 1055.

Lanfrancus verſichert zwar, daß Leo der Neunte auch

---

[1] Daß Leſſing auch die Verſammlung zu Brione mit Unrecht geleugnet hat,
iſt unzweifelhaft; denn Berengarius ſelbſt erwähnt dieſe Verſammlung, und zwar
in der von Leſſing aufgefundenen Schrift (S. 38 der Ausgabe v. Viſcher). Aller=
dings fällt dieſe Verſammlung zu Brione nicht vor das Concil zu Vercelli, ſon=
dern zwiſchen das Concil zu Vercelli (1. Sept. 1050) und das zu Paris (16. Oct.
1051) in den Anfang des Jahres 1051. Vergl. Sudendorf's „Berengarius Turo=
nenſis“, S. 29 ff. — Anm. des Herausg.

auf mehrern Kirchenverfammlungen als der zu Rom und der zu Vercelli, die Verdammung des Berengarius erkläret und bekräftiget habe. Er führet aber namentlich deren keine an, und auch bei andern Scribenten ist bis auf das Jahr 1055 von dem Berengarius Alles stille. In diesem müßte dafür die Flamme um so viel stärker wieder ausgebrochen sein. Denn außer dem zu Tours sollen nicht weniger als noch drei Concilia in eben diesem Jahre sammt und sonders wider den Berengarius sein gehalten worden. Ich verspreche Ihnen, daß Sie genau wissen sollen, woran Sie mit allen vieren sind, sobald Sie das zu Tours besser kennen werden.

Und was sagt Lanfrancus von diesem? „Quae Sententia," nämlich die von Leo dem Neunten wider den Berengarius gesprochene, „non effugit successorem quoque suum felicis Memoriae, Papam Victorem. Sed quicquid de hac re seu caeteris ipse statuit, statuive praecepit: hoc etiam iste sua atque omnium conciliorum suorum auctoritate firmavit. Denique in concilio Turonensi, cui ipsius interfuere ac praefuere legati, data est tibi optio defendendi partem tuam. Quam cum defendendam suscipere non auderes, confessus coram omnibus communem Ecclesiae fidem jurasti, ab illa hora te ita crediturum sicut in Romano consilio te jurasse est superius comprehensum."

Wie viel meinen Sie, daß hiervon wahr ist? Zählen Sie nach, was nicht wahr ist, und sehen Sie zu, was übrig bleibt. Das kann wahr sein. — Falsch, daß auf diesem Concilio zu Tours dem Berengarius freigegeben worden, seine Meinung zu vertheidigen. Falsch, daß er auf demselben eben das beschworen, was er vier Jahre darauf unter Nicolao dem Zweiten zu Rom beschwur. Falsch, daß dieses Concilium zu Tours unter dem Papst Victor gehalten worden. Falsch, daß überhaupt Victor das Geringste über die streitige Lehre während seiner ganzen Regierung mit ihm selbst verhandelt oder durch seine Legaten verhandeln lassen.

Hören Sie ihn dies Alles selbst erzählen:

„Compellit me, velim nolim, longum facere continua scripti tui monachatu tuo indignissima falsitas. Papam Victorem concilium Turoni convocasse per legatos scripsisti: Papae Victoris nec adfuerunt legati, nec praefuerunt Concilio Turonensi; numquam mihi defendendi partes meas optionem dederunt legati Papae Victoris. Non ausum me 'fuisse de-

fendere partes meas, immensa falsitate scripsisti; jurasse
me sicut Romae, stupendo mendacio confirmasti; communem
fidem, quo tuum nomine saepe palliasti errorem, insanis,
me professum fuisse; ecclesiae dicis, quod turbae erraticae
verius dicere potuisti. Longum facio, sed enormitate falsi-
tatis scripti tui compellor. Dicta repeto: nunquam Papa
Victor per se, vel per Legatos, mecum egit de mensa dominica; numquam in eo mihi defendendi quae afferrem
optionem fecit; nunqnam Papae Victoris legatis communem
ineptorum errorem, quem communem Ecclesiae appellare
non dubitas fidem, confessus aliquid juravi. Sed quia adhnc
superest Hildebrandus, qui de veritate consultus tota dignitate
est adhuc respondere idoneus, quamquam longissimum faciam,
visum est de Concilio Turonensi quod rei veritas habuit,
neque tamen eo nisi paucissimis tempore innotuit, palam
facere omnibus, qui in hoc scriptum forte incidunt. Tempore
non Victoris, sed Papae Leonis, ab Ecclesia Romana Hildebrandus, vices in negotiis ecclesiasticis suppleturus apostolicas,
Turoni adfuit. Huic contra calumniam in me insanorum, in
quo adhuc, omisso me, audire eum potest, qui voluerit, de
Propheta, de Apostolo, de Evangelista, de authenticis etiam
scripturis satisfeci Ambrosii, Augustini, Hieronymi, Gregorii,
in quo etiam nunc satis facere indissimulabiliter, miseratione
divina, ut nihil ullo modo incertum[1]) remaneat ei, qui, me
mansuetudine christiana, corde vigili audito, in eo dubitaverit,
omnino sufficio; non venienti ad exprobrandum Deo viventi,
ad dicendum Domino, *Scientiam viarum tuarum nolumus,*
recede a nobis, ad perdendum me cum gladiis et fustibus;
sed venienti ad audiendum me mansuetudine christiana, in
nomine Domini. Hildebrandus veritatis perspicuitate cognita,
persuasit ut ad Leonem Papam intenderem, cujus autoritas
superborum invidiam, atque ineptorum tumultum compesceret;
ceterum quod ad instantia pertineret, si vellent Episcopi,
qui convenerant, ex mora agere de Eucharistia, darentur
eis in manus, locis denotatis signis adhibitis, diversorum libri,
quos undecunque Hildebrandus ipse fecerat comportari; si
vero sola responsione sine ipsius responsionis pertractatione
contenti, convenit enim aliquando scripto adversariis et non

---

1) „nihil ullo modo *certum*" lesen C. A. Schmid, A. F. und F. Th.
Visscher. — Anm. des Herausg.

sententia, sicut Arrianis et Catholicis, Patrem Filio esse majorem, alia pergerent pertractare negotia; soluto eorum conventu recta ego cum Hildebrando ad Romanum Pontificem, sicut supra dictum est, abiremus. Episcoporum ergo qui convenerant voluntas in eo fuit, ut quidam eorum me, Episcopus Aurelianensis, atque Episcopus Autisiodorensis, cum Archiepiscopo Turonensi, de Eucharistia separatim cum Clericis suis audirent. Ita ergo factum; conquesti sunt me accito Episcopi illi duo, quod culpa mea a propriarum eos Ecclesiarum pertractandis negotiis revocaret; quam meam culpam dicerent, interrogati responderunt: dicere me, panem sanctum altaris panem tantum esse, nec differre ab inconsecrato pane mensae communis. Quem in eo accusatorem meum haberent? producere neminem potuerunt, ita diffamatum me se audisse responderunt, et quid dicerem, cum negarem illud, audire voluerunt. Hic ego inquio: certissimum habete, dicere me, panem atque vinum altaris post consecrationem Christi esse revera corpus et sanguinem. Quo audito, nihil aliud expectare a me alios, qui in Ecclesia S. Mauricii consederant, dixerunt Episcopos, quam ut in eorum quoque audientia eadem non tacerem, et ita eos liberum habituros, ut sua quisque agere negotia non differrent. Veni ergo cum iis, qui me separatim audierant, Aurelianensi atque Autisiodorensi Episcopis, in consessum aliorum, et quae separatim quibusdam dixeram, in audientia omnium repetivi. Cumque jam pene mea illa finiretur calumnia, non defuerunt qui dicerent, quod dicebam non debere sufficere, quia aliud corde clauderem, aliud forsitan lingua emitterem: juramentum esse a me exigendum. Cum ergo exigerent, summaque injuria, quia produci non poterat accusator, qui a me audisset, quod me dicere prius putaverant, cessi tamen consilio Episcopi Andecavensis, atque Abbatis majoris Monasterii Alberti, qui me de scripturis habere certi erant quod dicerem, adhortantium ne tumultum compescere popularem suffugerem, cum scirent me revera idem habere in corde et in ore. Scripsi ergo ego ipse, quod jurarem: *Panis atque vinum Altaris post consecrationem sunt corpus Christi et sanguis; haec me sicut ore proferrem, juramento confirmavi corde tenere;* contra jura tamen tam secularia quam ecclesiastica, sicut praedixi, consilio eorum, qui mecum veritatis minime erant ignari, quos superius nominavi. Ita Hilde-

brandus, Romanae Ecclesiae Legatus, qui libros undecunque
comparari fecerat, ut ex eorum auctoritate satis fieret de
Eucharistia, pro cujus diligentiori consideratione et veritatis,
Dei misericordia, comprehensione, haeresis me insimula-
verant homines nihil scientes et superiores se in scientia alios non
aequo animo tolerantes, turbarum, quae ad illud maxime
valent ut clament, *crucifige! crucifige!* quae ad comprehen-
sionem veritatis vix aliquando vel nunquam sufficiunt, ad
fustium et lancearum semper pronae sunt apprehensionem,
tumultu compescito, alia pro quibus a Romana Ecclesia
venerat est prosecutus negotia. In quibus cum non nullas
insumeret moras, meque cum illo jamjam accessurum Romam, ad satisfaciendum de mensa dominica de eminentia
rationis, de immunitate auctoritatis, expectarem, secundum
quod convenerat cum illo mihi, nunciatum illi est, Papam
Leonem rebus decessisse humanis, quo audito a proposito
eundi Romam itinere supersedi. Numquam mecum aliquid
egerunt Legati Papae Victoris; videris tu, quam indigna monachatu tuo, quam indigna tua eruditione vecordia persuadere
suscepit scriptum tuum, quod Romae juraverim me Turoni
juravisse Legatis Papae Victoris." —

Die Hauptsache ist hier ohne Zweifel die Zeit., wenn und
unter welchem Papste dieses Concilium zu Tours gehalten worden;
und ich sollte nicht meinen, daß man das geringste Bedenken
haben könne, das Zeugniß des Berengarius hierin allen
andern vorzuziehen. Daß er am Besten davon unterrichtet sein
konnte, ist unstreitig; und was für Vortheil, was für Absicht
hätte er dabei haben können, uns von einem so unerheblichen
Umstande etwas anders als die lautere Wahrheit zu sagen? Ich
nenne den Umstand unerheblich in Beziehung auf die eigne An=
gelegenheit des Berengarius, die dadurch weder verbessert
noch verschlimmert werden konnte, ob das Concilium unter dem
Legaten des einen oder des andern Papstes wäre gehalten wor=
den, nicht aber in Beziehung auf die Geschichte, die allerdings
dadurch sehr berichtiget wird.

Wenden Sie nicht ein, daß es gleichwol schwer zu begreifen
sei, wie sich Lanfrancus so sehr könne geirret haben, da er
doch selbst auf diesem Concilio zu Tours mit gegenwärtig ge=
wesen, wie Ordericus Vitalis versichere. Denn das ist er
nicht gewesen, und Vitalis verdienet mit diesem seinem Zeug=

niſſe nicht den geringſten Glauben, ob es ſchon Ant. Pagi*)
ohne Bedenken angenommen hat. Wäre Lanfrancus ſelbſt
gegenwärtig geweſen, ſo würde er gewiß nicht ermangelt haben,
uns deſſen auch ſelbſt zu verſichern. Und was hätte ihn damals
nach Tours bringen ſollen? Er konnte ja nicht wiſſen, daß die
Sache des Berengarius auf dem Concilio daſelbſt vorkommen
würde. Es geſchahe auf eigenen Betrieb des Berengarius,
daß man ſie außerordentlich vornahm; und das Concilium war
ganz und gar nicht ihrentwegen ausgeſchrieben worden, welches
uns ſo viel neuere Scribenten, als z. E. Lupus**) gern möchten
glauben machen.

Selbſt das Zeugniß des ſonſt mit dem Laufrauens genau
übereinſtimmenden Guitmundus, welcher des Concilii zu
Tours gleichfalls erwähnet, iſt diesmal für ihn nicht. Denn
Guitmundus ſchreibt nur Alles, was darauf verhandelt
worden, dem Hildebrand zu, ohne des Papſtes, deſſen
Legatus Hildebrand war, namentlich zu gedenken. Der
Umſtand endlich, daß gerade während dem Concilio die Nachricht
von dem Tode des Papſtes eingetroffen, iſt ſo beſonders, zeichnet
ſich ſo merklich aus, daß Vergeßlichkeit oder Verwirrung ſich kaum
dabei denken läßt.

War nun aber Hildebrand, als er das Concilium zu
Tours hielt, noch Leonis des Neunten Legatus; war es der
Tod dieſes Leo, der es unterbrach: ſo gehöret es auch nicht in
das Jahr 1055, ſondern in das vorhergehende 54, als an deſſen
neunzehntem April Leo ſtarb.

Was weiter hieraus für Verbeſſerungen in der Geſchichte und
Veränderungen in der Ordnung der Concilien ſich ergeben, iſt
klar. Nicht allein müſſen die Concilia zu Florenz und zu Lyon
nunmehr nachſtehen, indem das zu Tours ſogar noch dem zu
Narbonne vorgehen und unmittelbar auf das vierte Römiſche
unter Leo dem Neunten folgen muß, ſondern auch alle die
andern drei Concilia, welche in dem Jahre 55 wider den Berengarius ſollen ſein gehalten worden, ſind inſofern für Erdichtungen zu erklären, als Victor der Zweite daran Antheil
gehabt haben müßte.

Auch widerlegt ſich noch ein Umſtand, durch den ſich das Concilium zu Tours merkwürdig gemacht hätte, aus deſſen unum-

---

*) In Annales Bar. ad annum 1055. §. 7.
**) Operum T. V. p. 6, 7.

gänglicher Versetzung nunmehr von selbst. Nach dem Baro=
nius nämlich, — oder vielmehr nach dem Mariana, auf den
sich Baronius lediglich bezieht, — soll Kaiser Heinrich[1]
der Zweite bei diesem Concilio den König Ferdinandus
von Castilien verklagt haben, daß er sich den Titel eines Kaisers
von Spanien anmaße und seine Abhängigkeit von dem römischen
Reiche weiter nicht erkennen wolle; und Victor der Zweite
soll zum Besten des Kaisers den Ausspruch gethan haben. Die
ganze Sache klingt ein Wenig fabelhaft, und es wäre wenigstens
sehr sonderbar, wann sich ein deutscher Kaiser mit seinen Be=
schwerden gegen einen König von Spanien an eine kleine Kirchen=
versammlung irgendwo in Frankreich sollte gewandt haben; denn
daß ein päpstlicher Legat dabei zugegen gewesen, das macht sie
eben um so viel wichtiger nicht. Es sei aber die Sache selbst so
wahr, als sie wolle: von beiden Umständen kann doch nur einer
Statt gehabt haben. Ist sie auf dem Concilio zu Tours anhängig
gemacht worden, so hat sie Victor auf diesem Concilio nicht
entschieden; hat sie Victor entschieden, so kann sie auf dem
Concilio zu Tours auch nicht einmal vermittelst seines Legaten
sein vor ihn gebracht worden.

Einen einzigen Weg wüßte ich, die Erzählung des Mariana
noch zu retten, und dieser wäre, wenn man annähme, daß kurz
auf einander zwei Kirchenversammlungen zu Tours gehalten
worden, die erste, von welcher Berengarius redet, und die
zweite das Jahr darauf, auf welcher die Gesandten des Kaisers
möchten erschienen sein. In der That finden sich auch Spuren
von einer solchen zweiten, die bei den Sammlern der Concilien
nicht vorkömmt. Doch was geht mich das hier an? Sie werden
nicht wollen, daß ich mich von unserm Manne noch weiter ent=
fernen soll. —

Die Stelle haben Sie nun ohne Zweifel erwogen, auf die ich
mich oben wegen des Bischofs von Orleans bezog. Der Wider=
spruch mit dem Durandus ist, denke ich, so klar, daß ich nicht
nöthig habe, noch etwas hinzuzusetzen. Dafür erlauben Sie
mir, Sie einen Augenblick bei dem Bischofe von Angers zu
verweilen, der ebenfalls auf dem Concilio zu Tours gegenwärtig
war.

Es war Eusebius, mit dem Zunamen Bruno, welcher

---

1) Wir pflegen diesen Kaiser Heinrich gewöhnlich den Dritten zu nennen;
mit Unrecht, da Heinrich I. nicht Kaiser war. — Anm. d. Herausg.

diese Würde seit 1047 bekleidete; es war eben Der, der nach
Einigen den Berengarius zu seinem Archidiaconus in Angers
gemacht hatte. Nach Andern zwar müßte Berengarius das
bereits im Jahre 1040 gewesen sein, und ich weiß nicht, was ich
zu den Beweisen davon sagen soll.*) Gewiß ist es, daß er
während dem Concilio zu Vercelli noch Canonicus an der Kirche
des heil. Martinus zu Tours war; gewiß ist es, daß er auch
während des Concilii zu Tours noch eben da und nicht zu An =
gers lebte. Wenn er nun demohngeachtet auch Archidiaconus
zu Angers hätte sein können und wirklich gewesen wäre, so müßte
man sich wol nicht sehr an den alten Canon, „ut non nisi in
unius civitatis Ecclesiis quisquam aliquod Clericale officium
accipiat," gelehrt haben, ob er schon auch damals in einem Concilio über dem andern aufs Neue eingeschärft wurde. Doch dem
sei, wie ihm immer sei; Berengarius sei auf dem Concilio zu
Tours bereits des Eusebius Archidiaconus gewesen oder nicht,
genug, daß Eusebius der Meinung des Berengarius war.
Dieses Zeugniß giebt ihm, wie Sie gelesen haben, Beren =
garius selbst: „Cessi tamen consilio Episcopi Andecavensis,
atque Abbatis majoris Monasterii Alberti, qui me de scripturis
habere certi erant, quod dicerem." Es ist also keine Verleumdung, keine ungegründete Sage, was man schon aus dem Du =
randus und Theoduinus von ihm gewußt hat, und wes=
wegen ihn zu retten sich so Manche ganz vergebliche Mühe gemacht haben. Besonders ist es Natalis Alexander,**) und
nach ihm sind es die mehr gedachten französischen Benedictiner,***)
welche den Verdacht durchaus nicht auf ihm lassen wollen, daß
er jemals der Lehre des Berengarius ernstlich zugethan ge=
wesen. Sie beziehen sich deßfalls vornehmlich auf einen eigenen
Brief des Eusebius, welchen Claudius Menardus zuerst
herausgegeben. †) Nun ist es wahr, daß Eusebius in diesem
Briefe dem Berengarius sein Mißfallen über die noch fortdauernde Streitigkeit zu erkennen giebt; aber dieses Mißfallen
an der Streitigkeit als Streitigkeit ist nichts weniger als eine
Mißbilligung der Meinung des Berengarius. Vielmehr

---

*) *Mabillon*, Acta Sanct. Ord. S. Bened. Saeculi VI. Parte. II.
praef. §. 12.
   **) In Hist. Eccl. Saeculi XI. Dissert. I. art. 4.
   ***) Hist. lit. de la Fr., T. VIII. p. 101.
   †) In Notis ad Augustini libros posteriores adversus Julianum, p. 499.

fpricht er von ber ineptia atque insania Lanfranci, ober wieder=
holt boch wenigftens biefe Ausdrücke bes Berengarius, ohne
bas Geringfte bagegen zu erinnern, welches er gewiß nicht würde
unterlaffen haben, wenn Lanfrancus mehr Recht bei ihm ge=
habt hätte als Berengarius. Eufebius wollte nur über=
haupt über bergleichen Dinge nicht geftritten wiffen; er wollte,
baß man fich einzig unb allein an bie Worte ber Schrift in Ein=
falt halte unb allen fpizfinbigen Grübeleien über bas Wie unb
Warum entfagen follte. Das war fo übel nicht, werben Sie
meinen. Allerbings nicht, unb zuverläffig ift in bem ganzen
elften Jahrhunderte nichts Vortrefflicheres von einem Theologen
gefchrieben worben als biefer Brief bes Enfeblus. Die fran=
zöfifchen Benebictiner wunbern fich, baß er nicht in bie neueften
Sammlungen ber Concilien aufgenommen worben. Aber ohne
Zweifel fahen bie Beforger biefer Sammlungen ihn nicht fo ganz
mit ihren Augen an. Ich zweifele, ob fie felbft ihn in eine Bi=
bliothek ber Kirchenväter aufnehmen würben, beren Anfehen unb
Gebrauch er fo fehr auf ihren wahren Werth herabfezt. „Porro,
nos non Patrum scripta contemnentes, sed nec illa, ea securi-
tate, qua Evangelium, legentes (neque enim ipsi viventes et
scribentes hoc voluerunt, et in suis opusculis ne id fieret vetue-
runt), eorum sententiis, salva quae eis debetur reverentia, in
tantae rei disceptatione abstinemus, ne si Patrum sensa aut
aliquo eventu depravata, aut a nobis non bene intellecta, aut
non plane inquisita, inconvenienter protulerimus, scandalum
incurramus." Auch fchon biefe Stelle ift ungleich ftärker gegen
ben Lanfrancus als gegen ben Berengarius, ba Lan=
francus gleich vom Anfange bie Streitigkeit mehr aus ben
Zeugniffen ber Väter als aus Vernunftgründen, zu welchen alle
exegetifche Hilfsmittel gehören, entfcheiden wollte. —
   In ber ausgezogenen Stelle von bem Concilio zu Tours ha=
ben Sie benn nun auch bie vierte Glaubensformel bes Beren=
garius über bie brei fchon bekannten. Diefe vierte aber ift
ber Zeit nach bie erfte unb baher auch bie fimpelfte, weil feine
Feinbe fich noch nicht einfallen ließen, was für verfchiebene Be=
griffe man mit ben nämlichen Worten verbinben könne. Zugleich
zeigt fie, wie wenig überhaupt noch bamals ber ganze Streit in
Erörterung gezogen worben, unb ift fo gut als ein förmlicher Be=
weis, baß Berengarius felbft zur Zeit noch nichts Schrift=
liches barüber aufgefezt hatte. Doch hiervon vielleicht ein Meh=
reres, wenn wir auf bie Meinung bes Berengarius befonbers

kommen. Ich scheine Ihnen wol ohnedem vergessen zu haben,
daß ich einen Brief schreibe und kein Buch.

Noch ist

7. das Concilium zu Rom unter Nicolao dem
Zweiten

übrig, und ich schließe.

Wenn Victor vielleicht zu kurze Zeit regierte, als daß er sich
um den Berengarius und seine Lehre hätte bekümmern kön=
nen und wollen, so dürfen wir uns noch weniger wundern, wenn
auch sein Nachfolger Stephanus der Neunte, der den Stuhl
noch kein Jahr besaß, ihn in Ruhe gelassen. Oder wer weiß,
ob Beide nicht wichtigere Ursachen hatten, eine Sache nicht weiter
zu rühren, die sie weder gern verdammen noch billigen wollten?

Wer weiß sogar, ob selbst Nicolaus der Zweite sie aus
eigner Bewegung wieder vorgenommen hätte?   Denn so viel
kann ich Ihnen aus unserm Manuscripte versichern, daß Beren=
garius nicht auf sein Erfodern, sondern schlechterdings frei=
willig, auf eigenen Antrieb (ultroneus) nach Rom kam, um seine
Lehre von ihm prüfen zu lassen.   Die nämliche Bereitwilligkeit,
nicht erst zu warten, bis man ihm seine Vertheidigung absodere,
sondern sich selbst damit anzubieten, haben Sie schon zu Tours
an ihm bemerket. Und wenn es schon nichts weniger als einerlei
für ihn sein konnte, ob er sich zu Tours oder zu Rom wollte
richten lassen, so konnten doch eben die Ursachen, welche ihm
Muth gemacht hatten, mit dem Cardinal Hildebrand zu Leo
dem Neunten nach Rom zu gehen, ihn auch itzt vermögen, sich
vor Nicolaus den Zweiten zu wagen.

Die wichtigste dieser Ursachen war unstreitig der eigene Beifall
des Cardinal Hildebrand, mit dem er sich schmeichelte; und
was für gute Hoffnung mußte er nicht haben, als Leo auch
wirklich die ganze Sache dem Hildebrand auftrug? Wegen
der mehrmals erwähnten Verstümmlung unsers Manuscripts
kann es zwar leicht sein, daß ich die eigentlichen Triebfedern nicht
kenne, durch die seine Hoffnung vereitelt ward. Aber daß der
stürmische Cardinal Humbert mit dabei im Spiele gewesen, ist
demohngeachtet wol gewiß. Dieser verhinderte es, daß Be=
rengarius ordentlich vernommen, die Streitfrage nach Grün=
den ruhig erwogen und nicht anders als nach dem Ausschlage
beiderseitiger Gründe entschieden ward. Voll geistlicher Ver=
messenheit, wollte er nicht zngeben, daß hier etwas noch lange zu

unterſuchen ſei, ſondern brauchte das Anſehen des Papſts, einen
Mann zu einem blinden Bekenntniſſe zu zwingen, den er weder
überzeugen konnte noch wollte. Er ſetzte die bekannte Formel
auf, die ſeinen eigenen Glaubensgenoſſen in der Folge ſo anſtößig
geworden, daß ſie die plumpen Ausdrücke derſelben („corpus et
sanguinem Domini sensualiter, non solum sacramento, sed in
veritate, manibus sacerdotum tractari, frangi, et fidelium den-
tibus atteri“) nur mit der Abſicht entſchulbigen können, es einem
Ketzer damit ſo nahe als möglich zu legen, oder, wie Inno=
centius der Dritte ſich darüber erklärt, „ne remaneret anguis
sub herba.“ Dieſe Formel ſollte Berengarius beſchwören
und unterſchreiben; er ſollte und mußte, und beſchwor und un=
terſchrieb. Denn auf Gründe hatte er ſich gefaßt gemacht, aber
nicht auf den Tod.

Sehen Sie nun, wie Lanfrancus das Alles einkleidet:*)
„Nicolaus Papa comperiens te dicere, panem vinumque altaris
post consecrationem sine materiali mutatione in pristinis essentiis remanere: concessa tibi, sicut superius dictum est, respondendi licentia, cum non anderes pro tuae partis defensione aliquid respondere, pietate motus ad preces tuas praecepit tradi
scripturam tibi, quam superius posui.“

Was Berengarius aber hierauf antwortet, lautet ſo:
„Quod dicis comperisse Papam Nicolaum, de ,corde tuo lo-
queris, non de veritate. Ego longe verius te, quid cum Nicolao egerim, novi. Ego Nicolaum Papam quanta potui objurgatione adortus, cur me quasi feris objecisset inmansuetis animis, qui nec audire poterant spiritualem de Christi corpore
refectionem, et ad vocem spiritualitatis aures potius obtura-
bant, minime ad hoc adducere potui, ut me ipse mansuetudine christiana, paternaque diligentia audiret, vel si id minus
liceret, minusve liberet, idoneos ad negotium, qui scripturas
ex mora et lima intenderent, eligeret. Qui Romam tanto con-
tendissem labore ultroneus, si non probandus, multo essem
minus cum praecipitatioue damnandus, sed potius ex otio
christiana mansuetudine audiendus, paterna diligentia appro-
bandus, misericordia, si ita res exigeret, admonendus urgen-
dusque. Solum mihi ut in Hildebrannum ista conjicerem,
Papa respondit. Ita nec de mutatione Sacramentorum, quam,

---

*) Cap. 5. p. 285. Edit. Dach.

novitate verbi contra artem, ubi de generatione et corruptione subjecti agitur, et contra consuetudinem scripturarum, ubi habes, *haec sunt generationes coeli et terrae*, materialem dicere voluisti, aliquid in me comperit; nec mihi respondendi licentiam fecit: nec quia non anderem defendere partes meas, de quibus mihi in nullo minus constabat, quam binario geminato quaternarium constitui, sed quia comminatione mortis, et forensibus etiam litibus indignissima mecum agebatur tumultuaria perturbatione, usquequaque obmutui, nec ullas, quod mentitur scriptum tuum, ad Papam ego preces feci. Tantum cum obmutuissem, ne mecum Christianismo suo indigne agerent, corde convolvens, humi procubui; et secundum hoc, quod dicis, illum rectissime praecepisse, injustissime diceres, si verum dicere voluisses."

Hier wird des Humbertus nicht gedacht, sondern Alles scheinet durch die Hände des Cardinal Hildebrand gehen zu sollen. Wie schon gesagt, ich kann nicht angeben, auf welche Weise Dieser gleichwol endlich allen Einfluß auf das Geschäfte verlor. Aber haben wir nicht gesehen, wie stürmisch es auf den Kirchenversammlungen damals zuging? wie sehr selbst der Papst das wilde Geschrei der kleinern Clerisei fürchten und ihm nachgeben mußte? Lanfrancus war hier selbst zugegen, und er mochte seinen Mann an dem Humbertus bald kennen lernen. Wer das meiste Lärmen machen konnte, überkam die meiste Gewalt, und auf das Lärmen, das Toben, das Verdammen, das Nothzwingen, wer verstand sich besser als Humbert? Er hatte davon eine vortreffliche Probe kürzlich in Constantinopel abgelegt; was ihm da mit dem Nicetas Pectoratus gelungen war, das, glaubte er, könne ihm mit dem Berengarius nicht fehlen. Der stolze häßliche Mann war dazu versehen, alle Trennungen der Kirche auf das Aeußerste zu treiben! Schon in der ersten Schrift mochte ihm Berengarius ziemliche Gerechtigkeit haben widerfahren lassen; aber Lanfrancus fand nicht für gut, mehr davon auszuziehen, als gerade nöthig war, die Vertheidigung und Heiligpreisung desselben anzubringen. Sie werden also hier nicht ungern ein paar Stellen lesen, die Berengarius dieser Heiligpreisung seines Verfolgers in unserm Manuscripte, als seiner zweiten Schrift, entgegensetzt.

„Servum Dei Humbertum dixisti, quod, quantum ad id quod scribebas, vere dicere nequisti. Expertus in illo ego sum non Dei servum, sed Antichristi membrum, quod inferius apparebit. Tibi autem sanctum faciet tua erga me calumnia omuem, qui vecordiae tuae ineptus assensum non negaverit."

Und weiterhin:

„Quod de humilitate vitae et doctrinae Humberti confirmas, utinam non ex calumnia erga me tua, sed ex veritate firmaveris. Quantum ad experientiam hominis dico meam, in negotio isto de mensa dominica, quoquo modo vixerit, non humiliter sed superbissime docuit, quia, ad praeferendum se mihi, contra ipsam veritatem, *corruptibile adhuc esse Christi corpus*, dicere non exhorruit. Romae ego affui: si humilitas in illo christiana fuisset, non me inauditum quasi haereticum condemnasset, potius me primo justus in misericordia corripuisset atque increpasset; si membrum ecclesiae fuisset, revera me audiens, si veritatis invenisset inimicum, ad revincendum errorem meum, mecum sub congruis judicibus, non cum gladiis et fustibus, sed christiana mansuetudine constitisset."

Es kann gar wohl sein, daß die heillose Assertion, „corruptibile adhuc esse Christi corpus", dem Humbertus nicht bloß in der Hitze des Zankes entfahren war. Denn ob er es schon den Griechen sehr hoch aufgemutzt hatte, daß sie glaubten, der Genuß des Abendmahls breche das Fasten, als ob das geheiligte Brod gleich andern Speisen zerstöret und in Nahrungstheile aufgelöset werden könne, so hatte er es doch zu gleicher Zeit eben den Griechen als ein großes Verbrechen angerechnet, daß sie mit den Brocken und Ueberbleibseln des geheiligten Brodes so nachlässig und unehrerbietig umgingen, sie auf die Erde fallen ließen, mit Schweineborsten zusammenfegten, wie gemeines Brod verzehrten, vergrüben, in Brunnen würfen; *) als ob dadurch etwas mehr zerstöret werden könnte als bloßes Brod. Bei den Griechen konnte Beides sehr wohl mit einander bestehen. Denn hierdurch selbst gaben sie deutlich genug zu erkennen, daß sie im Geringsten nicht das Brod für wesentlich in den Leib verwandelt hielten, daß nach ihrer Meinung Brod Brod bleibe, und daß nur mit einem gewissen Genusse desselben sich etwas Höheres verbinde. Nicht dieses Höhere, glaubten sie, breche die Fasten, sondern das damit verbundene Brod; nicht dieses Höhere glaubten sie zu vergraben und in Brunnen zu werfen, sondern das Brod, welches außer

---

*) *Humberti* Disput. de Azymo et Fermentato, apud *Baronium*, T. XI. p. 715.

jenem gewiſſen Genuſſe nichts weiter ſei als Brod, unbrauch=
bares Brod. Uebertretene Folgen alſo aus einer Lehre, die ſie
nicht annahmen, die ſie nicht kannten, legte ihnen Humbertus
als Ketzereien zur Laſt; und er ſelbſt ſcheint faſt geglaubt zu
haben, daß das verwandelte Brod ſonſt überall, im Waſſer und
in der Erde, zertrennet und zerſtöret werden könne, nur nicht in
dem menſchlichen Körper.

Einem ſolchen Manne trug man es denn auf, für die ge=
ſammte Kirche zu ſprechen und zu ſchreiben! Welcher Wider=
ſpruch hätte unſinnig genug ſein können, zu welchem er den Be=
rengarius nicht mit Schwert und Knittel („gladiis et fustibus“,
wie Dieſer mehr als einmal ſagt) ebenſowol gezwungen haben
würde, wenn er ihn einmal für einen Lehrſatz ſeiner Kirche ge=
halten hätte? Auch pflegte er mit Niemanden über die abzufaſſende
Formel die geringſte Rückſprache, am Wenigſten mit dem Be=
rengarius ſelbſt. Nach dem Lanfrancus ſollte es zwar
ſcheinen, als ob dieſes allerdings geſchehen, indem er ihn mit ſo
vieler Dreiſtigkeit fragt: „cur ergo scriptum hoc magis adscribitur
Humberto Episcopo quam tibi, quam Nicolao Pontifici, quam
ejus concilio, quam denique omnibus Ecclesiis, quae id cum de-
bita reverentia susceperunt?“*) Aber Berengarius antwortet:

„Justissime id quidem; quia Humbertus auctor scripti
erronei fuit, ego in corde errori non adsensi. Manu quidem
— — — — — — **) subscripsi, verum ut de consensu pro-
nunciarem meo, nemo exegit. Tantum timore praesentis
jam mortis scriptum illud, absque ulla conscientia mea jam
factum, manibus accepi. Magis etiam Humberto quam Nicolao adscribendum fuit, quia, etsi ambo, cum coecus coeco
ducatum praebet, cadunt in foveam, minor tamen in sequente
coeco, quam in eo qui de ducatu coecus praesumsit, fuerat
culpa.“

---

*) Cap. II. Edit. *Dach.*, p. 233.
**) Hier fehlen einige Worte, die ich nicht herausbringen können. Denn die
Stelle iſt von der erſten Seite des Manuſcripts, die mehr als andere gelitten.
— [„Dieſe Lücke habe ich zu ergänzen und badurch die ganze Stelle zu berichtigen
das Glück gehabt. Die herausgebrachten Worte der beinahe völlig verwiſchten
erſten Seite der Handſchrift geben einen Sinn, der dem gerade entgegen iſt, wo=
rauf Leſſing durch das falſch geleſene: Manu *quidem* — subscripsi *verum ut* —
verfallen war. Die Stelle lautet nach der richtigen Ergänzung ſo: Manu, *quod
mendaciter ad te pervenit, non* subscripsi; *nam* ut de consensu pronuncia-
rem meo, nemo (nullus?) exegit. Berengarius hatte alſo ſeine Unterſchrift nicht
widerrufen oder abgeleugnet; er hatte die Schrift des Humbertus gar nicht unter=
ſchrieben.“ C. A. Schmid.]

Und an einem andern Orte:

„Quod dicis, infamare me solitum Nicolaum Papam, roma-
nique Patres concilii, dum me solent de perjurio arguere
amici, quasi ipsi mei fuerint causa perjurii, quam verum di-
xeris, viderit tua professio, viderit eruditio. Nullus enim ami-
corum de eo mecum quod scribis egit, nullus a me quod juraverim, unde satis superius sum locutus, audivit: nullus me
docuit. Solus Humbertus ille, inconvento et inaudito me,
sine mora et lima diligentioris secundum scripturas considerationis, quod voluit scripsit, nimiaque levitate Nicolaus ille,
de cujus ineruditione et morum indignitate facile mihi erat
non insufficienter scribere — — quod dixerat Humbertus approbavit."

Ueber seine Schwachheit, daß er aus Furcht des Todes die
Wahrheit verleugnet, drückt sich Berengarius sehr wohl aus,
und was er darüber sagt, ist ebenso rührend als die Einrede
des Lanfrancus, „Nonne praestabat, si veram fidem te habere putabas, vitam honestam morte finire, quam perjurium facere, perfidiam jurare, fidem abjurare?" grausam und höhnisch
ist. „O infelix homo, o miserrima anima," fährt Lanfraucus
fort, „cur te credere jurabas, quae tantopere inter se dissidere
intelligebas?" Warum? antwortet Berengarius; aus Furcht,
aus einer Schwachheit, deren ich nicht Meister war; aber wenn
ich darum ein unseliger Mensch, eine verlorene Seele bin, so
waren Aaron und Petrus ebenso unselige Menschen, ebenso verlorene Seelen; Aaron, der aus Furcht vor dem Murren des
Volks ihm einen Götzen machte, Petrus, der aus Scheu vor einer
Magd seinen Meister verleugnete, von dem er kurz vorher ein so
übermenschliches Zeugniß abgelegt hatte. — — Ich erspare Ihnen
die Stelle selbst, die Sie Zeit genug in dem Originale lesen
werden.

Nur einen Augenblick stehen Sie noch mit mir stille, um den
ganzen Weg, den wir zurückgelegt, auf einmal zu übersehen. Und
ich denke, wir sind eben auf eine Anhöhe gelangt, die uns die un-
gehindertste Aussicht nicht allein rückwärts, sondern auch vor-
wärts gewähret. Hier liegen alle Krümmungen des genommenen
und noch zu nehmenden Weges deutlich vor unsern Augen, und
wir erkennen überall die Ursachen, warum er so und nicht anders
laufen müssen.

Ich meine, das Räthsel, wie sich Berengarius gegen so
viele Kirchenversammlungen verhärten können, wie er es wagen

dürfen, immer wieder zu seiner entsagten Meinung zurückzu=
kehren, und wie es gekommen, daß die Kirche sich gleichwol
gegen einen so hartnäckigen Relapsen so sanft und nachsichts=
voll erwiesen, dieses befremdende Räthsel ist gelöset.
Denn einmal haben wir gesehen, daß die Anzahl der gegen
ihn gehaltenen Kirchenversammlungen und die Anzahl seiner
Widerrufe und Abschwörungen bei Weitem so groß nicht ist, als
sie ausgegeben wird. Das Concilium zu Paris ist ganz erlogen.
Der Synodus zu Brione wird nicht viel besser sein, wenigstens
ist sicherlich mit Zuziehung des Berengarius da nichts ver=
handelt worden. Die Concilia unter Victor dem Zweiten
fallen alle weg. Auf den Kirchenversammlungen zu Rom und
Vercelli unter Leo dem Neunten ward er ungehöret und ab=
wesend verdammet. Auf der zu Tours, die seinetwegen gar nicht
angestellt war, ward nichts untersucht, ward nichts von ihm
abgeschworen, sondern er übergab da lediglich sein Glaubens=
bekenntniß und ließ sich nur gefallen, mit einem Eide zu be=
kräftigen, daß solches Bekenntniß seine wahre, eigentliche Mei=
nung enthalte, so daß, nach aller Strenge, dieses Concilium nicht
wider, sondern für ihn ist, indem man mit seinem Glauben zu=
frieden war und nur die Bekräftigung verlangte, daß es sein
wahrer Glaube sei. Folglich bleibt nichts übrig als das Con=
cilium zu Rom unter Nicolao dem Zweiten, von dem man
sagen könnte, daß es ihn seiner Ketzereien überführt habe; von
dem man sagen könnte, daß es ihn hätte verbinden müssen, weil
er sich seinen Aussprüchen unterwarf. Aber wie unterwarf er
sich diesen? Wie sehr Recht hatte er, sich noch immer für nichts
weniger als sachfällig zu halten und nach Niederlegung seiner
Protestation einen besser unterrichteten Papst, ein freieres und
würdigeres Concilium abzuwarten! Wie natürlich endlich war
es, daß ein folgender Papst, der sich durch das Zutrauen des
Berengarius geschmeichelt fühlte, der es erkannte, wie un=
rechtlich man mit ihm verfahren, seine Angelegenheit für unab=
gethan, ihn für unverdammt erklärte, indem er sie aufs Neue
vornahm und mit ihm den einzigen Weg einschlug, gegen dessen
Rechtskräftigkeit er nichts einzuwenden haben könne, nämlich den
Weg der vorläufigen Prüfung, deren man den Beklagten noch
nie gewürdiget hatte!
Und wer war, zweitens, dieser billigere, bessere Papst?
Kein Anderer als Gregorius der Siebente, als eben der
Hildebrand, welcher von der Rechtgläubigkeit des Beren=

garius überzeugt war,*) welcher (veritatis perspicuitate
cognita) den Berengarius überredet hatte, sich getroft mit
ihm zu Leo dem Neunten zu verfügen, der, ob er ihn schon
ungehört auf die einseitige Klage seines Feindes verdammt habe,
dennoch nach mündlicher Vernehmung des andern Theiles gewiß
nicht ermangeln-würde, dem Neide seiner stolzen und dem
Tumulte seiner abgeschmackten Gegner ein Ende zu machen.**)
Ohne Zweifel hatte dieser Hildebrand zwar, als Beren=
garius nachher in ähnlicher Hoffnung sich Nicolaus dem
Zweiten darstellte, ihn, wie man es in der gemeinen Sprache
auszudrücken pflegt, durchfallen lassen, das ist, er hatte
ihn und seine gute Sache dem Widerstande, den sie fanden, auf=
geopfert; er hatte, um nicht zugleich mit ihm unterzuliegen, sich
selbst aus der Schlinge gezogen, unerachtet die Schlinge den
Zurückgelassenen dadurch um so viel stärker zuschnüren mußte.
Aber es war doch auch, allem Ansehn nach, eben dieser Hilde=
brand gewesen, welcher unter dem nachfolgenden Papste
Alexander dem Zweiten wiederum dem Berengarius
so viel Nachsicht auswirkte, daß er ungeahndet seinen Widerruf
zurücknehmen und sich so frei und kühn gegen den vorigen Papst
erklären durfte, welches Alles Alexander weiter nicht rügte,
als daß er ihn ganz freundschaftlich ermahnte, von
seiner Secte abzulassen und die heilige Kirche nicht weiter zu
ärgern.***) Denn Hildebrand war dieses Alexander's
Kanzler, penes quod officium universae Romanae Ecclesiae
administratio vertebatur, wie Fr. Pagi gegen den Cohellius
erwiesen hat.†) Und als er nun selbst Papst ward, dieser
Hildebrand, was hätte ihn hindern sollen, einen Versuch zu
wagen, um der erkannten Wahrheit und seinem ungern verlasse=
nen alten Freunde wieder aufzuhelfen? Dieser Versuch waren die
Kirchenversammlungen von 78 und 79 zu Rom, wo Beren=
garius selbst zugegen war und Gregorius der Siebente
Alles für ihn that, was sich nur immer sicher thun ließ. Wenn

---

*) S. oben S. 172.

**) „Cujus autoritas superborum invidiam, atque ineptorum tumultum
compesceret." Ebendas.

***) „Alexander, successor Nicolai Papae, literis Berengarium satis amice
praemonuit, ut a secta sua cessaret, nec amplius sanctam ecclesiam scandalizaret." *Anonymus Chisletianus, apud Hard., Concil. T. VI. Par. I. p.* 1015.

†) Brev. T. II. p. 388. Edit. Antwerp.

denn nun aber auch hier nicht durchdrang, so kennen Sie seine
eschichte und seinen Charakter zu wohl, um leicht einzusehen,
arum er weder recht konnte noch recht wollte. An Einsicht
hlte es ihm gewiß nicht; aber ein Mann von seinem Ehrgeize
ßet die Wahrheit nur alsdann mit aller Macht durch, wenn er
in Ansehen und seine Gewalt mit ihr zugleich befestigen kann.
iufen diese hingegen die geringste Gefahr, so giebt er sie auf:
herrschte gern über erleuchtete Menschen; aber ehe er denn
:ber nicht herrschte, mögen sie so unerleuchtet bleiben, als sie
ollen. — Gedenken Sie nur an die gefährliche Partei des
enno, welche Gregorius wider sich hatte, und wie hämisch
n diese auch dann noch, als er den Berengarius zu seinem
ßten Bekenntnisse vermocht hatte, als einen Anhänger Desselben
:rschrie. Lächerlich aber ist es, wenn Baronius*) daraus,
ıß er den Berengarius bei seiner Lehre nicht geschützet,
:weisen will, daß ihn die Partei des Benno auch in diesem
tücke verleumdet habe. In diesem Stücke, wie wir nun
lssen, that sie ihm gewiß nicht zu viel, und Gott wolle nur,
ıß verschiedene von ihren übrigen Beschuldigungen weniger
:gründet waren!

V.¹)

Allerdings mußte die Beschaffenheit der Lehre des Beren=
arius selbst daran kommen, daß er den Anfällen seiner Feinde
lange widerstehen konnte. Sie mußte, diese Lehre, so irr=
äubig und der Kirche so fremd nicht sein; er und Hildebrand
ıd etwa noch Eusebius Bruno mußten die Einzigen nicht
ín, die sich von ihr überzeugt hielten.

In wie weit dieses zum Theil selbst Gelehrte der römischen
irche neuerlich zugestanden, habe ich in dem ersten Briefe bereits
rührt.**) Wenn Sie aber wollen, mein Freund, daß auch ich
ıch Maaßgebung unsers Manuscripts mich etwas weiter darüber
ıslassen soll, so müssen Sie mir erlauben, nur unter allge=
einen Benennungen davon zu sprechen und die Namen von
ıtheranern und Reformirten ganz aus dem Spiele zu lassen.
ḥ wünschte, daß ich dieses schon dort gethan hätte. Denn ich
öchte den Argwohn nicht gern auf mich laden, daß ich die

---

*) Ad annum 1079. §. 3. T. XI.
**) Seite 102 f.
1) Zu den Ausführungen Lessing's in dem folgenden fünften Briefe vgl. Vor=
merkungen auf S. 91 f. — Anm. des Herausg.

Lippen einer Wunde, die man so gern sich schließen sähe, auf
Neue klaffen zu machen gesucht, nachdem so viel würdige Männe
beider Kirchen Alles gethan haben, die Harschung durch Heft
pflaster zu erzwingen, das ist, sich wenigstens in Worten ein
ander zu nähern, welches Dem und Jenem so trefflich gelingt
daß man das ganze Heftpflaster nur für ein Schminkpflästerchen
halten sollte.

Ich sage also so: Wenn es eine Kirche oder Gemeinden eine
Kirche giebt, welche die sichtbaren Stücke des Abendmahls fü
bloße Zeichen erkennen, welche keinen andern Genuß darin zu
geben als einen geistlichen, welchen dieser geistliche Genuß weite
nichts als eine Zurechnung im Glauben ist: so können diese
Kirche, diese Gemeinden keinen Anspruch auf die Beistimmung
des Berengarius machen. Denn Berengarius lehrt
und bekannte eine wahre, wesentliche Gegenwart des Leibes und
Blutes, und es würde sehr unbillig und grausam sein, wenn
man bei ihm einzelne Theile der Ausführung, zufällige Er
läuterungen, nicht nach dem ausdrücklichen Bekenntnisse, sondern
dieses nach jenen verstehen und beurtheilen und aus etwanige
Zweideutigkeit jener schließen wollte, daß er etwas Anders
mit dem Munde bekannt und etwas Anders im Herzen ge
glaubt habe.

Ich setze hierbei als bekannt voraus, was ein zeitverwandte
Gegner des Berengarius, der die Anhänger Desselben tie
und genau ausgeholt zu haben versichert, ihm aus dem Munde
dieser Anhänger für ein Zeugniß ertheilet hat. So schreibt näm
lich Guitmundus:[*] „Berengariani omnes quidem in hoc
conveniunt, quia panis et vinum essentialiter non mutantur: sed
ut extorquere a quibusdam potui, multum in hoc differunt
quod alii nihil omnino de corpore et sanguine Domini sacra
mentis istis inesse, sed tantummodo umbras haec et figuras esse
dicunt. Alii vero rectis Ecclesiae rationibus cedentes, nec ta
men a stultitia recedentes, ut quasi nobiscum aliquo modo esse
videantur, dicunt ibi corpus et sanguinem Domini revera sed
latenter contineri, et ut sumi possint quodam modo (ut ita dixe
rim) impanari. Et hanc ipsius Berengarii subtiliorem esse sen
tentiam ajunt.“ Diese letzten Worte sind so entscheidend, daß der
Katholik Vlimmer, welcher den Guitmundus 1561 wieder
herausgab, nicht umhin konnte, in einer Randglosse hinzuzusetzen:

---

[*] De Sacramento, lib. I. p. 32. Edit. *Vlimmerianae.*

„Hanc sententiam videtur sequi Lutherus." Nun ist es zwar eben=
so falsch, daß Luthern der eigentliche Begriff der Impanation zur
Last zu legen, als gewiß es mir ist, daß sich Berengarius
desselben nicht schuldig gemacht. Aber aus Blimmer's Wahne
erhellet doch immer so viel, daß er Beide Einerlei zu lehren, Beide
von Leugnung der wirklichen Gegenwart gleich weit entfernt zu
sein geglaubt hat, so wie es, nach den Worten des Guitmun=
dus, ein Jeder glauben muß.

Desgleichen setze ich Alles voraus, was bereits Mabillon
und nach ihm Martene und Durand aus den Schriften des
Berengarius selbst, so viel sie deren brauchen können, über
die wahre Meinung Desselben gesagt haben, welches ich für eben=
so unwiderleglich als noch bis itzt unwiderlegt halte, wie es
denn auch durch unser Manuscript Stück vor Stück auf das Voll=
kommenste bestätiget wird. Blos diejenige Folgerung des Mar=
tene und Durand, gegen welche Clericus eine ziemlich
blendende Einwendung gemacht hat, will ich mitnehmen, um
von da aus weiter in die Materie zu gehen.

Es waren folgende Worte des Berengarius aus seiner
Nachricht von dem letzten wider ihn gehaltenen Concilio unter
Gregorius dem Neunten: „Quod scripserunt de impro-
prietate naturae et veritate substantiae, contra me non scripserunt: ego ita habebam, panem et vinum sacrata in altari esse
non alius cujusdam, sed proprium Christi corpus: non fantasti-
cum, sicut Manichaei, sed verum et humanum."*) — Diese
Worte, sage ich, waren es, welche die Herausgeber gedachter
Nachricht, Martene und Durand, vorzüglich vor allen
andern mit der Anmerkung begleiten zu müssen glaubten, daß
aus ihnen erhelle, Berengarius habe blos die Transsub=
stantiation, keinesweges aber die wirkliche Gegenwart Christi in
dem Abendmahle geleugnet. Nnn will ich itzt nicht untersuchen,
ob sie nicht passendere Worte zu einer solchen Anmerkung hätten
finden können, sondern ich will blos, was Clericus dagegen
erinnert hat, erwägen.**) „Berengarius," sagt dieser refor=
mirte Gelehrte, „hat seine Leser mit der Zweideutigkeit des Wortes
wahr zum Besten; er will aber weiter nichts sagen, als daß das
Brod und der Wein in dem Abendmahle nicht Zeichen eines ein=
gebildeten Körpers, sondern Zeichen eines wahren menschlichen

---

*) Thesauri novi Anecdot. T. IV. p. 107.
**) Bibl. anc. et moderne, T. XV. p. 306.

Körpers wären. Hier ist nichts, was nicht Diejenigen, welch,
die wirkliche Gegenwart leugnen, nicht ebensowol sagen könnten,
ja, was sie nicht sogar sagen müssen. Das geheiligte Brod und
der geheiligte Wein sind die Zeichen eines w a h r e n Körpers,
der aber nicht anders gegenwärtig ist als durch den Glauben
Derer, die sie genießen."

Wahrlich, das nenne ich Einem auf den Kopf etwas zu
sagen! Wie? weil gewisse Leute gewisse Worte zu Folge eines
gewissen stillen Vorbehalts so und so verstehen k ö n n e n, so muß
Jeder, der diese Worte braucht, sie ebenso verstanden haben?
Ich sollte meinen, von dem man dieses versichern will, von dem
müßte man vorher erwiesen haben, daß ihm ein solcher stiller
Vorbehalt bekannt und geläufig gewesen. Und wie hätte Cle=
ricus es anfangen wollen, das von dem B e r e n g a r i u s zu
erweisen? Wo hat B e r e n g a r i u s jemals sich merken lassen,
daß ihm das Wort s e i n so viel heiße als b e d e u t e n? Es ist
wahr, auch er nennet das Brod und den Wein Z e i c h e n, näm=
lich insofern sie das Sichtbare sind, unter welchem und mit wel=
chem wir das Unsichtbare wirklich zu erhalten glauben. Aber ist
das der Sinn, den C l e r i c u s mit dem Worte Z e i c h e n ver=
band? Gewiß nicht; ihm hieß ein Zeichen nichts als ein Ding,
woran man sich eines andern Dinges e r i n n e r n kann, ohne daß
man darum, indem man jenes besitzt oder überkömmt, auch noth=
wendig dieses besitzen oder überkommen muß.

Wenn die Gegner des B e r e n g a r i u s ihn auf den Zahn
fühlen wollten, ob er nicht blos aus dem Vorurtheile des Ma=
nichäischen Irrthums, daß der Leib Christi ein leeres Blendwerk
gewesen, die wesentliche Verwandlung des Brodes leugne: wie
konnte er anders, als in den angeführten Worten dagegen
protestiren? Aber konnte er in dem antimanichäischen Verstande
den Leib Christi nicht einen w a h r e n Leib nennen und doch auch
glauben, daß dieser wahre Leib auf eine ebenso wahre Art in
dem Abendmahle empfangen werde? Allerdings konnte er das
zugleich glauben, und glaubte es wirklich zugleich. Zum Beweise
berufe ich mich auf die Stelle, die ich Ihnen in meinem vorigen
Briefe von dem Concilio zu Tours angeführt habe. Was er
hier durch „panem et vinum sacrata in altari esse *verum* et humanum Christi corpus" ausdrücket, das hat er dort*) durch „panem
atque vinum altaris post consecrationem Christi esse *revera*

---

*) Seite 173.

corpus et sanguinem" ausgedrückt. Daß aber revera als ein
Adverbium zu esse gehöret und nicht zu corpus, wer kann das
eugnen? Und wer muß nicht zugeben, daß folglich sein voll=
ſtändiges Glaubensbekenntniß, wenn er Chicanen hätte vorher=
ehen können, die man ihm nach ſiebenhundert Jahren machen
ürfte, beide Ausdrücke verbinden und ſonach „panem et vinum
ltaris post consecrationem esse *revera verum* corpus et
anguinem Christi" lauten würde? Oder könnte auch das ſo=
ann weiter nichts heißen, als daß Brod und Wein wirkliche
Zeichen eines wirklichen menſchlichen Leibes wären? Denn
s giebt ja wol auch verblümte Zeichen!

Ich bin verſichert, mein Freund, daß unſer Manuſcript der=
leichen bis in das Unendliche laufenden Vermuthungen ziemlich
Schranken ſetzen wird. Denn da ſeine vornehmſte, einzige Ab=
icht dahin gehet, die von dem Humbertus aufgeſetzte Formel,
u welcher ſich Berengarius unter Nicolao dem Zweiten
ekennen müſſen, gegen die Rechtfertigungen des Lanfrancus
n allen Stücken aufs Neue zu beſtreiten und zu widerlegen, dieſe
Formel aber Beides, ſowol die Lehre, welche Berengarius
bſchwören, als auch die Lehre, welche er beſchwören müſſen,
nthält: ſo werden Sie, in Anſehung erſtrer, welche Hum=
ertus in die Worte gefaßt hatte „panem et vinum, quae in
ltari ponuntur, post consecrationem solummodo sacramentum,
t non verum corpus et sanguinem Christi esse," ſo deutliche, ſo
ierliche, ſo oft wiederholte Erklärungen finden, wie dieſes die
Meinung des Verfaſſers ſchlechterdings nicht ſei und nie geweſen
i, daß er der größte, ſchimpflichſte Heuchler von der Welt ſein
üſſen, wenn er demohngeachtet bei dem, was er für ſeine wahre
Meinung ausgiebt, nichts mehr gedacht hätte, als was ſich bei
er Lehre von den bloßen Zeichen denken läßt.

Hingegen werden Sie in Anſehung derjenigen Lehre, zu
elcher er ſich gezwungen bekennen mußte, nichts Anders als
lche Gründe und Einwürfe von ihm gebraucht finden, die
hlechterdings nur wider die Transſubſtantiation und keines=
eges gegen die wirkliche Gegenwart überhaupt zu brauchen
ehen. Er iſt weit entfernt, ſeinen Gegnern im Geringſten
reitig zu machen, daß in Kraft der Conſecration eine wunder=
are Veränderung mit dem Brode und dem Weine vorgehe, wo=
on Die, ſo viel ich verſtehe, doch wol nichts zu ſagen haben
nnen, welche Brod und Wein für bloße Zeichen erkennen. Er
reitet einzig und allein über die Art und Weiſe dieſer Verände=

rung und behauptet, daß die, welche Paschasius zuerst gelehret, so unmöglich, so abgeschmackt sei, daß sich ohne offenbar
wider einander laufende Worte auch nicht einmal davon sprechen
lasse. Von dieser nur, welcher im Grunde der Name Veränderung gar nicht zukomme, indem sie auf der einen Seite
eine wahre Vernichtung und auf der andern eine neue Entstehung
sei, sagt er, daß sie weder in der Schrift noch in den Vätern den
geringsten Grund habe.

„Da de Propheta, de Apostolo, de Evangelista locum
aliquem, unde manifestissimum sit, ita debere sentiri de sa-
crificio populi christiani, ut non in eo sibi constet subjectum
panis. Fac manifestum, verba ista tua, *non remanere panem
et vinum in pristinis essentiis;* et si panem videat, qui com-
municat mensae dominicae, non tamen, quod panem sensua-
lem videat, sibi fidem debere habere, miraculo id attribuen-
dum esse, et ratum habeatur quicquid tibi videbitur contra
veritatem afferre. Nec putet qui ista legerit, afferre me,
non fieri panem corpus Christi de pane per consecrationem
in altari: fit plane de pane corpus Christi, sed ipse panis,
non secundum corruptionem subjecti, panis, inquam, qui
potest incipere esse quod non erat, fit corpus Christi; sed
non generatione ipsius corporis, quia corpus Christi semel
ante tot tempora generatum generari ultra non poterit; fit
inquam panis quod numquam ante consecrationem fuerat de
pane, scilicet de eo, quod ante fuerat commune quiddam,
beatificum corpus Christi, sed non ut ipse panis per corruptionem esse desinat panis; sed non ut corpus Christi esse
nunc incipiat per generationem sui, quia ante tot tempora
beata constans immortalitate non potest corpus illud etiam
nunc esse incipere."

Daher denn die häufigen Klagen des Berengarius, daß
es nur, um ihn verhaßt zu machen, geschehe, wenn Laufraucns
von ihm sage, daß er überhaupt von keiner Verwandelung des
Brodes und Weines, überhaupt von keiner wesentlichen Gegenwart Christi in dem Abendmahle wissen wolle, weil er diese einzige Art derselben ihm nicht zugestehe.

„Quod de conversione, inquio ego, panis et vini in verum
Christi corpus et sanguinem opportuniori te scribis reservare
loco, ego interim dico: panem et vinum per consecrationem
converti in altari in verum Christi corpus et sanguinem, non
mea, non tua, sed evangelica apostolicaque simul authentica-

rum scripturarum, quibus contra ire fas non sit, est sententia,
nisi contra sanitatém verborum istorum sinistra aliquid inter-
pretatione insistas. Quod si facis, non solum te, sed et an-
gelum de coelo vulgo deputare non dubitem. Dum dicis
converti in veram Christi carnem et sanguinem, quam diceres
conversionem, est enim multiplex et vera conversio, minime
assignasti. Dicens autem tuam esse tuorumque sententiam
hanc, quasi non sit mea, sed potius putem vecordium esse
sententiam eam, panem et vinum altaris converti in veram
Christi carnem et sanguinem, quantum potest scriptum tuum
mihi invidiam comparat."

Aber wann würde ich aufhören können, falls ich so fortfahren
wollte, Ihnen die Stellen selbst abzuschreiben? Und wie viele
würde ich Gefahr laufen, Ihnen ganz vergeblich abzuschreiben?
In einigen würden Sie die Stärke vermissen, die sie für mich in
dem Zusammenhange gehabt; andere würden Ihnen nichts als
Wiederholungen zu sein scheinen, und endlich hätte doch wol
keine den Punkt getroffen, auf den es nach Ihrer Meinung
eigentlich ankäme. Wir müssen uns selbst erst hierüber mündlich
erklären, und mündlich, das Manuscript in der Hand, denke ich
allen Schwierigkeiten begegnen zu können, die sich der denkende
Kopf gerade gegen das am Liebsten macht, was er wahr zu sein
am Meisten wünschet.

Auf einige Fragen indeß, die mir ein Mal über das andere
beigefallen, so oft ich mir von den sacramentarischen Streitigkeiten überhaupt einen Begriff machen wollen, möchte ich Sie
wol ersuchen, sich im Voraus gefaßt zu halten. Nur fürchten
Sie nicht, daß diese Fragen dogmatischen Inhalts sein werden.
Ich mag kein unheiliges Feuer auf den Altar bringen, und am
Wenigsten wird mir es einfallen, die Hand nach der schwankenden
Lade des Bundes auszustrecken. Meine Fragen betreffen einzig
die Geschichte des Dogma, höchstens ein Vorurtheil, welches aus
dieser Geschichte sich für die eine oder die andere Meinung ergeben
dürfte.

Nämlich wenn die Lehre der bloßen Zeichen die älteste, erste,
ursprüngliche Lehre gewesen wäre, wäre es wol möglich, daß
auf einmal die Lehre der Transsubstantiation daraus hätte entstehen können? Würde hier nicht ein gewaltiger Sprung sein,
dergleichen doch der menschliche Verstand nie, selbst nicht in seinen
Abweichungen von der Wahrheit begehet? Um diesen Sprung
nicht annehmen zu dürfen, würde man nicht von selbst auf eine

dritte Lehre kommen müssen, durch welche der Uebergang von
jener ersten auf jene zweite erfolgt wäre? Und welche dritte Lehre
könnte dieses sein, als die Lehre von den prägnanten Zeichen,
wie ich sie der Kürze wegen nennen will?

Wäre nun aber, frage ich weiter, diese dritte Lehre schon vor
Alters, schon vor der Lehre der Transsubstantiation vorhanden
gewesen, so wie sie itzt wirklich vorhanden ist; wäre sonach die
ganze Progression diese, daß man erst bloße Zeichen, hernach
prägnante Zeichen und endlich in das Ding selbst ver=
wandelte Zeichen geglaubt hätte: wie wäre es immer ge=
kommen, daß nur über die letzte Fortschreitung, von den präg=
nanten Zeichen auf in das Ding selbst verwandelte Zeichen, so
viele Streitigkeiten und Unruhen in der Kirche entstanden wären?
Wie wäre es gekommen, daß die erste Fortschreitung von den
bloßen Zeichen zu prägnanten Zeichen dagegen so ruhig abge=
laufen, so ganz und gar keinen Widerspruch gefunden hätte, da
sie doch den Grund zu jener gelegt und in der That weit kühner
als jene ist, weit anstößiger als jene hätte sein müssen? Oder
sind Ihnen Streitigkeiten über diese erste Fortschreitung in den
ältern Zeiten bekannt?

Mir nicht; und so frage ich, bis Sie mir dergleichen nennen,
endlich auf mein Ziel los. Sind keine Streitigkeiten darüber
entstanden, was ist wahrscheinlicher, als daß keine entstehen kön=
nen? Und wie haben keine entstehen können? Wie anders, als
daß die Fortschreitung selbst nicht Statt gehabt? Wie anders,
als daß es nicht wahr ist, daß man anstatt der bloßen Zeichen
prägnante Zeichen einschleichen lassen, sondern daß nicht die Lehre
der bloßen, sondern die Lehre der prägnanten Zeichen die erste
ursprüngliche Lehre gewesen?

Ich weiß nicht, ob Sie mich recht verstehen, ich weiß nicht,
ob ich nicht etwas frage, worauf man schon längst geantwortet
hat; aber ich weiß, daß daraus wenigstens ein Gespräch unter
uns werden kann und daß ich mich auf jedes Gespräch mit Ihnen
freue. Leben Sie wohl!

Abhandlungen

aus dem

theologischen Nachlaß.

─────

Vorbemerkungen des Herausgebers.

Aus Lessing's theologischem Nachlaß sind in diesen 14. Band nur diejenigen wichtigern Abhandlungen aufgenommen worden, die nachweislich vor dem Jahre 1771 entstanden sind, nämlich 1) die „Gedanken über die Herrnhuter“, 2) „Das Christenthum der Vernunft“, 3) „Ueber die Entstehung der geoffenbarten Religion“ und 4) „Von der Art und Weise der Fortpflanzung und Ausbreitung der christlichen Religion“.

Jede von diesen vier Abhandlungen zeigt uns den Theologen Lessing von einer besonderen Seite und in einem eigenthümlichen Lichte; alle vier aber liefern den schlagenden Beweis, daß wir nicht zu viel sagten, wenn wir in den Vorbemerkungen zu diesem Bande im Gegensatze zu Carl Schwarz die Behauptung aufstellten, Lessing habe seit seiner Studienzeit niemals aufgehört, sich für theologische Dinge auf das Lebhafteste zu interessiren.

Alle vier Abhandlungen sind Fragment geblieben, und es dürfte bei allen vieren nicht gerade schwer sein, anzugeben, warum sie Lessing nicht vollendet und herausgegeben hat. Zur Nichtherausgabe der fast vollendeten „Gedanken über die Herrnhuter“ bestimmten ihn wol hauptsächlich Rücksichten auf seine rechtgläubig gesinnte Familie; „Das Christenthum der Vernunft“ mochte Lessing bei genauerer Ueberlegung selbst als ein Werk erscheinen, das die Mühe einer Vollendung nicht lohne, wenn auch einzelne Gedanken in veränderter Gestalt selbst noch in „Die Erziehung des Menschengeschlechts“ übergegangen sind. Bei den beiden andern Aufsätzen endlich ist es wol wieder das für jeden gläubigen Christen Anstößige des Inhalts, was ihn an der Vollendung und Herausgabe hinderte. Diese Rücksichten banden ihn freilich nur bis zum Tode seines Vaters, der im Jahre 1770 erfolgte; aber nach dieser Zeit wird er kaum Lust und Muße gefunden haben, auf diese Arbeiten aus einer früheren Periode seines Lebens zurückzukommen.

Die vier Abhandlungen sind im Jahre 1784 von Lessing's Bruder Karl Gotthold in „G. E. Lessing's theologischem Nachlaß" (Berlin bei Chr. Fr. Voß und Sohn) herausgegeben, und diese Ausgabe ist der gegenwärtigen zu Grunde gelegt; einzelne durch Lachmann vorgenommene Verbesserungen offenbarer Unrichtigkeiten sind einfach in den Text aufgenommen worden.

Ueber Bedeutung, Inhalt und Abfassungszeit der einzelnen Abhandlungen gestatte man uns noch folgende kurze Bemerkungen.

1) Weit das bedeutendste unter den vier Fragmenten sind unstreitig die „Gedanken über die Herrnhuter". Sie gehören, wie H. Hettner (Literaturgesch. des achtzehnten Jahrhunderts, III. 2. 588) mit Recht bemerkt, „in Inhalt und Form zum Schönsten, was Lessing jemals geschrieben hat." Fußend auf dem Gedanken: „Der Mensch ward zum Thun und nicht zum Vernünfteln erschaffen", zeigt Lessing in einer überraschend kurzen und klaren Uebersicht über die Geschichte der Philosophie und Theologie, daß die Menschen zu allen Zeiten dieses jenem vorgezogen haben, daß die schwere Praxis stets der bequemen Theorie hat Platz machen, daß die Religion stets der Theologie hat weichen müssen.

Der Aufsatz wird von Lessing's Bruder (Theologischer Nachlaß, S. 36) in das Jahr 1750 versetzt. Danzel (Lessing's Leben, I. 232 f.) glaubte jedoch, daß der Aufsatz frühestens um 1755 entstanden sein könne, und auch noch H. Hettner (a. a. O.) schließt sich ihm an. Indessen hat bereits C. Hebler in seinen „Lessingstudien" (S. 23 ff.) Danzel's Gründe, die zum Theil allerdings nur von geringem Gewichte sind, siegreich widerlegt. Wir haben zu Hebler's Ausführungen nur das Eine hinzuzufügen, was bisher gänzlich unbeachtet geblieben ist, so nahe es auch liegt. Lessing's Bruder giebt nur bei sehr wenigen von den im „Theologischen Nachlaß" mitgetheilten Aufsätzen eine Jahreszahl an. Was bestimmte ihn nun bei diesen Ausnahmen zu einer solchen Angabe? Doch offenbar keine bloße Vermuthung, die ja immer nur so unbestimmt lauten konnte, wie es (S. 35) über das Bruchstück „Von der Art und Weise der Fortpflanzung und Ausbreitung der christlichen Religion" heißt: „Aus der Hand siehet man, daß er es vor langen Zeiten muß aufgesetzt haben." Wenn also Lessing's Bruder (S. 36) schreibt: „Gedanken über die Herrnhuter, 1750," so

muß auf dem Manuscripte die Jahreszahl 1750 ge=
standen haben, und von dieser Jahreszahl abzugehen, dürfen
uns nicht vage Vermuthungen bewegen, die ja Danzel nach seinem
eigenen Geständniß (I. 233) fast bestimmt hätten, den Aufsatz in
das Jahr 1771 zu setzen. Wir würden uns sogar kaum zu dem
Zugeständniß an Danzel und Hettner bereit finden lassen, der Auf=
satz möchte vielleicht 1750 begonnen, aber erst um 1755 zu Ende
geführt sein; denn der Aufsatz ist ja überhaupt nicht zu Ende ge=
führt und ist viel zu kurz und viel zu sehr aus einem Gusse, als
daß man eine Jahre lang sich hinschleppende Abfassungszeit an=
nehmen könnte. Wir setzen also die „Gedanken über die Herrn=
huter" ohne Bedenken in das Jahr 1750 und stimmen Lessing's
Bruder vollständig bei: „Sie sind wahrscheinlich das Erste, was er
in der Theologie geschrieben."

2) „Das Christenthum der Vernunft" ist mindestens schon im
Jahre 1753 abgefaßt worden; denn ein in den „Theologischen
Studien und Kritiken" (1857, S. 56) mitgetheilter Brief Nau=
mann's aus Bauzen, eines Jugendfreundes von Lessing, vom 1.
December 1753, enthält fast wörtlich die Grundzüge unseres Bruch=
stücks; und auch Moses Mendelssohn versichert mehrfach, daß ihm
Lessing das Bruchstück gleich im Anfang ihrer Bekanntschaft, der
ins Jahr 1754 fällt, mitgetheilt habe (vergl. Hebler's „Lessing=
studien", S. 26).

Der Aufsatz steht in einem interessanten Gegensatz zu dem vor=
hergehenden. Während in den „Gedanken über die Herrnhuter"
aller Speculation grundsätzlich der Krieg erklärt wird, versucht es
Lessing in diesem Bruchstück, gerade vom Standpunkte der specu=
lativen Theologie aus die christliche Lehre von der Dreieinig=
keit philosophisch zu begründen. Es kann im Ganzen nur als ein
sophistisches Spiel mit Begriffen angesehen werden, wie uns der=
gleichen Spielereien von den Zeiten der Scholastiker an bis auf
Hegel bei Theologen und Philosophen so zahlreich entgegentreten.

3) Das kurze Fragment „Ueber die Entstehung der geoffen=
barten Religion" fällt nach H. Hettner (III. 2. 590) „unzweifel=
haft" in die Zeit um 1755. Auch Guhrauer sagt (Leben Lessing's,
II. 218): „Man sollte dieses Bruchstück, wegen seines innern
Gegensatzes zu dem Inhalte der Erziehung des Menschengeschlechtes,
in eine frühere Periode setzen," und C. Hebler hat in seinen
„Lessingstudien" (S. 37ff.) diesen innern Gegensatz im Einzelnen un=
widersprechlich nachgewiesen, so daß auch wir keinen Augenblick Be=
denken getragen haben, diese kleine Arbeit dem 14. Bande einzuver=

leiben, der Leſſing's theologiſche Schriften bis 1770 einſchließlich um=
faßt. Sollten wir eine beſtimmtere Angabe über die Entſtehungszeit
zu machen wagen, ſo möchten wir das Fragment wegen ſeiner innern
Verwandtſchaft mit dem gleich zu beſprechenden Bruchſtück, Von
der Art und Weiſe der Fortpflanzung und Ausbreitung der chriſt=
lichen Religion" in die Zeit von 1755 bis 1760 ſetzen.

Treffend zeichnet C. Hebler (Leſſingſtudien, S. 36) das in=
nere Verhältniß der bisher beſprochenen drei Fragmente mit den
Worten: „Wie der Herrnhuterfreund dem ſpeculativen Theo=
logen, ſo ſcheint dieſer dem Freidenker Platz gemacht zu haben."
Leſſing's Feindſchaft gegen alles Poſitive oder Geoffenbarte in der
Religion drückt ſich in dieſem kleinen Bruchſtück mit einer Unge=
nirtheit aus, die nichts zu wünſchen übrig läßt. „Die Unent=
behrlichkeit einer poſitiven Religion," ſagt er, „nenne ich die
innere Wahrheit derſelben, und dieſe innere Wahrheit der=
ſelben iſt bei einer ſo groß als bei der andern. Alle poſitiven und
geoffenbarten Religionen ſind folglich gleich wahr und gleich
falſch." Uebrigens ſieht man dieſe Unentbehrlichkeit der
poſitiven Religionen, das heißt alſo ihre innere Wahrheit, nicht ſo
recht ein, und Leſſing's Ausführungen über dieſen Punkt ſehen aus
wie reiner Hohn.

4) Eine unverkennbare Verwandtſchaft mit dem eben be=
ſprochenen Fragment zeigt der Entwurf einer äußerſt gründlich an=
gelegten Unterſuchung „Von der Art und Weiſe der Fortpflanzung
und Ausbreitung der chriſtlichen-Religion". Leſſing ſucht nämlich
in dieſem Bruchſtück zu zeigen, daß die bedeutendſte unter den ge=
offenbarten Religionen, das Chriſtenthum, ſich auf ganz natür=
lichem Wege fortgepflanzt und ausgebreitet habe, ohne jedes Wun=
der, blos durch den Verfall des Heidenthums und Judenthums
und die Macht der Schwärmerei, die auf dieſem Boden eine wohl=
vorbereitete Empfänglichkeit vorfand. Es ſoll dadurch einer der
Hauptbeweiſe für die Wahrheit der chriſtlichen Religion, der noch
in der „Rettung des Carbanus" unangefochten blieb, entkräftet
werden. Die derbſte Stelle iſt in den beigefügten Anmerkungen
über eine Erzählung des Livius enthalten, wo es (S. 235) von den
Religionen überhaupt, jedoch mit unverkennbarem Hinblick auf
das Chriſtenthum heißt: „Die erſten Dutzend Anhänger ſich zu
ſchaffen, recht blinde, gehorſame, enthuſiaſtiſche Anhänger, iſt für
den neuen Religionsſtifter das Schwerſte. Hat er aber nur erſt
die, ſo geht das Werk weit beſſer von Statten. Welcher Menſch
hat nicht andre Menſchen, über welche ihm Natur oder Glück eine

Art von Superiorität ertheilen? Wer will, wenn er erleuchtet zu sein glaubt, nicht gern wieder erleuchten? Der Ungelehrteste, der Einfältigste ist darin immer am Geschäftigsten. Man sieht dies alle Tage. Es bekomme ein eingeschränkter Kopf gewisse halbe Kenntnisse von dieser oder jener Wissenschaft und Kunst. Bei aller Gelegenheit wird er davon plaudern u. s. w.

„Besonders die Weiberchen! Es ist zu bekannt, wie vortrefflich sich alle Häupter neuerer Religionen und Secten, gleich dem Stifter der ersten — — — im Paradiese, zu Nutze zu machen gewußt haben."

Das Bruchstück ist ohne Zweifel um das Jahr 1760 entstanden; denn es setzt die genaue Bekanntschaft mit den Kirchenvätern voraus, die Lessing damals in Breslau mit seinem Freunde S. B. Klose studirte, und ebenso die Abhandlung über Sophokles, die damals abgefaßt worden ist. — —

Gedanken über die Herrnhuter.

— — Oro atque obsecro ut multis injuriis jactatam atque agitatam aequitatem in hoc tandem loco confirmari patiamini.

Cicero pro Publ. Quintio.

1750.

Die Siege geben dem Kriege den Ausschlag, sie sind aber sehr zweideutige Beweise der gerechten Sache, oder vielmehr, sie sind gar keine.

Die gelehrten Streitigkeiten sind ebensowol eine Art von Kriegen, als die kleinen Zuzus eine Art von Hunden sind. Was liegt daran, ob man über ein Reich oder über eine Meinung streitet, ob der Streit Blut oder Dinte kostet? Genug, man streitet.

Und also wird auch hier Der, welcher Recht behält, und Der, welcher Recht behalten sollte, nur selten einerlei Person sein.

Tausend kleine Umstände können den Sieg bald auf diese, bald auf jene Seite leuken. Wie Viele würden aus der Rolle der Helden auszustreichen sein, wenn die Wirkung von solchen kleinen Umständen, das Glück nämlich, seinen Antheil von ihren bewundernswürdigen Thaten zurücknehmen wollte?

Laßt den und jenen großen Gelehrten in einem andern Jahrhunderte geboren werden, benehmt ihm die und jene Hilfsmittel, sich zu zeigen, gebt ihm andre Gegner, setzt ihn in ein ander Laud, und ich zweifle, ob er Derjenige bleiben würde, für den man ihn jetzo hält. Bleibt er es nicht, so hat ihn das Glück groß gemacht.

Ein Sieg, den man über Feinde davonträgt, welche sich nicht vertheidigen können oder nicht wollen, welche sich ohne Gegenwehr gefangen nehmen oder ermorden lassen, welche, wann sie einen Gegenstreich führen, aus Mattigkeit durch ihren eigenen Hieb zu Boden fallen: wie ist so ein Sieg zu nennen? Man mag ihn nennen, wie man will, so viel weiß ich, daß er kein Sieg ist, außer etwa bei Denen, die, wenn sie siegen sollen, ohne zu kämpfen siegen müssen.

Auch unter den Gelehrten giebt es dergleichen Siege. Und ich müßte mich sehr irren, wenn nicht die Siege unserer Theologen, die sie bisher über die Herrnhuter erhalten zu haben glauben, von dieser Art wären.

Ich bin auf den Einfall gekommen, meine Gedanken über diese Leute aufzusetzen. Ich weiß es, sie sind entbehrlich, aber nicht entbehrlicher als ihr Gegenstand, welcher wenigstens zu einem Strohmanne dient, an dem ein junger und muthiger Gottesgelehrter seine Fechterstreiche in Uebung zu bringen lernen kann. Die Ordnung, der ich folgen werde, ist die liebe Ordnung der Faulen. Man schreibt, wie man denkt; was man an dem gehörigen Ort ausgelassen hat, holet man bei Gelegenheit nach; was man aus Versehen zweimal sagt, das bittet man den Leser das andre Mal zu übergehen.

Ich werde sehr weit auszuholen scheinen. Allein ehe man sich's versieht, so bin ich bei der Sache.

Der Mensch ward zum Thun und nicht zum Vernünfteln erschaffen. Aber eben deswegen, weil er nicht dazu erschaffen ward, hängt er diesem mehr als jenem nach. Seine Bosheit unternimmt allezeit das, was er nicht soll, und seine Verwegenheit allezeit das, was er nicht kann. Er, der Mensch, sollte sich Schranken setzen lassen?

Glückselige Zeiten, als der Tugendhafteste der Gelehrteste war! als alle Weisheit in kurzen Lebensregeln bestand!

Sie waren zu glückselig, als daß sie lange hätten dauern können. Die Schüler der sieben Weisen glaubten ihre Lehrer gar bald zu übersehen. Wahrheiten, die Jeder fassen, aber nicht Jeder üben kann, waren ihrer Neubegierde eine allzu leichte Nahrung. Der Himmel, vorher der Gegenstand ihrer Bewunderung, ward das Feld ihrer Muthmaßungen. Die Zahlen öffneten ihnen ein Labyrinth von Geheimnissen, die ihnen um so viel ange-

nehmer waren, je weniger sie Verwandtschaft mit der Tugend
hatten.

Der weiseste unter den Menschen, nach einem Ausspruche des
Orakels, in dem es sich am Wenigsten gleich war,[1]) bemühte sich,
die Lehrbegierde von diesem verwegenen Fluge zurückzuholen.
„Thörichte Sterbliche, was über Euch ist, ist nicht für Euch! Kehret
den Blick in Euch selbst! In Euch sind die unerforschten Tiefen,
worinnen ihr Euch mit Nutzen verlieren könnt. Hier untersucht die
geheimsten Winkel! Hier lernet die Schwäche und Stärke, die
verdeckten Gänge und den offenbaren Ausbruch Eurer Leidenschaften! Hier richtet das Reich auf, wo Ihr Unterthan und König
seid! Hier begreifet und beherrschet das Einzige, was Ihr begreifen
und beherrschen sollt: Euch selbst!"

So ermahnte Sokrates oder vielmehr Gott durch den Sokrates.

„Wie?" schrie der Sophist. „Lästerer unserer Götter! Verführer
des Volks! Pest der Jugend! Feind des Vaterlandes! Verfolger der Weisheit! Beneider unsers Ansehens! Auf was zielen
Deine schwärmerische Lehren? uns die Schüler zu entführen? uns
den Lehrstuhl zu verschließen? uns der Verachtung und der Armuth preiszugeben?"

Allein was vermag die Bosheit gegen einen Weisen? Kann
sie ihn zwingen, seine Meinung zu ändern? die Wahrheit zu verleugnen? Beweinenswürdiger Weise, wenn sie so stark wäre!
Lächerliche Bosheit, die ihm, wenn sie es weit bringt, nichts als
das Leben nehmen kann! Daß Sokrates ein Prediger der Wahrheit sei, sollten auch seine Feinde bezeugen, und wie hätten sie es
anders bezeugen können, als daß sie ihn tödteten?

Nur wenige von seinen Jüngern gingen den von ihm gezeigten
Weg. Plato fing an zu träumen und Aristoteles zu schließen.
Durch eine Menge von Jahrhunderten, wo bald Dieser, bald Jener
die Oberhand hatte, kam die Weltweisheit auf uns. Jener war
zum Göttlichen, Dieser zum Untrüglichen geworden. Es war
Zeit, daß Cartesius aufstand. Die Wahrheit schien unter seinen
Händen eine neue Gestalt zu bekommen, eine desto betrüglichere,
je schimmernder sie war. Er eröffnete Allen den Eingang ihres
Tempels, welcher vorher sorgfältig durch das Ansehen jener beiden
Tyrannen bewacht ward. Und das ist sein vorzügliches Verdienst.

---

1) „In dem es sich am Wenigsten gleich war", d. h. am Wenigsten zweideutig. — Anm. des Herausg.

Bald darauf erschienen zwei Männer,[1] die trotz ihrer ge=
meinschaftlichen Eifersucht einerlei Absicht hatten. Beiden hatte
die Weltweisheit noch allzu viel Praktisches. Ihnen war es vor=
behalten, sie der Meßkunst zu unterwerfen. Eine Wissenschaft,
wovon dem Alterthume kaum die ersten Buchstaben bekannt
waren, leitete sie mit sichern Schritten bis zu den verborgensten
Geheimnissen der Natur. Sie schienen sie auf der That ertappt
zu haben.

Ihre Schüler sind es, welche jetzo dem sterblichen Geschlechte
Ehre machen und auf den Namen der Weltweisen ein gar beson=
ders Recht zu haben glauben. Sie sind unerschöpflich in Ent=
deckung neuer Wahrheiten. Auf dem kleinsten Raum können sie
durch wenige mit Zeichen verbundene Zahlen Geheimnisse klar
machen, wozu Aristoteles unerträgliche Bände gebraucht hätte.
So füllen sie den Kopf, und das Herz bleibt leer. Den Geist
führen sie bis in die entferntesten Himmel, unterdessen da das
Gemüth durch seine Leidenschaften bis unter das Vieh herunter=
gesetzt wird.

Allein mein Leser wird ungedulbig werden. Er erwartet
ganz was Anders als die Geschichte der Weltweisheit in einer
Nuß. Ich muß ihm also sagen, daß ich blos dieses deswegen
vorangeschickt, damit ich durch ein ähnliches Beispiel zeigen könne,
was die Religion für ein Schicksal gehabt hat, und dieses wird
mich weit näher zu meinem Zwecke bringen.

Ich behaupte also: es ging der Religion wie der Welt=
weisheit.

Man gehe in die ältesten Zeiten. Wie einfach, leicht und
lebendig war die Religion des Adam's? Allein wie lange? Jeder
von seinen Nachkommen setzte nach eignem Gutachten etwas dazu.
Das Wesentliche wurde in einer Sündfluth von willkürlichen
Sätzen versenkt. Alle waren der Wahrheit untreu geworden,
nur Einige weniger als die Andern, die Nachkommen Abra=
ham's am Wenigsten. Und deswegen würdigte sie Gott einer
besondern Achtung. Allein nach und nach ward auch unter ihnen
die Menge nichts bedeutender und selbsterwählter Gebräuche so
groß, daß nur Wenige einen richtigen Begriff von Gott behielten,
die Uebrigen aber an dem äußerlichen Blendwerke hängen blieben
und Gott für ein Wesen hielten, das nicht leben könne, wenn sie
ihm nicht seine Morgen= und Abendopfer brächten.

---

1) Diese zwei Männer sind Newton und Leibniz. -- Anm. des Herausg.

Wer konnte die Welt aus ihrer Dunkelheit reißen? Wer konnte der Wahrheit den Aberglauben besiegen helfen? Kein Sterblicher. Θεος απο μηχανης.

Christus kam also. Man vergönne mir, daß ich ihn hier nur als einen von Gott erleuchteten Lehrer ansehen darf. Waren seine Absichten etwas Anders, als die Religion in ihrer Lauter= keit wiederherzustellen und sie in diejenigen Grenzen einzu= schließen, in welchen sie desto heilsamere und allgemeinere Wir= kungen hervorbringt, je enger die Grenzen sind? „Gott ist ein Geist, den sollt Ihr im Geist anbeten!" Auf was drang er mehr als hierauf? und welcher Satz ist vermögender, alle Arten der Religion zu verbinden, als dieser? Aber eben diese Verbindung war es, welche Priester und Schriftgelehrten wider ihn erbitterte. „Pilatus, er lästert unsern Gott; kreuzige ihn!" Und aufgebrach= ten Priestern schlägt ein schlauer Pilatus nichts ab.

Ich sage es noch einmal, ich betrachte hier Christum nur als einen von Gott erleuchteten Lehrer. Ich lehne aber alle schreck= liche Folgerungen von mir ab, welche die Bosheit daraus ziehen könnte.

Das erste Jahrhundert war so glücklich, Leute zu sehen, die in der strengsten Tugend einhergingen, die Gott in allen ihren Hand= lungen lobten, die ihm auch für das schmählichste Unglück dankten, die sich um die Wette bestrebten, die Wahrheit mit ihrem Blute zu versiegeln.

Allein sobald man müde wurde, sie zu verfolgen, sobald wurden die Christen müde, tugendhaft zu sein. Sie bekamen nach und nach die Oberhand und glaubten, daß sie nun zu nichts weniger als zu ihrer ersten heiligen Lebensart verbunden wären. Sie waren dem Sieger gleich, der durch gewisse anlockende Ma= ximen sich Völker unterwürfig macht, sobald sie sich ihm aber unterworfen haben, diese Maximen zu seinem eigenen Schaden verläßt.

Das Schwert nutzt man im Kriege, und im Frieden trägt man es zur Zierde. Im Kriege sorgt man nur, daß es scharf ist. Im Frieden putzt man es aus und giebt ihm durch Gold und Edelsteine einen falschen Werth.

So lange die Kirche Krieg hatte, so lange war sie bedacht, durch ein unsträfliches und wunderbares Leben ihrer Religion diejenige Schärfe zu geben, der wenig Feinde zu widerstehen fähig sind. Sobald sie Friede bekam, sobald fiel sie darauf, ihre Re= ligion auszuschmücken, ihre Lehrsätze in eine gewisse Ordnung zu bringen und die göttliche Wahrheit mit menschlichen Beweisen zu unterstützen.

In diesen Bemühungen war sie so glücklich, als man es nur hoffen konnte. Rom, das vorher allen besiegten Völkern ihre väterlichen Götter ließ, das sie sogar zu seinen Göttern machte und durch dieses kluge Verfahren höher als durch seine Macht stieg, Rom ward auf einmal zu einem verabscheuungswürdigen Tyrannen der Gewissen. Und dieses, so viel ich einsehe, war die vornehmste Ursache, warum das römische Reich von einem Kaiser zu dem andern immer mehr und mehr fiel. Doch diese Betrachtung gehöret nicht zu meinem Zweck. Ich wollte nur wünschen, daß ich meinen Leser Schritt vor Schritt durch alle Jahrhunderte führen und ihm zeigen könnte, wie das ausübende Christenthum von Tag zu Tag abgenommen hat, da unterdessen das beschauende durch phantastische Grillen und menschliche Erweiterungen zu einer Höhe stieg, zu welcher der Aberglaube noch nie eine Religion gebracht hat. Alles hing von einem Einzigen ab, der desto öfterer irrte, je sicherer er irren konnte.

Man kennt Diejenigen, die in diesen unwürdigen Zeiten zuerst wieder mit ihren eigenen Augen sehen wollten. Der menschliche Verstand läßt sich zwar ein Joch auflegen; sobald man es ihm aber zu sehr fühlen läßt, sobald schüttelt er es ab. Huß und einige Andre, die das Ansehen des Statthalters Christi nur in diesem und jenem Stücke zweifelhaft machten, waren die gewissen Vorboten von Männern, welche es glücklicher gänzlich über den Haufen werfen würden.

Sie kamen. Welch feindseliges Schicksal mußte zwei Männer [1]) über Worte, über ein Nichts uneinig werden lassen, welche am Geschicktesten gewesen wären, die Religion in ihrem eigenthümlichen Glanze wiederherzustellen, wenn sie mit vereinigten Kräften gearbeitet hätten? Selige Männer, die undankbaren Nachkommen sehen bei Eurem Lichte und verachten Euch. Ihr waret es, die Ihr die wankenden Kronen auf den Häuptern der Könige feste setztet, und man verlacht Euch als die kleinsten, eigennützigsten Geister.

Doch die Wahrheit soll bei meinem Lobspruche nicht leiden. Wie kam es, daß Tugend und Heiligkeit gleichwol so wenig bei Euren Verbesserungen gewann? Was hilft es, recht zu glauben,

---

1) Die beiden Männer sind Luther und Zwingli. — Anm. des Herausg

wenn man unrecht lebt? Wie glücklich, wenn Ihr uns ebenso viel fromme als gelehrte Nachfolger gelassen hättet! Der Aberglaube fiel. Aber eben das, wodurch Ihr ihn stürztet, die Vernunft, die so schwer in ihrer Sphäre zu erhalten ist, die Vernunft führte Euch auf einen andern Irrweg,[1]) der zwar weniger von der Wahrheit, doch desto weiter von der Ausübung der Pflichten eines Christen entfernt war.

Und jetzo, da unsre Zeiten — soll ich sagen: so glücklich? oder: so unglücklich? — sind, daß man eine so vortreffliche Zusammensetzung von Gottesgelahrtheit und Weltweisheit gemacht hat, worinne man mit Mühe und Noth eine von der andern unterscheiden kann, worinne eine die andere schwächt, indem diese den Glauben durch Beweise erzwingen und jene die Beweise durch den Glauben unterstützen soll: jetzo, sage ich, ist durch diese verkehrte Art, das Christenthum zu lehren, ein wahrer Christ weit seltner als in den dunklen Zeiten geworden. Der Erkenntniß nach sind wir Engel und dem Leben nach Teufel.

Ich will es dem Leser überlassen, mehr Gleichheiten zwischen den Schicksalen der Religion und der Weltweisheit aufzusuchen. Er wird durchgängig finden, daß die Menschen in der einen wie in der andern nur immer haben vernünfteln, niemals handeln wollen.

Nun kömmt es darauf an, daß ich diese Betrachtung auf die Herrnhuter anwende. Es wird leicht sein. Ich muß aber vorher einen kleinen Sprung zurück auf die Philosophie thun.

Man stelle sich vor, es stünde zu unsern Zeiten ein Mann auf, welcher auf die wichtigsten Verrichtungen unserer Gelehrten von der Höhe seiner Empfindungen verächtlich herabsehen könnte, welcher mit einer Sokratischen Stärke die lächerlichen Seiten unserer so gepriesenen Weltweisen zu entdecken wüßte und mit einem zuversichtlichen Tone auszurufen wagte:

„Ach, Eure Wissenschaft ist noch der Weisheit Kindheit,
Der Klugen Zeitvertreib, ein Trost der stolzen Blindheit!"

---

1) Dieser „andere Irrweg" ist wol die Lehre der Reformatoren, daß der Glaube, nicht die Werke den Menschen vor Gott rechtfertige. Denn diese Anschauung führte zu einer Betonung der Glaubenslehre, der „vortrefflichen Zusammensetzung von Gottesgelahrtheit und Weltweisheit, worinne man mit Mühe und Noth eine von der andern unterscheiden kann," die den von Lessing angegebenen Erfolg hatte, daß wir „der Erkenntniß nach Engel und dem Leben nach Teufel" sind. — Anm. des Herausg.

Gesetzt, alle seine Ermahnungen und Lehren zielten auf das Ein=
zige, was uns ein glückliches Leben verschaffen kann, auf die
Tugend. Er lehrte uns des Reichthums entbehren, ja ihn
fliehen. Er lehrte uns unerbittlich gegen uns selbst, nachsehend
gegen Andre sein. Er lehrte uns das Verdienst, auch wenn es
mit Unglück und Schmach überhäuft ist, hochachten und gegen
die mächtige Dummheit vertheidigen. Er lehrte uns die Stimme
der Natur in unsern Herzen lebendig empfinden. Er lehrte uns
Gott nicht nur glauben, sondern, was das Vornehmste ist, lieben.
Er lehrte uns endlich, dem Tode unerschrocken unter die Augen
gehen und durch einen willigen Abtritt von diesem Schauplatze
beweisen, daß man überzeugt sei, die Weisheit würde uns die
Maske nicht ablegen heißen, wenn wir unsere Rolle nicht geendigt
hätten. Man bilde sich übrigens ein, dieser Mann besäße nichts
von aller der Kenntniß, die desto weniger nützt, je prahlender sie
ist. Er wäre weder in den Geschichten noch in den Sprachen
erfahren. Er kenne die Schönheiten und Wunder der Natur
nicht weiter, als insoferne sie die sichersten Beweise von ihrem
großen Schöpfer sind. Er habe Alles das unerforscht gelassen,
wovon er, bei Thoren zwar mit weniger Ehre, allein mit desto
mehr Befriedigung seiner selbst, sagen kann: Ich weiß es nicht,
ich kann es nicht einsehen. Gleichwol mache dieser Mann
Anspruch auf den Titel eines Weltweisen. Gleichwol wäre er
so beherzt, ihn auch Leuten abzustreiten, welchen öffentliche
Aemter das Recht dieses blendenden Beinamens gegeben haben.
Wenn er es nun gar, indem er in allen Gesellschaften der falschen
Weisheit die Larve abriß, dahin brächte, daß ihre Hörsäle, ich
will nicht sagen leer, doch minder voll würden: ich bitte Euch,
meine Freunde, was würden unsere Philosophen mit diesem
Manne anfangen? Würden sie sagen: „Wir haben geirret; ja,
er hat Recht!“? Man muß keinen Philosophen kennen, wenn man
glaubt, er sei fähig, zu widerrufen.

„Hu!“ würde ein stolzer Algebraist murmeln, „Ihr, mein
Freund, ein Philosoph? Laßt einmal sehen! Ihr versteht doch
wol einen hyperbolischen Afterkegel zu cubiren? Oder nein — —
Könnet Ihr eine Exponentialgröße differentiren? Es ist eine
Kleinigkeit; hernach wollen wir unsre Kräfte in was Größern
versuchen. Ihr schüttelt den Kopf? Nicht? Nu, da haben wir's!
Bald wollte ich wetten, Ihr wißt nicht einmal, was eine Irra=
tionalgröße ist. Und werft Euch zu einem Philosoph auf?
O Verwegenheit! o Zeit! o Barbarei!“

„Ha! ha!" fällt ihm der Astronom ins Wort, „und also werde auch ich wol eine schlechte Antwort von Euch zu erwarten haben? Denn wenn Jhr, wie ich höre, nicht einmal die ersten Gründe der Algebra inne habt, so müßte Gott es Euch unmittelbar einge= geben haben, wenn Jhr eine bessere Theorie des Monds hättet als ich. Laßt sehen, was Jhr davon wißt! Jhr schweigt? Jhr lacht gar?"

Platz! Ein paar Metaphysiker kommen, gleichfalls mit mei= nem Helden eine Lanze zu brechen. „Nuu," schreit der Eine, „Jhr glaubt doch wol Monaden?" „Ja!" „Jhr verwerst doch wol die Monaden?" ruft der Andre. „Ja!" „Was? Jhr glaubt sie und glaubt sie auch nicht? Vortrefflich!"

Umsonst würde er es wie jener Bauerjunge machen, den sein Pfarr fragte: „Kannst Du das siebente Gebot?" Anstatt zu antworten, nahm er seinen Hut, stellte ihn auf die Spitze eines Fingers, ließ ihn sehr künstlich darauf herumtanzen und setzte hinzu: „Herr Pfarr, könnet Jhr das?" Doch ich will ernsthafter reden. Umsonst, sage ich, würde er seinem Hohnsprecher andere wichtige Fragen vorlegen. Vergebens würde er sogar beweisen, daß seine Fragen mehr auf sich hätten als die ihrigen. „Könnt Jhr," würde er etwa zu dem Ersten sagen, „Euren hyperbolischen Stolz mäßigen?" Und zu dem Andern: „Seid Jhr weniger ver= änderlich als der Mond?" Und zu dem Dritten: „Kann man sei= nen Verstand nicht in etwas Bessern üben als in unerforschlichen Dingen?" „Jhr seid ein Schwärmer!" würden sie einmüthig schreien. „Ein Narr, der dem Tollhause entlaufen ist! Allein man wird schon Sorge tragen, daß Jhr wieder an Ort und Stelle kommt."

Gott sei Dank, daß so ein verwegener Freund der Laien noch nicht aufgestanden ist und zu unsern Zeiten auch nicht aufstehen möchte; denn die Herrn, welche mit der Wirklichkeit der Dinge so viel zu thun haben, werden schon sorgen, daß meine Einbil= bung nimmermehr zur Wirklichkeit gelangt.

Wie aber, wenn so ein Schicksal unsre Theologen betroffen hätte? Doch ich will mich ohne Umschweif erklären. Jch glaube, das, was so ein Mann, wie ich ihn geschildert habe, für die Weltweisen sein würde, das sind anjetzo die **Herrnhuter** für die Gottesgelehrten. Sieht man bald, wo ich hinaus will?

Eine einzige Frage, die man, wenn man die geringste Billig= keit hat, nimmermehr bejahen kann, wird deutlich zeigen, daß meine Vergleichung nicht ohne Grund ist. Haben die Herrn=

14*

huter, oder hat ihr Anführer, der Graf von 3., ¹) jemals die
Absicht gehabt, die Theorie unsers Christenthums zu verändern?
Hat er jemals gesagt: „In diesem oder jenem Lehrsaße irren meine
Glaubensgenossen! Diesen Punkt verstehen sie falsch! Hier
müssen sie sich von mir zu Rechte weisen lassen!"? Wenn unsre
Theologen aufrichtig sein wollen, so werden sie gestehen müssen,
daß er sich nie zu einem Religionsverbesserer aufgeworfen hat.
Hat er ihnen nicht mehr als einmal die deutlichsten Versicherun-
gen gethan, daß seine Lehrsäße in Allem dem Augsburgischen
Glaubensbekenntniß gemäß wären? „Schon gut," werden sie ant-
worten; „allein warum behauptet er in seinen eigenen Schriften
Sachen, die diesen Versicherungen offenbar widersprechen?
Haben wir ihn nicht der abscheulichsten Irrthümer überführt?"
Man erlaube mir, daß ich die Beantwortung dieses Punkts ein
Wenig verspare. Genug, wir haben sein Bekenntniß; er verlangt
nichts in den Lehrsäßen unserer Kirche zu verändern. Was will
er denn? — —

---

1) Nikolaus Ludwig Graf v. Zinzendorf, der Stifter der Brüdergemeinde
(Herrnhuter), ist geb. am 26. Mai 1700, gest. am 9. Mai 1760. — Anmerk. des
Herausg,

Das Christenthum der Vernunft.

---

§. 1.

Das einzige vollkommenste Wesen hat sich von Ewigkeit her mit nichts als mit der Betrachtung des Vollkommensten beschäftigen können.

§. 2.

Das Vollkommenste ist er selbst; und also hat Gott von Ewigkeit her nur sich selbst denken können.

§. 3.

Vorstellen, Wollen und Schaffen ist bei Gott Eines. Man kann also sagen: Alles, was sich Gott vorstellet, Alles das schafft er auch.

§. 4.

Gott kann sich nur auf zweierlei Art denken; entweder er denkt alle seine Vollkommenheiten auf einmal und sich als den Inbegriff derselben, oder er denkt seine Vollkommenheiten zertheilt, eine von der andern abgesondert und jede von sich selbst nach Graden abgetheilt.

§. 5.

Gott dachte sich von Ewigkeit her in aller seiner Vollkommenheit; das ist: Gott schuf sich von Ewigkeit her ein Wesen, welchem keine Vollkommenheit mangelte, die er selbst besaß.

§. 6.

Dieſes Weſen nennt die Schrift den Sohn Gottes oder, welches noch beſſer ſein würde, den Sohn Gott. Einen Gott, weil ihm keine von den Eigenſchaften fehlt, die Gott zukommen. Einen Sohn, weil unſerm Begriffe nach dasjenige, was ſich etwas vorſtellt, vor der Vorſtellung eine gewiſſe Priorität zu haben ſcheint.

§. 7.

Dieſes Weſen iſt Gott ſelbſt und von Gott nicht zu unterſcheiden, weil man es denkt, ſobald man Gott denkt, und es ohne Gott nicht denken kann; das iſt, weil man Gott ohne Gott nicht denken kann, oder weil das kein Gott ſein würde, dem man die Vorſtellung ſeiner ſelbſt nehmen wollte.

§. 8.

Man kann dieſes Weſen ein Bild Gottes nennen, aber ein identiſches Bild.

§. 9.

Je mehr zwei Dinge mit einander gemein haben, deſto größer iſt die Harmonie zwiſchen ihnen. Die größte Harmonie muß alſo zwiſchen zwei Dingen ſein, welche Alles mit einander gemein haben, das iſt zwiſchen zwei Dingen, welche zuſammen nur eines ſind.

§. 10.

Zwei ſolche Dinge ſind Gott und der Sohn Gott oder das identiſche Bild Gottes; und die Harmonie, welche zwiſchen ihnen iſt, nennt die Schrift den Geiſt, welcher vom Vater und Sohn ausgehet.

§. 11.

In dieſer Harmonie iſt Alles, was in dem Vater iſt, und alſo auch Alles, was in dem Sohne iſt; dieſe Harmonie iſt alſo Gott.

§. 12.

Dieſe Harmonie iſt aber ſo Gott, daß ſie nicht Gott ſein würde, wenn der Vater nicht Gott und der Sohn nicht Gott wären, und daß Beide nicht Gott sein könnten, wenn diese Harmonie nicht wäre, das ist: alle Drei sind Eines.

§. 13.

Gott dachte seine Vollkommenheiten zertheilt, das ist: er schaffte Wesen, wovon jedes etwas von seinen Vollkommenheiten hat; denn, um es nochmals zu wiederholen, jeder Gedanke ist bei Gott eine Schöpfung.

§. 14.

Alle diese Wesen zusammen heißen die Welt.

§. 15.

Gott könnte seine Vollkommenheiten auf unendliche Arten zertheilt denken; es könnten also unendlich viel Welten möglich sein, wenn Gott nicht allezeit das Vollkommenste dächte und also auch unter diesen Arten die vollkommenste Art gedacht und dadurch wirklich gemacht hätte.

§. 16.

Die vollkommenste Art, seine Vollkommenheiten zertheilt zu denken, ist diejenige, wenn man sie nach unendlichen Graden des Mehrern und Wenigern, welche so auf einander folgen, daß nirgends ein Sprung oder eine Lücke zwischen ihnen ist, zertheilt denkt.

§. 17.

Nach solchen Graden also müssen die Wesen in dieser Welt geordnet sein. Sie müssen eine Reihe ausmachen, in welcher jedes Glied Alles dasjenige enthält, was die untern Glieder enthalten, und noch etwas mehr; welches etwas mehr aber nie die letzte Grenze erreicht.

§. 18.

Eine solche Reihe muß eine unendliche Reihe sein, und in diesem Verstande ist die Unendlichkeit der Welt unwidersprechlich.

§. 19.

Gott schafft nichts als einfache Wesen, und das Zusammen=
gesetzte ist nichts als eine Folge seiner Schöpfung.

§. 20.

Da jedes von diesen einfachen Wesen etwas hat, welches die
andern haben, und keines etwas haben kann, welches die andern
nicht hätten, so muß unter diesen einfachen Wesen eine Harmonie
sein, aus welcher Harmonie Alles zu erklären ist, was unter ihnen
überhaupt, das ist in der Welt vorgehet.

§. 21.

Bis hieher wird einst ein glücklicher Christ das Gebiete der
Naturlehre erstrecken, doch erst nach langen Jahrhunderten,
wenn man alle Erscheinungen in der Natur wird ergründet haben,
so daß nichts mehr übrig ist, als sie auf ihre wahre Quelle zurück=
zuführen.

§. 22.

Da diese einfache Wesen gleichsam eingeschränkte Götter sind,
so müssen auch ihre Vollkommenheiten den Vollkommenheiten
Gottes ähnlich sein, so wie Theile dem Ganzen.

§. 23.

Zu den Vollkommenheiten Gottes gehöret auch dieses, daß er
sich seiner Vollkommenheit bewußt ist, und dieses, daß er seinen
Vollkommenheiten gemäß handeln kann; beide sind gleichsam
das Siegel seiner Vollkommenheiten.

§. 24.

Mit den verschiedenen Graden seiner Vollkommenheiten
müssen also auch verschiedene Grade des Bewußtseins dieser
Vollkommenheiten und der Vermögenheit, denselben gemäß zu
handeln, verbunden sein.

§. 25.

Wesen, welche Vollkommenheiten haben, sich ihrer Voll=
kommenheiten bewußt sind und das Vermögen besitzen, ihnen
gemäß zu handeln, heißen moralische Wesen, das ist solche,
welche einem Gesetze folgen können.

§. 26.

Dieses Gesetz ist aus ihrer eigenen Natur genommen und kann kein anders sein, als: **Handle Deinen individualischen Vollkommenheiten gemäß!**

§. 27.

Da in der Reihe der Wesen unmöglich ein Sprung Statt finden kann, so müssen auch solche Wesen existiren, welche sich ihrer Vollkommenheiten nicht deutlich genung bewußt sind, — — — — —
— — — — — — — — — — — — — — — — — —
— — — —

§. 19.

§. 20.

§. 21.

ilou.

n lo ju

n, od bem

e: und io
er d.eben
Berichebe
Rem ben,
ng mit Un
i.

 chaftlich ju
Dinge und
en und Be
eile en,
urch fich

प्रति

Ueber die Entstehung der geoffenbarten Religion.

§.

Einen Gott erkennen, sich die würdigsten Begriffe von ihm zu machen suchen, auf diese würdigsten Begriffe bei allen unsern Handlungen und Gedanken Rücksicht nehmen, ist der vollständigste Inbegriff aller natürlichen Religion.

§.

Zu dieser natürlichen Religion ist ein jeder Mensch, nach dem Maaße seiner Kräfte, aufgelegt und verbunden.

§.

Da aber dieses Maaß bei jedem Menschen verschieden, und sonach auch eines jeden Menschen natürliche Religion verschieden sein würde, so hat man dem Nachtheile, welchen diese Verschiedenheit, nicht in dem Staude der natürlichen Freiheit des Menschen, sondern in dem Staude seiner bürgerlichen Verbindung mit Andern hervorbringen konnte, vorbauen zu müssen geglaubt.

§.

Das ist: sobald man auch die Religion gemeinschaftlich zu machen für gut erkannte, mußte man sich über gewisse Dinge und Begriffe vereinigen und diesen conventionellen Dingen und Begriffen eben die Wichtigkeit und Nothwendigkeit beilegen, welche die natürlich erkannten Religionswahrheiten durch sich selber hatten.

§.

Das ist: man mußte aus der Religion der Natur, welche einer allgemeinen gleichartigen Ausübung unter Menschen nicht fähig war, eine positive Religion bauen, so wie man aus dem Rechte der Natur aus der nämlichen Ursache ein positives Recht gebauet hatte.

§.

Diese positive Religion erhielt ihre Sanction durch das Ansehen ihres Stifters, welcher vorgab, daß das Conventionelle derselben ebenso gewiß von Gott komme, nur mittelbar durch ihn, als das Wesentliche derselben unmittelbar durch eines Jeden Vernunft.

§.

Die Unentbehrlichkeit einer positiven Religion, vermöge welcher die natürliche Religion in jedem Staate nach dessen natürlicher und zufälliger Beschaffenheit modificirt wird, nenne ich die innere Wahrheit derselben, und diese innere Wahrheit derselben ist bei einer so groß als bei der andern.

§.

Alle positiven und geoffenbarten Religionen sind folglich gleich wahr und gleich falsch.

§.

Gleich wahr, insofern es überall gleich nothwendig gewesen ist, sich über verschiedene Dinge zu vergleichen, um Uebereinstimmung und Einigkeit in der öffentlichen Religion hervorzubringen.

§.

Gleich falsch, indem nicht sowol das, worüber man sich verglichen, neben dem Wesentlichen besteht, sondern das Wesentliche schwächt und verdrängt.

§.

Die beste geoffenbarte oder positive Religion ist die, welche die wenigsten conventionellen Zusätze zur natürlichen Religion enthält, die guten Wirkungen der natürlichen Religion am Wenigsten einschränkt. — — — —

Von der Art und Weise der Fortpflanzung und Ausbreitung der christlichen Religion.

Unter den Gründen für die Wahrheit der christlichen Religion ist derjenige keiner von den geringsten, der von der Art und Weise ihrer Fortpflanzung und Ausbreitung hergenommen wird.

Hierin soll sich die unmittelbare Hand Gottes zeigen.

Ich leugne nichts; aber um mich davon zu überzeugen, darf ich doch wol den natürlichen Lauf der Dinge etwas genauer betrachten, um zu sehen, wie weit es durch diesen allein mit einer Religion hätte gedeihen können, deren anderweits erwiesene Richtigkeit ich so lange bei Seite setze.

Man hat drei Stücke bei Einführung einer jeden Neuigkeit zu erwägen: 1) wie vortheilhaft die äußern Umstände, 2) wie kräftig die Mittel, 3) wie stark die Hindernisse sind.

Dies sei auch hier mein Leitfaden. Anfangs will ich die äußern Umstände übersehen, unter welchen die christliche Religion einge=führt ward. Nämlich:

1) die Umstände, in welchen sich die andern damals herrschen=den Religionen,
    a) die jüdische (1. Hauptstück),
    b) die heidnische (2. Hauptstück),
2) die Umstände, in welchen sich damals die gesunde mensch=liche Vernunft oder die Philosophie befanden (3. Haupt=stück).

Hierauf will ich die Mittel schätzen, deren sich die ersten Christen zur Ausbreitung ihrer neuen Lehre bedienten. Und zwar:

1) in Ansehung ihrer Lehrart (4. Hauptstück),

2) in Ansehung ihrer gesellschaftlichen Verbindung (5. Hauptstück).

Endlich will ich die Hindernisse beurtheilen, die der neuen Religion
entgegengesetzt wurden:

1) von der Obrigkeit (6. Hauptstück),

2) von den Weltweisen (7. Hauptstück).

Und dieser Untersuchung, sage ich zu mir selbst, unterziehe Dich
als ein ehrlicher Mann! Sieh überall mit Deinen eigenen
Augen! Verunstalte nichts, beschönige nichts! Wie die Folgerungen fließen, so laß sie fließen! Hemme ihren Strom nicht,
leuke ihn nicht!

I. Hauptstück.

Von der jüdischen Religion.

Hier wollen wir 1) die Umstände der Religion selbst, 2) die
Umstände des Volks, welches sie bekannte, erwägen.

I. Abschnitt.

Die jüdische Religion hatte sich 1) weit von ihrer Lauterkeit,
2) von ihrer Einigkeit entfernt. *)

1.

2.

Von den Trennungen und Secten der jüdischen Religion.

II. Abschnitt.

Von den politischen Umständen des jüdischen Volks.

II. Hauptstück.

Von der heidnischen Religion.

Und zwar 1) von der Religion des Pöbels, 2) der Klügern.

---

*) Hierbei nachzulesen Ph. Jacobi Commentarius de rebus gestis Chri-
stianorum sub Apostolis. Berolini in 4. 1699.

V. Act. Erudit. anno 1700. p. 398.

Conf. les Nouveaux Mémoires d'Artigny, T. I. p. 201.

1.

Die Religion des Pöbels hatte lauter Localgötzen, welche die Römer in ihrem Werthe ließen oder gar adoptirten.

2.

Die Religion der Klügern.

III. Hauptstück.

Von der Philosophie.

1) Von dem Untergange der vornehmsten alten Secten.
2) Von der Entstehung der neuern,
　1) der eklektischen,
　2) der Pythagorisch-Platonischen.

I.

Die vornehmsten von den alten berühmten Secten waren ohne Häupter. Siehe die Stelle des Seneca in den quaestionibus naturalibus.

Und Diejenigen, welche diese Secten noch lehrten, lehrten sie mit vielen Verfälschungen. Dieses kann nicht besser erläutert werden als aus der Erzählung des Justinus von seinem studio philosophico. Was für einen Begriff macht er von den Stoikern! Bei den Pythagoräern schreckten ihn die mathematischen Vorübungen ab, die ihn ebensowol von der Platonischen Schule hätten abhalten müssen, wenn die neuen Platoniker sich nicht auch in diesem Stücke von den Grundsätzen ihres Lehrers relachirt gehabt hätten.

Alle philosophische Vorübungen überspringen, besonders die mathematische, welche, ihre eignen Wahrheiten bei Seite gesetzt, schon dadurch unentbehrlich wird, daß sie unsern Geist an Ordnung und deutliche genaue Begriffe gewöhnt und ihn lehrt, was Demonstration ist; diese überspringen, sage ich, und bei dem anfangen, was die Speculation Kühnes und Wunderbares hat, heißt den geraden Weg zur Schwärmerei nehmen.

Ich muß bekennen, daß mir auch Justinus diesen Vorwurf zu verdienen scheint. Seine Begierde, Gott zu kennen, war rühmlich. Aber wie sich Gott nur durch seine Werke den Menschen geoffenbaret, so ist es nothwendig, auch diese Werke zu studiren und auf der Leiter der Wahrheiten, die man aus diesen Werken abstrahirt, zu den großen Wahrheiten von dem Dasein und den Eigenschaften Gottes hinaufzusteigen.

II.

1.

2.

IV. Hauptstück.

Von der Lehrart der ersten Christen.

Sie war nach aller möglichen didaktischen Klugheit einge= richtet. Denn

1.

Sie begnügte sich größtentheils nur mit Bestreitung der übrigen Religionen.

2.

Sie zeigte von außen nur den großen und schönen Lehrsatz der natürlichen Religion.

Hier ist von der doctrina arcani zu handeln. Die meisten unsrer Gottesgelehrten halten mit K o r t h o l t*) dafür, daß diese doctrina arcani nur die Gebräuche und Symbola der Sacra= mente, keineswegs aber die Lehrsätze betroffen und erst gegen das Ende des zweiten Jahrhunderts aufgekommen sei.

Ich kann dieser Meinung nicht sein; doch bin ich ebenso wenig mit der Art, mit welcher die Papisten, besonders S ch e l= st r a t,**) das Gegentheil zu erhärten suchen, am Allerwenigsten aber mit den Folgerungen, die sie daraus ziehen, zufrieden.

Indeß scheint es, daß bloß diese Folgerungen und die Furcht vor selbigen unsere Gottesgelehrten auf jenes andere Extremum getrieben.

Ich will mich in diese Streitigkeit nicht einlassen, sondern lediglich die Anmerkungen mittheilen, die ich bei meiner eignen Lectüre der ersten Kirchenväter über diesen Punkt gemacht habe.

---

*) Dissert. de disciplina arcani, habita Wittebergae 1683, und Epi-stola ad amicum, qua Responsio ad Schelstrati Dissert. Apologet. con-tinetur. Gothae 4to. 1687; vid. Act. Erudit. T. I. Suppl., p. 15.

**) De sacro Antiocheno Concilio, und Dissert. apologetica de Disci-plina arcani contra Tenzelium, Romae in 4to. 1685; v. Act. Erudit. anno 1685. p. 541.

1) Daß die doctrina arcani weit früher aufgekommen als
erſt gegen das Ende des zweiten Seculi, beweiſe ich
    a) aus der Natur der Sache ſelbſt,
    b) aus Zeugniſſen, und zwar aus Spuren derſelben
        1) in den Vorwürfen der Heiden, und beſonders
        2) des Celſus,
        3) beim Plinius.

2) Die doctrina arcani war keine Nachahmung der heidniſchen
Myſterien, ſondern vielmehr eine ſehr heilſame Klugheit, wenn
die Heiden nicht die nämlichen Waffen, mit welchen ſie die
Chriſten angriffen, gegen ſie umkehren ſollten. Mußten ſie nicht
ſchon, nur in dem Artikel von der Gottheit Chriſti, die ſo oft ver=
ſpottete Mythologie der Heiden zu ihrer Schutzwehr machen?
Man ſehe die Apologie des Juſtinus.

3) Man muß einen Unterſchied unter den Lehrſätzen machen,
welche ſie verbargen. Einige verbargen ſie nur Heiden über=
haupt, andere den Katechumenen. Die ausdrückliche Stelle des
Cyrillus deßhalb. Welches die Lehrſätze der erſtern, welches die
Lehrſätze der zweiten Gattung geweſen.

4) Die doctrina arcani hörte auf, ſobald das Chriſtenthum
die herrſchende Kirche ward und ſie die Spöttereien der Heiden
nicht mehr zu befürchten hatte. Gab es ſchon noch bis in das
7. Jahrhundert noch Katechumenen, ſo waren ſie doch von einer
ganz andern Art.

3.

Mit ihren eigentlichen Lehrſätzen hielten ſie zurück und reizten
dadurch die Neugierde.

Der Exempel ſind in der alten und neuen Geſchichte unzählige,
wie viel Anhänger die bloße Neubegierde verſchaffen kann.

Cyrillus ſelbſt ſagt es an einem Orte, daß bei Vielen die Neu=
begierde die erſte Triebfeder geweſen, warum ſie zu den Chriſten
getreten.

Muthmaßung über Diejenigen, welche ihre Taufe verſchoben.
Es waren Leute, die ihre Neubegierde ohne Zweifel geſättigt
hatten und die den verlaſſenen Aberglauben nur mit einem
andern zu vertauſchen fürchteten. Conf. Tob. Pfanneri de Cate-
chumenis antiquae Eccles. liber, Gothae in 12°; v. Act. Erudit.,
anno 1688. p. 334.

4.

Und wußten durch die Heiligkeit ihres Lebens ein großes Vor=
urtheil für die Lauterkeit ihrer Lehrsätze zu erwecken.

5.

Und endlich wußten sie, wenn sie diese geheimen Lehrsätze ent=
deckten, solche 1) durch eine Afterphilosophie, die damals Mode
war, zu bemänteln, 2) durch untergeschobene und erdichtete
Prophezeihungen und Bücher zu erhärten.

V. Hauptstück.

Von den gesellschaftlichen Verbindungen der ersten Christen.

1) Von ihrer Allengefallenheit.

2) Von ihrer Gemeinschaft der Güter und der außerordent=
lichen Unterstützung, welche die Reichen die Bedürftigen
genießen ließen.

Der Geiz war bei den ersten Christen das abscheulichste
Laster, welches alle in sich begriff; die Milde hingegen und die
Bereitwilligkeit, sein Vermögen mitzutheilen, die erste Tugend.

Besonders war diese Unterstützung Derer, welche in Ver=
folgungen des Namens Christi wegen geriethen, ganz unglaub=
lich. Wer nichts im Vermögen hatte, ihnen zu schicken, war ver=
bunden, zu fasten und ihnen das Antheil von Speise auf diesen
Tag zu senden.

3) Von ihrer Nachsicht gegen alle Arten von Ketzer.

Man kann diese Nachsicht als einen Beweis der Bescheiden=
heit und Liebe der ersten Christen betrachten; aber hört sie darum
auf, die Wirkungen der feinsten und studirtesten Politik gehabt
zu haben?

Ihr Einfluß auf die Ausbreitung der christlichen Religion aber
bestand darin, daß

a) Die Trennung von der heidnischen Religion um so viel
größer ward. Denn jeder Sectenstifter arbeitete nunmehr für
seine eigene Rechnung und schaffte sich die Anhänger unter den
Heiden, die er unter den Christen nicht finden konnte.

b) Diejenigen, die sich von den Christen verführen ließen,
waren vielleicht Leute, die ohnedies wieder zu der heidnischen
Religion zurückgesprungen wären, wenn man ihnen die Frei=

heit, ihren beſondern Meinungen zu folgen, hätte ſtreitig machen wollen. Da man ihnen aber nachſah, ſo kamen ſie oder ihre Kinder wieder nach und nach in den Schooß der gemeinen Kirche zurück, welche die Klugheit gehabt hatte, ſie nie ganz zu verſtoßen.

c) Viele von dieſen Secten wußten ſich den Verfolgungen zu entziehen und wuchſen um ſo viel ruhiger zu einer künftigen Ver=ſtärkung des großen Haufens, als dieſer auf die Einheit in der Lehre ſchärfer zu bringen anfing.

3. E. Selbſt die Anhänger des Simon wurden von den Heiden mit unter dem Titel der Chriſten begriffen. Origenes contra Cels. lib. V. Da ſie aber die Verehrung der Götzen für eine gleichgiltige Sache erklärten, ſo konnten ſie ſich den Ver=folgungen leicht entziehen, idem lib. VI.; und Juſtinus, Apol. 2, ſagt ausdrücklich, daß ſie in Ruhe gelaſſen worden, als man die Chriſten offenbar verfolgte. So zahlreich aber anfangs dieſe Secte war, ſo ſehr war ſie doch gegen die Hälfte des dritten Jahrhunderts geſchmolzen, da Origenes wenige oder gar keine mehr kannte. Sie verloren ſich, und wo anders hin als in den Schooß der rechtgläubigen Kirche?

So iſt der Schnee, der auf den Bergen fällt, beſtimmt, zu ſeiner Zeit den Strom der Thäler zu ſchwellen.

4) Von ihrer Gelindigkeit gegen die Sclaven.

Pseudo-Clemens, Constitut. Apost., lib. VIII. c. 33: „Ego Petrus et ego Paulus constituimus, ut servi quinque diebus operentur, Sabbato vero et Dominica quiescant vel ferientur in ecclesia propter doctrinam pietatis. Sabbatum enim diximus creationis habere rationem, Dominicam resurrectionis.“ Und ferner heißt es: „magna hebdomade tota et ea, quae illam sequitur, servi otientur,“ desgleichen noch viele Feſte.

Bei den Griechen, bei welchen die Knechtſchaft noch ſonſt am Leiblichſten war, war's ein ausdrückliches Geſetz, „μη ἐξειναι ἀργον τρεφειν οικετην.“

NB. Dieſes Geſetz hat uns Ulpianus aufbehalten (v. Petiti Comment. in leges Atticas, Lib. II. Tit. VI. Edit. Heinec. p. 265), und er ſetzt hinzu: „διοπερ ὁι μεν αὐλοποιους, ὁι δε μαχαιροποιους εἰχον τους δουλους.“ Aber warum war es gleichwol eine Schande, wenn die Griechen nicht allein ſelbſt ein Handwerk trieben, ſondern auch nur durch ihre Knechte treiben ließen? Ich habe in meinem Sophokles eine Stelle aus dem Plutarch angeführt.

Die ersten Christen feierten nämlich beide Tage, ob sie schon die Feierung des Sabbaths nicht für nothwendig hielten. Warum sollten Sclaven nicht gern eine Religion angenommen haben, die ihnen zwei Siebentheile ihrer Mühseligkeiten erließ?

Ich will indeß nicht behaupten; daß wirklich Petrus und Paulus dieses Gesetz gegeben, die vielmehr in diesem Punkte völlige Freiheit gelassen. Genug, daß man daraus sieht, was zu den ersten Zeiten üblich gewesen.

Ich weiß auch, daß die Feierung von aller Arbeit an solchen Tagen in den nachfolgenden Zeiten untersagt ward; allein das geschah· erst dann, als das Christenthum schon etablirt und es nunmehro Zeit war, daß die Christen auch endlich einmal dem Staate nützliche Bürger würden. Z. E. in dem Concilio Laod., welches gegen die Mitte des vierten Jahrhunderts gefeiert ward. Cap. 29: „Quod non oporteat Christianos judaizare et in Sabbato ociari; diem autem dominicum praeferentes ociari, si modo possent, ut Christiani. Quod si inventi fuerint judaizare, Anathema sint a Christo."

VI. Hauptstück.

Von den Hindernissen, welche die Obrigkeit der christlichen Religion entgegensetzte.

Hier wird es auf einen richtigen Begriff von den Verfolgungen ankommen, zu welchem folgende Bemerkungen etwas beitragen werden.

Erst von den Verfolgungen der Juden.

Diese konnten nicht weit gehen, weil die Juden nach ihrer damaligen Staatsverfassung ihnen nicht an das Leben kommen konnten. Wenn ja Christen durch sie umgebracht wurden, so hatten sie sich dieser Gewalt nicht ohne Gefahr angemaßt. Dieses zeigt der Tod des heil. Jacobus. Der Hohepriester Ananus machte sich die Zeit zu Nutze, da der Landpfleger Festus gestorben und der neue, Albinus, noch unterwegens war. Diese Vermessenheit bekam ihm auch sehr übel; Albinus schrieb ihm deshalb einen sehr zornigen Brief, und nach drei Monaten ward er von dem Agrippa seines Priesterthums entsetzt.

Hernach von den Verfolgungen der Römer.

I. Unter dem Nero.

Sie war weder allgemein, noch eine eigentliche Religionsver=
folgung. Denn er ließ sie nicht als Christen umbringen, sondern,
wie bekannt, als vorgebliche Mordbrenner, als Elende, auf die
er den Haß, den ihm seine neugierige oder stolze Grausamkeit
zugezogen hatte, wälzen zu können glaubte. „Ergo (Taciti Annal.,
XV. cap. 44.) abolendo rumori Nero subdidit reos, et quaesi-
tissimis poenis adfecit, quos per flagitia invisos, vulgus
Christianos appellabat. Auctor nominis ejus Christus, qui
Tiberio imperitante per Procuratorem Pontium Pilatum
supplicio affectus erat. Repressaque in praesens exitiabilis
superstitio rursus erumpebat, non modo per Judaeam, originem
ejus mali, sed per urbem etiam, quo cuncta undique atrocia aut
pudenda confluunt celebranturque. Igitur primo correpti qui
fatebantur, deinde indicio eorum multitudo ingens, haud perinde
in crimine incendii, quam odio humani generis convicti sunt.
Et pereuntibus addita ludibria, ut ferarum tergis contecti,
laniatu canum interirent, aut crucibus affixi, aut flammandi,
atque ubi defecisset dies, in usum nocturni luminis urerentur.
Hortos suos ei spectaculo Nero obtulerat et Circense ludicrum
edebat, habitu aurigae permixtus plebi vel curriculo insistens.
Unde quanquam adversus soutes et novissima exempla meritos
miseratio oriebatur, tanquam non utilitate publica, sed in
saevitiam unius absumerentur." Wenn die letzten Worte gehörig
genommen werden, so liegt sogar ein Verweis und ein Tadel
darin, daß Nero die Christen zwar unüberwiesener Verbrechen
wegen, nicht aber ihres Aberglaubens wegen hinrichten lassen.
Orosius, welcher (lib. VII. c. 7.) hinzusetzt: „ac per omnes
provincias pari persecutione Christianos excruciari imperavit,"
verdient keinen Glauben. Man kennet ihn als einen Schrift=
steller, der immer aus seinen Quellen mehr schöpfte, als drinnen
ist. Auch Sulpicius Severus ist verdächtig, wenn er sagt: „Latis
legibus religio vetabatur, palamque edictis propositis, Christia-
num esse non licebat." Denn befanden sich nicht Christen selbst
unter dem Hausgesinde des Nero? Und was fragte Nero dar=
nach? er, dem alle Götter und Religionen gleichgiltig waren
bis auf seine Dea Syria,*) bis er auch diese gegen eine noch
elendere Armseligkeit vertauschte.

---

*) Suetonius Nerone, cap. 56.

Und man lese nur in der Apostelgeschichte, wie Paulus in
Rom gehalten ward, ob dieses einer Verfolgung sehr ähnlich
sieht. Und warum er endlich wol gar frei gegeben? Was von
seinem nachherigen Märtyrtode zu Rom nebst Petro erzählt
wird, ist voller Widersprüche und Fabeln, und er kann hin-
gerichtet sein worden, ohne daß die Christen überhaupt deswegen verfolgt worden, wie denn N i c e p h o r u s selbst und
Andere seine Streitigkeiten mit dem Simon zur Haupturfache
machen.

II. Unter dem Domitian.

Auch diese hat nicht das geringste Ansehen einer allgemeinen
Verfolgung. Sie ist auch vielleicht nicht viel schrecklicher gewesen
als die, welche eben dieser Kaiser gegen die Philosophen ergehen
lassen. Und vielleicht gar, daß dort das Christenthum blos der
Vorwand und hier ein wirklicher Haß gegen die Weltweisheit
der Grund war.

Viele, sagt Dio (Domit., cap. 14.), „ἐς τα των Ιουδαιων ηθη
ἐξοκελλοντες," qui ad mores Judaeorum aberraverant, wurden
der Ohngötterei wegen verdammt, und Einige verloren das Leben,
Andere nur ihr Vermögen.

Von der Verfolgung der Philosophen sagt hingegen eben
dieser Geschichtschreiber, nachdem er erzählt, daß er den R u s t i c u s
A r u l e n u s, „ὅτι ἐφιλοσοφει," aus dem Wege räumen lassen:
„ἀλλοι τε ἐκ της ἀντης ταυτης της κατα την φιλοσοφιαν ἀιτιας
συχνοι διωλοντο· και οἱ λοιποι παντες ἐξηλαθησαν ἀυθις ἐκ
της Ρωμης." Sie wurden häufig umgebracht und die Uebrigen
alle aus der Stadt gejagt.

Ganz sonderbar ist es, wenn K o r t h o l t und Andere die Verfolgung, welche Domitian gegen die Nachkommen David's ergehen ließ, mit zu den Verfolgungen gegen die Christen rechnet.
Es ist wahr, sie traf einige Christen mit, als die Enkel des Juda,
welcher ein Bruder des Herrn nach dem Fleische heißt; sie ist
aber demohngeachtet für eine Verfolgung des Christenthums so
wenig zu rechnen, daß dem Christenthume nichts Vortheilhafteres
hätte sein können, als wenn dem Domitian sein Vorsatz, alle
Nachkommen des David's auszurotten, gelungen wäre.

In der Stelle des Orosius, die hiervon handelt, *) muß wol
offenbar statt invidetur, diffiditur gelesen werden.

---

*) Beim Kortholt, p. 58.

„Tertia persecutio," schreibt Sulpicius Severus,*) „per *Trajanum* fuit: qui cum tormentis et quaestionibus nihil in Christianis morte aut poena dignum reperisset, saeviri in eos ultra vetuit."
Es ist falsch, daß Trajanus eine Verfolgung gegen die Christen befohlen. Es erhellt solches keineswegs aus dem Briefe, den Plinius deshalb an ihn schrieb, und das Zeugniß des Eusebius (Histor. Eccl., lib. III. c. 32) widerspricht ihm völlig.
„Μετα Νερωνα και Δομετιανον, κατα τουτον ου νυν τους χρονους εξεταζομεν (des Trajanus nämlich) μερικως και κατα πολεις εξ επαναστασεως δημων, τον καθ᾽ ἡμων κατεχει λογος ανακινηθηναι διωγμον." Die Verfolgung war nur zum Theil, in dieser und jener Stadt, und ward nicht durch öffentliche Gebote, sondern durch den Aufstand des Pöbels veranlaßt. — — — — — — — — — — — — —¹)

1.

Die Verfolgungen waren fast nie allgemein. Ueberhaupt kamen sie auch zu spät. Die erste Verfolgung des Nero fällt in das 30. Jahr nach Christi Himmelfahrt. Wo waren seine Jünger damals nicht schon hingekommen?

2.

Waren fast nie durch förmliche Gesetze befohlen.

3.

Hatten fast immer eine andere Ursache als die Religion.
Die²) Heiden bestraften die ersten Christen nicht sowol wegen ihrer Religion als wegen der Uebertretung der Gesetze. Die

---

*) Sacrae Histor. lib. II. §. 46. Edit. *Horn.*
1) „Das ist Alles, was ich über die christliche Verfolgung auf 3 halben Bogen, die in dem Manuscripte besonders lagen, von ihm gefunden. Nun folgen seine generellen Bemerkungen darüber." — Anm. von Karl G. Lessing.
2) Die folgenden Ausführungen sind durch und durch sophistisch. „Nicht wegen ihrer Religion wurden die Christen bestraft, sondern wegen der Uebertretung der Gesetze," b. h. wegen Ausübung ihrer Religion. Ist das nicht ganz dasselbe, als wenn man behauptete: Nicht der biebischen Gesinnung wegen wird der Dieb bestraft, sondern wegen Ausübung derselben? Als ob das nicht von selbst verstünde! — Ferner bemerkt Lessing: „Die Heiden hatten keine Gesetze, welche . . . Dieses und Jenes zu glauben befahlen;" als ob man den Glauben überhaupt befehlen könnte! — Endlich setzt Lessing „frei hinzu: sie verdienten, bestraft zu werden, ... da ihre Religion dergleichen Zusammenkünfte im Geringsten nicht erforderte," und beruft sich dabei auf ein bekanntes Wort Christi; als ob die gemeinsame Ausübung nicht zum Wesen einer jeden positiven Religion gehörte und das Christenthum jemals ohne dieselbe bestanden hätte oder auch nur hätte bestehen können! — Der berühmte Prediger der Toleranz ist in diesem Passus kaum wiederzuerkennen. — Anm. des Herausg.

Heiden hatten keine Gesetze, welche die Gewissen bunden und Dieses und Jenes zu glauben befahlen. Aber sie hatten Gesetze, welche alle Zusammenkünfte, und besonders alle nächtliche Zusammenkünfte*) bei schwerer Strafe untersagten. Ueber diese hielten sie, und wenn die Christen diese übertraten, so wurden sie nicht als Christen, sondern als Uebertreter der Gesetze verfolgt und bestraft. Ja, ich setze frei hinzu: sie verdienten, bestraft zu werden, und zwar um so viel mehr, da ihre Religion dergleichen Zusammenkünfte im Geringsten nicht erforderte: „Wo zwei oder drei in meinem Namen versammlet sind" ꝛc.

Ich sage, diese Versammlungen gehörten nicht zu dem Wesen der Religion. Sie konnte ohne sie bestehen, ohne sie ausgebreitet werden. Gesetzt aber, diese Versammlungen wären ein wesentliches Stück der Religion gewesen oder von den ersten Christen dafür gehalten worden, so war ihnen doch noch ein anderer Weg übrig, ehe sie, den Gesetzen zuwider, heimliche und nächtliche Zusammenkünfte anstellten, dieser nämlich, daß sie sich bei der Obrigkeit desfalls meldeten und sich die Erlaubniß dazu auswirkten. Dieses hatten auch die Juden thun müssen, und ihre Synagogen waren sonach von den verbotenen Hetärien ausgenommen. ¹)

Wozu also das Zusammenlaufen? wozu die nächtlichen Versammlungen ganzer Schaaren von allerlei Alter und Geschlecht? Diese mußten nothwendig einer guten Polizei verdächtig sein.

Aus diesen geheimen verbotenen Zusammenkünften nahm Celsus seinen ersten Grund wider die Christen. Daß Origenes sehr schlecht darauf geantwortet habe, hat auch Mosheim erkannt. (S. 16.) Allein daß die Antwort, welche Mosheim darauf giebt, hinlänglicher sei, ob sie gleich weniger anstößig ist, glaube ich schwerlich. Denn

---

*) Nach den Gesetzen des Romulus: „Nocturnas in templo vigilias ne habento!" Conf. Balduinus ad leges Rom., in Heineccii Jurisprud. R. et Att., T. I. p. 34.
　　Nach den Gesetzen der zwölf Tafeln: „Si quis in urbe coitus nocturnos agitaverit, capite luito!" Tab. IX. lex VI. Edit. Funcc. p. 401; Balduinus in leges XII Tab., c. 4. l. c. p. 74.
　　1) Lessing geht hier viel zu weit. Wäre den Christen wie den Juden die Möglichkeit gegeben gewesen, mit Erlaubniß der Obrigkeit sich zu versammeln, so würden sie sich diese Erlaubniß ohne allen Zweifel verschafft haben. Das Gegentheil behaupten, heißt ihnen alle Vernunft absprechen. Auch wird die Sache einfach dadurch widerlegt, daß die geheimen Versammlungen der Christen sofort aufhörten, als ihnen öffentliche gestattet wurden. — Anm. des Herausg.

1) ist es falsch, daß die Zusammenkünfte der Christen nicht mit unter den verbotenen begriffen, und daß dieses Verbot nur die wollüstigen, aufrührischen und ärgerlichen Zusammenkünfte verboten. Sie waren es alle ohne Ausnahme. Siehe, was der Consul bei dem Livius, cap. 15. lib. XXXIX., sagt, als die Baccha= nalien abgeschafft wurden.

2) Und woher wußten denn die Heiden, daß die Zusammen= künfte der Christen wirklich so unschuldig waren? Setzt hier Mosheim nicht ebensowol als Origenes als bewiesen und aus= gemacht voraus, was zwischen ihm und dem Celsus streitig ist?

Daß aber die Römer überhaupt nie eine Religion als Reli= gion verfolgt, sondern nur insofern sie mit gewissen Anord= nungen verknüpft war, welche den guten Sitten oder ihrer Staatsverfassung zuwider waren, erkennet man deutlich aus der Ausrottung der Bacchanalien, unter dem Consulate Sp. Postu= mius Albinus und Q. Marcius Philippus (anno u. c. 568., a. C. 186.), welche Livius l. c. weitläuftig beschreibt. Denn nach= dem sie solche nun mit der äußersten Strenge verfolgt, so stellten sie sie doch noch Demjenigen frei, welcher sich Gewissens halber dazu verbunden achten würde, und verordneten nur, daß sie nicht ohne Vorwissen des Prätors und Erlaubniß des Senats gehalten werden sollten. „Si quis tale sacrum solenne et necessarium duceret, nec sine religione et periculo se id omittere posse, apud praetorem profiteretur" etc. C. 18. s. f.

Anmerkungen[1]) über die Erzählung des Livius von Ausrottung der Bacchanalien zu Rom.

1) Ihr Urheber in Etrurien war ein gemeiner, unwissender Grieche. „Graecus ignobilis in Etruriam primus venit nulla cum arte earum, quas multas ad animorum corporumque cultum nobis eruditissima omnium gens invenit, sacrificulus et vates" etc.

Eine neue Secte zu stiften, eine neue Religion zu predigen, ist ein Ungelehrter auch immer geschickter als ein Gelehrter. Ge= setzt auch, ein Gelehrter hätte sich ein noch so blendendes System ausgedacht; gesetzt, er besäße noch so viel Ehrgeiz, dieses System

---

1) „Auch diese Anmerkungen befinden sich auf einem besondern Bogen. Ob sie gleich eine Digression in dem Werke sind, so hat mein Bruder sie doch bei dieser Gelegenheit gemacht und, weil er den Bogen mit dabei gelegt, sie vermuthlich dabei lassen wollen." — Anm. von Karl G. Lessing.

zu einer herrschenden Religion und sich zu dem Haupte derselben
zu machen: wenn er nicht die Macht besitzt, welche Moses besaß;
wenn er nicht schon Heerführer und Gesetzgeber eines ganzen
Volks ist, oder wenn er nicht Männer, die diese Stelle begleiten,
sogleich in sein Interesse ziehen kann; wenn er sich seine ersten
Anhänger unter der Menge suchen muß: so wird er wahrlich
seinen ganzen Charakter verleugnen, seine ganze Denkungsart
verändern müssen, um nur einiger Maßen glücklich zu sein. Wahrheit und Philosophie werden ihn bei dem Pöbel nicht weit
dringen; die künstliche Beredsamkeit der Schule ist ein zu viel
feines Rüstzeug, so plumpe Massen in Bewegung zu setzen: er
muß aufhören, Philosoph und Redner zu sein; er muß sacrificulus et vates werden oder es sich zu sein stellen.

2) „Nec is,“ fährt Livius fort, „qui aperta religione propalam
ob quaestum et disciplinam profitendi animos horrore imbuerat,
sed occultorum et nocturnorum antistes sacrorum.“

Das ist das wahre Kunststück eines neuen Religionsstifters.
Er muß nicht sagen: „Komm, ich will Dich eine neue Religion
lehren!“ So ein Vortrag erweckt bei der Menge Schauder. Er
fängt mit Scrupeln an, die er gegen die gewöhnliche Religion
beibringt, und im Vertrauen beibringt, als ein Mann, dem das
Wohl eines Freundes am Herzen liegt. Aus diesem Scrupel
werden Assertiones. Aus diesen Assertionen entstehen freiwillige
Absonderungen, erst nur in Kleinigkeiten, endlich im Ganzen.
„Ich verachte,“ wird der griechische Bacchuspriester gesagt haben,
„Eure Götter nicht; sie wären mächtig genug, Euch viel Gutes zu
erweisen, wenn sie nicht vielleicht von einer mächtigern Gottheit
eingeschränkt würden.“ „Und wer könnte wol diese sein?“ fragt
die fromme Neubegierde. — „Ich vermuthe nur. Denn die
Götter, wie Du wohl weißt, sind immer einer mächtiger als
der andere. Die Götter des weisen und berühmten Griechenlands
zum Exempel. Doch auch unter diesen giebt es einige von ganz
besonderer Gewalt und Bereitwilligkeit, den Menschen, die in gewissen ihnen gefälligen Gebräuchen unterrichtet sind, zu helfen.“ —
„Nenne mir doch diese!“ — „Sie werden in Griechenland selbst sehr
geheim verehrt.“ — „Aber Du kennst sie doch?“ — „Ich kenne sie,
und kenne sie als sehr eifersüchtige Wesen, die nicht von Jedermann gelaunt sein wollen, die ihre Geheimnisse nicht unter den
Pöbel gebracht wissen wollen, weil sie mit der Kenntniß dieser
Geheimnisse ein= für allemal ihren unausbleiblichen Beistand verbunden haben. Ein Schauder überfällt mich, laß uns von etwas

Anders sprechen." — „Ich hielt Dich für meinen Freund." — „Und hältst mich nicht mehr dafür?" — „Kann ich? Freunde sollten Alles gemein haben; und Du behältst mir das vor, was nicht allein Freunden, was allen Menschen gemein sein sollte." — „Lege mir es nicht so nah! An meinem Willen fehlt es nicht; aber prüfe Dich selbst, ob Du im Staube bist, ganz neue sonderbare Dinge zu hören, zu glauben, zu thun!" — „Du warest es doch im Staube?" — „Aber welche Ueberwindung hat es mich gekostet! — ich zittre noch; genug, es ist überstanden!" — „Auch ich werde es überstehen." —

Nun ist die Neubegierde aufs Höchste; nun ist die Bereit= willigkeit da; nun nimmt das Spiel seinen Anfang.

3) „Initia erant quae primo paucis tradita sunt: deinde vul-gari coepta per viros mulieresque."

Die ersten Dutzend Anhänger sich zu schaffen, recht blinde, ge= horsame, enthusiastische Anhänger, ist für den neuen Religions= stifter das Schwerste. Hat er aber nur erst die, so geht das Werk weit besser von Statten. Welcher Mensch hat nicht andre Men= schen, über welche ihm Natur oder Glück eine Art von Superio= rität ertheilen? Wer will, wenn er erleuchtet zu sein glaubt, nicht gern wieder erleuchten? Der Ungelehrteste, der Einfältigste ist darin immer am Geschäftigsten. Man sieht dies alle Tage. Es bekomme ein eingeschränkter Kopf gewisse halbe Kenntnisse von dieser oder jener Wissenschaft und Kunst. Bei aller Gelegenheit wird er davon plaudern ꝛc.

Besonders die Weiberchen! Es ist zu bekannt, wie vortreff= lich sich alle Häupter neuerer Religionen und Secten, gleich dem Stifter der ersten— — — im Paradiese, zu Nutze zu machen gewußt haben.

4) „additae*) voluptates religioni vini et epularum, quo plu-rium animi illicerentur."

Dieses erinnert mich an die Liebesmähler der ersten Christen. Wozu diese heiligen Schmausereien? Ich glaube im Geringsten nicht, daß bei ihren Stiftungen die Gesetze der Ehrbarkeit und Mäßigkeit übertreten worden. Aber diese Uebertretung folgte gar bald, und man sehe nur, wie sehr schon der Apostel Judas in seiner Epistel, Vers 12, wider die Mißbräuche, die dabei vor=

---

*) „additae," sagt Livius. Sie waren also nicht das Hauptwerk. Der Be= trüger bedütirte auch nicht damit.
V. le Misopogon de Julien, de la traduct. franc. p. 53 u. 124.

gingen, eifert. Auch der Apoſtel Petrus, II. Epiſt., 2. 13! In welcher Stelle es wol keine Frage iſt, ob für ἀπάταις, ἀγάπαις geleſen werden müſſe, da es aus dem Parallelismus mit der Epiſtel Judä deutlich genug erhellet. Dieſe Mißbräuche wuchſen auch mit der Zeit ſo ſehr, daß man für nöthig hielt, ſie auf den Kirchenverſammlungen erſt einzuſchränken und endlich ganz und gar zu verbieten.*)

Plinius**) ſagt von dieſen Liebesmahlen, daß ſie zuſammen= gekommen wären „ad capiendum cibum, promiscuum tamen et innoxium.“ Ich finde keinen Ausleger, der dieſes promiscuus er= klären wolle; daß ich alſo zweifle, ob es Viele gehörig verſtan= den. Sartorius hat es wenigſtens nicht verſtanden, wenn er es überſetzt: ſie wären zuſammengekommen, unter ſich, doch nach gemeiner Art und ſonder Jemands Nachtheil, zu ſpeiſen. Die Ungewißheit, in welcher auch die Herausgeber ſind, ob ſie das tamen zu promiscuus oder zu innoxius ziehen ſollen, zeigt ſchon, daß ſie nicht deutlich genug geſehen. Ich glaube, daß nicht ſo= wol alle Speiſen unter einander damit gemeinet werden, als die Vermiſchung der Gäſte ſelbſt von allerlei Stand, Alter und Geſchlecht. Dieſe Vermiſchung war den Alten bei ihren Gaſte= reien etwas ganz Ungewöhnliches und Anſtößiges. Und darum will Plinius ſagen, obſchon von dieſer Seite ihre Gaſtereien anſtößig, ſo wären ſie doch ſonſt von allem Frevel frei.

Daß die Beſchuldigungen des Cäcilius beim Minutius Felix wahr ſind, ob ſie ſchon nur von den Carpocratianern***) galten und es ſich die erſten Chriſten durch ihre allzu große Gelindigkeit und Nachſicht gegen alle Arten von Ketzern zuzuſchreiben hatten, wenn die Heiden, was ſie von den Ketzern in Erfahrung brachten, den Chriſten überhaupt zuſchrieben.

5) „Hujus mali labes ex Etruria Romam, velut contagione morbi, penetravit. Primo urbis magnitudo capacior patientior= que talium malorum, ea celavit.“

„Der Enthuſiasmus iſt eine wahre anſteckende Krankheit der Seele, die mit einer unglaublichen Geſchwindigkeit um ſich greift.“

Shaftesbury.

---

*) In dem 4. Jahrhunderte, v. P. I. Tilemanni Commentarium in Epi-
stolam Judae, in Appendice de Agapis. Marburgi in 8vo. 1693, et Act.
Erudit., anno 1694. p. 368.
**) Epist. 97. Lib. X.
***) Clemens Alexandr., Stromat. lib. III. §. 2. p. 514. Edit. *Potteri*.

Seinen ersten Schauplatz muß der neue Religionsstifter auf dem Lande, in kleinen Orten wählen. Hat er aber da die ersten Anhänger sich verschafft, so sucht er ein größeres Theater, und die größte Stadt ist für ihn immer die beste. Ein Jünger fängt auf dieser, der andere auf jener Ecke an; die verschiedenen Flam= men fressen in der Stille fort; endlich treffen sie zusammen, und die halbe Stadt steht in der schrecklichsten Feuersbrunst, noch ehe die Polizei Rauch gemerkt hat. — — — — — —

4.

Die Verfolgungen konnten sich auf zwei ansehnliche Classen von Leuten fast gar nicht erstrecken:

1) auf die römischen Bürger,
2) auf die Sclaven.

5.

Viele Kaiser thaten ihr Möglichstes, sie einzuschränken, ja, sogar den Grund davon wegzuschaffen.

Aufs Erstere beziehen sich ihre Verbote gegen die Angeber und die ihnen gedrohten Strafen. vid. Eusebius.

Auf das Andere ist das Bemühen der Kaiser, Christum für einen Gott öffentlich erkennen zu lassen, zu ziehen. Dies ist der wahre eigentliche Gesichtspunkt, aus welchem man das, was Tertullianus vom Tiberius, Lampridius von dem Severus des= falls erzählt, betrachten muß. v. Mosheim de studio Ethnicorum Christianos imitandi. Diss. Eccl. Vol. I. p. 357.

Von der Menge der Märtyrer.

Um das begreiflich und verständlich zu machen, was die Ge= schichtschreiber der Kirche von der unzählbaren Menge der Mär= tyrer sagen, kann vielleicht auch diese Anmerkung nicht undienlich sein, daß nämlich in den ersten Zeiten nicht allein Diejenigen für Märtyrer gerechnet wurden, welche Verfolgungen wegen des Namens Christi erlitten oder gar ihr Zeugniß mit ihrem Blute versiegelten, sondern auch Diejenigen, welche Jenen in ihrem Ge= fängnisse bei ihren Duldungen nach allen Kräften beistanden, ihnen den nöthigen Unterhalt reichten, sie mit Gelde versahen, um sich dadurch ihren Wächtern gefällig machen zu können. „Τουτο γαρ ποιησαντων υμων, μαρτυριον υμιν λογισθησεται." Constit. Apost. lib. V. c. 1.

Das Martyrthum ging bei ihnen über Alles. Wenn ein Katechumenus Märtyrer ward, so durfte er sich im Geringsten nicht beunruhigen, daß er noch nicht getauft sei. „Τὸ γὰρ πάϑος τὸ ὑπὲρ Χριστοῦ ἔσται αὐτῷ γνησιώτερον βάπτισμα." Constit. Apost. lib. 5. c. 6.

Man erkennt hier deutlich eine menschliche Biaisirung.[1]) Niemals haben die ersten Christen die Taufe, wohl aber das Nachtmahl für unentbehrlich gehalten, obgleich die ausdrücklichen Aussprüche der Schrift für die Unentbehrlichkeit der ersten vorhanden: „Wer nicht gläubt und getauft wird"; „So oft Ihr dieses thut." Und warum dieses? Weil die Christen, besonders die angehenden, zwar in Umstände kommen konnten, die Taufe nicht erhalten zu können, aber niemals in Umstände, das Nachtmahl nicht zu genießen, indem sie von ihren Glaubensgenossen in den Gefängnissen besucht werden durften, die auch da mit ihnen essen und trinken und sonach während demselben das Sacrament genießen konnten.

VII. Hauptstück.

Von den gegenseitigen Bemühungen der Philosophen.

Sie setzten der christlichen Religion entgegen

1.

Elende Vertheidigungen und Entschuldigungen der heidnischen.

2.

Eine ebenso unbegreifliche, abgeschmackte Philosophie.

Hieher gehört die abgeschmackte Philosophie des Celsus und die noch weit tollere des Porphyrius. Conf. *Alciphron, Dial.* VI. p. m. 95 u. s.

Beschluß.

Wenn aus Allem, was bisher angeführt worden, folgen sollte, daß die christliche Religion durch ganz natürliche Mittel fortgepflanzt und ausgebreitet worden, so hüte man sich, zu glauben, daß wider die Religion selbst etwas Nachtheiliges daraus folgen könne.

---

1) Biaisirung kommt vom franz. biaiser (Winkelzüge machen, sich mit Ausflüchten behelfen). — Anm. des Herausg.

Es ist gar keine fremde Assertion unter unsern Gottes= gelehrten, daß Christus selbst zu keiner bequemern Zeit in die Welt hätte kommen können. *)

Hat nun Christus selbst die bequemste Zeit erwartet, hat er das große Wunder seiner Erscheinung nicht bloß durch lauter andre Wunder unterstützen, sondern dem natürlichen Laufe der Dinge unterwerfen wollen: warum wollen wir diesen natürlichen Lauf der Dinge bei der weitern Ausbreitung aus den Augen setzen?

---

*) Mosheimii Comment. de rebus Christ., cap. I. §. 3. — „Quibus ex rebus rectissime statuunt, qui commodiore tempore filium Dei ad homines descendere potuisse negant." Conf. Origenes contra Celsum, libr. II.

Druck von Otto Wigand in Leipzig.

Lessing's Werke.

~~~~~~~~

Funfzehnter Theil.

Theologische Schriften.

Zweite Abtheilung. I.

Herausgegeben und mit Anmerkungen begleitet

von

Christian Groß.

———◆———

Berlin.

Gustav Hempel.

Inhalt.

Theologische Schriften. II. Abtheilung, 1.

Seite

Vorbemerkungen des Herausgebers. 1

Von Adam Neusern, einige authentische Nachrichten . . 25

Die Fragmente eines Ungenannten.

I. Von Duldung der Deisten 83

    Ein Mehreres aus den Papieren des Ungenannten.

II. Von Verschreiung der Vernunft auf den Kanzeln.
(Erstes Fragment.) 107

III. Unmöglichkeit einer Offenbarung, die alle Menschen
auf eine gegründete Art glauben könnten. (Zweites
Fragment.) 123

IV. Durchgang der Israeliten durchs Rothe Meer. (Drittes
Fragment.) 177

V. Daß die Bücher A. T. nicht geschrieben worden,
eine Religion zu offenbaren. (Viertes Fragment.) . 189

VI. Ueber die Auferstehungsgeschichte. (Fünftes Fragment.) 223

    Lessing's Gegensätze zum 1—5. Fragment . . . 261

VII. Von dem Zwecke Jesu und seiner Jünger 285

Anhang. Zusammenstellung der in den Fragmenten IV und VI be-

Vorbemerkungen des Herausgebers.

Der gegenwärtige sowie die beiden folgenden Theile von Lessing's Werken umfassen die zweite Abtheilung seiner t h e o = l o g i s ch e n Schriften, d. h. alle diejenigen theologischen Ab= handlungen, Streitschriften und Fragmente, die in dem letzten Jahrzehend von Lessing's Leben (1771—1781) entstanden sind. Während die im 14. Theile enthaltenen Abhandlungen der vorigen Periode gewissermaßen als Vorstudien zu Lessing's theologischem Lebensberufe und im Verhältniß zu seiner schriftstellerischen Ge= sammtthätigkeit nur als Parerga angesehen werden können, tritt in diesem letzten Abschnitt von Lessing's Leben die Theologie immer mehr und mehr in den Vordergrund und nimmt in dem zweiten Lustrum dieses Abschnittes das ganze Interesse dieses großen Geistes fast ausschließlich in Anspruch. Wie ein Adler kühn erhob sich der Gewaltige, schüttelte mit mächtigem Ruck die Pygmäen, die ihm die Flügel zu binden suchten, von sich, daß sie wimmernd am Boden lagen, und erregte mit dem Schlage seiner Fittige einen Sturm, der noch heute, nach hundert Jahren, nicht ganz ausgetobt hat. Lessing's theologische Streitschriften sind ebenso epochemachend wie seine Literaturbriefe, sein Laokoon und seine Dra= maturgie. „Wenn die Könige baun, haben die Kärrner zu thun."

Die einzelnen Aufsätze dieser Periode zerfallen in folgende vier Gruppen:

1. Von Adam Neusern, einige authentische Nachrichten.

Der Aufsatz besteht aus einem Briefe des berüchtigten refor= mirten Geistlichen und spätern Renegaten Adam Neuser und com= mentirenden Bemerkungen Lessing's zu demselben.

2. Die sieben Fragmente eines Ungenannten und Lessing's Bemerkungen zu denselben.

Diese berühmten Fragmente des „Wolfenbüttler Ungenannten" sind anerkanntermaßen weit mehr bekannt als gekannt, weit mehr verrufen als gelesen, aus dem einfachen Grunde, weil die sämmtlichen Lessing-Ausgaben die Fragmente ganz bei Seite lassen und nur Lessing's Bemerkungen zu denselben abdrucken, was das Verständniß der letztern offenbar sehr erschweren muß. Läßt sich ein solcher Mangel wol durch die kahle Bemerkung entschuldigen, die Fragmente „blieben weg, weil sie nachher zusammen gedruckt seien"? (Lachmann.) Die Fragmente sind freilich „nachher zusammen gedruckt"; aber wo ist dieser Gesammtdruck zu haben? Höchstens in großen Bibliotheken, deren Benutzung nicht Jedermanns Sache ist. Da nun der ganze Fragmentenstreit ohne Kenntniß der Fragmente nur sehr unvollkommen beurtheilt werden kann, so haben wir in unserer Ausgabe des Lessing ein von dem bisherigen Brauch gänzlich verschiedenes Verfahren einschlagen zu müssen geglaubt. Wir bringen nämlich die Fragmente unverkürzt zum Abdruck, so daß der Leser in den Stand gesetzt wird, über die interessante Streitfrage sich selbst ein Urtheil zu bilden. Wir sind der festen Ueberzeugung, daß das Publicum uns für diese Neuerung Dank wissen wird.

3. Die Streitschriften, und zwar

a) „Ueber den Beweis des Geistes und der Kraft" und „Das Testament Johannis", gegen den Director Schumann in Hannover;

b) „Eine Duplik", gegen den Superintendenten Reß in Wolfenbüttel;

c) „Eine Parabel. Nebst einer kleinen Bitte und einem eventualen Absagungsschreiben"; „Axiomata, wenn es deren in dergleichen Dingen giebt"; „Anti-Göze. Erster—Elfter"; „Nöthige Antwort auf eine sehr unnöthige Frage" und „Der nöthigen Antwort ꝛc. Erste Folge". Die unter c aufgeführten Schriften sind sämmtlich gegen den Hauptpastor Göze in Hamburg gerichtet, nur die „Anti-Gözes" zugleich auch gegen den Subrector Behn und den Licentiaten beider Rechte Wittenberg.

4 Die theologischen Nachlaßsachen.

Die Zahl dieser Aufsätze ist eine sehr bedeutende. Sie beziehen sich beinahe ausschließlich auf den Fragmentenstreit. —

Zur Orientirung des Lesers über den Fragmentenstreit mögen uns folgende Bemerkungen gestattet sein. Dieselben beziehen sich auf 1) den Ursprung und den Inhalt der Fragmente, 2) Lessing's Stellung zu denselben, 3) die Gegner und 4) die Resultate des Streites.

Als Lessing im Jahre 1770 von Hamburg nach Wolfenbüttel übersiedelte, brachte er eine Abschrift oder vielmehr wahrscheinlich nur den wenigstens theilweise schon um 1744 entstandenen ersten Entwurf eines Werkes mit, das den Titel führte: „Apologie oder Schutzschrift für die vernünftigen Verehrer Gottes, 1767". Die Original-Handschrift dieses ziemlich umfangreichen Werkes befindet sich noch heute auf der Hamburger Stadtbibliothek, der sie im Jahre 1814 durch den Arzt J. A. H. Reimarus zum Geschenk gemacht worden ist. Der lange unbekannte Verfasser dieser Schrift war, wie man jetzt mit völliger Bestimmtheit zu behaupten berechtigt ist, der Vater des eben genannten Hamburger Arztes, Hermann Samuel Reimarus. Dieser H. S. Reimarus, der Schwiegersohn des berühmten Philologen Joh. Albert Fabricius, war geboren im Jahre 1694 und starb im Jahre 1768 als Professor der orientalischen Sprachen am akademischen Gymnasium zu Hamburg. Er war Anhänger der Wolffischen Schule und Verfasser mehrerer zu ihrer Zeit viel gelesener Werke. Seine Schrift „Die vornehmsten Wahrheiten der natürlichen Religion" (1754) erlebte sechs, seine „Vernunftlehre" (1756) fünf und seine „Allgemeinen Betrachtungen über die Triebe der Thiere" (1762) vier Auflagen. Reimarus scheint schon im Anfange der vierziger Jahre jene „Schutzschrift" begonnen und dann bis an seinen Tod an derselben gearbeitet zu haben. Für den Druck hatte er dieselbe zunächst nicht bestimmt, sondern sie nur zu seiner „eigenen Gemüthsberuhigung" geschrieben, was Lessing im siebenten „Anti-Göze" auf Grund eines Vorberichts des Verfassers ausdrücklich hervorhebt. Reimarus wollte „die Welt nicht durch seine Einsichten irre machen oder zu Unruhen Anlaß geben". „Die Schrift mag im Verborgenen," heißt es weiter, „zum Ge-

soll sie nicht durch den Druck gemein gemacht werden, bevor sich
die Zeiten mehr aufklären. Lieber mag der gemeine
Hanse noch eine Weile irren, als daß ich ihn, obwol ohne meine
Schuld, mit Wahrheiten ärgern und in einen wüthenden Religions=
eifer setzen sollte." Der jüngere Reimarus war entweder zu pietäts=
voll besorgt für das Andenken seines verehrten Vaters und zu ge=
horsam gegen den bestimmt ausgesprochenen Willen desselben oder,
wie Lessing in einem Briefe an Herder (vom 10. Jan. 1779) an=
deutet, „viel zu furchtsam", um eine weitere Verbreitung der Schrift
oder gar den Druck derselben zu gestatten. Noch im Jahre 1814,
also fast ein halbes Jahrhundert nach dem Tode seines Vaters,
als der jüngere Reimarus der Göttinger Universitätsbibliothek eine
Abschrift des Manuscriptes übermittelte, fügte er einem Vorbericht
die Bitte bei: „Ich ersuche noch, sie nicht auszuleihen, nur fürs
Erste Männern, welche man dazu geeignet findet, mitzutheilen."
Der jüngere Reimarus war es also höchst wahrscheinlich nicht, der
Lessing die „Schutzschrift" überlieferte, sondern vielmehr dessen
Schwester Elise, Lessing's geistvolle und hochgebildete Freundin.
Uebrigens war es auch nicht die ganze „Schutzschrift", die Lessing
übergeben wurde, sondern wahrscheinlich nur, wie oben schon an=
gedeutet, der erste noch unvollständige Entwurf derselben. Zur
Herausgabe des Ganzen war der jüngere Reimarus auch später,
als die von Lessing veröffentlichten Fragmente bereits den größten
Rumor in der Welt verursacht hatten, nicht zu bewegen, obschon
Lessing „alle Gefahr auf sich allein nehmen wollte". Man sieht dies
aus dem bereits citirten Briefe an Herder, in dem Lessing sagt:
„Wo auch nur die Hoffnung herkommen könnte, die Fragmente
ganz an das Licht zu bringen, weiß ich nicht. Nicht zwar, daß
man mich abgeschreckt hätte, der Wahrheit diesen Dienst zu thun,
sie mag sich nun endlich finden lassen, auf welcher Seite sie will.
Sondern weil ich wirtlich das ganze Manuscript
nicht in Händen und es nur bei Leuten gelesen habe, die ent=
weder viel zu eifersüchtig oder viel zu furchtsam damit sind, als
daß sie mir es anvertrauen möchten; so viel und heilig ich auch die
vom letztern Schlage versichert habe, daß ich alle Gefahr auf mich
allein nehmen wolle."
Lessing war mit dieser „Schutzschrift für die vernünftigen Ver=
ehrer Gottes" nicht so zurückhaltend. Als ihn Moses Mendelssohn
im Herbste 1770 in Wolfenbüttel besuchte, zeigte ihm Lessing das
Manuscript und vertraute ihm dasselbe an. Mendelssohn scheint
auch Lessing's Gönner, den Erbprinzen von Braunschweig, auf

daſſelbe aufmerkſam gemacht zu haben. Doch war deſſen Neu=
gierde nach demſelben nicht ſo groß, wie Mendelsſohn ſich einge=
bildet haben mochte. Wenigſtens ſchreibt Leſſing unterm 9. Juni 1771
an Letztern: „Die Neugierde der bewußten Perſon nach dem
Manuſcript hat ſich halten laſſen. Er hat nicht eher wieder daran
gedacht, als bis er mich vor einigen Tagen wieder zu ſehen bekam.
Ich fürchte, daß ſein Verlangen, die Sache ſelbſt beſſer einzuſehen,
ebenfalls nicht weit her iſt; daher habe ich ihm auch nur blos die
Vorrede mitgetheilt, unter dem Vorwande, daß Sie das übrige
Manuſcript bei Sich hätten.“

Als Leſſing im Sommer 1771 nach Berlin kam, wollte er hier
ſofort das Ganze, d. h. ſoweit es in ſeinen Häuden war, in Druck
geben. Seine beiden Freunde Nicolai und Mendelsſohn riethen
ihm indeß ernſtlich ab. „Umſonſt!“ erzählt Nicolai, „er war da=
von nicht abzubringen; wie er ſich denn überhaupt nicht leicht von
einer Idee abbringen ließ, die einmal in ſeinem Geiſte lebhaft ge=
worden war. Er ſchrieb unſre Widerſetzlichkeit einem ganz falſchen
Beweggrunde zu.“ Leſſing fand auch einen Verleger, der den Druck
unter der Bedingung übernehmen wollte, daß das Buch die Cenſur
paſſirte. Die theologiſche Cenſur wollte nun zwar den Druck weder
verhindern, noch unterbrücken, aber doch auch nicht ihr Vidi darunter
ſetzen, was man nach Nicolai’s Meinung einem chriſtlichen Theo=
logen auch nicht ſo übel nehmen konnte. Der Verleger hielt ſich da=
durch nicht gegen alle Verdrießlichkeit gedeckt, und Leſſing nahm
das Manuſcript wieder mit zurück nach Wolfenbüttel, um für die
Herausgabe deſſelben eine paſſende Gelegenheit abzuwarten. Die
faud ſich denn auch bald. Leſſing edirte nämlich ſeit 1773 „Bei=
träge zur Geſchichte und Literatur — Aus den Schätzen der Herzog=
lichen Bibliothek zu Wolfenbüttel“. Dieſelben erſchienen in der
Buchhandlung des Waiſenhauſes zu Braunſchweig unter Cenſur=
freiheit. Letztere wußte nun Leſſing auf einem Umwege auch
ſeinem Manuſcripte zuzuwenden, indem er daſſelbe für ein Beſitz=
thum der Wolfenbüttler Bibliothek erklärte und es nun bruchſtück=
weiſe ſeinen „Beiträgen“ einverleibte. Das erſte Bruchſtück er=
ſchien im „Dritten Beitrag“ (1774) unter dem Titel: „Von Dul=
dung der Deiſten. Fragment eines Ungenannten“, mit kurzen Vor=
und Schlußbemerkungen Leſſing’s, in denen er in geſchickter Weiſe
das Fragment mit dem unmittelbar vorhergehenden Aufſatze über
„Adam Neuſer“ in Verbindung ſetzt und das Urtheil des Leſers
über den muthmaßlichen Verfaſſer möglichſt irrezuführen ſucht.

milie Reimarus die Erlaubniß zum Druck erhalten. Um also den Leser von der richtigen Spur desto sicherer abzulenken, spricht Lessing die Vermuthung aus, Verfasser des Werkes sei vielleicht der unglückliche Uebersetzer der sogenannten „Wertheimischen Bibel", Joh. Lorenz Schmidt, der vor etwa dreißig Jahren in Wolfenbüttel, wie Lessing hinzufügt, „unter dem Schutze eines einsichtsvollen und gütigen Fürsten die Duldung fand, welche ihn die wilde Orthodoxie lieber in ganz Europa nicht hätte finden lassen." Das Fragment fordert Duldung für die Anhänger der Vernunft-Religion, die Deisten. Selbst Juden und Türken, allerlei Ketzer, Fanatiker und Heiden würden in christlichen Staaten geduldet, während die Anhänger einer reinen Vernunft-Religion, wenn sie nicht heucheln wollten, Verketzerungen und Verfolgungen aller Art ausgesetzt seien. Das komme daher, weil „jene Ketzer, Fanatici, Juden, Türken, Heiden bei allen übrigen Irrthümern doch noch das Verdienst an sich haben, daß sie etwas glauben. Was sie denn glauben, davon ist bei der Toleranz die Frage nicht; genug, sie glauben doch und folgen der Vernunft nicht." Selbst die Juden hätten den Proselyten des Thores, den gottesfürchtigen Heiden, d. h. nach des Ungenannten Ansicht den damaligen Deisten, gestattet, unter ihnen zu wohnen, wenn sie auch nur die sogenannten Noachitischen Gebote, d. h. fast ausnahmslos Vorschriften der reinen Vernunft-Religion, zu halten sich verpflichteten.

Dies ziemlich zahme Fragment fand fast gar keine Beachtung. Damit war natürlich dem Herausgeber nicht gedient. Er ließ daher im Jahre 1777 noch fünf Fragmente folgen, von denen wenigstens das letzte Beachtung finden mußte. Diese fünf Fragmente füllen mit des Herausgebers Vorrede und „Gegensätzen" den ganzen „Vierten Beitrag" und tragen den Gesammttitel: „Ein Mehreres aus den Papieren des Ungenannten, die Offenbarung betreffend".

Das zweite Fragment (im „4. Beitrag" das erste), „Von Verschreiung der Vernunft auf den Kanzeln", behandelt ein ähnliches Thema wie das erste. Der Ungenannte sucht hier zu zeigen, daß die Geistlichen bei ihrem Eifern gegen die Vernunft einmal sich selbst widersprächen, da sie ja namentlich in ihren Lehrstreitigkeiten von dieser „edelsten Naturgabe" ebenfalls Gebrauch zu machen genöthigt seien, dann aber hierin auch nicht das Beispiel „ihres großen Lehrers Jesu" auf ihrer Seite hätten; „denn er hat nichts als eine vernünftige praktische Religion gepredigt." Auch auf

Aussprüche des Apostels Paulus dürften sie sich hierbei nicht be=
rufen, wie ausführlich nachgewiesen wird.

Eine ähnliche Verwandtschaft wie das erste und zweite Frag=
ment zeigen auch das dritte und fünfte.

Das dritte Fragment handelt von der „Unmöglichkeit
einer Offenbarung, die alle Menschen auf eine gegründete Art
glauben könnten". Das Fragment ist unter allen sieben vielleicht das
bedeutendste. Folgendes ist etwa der leitende Grundgedanke desselben.
Da die Offenbarung ihrer Natur nach nicht an alle Menschen er=
gehen kann, sondern nur an Einzelne, Bevorzugte, so sind alle
Uebrigen an das Zeugniß dieser wenigen Bevorzugten gewiesen, das
wenigstens falsch sein kann, also nicht ohne Prüfung angenommen
werden darf. Da ferner die Offenbarung nicht zu allen Zeiten
ergeht, sondern nur in gewissen Perioden längst vergangener Jahr=
hunderte, so werden aus ihren sichersten Zeugnissen allmählig Sagen
und Märchen. Da endlich alle Völker einer Offenbarung sich
rühmen und diese verschiedenen vorgeblichen Offenbarungen sich
vielfach widersprechen, so daß es unmöglich sei, die ächte von den
falschen zu unterscheiden, so sehe man sich zu der Annahme
genöthigt, daß Gott sich nur einem Volke geoffenbart habe.
Aber auch dieser Annahme stellten sich die größten Schwierigkeiten
in den Weg, weil es so der Offenbarung geradezu unmöglich sei, zu
allen Menschen und zu allen Völkern auch nur äußerlich zu gelangen.
Der Schluß aus dem Allen ist: Die Offenbarung muß
gewiß nicht nöthig und der Mensch für keine Offen=
barung gemacht sein.

Das fünfte Fragment suchtzu beweisen, „daß die Bücher des
A. T. nicht geschrieben worden, eine Religion zu offenbaren". Als
Argument bei diesem Beweise dient dem Ungenannten der Mangel
einer Lehre von der Unsterblichkeit der Seele und von einer Beloh=
nung und Bestrafung unserer Handlungen in einem künftigen Leben.

Während in den vier bisher besprochenen Fragmenten der
Ungenannte gewissermaßen seine Principien entwickelt, wendet er
dieselben in den drei übrigen auf besonders schlagende Beispiele des
A. und N. Testamentes an, um sie an ihnen zu bewähren. So
zeigt er im vierten Fragment, vom „Durchgang der Israeliten
durchs rothe Meer", daß der ganze Hergang, wie er im 2. B.
Mose erzählt wird, auch dann noch gänzlich unmöglich sei, wenn man
die plötzliche Trockenlegung des rothen Meeres durch ein göttliches

Wunder zugiebt. Die Kürze der Zeit, die Beschaffenheit des Meeres=
bodens, die finstere Nacht, die große Zahl der Durchziehenden,
die Mütter mit ihren Kindern, die Menge der Bagagewagen, der
Heerden u. f. w. u. f. w., das scheinen Alles dem Ungenannten
unübersteigliche Hindernisse, um diese Erzählung als ein geschicht=
liches Factum gelten lassen zu können. Die Erzählung sei eben, wie
die Wunder des A. T. überhaupt, von der menschlichen Phantasie,
die sich über alle Schwierigkeiten hinwegsetze, erdichtet; es sei
daher auch nicht nöthig, dieselbe zu glauben.

Man sieht schon aus diesen Pröbchen, daß Carl Schwarz nicht
mit Unrecht von dem Ungenannten behauptet: „Er war für
die Wolff'sche Philosophie ganz dasselbe, was
Strauß für die Hegel'sche."

Noch weit mehr aber werden wir durch das sechste Frag=
ment: „Ueber die Auferstehungsgeschichte", an das „Leben Jesu"
erinnert. Es war denn auch dies Fragment der eigentliche Stein
des Anstoßes und die Hauptveranlassung des ganzen Frag=
mentenstreits. Der Fragmentist geht aus von der Erzählung
Matth. 27 u. 28, nach welcher die Hohenpriester am Grabe des
Gekreuzigten Wächter aufstellten und dann dieselben bestachen, da=
mit sie sagen sollten, die Jünger hätten den Leichnam Christi ge=
stohlen. Er sucht dann nicht blos die innere Unwahrscheinlichkeit
dieser Erzählung darzuthun, sondern weist auch hin auf die in den
Angaben der vier Evangelisten hervortretenden zahllosen Ver=
schiedenheiten und Widersprüche, von denen namentlich zehn als
ganz unlösbar hingestellt werden. Und der Schluß aus all diesen
Argumentationen ist gewiß so anstößig, wie nur möglich: „Die
Jünger haben den Leichnam Christi wirklich ge=
stohlen und haben jene von Matthäus mitgetheilte
Erzählung nur erdichtet, um den Verdacht von sich
auf ihre Gegner abzulenken."

So anstößig dieses Fragment aber auch war, so war es doch
noch nicht das „Dreisteste und Stärkste", was Lessing mitzutheilen
hatte. Dies sparte er sich bis zuletzt auf, um es im Jahre 1778
nicht mehr in den „Beiträgen", sondern als ein besonderes Werk
herauszugeben unter dem Titel: „Von dem Zwecke Jesu
und seiner Jünger. Noch ein Fragment des Wolfenbüttel'schen
Ungenannten". Lessing schickte zwar dem Fragment eine Vorrede vor=
aus, fügte aber keine „Gegensätze" hinzu. Indem wir den Leser auf
dieses längste unter den sieben Fragmenten selbst, dem auch das eben

besprochene ursprünglich als Theil angehört hatte, verweisen, machen
wir hier nur auf einige Hauptgedanken desselben aufmerksam. Der
von Lessing so vielfach betonte Unterschied zwischen der „Religion
Christi" und der „christlichen Religion" bildet in diesem Fragment
den leitenden Gedanken. Nicht Jesus ist der Urheber der Lehre
von seiner Gottessohnschaft, der Dreieinigkeit und der erlösenden
Kraft seines Todes. Er predigte vielmehr nur: „Bekehret
Euch, denn das Himmelreich ist nahe herbeige=
kommen," indem er sich selbst für den Stifter dieses Himmel=
reichs, den Messias nach den irdischen Vorstellungen und Hoff=
nungen der Juden ausgab. Auch die Jünger theilten diese Hoff=
nungen und Vorstellungen, wie sie naiv genug Luc. 24, 21.
gestehen: „Wir aber hofften, er sollte Israel erlösen." Der Tod
Jesu zerstörte alle diese Hoffnungen, aber in ein paar Tagen
erschufen sich die Jünger „aus Noth" ein neues System, wonach
Christus nothwendig habe leiden und sterben müssen zur Erlösung
der Menschheit, aber auferstanden und gen Himmel gefahren sei,
um bald in Herrlichkeit wiederzukommen und die Seinen zum
Siege zu führen. — Man sieht, die Jünger sind nach des Unge=
nannten liebevoller Beurtheilung eine Rotte schlauer Gauner, die
aus der Noth eine Tugend zu machen wissen; nur Christus selbst
ist noch kein absichtlicher Betrüger (diese große Entdeckung ist un=
serer aufgeklärten Zeit vorbehalten geblieben!), sondern er hat sich
blos selbst getäuscht.

So viel über Ursprung und Inhalt der Fragmente. Welches
ist nun die Stellung Lessing's zu denselben sowie zu der Aufklärung
des vorigen Jahrhunderts überhaupt?

Wir haben schon am Schluß der Vorbemerkungen zu dem
vorhergehenden Theile hervorgehoben, daß Lessing kein Christ
im eigentlichen und strengen Sinne des Wortes gewesen ist. Zu
diesem Resultate gelangt auch Hebler nach einer gründlichen und
eingehenden Untersuchung in seinen des höchsten Lobes würdigen
Lessing=Studien. Aber trotzdem stand Lessing der Lutherischen
Orthodoxie viel näher als der religiösen Aufklärung seiner Zeit.
Er hielt das orthodoxe System zwar für „Unsinn", aber er hatte
Respect vor der strengen Consequenz, der Klarheit und Geschlossen=
heit desselben; er war ganz der Meinung des Polonius: „Ist's
auch Unsinn, hat es doch Methode." Am Tiefsten, ja bis unter
den Gefrierpunkt war wol die Empfindung Lessing's gegen seine

des vorigen Theiles abgedruckten Bruchstücke schrieb: „Ueber die
Entstehung der geoffenbarten Religion" und „Von der Art und
Weise der Fortpflanzung und Ausbreitung der christlichen Religion". In dem erstern behauptet er, „kühl bis ans Herz hinau":
„Alle positiven und geoffenbarten Religionen sind gleich wahr und
gleich falsch." In der „Erziehung des Menschengeschlechts", Lessing's
letztem Wort, wird dagegen bekanntlich dem Christenthum der Vor-
rang vor allen andern geoffenbarten Religionen eingeräumt. Noch
weit „kühler" aber, ja zum Theil geradezu feindselig ist das Bruchstück über „die Fortpflanzung und Ausbreitung der christlichen
Religion" gehalten. Hier werden die Apostel deutlich genug mit den
unsittlichen und intriganten römischen Bacchuspriestern paralle-
lisirt. Lessing merkte indessen bald, daß er auf der abschüssigen
Bahn der Negation sich viel zu weit habe fortreißen lassen, und
daß es Zeit sei, wieder umzukehren. Es geht dies deutlich aus
einer Stelle in dem auch sonst in vieler Beziehung merkwürdigen
Briefe an Moses Mendelssohn vom 9. Januar 1771 hervor, in
der es heißt: „Doch ich besorge es nicht erst seit gestern, daß, indem ich gewisse Vorurtheile weggeworfen, ich ein Wenig zu
viel mit weggeworfen habe, was ich werde wiederholen müssen. Daß ich es zum Theil nicht schon gethan,
daran hat mich nur die Furcht verhindert, nach und
nach den ganzen Unrath wieder in das Haus zu
schleppen." Diese Furcht war allerdings nur wenig begründet;
denn wenn er auch für seinen „Berengarius" das „schale Lob" der
Theologen erntete, und wenn er auch mit seinen Bemerkungen
„über die ewigen Strafen" (1773) nach der Ansicht seines Bruders
Karl den Orthodoxen „die Cour zu machen" schien, so konnte er
doch mit Recht seinen Bruder fragen: „Was gehen mich die Orthodoxen an? Ich verachte sie ebenso sehr als Du." Lessing stand
eben mit seinen eigenen religiösen Anschauungen außerhalb der
Parteien oder, wenn man will, über denselben. Die natürliche
Folge davon war, daß er von beiden Parteien verlästert wurde,
wie er (den 25. Mai 1777) an Nicolai schreibt: „Was Sie mir
sonst von der guten Meinung schreiben, in welcher ich bei den
dortigen Theologen und Freigeistern stehe, erinnert mich, daß ich
gleicher Gestalt im vorigen Kriege zu Leipzig für einen Erzpreußen
und in Berlin für einen Erzsachsen bin gehalten worden, weil ich
Keines von Beiden war." Aber da Lessing ein klarer und consequenter Denker war, der in allen Gebieten auf Reinhaltung der
Gattungen drang, so hatte er allerdings vor dem klaren und ge-

schlossen System der Orthodoxie viel größeren Respect als vor
dem verschwommenen und unklaren Mixtum compositum der frei=
geistischen Aufklärer und der „neumodischen Geistlichen, die Theo=
logen viel zu wenig und Philosophen lange nicht genug sind."
Seine Stellung zu beiden Parteien zeichnet er selbst in einem Briefe
an seinen Bruder (vom 2. Febr. 1774) in unnachahmlich schöner
Weise. Die Stelle muß trotz ihrer Länge hier einen Platz finden:
„Wenn ich auch nichts in meinem Leben mehr vollendete, ja
nie etwas vollendet hätte: wäre es nicht eben das? — Vielleicht
wirst Du auch diese Gesinnung ein Wenig misanthropisch finden,
welches Du mich in Ansehung der Religion zu sein in Verdacht
hast. Ohne nun aber zu untersuchen, wie viel oder wie wenig
ich mit meinen Nebenmenschen zufrieden zu sein Ursache habe, muß
ich Dir doch sagen, daß Du Dir hierin wahrlich eine ganz falsche
Idee von mir machst und mein ganzes Betragen in Ansehung
der Orthodoxie sehr unrecht verstehst. Ich sollte es der Welt
mißgönnen, daß man sie mehr aufzuklären suche?
Ich sollte es nicht von Herzen wünschen, daß ein Jeder über die
Religion vernünftig denken möge? Ich würde mich verabscheuen,
wenn ich selbst bei meinen Sudeleien einen andern Zweck hätte,
als jene große Absichten befördern zu helfen. Laß mir aber
doch nur meine eigne Art, wie ich dieses thun zu
können glaube! Und was ist simpler als diese Art? Nicht
das unreine Wasser, welches längst nicht mehr zu
brauchen, will ich beibehalten wissen; ich will es
nur nicht eher weggegossen wissen, als bis man
weiß, woher reineres zu nehmen; ich will nur
nicht, daß man es ohne Bedenken weggieße, und
sollte man auch das Kind hernach in Mistjauche
baden. Und was ist sie anders, unsere neumodische Theologie,
gegen die Orthodoxie, als Mistjauche gegen unreines Wasser?
Mit der Orthodoxie war man, Gott sei Dank, ziemlich zu
Rande; man hatte zwischen ihr und der Philosophie eine Scheide=
wand gezogen, hinter welcher eine jede ihren Weg fortgehen konnte,
ohne die andere zu hindern. Aber was thut man nun? Man reißt
diese Scheidewand nieder und macht uns unter dem Vorwande,
uns zu vernünftigen Christen zu machen, zu höchst unvernünftigen
Philosophen. Ich bitte Dich, lieber Bruder, erkundige Dich doch
nur nach diesem Punkte genauer und siehe etwas weniger auf das,
was unsere neuen Theologen verwerfen, als auf das, was sie da=
für in die Stelle setzen wollen! Darin sind wir einig, daß unser

altes Religionssystem falsch ist; aber das möchte ich nicht
mit Dir sagen, daß es ein Flickwerk von Stümpern
und Halbphilosophen sei. Ich weiß kein Ding in der
Welt, an welchem sich der menschliche Scharfsinn
mehr gezeigt und geübt hätte, als an ihm. Flickwerk
von Stümpern und Halbphilosophen ist das Religionssystem, welches man jetzt an die Stelle des
alten setzen will, und mit weit mehr Einfluß auf Vernunft
und Philosophie, als sich das alte anmaßt. Und doch verdenkst
Du es mir, daß ich dieses alte vertheidige? Meines Nachbars
Haus drohet ihm den Einsturz. Wenn es mein Nachbar abtragen
will, so will ich ihm redlich helfen. Aber er will es nicht abtragen,
sondern er will es, mit gänzlichem Ruin meines Hauses, stützen
und unterbauen. Das soll er bleiben lassen, oder ich werde mich
seines einstürzenden Hauses so annehmen als meines eigenen."

In ganz ähnlicher Weise drückt sich Lessing am Schluß seiner
Bemerkungen zu dem ersten Fragment des Ungenannten über das
„vernünftige Christenthum" aus. „Schade nur," meint er, „daß
man so eigentlich nicht weiß, weder wo ihm die Vernunft, noch
wo ihm das Christenthum sitzt."

Bei diesem Verhältniß Lessing's zu den freigeistischen Aufklärern könnte man es vielleicht schwer begreiflich finden, wie er
nicht blos die Schriften des Wolfenbüttel'schen Ungenannten herausgeben, sondern auch die Sache desselben, wenigstens theilweise zu
seiner eigenen machen konnte. Aber man muß wohl bedenken,
daß der Ungenannte durchaus nicht zu den „schalen Köpfen" und
Halben gehörte, die Lessing aus dem Grunde seiner Seele verachtete, sondern daß er ein ganzer Zweifler war, daß er
„dem Ideale eines ächten Bestreiters der Religion"
wenigstens ziemlich nahe kam; und Lessing hegte den Wunsch und
auch wol die Hoffnung, daß der Ungenannte „bald einen
Mann erwecken möchte, der dem Ideale eines ächten
Vertheidigers der Religion ebenso nahe käme."

Lessing glaubte in der That durch die Herausgabe der Fragmente „der Wahrheit einen Dienst zu thun", und nach seiner Auf-
fassung der „Wahrheit" mit vollem Rechte; denn sein Grundsatz
lautete: „Jeder sage, was ihm Wahrheit dünkt, die Wahrheit
selbst aber sei Gotte empfohlen." Ja, Christus selbst glaubte
Lessing durch seinen Streit mit den Theologen einen Dienst zu erweisen, wie er es in dem Motto zur „Bibliolatrie" nach einem
Worte des Euripides so rührend ausspricht:

„Wie schön ist, Christus, der Dienst,
Den ich übe vor Deinem Hanse,
Fromm ehrend den Seherfitz!" (Nach Donner.)

Den Orthodoxen gegenüber glaubte er sich dabei durch die „Gegensätze", „Maulkörbe" nach des Matthias Claudius classischer Bezeichnung, ziemlich gesichert. „Mit der gehörigen Vorsicht," schreibt er am 25. Mai 1777 an seinen Bruder, „kann man ihrentwegen schreiben, was man will. Nicht das, was man ihnen nimmt, sondern das, was man an dessen Stelle setzen will, bringt sie auf, und das mit Recht." Er war danu auch durch das anfängliche Schweigen der Theologen zu den Fragmenten „in der guten Meinung, die er jederzeit von ihnen gehabt", noch bestärkt worden, da er die alte orthodoxe Theologie „im Grunde für tolerant", die neuere dagegen „im Grunde für intolerant" hielt.

Aber seine „gute Meinung" sollte ihn diesmal dennoch täuschen. Die Ruhe, die der Herausgabe der fünf mittleren Fragmente zunächst folgte, war die Ruhe vor dem Gewittersturme. Dem Schweigen sollte bald das lauteste Getöse des Kampfes folgen; und nicht blos gegen seinen Ungenannten sollten die polemischen Streiche geführt, sondern auch Lessing selbst sollte — nolens volens oder, wie er selbst sagt, „gleichsam bei den Haaren" — auf den Kampfplatz gezogen werden; denn nicht Jeder hielt, wie der ehrliche Claudius, Lessing's „Gegensätze" für „Maulkörbe". Ja, Manche waren wol gar der Meinung, diese „Maulkörbe" seien absichtlich so schlecht angefertigt, daß die giftigen Bisse durch dieselben hindurch dennoch ihr Ziel erreichten.

Der Erste, der gegen die Fragmente des Ungenannten auftrat, war der Director Schumann in Hannover. Seine gediegene Untersuchung „Ueber die Evidenz der Beweise für die Wahrheit der christlichen Religion" wendet sich, ohne die „Gegensätze" des Herausgebers zu beachten, nur gegen die Fragmente, und zwar speciell gegen das wichtige dritte, in welchem die „Unmöglichkeit einer Offenbarung, die alle Menschen auf eine gegründete Art glauben können", behauptet wird. Schumann weist namentlich hin auf die „Früchte des Geistes" (Gal. 5, 22) und auf das Wort des Herrn: „So Jemand will Deß Willen thun [der mich gesandt hat], der wird inne werden, ob diese Lehre von Gott sei" (Joh. 7, 17), wendet sich danu aber zu dem „Beweis des Geistes und der Kraft" (1. Kor. 2, 12), den er besonders in erfüllter Weissagung und in den bei Gründung

Gegen diese letzteren Ausführungen wendet sich Lessing in seinem
ersten Streitbogen: „Ueber den Beweis des Geistes und der Kraft"
(1777), in dem er noch „mit der Hochachtung, welche Untersucher
der Wahrheit gegen einander zu tragen sich nie entbrechen", nament=
lich folgende Sätze hervorhebt: „Ein Anderes sind erfüllte Weis=
sagungen, die i ch s e l b st erlebe, ein Anderes erfüllte Weissagungen,
von denen ich nur h i st o r i s ch weiß, daß sie Andre wollen erlebt
haben; ein Andres sind Wunder, die ich mit meinen Augen s e h e
und selbst zu prüfen Gelegenheit habe, ein Andres sind Wunder,
von denen ich nur h i st o r i s ch weiß, daß sie Andre wollen gesehen
und geprüft haben." Am Schluß dieses ersten Bogens spricht
Lessing den Wunsch aus: „Möchte doch Alle, welche das E v a n =
g e l i u m Johannis trennt, das T e st a m e n t Johannis wieder ver=
einigen!" und macht damit auf seinen zweiten Bogen: „Das
Testament Johannis" (1777), aufmerksam. Das Thema dieser
Schrift, die durch schrofferen Ton schon bedeutend gegen die vorige
absticht, ist dasselbe, das auch als Grundton durch den ganzen
„N a t h a n" hindurchklingt, daß nämlich die höchste sittliche Ge=
sinnung (die Liebe) auch möglich sei ohne christlichen Glauben.
Schumann's „Antwort" auf den „Beweis des Geistes und der
Kraft" (Hannover 1778) ist voll Hochachtung für Lessing, „der,
auch wenn er Fehde ankündigt, Geist und freien Sinn mit so vieler
Eleganz als Würde in seine Ausforderung schreibt." Eine a n =
g e f a n g e n e Antwort Lessing's ist unter den Nachlaßsachen mit=
getheilt.

Der zweite Gegner, der noch im Jahre 1777 gegen die Frag=
mente auftrat, war der Archidiakonus und Superintendent J o h.
H e i n r i c h Reß in Wolfenbüttel, der a n o n y m eine Schrift
herausgab unter dem Titel: „Die Auserstehungsgeschichte Jesu
Christi, gegen einige im vierten Beitrage .... gemachte neuere
Einwendungen vertheidiget". Da diese Schrift mit den B e i t r ä g e n
in einer und derselben Buchhandlung erschien, so mußte natürlich
Lessing trotz der Anonymität seinen Gegner kennen, und er be=
zeichnete ihn demgemäß in seiner Antwort als seinen „lieben
Nachbar".

Der Ungenannte hatte in dem s e c h st e n Fragmente namentlich
zehn Widersprüche in den Angaben der Evangelien über die Auf=
erstehungsgeschichte als ganz unlösbar hingestellt und daraus den
Schluß gezogen, daß die Auferstehung auch deshalb nicht glaub=
würdig sei. Lessing hatte in seinen „Gegensätzen" die Widersprüche
als solche anerkannt und nur jene Schlußfolgerung des Ungenann=

ten als eine übereilte bezeichnet. Reß dagegen hatte in seiner
Schrift den Nachweis versucht, daß jene Widersprüche überhaupt
nicht existirten, sondern lediglich Erfindungen des Ungenannten
seien. Demnach war indirect auch Lessing angegriffen, und er
vertheidigte sich in seiner „Duplik", indem er die sämmtlichen
zehn Widersprüche als solche aufrecht erhielt.

Der Ton dieser Schrift ist im Anfang ein durchaus ruhiger
und milder; Lessing hat „alle Achtung gegen den frommen Mann,
der sich in seinem Gewissen verbunden gefühlt hat, die A u f =
e r s t e h u n g s g e s c h i c h t e gegen das Fragment seines Ungenannten
zu retten". Aber etwa von der Mitte der Schrift an wird der
Ton von Seite zu Seite schroffer, ja zuletzt geradezu höhnisch und
absichtlich beleidigend. Lessing fühlte diesen Wechsel des Tones
selbst und giebt daher am Schluß nicht etwa das Gelöbniß ab,
sich in Zukunft zu bessern, sondern nur das Versprechen: „sich es
nie wieder auch nur v o r z u n e h m e n, bei gewissen Dingen kalt
und gleichgiltig zu bleiben." Als Entschuldigung fügt er hinzu:
„Wenn der Mensch bei dem, was er deutlich für Mißhandlung der
Vernunft und Schrift erkennt, nicht warm und theilnehmend
werden darf: wenn und wo darf er es denn?" Warm und theil=
nehmend? — ja wohl! so viel wie möglich; aber auch so höhnisch
und beleidigend, daß man sich nicht scheut, einen a c h t u n g s =
w e r t h e n Gegner als Lügner hinzustellen? — sicher nicht! Ob
die äußern Verhältnisse (der Tod seiner Frau) diese plötzliche Aen=
derung des Tones entschuldigen oder wenigstens erklären, mag
hier unerörtert bleiben. — Reß ließ später eine Antwort gegen
Lessing folgen: „Die Auferstehungsgeschichte Jesu Christi o h n e
W i d e r s p r ü c h e, gegen eine Duplik" (Hannover 1779). Lessing
ließ sie jedoch ganz unbeachtet.

Aber alles Bisherige waren blos einleitende Scharmützel der
leichten Vortruppen; die eigentliche Hauptschlacht sollte erst folgen,
und zwar in einer Heftigkeit und Stärke, wie die deutsche Theo=
logie seit den Zeiten der Reformation keine erlebt hatte. Lessing's
Bruder zählt nicht weniger als z w e i u n d d r e i ß i g b e s o n d e r e
S c h r i f t e n von theilweise ziemlich bedeutendem Umfange auf, die
allein in den beiden Jahren 1778 und 1779 gegen Lessing und
seinen Ungenannten erschienen sind, der zahllosen Angriffe in Pro=
grammen, Flugblättern und Zeitungen gar nicht zu gedenken.
Und zwar sind unter den Angreifern nicht blos obscure Geistliche
und verkommene Journalisten vom Schlage eines Wittenberg, son=
dern auch Namen vom besten Klange in der deutschen Gelehrten=

welt, wie Walch und Semler. Und gegen diese Welt in Waffen
stand Lessing ganz allein da, der kranke, nach dem Tode seiner
Frau schon halb gebrochene Mann. Mit Recht vergleicht ihn
Stahr (Lessing. Sein Leben und seine Werke, II. S. 234) seinem
größten Zeitgenossen, dem gewaltigen Preußenkönig Friedrich II.
Und dieselbe „Tactik", die dieser Kriegsheld anwandte, als er sich
1756 auf seine gefährlichsten Gegner, Sachsen und Oestreich, stürzte,
um durch deren Niederwerfung den Krieg kurz zu endigen, wandte
mit besserem Erfolg Lessing an, indem er aus den zahlreichen
Gegnern einen, und zwar natürlich den gefährlichsten, sich aus=
wählte, um durch dessen Vernichtung den Sieg zu gewinnen.
Dieser Gegner war Joh. Melchior Göze (geb. 1717,
gest. 1786), Hauptpastor an der Katharinenkirche zu Hamburg.

Es fragt sich nur, ob Lessing bei dieser „Tactik" dieselbe sitt=
liche Berechtigung zur Seite stand wie Friedrich beim Beginn
des siebenjährigen Krieges. Und diese Frage glauben wir ver=
neinen zu müssen.

Lessing hat allerdings den armen Hauptpastor Göze „für alle
Zeiten zum Träger und Typus aller Geistesbeschränktheit und
Wissenschaftsfeindschaft erhoben", wie Stahr (II. S. 235) ganz richtig
behauptet; aber welche Berechtigung hatte Lessing dazu? Das zu
erweisen, haben Sie nicht der Mühe werth gehalten, mein verehrter
Herr Stahr, obwol Sie Sich doch sonst der verleumdeten Unschuld
so gern annehmen; aber freilich pflegen Sie Sich würdigere
Häupter zu Ihren „Rettungen" auszuwählen als einen lutherischen
Hauptpastor. Der mag Ihretwegen im Sumpfe des Klatsches er=
sticken. Die Behauptung: „Göze war in der That ein Pracht=
exemplar seiner Gattung", und die Wiederholung all der Klätscherei,
deren Nichtigkeit Röpe (J. M. Göze. Eine Rettung) so glänzend
nachgewiesen hat, halten Sie doch hoffentlich für keinen Beweis,
und infallibel sind Sie doch meines Wissens auch nicht! — Und wenn
ferner Schwarz behauptet: „Lessing brauchte einen solchen Gegner,
in welchem die theologische Verketzerungssucht, mit ihrer rohen
Oberflächlichkeit, ihrer gewissenlosen Verdrehung, ihrer logischen
Plumpheit, ihrer scheinheiligen Beseelsorgung gleichsam Fleisch
und Blut geworden war," so gebe ich zwar von Herzen gern zu,
daß Lessing einen solchen Gegner „brauchte"; aber gab das ihm
ein Recht, ihn zu nehmen, wo er ihn fand?

Allerdings war Göze, und das mag zur Entschuldigung
Lessing's dienen, derjenige unter seinen Gegnern, der die schwache
Seite in Lessing's „Bollwehr" am klarsten erkannt hatte. Denn

Lessing's Stellung in dem Fragmentenstreit war durchaus nicht, wie bei seiner Fehde mit Klotz, einfach und klar, sondern eine in zwiefacher Beziehung schiefe. Einmal hatte Lessing als Heraus= geber der Fragmente der Familie Reimarus gegenüber selbst= verständlich die Verpflichtung, für die Ehre des Fragmentisten mit dem ganzen Gewichte seiner Person einzutreten. Das wäre sehr leicht und einfach gewesen, wenn Lessing den Namen desselben hätte nennen dürfen; denn dann würden bei dem anerkannten Rufe des ältern Reimarus alle Angriffe von dieser Seite sofort verstummt sein. Da Lessing dies aber unter allen Umständen nicht durfte, so lag es nahe, daß sich die Angriffe immer wieder auch auf diesen Punkt richteten, was Lessing um so mehr verstimmen mußte, als ja im Grunde wenig daran lag, wie der Ungenannte hieß. So= dann war aber auch seine nach außen hin angenommene Stellung zu den Fragmenten eine unklare, ja im tiefsten Grunde eine un= wahre. Denn da Lessing zwar gewiß gegen zahllose Einzelheiten in den Fragmenten sehr Vieles einzuwenden hatte, aber mit der religiös=sittlichen und philosophischen Gesammtanschauung derselben, so namentlich mit der Unterscheidung der (natürlichen oder vernünftigen) Religion Christi von der (positiven, ge= schichtlich gegebenen) christlichen Religion ohne Frage im Wesentlichen einverstanden war, so konnte es nicht wohl ausbleiben, daß man in ihn dringen würde, Farbe zu bekennen, und daß er sich trotz seiner geschickten „Evolutionen" Blößen geben mußte, deren Benutzung durch die Gegner natürlich seinen Zorn erregte. Diesen schwachen Punkt in Lessing's Position erkannt und ans Licht gezogen und dadurch seine bisherige Stellung zur Lutherischen Orthodoxie compromittirt zu haben, darin besteht das ganze Ver= brechen des Hauptpastors Göze. Göze bringt zu wiederholten Malen auf die Erklärung: „welche Religion Lessing durch die christliche Religion verstehe, und zu welcher er sich selbst bekenne." Der zweite Theil der Frage war aller= dings Lessing sehr unbequem; aber hat man deshalb ein Recht, ihn mit Schwarz „inquisitorisch" zu nennen? Ist es denn bei einem solchen Streite etwa gleichgiltig, welchen Parteistandpunkt die einzelnen Streitenden einnehmen? Ist es uns bei Angriffen auf unser Vaterland etwa einerlei, ob dieselben von Landsleuten oder von Fremden ausgehen? Lessing urtheilte jedenfalls nicht so, son= dern er schob nur durch eine „Evolution" diesen unbequemen letzten Theil der Frage bei Seite und antwortete blos auf den ersten, wie er (am 9. August 1778) an Elise Reimarus schreibt: „Da er

(Göze) sich nun einmal verredet hat und wissen will, nicht was ich von
der christlichen Religion g l a u b e, sondern was ich unter der christ=
lichen Religion v e r st e h e, so habe ich gewonnen." Göze steht
überhaupt in seiner Polemik gegen Lessing sittlich vollständig rein
da; denn daß er aus persönlicher Gereiztheit gegen Lessing ge=
schrieben, weil Dieser als Bibliothekar ihm eine Gefälligkeit ver=
weigert, ist zwar oft genug (auch noch von S t a h r) behauptet, aber
nicht erwiesen worden, und daß er Lessing bei dem Herzog von
Braunschweig verdächtigt haben soll, ist, wenn man die betreffende
Stelle im Zusammenhang liest, geradezu abgeschmackt. Mit dem
Reichsfiscal endlich hat nicht Göze, sondern der Licentiat W i t t e n =
b e r g Lessing gedroht; man wird doch also Göze nicht dafür ver=
antwortlich machen wollen. —

Göze's Streitschriften gegen Lessing erschienen beide im Jahre
1778. Die erste führt den Titel: "Etwas Vorläufiges gegen des
Herrn Hofraths Lessing's mittelbare und unmittelbare feindselige
Angriffe auf unsre allerheiligste Religion und auf den einigen
Lehrgrund derselben, die heilige Schrift". Die Schrift besteht aus
einer Reihe von Aufsätzen, die zum Theil schon in den von Z i e g r a ,
später von W i t t e n b e r g redigirten "Freiwilligen Beiträgen zu den
Nachrichten aus dem Reiche der Gelehrsamkeit" gestanden hatten.
Wie schon der Titel von Göze's Schrift andeutet, ist dieselbe
hauptsächlich gegen folgende Aufstellung Lessing's in den "Gegen=
sätzen" zu den fünf mittleren Fragmenten gerichtet: "Der Buch=
stabe ist nicht der Geist; und die Bibel ist nicht die Religion. Folg=
lich sind Einwürfe gegen den Buchstaben und gegen die Bibel
nicht eben auch Einwürfe gegen den Geist und gegen die Religion."
Lessing antwortet auf diese erste Streitschrift Göze's mit der "Pa=
rabel", den "Axiomata" und den elf "Anti=Göze". Letztere er=
schienen bogenweise wie eine Art Zeitschrift. Zu einem zwölften
"Anti=Göze" fand sich unter Lessing's Papieren wenigstens das
kräftige Motto: "Nihil apparet in eo ingenuum, nihil moderatum,
nihil pudens, nihil pudicum. Cicero".

Göze's zweite Streitschrift trägt den Titel: "Lessing's Schwächen,
gezeigt von J. M. Gözen. Erstes—drittes Stück". Lessing schrieb
hiergegen seine "Nöthige Antwort auf eine sehr unnöthige Frage
des Herrn Hauptpastor Göze" und "Der nöthigen Antwort 2c.
Erste Folge". Ueber diese Antwort "erstaunte Göze bis zum —
Verstummen," und Lessing verstummte dann ebenfalls, antwortete
wenigstens nicht mehr in Streitschriften, sondern in seinem "Na=
than", "den die Polemik entbinden helfen", und mit dessen Heraus=

gabe er „den Theologen einen ärgern Possen spielen wollte, als
noch mit zehn Fragmenten." Der nichtswürdige, verdammungs=
süchtige „Patriarch" soll wol sein Anderer sein als der idealisirte
Göze; d. h. nach Stahr und Schwarz wäre es nicht einmal eine
Idealisirung, sondern eine ziemlich treue Copie des Hauptpastors!

Aber sollte man denn wirklich, nachdem die beiden Kämpfer
fast seit hundert Jahren zur ewigen Ruhe eingegangen sind, nicht
über Beide gerecht urtheilen können? Stehen wir denn wirk=
lich noch so tief in den Parteigegensätzen, die beide Männer ver=
traten, daß dies nicht möglich ist? Müssen wir denn nothwendig
aus Respect vor dem Einen den Andern mit Füßen treten? Auch
die oben citirte Röpe'sche Schrift tritt einseitig, um Göze zu retten,
dem sittlichen Charakter Lessing's viel zu nahe. Wir haben oben
schon Fingerzeige gegeben, wie man vielleicht Lessing's Auftreten
gegen Göze erklären kann, ohne das reine Bild des edlen Mannes,
das jeder ächte Deutsche von seinem Lessing im Herzen trägt, irgend
zu beflecken.

Jedenfalls haben wir keine Veranlassung, über diesen ganzen
Kampf Lessingischer zu urtheilen als Lessing selbst. Während Göze in
denselben eintritt als in einen heiligen Streit für die höchsten Güter
des Lebens, die christliche Religion und die heilige Schrift, be=
trachtet Lessing denselben als eine ergetzliche „Katzbalgerei", nennt
seine Streitschriften, „Schnurren", freut sich darüber, „daß sein Bruder
das haut-comique der Polemik zu goutiren anfange", und sagt
geradezu, daß „er seine Waffen nach seinem Gegner richten müsse",
und daß „er nicht Alles, was er γυμναστιχως schreibe, auch
δογματιχως schreiben würde".

Und was war, fragen wir uns zuletzt, das Ergebniß dieses
erbitterten Streites?

Vor Allem jene Lessing'schen Streitschriften selbst, deren innerer
Werth durch die Art ihrer Entstehung ja ganz und gar nicht berührt
wird. Diese „Streitschriften zeigen," darin stimmen wir mit Herrn
Stahr buchstäblich überein, „die ganze Kraft und Schönheit, deren
die deutsche Sprache fähig ist", und sie werden als vollendetes
Muster deutscher Prosa ein unvergängliches Besitzthum der deutschen
Nation bleiben.

Dann ist aber auch der Nutzen, welcher nach Lessing's Ab=
sicht bei Veröffentlichung der Fragmente der „Wahrheit" aus dem
Streite der Meinungen erwachsen ist, durchaus nicht gering anzu=
schlagen. Jene gewaltige Aufregung des Kampfes, jene all=
gemeine Betheiligung der deutschen Nation an diesem theologischen

Streite, sie bewiesen einmal den erhabenen Idealismus unseres Volkes, dem die Religion keine fremde verehrungswürdige Erscheinung, an der man, den Hut in der Hand, mit halb abgewandtem Gesicht scheu vorübergeht, sondern tiefstes Bedürfniß des Herzens ist; sie regten aber ferner auch die theologische Forschung nach allen Richtungen hin dermaßen an, daß wir in Deutschland seit jenen Tagen, und zwar, ohne Ruhmredigkeit dürfen wir es behaupten, in Deutschland allein, von einer großartigen Entwicklung der Theologie reden können. Diese Entwicklung selbst wird auch Der nicht leugnen wollen, der mit dem Gange derselben und mit den Ergebnissen der theologischen Forschung keineswegs zufrieden ist. Wir leben, regen und bewegen uns doch, und das ist er allen Umständen besser als dumpfes Hinbrüten, Schlaf und Tod.

Und Lessing's eindringende Kraft, die aus jeder Zeile dieser Streitschriften hervorleuchtet, und die schneidende Schärfe seiner Behauptungen, sie regten nach allen Seiten die Geister auf und an, reizten zum Widerspruch oder zu tieferer Erfassung und Begründung. Die wenigen Sätzchen: „Aber was gehen dem Christen dieses Mannes Hypothesen und Erklärungen und Beweise an? Ihm ist es doch einmal da, das Christenthum, welches er so wahr, in welchem er sich so selig fühlet. — Wenn der Paralytikus die wohlthätigen Schläge des elektrischen Funkens erfährt: was kümmert es ihn, ob Nollet, oder ob Franklin, oder ob Keiner von Beiden Recht hat?" enthalten diese wenigen Sätzchen nicht die Schleiermacher'sche Glaubenslehre in nuce, wenigstens den lebenskräftigen Keim zu derselben, wenn sich dieser Keim auch in Schleiermacher's Geiste allerdings nur unter dem Einflusse der Romantik zu dem mächtigen Baume entwickelt und ausgestaltet hat!

Und so wird Lessing, obwol er nicht Theologe von Beruf war, dennoch, wie auf so vielen anderen Gebieten, auch auf dem der Theologie als der Bahnbrecher einer neuen Epoche angesehen werden müssen.

I.

Von Adam Neusern.

Vorbemerkungen des Herausgebers.

In dem „Dritten Beitrag Zur Geschichte und Litteratur—Aus den Schätzen der Herzoglichen Bibliothek zu Wolfenbüttel" veröffentlichte Lessing auch einige „authentische Nachrichten" über den „unglücklichen Unitarier" Adam Neuser. Er verdankte dieselben der „allem Ansehen nach gleichzeitigen Abschrift" eines Briefes, den Neuser am Mittwoch vor Ostern 1574 zu Constantinopel geschrieben, und der an einen Herrn „Casper und Landsmann" adressirt ist. Lessing fand, daß durch die Angaben dieses Briefes die Nachrichten sämmtlicher Gelehrten, die sich mit der Geschichte Neuser's beschäftigt, in mehreren Stücken wesentlich corrigirt wurden, und er hielt sich daher zur Herausgabe desselben um so mehr verpflichtet, als er damit einem „unglücklichen Manne, den man aus der Christenheit hinaus verfolgt, bei der Nachwelt Gehör verschaffte". Er hoffte, mit der Herausgabe auch das zu erreichen, daß man den letzten Schritt Neuser's, seinen Uebertritt zum Muhamedanismus, richtiger beurtheilte, indem man all die Umstände in Erwägung zöge, die ihn dazu gebracht hatten. Denn „wenn der Ausgang die Seele der Geschichte sein soll, wenn man nach diesem alles Vorhergegangene beurtheilen soll, so wäre es ebenso gut, wir hätten gar keine Geschichte".

Der Aufsatz gehört also in die von Lessing so vielfach gepflegte Gattung der „Rettungen".

Aber es war doch wol nicht blos die ganz uninteressirte Absicht, der Wahrheit einen Dienst zu erweisen, was Lessing bewog, nicht blos Neuser's Brief herauszugeben, sondern auch so eingehende Bemerkungen an denselben anzuknüpfen. Der wahre Grund liegt wol etwas tiefer. Lessing wollte, wie wir in den Vorbemerkungen zu diesem Theile, S. 5 f., ausgeführt haben, des Reimarus „Schutzschrift für die vernünftigen Verehrer Gottes" bruchstückweise in den „Beiträgen" veröffentlichen, und da bot, wie die Vor- und Schlußbemerkungen zu dem ersten Fragment, „Von Duldung

der Deiſten", beweiſen, Neuſer's Geſchichte eine bequeme Gelegenheit
zur Anknüpfung. Auch mußte Leſſing Neuſer's Geſchichte ſelbſt zu
benutzen, um dieſem Fragment eine möglichſt günſtige Aufnahme
zu bereiten. Denn dieſe Geſchichte bewies es ja zur Genüge, wo=
hin die Verfolgungsſucht einen conſequenten Unitarier (Deiſten)
zu treiben vermochte. Und mit welch grellen Farben weiß Leſſing
dieſe Verfolgungsſucht zu ſchildern, mit der einſt auch die evan=
geliſche (reformirte) Kirche ſich ſelbſt geſchändet. „Zum Unglück,"
ſagt er, „iſt auch das Bedenken der Theologen (in der Angelegen=
heit des unglücklichen Sylvanus, eines Geſinnungsgenoſſen
von Neuſer) noch ſelbſt vorhanden .... Welch ein Bedenken!
Wem müſſen die Haare nicht zu Berge ſtehen bei dieſem Bedenken!
Nein, ſo lange als Ketzergerichte in der Welt ſind, iſt nie aus einem
eine ſophiſtiſchere, grauſamere Schrift ergangen! .... Was
kann grauſamer ſein, als ſich durch keine Reue, durch keine ver=
ſprochene Beſſerung wollen erweichen laſſen? Waren es Menſchen,
welche ſchreiben konnten: „Denn daß ſie (die abſcheulichen Bekenner
nur des einigen, nicht dreieinigen Gottes) mit ihrer Bekenntniß
Beſſerung verheißen, wäre ihnen wol zu wünſchen, daß ihnen
Gott eine ernſtliche Bekehrung verleihen wolle; aber wie dieſes bei
Gott allein ſtehet, daß er ſich erbarmet, deß er ſich erbarmen will,
alſo gebühret es dem Menſchen, daß er ſeine Gerichte, die er ihnen
mit ausdrücklichen Worten vorgeſchrieben und befohlen hat, ſtand=
haftig exequire?" Alſo: nur erſt den Kopf ab, mit der Beſſerung
wird es ſich ſchon finden, ſo Gott will! Welch ein Glück,
daß die Zeiten vorbei ſind, in welchen ſolche Ge=
ſinnungen Religion und Frömmigkeit hießen! daß
ſie wenigſtens unter dem Himmel vorbei ſind,
unter welchem wir leben! Aber welch ein bemüthi=
gender Gedanke, wenn es möglich wäre, daß ſie
auch unter dieſem Himmel einmal wiederkommen
könnten!" Zur Entfernung dieſer Möglichkeit hat wol kaum,
das können wir kühn behaupten, ein einzelner Menſch mehr bei=
getragen als gerade unſer Leſſing durch ſeine von der Jugend bis
zum Grabe in Poeſie und Proſa unabläſſig fortgeſetzte Predigt
der Toleranz. Und Toleranz iſt auch die einzige Tendenz
ſeines „Adam Neuſer".

Der vorliegenden Ausgabe dieſes Aufſatzes iſt die Original=
ausgabe des „Dritten Beitrags" (erſchienen zu Braunſchweig, im
Verlage der Buchhandlung des Fürſtl. Waiſenhauſes, 1774) zu
Grunde gelegt worden.

Von Adam Neusern,

einige authentische Nachrichten.

Besagte Nachrichten sind in einem Briefe enthalten, welchen dieser unglückliche Unitarier aus Constantinopel an einen seiner Freunde geschrieben, und von dem sich unter den neuern Handschriften unserer Bibliothek eine allem Ansehen nach gleichzeitige Abschrift befindet.

Da ich nun nicht wüßte, daß er bereits gedruckt wäre, dieser Brief, oder, wenn er es ja irgendwo sein sollte, wo er sich meinen Nachforschungen so hartnäckig entziehen können, da ich behaupten darf, daß er wenigstens so gut als nicht gedruckt ist, indem man unterlassen, den gehörigen Gebrauch davon zu machen, und die nämlichen Falschheiten, welchen er auf die glaubwürdigste Art widerspricht, neurer Zeit noch immer aus einem Buche in das andere übergetragen worden: so hoffe ich, weder etwas Ueberflüssiges noch Unnützes zu thun, wenn ich ihn hier ganz mittheile.

Adam Neuser's Geschichte überhaupt darf ich hier als bekannt voraussetzen. Damit aber der Leser doch sofort etwas habe, sein Gedächtniß aufzufrischen und während dem Lesen des Briefes die Vergleichung selbst aufstellen zu können, so sei es mir erlaubt, ihm das erste das beste von den tausend Handbüchern aufzuschlagen, welche sich vermessen, auch die sonderbarsten Männer, auch die seltsamsten Erscheinungen in der moralischen Welt mit ein paar Worten abzufertigen und auf immer entweder zu brandmarken oder zu verklären.

So schreibt Jöcher:[1] „Adam Neuser, ein merkwürdiger Apostata, war aus Schwaben geboren, wurde in der Lutherischen Religion auferzogen, bekannte sich aber nach-

---

1) Christian Gottlieb Jöcher (geb. 1694 zu Leipzig, seit 1732 Professor der Geschichte und seit 1742 Universitätsbibliothekar ebendaselbst, † 1758) verfaßte ein Allgemeines Gelehrtenlexikon (8 ... in 1750—1751) mit dessen Wer-

gehends zu der reformirten und ging in die Pfalz, wo man
ihn zu Heidelberg bei der Peterskirche zum Prediger machte.
Ungeachtet er viel Fehler an sich hatte und sonderlich dem
Trunke sehr ergeben war, so brachte er sich doch durch den äußerlichen Schein eines gottseligen Eifers und durch seine Beredsamkeit bei dem Volke ein ziemliches Ansehn zuwege. Als er
aber bei dem Kurfürsten von der Pfalz, Friedrich III., in Un-
gnade verfiel, ließ ihn selbiger von dieser Kirche wegnehmen und
an die Kirche zum heil. Geist in Heidelberg setzen, allwo man
ihm keine andere Amtsverrichtung verstattete, als die Frühbet-
stunden zu halten. Diese Degradation verursachte bei ihm einen
ungemeinen Verdruß, deswegen er sich vornahm, den Socinia-
nismum, dem er schon viel Jahre heimlich zugethan gewesen,
zu befördern. Er brachte zu solchem Ende etliche pfälzische
Prediger auf seine Seite und bemühte sich nicht allein mit dem
berühmten Socinianer Georgio Blandrata, [1] welcher
damals bei dem Woywoden von Siebenbürgen Medicus war,
eine schriftliche Correspondenz aufzurichten, sondern auch sich
nebst den Seinigen in des türkischen Kaisers Selim II.
Schutz zu ergeben. Sein Hauptabsehen lief auf einen Synkre-
tismum [2] zwischen der Mahometanischen und Photinianischen
Lehre hinaus. Er ging endlich gar so weit, daß er an den Sultan
Selim einen Brief schrieb, welcher aber in des Kurfürsten
Hände kam, weswegen er gefangen genommen und nach
Amberg geführet wurde. Doch sieben Wochen hernach salvirte er sich
zum andern Male, begab sich nach Constantinopel und trat öffentlich
zu der Mahometanischen Religion, wurde aber zu nichts Andern als
zu einem Chiaus [3] gemacht. Er war ein wollüstiger Mensch, ein

---

1) Georg Blandrata (eig. Bianrata), aus Saluzzo in Italien, stammte
aus einem abligen Geschlechte, aus dem viele Mitglieder der Reformation zugefallen sind. Er war geboren um 1515 und starb nach 1585. Seine religiösen Zweifel,
namentlich über die Dreieinigkeit, vermochte ihm auch Calvin nicht zu lösen.
Im Jahre 1563 wurde er Leibarzt des Fürsten Johann Sigismund von Siebenbürgen und bekannte sich als solcher offen zum Unitarismus, für den er bis an
seinen Tod thätig war. — A. d. H.

2) Ueber den Synkretismus vergl. Bd. XIV. S. 20. Arianismus,
Photinianismus, Socinianismus, Antitrinitarismus und Unitarismus sind nahe verwandte Begriffe und werden daher vielfach promiscue
gebraucht, obwol im Grunde nur die beiden letzten Wörter das gemeinsame genus,
die drei andern dagegen einzelne species bezeichnen. Ueber den Photinianismus insbesondere vergl. Bd. XIV. S. 55, die Anmerkung. — A. d. H.

3) Chiaus ist der Name gewisser türkischer Gerichtspersonen, die nur in
Sachen von geringerer Wichtigkeit selbst ein Urtheil fällen dürfen, die aber auch
zu anderen Geschäften, z. B. als Dolmetscher, verwendet werden. Letzteres scheint
bei Neuser der Fall gewesen zu sein. Vergl. S. 35. — A. d. H.

Trunkenbold und ein rechter Atheist, deswegen er auch von den Türken nicht weniger verachtet als von den Christen gehaßt wurde. Seine liederliche Lebensart stürzte ihn in eine schändliche Krankheit, da er von Würmern gleichsam gefressen ward und einen so abscheulichen Gestank von sich gab, daß ihm kein Mensch nahe kommen wollte, bis er endlich mit erschrecklicher Verfluchung Gottes und aller Religionen den 15. October 1576 zu Constantinopel starb. Die siebenbürgischen Socinianer haben seine Manuscripte vor hundert Gulden an sich gekauft, von welchen aber niemals etwas ans Tageslicht gekommen." —

Doch Jöcher ist ein gar zu elender Compilator. Die Umstände seiner Erzählung, welche sich aus dem nachfolgenden Briefe als falsch ergeben werden, könnten also leicht mehr für eigenthümliche Unrichtigkeiten des nachläßigen Zusammenschreibers als für allgemein angenommene Behauptungen gehalten werden, wenn man nicht sähe, daß auch Andere damit übereinstimmen, welche mit mehr Ueberlegung geschrieben und die Quellen unmittelbar gebraucht haben, und aus denen wenigstens Einen für Alle zu hören, sich wol noch der Mühe verlohnet.

Dieser Eine sei Heineccius,[1]) welcher in seiner Abbildung der alten und neuen griechischen Kirche*)sich gelegentlich über Neufern also ausdrückt: „Es war dieser Adamus Neuserus anfangs Prediger zu Heidelberg, nachgehends aber wegen eines Zankes mit seinem Collegen D. Oleviano abgesetzt. Hierüber wurde der Mensch dermaßen ergrimmet, daß er sich heimlich mit den Socinianern in Siebenbürgen bekannt machte und ihre gotteslästerliche Lehre annahm, wozu er auch Joh. Sylvannm, Inspectorem zu Ladenburg, Jacob. Suterum, Pastorem zu Weidenheim, und Matthiam Vehe, Diaconum zu Lutre, verführte, unter dem Vorwande, daß der Fürst in Siebenbürgen einen eigenen District Landes von den Türken erhalten, aus dessen Einkünften die Socinianischen Prediger reichlich unterhalten würden. Als hierauf Anno 1570 ein Abgesandter aus Siebenbürgen auf den Reichstag nach Speier kam, wollten sich diese heimliche Socinianer solcher Gelegenheit bedienen und besuchten nicht nur denselben zu Speier, sondern es schrieb auch Syl=

---

*) Anhang, S. 27, Anmerk.
1) Joh. Mich. Heineccius (geb. 1674 in Eisenberg, gest. 1722 als Vice-Generalsuperintendent in Halle) ist namentlich berühmt als Begründer einer

vanus an Georg. Blandratam, den Hauptsocinianer und
Leibmedicum des Fürsten in Siebenbürgen, Neuserus aber gar
an den türkischen Kaiser, in welchem Briefe dieser Letztere denselben
wider das deutsche Reich aufhetzet und Anschläge giebt, wie er
sich dessen bemächtigen könne. Gott aber fügte es so wunderlich,
daß der Abgesandte diese Briefe dem Kaiser Maximiliano selbst
in die Hände liefern mußte, welcher sie dem Kurfürsten in der
Pfalz Friederico III. alsofort zustellte. Darauf ließ man diese
Leute insgesammt in Verwahrung bringen und ihre Sachen, wo=
runter man gräuliche und gotteslästerliche Schriften saub, hinweg=
nehmen. Nach langer Ueberlegung wurde Sylvanus ent=
hauptet, Suterus und Vehe des Landes verwiesen, Neu=
serus aber entkam zweimal aus dem Arrest und entflohe nach
Constantinopel, allwo er sich beschneiden ließ und öffentlich zu den
Mahometanern bekannte. Er verfiel bald darauf in den Atheis=
mum und führte ein so gräuliches Epikurisches Leben in aller
Unzucht, daß ihn die Türken selbst Saitam Ogli oder ein Kind
des Teufels nannten, wie dieses Alles in des Henrici Altingii
Historia Eccles. Palatina, in den *Monumentis pietatis et litte-
rariis Palatinis*, p. 206. seq., wie auch aus den Actis, welche zum
Theil p. 318. seq. angeführet werden, ausführlicher zu ersehen
ist."

Wahr ist es, Alles, was Heineccius hier sagt, ist getreu=
lich aus dem Alting[1]) gezogen, dessen Historia Ecclesiae Pa-
latinae, sowie in der pfälzischen Kirchengeschichte überhaupt, also
auch in diesem besondern Vorfalle, allerdings ein Hauptbuch ist.
Alting schrieb sie um 1618, zu einer Zeit also, als sich noch
ganz zuverlässige Erkundigungen einziehen ließen. Sie kam aber
nicht eher in öffentlichen Druck, als 1701, in welchem Jahre sie
Miege und Nebel ihren Monumentis Pietatis einverleibten.
In eben diesen Monumentis ist es auch, wo zuerst die Acta Syl=
vanum und Neusern betreffend erschienen, die jedoch

---

1) Heinrich Alting (geb. zu Embden 1583, † 1644), reform. Theolog,
leitete die Studien des Kurprinzen Friedrich von der Pfalz, des spätern unglück=
lichen Kurfürsten, Hauptes der Union und Königs von Böhmen. Seit 1616 war
er Director des Seminars im Collegium Sapientiae zu Heidelberg. Nach der
Eroberung Heidelberg's durch Tilly im Jahre 1622 floh er nach Holland und wurde
1627 Professor der Theologie in Gröningen. Alting gab trotz vieler Aufforderungen
bei Lebzeiten seine Schriften nicht heraus. Manches ebirte dann sein Sohn
Jakob Alting, gleichfalls Professor in Gröningen. Die „Historia ecclesiae Pala-
tinae" erschien jedoch erst nach dessen im Jahre 1697 erfolgtem Tode zu Frankfurt
(1701) in den „Monumentis Pietatis" von Miege und Nebel. → A. d. H.

nichts weniger als vollständige juridische Acta sind, sondern weiter
nichts als das Bedenken der Heidelbergischen Theologen und
Prediger über das Verbrechen der Inquisiten nebst Neuser's Briefe
an den türkischen Kaiser enthalten. Struve[1]) in seiner
„Pfälzischen Kirchenhistorie" hat sie wiederum abdrucken lassen, jedoch nur mit einem einzigen, nicht eben sehr beträchtlichen Stücke
vermehrter, nämlich einem Schreiben des Kurfürsten Friederich's
an den Kurfürsten Augustus zu Sachsen, um auch das Bedenken
der sächsischen Theologen einzuziehen. Dem ohngeachtet hat
freilich, was aus diesen beiden Quellen, dem Alting und den
sogenannten Actis, geschöpft ist, seine gute Richtigkeit, aber doch
nur insoweit, will ich hoffen, als diese Quellen selbst ihre Richtigkeit haben? —

Und nun bitte ich meine Leser, vorläufig besonders auf zwei
Punkte aufmerksam zu sein, welche beide nicht allein von Jöchern
und vom Heineccius sowie von allen neuern Compilatoren
vorgegeben worden, sondern sich auch beim Alting mit ausdrücklichen Worten behauptet finden.

Der erste dieser Punkte betrifft den Brief, welchen Neuser
an den türkischen Kaiser nicht blos geschrieben, sondern wirklich
abgeschickt haben soll, und zwar durch den Bevollmächtigten abgeschickt haben soll, welchen der Fürst von Siebenbürgen 1570
auf den Reichstag nach Speier sandte, um mit dem Kaiser und
den Stäuden ein Bündniß wider den Türken zu schließen: „Dum
istic versatur," nämlich der Kaiser zu Speier, schreibt Alting,
„appulit ibidem Woiwodae Transylvani Legatus, ut cum Imperatore et Ordinibus Imperii ageret de ineundo foedere, mutuae
securitatis ac defensionis ergo. Hunc salutatum Spiram excurrunt
Neuserus, Sylvanus et Vehe, eique litteras suas in Transylvaniam perferendas commendant, quas Sylvanus ad Georgium
Blandratam, Woiwodae Medicum, Neuserus ad ipsum Imperatorem Turcicum exaraverant, in iis fassi, plures esse in Germania Arrianae factioni addictos, quibus nihil magis in votis
esset, quam Turcarum Monarchae viam sternere in Imperio
et cum ipso coniungi."

Der zweite Punkt betrifft Neuser's zweimalige Gefangennehmung und zweimaliges Entkommen aus seiner Gefangenschaft, worin ebenfalls Jöcher und Heineccius nichts anders

---

1) Burkhard Gotthelf Struve war geboren 1671 in Weimar, seit
1704 Professor der Geschichte in Jena, † 1738. Seine „Pfälzische Kirchenhistorie"
erschien 1721 in Frankfurt. — A. d. H.

ihun, als daß sie dem **Alting** folgen. Denn nachdem Dieser erzählt, daß die Theologen und weltlichen Räthe des Kurfürsten über das Verbrechen und die Beftrafung der Gefangenen lange nicht einig werden können, fährt er fort: „Dum ita res trahitur, Neuserus fuga elabitur; sed Ambergam retractus die 8. Septembr. ejusdem anni et carceri mancipatus, post sex septimanas custodum seu negligentia seu perfidia ex turre arcis postica fune se demisit et *secunda* vice elapsus per Bohemiam et Silesiam in Poloniam ac tandem in Transylvaniam profugit." — —

Diefer zwei Punkte, fage ich, beliebe man befonders eingedenk zu fein, wenn man fich nunmehr die Mühe nehmen will, den verfprochnen Brief felbft zu lefen. Ich theile ihn ganz fo mit, wie er in unferer Abfchrift erfcheinet; fogar ein paar Stellen, in welchen etwas zu mangeln fcheinet, habe ich lieber durch einen Stern bemerken, als nach Gutdünken ergänzen oder den Verdacht erwecken wollen, daß fie wol nur in dem Drucke diefe Verftümmelung erlitten. Wer der Caspar und Landsmann gewefen, an welchen **Neuser** feinen Brief geftellet, kann ich nicht fagen. Doch hänget feine Glaubwürdigkeit auch im Geringften nicht hiervon ab:

„Die Gnade Gottes fey mit Euch, und allen den Euern, zu ewigen Zeiten!

„Lieber Herr Casper und Landsmann,

„Eure Briefe, die Ihr mir gefchickt habt, find mir fehr angenehm gewefen; fonderlich dieweil ich verftehe, daß Ihr Euer Gemüth und Herz noch nicht von mir abgewendet habt. Daß Ihr Euch aber verwundert, warum ich in diß Ort (nehmlich gen Conftantinopel) kommen bin, könnt Ihr wohl erachten, daß es nicht kleine, fondern große, wichtige Urfachen müffen gewefen feyn. Ihr wißt ohne allem Zweifel wohl, wie ich aus des Herrn Friedrichen, Pfalzgrafen Churfürften am Rhein, Gefängniß bin erlediget worden, wie mir Gott von wegen meiner Unfchuld fo wunderbarlich geholfen hat, und wie ich in England, auch in Frankreich keinen fichern Ort habe möge finden. Dann in England, in der Hauptftadt London, kam ich zu den Flammifchen, oder Flandrifchen, oder Niederländifchen Prädicanten, die dafelbft ein Volk oder Kirche haben, bot ihnen meine

Dienste an, doch mit meinem unbekannten Namen: dieweil ich aber keinen Abschied nicht hatte, wer ich wäre, wo ich her käme, konnte ich nichts bey ihnen erhalten, mußte derohalben eine solche lange Schiffarth über Meer, vollends bis gen London, umsonst zugebracht haben. In Frankreich zu Paris (wie der Hochgelehrte Theophilus Dasypodius, zur selbigen Zeit des Grafen von Solms Präceptor in Paris, wohl weiß) durfte ich nicht bleiben von wegen der bekannten Studenten, sonderlich des Doctors Bictu, des jungen Pfalzgrafen Herzog Christophori Präceptoris zu Genf, bey welchem ich ausgetragen bin worden, als der ich ein Feind der rechten neuen Lehre und seines lieben Vaterlands sey; welche wenn sie mich gewußt hätten, bald würden auf die Fleischbank geopfert haben.

„In Pohlen habe ich viel frommer Leute gefunden, zu Cracau und sonst, die mich gern bey sich hätten behalten, wenn es wäre müglich gewesen: aber von wegen der Widersacher, sonderlich des Tretii, welchem ich bin offenbar worden, und am meisten von wegen des Königs Gebott, welcher vornehmlich keinen neuen Arrianer, wie sies nennen, so aus Deutschland, oder andern Landen, kommen wäre, forthin wollte leiden, wurde ich aus großer Noth und Furcht meines Lebens gezwungen, mit dem hochgelehrten Herrn Johann Sumer, Rector zu Clausenburg, oder Coloß= war in Siebenbürgen,*] als er von meiner Zukunft höret, wer ich sey, schreibt er zu dem Rath gen Clausenburg, welche mich zu ihrem Prediger hatten aufgenommen, sie sollten mich nicht auf= halten, sondern ziehen lassen. Aber der Rath erlanget bey dem Fürsten, daß ich bleiben möchte, daß ich keine neue Lehre einführen sollte. Mittlerzeit wurde ich von des Fürsten in Siebenbürgen Hofprediger Dipnisio ausgeschrien, wie daß ich aus meinem Vater= lande habe müssen entlaufen, von deßwegen, daß ich zu Heydelberg eine Jungfrau geschwächt, und einen Ehebruch sollte begangen haben; wie es dann pfleget zu gehen, wie man sagt, wenn der Wagen fällt, so hat er fünf Räder, das ist, jedermann schändet und schmähet einen solchen, der in das Elend um Unschuld verjaget ist. Darzu trugen sich etliche Sachen zu zwischen mir und andern Ministris ¹) zu Clausenburg, dieweil ich ihrer Confession nicht in allen Dingen zufiel, als nehmlich de Differentia novi & veteris Testamenti, de Iustificatione coram deo, item de Inter- pretatione primi capitis apud Ioannem Evangelistam. Ueder diß

alles, ſo ſchrieb quidam nobilis & magnificus und hochgelehrter
Mann aus Pohlen zu mir auf dieſe Weiſe: ſtatim poſt tuum dis-
cesſum a nobis ſparſus eſt rumor, tuum Principem, ſc. Pala-
tinum, sſripſiſſe ad noſtrum Regem ut te capiat, & vinctum
Heidelbergam mittat, quem rumorem a Tretio et ab aliis veritatis hoſtibus conflatum eſſe arbitror, ſicut et alia multa; jam
ut tibi caveas et nomen tuum ne aperias vehementer rogo.
Solche und dergleichen Sachen machten mich alſo furchtſam, daß
ich eine Zeitlang krank lag, und meinen Schlaf verlor, und nicht
anders gedachte, oder gedenken konnte, denn ich wäre ſchon wieder
gefangen: und das war mir der größte Stoß, daß ein gemein
Geſchrey war, der Fürſt in Siebenbürgen wäre vom Türkiſchen
Kayſer abgefallen und hätte ſich zu dem Römiſchen Kayſer geſchlagen,
ſich und das ganze Land an dem Kayſer ergeben, und ſolches
wurde nicht von Schlechten, ſondern von den Vornehmſten im
Lande gewiß gehalten, und alle Arrianiſche im Lande würde man
verbrennen: diß, ſprich ich, thät mir den größten Stoß. Denn
ich gedachte an die Worte, die mir ein Schreiber, mit Namen M.
Stephan, in dem Gefängniß zu Heydelberg geſagt hatte. „Wann
ich zum erſten, da ich bis Ungarn kommen, nicht hätte wieder um=
gewendet, ſondern wäre in Siebenbürgen gezogen, ſo wäre ich
gefangen, und in des Kayſers Hand gen Wien überantwortet
worden,“ gedachte derohalben bey mir: Siehe, in dem Gefängniß
zu Heydelberg wurde dir allezeit vorgeworffen, was man mit dir
handelte und thäte, das müßte man des Kayſers halben thun;
biſt du denn nun in Siebenbürgen, in des Kayſers eigenem Lande,
wie wird denn der Kayſer allda mit dir umgehen laſſen? Solches
und dergleichen hielt ich dem Superindenten, dem Franciſco
D a u i d t s[1]) zu Clauſenburg vor, der beſchlagte ſich im Rathe,
wohin ich doch mit andern etwa zween Monate ziehen möchte, da
ich ſicher uud ohne alle Sorge wäre, bis daß man eigentlich möchte
inne werden, ob mir eine Gefährlichkeit in Siebenbürgen würde
zuſtehen oder nicht; wurde derohalben für gut angeſehen, daß
ich mit einem öffentlichen Druck dieſe Calumnien, ſo mir von den
Heydelbergiſchen aufgelegt, entſchüttet uud meine Unſchuld an Tag
gäbe. Denn in Siebenbürgen wußten ſie alle gleichwohl, daß
mich etliche von einer gefundenen Schrift halben, die ich ſollte ge=
ſchrieben haben, für einen Feind des Vaterlands hielten. Dieweil
aber der Fürſt in Siebenbürgen uns etwas zu drucken gänzlich

---

1) Ueber Franciscus Davidis ſ. die Anm. zu S. 69. — A. d H.

verbotten hatte, damit die Arrianische Lehr (wie mans nennt)
nicht mehr über Hand nähme, und er bey andern christlichen Fürsten
solches Drucks halben keine Ungunst überkäme, ward von dem
Superintenten beschlossen, daß ich auf zween Monat in Ungarn,
ausserhalb des Fürsten in Siebenbürgen Gebiete, in eine Stadt,
mit Namen S o ch i m a n (dem Bascha zu Temitschwar unterworffen)
zu einer Druckerey ziehen solte, und daselbst mit einem offnen
Druck meiner Widersacher Schmähworte widerlegen, und auch
was ich sonst bey mir Nützliches hätte, drucken laßen; wurde dero=
halben mit einer öffentlichen Commendation oder Schreiben des
Superintenten F r a n c i s c i D a v i d t s abgefertigt zu dem Buch=
drucker gen Schiman, welcher unter vorgemeldten Superintenten
Gebiete, und ein Prediger daselbst zu Schiman war, mit Namen
Paulus; und solche gemeldte Commendation die lautete an alle
Prediger in Ungarn, die unter dieser Superintendenz waren, und
sonderlich an den Herrn B e n e d i c t, den Prediger zu Temitschwar.
Ehe ich aber aus des Weyda oder Fürsten in Siebenbürgen Landen
kommen, und zog in den Flecken mit Namen L u g u s ch, da finde
ich in selbem Flecken vorgemeldten Buchdrucker Herrn Paulum.
Nachdem er die Briefe las, so ihm der Superintendent geschrieben,
zeigt er mir an, wie er aus der Stadt Schiman vertrieben wäre
von denen, so den Wallachischen Glauben. Dieselben hätten mit
Geschenk und Verklagniß bey dem Bascha soviel zuwege gebracht,
daß er hätte weichen müssen, und wohne itzund mit seinem Haus=
gesinde zu Lugusch, zeigte mir auch seiner Druckerey etliche Buch=
staben, die mir sehr wohl gefielen, spricht zu mir, allhier dürffen
wir noch nichts drucken, dann dieser Flecken ist noch des Fürsten
aus Siebenbürgen, aber morgen, wills Gott, wollen wir zu dem
Herrn Benedict gen Temitschwar, und ohne allen Zweifel bey ihm,
dieweil er ein schön weit Haus hätte, die Druckerey anrichten.
Wie wir gen Temitschwar zum Prediger kamen, funden wir ihn
sehr schwach, denn er hatte Colicam; es gefiel ihm aber unser
Vornehmen sehr wohl, und verhieß allen guten Willen. Sobald
die Gemein der Ungarischen Christen, sammt dem Ungarischen
Richter (wie sie ihn nennen) von meiner Zukunft hören, erzeigen
sie mir große Ehre; aber der Druckerey halben, antwortet der
Richter, könne noch möge nichts angerichtet werden, ohne des
Baschas Vorwissen, dieweil ich aus Deutschland sey; dazu habe
ihm der Bascha bey seinem Eid und seinem Kopf befohlen, kürzlich
vor acht Tagen, daß er keinem fremden Christen wollte gestatten
etliche Tage hier zu bleiben, er habe dann solches dem Bascha zuvor

angezeigt. Derohalben so wolle er dem Bascha solches vorbringen.
Sobald der Bascha höret, daß ich ein Deutscher sey, und Bücher
drucken wolle zu Temitschwar, schickt er alsobald nach mir, redet
mich ernstlich an, spricht, ich sey ein Welscher und von ihren
Feinden den Venedigern ausgesandt, das Land zu verrathen.
„Denn warum sprichst du, daß kein Welscher nicht seyest? hast
du doch mit der Christen Schreiber Welsch geredet.“ Wir hatten
mit einander Lateinisch geredet, welches dem Bascha ist vorgetragen
worden, als wenn es Welsch gewesen wäre. Darnach spricht er
wieder zu mir, warum willst du Bücher bey uns drucken? hat es
doch eigene Druckereyen in Siebenbürgen. Antwortete ich, wie daß
der itzige Fürst oder Weyda nicht gestatten wolle, daß man etwas
in der Religion Sachen brückte, auf die Weis wie es bey dem
Könige ist gehalten worden. Darauf spricht der Bascha: wenn
dem also ist, wie du sagst, so hat der Weyda schon wider seinen
Eid gethan, den er Gott und unserm Kayser gethan hat; denn
er hat geschworen, daß er, sonderlich in Religionssachen, wie es
bey dem König ist gehalten worden, nichts hindern wolle, so er
aber die Druckerey verhindert, so thut er wider seinen Eid;
welches ich nicht glaube. Darum will ich, spricht der Bascha,
dem Weyda von dir schreiben, was du in seinem Lande gethan
hast, und wie du allhier ausgäbest, daß er seinen Eid weder an
Gott noch an dem Kayser gehalten habe, dieweil du sprichst, daß
er die Druckerey verbotten habe; mittler Zeit sollst du mein Gefangner seyn; so ich denn von dem Weyda verstehen würde, daß
du auf ihn gelogen hast, so bist du gewißlich ein Verräther; derohalben will ich dich nachmals dem Kayser gen Constantinopel
schicken, der wird wohl aus dir dringen, wer du seyst, und ich will
dich itzund bald auf solche Weis fragen lassen.*] Und obgleich
der Christen Richter, und andere Christen dazu redeten, und mich
vertheidigten, wie ich von wegen des Wortes Gottes aus meinem
Vaterlande vertrieben wäre, wie ich 35 Wochen wär gefangen
gelegen, und wie ich dieser Sachen halben schriftliche Zeugniß mit
mir aus Siebenbürgen gebracht hätte, so half es doch nichts, ich
mußte sein Gefangner seyn, und hieß die andern Christen abtreten.
Da sahe ich in was Nöthen ich war; denn der Fürst in Siebenbürgen würd dem Bascha nicht geschrieben haben, daß er die
Druckerey verbotten hätte, sonst hätte er sich selbst schuldig gegeben,
er würd auch solches aufgenommen haben als eine Verklagung vor
dem Bascha, und würd mir gewißlich keine gute Promotion geschrieben haben; sprach, Ach lieber Gott, in Deutschland bin ich

für einen Feind der Deutschen und für einen Freund der Türken gehalten worden, hier unter den Türken werd ich für einen Feind der Türken und für einen Feind meines Vaterlandes geachtet, darum daß ich, so viel die Dreyfaltigkeit belangt, nur Einen Gott geglaubt hatt, als wie die Türken, und haben mich darum wollen ertödten. Darauf spricht der Bascha, wenn dem also ist, daß du allein an den einigen Gott glaubst, der Himmel und Erden erschaffen hat, als wie wir, und bist darum von den Deinen für einen Türken gehalten worden, so beweis itzt solches mit dem Werk; werd zu einem Türken, so sollst du nachmals zu drucken Macht haben wider deine Feinde alles, was dir gefällt; thust du aber solches nicht, so hast du diese Gefährlichkeit zu erwarten, wie dir angezeigt ist. Darauf antwortet ich, daß ich auch den Alkoran gelesen hätt, und einen Gefallen daran gehabt hätt, darum ich denn für einen Türken wäre gehalten worden. Sobald der Bascha diese Wort höret, spricht er, er wolle mich gen Constantinopel dem Kayser schicken, da ich noch auf den heutigen Tag bin, bey des Kayers oberstem Dolmetsch, welcher ein Deutscher ist. Daß aber diesem also sey, habe ich auch des von Alba Julia Predigers in Siebenbürgen Brief Euch hierbey gelegt. Dieses hab ich Euch auf Eure erste Frag sollen antworten, da Ihr begehret zu wissen, wie oder warum ich an dieses Ort kommen sey.

„Aus diesem allen könnet Ihr leichtlich sehen, daß ich kein bleibende Stätt in so viel Königreichen hab können finden, und derohalben aus Noth gezwungen worden, durch einen öffentlichen Druck meine Unschuld zu offenbaren. Wie es mir aber ob solcher Druckerey ergangen sey, habt Ihr genugsam verstanden. Ihr thut mich auch fleißig ermahnen, daß ich wieder umwenden und mich wieder in mein Vaterland begeben sollt, welches meines Erachtens nichts anders wäre, dann sich eben in den Tod hinein stürzen. Dann ich bin von glaubwürdigen Leuten mündlich und schriftlich berichtet, daß der Churfürst zu Heydelberg dem Ioanni Syluano habe den Kopf lassen abhauen, von wegen einer Schrift, die ich solte geschrieben haben. Denn also schreibt mir ein guter Freund zu: Gaudebant te, euitato crudeli illo Syluani judicio (quem tnae literae ad Turcarum Imperatorem potentiffimum fcriptae pridie nativitatis Dñi Ao. 72 jugularunt) in tnto effe. Ein anderer guter Freund schreibt mir auf diese Weise zu: Sylnanus superioris anni menfe Decembri capite plexus eft, eiurata prius religione; crimini datum eft, quod confcius fuerit tuarum, quas ad Turcas fcripferis literarum: ille Denm et homines te-

ſtatus eſt, ſibi iniuriam fieri. Reſponſum tandem, Principem
non aliter velle; alii dimiſſi ſunt. Hieraus möcht ihr wohl ab=
nehmen, was ich zu erwarten hätt, ſo ich hinaus ſollt kommen.
Aber auf daß ihr verſtehet, wie es eine Geſtalt habe mit ob=
gemeldtem Briefe, darum dem Syluano iſt das Leben genommen,
habe ich ein wenig allhier Euch wollen aufzeichnen, auf daß Ihr
ſehet und erkennet, daß ſolches Ausgeben von meinen Wider=
ſachern lauter Erdicht und Lügen ſey, welches ich ſo hell und klar
darthun will, als die Sonne ſcheint. Möcht aber jemand gedenken,
„Ey was ſchreibſt du von ſolchen, es iſt itzunder zu ſpat, du wirſt
dem Syluano doch das Leben nicht können wieder zuſtellen; du bedarfſt
keiner Entſchuldigung, ſie können dir doch nicht mehr ſchaden,
und iſt dir ſolches Ausgeben deiner Widerſacher vielmehr eine
groſſe Ehr, denn eine Schaub bey dieſen Leuten, da du itzt biſt;
ſag du auch alſo, und rede nicht wider deine eigene Ehre“ u. ſ. w.
Aber ich ſuche meine eigene Ehre nicht, ſondern die Wahrheit,
und auf ſolche Weis, wie ichs am jüngſten Tag ſoll und muß
vor dem lebendigen Gott bekennen, will ich itzt von obgemeldter
Schrift reden. Erſtlich iſt es bey den alten Verſtändigen bräuch=
lich, ſo man etwas redet oder ſchreibt, quo animo, quo propoſito
et fine, mit was Gemüth oder Fürnehmen dieß geſchrieben oder
geredt ſey, man bedenk, wie Syrach auch lehret, Kapt. 19. Denn
bedenkt man des Autoris Fürnehmen nicht, ſo er es nicht geoffen=
baret hat, ſo iſt es nicht müglich, daß man die Sache recht ver=
ſtehen kann. Darum geſchicht mir Gewalt und Unrecht von meinen
Widerſachern, daß ſie mir ſolche meine Briefe (darinn ich mein
Propoſitum nicht geoffenbaret hab) auslegen nach ihrem Sinn
und Wohlgefallen. Hält ſich nun die Sache alſo: dieweil ich,
ſoviel die Dreyfaltigkeit belangt, irrig war, beſchloß ich bey mir
alles zu verſuchen, bis ich mein bekümmert und verirret Gewiſſen
zufrieden geſtellt hätt. Wie hat nun dieſes ſollen geſchehen? auf
was Weiſe? Es iſt der Brauch, wenn man an einem Dinge
zweifelt, daß man hinzeucht und ſchickt an dieſe Ortt, da etwas
ſich zugetragen hat, und daſelbſt die Wahrheit erforſcht, will man
anders der Sachen gewiß ſeyn. Dann wir wiſſen, wie uns der
Pabſt immerdar Lügen und falſche Hiſtorien, anſtatt der Wahr=
heit vorgelegt hat, und wie faſt er die rechte Wahrheit verboten
habe mit Feuer und mit Schwerd. Wie ſollte man aber beſſer
können die Wahrheit erfahren von der Dreyfaltigkeit, weder allein
an dieſem Ort, da ſich am allererſten der Hadder und Zwietracht
hat zugetragen? Nun hat ſolche Zwietracht am allererſten all=

hier zu Conſtantinopel angefangen, wie alle Hiſtorien bezeugen;
ſo hat ſich Arrius alſo gehalten, wie die Hiſtorien melden, daß er
dem Kayſer Conſtantinum, ſammt vielen ſeiner Nachkommen auf
ſeine Meinung gebracht hat, und ſind alle Graeci von dem Pabſt
zu Rom der Dreyfaltigkeitt halben in Bann gethan worden,
und bleiben auf den heutigen Tag in des Pabſtes Bann. Dann
ſie bekennen nicht, daß der heilige Geiſt von dem Sohne ausgehe,
ſondern allein von dem Vater. Denn alſo lautet die Hiſtoria:
Graeci non obediunt Eccleſiae Romanae et habent errores
multos, qui ſunt condemnati per Eccleſiam ſc. Romanam, quia
dicunt quod Spiritus ſanctus non procedit a Filio, sed a Patre
ſolum; etiam dicunt, quod non eſt purgatorium. Haec ſunt
verba Hiſtoriae. Wenn nun, nach der Griechen Meinung, der
heilige Geiſt nicht von dem Sohne, ſondern von dem Vater aus-
geht, ſo folgt, daß Chriſtus nicht gleicher Gott mit dem Vater iſt,
denn der heil. Geiſt geht ja allein aus von dem lebendigen
einigen Gott. Nun geht aber der heil. Geiſt (wie die Griechen
ſagen) nicht von dem Sohn aus, ſondern von dem einigen leben-
bigen Gott. Es wollen auch etliche Gelehrte, als nehmlich der
Camerarius zu Leipzig, quod Symbolum Athanaſii, non ab ipſo
Athanaſio, ſed potius a rancido quodam Monacho compoſitum
ſit. Solche und andere dergleichen Urſachen bewegten mich alſo
ſehr, daß ich gedacht: Siehe, die Griechen halten nicht alſo von
der Dreyfaltigkeit wie der Pabſt; nun ſind aber die Griechen daſelbſt daheim, wiſſen um alle Hiſtorien, der Dreyfaltigkeit halber,
mehr dann der Pabſt, und glauben doch nicht wie der Pabſt.
Derohalben, gedacht ich, muſt es ein Betrug des Pabſtes ſeyn,
beſchloß derohalben bey mir von wegen meines Gewiſſens, und
von wegen der Wahrheit alles zu verſuchen, bis ich bey ſolchen
Griechen (dieweil die wahre Hiſtorie bey niemand anders ſonſt
zu finden) die rechte Wahrheit erfahren hätte. Nachdem aber
an ſolchen Orte unmüglich zu kommen, es geſchehe dann durch
groſſe Geſchenk und Gaben, oder durch die Sprach, oder ſonſt
durch Gunſt und Promovirung groſſer Potentaten, welcher Dinge
keines, als nehmlich Gaben, die Sprache oder Promovirung ich
zu hoffen hatte: nahm derohalben nach langen hin und her
Denken zum Exempel den Apoſtel Paulum, der in gleichen Sachen,
nehmlich auf daß die Wahrheit geoffenbaret werde, iſt allen alles
worden, den Juden ein Jude, den Heiden ein Heide, und befiehlet,

noch Heiden, noch Christen, noch Türken zu verletzen, Gott ist
mein Zeuge, habe ich solchen Brief geschrieben. Ja so begierig
die Wahrheit zu erforschen bin ich gewest, daß ich auch auf solche
Weise, als wie Paulus, zu einem Juden oder zu einem Heiden
wollte geworden seyn; solch mein gut Propositum ist mir also
übel ausgelegt worden.

„Nun, mein lieber Landsmann, urtheil itzunder, wie man
mit mir sey umgangen; ob diß auch göttlich und billig sey. Wenn
jemand Paulo hätt fürgeworffen: Ey, Paule, du hast in deiner
Schrift und Predigten Juden und Heiden dem Teufel gegeben,
und bist nun selbst zu einem Juden und Heiden worden. Hätt
auch ein solcher Paulo Recht gethan? Nein gewißlich. Von
solchen meinem Proposito habe ich aus Pohlen zweymal gen Heydelberg geschrieben an den Churfürsten selbst; aber ich kann nicht
glauben, daß solche Briefe überantwortet seyn worden. Man
würde sonst ohn allen Zweifel über den Syluanum kein solch
Urtheil gefällt haben. Solches, was ich itzt schreib, ist vor vier
Jahren mein Propositum gewesen, da ich diesen Brief schrieb, den
der Pfalzgraf in meiner Schreibstuben unter meinen Büchern
gefunden hat: aber itzund, da ich sonst keinen Platz, in der ganzen
weiten Welt gehabt habe, und wunderlich durch Gottes Schickung,
wie Ihr droben gehört habt, gen Constantinopel bin kommen,
und der großmüthigste Kayser mich beschützet und beschirmet, ist
dieß mein Propositum gar nicht auf dißmal, wie es zu demselbenmal gewesen ist. Wohlan, das sey das erste Argument, daß
meine Widersacher Unrecht gegen mich gehandelt haben, da sie
mir die Worte im Briefe vorgeworffen, und doch mein eigentliches
Vornehmen nicht verstanden haben.

„Zu dem setze ich, daß meine Widersacher meine Briefe recht
verstanden haben nach dem Buchstaben, wie sie lauten, und haben
es gedeutet, wie sie gewollt haben, so hätten sie mir doch nach
göttlichen und weltlichen Rechten nicht schaden können. Denn ich
frage meine Widersacher, was geschehen sey; zu welchen Feinden
des Deutschen Landes ich mich geschlagen habe, da ich diese Briefe
geschrieben habe; wohin ich diese Briefe geschickt habe: so können
sie nichts reden de facto, daß etwas geschehen zu derselbigen Zeit.
Ich ruffe ja zu einem Zeugen an auf meine Seele, daß solche Briefe
kein Mensch nie gelesen hat, weder ich allein, bis er in ihre Hand
ist kommen. Wann ich dieser einem, die mir in das Haus seyn
gefallen zu Heydelberg, 100 Gulden wäre schuldig gewesen, und
derselbige hätte einen Brief in meiner Stube von mir geschrieben

gefunden, in welchem Brief gestanden wäre, ich wollte ihn be=
zahlen, wollt er auch also den Brief de facto ausgelegt haben,
als wenn er schon bezahlt wäre? Nein gewißlich. Warum legt
man mir dann diesen Brief also aus, als wenn ich mich schon
zum selbigenmal zu ihren Feinden geschlagen hätte? Ja sprechen
sie, dann im Gefängnisse hat man mir also geantwortet, volun-
tatem malefactionis pro facto reputari, als wenn einer im Willen
hätt zu stehlen, man erwischt ihn in solchem Vornehmen, so sey
es gleich so viel, als wenn er schon gestohlen hätte; also sey es
auch mit diesen meinen Briefen: ich hab einmal in Willen gehabt,
mich zu ihren Feinden zu thun, und daselbst viel Böses anzustiften,
in solchem Vornehmen sey ich gesangen worden. Derohalben so wäre
mir solches Schreiben zugerechnet, als wenn ich das Werk schon voll=
bracht hätte. Was dünkt einen? Hier mußt du bleiben, Adam, du
kannst dich nicht verantworten. Ich sage, daß ich mit solchen
Worten gar nichts gehindert, sondern vielmehr quit, frey, ledig
und los gesprochen würde, dieweil er spricht, ich habe mich zu
ihren Feinden wollen schlagen, und in solchem Vornehmen sey ich
gesangen worden. Denn da ich höre, daß Sylvanus gesangen
sey, darum daß wir bey des Weyda Legaten zu Speyer gewesen
waren, lauffe ich davon, komme bis gen Preßburg, und weiter
geselle mich zu Kaufleuten von Debretzen, dieweil ich aber sehe,
daß ich in Siebenbürgen nicht kann kommen, bedenk ich und be=
schliesse bey mir, daß ich wiederum wolle umkehren, wieder gen
Heydelberg ziehen, mein Lebelang des Glaubens oder aller andern
Sachen halben nichts anzuheben, sondern alles fallen und be=
ruhen lassen; kehre in solchem Vornehmen wieder um, reise fast
auf die hundert Meilen wieder zurück, und schlage mich nicht zu
des Pfalzgrafen Feinden, sondern Freunden, zu seinem Canzler
gen Amberg, zeige mich daselbst an, er ladet mich ins Kloster zu
Gast, ich komme, versehe mich nichts Böses, so läßt er mich die=
selbige Nacht gesangen legen. Wie dürfen sie denn sagen, ich sey
nach dem Vornehmen des Briefes gesangen worden, indem ich
habe wollen zu ihren Feinden lauffen. Also sollten sie ihre Rede
nach der Wahrheit gesetzt haben, ob man nehmlich einem
solchen sein Vornehmen oder seinen Willen für das Werk solle
rechnen, der ihm vorgenommen hat, seinen Nächsten zu tödten,
indem er hingeht, so besinnt er sich, bedenkt daß Unrecht ist, kehrt
wieder um, ist ihm leid, daß er solches Vornehmen gehabt hat;
solte man solchem den Willen für das Werk zurechnen? Nein
gewißlich. Nnn hatte es ja eine solche Gestalt und Meinung mit

mir gehabt, das weiß Gott der Herr; daß ich selbst wieder um=
gekehret habe, selbst zu des Churfürsten Prädicanten zu Neuburg,
Melchior Pottern, kommen, mit ihm gen Amberg gezogen,
und daselbst dem Pfalzgräfischen Canzler anzeigen lassen: das
heißt nicht, nach dem Vornehmen des Briefes seyn gefangen
worden. Der König David hatte einmal im Willen, er wolte
seinen Herrn den Saul umbringen, aber er geht in sich selbst,
spricht, da sey Gott vor, (1 Samuel. 24.) daß ich meinen Herrn
den König umbringen sollte: Solch Vornehmen des Davids wird
Saul innen, er hält den David darum, von solches Vornehmen
wegen, für keinen Mörder. Hat der vorgeregte Saul ein solches
können merken, der doch dem David Tag und Nacht nach dem
Leben stellte, solltens denn nicht vielmehr solche weise Leute, wie
sie sind, gemerket haben, wo nicht die Affecten sie gehindert hätten?

„Zudem, wenn sie mich gleich zu demmal, da ich bin auf
Siebenbürgen gezogen, im hinwegziehen und nicht im wider=
kehren, gefangen hätten, so hätten sie mir doch nichts in der
Wahrheit können schaden. Dann ich zog deßhalben auf Sieben=
bürgen zu, dieweil ich bey des Weyda Legaten zu Speyer gewesen
war, und verheissen, ich wollte ihm dienen, und zog nicht von
dieses obgemeldten geschriebenen Briefes aus, sondern daß ich
zu dem Fürsten in Siebenbürgen wollte. Ob derselbige zu dem=
selbenmale als ein Feind, oder als ein Freund des Vaterlandes
sey gehalten worden, ist männiglich wohl bekannt, wie der Secretarius zu Speyer in des Haffners Haus, da wir waren, uns an=
gezeigt, daß der Weyda ein Freund des Deutschen Landes wär
worden, und alle alte Feindschaft abgestellet sey. Daraus ist
abzunehmen, was ich von diesem vielgemeldten obgeschriebenen
Briefe habe gehalten, wie daß ich re ipsa solches Propositum
selbst immutiret habe.

„Nichts desto weniger wird mir solche Schmach und Undillig=
keit von meinen Widersachern aufgelegt. Es geht mir gleich als
einem, der ein Testament oder Schuldbrief wiederruft, abgestellet
und vernichtet hat; man findet aber solchen Brief und will ihn
für kräftig anziehen. Jedermann wird sprechen, ein solcher Brief
hat keine Kraft mehr, dieweil der Antor solchen Brief für un=
kräftig erkennet hat. Was darf es viel Worte? Man lasse
diesen geschriebenen oder gefundenen Brief selbst reden, so wird
solcher Brief, von welches wegen sie mir das Leben haben nehmen
wollen, mich los und ledig zählen.

„Wenn, sprich ich, der Buchstab dieses Briefes demnach,*]

dem ich ihn geſchrieben[1]) hatte, und überlas ihn, gefiel mir nicht, gedachte bey mir ſelbſt, „wenn vielleicht aus ſonderm Unglück deine Mißgönner dieſen Brief ſollten überkommen, ſo möchten ſie dich in groß Unglücke bringen; es wird dirs keiner glauben, daß du in propoſito et fine, nehmlich die Wahrheit zu erfahren, geſchrieben hatteſt; was willſt du anfangen", gedacht ich, „ſo viel dich bemühen der Religion halben, in weite unbekannte Lande dich zu begeben?" beſchloß dieſe ganze Sache ruhen zu laſſen, nichts anzuheben, und zu einem Zeugniß deß ſchrieb ich neben an den Brief an die Seite, Hoc poteſt omitti i. e. hoc negotium, hoc meum propoſitum poteſt omitti; das iſt, diß mein Vornehmen, dieſer Brief, dieſes Geſchäft mag wohl unterlaſſen werden: und diß ſind die letzten geweſen, die ich an dieſen Brief geſchrieben habe, nachdem ich ihn überleſen habe.

„Wollen nun meine Widerſacher auf dem Buchſtaben beruhen dieſes vielgemeldten Briefes, ſo ſollen ſie ihn ganz leſeu, ſo ſollen ſie nichts außen laſſen. Wenn jemand die Zehngebotte ſchrieb, als nehmlich, „Ich bin der Herr dein Gott, der dich aus Aegypten geführet hat; du ſollſt dir kein Bildniß machen; du ſollſt nicht ſtehlen, nicht tödten, nicht ehebrechen" wenn er es alles geſchrieben hätt, unten an den Brief, oder auf die Seite wolle er ſchreiben, ſo er es überleſen hätt, „die Gebotte mögen unterlaſſen werden, man darf dieß Gebott nicht halten, man darf andere Götter haben, man mag ſtehlen" was hielt ein ſolcher von den Zehngebotten? Gewißlich nichts. Alſo und auf dieſe Weiſe habe ich von mir ſelbſt un= gezwungen allein in meiner Schreibſtube dieſen vielgemeldten Brief mit meiner eignen Hand unterſchrieben, daß er nichts ſey, nichts gelte und zu unterlaſſen ſey. Darum geht es mir gleich mit dieſem Briefe, wie ich vorgemeldet habe, als wenn man einem ein Teſtament, ſo durchſtochen, oder durchſtrichen wäre von dem Autore, wollte fürlegen, und immerdar ſprechen: Siehe, das das ſtehet im Brief; das iſt dein Wille und Propoſitum! und man wollte nicht bedenken, daß das Teſtament durchſtochen und durchſtrichen wäre. Mit welchem durchſtechen und durchſtreichen der Wille des Autoris iſt vernichtet worden.

„Alſo, wenn meine Widerſacher ſprechen; Siehe, das ſtehet im Brieff, das haſt du geſchrieben, das und das haſt du im Willen gehabt: ſo ſollen ſie alleweg dazuſetzen, hoc poteſt omitti. Wenn

---

1) Wolfenb. Beitr.: „geſch rieb". Dieſer und andere, auch von Lach=
mann nachgedruckte Fehler ſind nach der Wolfenbüttler Originalhandſchrift von
uns berichtigt.   A. d. H.

jemandt bey sich in seiner Schreibstuben schreibt, er wolle ein Dorff
oder Stadt anzünden, und gereuet ihm hernach, schrieb unten an
den Brief, „Ich will solches, was ich geschrieben hab laffen und
nicht thun" begäbe sich auf solches in den Dienst dieses Dorffs
oder Stadt Freundt, welcher kriegen wollt wider den andern, der
solches obgemeldt Dorff oder Stadt anzünden wollt, würde man
ihm auch solche Brief auslegen können, als wär er noch der Meinung, vorgemeldt Dorf oder Stadt zu verbrennen? Nein gewißlich, denn mit Worten und Werken wäre das Widerspiel vorhanden. Also hat es auch eine Meinung hierinnen. Diese Brieff
habe ich mit meiner eignen Handschrift, Hoc potest omitti, vernichtet und ausgethan, hernachmals mich in den Dienst des Wei-
woda begeben, welcher ein Freund des Teutschlands war; daß
ich ja mit Worten und Werken das Widerspiel zu demselbenmal
erzeigt hab. Dieses hoff ich sey auf dißmal genug zu Verantwortung dieser Schmach, die mir aufgelegt worden. Dann wo
bin ich itzt, da ich dieses schreib? Zu Constantinopel, und nit in
des Churfürsten am Rhein Gefängknuß, da ich aus großer Forcht,
oder Errettung meines Lebens, etwas reden müßte? Was für
einen Nutz hab ich, daß ich solches schreib? Keinen, sondern
allein, wie ich gemeldt hab, der Wahrheit zu gutt.

„Letzlich hab ich auch verstanden, daß meine Widersacher
ausgeben, ich hab des Churfürsten zu Heydelberg Sigill überkommen, und solches, sprechen sie, stehe geschrieben, in vielgemeldten gefundenen Briefen. Aber wie sie mit ihrer vorigen
Anklag, wie ihr gehört, bestanden, also bestehen sie auf dißmal
auch. Denn es hält sich die Sach also. Nachdem ich den oft-
gemeldten Brief schriebe, und meinen Namen darin setzte, wer
Ich wäre, was ich für ein Dienst oder Amt in Heydelberg gehabt
hätte, gedacht ich bey mir, man wird dir in solchen fernen Landen,
da du hinziehen willt, nicht Glauben geben, daß du in einem
solchen Amt gewesen seyest, du habst den Brief und Sigel von
deinem Fürsten. So hat aber der Churfürst von wegen des
Genffischen Banns den fürnehmsten Gelehrten und Theologis,
als dem Doctor Poquino, dem Doctor Zanchio, und mir auch,
einem jeden insonderheit einen eignen Brief geschrieben, mit seinen
Sigill wie bräuchlich versiegelt. Weil nun die Ueberschrift des
Churfürsten Briefs lautet, „Unserm Adam Neuser, Prediger
oder Kirchendiener allhie zu Heydelberg" gedacht ich, dieser Brief
kann dir gnugsam Zeugnuß geben in fremden Landen, daß du
dieser bist für den du dich ausgiebst. Denn der Churfürst, die-

weil ich ihn des Genffischen Banns halben zuwider war, würde
mir nit so viel Brief und Sigill, so ich weggezogen wär, mitgetheilet haben. Darumb gedacht ich, ich wollte vorgemeldten
des Churfürsten Brief mit vielgemeldten andern Briesen schicken,
auf daß mir würdt Glauben gegeben, daß ich dieser wäre, für
den ich mich ausgebe, und habe also in vielgemeldten Brieff geschrieben, Ut intelligas me sc. talem esse, qualem me esse prae-
dico, mitto tibi literas sigillo Principis munitas. Aus diesen
Worten schliessen meine Widersacher, ich sey dem Churfürsten an
das Sigill kommen, oder etwa ein Sigill in des Churfürsten
Namen machen lassen. Also geht es mir; das ist die Anklag
meiner Widersacher. Wenn dem also wär, wie meine Widersacher ausgeben, so frag ich, ob etwa der Churfürst oder ein
Secretarius sein Sigill verloren habe. Dann wenn ich ein solches
Sigill bekommen hätte, so würd ein Mangel an solchem Churfürst-
lichen Sigill gewesen seyn. Niemandt aber hat sich zu derselbigen
Zeit beklagt, daß man eines solchen Sigills mangel, auch nit
dazumal, da ich im Gefängniß gewesen din. Zu dem, welcher
Goldschmidt oder Meister würd mir eines solchen Churfürsten
Sigill dürfen machen, wenn ichs gleich an einen begehrt hätte?
oder wo ist ein solcher, der es gemacht gehabt habe? Warum
habe ich keinen Brieff in des Churfürsten Namen geschrieben?
Wo hab ich ein solches Sigill gelassen? Wann ich schuldig wäre,
so würd ich mich an diesen Orten, da ich jetzt din, solches nicht
schämen dörffen; jetzund könnt ich meiner Widersacher spotten.
Aber Gott im Himmel ist mein Zeug, daß mir in solcher Sache
von meinen Widersachern Gewalt und Unrecht geschicht. Habe
ich ein falsches Sigill des Churfürsten gehabt, so hat er mirs
selbst geschickt, denn ich von keinen andern versiegelten Brieff weiß
noch schreib, weder allein von diesem den er mir des Banns
halben geschrieben hatt. Lieber Gott, wie ist das iniqua inter-
pretatio. Denn wäre das nit unfreundlich ausgelegt, wenn ein
Burgermeister einem ein Brief hätt geschrieben, und mit seinem
Sigill versiegelt; dieser aber, so der Brief geschrieben ist, schicket
solchen des Burgermeisters Brief einem andern, und schrieb dar-
neben also, Mitto tibi literas sigillo consulis munitas: wenn man
einen solchen sein Schreiben also wollt auslegen, als spräch er, ich
habe des Consulis Sigill, sein Pittschirung bekommen, und siegelt
damit, oder, ich schicke dir des Consulis Pittschirring; wär das

„Weiter, mein lieber Landsmann, vermahnet Ihr mich auch,
daß ich mich trösten soll der Gnaden und Barmherzigkeit Gottes,
wo ich der Lehr halben wäre irr gegangen. Darauf sollt ihr
wissen, daß ich an solchem gar keinen Mangel (Gott sey Lob!)
leide. Denn ich kenne meinen Gott, und weiß, daß er mich aus
so viel Trübsal errettet hatt, wird es auch hinsort thun. Mich
erfreuet nichts höheres, denn daß ich gegen meinen Gott ein rein
Herz und gewissen Geist hab behalten, und bin vergewissert, daß
ich ein Freund und kein Feind Gottes sey. Dann mein Gewissen,
wie Johannes lehrt I. 3. ist mir stärker und grösser, denn der
ganzen Welt Zeugniß, und was ich zu Heydelberg begehrt habe,
der Lehr und sonderlich der Dreyfaltigkeit halben von Ario, von
solchem ist mir Gott Lob ein Genüge geschehen. Ich hab auch
vetustissima Exemplaria novi Testamenti vor dieser Zeit in Sieben=
bürgen geschickt manuscripta, welche ich wollt, daß ihr sie sehen
solltet. Ich glaub, daß solche Exemplaria nicht sehr lang nach
Christi Geburtt seyn geschrieben worden.

„Soviel natürliche Lieb belangt, darum Ihr mir schreibt, sollt
Ihr und könnet wissen, daß ich ein Mensch und kein Holz oder
Stein bin. Derhalben solches, (daß ich die Meinen hab müssen
verlassen) niemands mehr bekümmert, denn mich. Aber was
wär den Meinen damit geholfen gewest, daß ich zu Heydelberg
bey ihnen wär geblieben, und mich hätt lassen ertödten. Denn
hätten sie je gar keine Hoffnung mehr können haben. Bitt ich
euch auch von der alten Kundschaft wegen, Ihr wollt helffen und
rathen, daß mein Sohn aus dem Gefängniß erlediget werde, und
wollt ihm sagen, daß er sich forthin in keinen Weg unterstehe, zu
mir zu kommen. Dann solches ist ihm unmüglich; er würd
gefangen und verkaufft, und könnt nit mehr ledig werden. Denn
es ist nit also hierinnen ein Land zu wandern, als wie in Teutsch=
land. Thue mich auch fleißig gegen Euch bedanken, daß Ihr mir,
wie ich aus eurem Brieff verstehe, begehret Lieb und Freundschaft
zu erzeigen. So ihr wißt und erfahren könnt, wie es um die
Meinen zu Heydelberg ein Gestalt hat, thut mirs zu wissen.
Hiermit befiehl ich Euch, sampt allen den Euren, dem lieben Gott.
Datum zu Constantinopel am Mittewoche vor Ostern Anno Domini 1574.   „Euer Landsmann
„Grüßt mir den Herrn D. Cratto, welcher, wie
ich verstehe, Eure Brieff überantwortet hat.
                              „Adam Neuser."

Vor unſerer Abſchrift ſtehet von einer jüngern Hand ge=
ſchrieben: „Infelicissimi terque quaterque Apostatae et Mame-
lucae *Adami Neuseri* scriptum, in quo pessima fide et conscientia
leprosa suam historiam narrat." Ich wüßte ſo nicht zu urtheilen.
Apoſtat und Mameluke ſo vielmal, als man will! Aber der
Brief iſt doch wahrlich mit einer Kaltblütigkeit und Ruhe ge=
ſchrieben, die nichts weniger als ein wundes und peinigendes
Gewiſſen verräth; und was die pessimam fidem anbelangt, ſo
möchte ich gerade das Gegentheil behaupten. Kleine Beſchöni=
gungen ſeines gethanen Schritts erlaubt ſich Neuſer allerdings,
und wer kann ihm dieſe verdenken? Allein die Facta, welche er
erzählet, haben doch alle das ſo vollkommene Anſehen der Glaub=
würdigkeit, ſtimmen alle mit dem, was man von den damaligen
öffentlichen politiſchen Angelegenheiten aus andern Quellen weiß,
ſo gänzlich überein, finden ſich zum Theil ſelbſt durch das Vor=
geben ſeiner Gegner, unvermerkt und wider ihren Willen, ſo
deutlich beſtärkt: daß die pessima fides vielmehr auf dieſe zurück=
fallen würde, wenn unrichtige Erzählungen eben nothwendig alle
pessimam fidem zum Grunde haben müßten und der Menſch
nicht öfters, auch mit dem feſteſten Vorſatze, die lautere Wahrheit
zu ſagen oder zu ſchreiben, ſich und die Welt belügen könnte.

Um dieſes nicht in den Wind geſagt zu haben, komme ich
auf die zwei Punkte zurück, auf die ich beſonders zu achten
meinen Leſern vorläufig empfohlen habe. Ich rede von dem
zweiten zuerſt; weil er der unbeträchtlichere, aber auch zugleich
der unſtreitigere iſt, den man dem Briefſteller alſo wol am Erſten
einräumen dürfte.

Wie vielmal nämlich Neuſer gefangen genommen worden,
kann doch wol Niemand beſſer wiſſen als Neuſer ſelbſt? Alſo
auch Niemand beſſer als er ſelbſt, wie vielmal er aus der Ge=
fangenſchaft entronnen? Wenn er nun alſo erzählt, daß er nur
einmal gefangen genommen worden, oder vielmehr auch dies
eine Mal nicht ſowol gefangen genommen worden, als viel=
mehr ſich ſelbſt der Gefangenſchaft überliefert habe; wenn er
ſagt, daß er auf erhaltene Nachricht von der Einziehung ſeiner
Mitgenoſſen davongelaufen und bis Preßburg gekommen ſei;
wenn er die Urſachen und Umſtände angiebt, die ihn bewogen,

wenden für gut befunden:*) was für Bedenken kann man haben,
ihm in allen diesen Dingen völligen Glauben beizumessen, die
am Ende in der Hauptsache nichts ändern, bei denen es sich also
auch gar nicht absehen läßt, warum er sie anders erzählen sollte,
als sie in der That vorgefallen waren? Und wem erzählt er sie?
Etwa Einem, der im Geringsten nichts davon wußte oder wissen
konnte? Etwa auf gutes Glück der Nachwelt, der dergleichen
Kleinigkeiten selten wichtig genug sind, um sie in genaue Unter=
suchung zu ziehen? Nichts weniger; er erzählt sie einem Lands=
manne, der Theil an seinen Zufällen nahm, und dem er das,
was er ihm als in der Ferne geschehen erzählt, sehr verdächtig
machen würde, wenn er ihn in dem belügen wollte, was in seiner
eigenen Heimath vorgefallen war, und von dessen Grund oder
Ungrund er sich auf dem Platze selbst sofort unterrichten konnte.
Wenn wir genau zusehen, so findet sich auch sogar in obgedachten
Actis eine Stelle, die dem Neuser'schen Vorgeben in diesem Stücke
sehr günstig ist. In dem Bedenken der Heidelbergischen Theo=
logen nämlich, und zwar in dem Absatze, welcher den Matthias
Vehe besonders angeht,**) wird nämlich aus einem andern
eigenhändigen Briefe des Neuser's angeführt, daß ihn Syl=
vanus und Vehe auf dem Wege nach ihrem Gefängnisse
durch einen Studenten Namens Mader warnen lassen. Neuser
war also damals noch nicht in Verhaft; und was ist glaublicher,
als daß er sich die Warnung werde zu Nutze gemacht haben?

　　Doch, wie gesagt, es kömmt so wenig auf diesen Punkt an,
daß man Neuser's Erzählung davon für die wahrhaftere zu
halten keinen Anstand nehmen wird. So wenig! — gleichwol
aber auch nicht so gar wenig! Denn kann man in Abrede sein,
daß die freiwillige Wiederkunft, zu der sich Neuser entschloß, ob
er schon seine Mitgenossen gefangen wußte, zum Mindesten von
keinem so bösen Gewissen zeuget, als er bei seinem angeblichen
Verbrechen hätte haben müssen? Und dann, der Argwohn,
welchen ein offenbar erlogener Umstand auf jeden andern Um=
stand der nämlichen Geschichte nicht anders als werfen kann!
Wer den einen nicht wußte, kann auch den andern nicht gewußt
haben. Wer den einen nach seinen Absichten zu drehen und zu
verfälschen für gut fand, kann sich das Nämliche auch mit jedem
andern erlaubt haben.

　　Und nun mit diesem Mißtrauen zu dem Hauptpunkte, zu dem
Briefe an den türkischen Kaiser. Ein solcher Brief, wie ich bereits

---

*) Oben Seite 40.　**) Beim Struve, S. 227.

angemerkt, ist wirklich unter den Actis vorhanden, und der In=
halt desselben ist äußerst verfänglich; auch gesteht Neuser selbst,
einen solchen Brief geschrieben zu haben. Sogar was er zu
seiner Entschuldigung desfalls beibringt, scheinet zum Theil nichts
als kahle Beschönigung zu sein, das nämlich, was er von der
Absicht sagt, in welcher er den Brief geschrieben. Das Exempel
des h. Paulus ist offenbar gemißbraucht.

Allein diese zweideutige Absicht auch bei Seite gesetzt; zu=
gegeben sogar, daß seine Absicht augenscheinlich gewesen, nicht
die Wahrheit zu erforschen, sondern in Ueberzeugung der schon
erforschten und gefundenen Wahrheit wider die Gegner derselben
den grausamsten Feind zu verhetzen und gemeinschaftliche Sache
mit ihm zu machen: eine Verantwortung bleibt ihm dennoch
übrig, die auf einmal den Ausschlag so völlig auf seine Seite
giebt, daß ich nicht absehe, was darauf zu antworten stehet.

„Ich habe ihn geschrieben," sagt Neuser, „diesen unglück=
lichen, so mißverstandenen Brief; aber ich habe ihn nie abgeschickt;
ich habe ihn keinen Menschen zu lesen gegeben; ich habe ihn durch
eine eigenhändig beigefügte Clausel so gut als vernichtet; ich
habe von dem, was ich darin zu thun vor hatte, wirklich das
Gegentheil gethan."

Dieses sagt Neuser; und allem Ansehen nach sagt er auch
hiermit nichts als die lautere Wahrheit, oder es wäre doch ein
sonderbares Unglück für seine Gegner, wenn er die Wahrheit
nicht gesagt hätte und gleichwol ihr eigenes Vorgeben seine
Aussage itzt in den Augen der unparteiischen und kaltblütigen
Nachwelt so wahrscheinlich machte und bestärkte!

Denn man überlege doch nur! Wem soll Neuser seinen ver=
rätherischen Brief an den türkischen Kaiser, „in qua fassus," nach
dem Alting, „plures esse in Germania Arianae factioni addictos,
quibus nihil magis in votis esset, quam Turcarum Monarchæ
viam sternere in Imperio, et cum ipso conjungi;" wem soll er
diesen Brief, in welchem er, wie die Heidelbergischen Theologen
in ihrem Bedenken sagen,*) eine grimmige Conspiration
wider die ganze Christenheit anspinnet, wem soll er diesen
Brief zur Bestellung anvertrauet haben? Dem siebenbürgischen
Gesandten? Ihm, welcher „de ineundo foedere" (sind gleichfalls
Alting's Worte) „cum Imperatore et Ordinibus Imperii, mutnae
securitatis ac defensionis ergo," wider den Türken zu handeln

---

*) Beim Struve, S. 218.

von seinem Herrn nach Speier geschickt war? Ihm? Neuser
müßte toll und rasend gewesen sein! Ihm, der nach Deutschland
kömmt, um Hilfe gegen den Türken zu suchen, einen Brief zu
vertrauen, in welchem der Türke aufgemuntert wird, je eher je
lieber loszuschlagen! in welchem den türkischen Waffen die beste
Hoffnung gemacht wird! in welchem der Verfasser mit ausdrück=
lichen Worten dem türkischen Kaiser schreibt: „Ich meines
Theils will nach allem Vermögen mit Schreiben
und Vermahnen nichts unterlassen, damit sie, die
abgöttischen Christen, zum rechten Glauben be=
kehret, Gottes Ehre geförbert und Ewr. Majestät
Reich (das türkische Reich) erweitert werde!" Einen solchen
Brief einem Feinde des Türken zur Bestellung anvertrauen!
Noch einmal: Neuser müßte toll, er müßte rasend gewesen sein.
Oder will man etwa sagen, ohne dieses gewesen zu sein, habe
Gott einen Mann, der ihn einmal verleugnet, allerdings so weit
verblenden und in seiner Verblendung so unsinnig haudeln lassen
können? Das wäre wahrlich ein schönes Blümchen — aber nur
für die Kanzel. Der Geschichtschreiber verlangt Wahrheit, oder
doch wenigstens Wahrscheinlichkeit. Eher würde es sich noch hören
lassen, wenn man sagen wollte, Neuser habe die wahren Ge=
sinnungen des siebenbürgischen Gesandten auch wol nicht ge=
wußt. Da der Fürst von Siebenbürgen es zeither so lange mit
den Türken gehalten, so habe Neuser nicht vermuthen können,
daß er nun auf einmal von ihm abfallen wolle. Doch dem wider=
spricht Neuser selbst, wenn er in seinem Briefe schreibt, daß es
männiglich wohl bekannt gewesen sei, was der sieben=
bürgische Gesandte wolle, und wenn er Ort und Personen nam=
haft macht,*) wo und von wem er das Nähere davon erfahren
habe. Wie kounte auch der Auftrag des Gesandten, überhaupt
genommen, noch Jemanden ein Geheimniß sein, da er bereits
zuvor in Prag dem Kaiser Eröffnung davon gemacht hatte und,
wie Isthuanfius schreibt:**) „ubique a Caesarianis summa
laetitiae significatione, quacunque iter fecerit, exquisitisque
honoribus" aufgenommen worden. Wenn also auch gleich eben=
derselbe hinzusetzt: „Isthic demum," zu Speier, wohin der Ge=
sandte dem Kaiser folgen müssen, „Caesar legationis seriem et ca-
pita ita discussit, ut eam quam secretissimam esse vellet nec ullum

---

*) Oben S. 40.
**) Hist. lib. XXIIII. p. 517.

alium praeterquam Joὰnem Trautsonium, aulae suae praefe-
ctum, ac Joannem Baptistam Weberum Jurisconsultum et Romani
Imperii Vicecancellarium, ex Ungaris vero Johannem Listhium
Episcopum Besprimiensem et Ungaricum Cancellarium consiliis
adhiberet, iisque serio interdiceret, ne ea ullo modo panderen-
tur," ſo iſt dieſe geheimnißvolle Verhandlung unſtreitig blos von
den Bedingungen des Bündniſſes und nicht von dem Bündniſſe
ſelbſt zu verſtehen.

Aber weiter: wie ſoll denn hierauf der Kurfürſt von der
Pfalz zu dem Briefe gekommen ſein, den Neuſer ſo unſichern
Händen ſo thöricht anvertrauet hätte? Dieſes erzählet Alting
im Verfolg der oben angeführten Stelle ſo: „Quum igitur Maxi-
milianus Imperator sese excusaret Oratori Transylvano de foedere negaretque cum iis pacisci se posse, qui deitatem Christi
et divinam Personarum Trinitatem non agnoscerent: „„Atqui,""
respondit ille, „„non est quod tantopere abhorreas ab illa fide,
quam una nobiscum tenent ac tuentur magni in Imperio Prin-
cipes eorumque Theologi."" Et cum dicto, ut assertioni suae
fidem faceret, depromsit litteras Neuseri ac Sylvani, et Caesari
in manus tradidit. Is porro resignatas et lectas Friderico III.
Palatino Electori communicavit eumque commotum rei in-
solitae indignitate, ne nimium turbaretur monnit, cum ipse in
suis ditionibus, quanquam ignarus foveret id genus hominum;
in quos tamen detectos secundum leges animadverti Magistratus
esset." Was für Armſeligkeiten! Welch ein pedantiſcher Kaiſer!
Welch ein verlegener, treuherziger Geſandte! Daran ſollte ſich
der Kaiſer geſtoßen haben? Der lieben Orthodoxie wegen ſollte
er ſich mit einem Fürſten nicht haben einlaſſen wollen, der ihm
ein Königreich abzutreten, wenigſtens des Titels und der An-
ſprüche auf dieſes Königreich für ihn zu entſagen und ſich wider
ſeinen fürchterlichſten Feind ſo genau mit ihm zu verbinden bereit
war? Oder wenn gleichwol Maximilian dieſe fromme Schwachheit wirklich gehabt hätte, warum äußerte er ſie denn nicht ſo-
gleich in Prag? Warum verſparte er eine ſolche Bedenklichkeit
denn bis nach Speier? bis der Geſandte eben Neuſer's Briefe in
der Taſche hatte? Endlich, als er von dem Geſandten erfuhr,
daß es auch in Deutſchland, ſelbſt unter den Fürſten des Reichs und
ihren Theologen, Arianer gebe: was wurden denn die Arianer in
Siebenbürgen in ſeinen Augen dadurch beſſer? Und wie konnten
ſie auf einmal um ſo viel beſſer werden, daß er nun nicht allein
das Bündniß mit Freuden einging, ſondern dem ketzeriſchen

Fürſten ſogar eine ſeiner Nichten zur Ehe verſprach? ihn in ſeinen
eigenen Landen aufzunehmen verſprach, falls ihn der Türke aus
Siebenbürgen vertreiben möchte?*) Sollte Beides etwa mit der
Bedingung geſchehen, wenn Dieſer vorher ſeinem Arianiſchen Irr=
thume entſagt hätte? Davon weiß die Geſchichte nichts. Auch
würde man es ſchwerlich gewagt haben, dem Geſandten eine
ſo lächerliche Forderung nur merken zu laſſen. Denn wer war
denn dieſer Geſandte? Es war, wie wir wiſſen, Caspar Bekeß,
des Fürſten Johann Sigismund vertrauteſter Freund
und ſelbſt ein Arianer. Dieſes bezeugt Sandius,**)[1]
wenn es nicht aus dem Vertrauen des Fürſten ſchon genugſam
abzunehmen wäre. Ihm alſo, einem Arianer ſelbſt, hätte man
unter die Augen geſagt, daß die Arianer keine Leute wären, mit
welchen ein ehrlicher Chriſt Bündniß machen könne? Er, ein
Arianer ſelbſt, hätte nichts darauf zu antworten gewußt als
dieſes, daß unter den Fürſten des Reichs und ihren Gottesge=
lehrten doch gleichwol auch Arianer wären? Er, ein Arianer
ſelbſt, hätte dieſe ſeine verborgenen Glaubensbrüder in Deutſch=
land dem Kaiſer ſo ohne Bedenken verrathen können? Wer zwar
unter den Fürſten des Reichs ein Arianer ſei, mochte er wol
ſelbſt nicht wiſſen; aber das konnte und mußte er doch wiſſen,
daß er die Gottesgelehrten, die ihm dafür bekannt waren, durch
ſeine Anzeige der unvermeidlichſten Verfolgung ausſetzte, der
auf allen Fall zu entgehen ſich die guten Leute eben an ihn ge=
wandt hatten. Und dem ohngeachtet hätte er ſie ohne Noth,
ohne allen abzuſehenden Vortheil aufgeopfert? — Wem Alles
das begreiflich iſt, nun, dem ſei nichts unbegreiflich, was ihm
Theologen zu Rechtfertigung ihrer verübten Grauſamkeiten in
der Geſchichte nur immer vorſchwatzen können und wollen!

Bisher habe ich den Brief, welchen Neuſer an den türkiſchen
Kaiſer entworfen zu haben ſelbſt bekennet, für ebendenſelben
gelten laſſen, welcher ſich angezeigter Maßen bei den ſogenannten
Actis befindet. Daß er es im Grunde auch wol iſt, will ich

---

*) *Isthuanfius l. c. p.* 517.
**) Enucl. Hist. Eccles., Lib. III. p. 430.
1) **Chriſtoph Sand**, zum Unterſchiede von ſeinem Vater der „Jüngere‟
genannt, war Geiſtlicher in Königsberg, wurde aber wegen ſeiner Hinneigung
zum Socinianismus abgeſetzt. Im Jahre 1668 verließ er Preußen und begab
ſich nach Amſterdam, wo er 1680 ſtarb. Seine bedeutendſte, auch von Leſſing
öfter citirte Schrift, die Bibliotheca Antitrinitariorum, erſchien erſt nach ſeinem
Tode, im Jahre 1684. — A. b. H.

nun zwar nicht leugnen. Ich kann aber doch auch nicht anzu=
merken unterlassen, daß man den letztern nicht für so ganz un=
verfälscht zu halten Grund habe. Gewiß ist es wenigstens, daß
er nicht in der Sprache erscheinet, in welcher ihn Neuser aufgesetzt
hatte. Neuser hatte ihn lateinisch geschrieben, wie aus der Stelle
erhellet, die er selbst daraus anführet; und hier ist er nur deutsch
zu lesen, in einer Uebersetzung nur also, die sich wol schwerlich
von dem Verfasser selbst herschreiben dürfte. Ja, aus der an=
geführten Stelle, wenn man sie gegen das Deutsche hält, ist klar,
daß sich der Uebersetzer, wer es nun auch gewesen, nicht so gar
genau an das Original müsse gebunden haben. Und doch ist
dieses nur der kleinste Scrupel, den ich mir gegen die Glaub=
würdigkeit des noch vorhandenen deutschen Briefes mache. Ein
weit größerer bezieht sich auf eine ausdrückliche Stelle desselben,
die ich mit andern historischen Umständen, wie sie sowol von
Neusern als von seinen Feinden angegeben werden, auf keine
Weise zusammenreimen kann. Es sagt nämlich Neuser selbst in
seinem Schreiben, welches um Ostern 1574 datiret ist, daß er den
Brief an den türkischen Kaiser vor vier Jahren*) aufgesetzt
habe; also um Ostern 1570, vor dem Reichstage zu Speier, als
ihn noch Niemand wegen des Arianismus in Verdacht hatte, als
ihn noch keine deswegen drohende Gefahr aus dem Laude zu
fliehen nöthigen konnte. Auch seine Feinde wollen besagten Brief
erst auf dem Reichstage zu Speier in die Hände bekommen haben;
auch seine Feinde sagen, daß erst auf diesen Brief, den 15. Julius
1570, der Verhaft wider ihn und seine Genossen verhangen worden,
dem er für seine Person zu entkommen das Glück hatte. Und gleich=
wol wird in eben dem Briefe, so wie er itzt bei den Actis vor=
handen, mit ausdrücklichen Worten dieser seiner ersten Flucht bereits
gedacht. Wie in aller Welt kann das sein? Wie kann Neuser
durch einen Brief zur Flucht genöthiget werden, in welchem er von
dieser Flucht selbst meldet? Wie kann die Wirkung eher als ihre
Ursache gewesen sein? Oder soll es nicht von seiner ersten Flucht
zu verstehen sein, wenn er gleich anfangs an den türkischen Kaiser
schreibt: **) „Zuförderst aber soll Ew. Majestät gänzlich dafür
halten, daß ich zu derselben meine Zuflucht suche, nicht wie etliche
Christen zu thun pflegen, welche um ihrer Mißhandlung willen,

---

*) Oben, S. 38.
**) Beim Struve, S. 230.

als Diebstahl, Mord, Ehebruch, bey den Ihrigen nicht bleiben mögen. Dann für einem Jahr war ich Fürhabens zu Euch zu fliehen, kame bis gen Preßburg, aber dieweilich der Ungarischen Sprache unerfahren, nicht weiter vermochte, bin ich derhalben wieder zu den Meinen gekehrt, und fast noch ein ganz Jahr bey ihnen gewesen, welches gar nicht seyn mögen, wenn ich etwa einer Missethat halben flüchtig worden" u. s. w. Von welcher Flucht ist es denn zu verstehen? Wir wissen ja weder von ihm, noch von seinen Feinden, daß er schon vorher einmal, ehe er wegen des Briefes an den türkischen Kaiser gefangen werden sollen, nach Ungarn entflohen sei. Diese Flucht hingegen, deren er hier gegen den Kaiser gedenkt, und die, von welcher er oben in seinem Briefe S. 39 redet, sind einander so völlig gleich, daß sie schlechterdings beide für die nämliche zu achten. Sonach aber läßt sich hierbei nur Zweierlei denken. Entweder Neuser hat den Brief an den türkischen Kaiser nach seiner freiwilligen Zurückkunft in der Gefangenschaft zu Amberg geschrieben, und alsdann ist es schon aus diesem Grunde nicht wahr, daß er des nämlichen Briefes wegen gleich anfangs mit den Uebrigen eingezogen werden sollen; schon aus diesem Grunde nicht wahr, daß der Kurfürst den nämlichen Brief durch den römischen Kaiser aus den Händen des siebenbürgischen Gesandten bekommen können. Oder Neuser hat ihn vor seiner Reise nach Speier geschrieben, er mag ihn nun dem Gesandten anvertrauet haben oder nicht, und alsdann ist die Copie, wie sie annoch bei den Actis befindlich, verfälscht, interpolirt wenigstens in dieser Stelle, die sich so offenbar auf eine spätere Zeit beziehet. Jenes kann ich darum nicht für das Wahrscheinlichere halten, weil Neuser's Angabe, den Brief vor vier Jahren geschrieben zu haben, darwider ist; weil er ausdrücklich sagt, daß man das Concept desselben **in seiner Schreibstube unter seinen Büchern** gefunden habe, da man es in dem Gefängnisse müßte gefunden haben, wenn er es in dem Gefängnisse geschrieben hätte. Folglich muß man natürlicher Weise auf das Andere fallen; und das ist es, was ich sagen wollen. Freilich enthält sonst der Brief eben nichts, was Neuser nicht gar wohl wirklich könnte geschrieben haben. Allein in untergeschobenen Schriften läßt sich auch immer die Denkungsart eines Andern eher nachahmen, als aller Verstoß gegen historische Umstände verhüten. Auch behaupte ich nicht, daß der g a n z e Brief erdichtet sei. Ich behaupte nur, daß die angeführte Stelle ihre Richtigkeit nicht haben könne, so weit Neusern selbst zu glauben, und sich seine Gegner doch wol nicht mit ihren eignen Waffen

schlagen wollen. Struve scheinet dieses schon zum Theil em=
pfunden zu haben, wenn er schreibt: „Neuser wurde auch in
Siebenbürgen, als wohin er sich retiriret hatte, von dem Kaiser
und Kurfürsten von der Pfalz verfolget; und als er sich weder
daselbst noch sonsten in der Christenheit sicher achtete, adressirte er
sich in folgendem Schreiben an den türkischen Kaiser." Also aus
Siebenbürgen erst hat Neuser, nach ihm, an den türkischen Kaiser
das Schreiben erlassen, aus welchem man seine feindselige Ge=
sinnung gegen Deutschland und die ganze Christenheit, schon als
er sich noch in dem Schooße derselben befand, zu erweisen pflegt?
So ist es nach ihm nicht das nämliche Schreiben, welches der
siebenbürgische Gesandte an den Kaiser auslieferte? So ist es
nicht das nämliche, welches den Kurfürsten zu der Verfolgung
veranlaßte? Nicht das nämliche, auf welches er selbst in
seiner vorhergehenden Erzählung als auf Neuser's Hauptver=
brechen weiset? Nicht das nämliche, welches alle andere Scribenten,
die Neuser's Händel berühren, für das nämliche halten? —

Und so viel von den vorläufigen zwei Punkten bis hierher!
Alles, was ich nun noch zur Erläuterung derselben und des mit=
getheilten Briefes überhaupt beizubringen hätte, vergönne man
mir, ohne Ordnung und Schmuck in eine Folge einzelner Anmer=
kungen zu fassen. Gemacht sind sie einmal, diese Anmerkungen;
und wenn sie schon an und für sich selbst nicht sehr wichtig sein
sollten, so werden sie doch immer Dem, der irgend einmal in diesem
Winkel des Feldes zu arbeiten hätte, bald eine kleine Mühe, bald
einen kleinen Fehlgriff ersparen können. Wie viel Schlechtes muß
in dem historischen Fache geschrieben werden, ehe sich etwas Gutes
schreiben läßt!

1. Daß Neuser zu den Türken geflohen und unter den
Türken gestorben, ist so unstreitig, als unbestritten es geblieben.
Ob er aber darum auch selbst ein Türke geworden, ob er den tür=
kischen Glauben in aller erforderlichen Form angenommen, das
ist es, woran Einige, wie bekannt, noch zweifeln wollen, als
Sandius, Arnold, Gerder und Andere. Wenn indeß Gerder
Arnolden, so wie Arnold dem Sandius gefolgt ist, und dieser
sich einzig auf den Mart. Ruarus[1]) beziehet, so muß ich in

---

1) Martin Ruarus war geboren um 1587 zu Krempe in Holstein.
Durch Ernst Soner in Altdorf wurde er in den Socinianismus eingeweiht. „Il
se fit estimer et au dedans et au dehors, par son jugment, par son sçavoir,
et par ses mœurs," sagt Bayle von ihm. Er war Rector des Collegiums zu
Rakow und später Socinianischer Geistlicher zu Danzig, woselbst er 1657 gestorben

Anfehung des Letztern etwas bemerken, welches G. H. Götze,[*] der diefe Zweifler gefliffentlich zu widerlegen der Mühe werth gehalten, vor allen Dingen hätte bemerken follen. Nämlich diefes, daß es nicht wahr ift, daß Ruarus, auf den fie endlich Alle hinauskommen, an Neufer's förmlichem Uebergange zur türkifchen Religion gezweifelt, fondern daß Sandius feine Worte nur unrecht verftanden. Ruarus nämlich fchreibt an Calo= ven:[**] „Ignosce, Vir clarissime, quod jure tui monendi ntar, quod ipse mihi dedisti, in historico praecipue genere. Eo pertinet et illud, quod Paulum Alciatum perinde atque Neuserum ad Turcas se proripuisse et ejurata religione Christiana Alcoranum professum, nimium aliorum relationi credens, affirmas; quorum nomina satius fuisset allegare, ne fides tua accusari posset." Was heißt nun diefes? Will Ruarus fagen, daß Calov Beiden, dem Alciatus und Neufern, Unrecht gethan? Keinesweges; er tadelt ihn blos des einzigen Alciatus wegen, von dem er vorgegeben, daß er ebenfo wie Neufer, perinde atque Neuserus, zur türkifchen Religion getreten fei. Hätte er diefes von Einem wie von dem Andern leugnen wollen, fo würde er ficherlicher Beider Namen mit dem bloßen et verbunden haben. Da er aber perinde atque braucht, fo giebt er es von Neufern vielmehr zu und verbittet fich blos, den Alciatus mit ihm hierin in eine Claffe zu ftellen. Daß diefes die wahre Auslegung fei, ergiebt fich auch daraus, daß Ruarus in der Folge fich blos die Ehrenrettung des Alciatus angelegen fein läßt, von Neufern aber weiter kein Wort verlieret. Von Jenem verfichert er aus glaubwürdigen Familiennachrichten, daß er in Danzig geftorben; von Diefem aber mußte er wenigftens doch eingeftehen, daß er in Conftantinopel geftorben; und was für einen Beweis hätte er führen können, daß er allda nicht als ein Türke geftorben? Wenn man ja hierwider etwas einwenden wollte und müßte, fo würde fich diefes noch am Erften hören laffen, daß Neufer felbft in

---

ift. Die zwei Centurien feiner Briefe erfchienen in den Jahren 1677 und 1681 zu Amfterbam bei feinem Sohne David Ruarus. — Calov, an den der oben citirte Brief gerichtet ift, ift der bekannte „Hauptvorkämpfer der geharnifchten Streittheologie des 17. Jahrhunderts" (geb. 1612, † 1686). — Der in dem Citat erwähnte Alciatus ift Joh. Paul Alciati aus Piemont, Freund und Gefinnungsgenoffe des Georg Blandrata (f. S. 26, Anm. 1), mit dem er 1558 zufammen Genf verließ, um in Polen für feinen Unitarismus Propaganda zu machen. — A. d. H.

[*] Praef. ad Meletemata Annaebergensia.
[**] Epist. Cent. I. 87.

seinem Briefe nichts davon sagt. Er sagt blos: *) „Sobald der
Bascha diese Worte höret (nämlich sein Bekenntniß von dem
Alkoran), spricht er, er wolle mich gen Constantinopel zu dem
Kayser schicken, da ich noch auf den heutigen Tag bin, bey des
Kaysers oberstem Dollmetsch, welcher ein Deutscher ist." Doch
was sollte er auch mehr sagen? Wer erzählt gern eine Komödie,
die er mit sich müssen spielen lassen? Einem Manne, der nicht
ganz ohne Gefühl und Scham ist, kostet es die äußerste Ueber=
windung, sich ihr zu unterziehen; was Wunder, daß er jeder Ge=
legenheit ausbeugt, sich ihrer wiederum zu erinnern? Recht wohl,
daß sich die Religionen unter einander den Uebertritt selbst so er=
schweret haben, daß nicht leicht ein ehrlicher Mann zu einer von
der andern laufen wird! Was also Neuser von sich hier blos
verschweigt, hat man kein Recht, darum in Zweifel zu ziehen,
wenn es von andern glaubwürdigen Leuten, die an Ort und
Stelle davon Nachricht einziehen können, bestätiget wird. —

2. Ein Wort jedoch von diesen glaubwürdigen Leuten selbst.
Kaum kann ich Michael Heberern**) dazu rechnen, als welcher
erst 1588, und also zwölf Jahr nach Neuser's Tode, nach Con=
stantinopel kam und seine Nachrichten wahrlich nicht von sehr
zuverlässigen Personen hatte. Eher noch muß man den böh=
mischen Baron Wenceslaus Budowez von Budowa
gelten lassen, der sich um 1579 bei der Römisch Kaiserlichen Ge=
sandtschaft zu Constantinopel befand; also aber doch auch nicht
Neusern von Person gekannt hatte und gleichwol einige dreißig
Jahre darauf die abscheulichsten Dinge von ihm in die Welt
schrieb,***) von welchen einige offenbar erlogen sind. Der Unver=
werflichste bleibt also einzig und allein Stephanus Gerlach,
welcher in den Jahren 1573—78 kaiserlicher Gesandtschaftsprediger
in Constantinopel war und vielfältigen Umgang mit Neusern ge=
habt hat. Was dieser von ihm, theils gelegentlich in seinen nach=
her in Deutschland herausgegebenen polemischen Schriften, theils
in seinem Tagebuche von ihm erzählt, ist die Hauptquelle,
gegen welche jede andere Nachrichten geprüfet werden müssen;
nicht zu vergessen, daß man diese Hauptquelle auch gegen sich
selbst prüfe. Denn die Züge sind nicht immer gleich lauter, die
man aus ihr thut; und besonders scheint in dem Tagebuche,

---

*) Oben, S. 35.
**) In seiner Aegyptiaca servitus, gedruckt zu Heidelberg 1610, in 4.
***) V. Circulus Horologii lunaris et solaris etc. Hanoviae 1616, in 4.
Und zwar in der diesem Werke beigefügten Genealogia Socinianorum, p. 234.

welches uns nicht einmal im Originale mitgetheilet worden,*) die jedesmalige Laune des Verfassers vielen Einfluß auf das gehabt zu haben, was er von dem Manne einzutragen für gut befand. — 3. Ob nun aber auch schon, um wieder auf das Vorige zu kommen, in diesem Tagebuche nirgends mit ausdrücklichen Worten gesagt wird, daß sich Neuser beschneiden lassen; obschon vielmehr verschiedene Stellen darin vorkommen, wo Neuser ver= sichert, daß er des türkischen Glaubens nicht sei; obschon Ger= lach selbst von einem Wälschen sagt, daß er ein Türk, aber nicht beschnitten worden: **) so ist doch aus andern Um= ständen unstreitig, daß Neuser so nicht abgekommen. Die Türken vertrauten ihm z. E. aufgesangene Briefe des kaiserlichen Ge= sandten, um sie zu verdolmetschen und zu entziffern, ***) welches sie wol schwerlich würden gethan haben, wenn sie ihn nicht für Einen von den Ihrigen zu halten alle Ursache gehabt hätten. Daß auch Gerlach im Geringsten nicht an Neuser's Beschneidung gezweifelt habe, kann ich aus einem seiner noch ungedruckten Briefe beweisen, welche sich in unserer Bibliothek befinden. Dieser Brief ist an D. Heerbranden in Tübingen den 11. October 1573 aus Constantinopel geschrieben, und ich will die Stelle daraus, die Neusern betrifft, in mehr als einer Absicht hier ein= schalten. — „Memini adhuc, ornatissime Vir, R. V. D. ¹) mihi mandasse, ut de Adamo Neusero, quondam Pastore Heidel= bergensi, inquirerem. Comperi autem a ludi rectore Gommo= rensi (cui familiaris fuit), quod Neuserus solum, ut dicitur, ver= tens, Gomorram pervenerit, ibique se in dolium cum aliis multis Budam transferendum includi curaverit, verum cujusdam mer= catoris proditione latere non potuisse. Hac fraude detecta, aliam comminiscitur, et habitum Ungaricum assumens totum se more Turcarum radi voluit, ut tutius et securius iter Budense ingredi possit. Sed ne hoc quidem cessit ei consilium. Nam

---

*) Erst 1674 stellte es ein Enkel des Verfassers aus dessen eigenhändigen hinterlassenen Papieren ans Licht; und ob er schon nicht anzeigte, daß diese Papiere lateinisch abgefaßt gewesen, und er also nur eine Uebersetzung liefere, so finden sich doch genugsame Spuren davon in dem Werke selbst, und leider Spuren, welche nicht allein beweisen, daß es eine Uebersetzung, sondern noch dazu eine sehr elende Uebersetzung ist. Eine Abschrift von dem lateinischen Originale besaß Joh. Pet. Lubewig, welche Heineccius gebraucht hat. (S. Anhang zur Abbil= dung der griechischen Kirche, S. 16.)
**) Tagebuch, S. 80.
***) Ebend., S. 175.
1) R(everendissimam) V(estram) D(ominationem). — A. d. H.

ad supremum Capitaneum castrorum Gomorrensium D. Kiel-
mannum Greppingensem tanquam transfuga et explorator dela-
tus, in vincula conjectus est. Ex quibus tandem, precibus dicti
ludi moderatoris aliorumque, hominis vesaniam, ex assiduis
studiis et lucubrationibus contractam, mentientium, liberatus,
per Poloniam Septem castra adiit, indeque comitem assumens
(ut audio, virum doctum) ante annum Constantinopolin venit,
mox cum comite infausto circumcisus, non Mophti i. e. Turcarum patriarcha aut Papa, sed Spachii factus est. Es ist aus
einem Pfaffen ein einspänniger Reiter geworden. Sunt enim
Spachii Turcici Imperatoris gregarii equites. Sed tantum sti-
pendii non habet, ut equum alere possit. Vitam agit miseram
et contemptam. Socios habet Germanos quosdam in bello ca-
ptos; cum his quotidie fere in tabernis et tonstrina quadam potat;
profana et obscena, nonnumquam de masculorum (salva R.V.)[1]
concubitu (qui in Turcia usitatissimus est), tractat; a suis
sceleratus *Pfaffus* et transfuga quovis supplicio dignus audit,
quod abjurata religione nostra ad Turcas sponte transierit,
regerit ille convitia; sicque tempus fallunt. Sed nec ipsum
interim terrores et pugnae (illae foris et a conterraneis) desi-
stunt. Nam a familiaribus ipsius intelligo, quod pessima conscientia utatur: attonitus et meditabundus assideat: subinde
ingemiscat vocesque desperationis plenas interdum edat, quod
nimirum majestatem Dei scrutans in hunc errorem et tenebrarum
gurgitem demersus sit. Mox rursum se colligens blasphemiis
et mendaciis nostram religionem incessit. Nunquam tamen
manifestis verbis Turcicam probare visus est. Et cum ipsi a
sociis (nam hic religio omnis libera est) Apostasia objicitur, non
se fidem mutasse, sed pristinam adhuc in corde alere, respondet.
Circumcisioni vero exemplo nescio quorum populorum, a Divo
Matthaeo conversorum, patrocinatur, qui antiquitus et baptis-
mum et circumcisionem retinerent. Omnem pecuniam, quam
secum ex Germania et Transylvania abstulit, Constantinopoli
amisit eamque per Magos recuperare frustra tentavit. Ita
miser homo a Satana ubique deluditur. Novis rebus et magicis
artibus ipsum studere familiares perhibent. Primo Octobris
colloquium meum per tonsorem quendam Germanicum petiit,
sed quia concioni opera danda erat, conventum in aliud tempus

---

1) Salva R(everentia) V(estra), mit Respect vor Ew. Hochwürben. —
A. d. H.

distuli. Uxorem jam ducere cogitat, interpretis nostri vicinam, sed quia nummis, quos unice spectant Turcae, non turget, metuo ne nuptiis istis excidat. Sed plus satis de isto." — Das Sophisma für die Beschneidung kann keine Erfindung der lieder= lichen dummen Spießgesellen des Neuſer's geweſen ſein; auch war es keine Erfindung von Gerlachen, welcher ſelbſt ge= ſtehet, daß ihm die Thatſache, auf welcher es beruhe, unbekannt ſei: folglich kam es zuverläſſig von Neuſern ſelbſt und beweiſet mehr als alles Andere, daß das wirklich an ihm vollzogen worden, was er damit beſchönigen wollen. Es ſind aber die äthiopiſchen Chriſten, welche, wie jetzt einem Jeden bekannt, Beides, Beschneidung und Taufe, haben. Neuſer hatte hiervon ohne Zweifel unter den Griechen Nachricht erhalten. Denn aus Gerlach's Unwiſſenheit ſieht man, daß es in Deutſchland damals noch eine ganz unerhörte Sache geweſen; wie ich denn auch finde, daß nnſere Landsleute erſt 1574 das äthiopiſche Glaubensbe= kenntniß näher kennen lernen, ſo wie es Zaga Zabo 1534 in Portugal übergeben hatte. — Von dem übrigen Inhalte der an= geführten Stelle weiter unten.

4. Der Glaubwürdigkeit des Neuſer'ſchen Briefes wächſet dadurch nicht ein Geringes zu, daß er vollkommen mit der münd= lichen Erzählung übereinſtimmet, die Neuſer Gerlachen ſchon zu= vor von ſeinem Schickſale gemacht hatte. Unwahrheiten erzählt man nicht leicht ſo gleichlautend. Man ſehe dieſe Erzählung beim Wolf*) und in dem Gerlach'ſchen Tagebuche unter dem 21. October 1573. Wenn er z. E. in dem Briefe hier ſagt, daß er freiwillig nach der Pfalz zurückgekommen ſei, ſo ſagt er es dort ebenfalls: „sponte in Palatinatum reversus." Wenn er hier ſagt, daß er mit den Predigern in Clauſenburg Streit bekommen, ſo ſagt er es auch dort; nur daß ich dort noch deutlicher zu ſehen glaube, was für Punkte dieſer Streit betroffen. Er betraf die= jenigen Glaubenslehren, in welchen der kühne, aber ſeinen Grund= ſätzen getreue Unitarier ſo viel weiter geht als der eigentlich ſo= genannte Socinianer, der weder kalt noch warm iſt, und der, man weiß nicht warum, gern den Namen einer Religion beide= halten möchte, deren innerſtes Leben er vernichtet. „Dum ibi haereo," zu Clauſenburg nämlich, „inter Fratres Poloniae et Transylvaniae disputatur de articulo Justificationis: et res eo

---

*) Lect. Memorab. Centenario XVI. p. 901. Wolf will ſie aus Gerlach's Antidanaeus genommen haben, wo ich aber (p. 35) nur das letztere Stück finden können.

deducitur, quod Christus sua morte et passione genus humanum
non redemerit, nec illud suo sanguine justificare et salvare
possit, siquidem nudus homo sit" u. f. w. Man kann leicht
errathen, auf welcher Seite Neuser in diesem Streite ge=
wesen. Auf des Franciscus Davidis [1] Seite ohne
Zweifel, von dem es, sollte ich meinen, zu unsern Zeiten
nicht laut genug gesagt, nicht oft genug wiederholet werden
kann, daß Socinus selbst an ihm zum Verfolger geworden.
So gewiß ist es, daß Sectirer, wenn sie auch noch so wenig
glauben, gegen Die, welche auch dieses Wenige nicht glauben
wollen, bei Gelegenheit ebenso intolerant zu sein geneigt sind,
als der abergläubischste Orthodox nur immer gegen sie sein kann.
— Auch wenn Neuser hier in dem Briefe erzählt, daß er im Ge=
ringsten nicht in dem Vorsatze, zur türkischen Religion zu treten,
nach Ungarn gegangen sei, sondern blos um eine Widerlegung
seiner Widersacher oder sonst etwas Nützliches daselbst drucken zu
lassen; daß ihn da blos die äußerste Noth, um nicht auch von den
Türken verfolget zu werden, genöthiget, den letzten Schritt zu
thun: so erzählte er es dort nicht anders. „Haec," sagte er, die
obigen Streitigkeiten nämlich, „cum agitarentur, et ego quaedam
de uno vero Deo contra Trinitatem publicare constituerem, ejus-
que gratia in vicum quendam nobilem Turciae patrocinio gau-
dentem, ad Typographum ibi commorantem profectus essem,
Bassae Themeswarensi proditus fui, qui me Constantinopolim
misit nihil reluctantem, sed potius de eo gratulantem mihi ipsi:
quod Alcoranum a veritate non alienum esse, et in omnibus ca-
pitibus religionis mecum sentire cognovissem" u. f. w. Nur von

---

1) Franciscus Davidis (Davib; in Neuser's Brief heißt er mehrmals
Davibts), ein gelehrter Sachse, war durch den Einfluß des Georg Blandrata
(f. S. 26, Anm. 1) zum Hofprediger in Claufenburg befördert worden. Davibis
gehörte mit Blandrata zu den „fortgeschrittenen" Unitariern, welche nicht blos
die Wesensgleichheit des Sohnes mit dem Vater, sondern auch dessen Präexistenz
leugneten. Als jedoch Davibis auf der Synode zu Torba (Weißenburg) (1568)
consequenter Weise so weit ging, daß er die Anbetung Christi als eines
bloßen Menschen verwarf, verließ ihn sein bisheriger Gönner Blandrata und be=
rief ihm 1578 einen ebenbürtigen Gegner in der Person des Faustus Soci=
nus (geb. 1539 zu Siena, gest. 1604). Obwol dieser berühmteste Unitarier, nach
dessen Namen man diese zu jener Zeit in Polen, Ungarn und Siebenbürgen weit
verbreitete Secte vielfach benannt, bei Davibis wohnte, so vermochte er ihn doch
nicht zu überzeugen. Davibis wurde daher abgesetzt und starb bald darauf im
Gefängniß. Ob „Socinus selbst an ihm zum Verfolger geworden", wie Lessing
behauptet, läßt sich nicht nachweisen, obwol Socinus allerdings erklärte, daß Die=
jenigen, welche, wie Davibis, die göttliche Verehrung Christi verwarfen, des christ=
lichen Namens unwürbig seien. — A. d. H.

dem Schreiben an den türkischen Kaiser, von welchem er hier so
umständlich ist, sagt er dort nichts; ohne Zweifel, weil ihm die
daher genommene Anklage noch nicht zu Ohren gekommen und
während seinem Gefängnisse nie die Rede davon gewesen war. War
aber das, so war es ohnstreitig auch erst nach seiner Flucht von
Amberg unter seinen Papieren zu Heidelberg gefunden worden;
woraus wiederum die Falschheit des Vorgebens erhellet, daß es
der Kaiser von dem siebenbürgischen Gesandten erhalten habe.
Zwar läßt Neuser dort selbst den Kaiser nicht ganz aus dem
Spiele, wenn er sagt: „Hoc," seine Arianische Gesinnung nämlich,
„cum in comitiis Spirensibus de me et Sylvano Imperatori Maximiliano et per eum meo Principi innotuisset, fuga mihi consului."
Allein muß der Kaiser darum durch den siebenbürgischen Ge=
sandten selbst dahinter gekommen sein? Muß er es aus dem
Schreiben an den türkischen Kaiser ersehen haben, weß Geistes Kind
Neuser sei? Neuser gesteht ja selbst, den siebenbürgischen Ge=
sandten in Speier mit seinen Freunden besucht zu haben. Wie,
wenn der Kaiser, als ihm dieses zu Ohren gekommen, aus bloßem
Verdachte, den man gegen alle fremde Gesandten hat, nur wissen
wollen, was es für einen Zusammenhang mit diesem Besuche
habe? Wenn er also die Briefe auffangen lassen, die an den
Gesandten gekommen? Wenn es also aufgefangene Briefe von
Neusern an den Gesandten blos gewesen wären, die dem Kaiser
das Geheimniß verrathen? Diese Vermuthung ist so wahrschein=
lich, daß man sich gar nicht wundern darf, sie vom Sandius
für die Wahrheit selbst angenommen zu finden,[*] wenn er Neuser's
Brief, „ad illustrem Dn. Bekesium, Joannis Sigismundi Transylvaniae Principis Legatum ad Maximilianum II. Imperatorem,"
als noch im Manuscripte vorhanden anführt und hinzusetzt:
„qua epistola Caesar intercepta, procuravit, ut Neuserus cum
Sylvano in vincula conjiceretur." Daß das Datum dieses Brie=
fes, 1571, welches Sandius angiebt, ein Druckfehler sei, versteht
sich. Aber ebenso versteht sich, daß, wo ein Druckfehler ist, da=
rum nicht eben auch eine Lüge sein müsse. Ein aufgefangener
Brief von Neusern an Bekeß muß wenigstens wol dagewesen
sein; nur ob eben der Kaiser ihn aufgefangen habe, das ist freilich
eine andere Frage. Denn wie leicht könute ihn blos der Kur=
fürst von der Pfalz haben auffangen lassen? Ihm konnte doch
Neuser's Reise am Wenigsten verborgen geblieben sein. Bei ihm

---

[*] Biblioth. Antitrinit., p. 61.

war Neufer ohnedem schon nicht wohl angeschrieben. Bei ihm hatte Neufer schon zu mehr Malen um seinen Abschied angehalten. Was Wunder also, wenn er gleich das Schlimmste von ihm arg= wohnte und an seine Briefe zu kommen suchte? Und als er sie hatte, warum hätte er sie nicht von dem Kaiser erhalten zu haben vorgeben können, um die Lebhaftigkeit und Schärfe seiner Unter= suchung damit zu verlarven? Neufer sagt es ja, daß er im Ge= fängnisse immer hören müssen, was man mit ihm handle und thäte, das müßte man des Kaisers halben thun. Hätte er es nun auch am Ende selbst geglaubt, war es darum wahr? Bleibt es darum dennoch nicht höchst unwahrscheinlich, daß sich der Kaiser eines so widersprechenden Betragens schuldig gemacht, indem er auf der einen Seite ein paar arme Geistliche, hinter deren Arianismus er nicht auf die beste Weise gekommen war, so strenge verfolgen und auf der andern Seite sich mit einem offenbar erklärten Arianer in Bündniß und Schwägerschaft einlassen wollen? Warum ich aber vielmehr den Kurfürsten eines Winkel= zuges für fähig halte, davon wird weiterhin die Ursache vorkommen.

5. Als die mehrgedachten Acta und Neufer's Schreiben an den türkischen Kaiser in den Monumentis Palatinis 1701 zuerst erschienen, konnten sich die reformirten Herausgeber nicht enthal= ten, in der Vorrede auf diejenigen Lutherischen Gottesgelehrten zu sticheln, welche, freilich unrecht genug, Neufer's Abfall dem Calvinismus zur Last legen wollen und die Bestrafung des Sylva= nus für zu strenge gehalten hatten. „Bene est," fügen sie hinzu, „quod saltem nil in gratiam Neuseri scripserint, qui ebrius abiit in locum suum, et cujus Epistola, quam publicamus, et notae, quas Alcorani sui margini allevit, quasque penes nos asserva- mus, qualis fuerit indicant. Sed nec in Sylvani supplicio *furor erga errantes* (Wütherei gegen die Irrenden) exercebatur, siquidem ille aeque ac Neuserus cum Turcis commercium habuit, et blasphemiae ejus tam horrendae fuerint, ut priores esse non potuerint." Gleichwol, sieht man, lasse ich mich nicht abschrecken, es noch zu thun, was diese Herren meinten, daß es bisher so wohl unterblieben sei. „Bene est, quod saltem nil in gratiam Neuseri scripserint!" Bene? Ich sage, schlimm ist es, daß es nicht geschehen! Schlimm, daß nach zweihundert Jahren ich der Erste sein muß, der einem unglücklichen Manne bei der Nachwelt Gehör verschafft! Einem unglücklichen Manne, den man aus der Christenheit hinaus verfolgt hat! Oder, man an Unrecht

Recht? Hatten seine Verfolger darum — ich will nicht sagen
gewonnen Spiel — denn das haben sie leider! — sondern
in Allen gutes aufrichtiges Spiel gegen ihn, weil sie ihn
endlich zu einem Schritte brachten, den freilich Niemand vertheidigen kann? Wenn der Ausgang die Seele der Geschichte sein
soll, wenn man nach diesem alles Vorhergegangene beurtheilen soll,
so wäre es ebenso gut, wir hätten gar keine Geschichte. Ist es
genug, ein blutdürstiges Bedenken gehässiger Theologen nebst
einem cassirten Schreiben unter dem vielversprechenden Titel Acta
gegen einen Verurtheilten drucken zu lassen, um seine Vertheidiger auf immer zu präcludiren? Das Beste, was an diesen Actis
fehlet, das Verhör, die eigene Aussage der Beschuldigten, wird
durch Neuser's Brief einiger Maßen ersetzt; und nun bitte ich um
Revision des Processes. Jenes Schreiben an den Türken sei noch
so richtig, sei in jedem Worte noch so authentisch, sei von seinem
Verfasser selbst nicht durchstrichen, nicht verworfen worden, sei von
ihm wirklich abgeschickt worden, enthalte so viel bürgerliches Verbrechen, als man nur will: was ging eines Andern Schreiben den
Sylvanus an? Hatte er es mit unterschrieben? Keineswegs.
Er betheuert, daß er nicht das Geringste davon wisse; er stirbt
darauf. Auch Neuser versichert, daß es Sylvanus ebenso wenig
als sonst ein Mensch in der Welt gelesen habe; er unterläßt nicht,
dieses zweimal an den Kurfürsten aus Polen nach Heidelberg
zu schreiben. Man findet nicht angezeigt, wodurch man den Sylvanus des Gegentheils überführen können. Und gleichwol! Und
gleichwol sollen wir nicht sagen dürfen, daß die Hinrichtung
desselben nichts als Wütherei gegen Irrende gewesen?

6. Einen andern unumstößlichen Beweis, daß diese Hinrichtung nichts anders gewesen, hat jedoch auch bereits längst ein
Mann angegeben, den man wol nicht im Verdachte haben
wird, daß er einen Antitrinitarier begünstigen wollen, und in
einer Schrift angegeben, die nichts weniger als zu Ehren dieser
Religionspartei geschrieben ist: E. S. Cyprian[1]) nämlich,
in seiner Dissertation de Mortibus Socinianorum.*) Im neunten

*) Unter seinen Dissertationibus varii argumenti, die Fischer heraus-
gegeben, befindlich.
1) Ernst Salomon Cyprian (geb. 1673, seit 1735 Vicepräsident des
Oberconsistoriums zu Gotha, † 1745) war einer der bedeutendsten Vertreter der
Lutherischen Orthodoxie im Kampfe gegen den Pietismus. Letzterem gegenüber
lautete seine Losung: „Licet pium esse sine pompa et fratrum contumelia," d. h.:
Man kann auch fromm sein ohne Kopfhängerei und Schmähsucht. Der in der Note
von Lessing genannte Fischer hat auch Cyprian's Leben beschrieben. — A. d. H.

Capitel, welches vom Sylvanus besonders handelt, sagt er von ihm: „An et perduellionis convictus sit, quod volunt Pareus, Altingius, Hoornbeckius, Spanhemius et Reformati communiter, valde dubium est. Mihi ob solam doctrinam et in Christum dicteria interemtus videtur. Habeo autem hujus meae sententiae longe firmissimum argumentum, quod nulla arte elusum iri existimo. Nimirum major, forte et melior consiliariorum pars noluit eum capitali supplicio affectum, quare ipsemet elector sententiam ferre coactus est, ut supra ex Altingio percepimus. At si Sylvanus criminis laesae majestatis convictus fuisset, consiliarii mortis sententiam sine omni circuitione in eum tulissent. Deinde adeo non est probatum, Sylvano cum Turcis literarum commercium fuisse, ut id ne dicere quidem audeant Reformati." Die Sache hat ihre Richtigkeit. Nur darin ist Cyprian, oder vielmehr Alting, dem er folgt, nicht genau genug, daß er nicht bestimmter angiebt, zwischen wem die Uneinigkeit über die Bestrafung des Sylvanus eigentlich obgewaltet. Sie war nicht sowol unter den Räthen des Kurfürsten, ob sie schon auch unter diesen war, als vielmehr unter den Theologen und Räthen. Die Theologen verlangten Blut, durchaus Blut; die politischen Räthe hingegen stimmten größten Theils auf eine gelindere Bestrafung. Das würde einer Verleumdung der Theologen sehr ähnlich sehen, wenn es nicht der Kurfürst in seinem Schreiben an den Kurfürst Augustus von Sachsen selbst sagte: „Demnach denn ich," schreibt er,*) „mich sowol bei meinen Theologis und politischen Räthen Raths befragt, was vor Straf gegen einen solchen Gotteslästerer vorzunehmen, und aber der eine Theil, nämlich die Theologi, ihr Bedenken dahin gestellt, daß nicht allein solche Gotteslästerungen mit dem Ernst capitaliter zu strafen, sondern daß er sich auch politischer Weise so weit vergessen, daß er wohl eine ernste Leibesstrafe verwirkt habe. Meine politische Räthe aber ihr Bedenken mehrentheils dahin gestellt, daß die kaiserlichen Rechte dergleichen Straf mildern, et quod Ecclesia non claudat gremium redeuntibus" etc. — Zum Unglück ist auch das Bedenken der Theologen noch selbst vorhanden und ist ebendasselbe, welches, wie schon bemerkt, die sogenannten Acta fast einzig und allein ausmacht. Welch ein Bedenken! Wem müssen die Haare nicht zu Berge stehen bei diesem Bedenken! Nein, so lange als Ketzergerichte in der Welt sind, ist nie aus einem eine sophistischere, grausamere

---

*) Beim Struve, S. 228.

Schrift ergangen! Denn was kann ſophiſtiſcher ſein, als daß
ſie durchgängig nur aus dem Grunde der Gotteslästerung ent=
ſcheiden? Als ob die Beklagten die Gotteslästerung eingeſtan=
den! Als ob die Beklagten ihnen die Gotteslästerung nicht viel=
mehr zurückgeſchoben! Als ob die Beklagten, wenn ſie Macht
gehabt hätten, nicht völlig aus eben dem Grunde ihnen ſelbſt den
Kopf hätten abſprechen können! Und was kann grauſamer ſein,
als ſich durch keine Reue, durch keine verſprochene Beſſerung wol=
len erweichen laſſen? Waren es Menſchen, welche ſchreiben konn=
ten:*) „Denn daß ſie (die abſcheulichen Bekenner nur des eini=
gen, nicht dreieinigen Gottes) mit ihrer Bekenntniß Beſſerung
verheißen, wäre ihnen wohl zu wünſchen, daß ihnen Gott eine
ernſtliche Bekehrung verleihen wolle; aber wie dieſes bei Gott
allein ſtehet, daß er ſich erbarmet, deß er ſich erbarmen will, alſo
gebühret es dem Menſchen, daß er ſeine Gerichte, die er ihnen
mit ausdrücklichen Worten vorgeſchrieben und befohlen hat, ſtand=
haftig exequire?" Alſo: nur erſt den Kopf ab; mit der Beſſerung
wird es ſich ſchon finden, ſo Gott will! Welch ein Glück, daß die
Zeiten vorbei ſind, in welchen ſolche Geſinnungen Religion und
Frömmigkeit hießen! daß ſie wenigſtens unter dem Himmel vor=
bei ſind, unter welchem wir leben! Aber welch ein demüthigen=
der Gedanke, wenn es möglich wäre, daß ſie auch unter dieſem
Himmel einmal wiederkommen könnten! —

7. Wenn aber der Kurfürſt Friedrich in dem angezogenen
Schreiben den Kurfürſten zu Sachſen nur um das Bedenken
ſeiner politiſchen Räthe erſucht, das Bedenken ſeiner Theologen
aber ſich aus dem Grunde verbittet, „weil ſie Zweifels ohne
mit den Seinen auf die göttlichen Rechte würden ſchlie=
ßen," ſo kann man ſicher behaupten, daß dieſes Zweifels
ohne ohne Zweifel ganz anders ausgefallen ſein würde und der
Kurfürſt nur darum etwas als ausgemacht annimmt, was nichts
weniger als ausgemacht war, weil er ſich auch von dieſer Seite
in einer Sache nicht neuen Widerſprüchen ausſetzen wollte, in der
er allem Anſehen nach ſeinen Entſchluß längſt gefaßt hatte. Denn
unmöglich würden Lutheriſche Theologen den Genfiſchen Grund=
ſatz, daß Alles mit dem Tode zu ſtrafen, was das Geſetz Moſis
mit dem Tode zu ſtrafen befiehlt, worauf das ganze Heidelbergi=
ſche Bedenken gebauet iſt, gebilliget haben. Wohin nun aber
das Bedenken der ſächſiſchen Räthe gegangen, läßt ſich nicht mit

---

*) Beim Struve, S. 223.

vollkommner Gewißheit sagen, da es nie bekannt geworden.
Vermuthlich aber muß es mit dem Bedenken des größern Theils
der pfälzischen Räthe wol übereingekommen sein, weil sich sonst
der Kurfürst wahrscheinlicher Weise darauf bezogen hätte und
nicht genöthiget gewesen wäre, sich zu stellen, als ob er einen
Ausspruch nach eigenem Gutdünken thue, mit dem sonderbaren
Zusatze, er glaube, er habe auch den h. Geist, welcher
in dieser Sache ein Meister und Lehrer der Wahr-
heit sei. „Elector autem," schreibt Alting, „cunctantibus et hae-
rentibus Consiliariis, ne iretur in infinitum, et sua manu sententiam conscripsit (cui hoc epiphonema subjunxerat, putare se,
quod et ipse Spiritum Sanctum habeat, hac in parte magistrum
et doctorem veritatis) eamque die 11. Aprilis 1572 octo men-
sibus ante quam executioni mandaretur, Consiliariis suis communicavit." Sind das wirklich des Kurfürsten Worte gewesen,
nun, so ist hier der oben versprochene Grund, warum ich glaube,
daß er sich nicht zu groß gehalten, kleine Winkelzüge zu brauchen.
Denn was ist offenbarer ein Winkelzug als diese Berufung auf
den h. Geist, den auch er haben will? Wer war ihm denn sonst
entgegen gewesen als seine politischen Räthe, die doch ganz
gewiß auf die unmittelbare Einwirkung des h. Geistes keinen
Anspruch machten, und deren h. Geiste er seinen h. Geist nöthig
gehabt hätte entgegenzusetzen? Die auf die Erleuchtung des
h. Geistes pochten, waren ja seiner Meinung, oder er vielmehr
der ihrigen. Was hatte denn also auch er für einen h. Geist,
als den, der aus Genf wehete? —

  8. Ich komme wieder auf unsern Neuser. Auch für Diesen
macht Cyprian einige gute Anmerkungen und ist weit entfernt,
Alles, was seine Widersacher von ihm in den Tag hineinge-
schrieben, für erwiesene Wahrheiten anzunehmen: „Datae porro
ad Selimum II. Neuseri litterae, de quibus non satis exploratum
habeo, num consilia subvertendi imperii Romani suggesserint,
quae procul dubio risu a Turcis fuissent excepta." Cyprian
hatte Neuser's Schreiben bei den Actis noch nicht gelesen; ja, er
sagt weiterhin, daß er glaube, es sei nie bekannt worden.
Gleichwol ist seine Dissertation erst 1703 gedruckt, also zwei
Jahr nachher, als dieses Schreiben in den Monumentis Palatinis erschienen war. Und kannte er etwa diese Monumenta nicht?
Er kannte sie nur allzu wohl; denn er citiret Alting's Hist.
Eccles. Palat., die in ihnen gleichfalls zuerst ans Licht gekommen
war. Dieses ist mir, ich gestehe es, ein Räthsel. Oder hielt er

etwa, so wie hernach S t r u v e, das in den Monumentis befindliche
Schreiben für ein späteres, welches Neuser aus Siebenbürgen an
den türkischen Kaiser geschrieben, aus welchem man folglich seine
Anklage nicht hernehmen könne? Sodann, sollte ich meinen,
würde er sich hierüber wol deutlicher erklärt haben. Doch dem
sei, wie ihm wolle; genug, er kannte es nicht oder wollte es nicht
kennen und schreibt weiter: „Scripsit ad Turcarum Imperatorem
Neuserus, fateor; sed quia literae, quod ego sciam, nunquam
publici juris factae sunt, incertum est, num suffecerint probando
perduellionis proposito. Quid si Neuserus hoc solum scripserit,
se ex civitate sua in Turciam migraturum, ubi loqui liberius
liceret? Sane id scribi non vetat jus naturae, ceu Grotius docuit *secundo de jure belli capite*, V. §. 24. Dicamus autem, jure
civili id interdictum fuisse; numquid sola voluntatis transeundi
significatio illico capitale supplicium meruerit? Et contineant
tandem Neuseri literae perduellionis indicia, quid hoc ad Sylva-
num?“ Gelinder konnte man von Neuser's Schreiben, ohne es
gelesen zu haben, wol nicht urtheilen. Es war auch höchst wahr=
scheinlich geurtheilet; denn was konnte ein armer Prediger in
Heidelberg dem türkischen Kaiser eben für Anschläge geben?
Dem ungeachtet dürfte man doch wol ein Wenig schärfer davon
urtheilen müssen, wenn man es nunmehr gelesen hat und es
so, wie es bei den Actis zu lesen ist, für völlig unverfälscht halten
könnte. Denn obschon Neuser selbst davon sagt:*) „Auf
solches Propositum Pauli, und niemanden auf keinerley Weise,
weder Juden, noch Heiden, noch Christen, noch Türken zu ver=
letzen, Gott ist mein Zeuge, habe ich den Brief geschrieben," so
kommen doch wirklich verschiedene Stellen darin vor, die nur all=
zu deutlich auf die Verletzung der Christen abzuzwecken scheinen.
Als: „Derohalben wenn Ew. Majestät die abgöttischen Christen
zur Erkenntniß des einigen Gottes bringen, Euer Reich erweitern,
und des einigen Gottes Ehr in der ganzen Welt ausbreiten
wollen, so ist es itzund Zeit fürzunehmen, dieweil der Christen
Pfaffen und Prediger also zwieträchtig seyn, und das gemeine
Volk im Glauben zu zweifeln anfähet, so treiben und drücken die
Bischöfe und Obrigkeiten den armen Mann so heftig, daß er
öffentlich Ewr. Majestät Zukunft begehret, damit Ewr. Majestät
das teutsche Reich besitzen, und den Armen erledigen thue." —
Ferner: „Was weiters vom Staude der Christen vonnöthen zu

---

*) Oben S. 37.

wiſſen, will Ewr. Majeſtät ich mit Gottes Gnaden mündlich be=
richten." — Dieſe Stellen, wenn ſie, wie geſagt, nicht interpolirt
ſind, möchten ſich ſchwerlich unter den Schirm und Schutz des
Grotius ziehen laſſen, als welcher an dem angeführten Orte blos
für Recht erkennet, daß es einzelnen Gliedern freiſtehen müſſe,
den Staat, in welchem es ihnen länger zu leben nicht anſtehet,
mit einem andern zu vertauſchen. Daß aber dieſer andere Staat
ſogar ein feindlicher Staat, in Anſehung des zu verlaſſenden,
ſein könne; daß dieſe Verlaſſung ſogar in der Abſicht geſchehen
könne, dem andern nunmehr gegen den erſtern beizuſtehen, iſt
Grotius zu behaupten ſehr weit entfernt. Kömmt doch aber auch
Neuſer's Rechtfertigung hierauf gar nicht an. Mag doch ſein
Schreiben ſo viel Hochverrath enthalten, als ein Schreiben nur
immer enthalten kann! Genug, er hat es nicht abgeſchickt; er
hat es nach reiferer Ueberlegung ſelbſt gemißbilliget. Das iſt es,
was uns ſeine Widerſacher verſchwiegen haben; das iſt es, wo=
von ſie uns gerade das Gegentheil bereden wollen.

9. Selbſt Leibniz, der Alles las, mußte Neuſer's Schreiben
an den Türken, ſo wie es bei den Actis befindlich, noch nicht ge=
leſeu haben, als er 1706 an La Croze ſchrieb: „C'est un bon-
heur pour le Christianisme, que les Turcs n'ayent pas eu l'esprit de
profiter des avis des gens faits comme *Adam Neuser*, Ministre
du Palatinat, qui vouloit établir une intelligence entre eux et
les Chrétiens Anti-Trinitaires." Denn ſo weit ging doch Neuſer's
Vorhaben, nach dieſem Schreiben zu urtheilen, wirklich nicht.
Er wollte ſich den Türken mit Frau und Kindern in die Arme
werfen; er bat den Kaiſer, ihn für ſeinen Unterthanen anzu=
nehmen; er gelobte als ein neuer Unterthan, ihm mit Rath und
That wider die Chriſten beizuſtehen; er verſicherte, daß unter den
Chriſten Gleichgeſinnte genug anzutreffen, die ſich ſofort zu ihm
ſchlagen würden, wenn er in Deutſchland mit einem Heere er=
ſcheinen könnte. Aber daß er ein ordentliches Verſtändniß zwiſchen
dieſen Gleichgeſinnten und den Türken errichten wollen; daß er
ihnen wirklich dahin abzweckende Eröffnungen gemacht; daß die
Türken nur nicht witzig genug geweſen, von dieſen Eröffnungen
Gebrauch zu machen: dürfte wol ebenſo wenig aus dem Schrei=
ben als ſonſt woher zu erweiſen ſtehen. Aber wohl dünkt mich
es mit Cyprianen ſehr wahrſcheinlich, daß alle dergleichen Er=
öffnungen von einem unbekannten Pfaffen mitten aus Deutſch=
land, wenn es auch möglich geweſen wäre, ſie vor den Divan zu
bringen, nur mit Lachen und Verachtung würden ſein aufge=

nommen worden. — Selbſt noch ſpäter (1716) ſchreibt Leibniz irgendwo: „Autrefois un certain *Adam Neuser*, qui de Ministre Reformé s'étoit rendu Turc, avoit aussi eu la pensée de cabaler dans la Chrétienté en faveur des Turcs. Il est sur que les Turcs y trouveroient des partisans, s'ils agissoient d'une manière moins barbare; car les Sociniens, les Anabaptistes et les Fanatiques pourroient leur être favorables." So gewiß nun auch das Letz= tere ſein möchte, ebenſo gewiß iſt es doch auch, daß Neuſern nichts weniger in den Sinn gekommen, als in der Chriſtenheit für die Türken zu cabaliren. Er ſuchte nichts, als mit guter Weiſe heraus zu kommen. Wenn hier Leibnizen nicht ſein eigenes Genie verführt hat, nach welchem er ſich ein jedes Ding gleich in ſeinem allerweiteſten Umfange dachte und überall Plan und Abſichten wahrnahm, wo deren nur immer waren oder ſein konnten, ſo mußte er ſich eine ſolche Idee von Neuſern le= diglich aus der Strenge abſtrahiret haben, mit welcher man gegen Neuſer's Genoſſen verfahren war. Er konnte dieſe Strenge ohne Zweifel nicht mit dem bloßen Vorſatze, zu den Türken zu fliehen, reimen; er verſtärkte ſich alſo den Grund dazu in ſeiner Einbil= dung durch wirkliche Thatſachen und dachte folglich, nach ſeiner Ge= wohnheit, auch da ſehr bündig, wo er nicht ganz richtig dachte.

10. Ich bin gar nicht Willens, jedes geringere Verſehen zu rügen, welches Dieſer und Jener bei Erzählung der Neuſer'ſchen Schickſale gemacht hat. Ich ſage alſo z. E. nichts davon, daß Lauterbach*) e Johann Sigismund, welcher ſeinen Geſandten 1570 nach Speier ſchickte, einen Bathori nennt und ſo viele andere Unrichtigkeiten theils nachſchreibet, theils zuerſt begehet. Nur eine, die jedoch dieſem Schriftſteller noch am We= nigſten zu Schulden kömmt, kann ich anzumerken nicht unterlaſſen. Dieſe nämlich, daß man durchgehends Neuſern einen Socini= aner nennt. Thut man dieſes in der Abſicht, die Socinianer deſto verhaßter zu machen, ſo iſt es Bosheit. Thut man es aber, um in aller Einfalt damit anzuzeigen, für weſſen Schüler und Anhänger man Neuſern halte, ſo iſt es Unwiſſen= heit. Denn gewiß iſt es, daß Neuſer längſt todt war, als ſich Fauſtus Socinus zuerſt bekannt machte; und von den Schrif= ten des Lälius[1] war nichts ans Licht gekommen. Aus der

---

*) In ſeinem Polniſchen Arianiſchen Socinianismus, 1728 in 8.
[1] Lälius Socinus (Lelio Sozini, geb. 1525 in Siena, † zu Zürich 1562), Oheim des Fauſtus, hinterließ dieſem ſeinem berühmten Neffen „das reiche Erbe ſeiner Schriften und Gedanken zur ſyſtematiſchen Entwickelung". — A. d. H.

Uebereinstimmung der Lehrsätze ist eine solche Benennung vollends nicht zu rechtfertigen; denn die Socinianer protestiren wider diese Uebereinstimmung und haben also Recht, sich zu beklagen, wenn man alle Arten der Unitarier unter ihrem Namen in eine Classe werfen will; ebenso, wie unter diesen auch Einige sind, die nicht einmal gern den Namen der Socinianer auf sich möchten kommen lassen.

11. Was aber besonders Samuel Crell[1]) über diesen Punkt sagt, muß ich nothwendig hier anführen, weil es einen gar zu wichtigen Umstand enthält, der unsern Neuser angeht. „Jam vero scis," schreibt er an La Crozen,*) „me Socinum, qua Socinus fuit, id est, ab aliis diversa excogitavit, plane deserere. In dogmate de uno Deo Patre constanter persisto. Quoad alia diversarum partium orthodoxis communia, cum orthodoxis sentio, aut ad eos propius accedo. Mahometis doctrinam non ego tantum, verum etiam qui Socinum stricte sequebantur, semper sunt detestati et abominati. Nec video, quomodo ii, qui Christum non prophetam solummodo aliis excellentiorem, sed dominum coeli et terrae, Deo patri, quantum fieri potest, conjunctum imperiique ejus reapse participem credunt magis quam alii Christiani Mahometismo obnoxii fieri possint. Fateor, illa Unitariorum monstra, quae Christum invocandum inficiantur, aut tantum pro propheta fere in regno demum millenario regnaturo habent, facilius eo insaniae delabi posse. Ut de Neusero dogmatis istius impii parente refertur. Parente, inquam: Franciscus enim Davidis eo adhuc tempore, quo cum Georgio Blandrata Georgium Majorem[2]) professorem Wittebergensem refutabat, dominum Jesum invocandum esse statuebat, ut ex isto opere non uno indicio constat. Neuserus vero non obscure sibi dogmatis hujus inventionem adscribit, adeoque etiam Franciscum illum seduxisse videtur." Ganz gewiß muß es Neuser's Meinung

---

*) Thes. Epist. Lacroziani, T. I. p. 111.

1) Samuel Crell (geb. 1660) war auf dem Arminianischen Gymnasium zu Amsterdam gebildet, wurde später Geistlicher der unitarischen Gemeinde zu Königswalde bei Frankfurt a. O. In der letzten Zeit seines Lebens verließ er die Gemeinde und starb 1747 zu Amsterdam. Mit seinem Tode verschwindet in der Mark der Unitarismus. — A. d. H.

2) Georg Major (geb. 1502 zu Nürnberg) war seit 1536 Professor in Wittenberg, seit 1547 Pfarrer in Merseburg, seit 1548 wieder in Wittenberg. Er veranlaßte den sogenannten Majoristischen Streit, indem er lehrte, daß die guten Werke zur Seligkeit nothwendig seien. In seinem „Testament" (1570) nahm er jedoch den Ausdruck ganz zurück, nachdem er demselben schon vorher die papistische Färbung zu nehmen gesucht. — A. d. H.

geweſen ſein, daß Chriſto, dem er die Gottheit abſprach, weder
Anbetung noch Anrufung gebühre.   Denn da er die Göttlichkeit
der Schrift aufgab, indem er ihr den Alkoran zur Seite ſetzte; da
er folglich von dieſer Seite durch keine exegetiſche Schwierigkeiten
zurückgehalten ward :   was hätte ihn denn zurückhalten ſollen,
jenen zweiten Schritt zu thun, den alle geſunde Vernunft zu thun
befiehlet, ſobald man den erſten gethan hat? Er iſt nicht Gott,
er iſt nicht anzubeten, ſind der Vernunft identiſche Sätze.   So
viel, ſage ich, iſt von Neuſern unſtreitig: daß er aber darum der
Erſte geweſen ſei, welcher ſeinem Lehrbegriffe dieſe natürliche,
nothwendige Ausdehnung gegeben; daß er den Franciscus
Davidis verführt habe, mit ihm hierin gleicher Meinung zu ſein;
daß er ſich ſelbſt nicht undeutlich als den Erfinder ſolcher Meinung
berühmt habe: das iſt, woran ich zweifle, und wovon ich
wünſchte, daß es Samuel Crell nicht allein hätte behaupten,
ſondern auch erweiſen wollen.   Ich habe noch nicht Gelegenheit ge=
habt, in des Fr. Davidis Schrift wider George Majorn
nachzuſehen, wie er ſich darin über die Anbetung Chriſti aus=
drücket.   Ohne Zweifel aber wird er da ſich nicht anders
äußern, als er ſich 1568 auf der Unterredung zu Weißenburg[1])
äußerte.   Da, weiß ich gewiß, war er ſchon im Grunde der
Meinung, die er von Neuſern erſt angenommen haben ſoll.
Denn wenn er ſchon dem Worte nach Chriſto die Anbetung nicht
abſprach, ſo ſprach er ſie ihm doch dem eigentlichen Sinne nach
ab, indem er behauptete, daß ihm zwar eine Anbetung gebühre,
aber doch nicht die nämliche Anbetung, welche dem Vater allein
vorbehalten ſei. Er ließ ihm alſo eine Anbetung, wie er ihm eine
Gottheit ließ, das iſt eine, die keine war. *) Mit der Zeit druckte
er ſich hierüber nur dürrer aus; welches aber keinesweges der
Verführung Neuſer's, ſondern lediglich dem Widerſpruche des
Socinus beizumeſſen war, der unter den neuern Unitariern
zuerſt den ſonderbaren Mittelweg einſchlug und ſich nichts we=
niger als eine Demonſtration, „quod Christo, licet rei creatae,
tamen invocatio et adoratio seu cultus divinus conveniat,“ **) zu
geben getraute. Alle Unitarier vor ihm, wenn man ſie mit der
Sprache herauszugehen nöthigte, waren des Davidis Mei=
nung, oder ſie verſtanden doch unter der Anbetung Chriſti ganz

---

*) V. Disputatio in causa sacrosanctae Trinitatis etc. Claudiopoli 1568.
**) V. F. Socini Epistolae, p. 143. Racoviae 1618.
1) Jetzt Karlsburg, in Siebenbürgen. — A. d. H.

\etwas anders als unter der Anbetung Gottes. Ja, es ist so wenig wahr, daß Davidis zuerst in Siebenbürgen so gelehret habe, wie Crell sagt, daß es ihm von Neusern beigebracht worden, daß Socinus selbst mehr als Einen namhaft macht, der ihm darin vorgegangen. „Videbam enim," sagt er in der Zu=schrift seiner *Disputatio de Jesu Christi invocatione,* „ad falsas et valde perniciosas planeque Judaicas quasdam de Christo opiniones, quas praeter vel etiam ante *Franciscum Davidis Jacobus Palaeologus, Johannes Sommerus, Matthias Glirius* et alii in Transylvania disseminaverant, ex multorum animis radicitus extirpandas, tractatione ista opus esse, in qua nimirum tota ferme Christianae religionis ratio explicaretur." Und weiterhin nennet er den Matthias Glirius insbesondere des Davidis „Symmystam et ex parte praeceptorem."

12. Zwar dieser Glirius dürfte uns leicht ganz nahe wieder zu Neusern bringen. Denn hier kann ich nicht umhin, eine kleine Entdeckung auszukramen, die ich über diesen Glirius gemacht zu haben glaube. Sandius nämlich sagt,*) daß Mat=thias Glirius ebenderselbe zu sein scheine, dessen Posse=vinus[1] unter dem Namen Matthias Polonus gedenke, und von dem er melde, daß er Joh. Sommern in dem Rectorate zu Clausenburg gefolgt sei. Nur für einen Polen glaubt ihn Sandius deswegen nicht halten zu können, weil er des Joh. Syl=vanus und Adam Neuser's Gefährte gewesen und an deren Ver=folgung in der Pfalz Antheil gehabt habe: „fuit enim Johannis Sylvani et Adami Neuseri socius ac persecutionis eorum particeps." Nun wissen wir aber, und wissen es sehr zuverlässig, daß in die Neuser'schen Händel in der Pfalz außer dem Sylvanus, welcher am Schlechtesten dabei wegkam, Niemand verwickelt ge=wesen als noch Jakob Suter und Matthias Vehe. Folglich ist entweder die Nachricht des Sandius gänzlich falsch, oder Matthias Glirius ist kein Anderer als Matthias Vehe. Ich glaube das Letztere. Matthias Vehe, glaube ich, als er die Pfalz und Deutschland verlassen mußte, fand für gut, seinen

---

*) Biblioth. Antitrinit., p. 60.
1) Der Jesuit Antonio Possevini (geb. 1534 in Mantua) machte im Jahre 1581 im Auftrage des Papstes eine Reise nach Rußland zum Czaren Iwan II. Wasiljewitsch, um wegen der Vereinigung der russischen Kirche mit der römischen zu unterhandeln. Diesen Zweck erreichte er zwar nicht, sammelte jedoch auf dieser Reise den Stoff zu seinem Werk „Moscovia", einer wichtigen Quelle für die Kirchengeschichte jener Zeit, — A. d. H.

Namen zu verändern, und nannte sich Glirius anstatt Vehe.
Der Grund, warum ich das glaube, ist, weil mir Glirius nichts
anders als das übersetzte Vehe zu sein scheinet. Denn Vehe[:])
hieß und heißt in verschiedenen Gegenden Deutschlands noch ein
kostbares Rauchwerk, oder vielmehr dasjenige kleine Thier, dessen
Fell dieses Rauchwerk ist, und das im Lateinischen mit dem allge=
meinen Worte Glis benennet wird, so daß das Adjectivum Glirius sehr wohl Einen bedeuten könnte, der seinen Namen von
einem dergleichen Vehe zu führen glaubte. —

13. Wenn denn solcher Gestalt aber auch schon, wie gesagt,
Glirius uns auf Neusern zurückbrächte und Beide, Davidis
und Glirius, folglich ihren Irrthum aus einer und ebendersel=
ben Quelle hätten, so bleiben doch noch so manche Andere übrig,
von welchen Socinus gesteht, daß sie „præter vel ante Franciscum Davidis“ den nämlichen Irrthum gehegt und ausgebreitet
haben. Gegen Einen derselben, gegen den Joh. Paläolo=
gus,[2]) hatte ihn Socinus sogar schon in einer eigenen Schrift
bestritten, als es noch ungewiß war, daß ihm auch Davidis
anhange. Dieses sehe ich aus seiner Antwort an den Marcel=
lus Squarcialupus, welcher es ihm verdachte, daß er den
Paläologus darüber sowie über andere minder wichtige
Dinge angegriffen habe. Ja, ihm vielmehr, dem Paläologus,
giebt Socinus in besagter Antwort ausdrücklich die Ehre, mit
welcher Crell Neusern brandmarken wollen. „Nec sane quemquam
futurum puto, qui modo Palaeologi librum legerit, quin fatea-
tur, vix aliter, quam ego feci, ei responderi potuisse, aut mitius
aliquanto cum eo agi debuisse. Quid si cognitum haberet,
ut quidem ego habeo, quot malorum causa non isthic tantum in
Transylvania, sed in Ungaria quoque, in Lithuania et aliis in
locis Palæologi auctoritas et scripta fuerint? An non ipse *primus
omnium* in provincia ista sententiam illam maxime inpiam et

---

1) Das Wort „Feh“ (Fehe, Vehe) bezeichnet gegenwärtig die Felle von rus=
sischen Eichhörnchen, ein auch bei uns viel gebrauchtes Pelzwerk. Eigentlich aber
bedeutet das Wort „mehrfarbiges Pelzwerk“ überhaupt (verwandt mit dem grie=
chischen ποικίλος). — A. d. H.

2) Paläologus stammte aus Chios und war ein angeblicher Nachkomme
des letzten griechischen Kaisers. Zu den „minder wichtigen Dingen“, wegen deren
ihn Socinus angegriffen, gehörte namentlich die Meinung des Paläologus, daß
es den Christen gestattet sei, Waffen zu tragen, Krieg zu führen und ein obrigkeit=
liches Amt zu verwalten. Paläologus gerieth später auf Betrieb des Papstes
Pius V. in Gefangenschaft und starb 1585 zu Rom auf dem Scheiterhaufen.
— A. d. H.

detestandam de non adorando neque invocando Christo una cum aliis compluribus pestilentissimis erroribus docuit et scriptum reliquit? Nonne ejus doctrina hodie, *quæ a quibusdam Francisci Davidis doctrina esse creditur*, integræ eæque non paucæ Ecclesiæ in Ungaria foedissime sunt corruptæ?" Doch ganz gewiß war auch Paläologus nicht derjenige Stifter und Urheber, zu welchem ihn Socinus machen will. Er kann höchstens nur der Erste gewesen sein, der sich Denjenigen förmlich widersetzt, die Christo mit der andern Haub wiedergeben wollten, was sie ihm mit der einen genommen hatten, und die sich wer weiß wie sehr um das Christenthum verdient zu machen glaubten, wenn sie es von einem unbegreiflichen Geheimnisse reinigten und dafür zu allen den falschen Religionen herabsetzten, welche nicht mehr und nicht weniger endliche Wesen anbeten, und welche zu verdrängen die ersten Lehrer desselben es sich so saner werden lassen.

14. Indeß will ich nicht leugnen, daß Neuser's mündliche Lehren und Schriften, ob sie schon an dem Unheile, welches Crell auf ihre Rechnung setzt, unschuldig waren, dennoch wol sonst der unitarischen Kirche sehr verderblich gewesen. Ich will vielmehr, dieses zu beweisen, hier eine Nachricht des Gerlach's ergänzen, und sie aus dem Gerlach selbst ergänzen. Diejenige nämlich, welche in der bekannten Stelle seines Antidanaeus enthalten ist. „Exhibuit mihi," schreibt Gerlach, „ipse Neuserus Constantinopoli anno Domini 1574 literas, eodem anno, 2. Julii ad se ex Polonia a primario quodam Antitrinitariae haeresis propugnatore datas (quas bona fide transscripsi), cujus inter cetera, haec quoque verba sunt: Quaeso, mi Adame, diligenter interroga, an Alcoranus iste, quem Bibliander Tiguri edidit, sit authenticus et veritati Arabicae conveniat. Nam isto libro nos valde delectamur et divinum esse asserimus. Deinde peto etiam nomine fratrum, ut omnes vetustos Graecos libros inspicias, et si disputationem aliquam de uno Deo invenies, tecum apportato. Si veneris ad nos, nullo modo impediemus, quin ad tuos redeas, sed summopere curabimus, ut tutus discedere Constantinopolin possis. Nam talem virum, sicut tu es, optamus Constantinopoli habitare, ut quoad libros istos praedictos utilitas quaedam Ecclesiae accedat. Afferto etiam tecum, si potes invenire, libellum Porphyrii de autoritate s. scripturae, contra quem Cyrillus Alexandrinus scripsit. Nam nos ex tuis literis, quas scripsisti, intelligimus, multas esse contradictiones in sacris literis, igitur de multis locis dubitamus et te magna cum avi-

ditate exspectamus, te amplectimur, ex ore tuo verba divina
audire petimus. Noli ergo propter Deum tuos fratres in hac
causa deserere" etc. — Eben diesen Auszug aus dem Briefe
eines polnischen Arianers an Neusern hatte Gerlach bereits
unterm 1. November an D. Jakob Andreä[1]) aus Constantinopel überschrieben, welches Schreiben sich ebenfalls unter den
ungedruckten Gerlach'schen Briefen in unserer Bibliothek befindet.
Weil ich nun darin nicht allein den Namen jenes polnischen
Arianers und Verfassers des Briefes an Neusern ausgedrückt
sehe, sondern in der angezogenen Stelle selbst auch einige Aus-
lassungen bemerke, so will ich diese Ergänzungen daraus mittheilen. Andreä hatte Gerlachen vor Neusern gewarnet; Gerlach erkennet diese väterliche Warnung mit Dank, setzt aber hinzu,
daß Neuser gar nicht in den Umständen wäre, daß Vieles von
ihm zu besorgen stehe, vielmehr müsse er sich nun vor ihnen
fürchten, und das aus Ursachen, die sich nicht wohl sagen ließen.
(Dieses zielet ohne Zweifel darauf, daß Neuser gutherzig genug
gewesen war, den Römisch Kaiserlichen Gesandten, Baron von
Ungnad, aus einem sehr schlimmen Handel zu helfen, wobei
er des Vertrauens, welches die Türken auf ihn setzten, sich nicht
sehr würdig erwies, wohl aber zeigte, daß das Wohlwollen
gegen seine Landsleute und ehemalige Religionsverwandte bei ihm
nichts weniger als verloschen sei, wie solches in dem Gerlach-
schen Tagebuche, S. 175—177, mit Mehrern zu ersehen.)
Und hierauf fährt Gerlach fort: „Religionem nostram damnare
desinit, disputationem de Deo respuit, Turcicismum tanquam
fabulas ridet, reditum cum occasione, et quidem ad Protestan-
tes, non dissimulat. Sed quod nequam plurimorum errorum
monstra in corde alat, non prorsus inficior. Scripsit ad eum
2. Julii ex Polonia *Petrus Witrousk*, Superintendens Genera-
lis Ecclesiarum recte de Deo sentientium (sic se appellat),
omnium fratrum nomine petens, ut ad ipsos venire et de omnibus articulis religionis cum ipsis conferre velit; se enim ipsius
scriptis, quae in Polonia reliquerit, motos esse, ut pedibus in
ipsius sententiam ireut. Deinde inter cetera sic scribit: Quæso,
mi Adame," und wie es dort aus dem Antidanaeus weiter
lautet; nur daß nicht Alles in der nämlichen Ordnung folget und
nach den Worten *„tecum apportato"* Folgendes ausgelassen ist:

---

1) Jakob Andreä (geb. 1528 zu Waiblingen in Württemberg, gest. 1590)
hatte den bedeutendsten Antheil an der Abfassung der Concordienformel und war
überhaupt einer der einflußreichsten ev. Theologen des 16. Jahrhunderts. — A. d. H.

„Frustra enim non facies, et annuum stipendium dabimus tibi
honestum. Ad haec tua scripta, quae de omnibus religionis ca-
pitibus collegisti, tecum fer. Nam imprimis curabimus, ut adversarii pudore suffundantur." — Also diese polnische Gemeinde
wenigstens war durch Neuser's Schriften so weit gebracht, als
nur immer eine unitarische Gemeinde gehen kann, das ist weiter, als eine solche Gemeinde gehen müßte, wenn sie noch mit
einigem Rechte den Namen einer christlichen Gemeinde führen
wollte. Denn wahrlich gingen auch selbst Franc. Davidis
und alle Diejenigen nicht so weit, welche Christo mit der Gottheit auch die Anbetung streitig machten, indem sie das Alte und
Neue Testament doch noch immer allein für göttliche Bücher erkannten und selbst ihre Beweise daraus führten; so daß sie
durch diese göttlich eingegebene Bücher zum Mindesten die christliche Moral bestätiget und außer allem Zweifel gesetzt glaubten.
Jene polnische Unitarier hingegen, die auch den Alkoran für
göttlich hielten, waren entweder nichts als unbeschnittene Türken,
oder wenn göttlich hier bloß gut und erbaulich bedeuten
sollte, nichts als Deisten, in welchen, wenn alle polnische unitarische Gemeinden mit ihnen übereinstimmten, man wol nicht sagen
kann, daß 1658 und 1660 Christen aus Polen vertrieben worden.[1]

15. Von den Handschriften, welche Neuser in Polen zurück-
gelassen hatte, oder von denen, welche nach seinem Tode in andere
Hände kamen, muß Crell Einiges besessen oder gelesen haben, weil
er oben sagen darf: „Neuserus non obscure sibi dogmatis hujus (de
non adorando et invocando Christo) inventionem adscribit." Denn
im Drucke ist, nach dem Sandius, von Neusern nichts erschienen,
als Scopus septimi capitis ad Romanos, wo er schwerlich Gelegenheit gehabt haben dürfte, diese Saite zu berühren. Um so
viel mehr aber hätte Crell Neuser's Worte selbst anführen müssen,
wenn er gewollt, daß wir sein Vorgeben für mehr als eine Vermuthung halten sollen, die mit der Natur der Sache selbst so sehr
zu streiten scheinet. Daß die Argumenta philosophica cujusdam
semi Ariani, welche H. Zanchius auf Befehl des Kurfürsten widerlegen müssen, welche Widerlegung sich unter des

---

1) Nachdem Faustus Socinus von 1579 bis an seinen im Jahre 1604 erfolgten
Tod unablässig und mit großem Erfolge bemüht gewesen, die unitarischen Gemeinden in Polen zu reformiren, kann natürlich gar nicht davon die Rede sein,
daß noch im Jahre 1658 und 1660 jene in dem Briefe des Petrus Witrousk an
Adam Neuser ausgesprochenen Ansichten bei den polnischen Unitariern die herrschenden gewesen seien. — A. d. H.

Zanchius[1]) Briefen befindet,*) von Neufern gewesen, daran ist wol nicht zu zweifeln. Es war nur übel gethan, daß man am besagten Orte die Widerlegung ohne die Argumenta selbst einrückte, die sich nun nicht ohne Mühe aus jener errathen lassen. Vermuthlich waren sie ein Aufsatz, den man unter Neuser's Papieren nach seiner Entfliehung fand. Denn selbst wird er sich zuvor wol nicht breit damit gemacht haben, da er seine Gesinnungen so viele Ursache hatte äußerst geheim zu halten, daß er sie nur, wie er zu Gerlachen sagte, „Erasto suo intimo" anzuvertrauen wagen durfte. Wenn aber diese seine Worte in dem Gerlach'schen Tagebuche (S 35) durch seinen allervertrautesten, liebsten Freund übersetzt worden und hinzugefüget wird, der vielleicht Sylvanus gewesen: so kann das Letztere sich unmöglich von Gerlachen herschreiben, und Beides zeigt, mit welcher Nachlässigkeit und Unwissenheit das ganze Tagebuch aus des Verfassers lateinischen Papieren zusammengestoppelt worden, der doch wol wissen mußte, wer Thomas Erastus[2]) war, welcher Neufern in dem Streite über die Kirchenzucht beigestanden und eine so vertraute Freundschaft mit ihm unterhalten hatte, daß er bei Vielen des Arianismus hernach selbst verdächtig wurde. Diesen meinte Neuser unstreitig, und an die etymologische Bedeutung des Worts war gar nicht zu denken, obschon freilich Neuser der Vertrauten mehr gehabt hatte und diese seine Aussage wider den Erastus auch gar nichts beweiset. Denn ein Anderes ist, der Vertraute irriger Lehrsätze sein, und ein Anderes, solche Lehrsätze selbst hegen. Ich kann diesen Erastus nicht anders als hochschätzen, dem ein Neuser seine geheimsten Gedanken anvertrauen durfte, und der doch auch wiederum mit einem strengen Orthodoxen so freundschaftlich und unanstößig leben konnte, daß dieser Orthodoxe selbst nicht Anstand nahm, sein eifrigster Ver-

---

*) Op. Tom. VIII. p. 114.

1) Hieronymus Zanchi (geb. 1516 zu Alzano im Bergamaskischen) war 1551 wegen seiner evangelischen Gesinnung aus Italien geflohen, war dann zeitweise Professor in Straßburg, Prediger in Chiavenna, Professor in Heidelberg (unter dem Kurfürsten Friedrich III. von der Pfalz) und Lehrer in Neustadt a. d. Hardt. Er starb 1590. — A. d. H.

2) Thomas Erastus (eig. Liebler oder Lieber, geb. 1524, †1583) war seit 1558 Professor der Medicin in Heidelberg, hat sich aber namentlich berühmt gemacht durch sein Festhalten an der Zwingli'schen Abendmahlslehre und durch seine Opposition gegen die Einführung der strengen Calvinistischen Kirchenzucht. Wegen seines Briefwechsels mit siebenbürgischen Unitariern legte man ihm, wie es scheint fälschlich, antitrinitarische Ansichten zur Last, und er befand sich deshalb mehrere Jahre im Kirchenbann. — A. d. H.

theidiger zu werden. Denn er eben ist der Freund, von welchem
Zanchius an Lavatern schrieb: „In hac autem causa Ari-
anismi, cujus suspectum habuerunt amicum permulti, propter
arctissimam amicitiam cum N. defendi et defendam usque ad
sanguinem, quia fit illi injuria, quantum ego potni ex familiaribus
íisque permultis cum eo sermonibus colligere.“*)

16. Ehe ich schließe, muß ich noch ein Wort von Neuser's
moralischen Charakter sagen, den man ohne Zweifel nur darum
so abscheulich und schwarz zu schildern und zu glauben geneigt
gewesen, weil man Zweierlei für ganz unstreitig und nothwendig
gehalten. Einmal, daß schlechterdings nur ein höchst lasterhafter
Mensch den Schritt thun könne, welchen Neuser gethan. Zum
Andern, daß Dem, welcher die christliche Religion mit der türkischen
vertauscht habe, wenn er nun auch bei dieser keine Beruhigung finde,
nichts übrig bleibe, als in den äußersten Unglauben zu stürzen,
welcher zu dem liederlichsten Leben berechtige und am Ende unver-
meidliche Verzweiflung nach sich ziehe. Daß das Exempel vieler,
ja der meisten Renegaten zu diesen Voraussetzungen berechtige,
will ich nicht in Abrede sein, wenn man nur hinwiederum zugestehen will, daß es Ausnahmen geben könne, zu welchen auch
wol Neuser könnte gehöret haben, und zu welchen er wirklich gehöret hat, wenn man anders dem Zeugnisse mehr glauben muß
als der Nachrede. Zeugniß nenne ich, wenn der kaiserliche Gesandte an seinen Hof von ihm schrieb: „Gegen Gott hat er die
Verantwortung seines Gewissens halben allein auszustehen, sonst
ist er nicht ein arger Mensch, noch Christenfeind.“ Zeugniß nenne
ich, wenn eine glaubwürdige Person Gerlachen versicherte,
„Neuser sei still und fleißig, habe ein besonderes Losament, daß
sonst kein Deutscher wisse, wo er anzutreffen.“ Aber Nachrede
nenne ich, was man von dem Ersten dem Besten höret, auch wol
von Einem, der seine eigene Schaude bekannt hat, wenn das Alles
wahr sein soll, was er von dem Andern erzählt. Nachrede nenne
ich, womit man sich viele Jahre hernach trägt, und Leute sich
tragen, denen man die Ursache allzu deutlich anmerkt, warum sie
sich damit tragen. Dergleichen war, was oben Gerlach von
Neusern nach Deutschland schrieb, ehe er ihn noch selbst gesehn
und gesprochen hatte. Dergleichen war, was Hederer und
Budowez lange nach seinem Tode von ihm zu hören bekamen,
und so zu hören bekamen, als der Erzähler wohl merken konnte, daß

---

*) *Zanchii* Epist. lib. II. Op. T. VIII. p. 402.

sie es erwarteten und wünschten. Gerlach, bei dessen Anwesenheit
zu Constantinopel Neuser starb, sagt, daß er an der rothen Ruhr
gestorben sei, und daß er mitten unter seinen Freunden gestorben sei,
obschon freilich nicht in der besten Beschäftigung, im Trunke nämlich, ohne von Glaubenssachen im Geringsten zu
reden. Diese Nachricht ist nicht geschmeichelt; aber so zuverlässig
ist sie doch wol, als sie ein Gerlach nur immer an dem nämlichen
Tage einziehen konnte und wollte. Gleichwol finden die Jöcher
und Heineccius noch immer ihr Vergnügen daran, es nicht bei
ihr bewenden zu lassen, sondern lieber das Gesage des Budowez
und Heberer nachzuschreiben, welches man durch Gerlachen
offenbar der Lüge überführen kann. Die rothe Ruhr wird bei
Heberern zur Pest und beim Budowez, mit einem Worte, zu
den Franzosen, wobei Niemand vor Gestank um den Kranken
bleiben können, den man doch gleichwol in der größten Verzweiflung dahinfahren sehen; nun urtheile man von dem
Uebrigen! Mich ekelt, gegen alte Weiber zu streiten.

17. Wem es scheinen möchte, daß ich mich bei einer alten
verlegnen Geschichte viel zu viel aufgehalten habe, den bitte ich
zu bedenken, wie Vieles über den Servetus geschrieben worden,
und von Deutschen geschrieben worden! Oder muß man schlechterdings ein Ausländer sein, um unsere Aufmerksamkeit zu verdienen?
Leibniz schrieb irgendwo: „J'ai d'antant plus de compassion du
malheur de *Servet*, que son mérite devoit être extraordinaire
puis-qu'on a trouvé de nos jours, qu'il avoit une connoissance
de la circulation du sang." Nun irrte sich zwar Leibniz hierin,
wie er nachher selbst bemerkte. Aber doch sei es mir erlaubt, in
Nachahmung dieser seiner Worte zu schließen: Ich habe um so
viel mehr Mitleiden mit Neusern, da ich finde, daß er noch etwas
mehr als ein Antitrinitarier gewesen; daß er auch ein guter mecha-
nischer Kopf gewesen zu sein scheint, indem er an einer Erfindung
gearbeitet, die mit der etwas Aehnliches haben mußte, die huudert
Jahr hernach selbst Leibnizen einmal durch den Kopf ging.
„Neuser," schreibt Gerlach,*) „hatte sich vorgenommen, einen
Wagen zu verfertigen, der sich von selbst bewegen sollte, und durch
dessen schnellen Lauf, wenn es angegangen wäre, er große Dinge
auszurichten vermeinte." Und was Leibniz leisten wollte, weiß
man aus Bechern,**) oder weiß es vielmehr nicht aus ihm,
weil er es mehr zu verspotten, als anzuzeigen für gut faud.

---

*) Beim Heineccius, Anhang, S. 27. **) Närrische Weisheit, S. 149.

———o•o••o—

II.

Die Fragmente eines Ungenannten.

Vorbemerkung des Herausgebers.

———

Nach dem in den Vorbemerkungen zu diesem Bande (S. 2) angegebenen Plane und aus den dort geltend gemachten Gründen gelangen die sieben Fragmente des Wolfenbüttel'schen Ungenannten hier zum unverkürzten Abdruck.

Das letzte Fragment, „Von dem Zwecke Jesu und seiner Jünger", ist zwar erst im Jahre 1778 nach den „Anti=Göze's" erschienen, aber weil es mit den übrigen Fragmenten innerlich zu= sammengehört, wollten wir es auch äußerlich nicht von denselben trennen.

———

Von Duldung der Deiſten.

Fragment eines Ungenannten.

Die hauptſächlichſte Betrachtung, auf welche Neuſer's
Geſchichte einen denkenden Leſer führet, brauche ich wol nicht erſt
lange anzugeben. Sie iſt es aber, die mich an Fragmente eines
ſehr merkwürdigen Werks unter den allerneueſten Handſchriften
unſerer Bibliothek, und beſonders an eines derſelben ſo lebhaft
erinnert, daß ich mich nicht enthalten kann, von ihnen überhaupt
ein Wort hier zu ſagen und dieſes eine als Probe daraus mitzutheilen.

Es ſind, ſage ich, Fragmente eines Werks; aber ich kann
nicht beſtimmen, ob eines wirklich einmal vollendet geweſenen und
zerſtörten oder eines niemals zu Stande gekommenen Werks.
Denn ſie haben keine allgemeine Aufſchrift; ihr Urheber wird
nirgends angegeben; auch habe ich auf keine Weiſe erfahren
können, wie und wenn ſie in unſere Bibliothek gekommen. Ja,
ſogar daß es Fragmente eines Werks ſind, weiß ich nicht mit
Gewißheit, ſondern ſchließe es nur daher, weil ſie alle einen
Zweck haben, alle ſich auf die geoffendarte Religion beziehen und
vornehmlich die bibliſche Geſchichte prüfen.

Sie ſind mit der äußerſten Freimüthigkeit, zugleich aber mit
dem äußerſten Ernſte geſchrieben. Der Unterſucher vergißt ſeine
Würde nie; Leichtſinn ſcheint nicht ſein Fehler geweſen zu ſein,
und nirgends erlaubt er ſich Spöttereien und Poſſen. Er iſt ein
wahrer geſetzter Deutſcher in ſeiner Schreidart und in ſeinen Geſinnungen. Er ſagt ſeine Meinung geradezu und verſchmähet
alle kleine Hilfsmittel, den Beifall ſeiner Leſer zu erſchleichen.

Da, nach der Hand und der äußern Beſchaffenheit ſeiner
Papiere zu urtheilen, ſie ohngefähr vor dreißig Jahren geſchrieben

hebräischen Sprache erhellet, und der Verfasser durchgängig aus
Wolffischen Grundsätzen philosophiret: so haben mich alle diese
Umstände zusammen an einen Mann erinnert, welcher um besagte
Zeit hier in Wolfenbüttel lebte und hier unter dem Schutze eines
einsichtsvollen und gütigen Fürsten die Duldung faud, welche ihn
die wilde Orthodoxie lieber in ganz Europa nicht hätte finden
lassen; an Schmidt,[1] den Wertheim'schen Uebersetzer der
Bibel.

Doch, ohne mich bei Vermuthungen über den Verfasser[2]
aufzuhalten, hier ist die Stelle, in welcher sich meine Leser mit
seinem Geiste näher bekannt machen können. Sie ist aus einer
Art von Einleitung genommen, in welcher er von der Vortreff=
lichkeit und Hinlänglichkeit der natürlichen Religion überhaupt
handelt.

* * *

„Wenn kein vernünftiges Christenthum, kein Arianer und
Socinianer heutiges Tages mehr geduldet werden will, was
haben Diejenigen zu hoffen, welche sich blos an die gesunde Ver=
nunft in der Erkenntniß und Verehrung Gottes halten? Denn
dahin sind schon längst Viele im Verborgnen gebracht worden,
daß sie wohl eingesehn haben, wenn man Christi eigene Lehre
nicht von der Lehre der Apostel und Kirchenväter absondern und
allein beibehalten wollte, so ließe sich das apostolische und nach=
mals immer weiter ausgeartete Christenthum mit keinen Künste=

---

1) Joh. Lorenz Schmidt war um 1700 als Sohn eines Predigers in dem
Dorfe Zelle bei Schweinfurt geboren. Er hatte in Jena Theologie studirt und
war seit 1725 Informator der jungen Grafen von Löwenstein zu Wertheim am
Main. Seine Bibelübersetzung, das sogenannte „Wertheimische Bibelwerk", erschien
1735 (anonym) zu Wertheim unter dem etwas barocken Titel: „Die göttlichen
Schriften vor den Zeiten des Messie Jesus, der erste Theil, worinnen die Gesetze
der Israelen enthalten sind, nach einer freien Uebersetzung, welche durch und durch
mit Anmerkungen erläutert und bestätigt wird". Mehr als dieser erste, den Pen=
tateuch und eine lange Vorrede enthaltende Theil ist nicht herausgekommen. Das
Werk muß als einer der frühesten Vorboten der Aufklärung in Deutschland be=
trachtet werden. Das Buch wurde durch kaiserliches Mandat schon 1737 confiscirt
und der Verfasser gefänglich eingezogen. Schmidt befand sich mehrere Jahre theils
in Wertheim, theils in Anspach in Haft. Von seinen ferneren Schicksalen ist nur wenig
bekannt. Er soll in Hamburg gelebt, mit Uebersetzungen aus fremden Sprachen seinen
Unterhalt bestritten haben und 1750 als Pagenhofmeister in Wolfenbüttel ge=
storben sein. — A. d. H.
2) Ueber den wirklichen Verfasser der „Fragmente" vergl. die Vorbemerkungen
zu diesem Bande, S. 3 f. — A. d. H.

leien und Wendungen mehr retten. Die reine Lehre Christi, welche
aus seinem eigenen Munde geflossen ist, sofern dieselbe nicht be=
sonders in das Judenthum einschlägt, sondern allgemein werden
kann, enthält nichts als eine vernünstige praktische Religion.
Folglich würde ein jeder vernünstiger Mensch, wenn es einer Be=
nennung der Religion brauchte, sich von Herzen christlich nennen.
Und vielleicht haben Diejenigen bei den Korinthern, welche weder
Paulisch, noch Apollisch, noch Kephisch, sondern christlich heißen
wollten, solche Reinigkeit der Lehre Christi, ohne alle Zusätze dieser
und sener Apostel, dadurch bekannt. Eben diese Lehre würde auch
noch christlich geblieben sein, wenn man sie nach ebendenselben
Grundsätzen weiter ausgeführt und zu einer vollständigen Unter=
weisung der Gottesfurcht, Pflicht und Tugend gemacht hätte.
Sobald aber die Apostel anfingen, ihr jüdisches System von dem
Messias und von der Göttlichkeit der Schriften Mosis und der
Propheten mit hineinzumischen und auf diesen Grund ein ge=
heimnißvolles neues System zu bauen, so konnte diese Religion
nicht mehr allgemein werden. Der Glaube, worauf sie sich stützte,
erforderte zu viel Beweis, als daß ihn ein Jeder aller Orten und
zu allen Zeiten mit genugsamer Einsicht und Ueberführung hätte
annehmen oder auch von Einwürsen und Anstößen besreien können.
Sollte es aber ein blinder Glaube ohne Einsicht und Ueber=
führung sein, so mußte er nothwendig die Vernunft gänzlich
schweigen heißen und unterdrücken. Und darauf legten es schon
die Apostel an, die denn auch, weil sie ihr eignes Glaubenssystem
nicht völlig überdacht und nach allen Grundartikeln zureichend
bestimmt hatten, ihren Nachkommen Gelegenheit gaben, immer
mehrere Glaubensbücher, Geheimnisse, Ceremonien und Glaubens=
formeln zu stiften und sich dabei aufs Aeußerste unter einander zu
verketzern; auch wenn der Apostel ihre Schriften nicht genugsam
den Streit entscheiden, ein Nebenprincipium der Tradition und
des päpstischen Ausspruches einzuführen. Da man bei dem allzu
grob gewordenen Abfall des Christenthums zum Aberglauben
eine Reformation anfing, konnte man doch nicht einig werden,
wie viel von den unsaubern Schlacken wegzuwerfen wäre. Der
Eine näherte sich der Vernunft mehr als der Andre, und Beide
doch nicht genug, daß es gegen die Einwürse der sogenannten
Deisten und Naturalisten bestehen konnte. Daher haben einige
Theologi, wie gesagt, das Christenthum, was die Glaubenssätze
und Principia betrifft, noch weiter nach der Vernunft zu bequemen
gesucht, um es auf solche Weise von seinem gänzlichen Falle zu

retten und dem denkenden Menschen unanstößig zu machen. Ich
zweifle aber fast, ob nach dieser Methode von dem Christenthume
viel mehr nachbleiben werde als der bloße Name. Wenigstens
haben die mehrsten Theologi aller Secten solche Vereinigung des
Glaubens mit der Vernunft für eine wirkliche Aufhebung aller
Glaubenslehren angesehen und mit allen Kräften dahin gestrebt,
daß bei aller übrigen Toleranz irrgläubiger und phantastischer
Christen, ja der Juden und Heiden, nur die Arianer und Socinianer nirgend in der Christenheit aufkommen und geduldet werden möchten, wovon keine andre Ursache sein kann, als weil
Arianer und Socinianer eine fast gänzlich vernünftige Religion
haben, welche ihnen ein Dorn in den Augen ist; da jene Ketzer,
Fanatici, Juden, Türken, Heiden, bei allen übrigen Irrthümern
doch noch dies Verdienst an sich haben, daß sie etwas glauben.
Was sie denn glauben, davon ist bei der Toleranz die Frage nicht;
genug, sie glauben doch und folgen der Vernunft nicht. Siehe
dann, weil der gesunden Vernunft alle Wege versperrt worden,
Gott nach ihrer Einsicht unter einem angenommenen Christennamen zu verehren, so hat sie es endlich wagen müssen, sich bloß-
zugeben und rein heraus zu sagen: „Nein, es ist wahr, wir glauben
das nicht, was das heutige Christenthum zu glauben verlangt,
und können es aus wichtigen Ursachen nicht glauben; dennoch sind
wir keine ruchlosen Leute, sondern bemühen uns, Gott nach einer
vernünftigen Erkenntniß demüthigst zu verehren, unsern Nächsten
aufrichtig und thätig zu lieben, die Pflichten eines rechtschaffnen
Bürgers redlich zu erfüllen und in allen Stücken tugendhaft zu
wandeln." Was haben nun die Vorsteher der christlichen Glaubenslehren noch für Rath übrig, da die Menschen so frech geworden
sind, öffentlich zu bekennen, daß sie von keiner andern Religion als
von der vernünftigen überführt sind? Was für Rath? Sie ver-
doppeln ihren Eifer und wenden alle Beredsamkeit an, zuvorderst
den gemeinen Mann, hienächst die Obrigkeit in gleichen Eifer zu
setzen. Da klagen wir es den Gemeinen und christgläubigen
Seelen, daß jetzt der Unglaube und die Freidenkerei von Tage zu
Tage mehr einreiße und als der Krebs um sich fresse, daß hie und
da so viele Unchristen, Naturalisten, Deisten, Religionsspötter und
Gotteslästerer entstehen, die Gottes Wort Lügen strafen, Christi
Verdienst mit Füßen treten, Kirche und Abendmahl verachten, ja
wol gar ihren Gift in verwegnen Schriften ausstreuen, oder daß
auch selbst unter Denen, die alle äußerliche Gnadenmittel des
Christenthums gebrauchen, manche Heuchler und in ihrem Herzen

bloße Unchriſten und höchſtens nichts als vernünftige Heiden
ſind. Das iſt den Ohren des blindgläubigen Pöbels eine Poſaune,
welche die Religionsgefahr ankündigt und ihm Haß und Verfol=
gung wider Alle, die nicht glauben wollen, einbläſet. Denn der
Pöbel glaubt ſo kräftig, daß er ſich wol auf ſeinen Glauben todt=
ſchlagen ließe und Andre gern todtſchlüge, die das nicht glauben,
was er glaubt. So bringen ſie denn zur Unterdrückung der ver=
nünftigen Religion ein ganzes Heer fürchterlicher Streiter auf die
Beine, und die Obrigkeit muß nunmehr, als Beſchützerin des
Glaubens, die freidenkeriſchen Schriften in den Buchläden bei
großer Strafe verbieten und durch des Scharfrichters Hand ver=
brennen laſſen, wo nicht die entdeckten Verfaſſer gar vom Amte
geſetzt oder ins Gefängniß gebracht oder ins Elend verwieſen
werden. Dann macht man ſich über die gottloſen Schriften her
und widerlegt ſie in aller Sicherheit nach theologiſcher Weiſe. Die
Heuchelei, womit ſich Viele in der Chriſtenheit zu ihrem innern
Verdruſſe behelfen müſſen, zenget wider die Herren Theologen,
daß ſie ein freies Bekenntniß der vernünftigen Religion durch
Furcht und Zwang unterdrücken. Denn wer würde wol in einer
ſo ernſthaften Sache wider ſeine eigene Ueberführung öffentliche
Handlungen begehen, die ihm ein Ekel und Aergerniß ſind? Wer
würde ſeine wahre Meinung, dafür er ſich ſonſt gar nicht zu
ſchämen hätte, vor ſeinen Freunden und Verwandten beſtändig
verhehlen? Wer würde ſeine eigene Kinder in ſolche Schulen
ſchicken, da ſie, nach ſeiner Einſicht von der wahren Religion, die
er ſelbſt zu haben vermeint, zu einem blinden und verderblichen
Aberglauben angeführt werden, wenn er ſolches Alles nicht aus
großer Furcht für den Verluſt ſeiner ganzen zeitlichen Wohlfahrt
zu thun genöthigt wäre? Die Herren Prediger mögen gewiß
glauben, daß ein ehrlicher Mann ſeinem Gemüthe keine geringe
Qual anthun muß, wenn er ſich ſein ganzes Leben hindurch
ſtellen und verſtellen muß. Was ſoll er aber anfangen, da
die meiſten Menſchen, darunter er lebt, mit Haß und Bosheit
gegen den Unglauben von der Prieſterſchaft erfüllt ſind? Man
würde ihm Freundſchaft, Vertrauen, Umgang, Handel und
Wandel, ja alle Liebesdienſte verſagen und ihn als einen ruch=
loſen und abſcheulichen Miſſethäter vermeiden. Welcher gute
Bürger würde ſeine Tochter wiſſentlich einem Unchriſten zur Ehe
geben? Und wie würde Die, ſo in ſeinen Armen ſchläft, wenn ſie
dereinſt ihres Mannes wahre Meinung von dem Chriſtenthum
erführe, nach ihrer Schwachheit ängſtlich thun und den Herrn

Beichtvater anflehen, daß er doch ihren auf solche verdammliche Wege gerathenen Mann belehren möchte? Was für eine herrliche Parentation würden ihm die Herren Prediger noch nach seinem Tode halten? Würden sie auch seinem Körper doch eine Ruhe in ehrlichen Begräbnissen zugestehn?

„Was ist also an der Heuchelei so vieler bedruckten Vernünftigen anders Schuld, als der mit so manchem zeitlichen Unglück verknüpfte Glaubenszwang, welchen die Herren Theologi und Prediger vermöge ihrer Schmähungen und Verfolgungen den Bekennern einer vernünftigen Religion bis in den Tod anlegen?

„Wahrlich, solch Verfahren ist auf alle Weise zu mißbilligen. Ein Mensch, der ohne sein Wissen in der ersten Kindheit mit Gewalt zum Christen getaufet ist, und dem man den Glauben theils fälschlich angedichtet, theils in den unverständigen Jahren ohne Vernunft eingeprägt hat, kann nach keinem göttlichen oder menschlichen Rechte gehalten sein, sobald er andre Einsichten von der Wahrheit bekommt, ebendasselbe zu glauben, was er als ein Kind in Einfalt zu glauben gelehret war; vielweniger kann er darum, daß er nun dem angedichteten und blindlings eingeflößten Glauben entsagt, strafbar werden oder die Vorzüge eines Menschen und Mitgliedes der menschlichen Gesellschaft verlieren und mit allerlei zeitlichen Ungemach belegt werden. Warum hat man ihn auf solche unerlaubte Weise mit dem Glauben berückt? — Was haben die Herren Theologi für Recht, daß sie Diejenigen, die doch eine vernünftige und wahre Religion haben und ausüben, sonst aber nichts wider den Staat und ihre Nebenmenschen oder in besondern Tugendpflichten verbrechen, öffentlich vor dem gemeinen Haufen beschimpfen und verhaßt machen? Eigentlich gehören solche Dinge gar nicht auf die Kanzel. Denn die Zuhörer verstehen nichts von der Sache, und wenn sie aufrichtig die Gründe der Gegner zu wissen bekämen, würden sie nur irre werden.

„Also hat auch da keine unparteiische Widerlegung Statt. Wer zum Lehrer auf der Katheder berufen ist, der mag immerhin gegen alle Ungläubige und Irrgläubige streiten. Aber ein Lehrer auf der Kanzel ist ein Lehrer der Gläubigen und Christen, bei welchen er die Ueberführung von der Wahrheit des Christenthums billig voraussetzt. Was hat ein Solcher mit Denen zu schaffen, die draußen sind und zur Kirche nicht gehören? — Daß er sie da mit rednerischen Ausdrücken, welche die Einbildungskraft und Affecten erregen und mit verhaßten Namen, wovon die Zuhörer nicht ein-

mal richtige Begriffe haben, öfters zur Schau stellet, das dienet
zu nichts, als den unverständigen Eifer des blinden Pöbels wider
unschuldige Leute in Feuer zu setzen. Zieht der Priester auf die
Ungläubigen los, so denkt der gemeine Mann, dessen ganze Re=
ligion im Glauben besteht, daß es Leute sind, die gar keine Reli=
gion haben, die weder Gott noch Tenfel, weder Himmel noch
Hölle glauben. Denn er urtheilt nach sich selbst: wenn bei ihm
der Glaube wegfiele, so bliebe gar keine Religion übrig. Un=
christen klingen in des Pöbels Ohren als ruchlose, lasterhafte
Bösewichter. Denn er ist einmal so unterrichtet, daß ein frommer
Wandel allein aus dem Glauben, d. i. aus dem Christenthume
entstehen könne, und daß Alle, die nicht Christen sind, nothwendig
allen Sünden ergeben sein müßten. Gleich als ob die gesunde
Vernunft und das Naturgesetz nicht die eigentliche Quelle aller
Pflichten und Tugenden wäre, woraus Christus selbst und die
Apostel ihre Vorschriften geschöpft haben. Wenigstens setzt diese
Benennung der Unchristen solche Leute in eine Reihe mit Juden,
Türken und Heiden, von welchen die Christen alles Arge in Lehre
und Leben zu denken pflegen. Von Naturalisten, Deisten,
Freidenkern stellt sich der unwissende Ha e im bösen Ver=
stande nichts Bessers vor, als daß sie die Natur zu Gott machen
und in ungezügelter Frechheit blos nach ihren Lüsten handeln.
Spötter der Religion und Gotteslästerer nebst
andern solchen theologischen Ausdrücken geben vollends christ=
gläubigen Seelen ein Bild von den abscheulichsten Creaturen,
die man ausrotten und vertilgen müsse. Das heißt ja wol recht,
verleumden, die Unschuld mit der Bosheit vermengen und eben
die giftigen Waffen, womit die Heiden wider das Christen=
thum stritten, nun als christliche gebrauchen. Denn die ersten
Christen mußten auch bei den Heiden Atheisten und Gottes=
lästerer heißen, weil sie weder an den Jupiter, noch an den
Saturn, noch an die Juno glaubten, sondern ihrer wol gar in
öffentlichen Schriften spotteten. — Eben dieses erinnert uns aber
auch der jetzigen Unbilligkeit, mit Schriften gegen das Christen=
thum gewaltsam und schimpflich umzugehen. Wenn in solchen
Schriften etwas wider den Staat und die guten Sitten eingestreut
wäre, so würde es recht und billig sein, selbige zu verbieten und
zu verbrennen und die Verfasser für ihren Muthwillen derbe zu
züchtigen. Allein wenn sie blos die Streitfrage über die Wahr=
heit der Offenbarung erörtern und der vernünftigen Religion
das Wort reden, so hindert das der Ruhe des gemeinen Wesens

gar nicht, wofern die Theologi nur nicht Lärm blasen und den
Pöbel aufhetzen. Haben sie denn vergessen, daß die erstenKirchen=
väter, Justinus, Tatianus, Athenagoras, Theophilus, Hermias,
Clemens Alexandrinus, daß Tertullianus, Minucius Felix, Ar=
nobius, Lactantius und hundertAndere mehr, gegen das damals
herrschende Heidenthum bald Apologien, bald Streitschriften,
bald Spottschriften (διασυρμούς, irrisiones de vanitate idolorum,
de superstitione saeculi etc.) herausgegeben und daran von
den Kaisern nicht behindert werden? Die Wahrheit muß durch
Gründe ausgemacht werden, und sie stehet ihren Gegnern kein Ver=
jährungsrecht zu. War es denn damals den Christen recht, die
gemeinen Meinungen schriftlich anzufechten, weil sie dieselben für
irrig und abergläubisch hielten, wie kann es in der jetzigen
Christenheit für unerlaubt geachtet werden, daß Einer sich ihrem
herrschenden Glauben entgegenlegt und den Anstoß, welchen
er daran hat, öffentlich an den Tag giebt? Sind die Theologi
allein privilegirt, daß sie keine Rede und Antwort geben dürfen
von den Sätzen, welche sie Andern zu glauben aufbürden? Ihre
Sache muß wol schlecht stehen, da sie ihrer Gegner Schriften
und Vertheidigungen mit Gewalt unterdrücken und danu das
große Wort haben wollen, als hätten sie dieselben rechtschaffen
widerlegt.

„Daß aber die Intoleranz und Verfolgung in der ganzen
Christenheit gleichsam durch eine gemeinschaftliche Verabredung
hauptsächlich und fast allein wider die vernünftige Religion ge=
richtet ist, das macht die Unbilligkeit noch größer und gereicht
dem Christenthume, besonders den Protestanten, zum unaus=
löschlichen Schandflecken. Denn die katholischen Mächte und
Geistlichen dulden in ihren Ländern, wo das Papstthum herrscht,
ohne Unterschied keine einzige fremde Religion; ein e e Einwohner
und Bürger soll und muß sich zu dem katholischen Glauben bekennen
oder das Land räumen. Die Protestanten hingegen sind gemeinig=
lich für die Toleranz und verstatten sonst allen Secten in und
außer der Christenheit ein freies Bekenntniß und einen öffentlichen
Gottesdienst unter sich, ohne davon Unruhen im Staate zu befürch=
ten oder im Geringsten zu erfahren. Man findet, zumal in Holland,
Katholiken, Lutheraner, Arminianer, Presbyterianer, bischöfliche
Engländer, Mennoniten, Synkretisten, Quaker, Separatisten,
Fanaticos, Zinzendorfianer, Griechen, Armenier, häufige por=
tugiesische und deutsche Juden ungestört unter den Gliedmaßen
der herrschenden reformirten Kirche wohnen, und man läßt einen

Jeden nach seiner Einsicht und Gewissen Gott verehren. Und so giebt es in England und den englischen Colonien wie auch in gewissen Städten der dänischen und schleswig-holsteinischen Botmäßigkeit allerlei Secten und Religionen, die ohne Unterschied gehegt und geschützt werden. Ich will nicht sagen, daß unter dem russischen Gebiete noch außer den Christen viele Türken und mancherlei Heiden stehen. Aber Diejenigen allein, deren Religion einiger Maßen nach der gesunden Vernunft schmeckt, als Arianer und Socinianer, oder die gar keine Offenbarung erkennen und blos vernünftig denken und leben wollen, die sind es, welche in der ganzen Christenheit sich nirgend einer bürgerlichen Toleranz zu getrösten haben, sondern allenthalben ausgestoßen, verbannet, gehasset und verfolgt werden. So leidet man denn im ganzen Christenthume lieber so manchen ungöttlichen Aberglauben, so manchen albernen Irrglauben und eitlen Ceremonientand, so manchen Wahn und phantastische Eingebung, ja lieber die abgesagten Feinde des christlichen Namens als eine vernünftige Religion. Die wird für die ärgste und allgemeine Widersacherin der jetzigen christlichen angesehen, wider welche sich alle sonst noch so sehr streitende Parteien verschworen haben, sie gänzlich auszurotten. Hast Du den jüdischen Glauben von Deinen Vorfahren bekommen: wohl! bleibe ein Jude, sage ungescheut, daß Du es bist, und beschneide Deine Kinder! Du wirst in und außer der Christenheit auf der ganzen Welt sichern Aufenthalt finden und wol gar freiwillig zum Bürgerrecht eingeladen werden. Hast Du des Papstes, Luther's, Calvin's Glauben, so ist allenthalben im römischen und vielen andern Reichen Platz für Dich. Bist Du ein Mennonit, Separatist, Enthusiast, es hindert nichts, man wird Dich hie und da unter den Protestanten herbergen und schützen. Aber glauben mußt Du doch etwas, was es denn auch sei. Eine reine vernünftige Religion zu haben und zu üben, ist wenigstens in der Christenheit nirgend erlaubt. Gehe nur! — Wohin? Zu den Juden, Türken und Heiden? Aber ich habe auch deren Glauben nicht; sie werden mich ebenso gläubig hassen, verdammen, verfolgen und noch dazu meinen, sie thun Gott einen Dienst daran. Wir haben ein klares Beispiel davon an dem berüchtigten Uriel Acosta,[1] den ich zwar übrigens

---

1) Der jüdische Freidenker Uriel Acosta (auch Uriel Jurista) war 1594 zu Oporto in Portugal geboren. Er stammte aus einer Familie, die während der Judenverfolgungen gezwungen zum Christenthum übergetreten war. Durch Zweifel an der Wahrheit der christlichen Religion beunruhigt, floh er nach Amsterdam und trat daselbst zum Judenthum über. Aber schon nach kurzer Zeit

nicht vertheidigen will, aber der jedoch eine vernünftige Religion,
ohne Glauben an die jüdische oder christliche, bekannte.*) Er war
von Geburt und Erziehung ein Jude gewesen, und da er wegen
der jüdischen Thorheiten von ihnen abgetreten, dennoch auch kein
Christ geworden. Nun hatte er also nirgend Schutz; er ward von
seinen vorigen Glaubensgenossen aufs Aeußerste verfolgt, als ein
Mensch, der gar keine Religion hatte, weil er weder ein Jude,
noch ein Christ, noch Mahometaner wäre. Als er sich endlich
aus langem Ueberdrusse der erlittenen Drangsale wieder zu der
Synagoge wandte, ward er auf eine schändliche Weise in der
jüdischen Versammlung nackend gegeißelt und mit Füßen ge=
treten. Da hält er denn den pharisäischen Juden nicht unbillig
vor: ob sie dann nicht wüßten, daß nach ihren eignen Lehrsätzen
außerdem eine wahre und seligmachende Religion sei, welche dem
Menschen als Menschen angeboren worden, und welche die ge=
sunde Vernunft und das Gesetz der Natur lehre; die sie selbst
dem Noah und allen Erzvätern vor dem Abraham zueigneten,
welche ihn auch nach dem Gesetze Mosis berechtigte, unter den
übrigen Juden als einer der Nachkommen des Noah zu leben?
Er kann daher seine Verwunderung nicht bergen, daß die christ=
liche Obrigkeit den Juden in solchem Falle richterliche Gewalt und
Strafen zugestünde, und glaubt, wenn Christus selbst noch jetzt
in Amsterdam bei den Juden wider ihre pharisäische Heuchelei
predigte, und es gefiele ihnen, denselben abermal zu geißeln, so
würden sie es da frei thun können. Sehet! so wird die vernünf=
tige Religion bei allen Arten des Glaubens als eine allgemeine
Feindin angelassen. Sobald sich der Glaube zum Herrn über die
Erkenntniß Gottes gemacht hat, will er die Stimme der Vernunft
nicht mehr hören. Also haben Aberglauben, Irrthümer, Thor=
heiten und Gräuel den ganzen Erdboden überschwemmt. Wo ist

---

fühlte er sich zum Reformator des damaligen Judenthums berufen, wodurch er
sich das traurigste Schicksal bereitete. Er wurde excommunicirt, durch jahrelange
Verfolgungen zum Widerruf bewogen, wieder aufgenommen und bald abermals
verstoßen, verfolgt und unter schimpflichen Mißhandlungen abermals aufgenom=
men. 1640 soll er sein zerrüttetes Leben durch einen Pistolenschuß selbst geendet
haben. Acosta's Selbstbiographie wurde 1687 von Limborch lateinisch und
deutsch herausgegeben. In neuerer Zeit hat Gutzkow durch seine Novelle „Der
Sadducäer von Amsterdam" (1834) und sein Trauerspiel „Uriel Acosta" (1847)
das allgemeine Interesse für den unglücklichen Märtyrer seiner Ueberzeugungen
zu erregen gewußt. — A. d. H.
    *) S. sein Exemplar vitae humanae, bei dem *Limborch* in collatione
cum erudito Judaeo, p. 361.

denn aber der Mensch? Wo wohnt die Vernunft? Wo hat sie
ihren freien Gebrauch in der edelsten und wichtigsten Erkenntniß
und Pflicht der Menschen behalten? Wenn sie sonst auch nirgend
geduldet würde, so sollte es doch billig im Christenthume und
in demselben unter den Protestanten geschehen, weil sie vorzüg=
lich rühmen, daß ihr Christenthum mit der gesunden Vernunft
sehr wohl bestehen könne und sich für deren Prüfung gar nicht
zu scheuen habe, ja, daß die Vernunft selbst eine Wegweiserin zum
Christenthume sei. Warum verstatten sie denn der vernünftigen
Religion nicht den geringsten Platz bei sich? Nein! das ist eine
Protestatio facto contraria: ihr Glaube muß so wenig als alle
andre Arten eines falschen Glaubens die gesunde Vernunft
neben sich vertragen können.

„Dies Betragen der ganzen itzigen Christenheit läuft gerade
wider das Gesetz und den Gebrauch der Kirche Alten Testaments,
wider Christi Lehre und Exempel und wider der Apostel ihr Ver=
fahren und Zeugniß. Ungeachtet das Gesetz Mosis eine gar
strenge Ausrottung der Heiden im Lande Kanaan gebot, so be=
fahl es doch auch, die Fremblinge, welche in ihren Tho=
ren wohnten, nicht zu bedrängen, noch zu unter=
drücken, sondern sie wohnen zu lassen wie die
Einheimischen, und sie zu lieben als sich selbst.*)
Was waren das für Fremblinge in den Thoren der Israeliten?
Es waren keine andre als die Proselyti ¹) portae seu domicilii
(Gere Schaar oder Gere Toschabb), d. i. vernünftige Verehrer
Gottes aus allerlei Volke, die der Vielgötterei und Abgötterei
nicht zugethan waren, sondern einen wahren Gott, als Schöpfer

---

*) Exod. XXII., 21; Levit. XI., 33. 34; Deut. X., 18. 19; collato Exod.
XX., 10; Deut. V., 14; Num. XXXV., 15; Levit. XXV., 6.

1) Proselyten (griech. προσήλυτοι, hebr. גֵּרִים) hießen bei den Juden
diejenigen Heiden, welche zum Mosaismus übergetreten waren. Man unterschied
1) Proselyten des Thores (גְּרֵי הַשַּׁעַר), Proselyti portae, welche, um
als Sclaven oder Freie unter den Israeliten in Palästina wohnen zu können
(als גֵּרֵי תוֹשָׁבִים oder גֵּרֵי תוֹשָׁב), sich zur Beobachtung der im Text namhaft
gemachten sieben sogenannten Noachischen Gebote hatten verpflichten müssen;
2) Proselyten der Gerechtigkeit (גְּרֵי הַצֶּדֶק), die sich zu allen Glau=
benssatzungen und Gebräuchen des Judenthums bekannten und daher auch feier=
lich in den Schooß desselben aufgenommen wurden. Nach dem Noah wurden die
oben erwähnten Gebote offenbar deßhalb genannt, weil nach Gen. 9, 4 wenigstens
das siebente bereits dem Noah auferlegt wurde. Auch Apostelgesch. 15, 20
werden mehrere von diesen Geboten erwähnt, aber erst im Talmud und bei den
Rabbinen werden alle sieben zusammengestellt. — A. d. H.

des Himmels und der Erde, erkannten und verehrten, auch dabei
das allgemeine Natur= und Sittengesetz beobachteten, übrigens
aber den Glauben Israel's nicht annahmen, noch zur Beschnei=
dung und andern Gebräuchen der herrschenden Religion genöthigt
wurden. Sie heißen auch Kinder Noah, im Gegensatz von den
Kindern Abraham und Israel, d. i. Solche, die keine andre Religion
als des unbeschnittenen Noah hatten und ausübten. Die Juden
geben uns ihre Grundartikel als Vorschriften des Noah in sieben
Hauptstücken an: 1) keine Abgötterei zu treiben, 2) Gottes Namen
zu ehren, 3) Niemand zu tödten, 4) keine Unzucht zu treiben, 5) nichts
zu rauben, 6) die Obern zu ehren, 7) nicht rohes Fleisch zu essen.
Wenn wir das letzte Stück ausnehmen, welches wol nur hinzugethan
war, um den Juden kein Aergerniß zu geben, so war alles Uebrige
nichts als ein kurzer Inbegriff der vernünftigen Religion und des
Naturgesetzes; daher auch der gelehrte S e l d e n u s [1]) sein ganzes
Natur= und Völkerrecht nach den Satzungen der Hebräer auf diese
Præcepta Noachica gebauet und die Religions= und bürgerliche
Freiheit der Proselytorum domicilii genugsam bewiesen hat.
M a i m o n i d e s, [2]) der Verständigste unter allen Juden, beschreibt
diese vernünftigen Judengenossen ebenso und sagt ausdrücklich,
d a ß s i e w e d e r v e r b u n d e n g e w e s e n, s i c h b e s c h n e i d e n
n o c h t a u f e n z u l a s s e n, u n d d a ß s i e d o c h a l s F r o m m e
a u s a n d e r n V ö l k e r n a u f g e n o m m e n w o r d e n, i n d e m
d e n I s r a e l i t e n u n v e r b o t e n g e w e s e n, s o l c h e n L e u t e n
e i n e n W o h n s i t z i n i h r e m G e b i e t e a n z u w e i s e n.*)
Er sagt sogar an einem andern Orte,**) daß diese frommen

---

*) *Maimonides* Issure Biah, cap. XIV: „*Qualisnam est ille, quem Pro-
selytum domicilii, Ger Toschabh, vocamus? Is gentilis erat, qui in se
susceperat a cultu extraneo abstinere et cetera obseruare quae in Noachidarum jure continentur. Nec circumcidebatur ille, nec baptizabatur, sed
admittebant eum velut unum ex piis e gentibus mundi. Ideo autem voca-
tur Inquilinus,* quoniam licuit nobis in se sedes inter nos assignare in terri-
torio Israelitico.*

**) *Maimonides* in tract. de Regibus, cap. VIII. §. 11: „*Quicunque in
se suscepit septem praecepta Noachidarum et in iis observandis cautus
est, ille est pius e gentibus mundi, et portionem habet in saeculo futuro.*"

1) Der englische Rechtsgelehrte und Polyhistor J o h n S e l d e n wurde
1584 zu Salvington in Sussex geboren. In den Kämpfen des Parlaments gegen
Karl I. spielte er eine wichtige politische Rolle. Sein bedeutendstes archäologisches
Werk: „De jure naturae et gentium, juxta disciplinam Hebraeorum" ist um
1634 verfaßt. — A. d. H.

2) Moses M a i m o n i d e s, der berühmteste unter den jüdischen Philo=
sophen des Mittelalters, war im J. 1135 zu Cordova geboren. Er war später
Leibarzt des Sultans von Aegypten und starb zu Fostat bei Cairo im J. 1204.
— A. d. H.

Judengenossen Theil hätten an der zukünftigen
Seligkeit. Auf solche Weise wurden nicht allein die Gibeoniter
und andre zu Knechten gemachte Leute oder Nethinaer, [1]) sondern
auch die Rechabiten und die unbezwungnen Kananiter nebst
vielen andern Fremdlingen mitten in Kanaan neben dem jüdi=
schen Gottesdienste fried= und freundschaftlich geduldet und
als bürgerliche, ja geistliche Mitgenossen gehalten, ob sie gleich an
Mosen und die Propheten nicht glaubten und das Levitische Gesetz
nicht beobachteten, sondern nur das vernünftige der Israelitischen
Religion als das Wesentlichste angenommen hatten. Für solche
fromme Anbeter des wahren Gottes hatte demnach der weise und
damals ganz untadelige König Salomo schon den ersten Tempel
mit geweihet; und er läßt in sein Einweihungsgebet mit ein=
fließen, wenn auch Fremde, die nicht von dem Volke Israel
wären, zum Tempel kämen und daselbst anbeteten, daß Gott sie
in allen ihren Anliegen erhören wolle. *) Diese konnten daher
mit den Israeliten in den Vorhof des Tempels kommen und
Gott nach ihrer vernünftigen Erkenntniß anflehen, wenn sie
gleich nicht mit opferten. Ja, die spätere Geschichte giebt, daß
auch heidnischen Königen und Kaisern zugestanden sei, für sich
im zweiten Tempel opfern zu lassen.**) Sehet nun dagegen
das Betragen der Diener des Nenen Testaments! Sollten diese
wol mit gutem Gewissen von sich sagen können, daß sie die ver=
nünftigen Verehrer Gottes, als die Fremdlinge des Christen=
thums, nicht zu bedrängen oder zu unterdrücken suchten, sondern
vielmehr liebten als sich selbst, sie, deren Mund von dem innern
Hasse und Religionseifer gegen solche Leute öffentlich überfließet?
Sollten sie es wol über ihr Herz bringen können, dieselbe Christ=
genossen, Religionsverwandte und Fromme zu nennen oder sie
an der Seligkeit Theil nehmen zu lassen, da sie dieselben mit allen
Unchristen, Religionsspöttern, Atheisten und Gotteslästerern in
eine Classe setzen? Sollten sie ihnen wol mit gutem Willen eine
bürgerliche und Religionsfreiheit zugestehn, wider deren Auf=
kommen sie Himmel und Erde, Obrigkeiten und Pöbel zu be=
wegen trachten? Niemand wird unsern protestantischen Theo=

---

*) I. Reg. VIII., 38. 41 sq.
**) So haben Alexander M., Heliodorus, Antiochus Eupator, Ptole-
maeus Euergeta, Augustus, Vitellius für sich im zweiten Tempel opfern lassen.
Vid. Selden. de I. N. et G., lib. III. cap. 4 et 7.

[1]) נתינים (Nethinim) hießen bei den alten Israeliten die Tempel=

logis, geschweige den päpstischen, solche Sanftmuth und Duldung
zutrauen; und ich zweifle nicht, wenn manche gläubige Seelen
nur von solcher Nachsicht hörten, sie würden schon in Eifer wider
diese Ungläubige gerathen. Ein Zeichen, daß sie schon von ihren
Lehrern in eine unzeitige Hitze wider Alle, die nicht ihres Glaubens
sind, gebracht worden!

„Nun möchte ich doch wissen, ob diese geistliche Herren von
Christo, dem Lehrer der allgemeinen Menschenliebe, einen gegen=
seitigen und strengern Befehl bekommen hätten, als Moses in
Betrachtung der vernünftigen Verehrer Gottes bekommen oder ge=
geben hat; ob sie eine einzige Stelle im ganzen Neuen Testa=
ment aufweisen können, daß solche Leute in der Christenheit
durchaus nicht geduldet werden müßten. Ich weiß wohl, daß
die Evangelisten Christo den harten Ausspruch in den Mund
legen: „Wer nicht glaubt, der wird verdammet werden.“ Allein
wenn wir auch diese Nachricht, so wie sie lautet und gedeutet
wird, völlig annehmen, so bleibt doch ein gewaltiger Unterschied
zwischen den Sätzen: diese und jene Menschen können nach der
Heilsordnung Gottes nicht selig werden, und eben die Menschen
sind in der bürgerlichen Gesellschaft und unter Christen nicht zu
dulden, noch zu einem öffentlichen Bekenntnisse ihrer Religion
zu lassen. Wie wollten sie mit dem letztern Satze zusammen=
reimen, daß sie den Juden und mehrern andern Ungläubigen
und Irrgläubigen, welche auch in ihren Augen ewig ver=
dammt sind, dennoch auf dieser Welt unter sich eine öffentliche
privilegirte Ausübung ihrer Religion verstatten? Christus sagt
seinen Jüngern anderwärts: sie sollten das Unkraut wachsen
lassen bis zur Ernte, d. i. sie sollten Denen, die auch falsche Mei=
nungen hegten und lehrten, ihre menschliche Einsicht und Reli=
gionsfreiheit nicht durch gewaltsame Mittel zu benehmen suchen
oder ihr Aufkommen hindern, sondern Alles dem künftigen Ge=
richte Gottes überlassen. Wenn also auch die Menschen, welche
Gott blos nach vernünftigen Einsichten verehren, mit unter das
Unkraut, d. i. unter die irrig und falsch Lehrenden, zu rechnen
wären, so würde nach Christi Regel dennoch keine äußere Unter=
drückung der vernünftigen Religion und des vernünftigen Gottes=
dienstes zu entschuldigen sein. Allein Christus hat die vernünf=
tigen Religionsverwandten nicht einmal unter dem Unkraute der
Kirche begreifen können, von dessen Ausrottung die Frage wäre,
weil sie nach dem Gesetze als Menschen, als Fremdlinge, als
wohnhafte Bürger, ja als gottesfürchtige Leute der allgemeinen

Liebe und der von Gott zugeſtandnen Rechte theilhaftig waren.
Die Apoſtel haben dieſelbe gleichfalls nicht ſo böſe und unleidlich
angeſehen, ſondern ſie vielmehr mit den beſten Ehrennamen
belegt. Unſere jetzigen Kirchenlehrer werden ſich's gefallen laſſen,
von den Apoſteln eine beſſere Sprache und Amtsführung anzu=
nehmen. So oft die Apoſtel mit den vernünftigen Judengenoſſen
aus den Heiden zu ſchaffen haben, ſo heißen ſie ſtets bei ihnen
die Frommen, die Gottesfürchtigen, die Verehrer
Gottes, die gottesfürchtigen Judengenoſſen (εὐσεβεῖς, σεβόμενοι τὸν θεόν, σεβόμενοι Ἕλληνες, δίκαιοι, φοβούμενοι τὸν
θεόν), und ſie werden den Iſraeliten an die Seite geſetzt. „Ihr
Männer von Iſrael," ſagt Paulus, „und die Ihr Gott
fürchtet, höret zu! Ihr Männer, lieben Brüder,
Ihr Kinder des Geſchlechts Abraham, und die unter
Euch Gott fürchten."*) In der Erzählung lautet es ebenſo:
„Nach dieſer Rede ſind Paulo und Barnabä viel
Jüden und gottesfürchtige Judengenoſſen nach=
gefolgt. Es geſelleten ſich zu Paulo und Sila auch
der gottesfürchtigen Griechen eine Menge. Pau=
lus unterredete ſich mit den Juden und den Gottes=
fürchtigen in der Synagoge."**) Daß nun in allen dieſen
Stellen keine Beſchnittene und vollkommene Judengenoſſen oder
Proselyti justitiae, ſondern blos vernünftige Verehrer Gottes
oder Proselyti portae gemeinet ſind, hat unter Andern Salo=
mon Deyling,¹) ein gelehrter Lutheriſcher Theologus, aus=
führlich gezeigt.***) Der Hauptmann Cornelius war nach des
Evangeliſten Lucä Zeugniß ſchon als ein vernünftiger Heide gott=
ſelig, gerecht und gottesfürchtig (εὐσεβής, δίκαιος,
φοβούμενος τὸν θεόν),†) ſo wie die Purpurkrämerin Lydia eine
Verehrerin Gottes hieß (σεβομένη τὸν θεόν).††) Das iſt ganz
eine andere Sprache der erſten Jünger Jeſu, als die man jetzt führt.
Sie ſagten nicht: „Ihr Ungläubige, Ihr Freidenker, Ihr Natura=
liſten, Ihr Religionsſpötter," ſondern: „Ihr Verehrer Gottes,

---

*) Actor. XIII., 16. 26.
**) Ibid. XIII., 42. 43; XVII., 4. 17.
***) *Sal. Deyling*, Obss. Sacr. P. II. p. 352, de σεβομένοις τὸν θεόν.
†) Actor. X., 1.
††) Ibid. XVI., 14.
¹) Salomon Deyling war 1677 in Weida geboren. Er wurde 1700
Archidiakonus und 1708 Superintendent in Pegau, 1716 in Eisleben und 1724
in Leipzig, wo er 1755 ſtarb. Seine „Observationes sacrae" erſchienen
1708—36 in 4 Bänden, 2. Aufl. 1740—48 in 5 Bbn. — A. b. H.

Ihr, die Ihr Gott fürchtet." Wie also die jüdische Kirche ungeachtet
ihres großen Eifers für das Gesetz und für ihre Religion dennoch
die vernünftigen Religionsverwandten nicht allein bürgerlich un=
gekränkt bei sich wohnen ließ, sondern auch in ihre geistliche
Versammlungen und Synagogen willig aufnahm und sie durch
Liebe, Lob und freundschaftliche Begegnung an sich lockte: so
billigten auch die Apostel durch ihre Ehrennamen, welche sie
solchen Jüdengenossen öffentlich ertheilten, die Weise der jüdischen
Kirche und gaben mithin ihren Nachfolgern in der christlichen
Kirche ein rühmliches Beispiel, wie nahe sie die vernünftige Reli=
gion auch mit der christlichen verwandt hielten, und wie entfernt
sie von deren Verkleinerung, Beschimpfung und Unterdrückung
wären.   Woher haben denn die heutigen Lehrer des Christen=
thums das gelernt, daß sie vernünftige Verehrer Gottes bei der
Gemeine mit verhaßten Benennungen anschwärzen, als ob sie
gar keine Religion hätten? Woher gönnen sie diesen allein kein
freies Bekenntniß der erkannten Wahrheiten, da sie alle übrige
Ungläubige und Irrgläubige dulden? Mit welchem Rechte
mischen sie sich in die Verfassung des Staates, solche unschuldige
und rechtschaffene Leute, auch durch obrigkeitliche Hilfe, aus der
bürgerlichen Gesellschaft und allen daher entstehenden Vortheilen
zu verdrängen?

   „Es ist demnach solche Unterdrückung der vernünftigen Reli=
gion und ihrer Verehrer, welche die neuern christlichen Lehrer zur
Maxim gemacht haben, sowol dem Alten als Neuen Testamente,
sowol dem Gesetze Mosis und dem Betragen der jüdischen Kirche
als der Regel und dem Exempel Christi und seiner Apostel gerade
entgegen. Aber wenn wir auch die Sache an sich selbst betrachten,
so zeiget sich die offenbarste Unbilligkeit in der heutigen Methode,
welche in der Christenheit herrscht. Ein jeder Mensch soll glauben,
oder nicht in der menschlichen, es sei geistlichen oder bürgerlichen,
Gesellschaft geduldet werden. Wie kann man aber das als eine
Pflicht und Schuldigkeit fordern und es mit einer Strafe ver=
knüpfen, was nicht in der Menschen Macht und freiem Willkür
stehet, ja Manchem nach seiner Einsicht von sich selbst zu erhalten
unmöglich wird? Entweder müssen dadurch Heuchler im Christen=
thume entstehen, oder man muß ihnen auch erlauben, daß sie frei
und ohne Kränkung ihres bürgerlichen Wohlstandes bekennen,
sie glaubten es nicht und könnten sich aus den und jenen Ursachen
von dem Glaubenssystem und dessen Artikeln nicht überführen.
Die Menschen sollen glauben, ehe sie noch zu den geringsten

Begriffen, Urtheilen und Prüfungen des Geglaubten fähig sind. Sie sollen glauben, was über die Vernunft ist, ehe sie von dem, was der Vernunft faßlich ist, eine Einsicht haben. Wie läßt sich eine Religion oder Erkenntniß Gottes ohne alle Begriffe, ohne alles Vermögen der Einsicht pflanzen? Wie kann ein geheimniß= voller Glaube stattfinden, der nicht auf die Anfangsgründe einer vernünftigen Religion gebauet ist? Daraus kann nichts als ein blinder Glaube entstehen, da die Menschen selbst nicht wissen, was sie glauben, noch warum sie es glauben. Denn weil man ihnen von der Kindheit an alle vernünftige Erkenntniß von Gott und göttlichen Dingen in den Lehrbüchern sorgfältig entzieht und ihnen wider die Vernunft und deren Gebrauch in dem, was des Geistes Gottes ist, kräftige Vorurtheile beibringt, so kann nichts als ein blinder Glaube übrigbleiben. Die Menschen sollen ohne Vernunft bloß glauben und dadurch fromme Christen werden; da doch der Mensch allein dadurch, daß er eine vernünftige Creatur ist, vor allen Thieren einer Religion fähig wird und sich durch vernünftige Bewegungsgründe zum Guten ziehen läßt. Wie kann man denn Christen erwarten, ehe sie in Menschen gebildet sind? Wie kann man eine thätige höhere Vollkommenheit des Willens und Wandels von ihnen hoffen, da sie keine innere Bewegungs= gründe zu einer natürlichen Tugend und Frömmigkeit bekommen haben? Wenn man diese Methode in ihrer eigentlichen Folge betrachtet, so wird sie, nach Beschaffenheit der Menschen, zum Aberglauben und knechtischen Werkheiligkeit Gelegenheit geben oder sie auch ebenso bösartig und ruchlos, als sie aus Mangel einer vernünftigen Erziehung geworden sind, lassen." —

* * *

Und so weiter! Zu einer Probe ist dieses mehr als hin= reichend. Nun erlaube man mir noch, meinen Unbekannten nicht so ganz ohne Geleite abtreten zu lassen.

1) Ich habe gesagt, daß Neuser's Schicksale mich an diese Stelle erinnert. Denn als Neuser so weit gekommen war, daß er sich kein Bedenken machte, zur Mahometanischen Religion überzutreten, war er doch vermuthlich kein Phantast, der sich von der Wahrheit der Mahometanischen Religion, als geoffen= barter Religion, vorzüglich vor der christlichen, überzeugt fühlte, sondern er war ein Deist, der eine geoffenbarte Religion für so

folgung zu einem Tausche brachte, an den er nie würde gedacht
haben, wenn er irgendwo in der Christenheit die Duldung zu
finden gewußt hätte, auf welche unser Unbekannte für solcher Art
Leute bringet. Er hatte sie bei den Unitariern anfangs zu finden
geglaubt. Aber der Streit, in welchen er auch mit ihnen sofort
verwickelt wurde, mochte ihn wol abnehmen lassen, was er sich
mit der Zeit selbst von Denen zu versehen habe, welche anderswo
ebenso vogelfrei waren als er. Ja, es scheinet, daß diese seine
Besorgniß durch Franc. Davidis[1] nachherige Schicksale hin=
länglich gerechtfertiget worden. Indeß kann es doch gar wohl
sein, daß Reuser auch eine Art von Prädilection für die Maho=
metanische Religion gehabt, und daß er ihr bereits alle die Gerechtigkeit widerfahren lassen, die weit neurer Zeit freimüthige
und unverdächtige Gelehrte ihr erzeigen zu müssen geglaubt
haben. „Des Mahomet's Alkoran," sagt auch unser Unbekannte
kurz vor der mitgetheilten Stelle, „und der türkische Glaube hat
zwar einen bösen Ruf bei uns, nicht allein weil der Stifter dieser
Religion Betrügerei und Gewalt gebraucht, sondern auch weil
viele Thorheiten und Irrthümer nebst manchen unnöthigen
äußerlichen, hergebrachten Gebräuchen sich eingemischet finden.
Ich will ihm auch gar nicht das Wort reden, viel weniger den=
selben der christlichen Religion zum Nachtheil erheben. Doch bin
ich versichert, daß unter Denen, die der türkischen Religion Dies
und Jenes Schuld geben, die Wenigsten den Alkoran gelesen
haben, und daß auch unter Denen, die ihn gelesen, die Wenigsten
den Vorsatz gehabt, den Worten einen gesunden Verstand, dessen
sie fähig sind, zu geben. Ich getraute mir, wenn dieses mein
Hauptabsehen wäre, das Vornehmste der natürlichen Religion
aus dem Alkoran gar deutlich und zum Theile gar schön aus=
gedruckt darzuthun, und glaube, daß ich bei Verständigen leicht
darin Beifall finden werde, daß fast alles Wesentliche in Maho=
met's Lehre auf natürliche Religion hinauslaufe. Der gelehrte
Thomas Hyde,*) den man sowol der Sachen kundig als
unparteiisch halten muß, lobt den Mahomet als verae religionis Abrahami restauratorem, der die wahre Religion Abra=
ham's wiederhergestellt habe; und der getreuste Uebersetzer und

*) *Th. Hyde*, de relig. vet. Persar., p. 33. — [Thomas Hyde war im
Jahre 1636 zu Billingsbey in Yorkshire geboren und starb 1703 als Lehrer des
Hebräischen und Arabischen. Seine „Veterum Persarum et Magorum reli-
gionis historia" erschien im J. 1700. — A. d. H.]

1) Ueber Franc. Davidis vergl. die Anm. auf S. 69. — A. d. H.

lusleger des Alforans, George Sale,*) zeigt in seiner
Einleitung zum Alforan, daß der Grundsatz der Lehre Maho=
net's auf der Einheit Gottes beruhe, oder auf der Wahrheit,
aß nur ein Gott sei und sein könne; daß der Vorsatz, die
leidnischen Araber von der Abgötterei zum Erkenntniß dieses
inigen Gottes zu bringen, edel und höchlich zu loben gewesen,
ind daß Herr Pribeaur nicht mit Grund vorgebe, ob habe
Mahomet bei den Arabern statt der Abgötterei eine Religion
ingeführt, welche ebenso schlimm sei als die Abgötterei. Herr
Sale sagt, daß die Ermahnungen zu guten Sitten und Tugen=
en, welche im Alforan enthalten sind, und sonderlich die Er=
nahnungen zur Verehrung eines wahren Gottes zum Theil so
ortrefflich sind, daß ein Christ sie wohl beobachten möchte." —
Wie weit nun dieses auch Neuser zu seiner Zeit bereits erkannt,
würden wir mit Gewißheit sagen können, wenn es den Heraus=
ebern der Monumentorum Palatinorum beliebt hätte, uns seine
Anmerkungen über den Alforan mitzutheilen, die sie vor sich ge=
habt zu haben versichern.

2) Dennoch, muß ich hinzufügen, würde mich diese Beziehung
auf Neusern blos und allein nicht haben bewegen können, die
litgetheilte Stelle vor allen andern zu wählen, wenn ich nicht
1 ihr auch einen besondern Punkt der Gelehrsamkeit auf eine
anz besondere Art berührt zu finden geglaubt hätte. Ich meine
iermit, was der Verfasser von den Proselytis portae in der
lten jüdischen Kirche behauptet. Nicht als ob die Sache selbst
icht längst bekannt wäre; es ist blos die Anwendung auf unsere
eutige Deisten, die mir neu und ihm völlig eigen zu sein schei=
et. Sie hat etwas sehr Blendendes, diese Anwendung, und ich
ünschte um so mehr, sie aus den Quellen geprüft zu sehen, je
eniger ich meinem eigenen Urtheile in mir so fremden Dingen
rauen darf. Indeß dünfet mich doch, daß, wenn man schon zu=
eben müßte, daß diese Proselyti portae nichts als Deisten ge=
esen, damit gleichwol noch nicht erwiesen sei, daß sie auch alle die

---

Freiheit unter den Juden genossen, auf welche die heutigen Deisten unter den Christen Anspruch machen. Wenn wenigstens der Ver= faffer selbst zugiebt, daß das siebente der Noachischen Gebote sie keineswegeß als ein Naturgesetz verbunden habe, sondern nur hinzugefügt worden, um den Juden kein Aergerniß zu geben, so dürften sie leicht mehrern solchen Einschränkungen in Beziehung auf die herrschende Religion, der sie nicht zugethan sein wollten, unterworfen gewesen sein. Falls sich nun dergleichen fänden: sollten wol nicht aus ihnen Bedingungen herzuleiten sein, unter welchen sich auch die Christen könnten und möchten gefallen lassen, Deisten in ihren Pfählen zu dulden? Aber unsere Deisten wollen ohne alle Bedingung geduldet sein. Sie wollen die Freiheit haben, die christliche Religion zu bestreiten, und doch geduldet sein. Sie wollen die Freiheit haben, den Gott der Christen zu verlachen, und doch geduldet sein. Das ist freilich ein Wenig viel, und ganz gewiß mehr, als ihren vermeinten Vorgängern in der alten jüdischen Kirche erlaubt war. Denn wenn deren einer des Herrn Namen lästerte (Levit. **XXIV.**, 12), so ward er ohne Barmherzigkeit gesteiniget, und die Entschuldigung half ihm nichts, daß er nicht den wahren Gott, den die Vernunft den Menschen lehre, sondern den Aftergott gelästert habe, wie die Juden sich ihn bildeten. Und schon hieraus, meine ich, ist zu schließen, daß auch die alte jüdische Religion es in diesem Stücke nicht anders werde gehalten haben, als sie es alle halten.

3) Was von dem übrigen Inhalte der Stelle zu denken und zu sagen, brauchen meine Leser nicht von mir zu lernen. Aber wie sehr merkt man es ihr an, daß sie vor dreißig Jahren ge= schrieben worden! Wie? noch itzt wären der gesunden Vernunft alle Wege versperret, Gott nach ihrer Einsicht unter einem an= genommenen Christennamen zu verehren? Freilich ein dergleichen angenommener Christenname, als Arianer, Socinianer, ist viel= leicht noch ebenso verhaßt, als er es jemals war. Allein was braucht es auch dieser Namen? Ist der bloße Name Christ nicht weitläuftig, nicht bezeichnend genug? Siud die Namen Calvinist und Lutheraner nicht ebenso verwerflich geworden? Weg mit allen diesen Namen, die uns der Einsicht eines Einzigen unter= werfen! Wir sind Christen, biblische Christen, vernünftige Christen. Den wollen wir sehen, der unser Christenthum des geringsten Widerspruchs mit der gesunden Vernunft überführen kann! Was braucht es noch die Schriften der Freigeister zu unterdrücken? Heraus damit! Sie können nichts als den

Triumph unserer Religion vermehren. — Daß dieses die Sprache mancher heutigen Theologen ist, wer weiß das nicht? Und allerdings hat diese Sprache das Gute hervorgebracht, daß neurer Zeit, wenigstens in dem protestantischen Deutschlande, alle bürgerliche Verfolgung gegen Schriften und Schriftsteller unterblieben ist. Eine merkwürdige Erscheinung, von welcher ich wohl wissen möchte, aus welchem Gesichtspunkte sie unser Unbekannte betrachtet haben dürfte! Er scheinet dergleichen Theologen in Verdacht zu haben, daß sie von dem ganzen Christenthume nichts übrig lassen und nichts übrig lassen wollen als den Namen. Daß dieses bei einigen auch wol der Fall sein möchte, daran ist kein Zweifel. Aber bei vielen ist er es auch gewiß nicht; bei denen gewiß nicht, die sich gegen die Vertheidiger einer bloß natürlichen Religion mit so vielem Stolze, mit so vieler Bitterkeit ausdrücken, daß sie mit jedem Worte verrathen, was man sich von ihnen zu versehen hätte, wenn die Macht in ihren Händen wäre, gegen welche sie itzt noch selbst protestiren müssen. Dieser ihr vernünftiges Christenthum ist allerdings noch weit mehr als natürliche Religion; Schade nur, daß man so eigentlich nicht weiß, weder wo ihm die Vernunft, noch wo ihm das Christenthum sitzt.

—o○○◦◉◦○○o—

Ein Mehreres

aus den Papieren des Ungenannten,

die Offenbarung betreffend.

———

Das Fragment eines Ungenannten „Von Duldung der Deisten", im vorigen Beitrage, hat bei einem und dem andern meiner Leser, um dessen Beifall mir es nicht am Wenigsten zu thun ist, einen besondern Eindruck gemacht. Je weniger man hier so etwas erwartete, desto angenehmer war es, „gleich einem grünen Platze, auf den man unvermuthet in einer Sandwüste stößt." Das Gleichniß ist nicht mein eigen, wie man wol denken kann. Es gehöret einem von gedachten meinen Lesern, der mich schriftlich damit belohnen und aufmuntern wollen. Denn er setzt hinzu, daß er es für wahre bibliothekarische Pedanterei erklären werde, wenn ich deswegen, weil dreißigjährige Papiere etwa noch nicht unleserlich und vermodert genug sein könnten, sie gänzlich wieder bei Seite legen wollte. Er beschwört mich sogar, dem Publico ja mit Nächstem ein Mehreres, und wo möglich das Dreisteste und Stärkste, daraus mitzutheilen, um bei Kleingläu=bigen den Verdacht nicht zu erwecken, was für unbeantwortliche Dinge so geheim gehalten würden.

Nun fürchte ich jenen Spott zu sehr und bin, was diesen Ver=dacht betrifft, der guten Sache zu gewiß, als daß ich im Ge=ringsten anstehen sollte, seinem Verlangen, welches, wie ich weiß, auch der Wunsch Andrer seinesgleichen ist, ein Genüge zu leisten. Nur dürfte ich schwerlich eben mit dem Dreistesten und Stärksten sofort aufwarten können. Die Papiere sind noch in zu großer Unordnung, und der Faden bricht oft ab, wo man es am

Wenigsten erwartet. Bis ich in ihnen also besser bewandert bin, begnüge man sich mit nachstehenden Fragmenten, die ich ohne weitere Einleitung vorlege.

Zum Schluffe derselben blos erlaube man mir, einige Winke hinzuzufügen, welche die Art und Weise betreffen, wie man, vornehmlich in unsern neuesten Zeiten, Alles das abzuweisen und nichtig zu machen gewußt hat. Ich halte einen Zusatz dieser Art für meine Pflicht, so wenig ich mich auch demselben gewachsen zu sein fühle.

Erstes Fragment.

Von Verschreiung der Vernunft
auf den Kanzeln.

---

§. 1. „Wenn die Herren Prediger diesen Mangel der
katechetischen Lehrbücher an einer vernünftigen Religion und an
einem vernünftigen Uebergange von derselben zur Offenbarung
in ihren Kanzelreden für die Erwachsenen wieder zu ersetzen
suchten, so möchte man sie noch damit entschuldigen, daß sie dem
kindischen Alter nur aus einer irrigen Meinung kein Vermögen,
denken zu lernen, zugetraut hätten und also die vernünftige Einsicht göttlicher Wahrheiten bis zu einem gesetzteren und geübteren
Alter versparen wollen. Das wäre zwar eine verkehrte Methode: den Grund der Religion mit bloßen Vorurtheilen und
angehängten fürchterlichen Drohungen legen und hernach auf
diese eingewurzelte Vorurtheile und ängstliche Vorstellungen eine
vernünftige Einsicht bauen wollen. Ein so zugerichtetes Gemüth
sieht jeden Schimmer der Vernunft für unwidersprechliche Beweise
an; es ist schon geneigt, Alles, was seinen Vorurtheilen gemäß
ist, für die Wahrheit anzunehmen und das Gegentheil zu verabscheuen, und daher bildet es sich leicht ein, volles Licht und
Ueberführung von einer Sache zu haben, davon es nichts verstehet. Man darf sich nur die Gelehrten selbst zum Beispiele vorstellen, wie mächtig die Vorurtheile der Kindheit und angeerbten
Religion über die Menschen sind. Diese Leute wissen ja wol
mehr, was zur Beurtheilung der wahren Offenbarung gehört,
als der gemeine Mann davon weiß. Es fehlt ihnen zum Theile
an keinen Hilfsmitteln der Einsicht. Sie wollen es auch mit allem
Fleiße untersuchen; und man müßte lieblos handeln, wenn man
glaubte, daß sie wider besser Wissen und Gewissen redeten, wenn
sie nach solcher Untersuchung bekennen, von der Wahrheit ihrer

Religion völlig überzeugt zu sein. Nein! sie mögen größten Theils ehrliche Leute sein und von Grunde ihres Herzens glauben. Aber ein Jeder findet denn doch beim Beschlusse seiner Prüfung die Religion und Secte, worin er erzogen worden, die beste und einzig wahre zu sein. Wie geht das zu, daß ein Mufti,[1] ein Ober=Rabbiner, ein Bellarminus, ein Grotius, ein Gerhard, ein Vitringa mit so vieler Wissenschaft und aufrichtiger Be= strebung von so entgegenstehenden Systemen alle gleich überführt sein können? Es hat allerwärts einerlei Grund. Einem Jeden ist seine Religion und Secte in der Kindheit blos als ein Vor= urtheil durch unverstandene Gedächtnißformeln und eingejagte Furcht für Verdammniß eingeprägt worden, und man hat ihn glauben gemacht, er sei durch eine besondere göttliche Gnade von solchen Eltern in einer seligmachenden wahren Religion geboren und erzogen. Das macht einen Jeden geneigt zu seiner Secte; und wenn es denn bei reiseren Jahren zur Untersuchung der Wahrheit kommt, so wird die Gelehrsamkeit und Vernunft selbst zu Werkzeugen gebraucht, dasjenige zu erweisen und zu recht= fertigen, was sie schon zum Voraus wünschten wahr zu finden. Geht das nun so bei Leuten, die alle Hilfsmittel zur Einsicht der Wahrheit besitzen, daß dennoch ihre männliche Betrachtungen durch den Hang von kindlichen Vorurtheilen ebenso leicht zu Irrthümern als zur Wahrheit gelenkt werden können: was würden die Herren Theologi bei gemeinen unstudirten Leuten für aufrichtige Ueberführung schaffen können, wenn sie da eine vernünftige Einsicht der Religion hinternach auf die einmal ihnen eingeprägten Vorurtheile zu gründen anfingen? Die allermeisten unter ihnen würden nicht einmal fähig sein, die ihnen ganz fremde Lehrart zu fassen, geschweige die Vorstellung zu beurtheilen, da

---

1) Mufti heißen bei den Arabern die Ausleger des Korans; Bellarmin (1542—1621) war ein gelehrter Jesuit und Hauptverfechter des römischen Katholicismus und der päpstlichen Suprematie im 16. Jahrhundert; der berühmte holländische Gelehrte und Staatsmann Hugo Grotius (1583—1645) erwarb sich auch als Arminianischer Theolog einen bedeutenden Ruf; Jo= hann Gerhard (1582—1637) ist einer der bedeutendsten Lutherischen Dog= matiker; endlich war Vitringa (1659—1722) ein namhafter reformirter Theolog orthodoxer, d. h. antiarminianischer Richtung.
Die Stelle würde also mit anderen Worten so lauten: „Wie geht es zu, daß ein Mohamedanischer, ein jüdischer, ein römisch=katholischer, ein Arminianischer, ein Lutherischer, ein orthodox=reformirter Theo= loge mit so vieler Wissenschaft und aufrichtiger Bestrebung von so entgegen= stehenden Systemen Alle gleich überführt sein können?" — A. d. H.

fie bisher in den Schulen nach den eingeführten Lehrbüchern zu
keinem Denken und zur Uebung der Vernunft angeführt sind."

§. 2. „Aber das ist auch in der That der Vorsatz der Herren
Prediger nicht, daß sie die Erwachsenen nunmehr von der Kanzel
zu einer vernünftigen Religion und zur vernünftigen Einsicht der
Wahrheit des Christenthums unterrichten wollten. Sondern man
schreckt vielmehr Diejenigen, welche nun Lust bekommen möchten,
nachzudenken und auf den Grund ihres bisherigen blinden Glaubens zu forschen, von dem Gebrauche ihrer edelsten Naturgabe,
der Vernunft, ab. Die Vernunft wird ihnen als eine schwache,
blinde, verdorbene und verführerische Leiterin abgemalt, damit
die Zuhörer, welche noch nicht einmal recht wissen, was Vernunft
oder vernünftig heiße, jetzt bange werden, ihre Vernunft zur
Erkenntniß göttlicher Dinge anzuwenden, weil sie dadurch leicht zu
gefährlichen Irrthümern gebracht werden möchten. Es heißt da:
was der Mensch durch eigene Kräfte von Gott erkenne, das helfe
ihm nichts zur Seligkeit; Alles, was nicht aus dem Glauben
kommt, sei Sünde; der natürliche Mensch fasse die Dinge nicht,
die des Geistes Gottes sind, sie seien ihm eine Thorheit, und er
könne sie nicht erkennen, dieweil sie geistlich geurtheilt werden
müßten. Darum vermahnen sie, als mit des Apostels Pauli
Worten, daß wir unsre Vernunft gefangen nehmen sollen unter
den Gehorsam des Glaubens. Diese Vorstellung kann in den
christgläubigen Seelen bei aller übrigen Anwendung ihrer gefunden Vernunft in weltlichen Dingen nichts anders wirken, als
daß sie sich demnach in der Erkenntniß Gottes sorgfältig hüten,
nicht vernunftmäßig zu denken, und sich nur befleißigen, sein ge-
horsamlich zu glauben. Die vernünftige Religion, meinen sie
denn, könne ihnen ja doch zur Seligkeit nicht helfen, aber leicht
daran hinderlich sein, daß sie am Glauben Schiffbruch litten.
Also gehen sie gerne den kürzesten und sichersten Weg und enthalten sich des Gebrauchs der Vernunft, sobald es die Erkenntniß
göttlicher Dinge betrifft, welche geglaubt und geistlich beurtheilt
sein wollen. Es ist ihnen an sich bequemer, einfältig zu glauben,
was sie einmal gelernt haben, als viel nachzudenken und, wie es
denn heißt, zu grübeln und zu philosophiren. Ja, ich habe
manche Gelehrte und in allen übrigen Stücken vernünftige Leute
gekannt, die von der Warnung gegen die Vernunft der Gestalt

Religionsſachen ſich mit Nachdenken einzulaſſen oder Bücher, welche die Religion nach der Vernunft abhandeln, zu leſeu, aus Beiſorge, ſie möchten in ihrem Glauben irre gemacht und in ihrer ſanften Gemüthsruhe durch Zweifel geſtört werden. Alſo iſt dieſe Methode, welche der Vernunft und vernünftigen Religion einen böſen Namen macht, bei den mehrſten Erwachſenen wirkſam genug, dieſelben in aller Einfalt und Gehorſam bei ihrem Kate‐ chismusglauben zu erhalten und die unzulängliche natürliche Er‐ kenntniß den verdammten Heiden, Naturaliſten und Vernünftlern auf ihre Gefahr zu überlaſſen. Die Umſtände der Menſchen machen einen ſolchen blinden Glauben, welcher keiner Vernunft braucht, faſt bei allen Ständen und Lebensarten beliebt und intereſſant. Denn wie er die Hierarchie auf den Thron ſetzt und den geiſtlichen Orden zu der Macht erhebt, über die Gewiſſen zu herrſchen, ſo ſind auch die Laien und Weltlichen gerne damit zufrieden, daß ſie nun ohne vieles Kopfbrechen in den Himmel kommen und mittler Weile ihr zeitlich Glück auf Erden deſto em‐ ſiger ſuchen oder wol gar ihren Lüſten deſto ſicherer nachhängen können. Sobald die Geringerern ihr Glaubensbekenntniß erlernet und nach Ablegung deſſelben zum Abendmahle gelaſſen ſind, geht ein Jeder mit dem ſechzehnten Jahre, wol früher, an ſein Hand‐ werk und Gewerbe oder zu See oder in Dienſte der Reichern, oder wo er ſonſt ſein Brod am Beſten gewinnen kann, und weiter hat er für ſeine Seele nicht zu ſorgen, als nur das bis an ſein ſeliges Ende zu glauben, was er aus ſeinem Katechismo behalten hat. Andere bemühen ſich, durch die Kaufmannſchaft, Künſte, Wiſſenſchaften, Kriegsübungen oder auch Civil‐ und Hof‐ bedienungen aus dem Staube mehr emporzuſteigen, oder ſie ſetzen ſich auf ihre Güter, treiben das Landweſen, verzehren ihren geerdten Ueberfluß in Wohlleben. Bei allen ſolchen Lebensarten werden die Menſchen entweder in das geſchäftige Gewühle nach zeitlicher Ehre und Reichthümern ſo vertieft oder in dem müſſigen Genuſſe abwechſelnder Ergetzungen ſo erſoffen, daß ſie ſich gern einer weitern Forſchung nach Wahrheit überhoden ſehen und ihre Seelſorger für ſich denken laſſen. Ein großer Theil ſchweift gar aus in ſinnlichen Lüſten, Leichtſinn, Laſtern und Gering‐ ſchätzung der Religion, da entweder das gläubige Vertrauen auf ein fremdes Verdienſt die Regungen ihres Gewiſſens ſtillen muß oder doch zum äußerſten Troſt in der letzten Stunde verſpart wird.“

§. 3. „Sehet denn, was den blinden Glauben ohne ver‐ nünftige Religion allen Ständen und Lebensarten beliebt zu

machen pflegt, und wie sich der geistliche Orden dieser Schwach=
heit der Menschen zur Unterdrückung der gesunden Vernunft in
der Erkenntniß Gottes zu bedienen weiß! Ich will noch nicht
untersuchen, ob das wahre Christenthum oder auch der äußerliche
Zustand der Kirche durch dieses Mittel etwas gewinne. Meine
erste Frage soll jetzt nur sein: Haben die Herren Theologi
darin Recht, daß sie die Vernunft und vernünftige Religion durch
den Glauben verdrängen und ersticken? Das Beispiel ihres
großen Lehrers Jesu ist darin nicht auf ihrer Seite. Denn Der
hat nichts als eine vernünftige praktische Religion geprediget.
Die jüdische und apostolische Kirche spricht ihnen entgegen.
Denn die hat die vernünftigen Verehrer Gottes aus den Heiden
als fromme Leute erkannt und, wenn sie vollkommene Juden
oder Christen werden wollten, nicht von ihnen verlangt, daß sie
nun ihre vernünftige Religion bei Seite setzen und in einen bloßen
Glauben verwandeln sollten. Paulus aber, dessen Worte sie
immer im Munde führen, hat das gar nicht sagen wollen, was
unsre Herren Theologi daraus zu erzwingen suchen. Theils
übersetzet man die Worte unrichtig, theils deutet man sie wider
den Zweck und Zusammenhang. Die erste Stelle lautet*) nach
der Uebersetzung so: „Der natürliche Mensch fasset die
Dinge nicht, die des Geistes Gottes sind, dann sie
sind ihm eine Thorheit, und er kann sie nicht erken=
nen; dann sie werden geistlich geurtheilet." Das
nehmen die Theologi so, als ob die Rede sei von einem Menschen,
der seinen Naturkräften, besonders der angebornen Vernunft
überlassen ist, im Gegensatz von Einem, der durch die übernatür=
liche Offenbarung erleuchtet worden. Die Meinung sei demnach,
daß Jener mit aller seiner Vernunft nichts von demjenigen, was
der Geist Gottes in der Offenbarung vorgetragen, recht verstehen
oder beurtheilen könne, sondern daß eine höhere Einwirkung des
göttlichen Geistes erfordert werde, um die geoffenbarten Wahr=
heiten recht einzusehen; sonst würden sie ihm als Thorheiten vor=
kommen. Allein man erlaube mir zu sagen, daß diese Ueber=
setzung und Auslegung dem Gebrauche der Grundworte und dem
Zwecke des Apostels zuwiderlaufe. Das Grundwort ψυχικὸς
ἄνϑρωπος stellet uns eine ganz andere Person dar, als die=
jenige ist, welche in der Uebersetzung untergeschoben wird.**)

---

*) 1. Kor. 2, 14.

**) Das Wort ψυχικός ist bei guten griechischen Schreibern nicht gar

Was es eigentlich bedeute, muß aus dem Gebrauche der Schreiber des Neuen Testaments bestimmt werden, da es noch zweimal in ganz parallelen Stellen vorkommt. Nämlich allerwärts bedeutet es einen Menschen, der seinen sinnlichen Reigungen und Affecten, besonders der Zanksucht, folgt. Der Apostel Jacobus sagt:*) „Habt Ihr bittern Neid und Zank im Herzen, so rühmt Euch nicht! Dies ist nicht die Weisheit, die von oben kommt, sondern sie ist irdisch (ἐπίγειος), boshaft (ψυχική), ja teuflisch (δαιμονιώδης)." Ebenso schreibt der Apostel Judas:**) „Die nach ihren gottlosen Lüsten wandeln, sind Solche, die sich absondern, boshafte Leute (ψυχικοί), die den Geist nicht haben." Also stellet das Grundwort einen Menschen vor, der bittern Neid und Zank im Herzen hat, nach seinen bösen Lüsten wandelt, sich von Andern absondert, irdisch gesinnet ist und voller teuflischer Bosheit steckt, und Paulus nennet ihn gleich nach dieser Stelle (σαρκικὸν,) einen fleischlich gesinneten. Der Begriff stimmt auch vollkommen mit dem Zwecke Pauli überein. Denn er äußert ja gleich anfangs in dem Briefe die Absicht, seine Korinther zu bestrafen, daß Neid, Zank und Zwietracht unter ihnen herrsche, indem der Eine Paulisch, der

---

gebräuchlich, sondern scheint nach aller Vermuthung aus der hebräischen Bedeutung des Wortes Nephesch, anima, gemacht zu sein, sofern es zum Oeftern für sinnliche Neigungen, Begierden und Affecten genommen wird. Es ist also der Wahrheit näher, wenn es Einige übersetzen: der thierische Mensch, animalis homo. — [Das Wort „ψυχικὸς ἄνθρωπος" in der Stelle 1. Kor. 2, 14 kann nur verstanden werden aus dem Gegensatz „πνευματικός". „Ψυχικός" heißt jeder Mensch, der das „πνεῦμα τοῦ θεοῦ" nicht besitzt. Da nun letzteres nach der Anschauung des N. T. nur durch den Glauben an Christus erworben werden kann, so ist die Lutherische Uebersetzung „der natürliche Mensch" so schlecht nicht, wie der Ungenannte meint, jedenfalls nicht schlechter als seine eigene Uebersetzung „boshaft". Am Besten ließe sich das Wort etwa durch „sinnlich", im Gegensatze zu „geistig", wiedergeben. Noch sophistischer als der Text ist die Anmerkung, in der nach einer durchaus begründeten Hinweisung auf die Bedeutung des hebräischen Wortes „Nephesch" der ganz falsche Schluß gemacht wird, „es sei der Wahrheit näher, wenn es Einige übersetzen: der thierische Mensch, animalis homo", als ob „der thierische Mensch" im Lateinischen „animalis homo" hieße, und nicht vielmehr „bestialis". Den Ausdruck „ψυχικὸς ἄνθρωπος" im Lateinischen durch „animalis homo" übersetzen, heißt die Schwierigkeit der Stelle nicht heben, sondern umgehen. — A. d. H.]

*) Jacobi 3, 13. 14. 15.
**) Judä 5, 18. 19.

Andre Apollisch, der Dritte Kephisch, der Vierte Christisch sein
und heißen wolle.*) Nachdem er nun vermöge seiner feurigen
Einbildungskraft einige Ausschweifungen auf Nebendinge ge=
macht, so lenkt er seine Rede wieder zu seinem Hauptzwecke und
macht gleichsam diesen Schluß: „Wer fleischlich gesinnet ist und
voller Affecten, der nimmt die Wirkungen des Geistes Gottes
nicht an." „Ψυχικὸς δὲ ἄνϑρωπος οὐ δέχεται τὰ τοῦ πνεύμα-
τος τοῦ Θεοῦ." „Nun seid Ihr Korinther noch fleischlich gesinnet
und voller Affecten. Denn es ist Neid, Zank und Zwietracht
unter Euch, darüber, daß der Eine sich Paulisch, der Andere
Apollisch u. s. w. nennet. Demnach könnet Ihr in solchem Zustande
die Wirkungen des Geistes Gottes zu Eurer Bekehrung nicht
annehmen." Wenn also hier die Frage gar nicht ist von den
natürlichen Verstandeskräften, was die an sich vermögend sind
zu begreifen oder nicht zu begreifen, sondern von einem verkehrten
sinnlichen Willen, der voller Affecten ist, was der dem lebendigen
Erkenntniß oder der Frucht des Geistes hinderlich sei, so ist ja
offenbar, daß die Herren Theologi diese Worte zur Ungebühr
auf das Unvermögen und auf die Blindheit der natürlichen Ver=
nunft in geistlichen Dingen ziehen. Paulus will nichts weiter
sagen, als was auch von aller andern Erkenntniß gilt: daß sinn=
liche Affecten alle heilsame Lehren unfruchtbar machen. So
spricht er demnach hier in Absicht auf die lebendige Erkenntniß
des Evangelii: „Ein Mensch, der voller Affecten ist, der Neid,
Zank und Zwietracht im Herzen hat, der kann die Wirkungen
des Geistes Gottes zu seiner Bekehrung nicht annehmen; sie sind
ihm noch eine Thorheit, die er verachtet; er kann sie nicht nach
ihren Wesen und Nutzen erkennen, weil sie nach dem Geist zu
schätzen sind." Der Apostel hat es hier gar nicht mit solchen Leuten
zu thun, die sich mit Vernünfteleien dem Evangelio widersetzten
und es, etwa wie die Griechen, darum für Thorheit hielten, weil
sie nach nichts als nach philosophischer Weisheit fragten, sondern
mit solchen, die das Evangelium allerdings gläubigst angenom=
men hatten, aber über den Vorzug ihrer verschiedenen Lehrer in
einen heftigen Zwiespalt gerathen waren, daß sie die Frucht des
Evangelii darüber vernichteten. Er will also nur die Affecten
und unnütze Zänkereien unterdrücken, welche der lebendigen Er=
kenntniß und Einwirkung des Geistes Gottes zur Weisheit, Ge=
rechtigkeit und Heiligung den Weg versperreten. Was haben

---

*) 1. Kor. 1, 11. 12.; vgl. 3, 3 f.

denn die Verstandeskräfte, das Vermögen und die Einsicht der
Vernunft, die theoretische Erkenntniß der Geheimnisse hiebei zu
schaffen? Da lag es in der Korinthischen Gemeine nicht an,
weil sie nun alles Gepredigte ohne Widerrede glaubten, sondern
an den ungezähmten fleischlichen Affecten. Wie mögen denn die
Herrn Theologi diese Stelle wider den Gebrauch der Worte,
wider die Gelegenheit und Absicht derselben, ja wider die Natur
der Sache selbst, zur Hemmung alles Gebrauchs der gesunden
Vernunft in der Annehmung der Offenbarung und zur Unter=
drückung aller vernünftigen Religion mißdeuten?"

§. 4. „Es wird uns auch außer dieser Stelle noch eine andere
von den Kanzeln fleißig vorgehalten, welche Paulus gleichfalls
den Christen zur Regel gegeben haben soll: „daß wir unsre
Vernunft gefangen nehmen müssen unter dem
Gehorsam des Glaubens." Ich gestehe es, daß ich diesen
Machtspruch auch durch Hilfe der Concordanz in meiner ganzen Bibel
nicht finden kann; und ich habe mich oft gewundert, wie unsre
Schriftgelehrte so dreist sein können, dieses für eine göttliche For=
derung an uns Menschen auszugeben. Die Stelle, worauf gezielet
wird,*) enthält das gewiß nicht, sondern vielmehr das Gegen=
theil. Paulus hatte die Korinther gerühmt, daß sie auf seine
Ermahnung eine sehr milde Steuer zu dem Mangel der Heiligen
hergegeben und dadurch ihren Gehorsam gegen das Evan=
gelium Christi öffentlich bezeugt hätten.**) Diese Willfahrung
der Korinther, welche Paulus von ihnen zu erhalten gewußt,
hatte dem Apostel Neider und Verleumder erweckt. Sie gaben
ihm Schuld, als wandelte er nach dem Fleische, als
hätte er mit fleischlichen Waffen gestritten, oder, wie
es hernach noch deutlicher heißt, als hätte er die Korinther
durch Arglist gefangen.***) Man könnte diese Beschuldigung
etwa zuvörderst auf gedachte milde Steuer ziehen, die ihnen Pau=
lus vielleicht mit Liebkosungen in fleischlicher Absicht und zu
seinem eigenen Vortheile abgeschwatzt haben könnte. Denn er
widerlegt solchen Verdacht dadurch, daß er keinen Sold von ihnen
begehret, sondern sich mit seiner Hände Arbeit unterhalten habe,
und daß weder er selbst noch Titus noch sonst Jemand, welchen

---

*) 2. Kor. 10, 4. 5.
**) 2. Kor. 12, 12. 13.
***) 2. Kor. 12, 16.

er statt seiner gesandt, die Korinther übervortheilet hätte.*) Aber
weil Paulus bei dieser Gelegenheit sein ganzes Bekehrungswerk,
das er bei den Korinthern ausgeführt hatte, rettet und auf die
falschen Apostel gewaltig loszieht, so ist auch wol zu erkennen,
daß die Verleumdung nicht bei der einzigen Armensteuer bestehen
geblieben sei, sondern das ganze Betragen Pauli überhaupt an-
geschwärzt haben müsse. Demnach können wir den Gehorsam
Christi und das Gefangennehmen füglich insgemein verstehen, sofern die falschen Apostel, welche Christum aus Hader
und Nacheiferung predigten, auf Paulum neidisch waren, daß er
bei den Korinthern so vielen Eingang gefunden, sie zum Christenthum zu bekehren. Also beschreibt denn Paulus, wie er mit
seinen Gehilfen die Korinther blos durch Gründe und Benehmung
aller Zweifel und Einwendungen von der Wahrheit des Christenthums überführt habe: „indem wir die Vernunftschlüsse
umgestoßen, nebst Allem, was wider die Erkenntniß Gottes erhoben ward," „Λογισμοὺς καθαιροῦντες
καὶ πᾶν ὕψωμα ἐπαιρόμενον κατὰ τῆς γνώσεως τοῦ Θεοῦ," „und
folglich alle Gedanken gefangen genommen zum
Gehorsam Christi," „καὶ αἰχμαλωτίζοντες πᾶν νόημα εἰς
τὴν ὑπακοὴν τοῦ Χριστοῦ." Zum bessern Verstande der Ausdrücke muß man nur merken, daß Paulus figürliche und eigentliche
Redensarten unter einander mischt, die sich denn einander erklären.
Vielleicht hatte die Nachrede, daß er die Korinther durch Arglist
gefangen genommen, zu den Sinnbildern Anlaß gegeben. Er
stellt sich unter dem Bilde eines Kriegers vor, der mit Waffen zu
Felde zieht, um eine Festung einzunehmen, sodann alle hohe
Festungswerke, die ihm entgegengesetzt sind, über den Haufen
wirft und die nunmehr wehrlosen Einwohner gefangen nimmt.
Dies macht Alles verständlich. Der Kriegszug ist sein Bekehrungswerk; die geistlichen Waffen sind seine Beweisgründe; die
Festungswerke, die hohen Mauern und Thürme (πᾶν ὕψωμα
ἐπαιρόμενον), die er umzustoßen hatte, waren die Vernunftschlüsse und Einwendungen (λογισμοί), welche ihm die Korinther
anfangs machten; die Wegräumung solcher Bollwerke bedeutet
die gründliche Beantwortung aller Zweifel gegen die Erkenntniß Gottes; die Gefangennehmung zielt auf die völlige Ueberführung der Korinther von der Wahrheit des Evangelii, nach-

ist die Folge der Eroberung der Ueberwundenen, welcher hier
durch den Gehorsam Christi erklärt wird.   Ich hoffe, daß hierin
Alles so klar ist, als man irgend etwas verlangen kann."

§. 5. „Unsre Herren Theologi weichen aber auf dreifache Art
von dem Grundterte und dem Sinne Pauli ab. Erstlich redet
Paulus nicht von der **Vernunft selbst**, daß sie umzustoßen,
aufzuheben oder gefangen zu nehmen sei, sondern er spricht nur
von den **Vernunftschlüssen**, daß sie umgestoßen, und von
den Gedanken, daß sie gefangen genommen worden.   Das ist
ein gewaltiger Unterschied! Denn Vernunftschlüsse und Gründe
können falsch sein und widerlegt werden; und wenn das mit
völliger Klarheit und Deutlichkeit geschehen ist, so wird der
Mensch innerlich genöthiget, der Wahrheit bei sich Platz zu geben;
er muß seine Einwendungen fahren lassen und wird gleichsam
gefangen genommen.   Aber die Vernunft selbst mit ihren ewigen
Grundregeln ist nicht zu widerlegen, und wir müssen sie auch
nimmer fahren lassen, wo wir uns nicht in unvernünftige Irr=
thümer stürzen wollen.   Warum heißt man uns denn die Ver=
nunft selbst gefangen nehmen? Kann dies wol einen andern
Verstand erwecken, zumal bei Leuten, die noch nimmer zu einer
vernünftigen Religion angeführt sind, als daß sie ihre Vernunft,
da sie doch von Dingen, die des Gottes sind, nichts versteht,
immer bei sich unterdrücken und gänzlich ungebraucht lassen müssen,
wenn sie gute Christen sein wollen? Eine zweite Abweichung von
den Worten und dem Sinne Pauli ist diese, daß die Vernunft
gefangen zu nehmen sei **unter dem Gehorsam des Glau=
bens**.   Es steht eigentlich im Texte nichts vom Gehorsam des
Glaubens, sondern vom Gehorsam Christi. Und wenn auch jener
Ausdruck an sich mit diesem Eins wäre, so müßte doch εἰς
ὑπακοήν nicht gegeben werden unter dem Gehorsam, sondern **zum
Gehorsam Christi** oder des Glaubens. Nämlich Paulus rühmt
sich, er habe die Korinther, da sie noch Heiden waren, auf solche

schlüsse und Einwendungen gegen d   egt,
so daß sie weiter keine Ausflüchte mehr gehabt und also alle ihre
Gedanken wären gefangen genommen worden **zum Gehorsam
Christi**. Also ist der Gehorsam Christi eine Wirkung und Er=
folg der überzeuglichen Predigt Pauli gewesen: die Korinther
sind durch unwidersprechliche Gründe und durch völlige Be=
nehmung aller Zweifel endlich dahin gebracht worden, daß sie sich

entschlossen, Christo zu gehorsamen. Aber „die Vernunft ge=
fangen nehmen u n t e r d e m G e h o r s a m d e s G l a u b e n s"
klingt so, als ob der Glaube oder der Vorsatz, dem Glauben zu
gehorchen, schon vorher da wäre und eine Ursache des Beifalls
der Vernunft sein müßte: ich glaube es, also muß es wahr sein,
meine Vernunft mag sagen, was sie will. Das ist ja wol eine
verkehrte Ordnung. Die Vernunft kann gar nicht unter einem
Gehorsam stehen, ihr Beifall ist nichts Willkürliches, ihr muß
zuvor Genüge geschehen, ehe man glauben kann, daß eine Lehre
wahr, daß ein Zeugniß göttlich sei, ehe man sich mit freiem und
gutem Willen entschließt, dem zu gehorchen, was die Lehre zu
thun verlangt. Eine dritte Verdrehung der Paulinischen Worte
besteht darin, daß die Theologi und Prediger eine Regel und
Befehl an die Lehrlinge oder catechumenos daraus machen: sie
sollen selbst ihre Vernunft gefangen nehmen unter dem Gehorsam
des Glaubens, da doch Paulus sagt, er, als Lehrer und Apostel
an die Heiden, habe alle Vernunftschlüsse und Gedanken der
Korinther wider die Erkenntniß Gottes gefangen genommen,
d. i. überführend widerlegt. Sie stunden noch nicht unter dem
Gehorsam Christi oder des Glaubens, sondern Paulus wollte sie
erst durch geistliche Waffen zu einem solchen Gehorsam bringen;
da war natürlich, daß sie sich nicht sogleich ge a ge gaben,
sondern sich in ihren Verschanzungen und Bollwerken so lange
wehrten, als sie konnten, d. i. daß sie der neuen Religion allerlei
Gründe der Vernunft entgegensetzten. Und Pauli Amt erfor=
derte es, ihnen zuvörderst alle diese vernünftig scheinende Ein=
wendungen zu benehmen, wie er sich rühmt, auch gethan zu haben.
Er läßt sie also ihre Vernunft gebrauchen, so viel Vernunft=
schlüsse und Gründe, als sie nur wollen, gegen seine Lehre er=
sinnen und vordringen. Dann widerlegt er dieselben auf eine
völlig überführende Art; und dieses hat die Wirkung, daß sie
sich ergeben müssen und nun als Gläubige verpflichtet werden
zum Gehorsam Christi. Wenn es unsre Herren Theologi auch so
machten, so würden sie in die Fußstapfen des Apostels treten.
Aber das ist nicht der rechte Weg: erst die Kinder in der Wiege
par force zu Christen zu taufen und ihnen dabei einen christlichen
Glauben und Verlangen nach der Taufe anzudichten; sie darnach
vor dem Gebrauche der Vernunft ohne alle vernünftige Religion
zu einem blinden Glauben an die Bibel und deren Lehre anzu=
führen und solchen Glauben durch Furcht und Hoffnung, durch
Himmel und Hölle tief in die zarten Gemüther einzuprägen;

endlich aber, wenn die Jahre der Ueberlegung und Prüfung des
Glaubens kommen sind, sie vor den Gebrauch der blöden und
verdorbenen Vernunft sorgfältig zu warnen und von ihnen
zu verlangen, daß sie ihre Vernunft zum Voraus gefangen
nehmen sollen unter dem Gehorsam desjenigen Glaubens, der
ihnen blos durch ein kindliches Vorurtheil eingeflößet war. Das
heißt in der That alle Vernunft und vernünftige Religion bei
den Menschen ersticken."

§. 6. „Wenn die Verdrehung der angeregten Schriftörter etwa
nicht mehr helfen wollte, dem Gehorsam eines blinden Glaubens
zum Nachtheil der gesunden Vernunft zu autorisiren, so muß
der klägliche Sündenfall der ersten Eltern und das dadurch auf
uns gebrachte Verderben unsrer Naturkräfte die Sache unter=
stützen. Im Staube der Unschuld, sagen sie, hatte der Mensch ein
anerschaffenes Ebenbild Gottes, das ist eine genugsame Einsicht
von Gott, der Welt und ihm selbst, wie auch Weisheit, Gerechtig=
keit und Heiligkeit an sich. Durch den Sündenfall aber hat er
diese Vorzüge verscherzt und alles leib= und geistliche Verderben
auf die Nachkommen fortgepflanzet. Jetzt herrscht von Natur lauter
Unwissenheit, Finsterniß und Blindheit im Verstande, und der
Wille ist von Kindesbeinen an zum Bösen geneigt und zu allem
Guten erstorben. So wäre denn nach diesem System eine ge=
waltige Veränderung in der Natur des menschlichen Geschlechts
vorgegangen und auch unsre edelste Naturkraft, die Vernunft,
wenigstens in geistlichen Dingen sehr verdorben. Aber ich muß
gestehen, wenn ich die Mosaische Geschichte von den ersten
Menschen im Paradiese an sich und ohne Vorurtheil betrachte,
so kann ich im Geringsten nicht sehen, daß sie eine vorzügliche
Seelenvollkommenheit vor uns voraus gehabt hätten. Denn
sie scheinen vor ihrem Falle weder Gott noch den Teufel, weder die
Natur noch sich selbst zureichend gekannt zu haben, indem sie sich
durch den sinnlichen Reiz der schönen Aepfel auf das Zureden einer
verführerischen Schlange oder des Teufels sogleich verleiten lassen,
wider das klare Verbot Gottes zu handeln und das zu thun, was in
der That böse war. Sie vergehen sich also eben dadurch, daß sie keine
Vernunft brauchen und den trüglichen Sinnen und falschen Ueberre=
dungen in großer Uebereilung folgen. Wenn nun die ersten Menschen
in ihrem vollkommensten Staude der Unschuld, ohne Erbsünde an
sich zu haben, dennoch wie wir haben fehlen und sündigen können,
und wenn sie aus eben der Ursache wie wir gesündiget, daß sie

die sinnlichen Begierden und Affecten nicht durch ihre Vernunft bezwungen: wie will man denn aus dieser Geschichte ein Verderben unsrer edelsten Naturkräfte herleiten und besonders die Vernunft eines solchen Verderbens bezichtigen, daß sie in der Erkenntniß göttlicher Dinge blind und ihr Gebrauch bei derselben gefährlich sei? Die Versäumung dieses Gebrauchs wäre gerade der Weg, daß wir eben also von der wahren Erkenntniß Gottes und von dem Gehorsam, welchen wir seinen Geboten schuldig sind, abweichen, als uns von unsern ersten Eltern berichtet wird. Die Herren Prediger wären also als wahre Seelsorger schuldig, allen und jeden Zuhörern die gesunde Vernunft und ihren Gebrauch als eine untrügliche Richtschnur der göttlichen Erkenntniß und eines frommen Wandels zu empfehlen und ihnen vielmehr zu sagen, daß unsre ersten Eltern eben darum gefallen wären und sich den Versuchungen des Satans bloßgestellet hätten, weil sie keine Vernunft gebraucht. Und siehe, sie folgern ganz verkehrt daraus, daß unsre Vernunft nunmehr von Natur verdorben sei, und daß es Eingebungen des Satans sind, wenn Jemand in göttlichen Dingen seine Vernunft zu brauchen anfängt. Muß nicht der christgläubige Zuhörer nach dieser Vorstellung von dem Verderben seiner Vernunft in seiner Einfalt denken, er habe wegen der Erbsünde keine gesunde Vernunft mehr, wenn es auf göttliche Wahrheiten ankömmt, und keine Freiheit des Willens mehr, um etwas selbst zu thun und zu üben, was gut und Gott gefällig wäre?"

§. 7. „Möchte doch ein Jeder sich so viel ermannen, daß er mit seiner jetzigen Vernunft einen Versuch machte, ob er nicht nach der blos natürlichen Erkenntniß viel richtiger von Gott und seinem Verbot im Paradiese zu urtheilen vermögend sei, als die ersten Eltern sollen geurtheilet haben. Wir sind ja durch die bloße Vernunft von Gottes Wahrheit, Weisheit, Güte und Macht genugsam überführt, daß, wenn er unmittelbar seinen Willen zu erkennen gäbe, wir sollten nur von dem einen Fruchtbaume mitten im Garten nicht essen, alle die übrigen wären uns zur Nahrung erschaffen, so würden wir nimmer auf die Gedanken fallen, Gott habe das nicht gesagt oder so gemeint; er wisse es selbst besser, daß von dem Baume gut zu essen sei, daß er klug machte und wir dadurch an Weisheit ihm gleich werden könnten, zu unterscheiden, was gut oder böse sei. Wenn wir auch die Ursache des Verbots nicht errathen könnten, so würden wir doch in Ewig=

keit nicht argwöhnen, daß es aus Neid oder Mißgunst gegeben
sei, damit wir Gott nicht gleich werden sollten, sondern sicherlich
glauben, daß uns der Genuß gewiß schaden würde und also zu
unserm eigenen Besten untersagt sei. Nimmer würden wir einem
sprechenden Thiere mehr Aufrichtigkeit und Einsicht zutrauen als
dem weisesten Schöpfer der Natur. Wir hätten folglich die un=
zeitige Lüsternheit nach einer einzigen Frucht des Gartens bei dem
freien Genusse aller übrigen ebenso leicht überwunden, als wir
bei einem wohlgedeckten Tische ein und anderes Essen, das uns
der Arzt verboten, vorbeigehen lassen. Daraus könnte also ein
Jeder, der natürlichen Verstand hatte und brauchen wollte, über=
zeugt werden, daß seine angeborne Vernunft setzt in der Einsicht
der Vollkommenheiten Gottes nichts verkürzter, noch in der Herr=
schaft über die sinnliche Begierden schwächer und ohnmächtiger
sei, als wir Beides in der Geschichte der ersten Menschen finden.
Wollte man unsre Vernunft darum jetzt verdorben heißen, weil
sie Schranken hat, so würden aller Creaturen und selbst der ersten
Menschen Kräfte verdorben zu nennen sein, weil außer Gott nichts
Unendliches sein kann; und so wäre nach dieser Mißdeutung an der
ganzen Natur vom Anfange nichts Gutes, sondern Alles verdor=
ben gewesen. Moses hat aber eine bessere Meinung davon gehabt,
nämlich daß Alles, was Gott gemacht hat, gut sei; genug, daß die
Beschaffenheit der Dinge ein richtiges Verhältniß zu jedes wesent=
lichen Bestimmung hat. Wer wird doch den Magen und die Ver=
dauungskraft deswegen verdorben heißen, weil wir keine Knochen
und Kieselsteine verdauen können? wer nennt unsre Augen und
Gesicht oder unsre Ohren und Gehör darum verdorben, weil wir
keine Mücke an der Spitze des Thurms sehen, noch was in Rom
gesprochen wird, hören können? Eine jede Kraft ist von Natur
gesund und unverdorben, wenn sie nach ihren eingepflanzten
Regeln dasjenige leisten kann, was sie eigentlich wirken soll;
und die Vernunft, welche des Menschen Wesen von andern
Thierarten unterscheidet, hat selbst bei den ersten Menschen keine
mehrere Stärke gehabt, als sie jetzt bei den Nachkommen hat, wie wir
kurz vorher gesehen haben. Daher scheint sie mit eben den wesent=
lichen Schranken und Maaß der Kraft, welche ihr jetzt zukommen,
vom Anfange und unmittelbar aus der Hand des Schöpfers ge=
kommen zu sein, und wir thäten ebenso Unrecht, wenn wir der=
selben mit der Fortpflanzung einen Abgang und eine Schwäche
beimessen wollten, als wenn Einige sich träumen lassen, daß die
ganze Natur mit so vielen Jahrhunderten alt und unvermögend

geworden sei. Was hat denn doch die einzige Vernunft bei den Herren Theologis verschuldet, daß sie bei Adam's Nachkommen von Natur verdorben sein soll?"

§. 8. „Man kann ja wol eine Kraft nicht besser beurtheilen als nach den Regeln, wodurch sie von Natur bestimmt ist. Sind denn etwa die Regeln, welche die Vernunft wesentlich bestimmen, falsch und unrichtig? Ich meine, man werde die Grundregeln der Vernunft völlig mit den beiden Sätzen ausdrücken können: Ein jedes Ding ist das, was es ist; ein Ding kann nicht zugleich sein und nicht sein.[1]) Nach dem erstern muß man von einem Dinge gedenken, was mit demselben übereinstimmt; nach dem letztern kann man von einem Dinge nicht gedenken, was ihm widerspricht. Diese Regeln gelten nicht allein in der Weltweisheit und Mathematik, sondern in allen und jeden Wahrheiten, selbst in der Schrift und Theologie. Die Schrift sagt z. E.: „Gott ist wahrhaftig: es ist unmöglich, daß Gott lüge, und unmöglich, daß ihn Etwas gereue." Warum? weil jenes mit dem Begriffe von Gott und dessen wesentlicher Vollkommenheit übereinstimmt, dieses ihm widerspricht. So bedienen sich die Propheten der Regel des Widerspruchs, wenn sie den Juden die Ungereimtheit ihres heidnischen Götzendienstes vorstellen wollen, da sie einen Schöpfer verehrten, den sie selbst mit ihren Händen gemacht hatten, ein todtes Holz und Stein statt des lebendigen Gottes. Götzen, die Augen hatten und doch nicht sahen, Ohren hatten und doch nicht hörten. Die Schrift legt demnach die Vernunft und ihre Regeln in dem, was des Geistes Gottes ist, zum Grunde der Wahrheit. So muß sie denn wol nicht von Natur verdorben, sondern vielmehr selbst in der Erkenntniß Gottes brauchbar und eine gewisse Richtschnur sein, Wahres vom Falschen zu unterscheiden. Die Herren Theologi bringen auch den rechten Verstand der Schriftörter und das daraus aufgerichtete Lehrgebäude durch lauter Vernunftschlüsse heraus,

---

1) Reimarus setzt auch in seiner „Vernunftlehre" (§. 15) das Wesen der Vernunft in die Kraft, nach den beiden Regeln der Einstimmung (Jdentität) und des Widerspruchs über die vorgestellten Dinge zu reflectiren. Gegenwärtig fügt man zu diesen beiden Sätzen der Jdentität: „Ein jedes Ding ist das, was es ist," und des Widerspruchs: „Ein Ding kann nicht zugleich sein nb nicht sein" noch die beiden Sätze vom ausgeschlossenen Dritten

und wenn sie einander des Irrthums beschuldigen, so muß ihnen
die Vernunft die Waffen dazu leihen. Der Lutheraner will den
unbedingten Rathschluß Gottes über der Menschen Seligkeit und
Verdammniß nicht gelten lassen, weil er den Vollkommenheiten
Gottes widerspricht. Der Reformirte hergegen streitet wider die
Allgegenwart der menschlichen Natur Christi, weil sie den Be=
griff eines leiblichen und eingeschränkten Wesens aufhebt. Beide
aber setzen sich wider die päpstische Transsubstantiation als eine
Lehre, die den Sinnen und fühlbaren Eigenschaften des Brods
und Weins widerspricht, als ob Brod nicht mehr Brod, Wein
nicht mehr Wein wäre. Dann ruft man von allen Seiten, des
Gegners Lehre sei der gesunden Vernunft zuwider. Nun, so ist
ja denn die Vernunft nach dem Geständnisse aller Theologen
annoch von Natur gesund, und sie wird von ihnen selbst als
eine solche in der Erkenntniß göttlicher Dinge gebraucht. Ist sie
denn nur so lange gesund, als sie eines Jeden System beizu=
treten scheinet? Warum soll sie denn blind und verdorben heißen,
wenn sie das ganze System überhaupt nach ebendenselben
Regeln zu untersuchen anfängt? Wozu dient die Beschuldigung
anders, als dem gemeinen Manne, d. i. Allen, die keine
Lehrer der Christenheit sind, ihren Gebrauch zu nehmen und
einen blinden Glauben sowol in jeder Secte als in dem ganzen
Christenthume einzuführen? Es ist ebenderselbe hierarchische
Kunstgriff, als da die Pfaffen bei den Katholiken den Laien
die Lesung der Bibel verbieten, die sie für sich allein behalten
und nach ihrem Gefallen deuten wollen." —

Zweites Fragment.

Unmöglichkeit einer Offenbarung,

die alle Menschen auf eine gegründete Art glauben könnten.

---

§§. „Wir kommen demnach zu dem andern Vorderfaße unfers obangeführten Schluffes, welcher einen umftändlichern Beweis erfordert: daß eine Offenbarung, so alle Menschen auf eine gegründete Art glauben könnten, eine unmögliche Sache sei. Es würde nämlich eine solche Offenbarung entweder unmittelbar allen und jeden Menschen oder nur etlichen geschehen müssen. In dem letzteren Falle würde sie entweder etlichen Menschen bei allen Völkern oder bei etlichen Völkern oder wol gar nur bei einem offenbaret, und jedes von diesen geschähe entweder zu allen Zeiten, oder zu gewissen Zeiten, oder wol gar nur zu einer Zeit. Die Art aber, wie es von den etlichen Menschen denen übrigen bekannt gemacht würde, geschähe entweder mündlich oder schriftlich. Wir hätten zwar nicht nöthig, die Möglichkeit der andern Fälle, welche nimmer von Jemand vorgegeben sind, in Erwägung zu ziehen, und könnten uns nur allein an diesen Fall halten, da gesagt wird, daß Gott bei einem Volke zu gewisser Zeit etlichen Personen unmittelbare Offenbarung gegeben, von welchen es alle übrige Menschen theils mündlich, theils schriftlich empfangen und annehmen sollten. Allein da wir die Frage überhaupt abhandeln, so kann ich die übrigen Fälle nicht ganz weglassen, zumal da sie auch in dem besondern Falle Licht geben, und da es scheinet, daß eine Offenbarung desto eher von Allen würde können geglaubet werden, je Mehreren sie unmittelbar widerfahren.“

§§. „Wenn wir nun erſtlich das Aeußerſte ſetzen, daß Gott allen und jeden Menſchen zu allen Zeiten und an allen Orten ein übernatürliches Erkenntniß unmittelbar offenbarete, ſo müßten wir zugleich annehmen, daß alle Augenblick und allenthalben bei allen Menſchen Wuuder geſchähen. Denn eine Wirkung, die in der Natur keinen Grund hat oder übernatürlich iſt, iſt ein Wunder. Daß aber Gott ſtets Wunder thun ſollte, iſt ſeiner Weisheit zuwider. Beſtändige Wunder ſtören die Ordnung und den Lauf der Natur beſtändig, welche doch Gott ſelbſt weislich und gütig geſetzt hatte. Gott würde alſo ſich ſelbſt widerſprechen und die Ordnung der Natur gewollt haben und noch beſtändig wollen, und doch beſtändig nicht wollen. Wäre es ja nöthig, daß alle Menſchen ſolche Erkenntniß hätten, ſo würde er es mit in die Ordnung der Natur beſaſſet und dem menſchlichen Verſtande ein natürliches Vermögen zu ſolchem Erkenntniſſe ertheilet haben. Daß er aber ein allen Menſchen nöthiges Erkenntniß in allen Menſchen übernatürlich und unmittelbar wirken ſollte, iſt ſeiner Weisheit ebenſo entgegen und an ſich ebenſo ungereimt, als wenn ich ſpräche, daß er allen Menſchen keine Augen hätte geben wollen, ſondern jedem übernatürlicher Weiſe und unmittelbar offenbarte, wo ſie eine Höhe oder Tiefe, wo ſie Fener oder Waſſer, wo ſie Eſſen oder Trinken vor ſich hätten. Wenn Jemand ſagen wollte, mit der Offenbarung verhalte es ſich anders, die könne durch Kräfte der Natur nicht erhalten werden, ſo würde er ſich ſelber widerſprechen. Denn er nimmt an, daß eben die Erkenntniß vorhin bei dem erſten Menſchen vor dem Falle natürlich geweſen und zur Seligkeit zugereichet habe. Wenn nun gleich der erſte Menſch ſich und ſeinen Nachkommen ein natürliches Unvermögen, eine Blindheit im Verſtande und Verkehrtheit im Willen zuge=zogen hätte, und dieſes Verderben nach göttlichem Willen müßte wieder gebeſſert werden, ſo würde doch nichts anders daraus folgen, als daß Gott nach ſeiner Weisheit die Natur wieder in ihre vorige Kraft und Vollkommenheit ſetzen würde; ſo wäre mit einmal dem Menſchen und allen ſeinen Nachkommen geholfen; es wäre doch nur ein einiges Wunder, und Gott durfte nicht alle Augenblicke aller Orten bei allen Menſchen immer neue Wunder thun. Die Vollkommenheit der Natur würde, wenn ſie gleich durch ein Wunder hergeſtellet worden, dennoch nachmals Natur ſein und in natürliche Wirkungen ausſchlagen. Dazu würde das natürliche Erkenntniß dem Menſchen verſtändlich und begreiflich ſein, folglich auch allgemeinern und mehrern Nutzen ſchaffen, als

wenn Gott übernatürlicher Weise Jedem etwas Unbegreifliches
offenbarte. Zu geschweigen, daß wenn Gott des gefallenen
Menschen Natur wieder vollkommen machte, auch nicht nöthig
wäre, daß Gottes Sohn vom Himmel käme, Mensch würde,
allerlei Marter ausstünde und stürbe. Wenn wir setzten, daß
der erste Mensch sich und alle Nachkommen durch die verbotene
Frucht hätte können leiblicher Weise blind essen, und es wäre doch
nöthig, daß die Menschen die Körper, welche um sie sind, erken=
neten, Gott wollte auch, daß sie ein Erkenntniß davon haben
sollten: was würde denn Gott nach seiner Weisheit beginnen?
Würde er durch eine übernatürliche Offenbarung jedem Menschen
eingeben, was für Körper um ihn sind? oder würde er für jeden
Menschen einen Engel vom Himmel kommen lassen, der ihn leitete
und zupfte? Ich halte, nein! er würde dem ersten Menschen sein
natürliches Vermögen, zu sehen, und gesunde Augen wieder geben;
danu so würde auch diese Vollkommenheit nach der Ordnung der
Natur auf die Nachkommen fortgepflanzet und alle Menschen in
den vorigen Staud gesetzet sein, als ob nichts Widriges geschehen
wäre. Ein natürliches Vermögen sowol des Leibes als der
Seele, das Gott einmal gegeben, kann er auch wieder geben.
Saget nicht, daß es der Heiligkeit Gottes zuwider sein würde,
dem Menschen die willkürlich verdorbenen Seelenkräfte natürlich
wiederzugeben. Denn wenn es Adam und Eva gleich nicht
verdienet hätten, was können wir davor? Ist es denn der Heilig=
keit Gottes gemäß, das ist an sich recht, gut, billig und den Voll=
kommenheiten eines unsträflichen Herrn, Gesetzgebers und Rich=
ters anständig, daß unschuldige Kinder die Missethat ihrer Eltern
tragen, und daß ihnen eine Schuld und Strafe von dem, was sie
nicht gethan haben, aufgebürdet wird? Wie, wenn sich Adam
und Eva Beide muthwillig die Augen ausgestochen hätten, sollten
wir deswegen blind geboren werden? Wenn sie sich Beide krumm
und lahm gemacht hätten, sollten wir deswegen Krüppel sein?
Wann sie sich denn folglich auch Beide blind am Verstaude und
verkehrt am Willen gemacht, was ist für Grund, daß wir des=
wegen auch nothwendig natürlich unverständigen Verstand und
Böses wollenden Willen haben müßten? Die Natur vollkommen
zu machen oder wieder in Vollkommenheit zu setzen, wann es
nöthig ist, kann Gottes Vollkommenheit nicht zuwider sein, es
mag den Leib oder die Seele betreffen. Mau gestehet ja doch,
daß Gott die verdorbene Natur der Menschen will wieder voll=
kommen haben: warum danu nicht durch den kürzesten Weg, auf

eine natürliche Weise? Es ist also was Ungereimtes und mit der Weisheit Gottes Streitendes, wenn er den Menschen ein mehrers Erkenntniß hätte nöthig zu sein erachtet, als sie jetzt natürlich haben können und doch natürlich gehabt haben, daß er solches durch beständige Wunder in einer unmittelbaren Offenbarung aller Orten und zu allen Zeiten bei allen und jeden übernatürlich hätte verrichten wollen."

§§. „Noch ungereimter aber ist es, wenn man setzete, daß die Offenbarung nur etlichen Personen bei jedem Volke, zu allen Zeiten oder zu gewissen Zeiten widerführe, damit es die andern Menschen von ihnen hören und glauben sollten. Denn einmal ist doch hier auch der Zweck, daß alle und jede Menschen das Erkenntniß bekommen sollen; und also ist hier eine ähnliche Ungereimtheit, daß Solches nicht durch die Natur, sondern durch häufige Wunder geschieht. Aber darin ist hier die Ungereimtheit noch größer, daß alsdenn die Wunder den Zweck nicht einmal erhielten. Denn wenn ein jeder Mensch bei sich eine unmittelbare Offenbarung hat, und sie führet ein untrüglich Kennzeichen mit sich, welches ein Jeder durch sein eigen Gefühl erkennen kann, so kann auch ein Jeder das Erkenntniß bekommen und davon überzeugt werden. Wenn aber nur Einige im Volke eine Offenbarung unmittelbar bekommen, und sie bezeugen andern Menschen, was ihnen offenbaret ist, so bekommen die andern Menschen diese Nachricht von Menschen. Es ist also nicht mehr eine göttliche Offenbarung, sondern ein menschlich Zeugniß von einer göttlichen Offenbarung. Wenn nun ein Mensch sowol ein Mensch ist wie der andere; wenn ein jeder Mensch sich selbst und Andere aus Einbildung, Uebereilung und Irrthum betrügen kann und aus Absichten öfters betrügen will, so ist dieses menschliche Zeugniß von einer göttlichen Offenbarung bei Weiten so glaubwürdig nicht. Niemand kann ihm weiter Beifall geben, als so weit er von der Einsicht, Behutsamkeit und Ehrlichkeit des Zeugen Nachricht und Proben bekommen und daher einen Grad des Vertrauens oder Mißtrauens gegen ihn hegt. Woraus denn folget, daß ein solch Zeugniß unmöglich von Allen könne angenommen werden, sondern vielem Zweifel und Widerspruche unterworfen ist, weil es menschlicher Weise nicht möglich ist, daß Alle und Jede von der Einsicht, Behutsamkeit und Ehrlichkeit Dieses oder Jenes, in Erzählung dessen, was ihm insgeheim widerfahren, sollten zuverlässig übersühret werden können; zumal, wenn auch Andere

eine widrige Offenbarung von sich rühmten und doch ebenso
großen Schein vor sich hätten. Selbst in dem jüdischen Volke
haben die Propheten zu der Zeit, da sie geweissaget und Wunder
gethan, am Wenigsten Glauben gefunden; und so würde es bei
allen Völkern gehen. Wenn denn die Offenbarung auch nur zu
einer gewissen Zeit geschähe, hernach aber durch Menschen fortgepflanzet werden sollte, so verlieret sie immer mehr von ihrer
Glaubwürdigkeit, da sie von Hand zu Hand, von Mund zu
Mund gehet, und da nun nicht eines oder weniger Menschen
Einsicht und Ehrlichkeit, sondern auch so vieler tausenden zu verschiedenen Zeiten Leichtgläubigkeit und Eigennutz müßte untersuchet werden, welches zu thun fast unmöglich ist. Ein Nachbar
hat zuweilen große Mühe, die wahren Umstände dessen zu erfahren, was zu seiner Zeit in seines Nachbaren Hause geschehen
ist; wie viel schwerer ist es nicht, zuverlässig zu erkennen, woher
in eines Andern Gehirne die Träume und Denkbilder entstanden,
ob sie von ihm ersonnen sind, ob sie von der Natur oder unmittelbar von Gott ihren Ursprung gehabt! Wie viel muß nicht ferner
in so manchen Jahrhunderten die Glaubwürdigkeit abnehmen,
wenn Einer, der dergleichen zu seiner Zeit von einem Andern für
wahr hält, Solches seinen Kindern, die Kinder wieder seinen
Enkeln, die Enkel seinen Urenkeln und so weiter erzählen! Da
wird aus der allergrößten Glaubwürdigkeit eine Wahrscheinlichkeit, dann eine Sage und zuletzt ein Märlein. Es kömmt denn
noch dazu, daß bei allen diesen verschiedenen Völkern (wie allgemeine Erfahrung und Geschichte weisen) Viele fälschlich eine
Offenbarung vorgeben können, welche von andern Offenbarungen
ganz verschieden und jenen widersprechend und dennoch auf einerlei Weise bestätiget ist. Rühmt sich die eine göttliches Eingebens,
Gesichte und Träume: die andern auch. Beruft sich die eine auf
geschehene Wunder: die andern führen ebendergleichen für sich
an. Hat die eine einen Schein vor sich: die andern haben auch
den ihrigen. Hat diese oder jene Vieles wider sich: es ist keine
von starkem Anstoße oder Vorwurfe frei. Wie will ein Mensch,
der unparteiisch zu Werke gehet und nicht gleich die väterliche und
großväterliche Religion als eine gute Erbschaft antritt oder für
baare göttliche Offenbarung hält, aus diesem Vorgeben heraus-
finden? wenn er zumal viele hundert ja tausend Jahre hernach
lebt; wie will er das Wahre von dem Falschen gewiß unterscheiden? Dies ist aber gerade der Fall, welcher sich in der That
findet und durch die Erfahrung bestätiget wird. Es sind fast bei

allen Völkern, selbst bei den Hebräern, Etliche gewesen, die fälsch=
lich eine Offenbarung, die fälschlich Wunder vorgegeben, und die
darauf zum Theil auch eine Religion und Gottesdienst gebauet.
Weil doch aber eine jede Offenbarung fast einer jeden widerspricht,
so folget erstlich, daß sich Gott dieses Weges, nämlich bei vielen
Völkern sich zu offenbaren, nicht wirklich bedienet habe. Es folget
aber auch, daß sich Gott dieses Weges vermöge seiner Weisheit
nicht bedienen könne; denn er würde dadurch um so viel weniger
zu seinem Zwecke kommen. Er bezeugte erstlich ein Ding an
mancherlei Orten und durch mancherlei Personen, in mancherlei
Worten und Sprache. Nun ist noch wol möglich, daß ein
Mensch oder Zenge mit seiner eigenen Aussage oder Lehre über=
einstimmet; aber je mehr ein Ding durch vieler Menschen Mund
oder Feder bezeuget wird, je mehr Widerspruch und Verschieden=
heit scheinet darin zu sein. Davon geben die Bücher der Chro=
niken und der Könige wie auch die vier Evangelisten und Apostel,
wenn man sie mit einander vergleichet, einen lebhaften Beweis.
Denn wenn nur ein Buch die Historie Altes, und wieder eins die
Geschichte des Neuen Testaments in sich hielte, so wüßten wir von
keinem äußerlichen Widerspruch und Zweifel. Wenn nur Paulus
allein die Lehre vorgetragen hätte, so könnten wir nicht so irre
werden, als da Jacobus gerade das Gegentheil vom Verhältniß
des Glaubens zur Seligkeit zu lehren scheinet. Was würden
nun nicht für Disharmonien entstehen, wenn bei so vielen Völkern
lauter solche Menschen den göttlichen Sinn vortragen sollten?
Dann kämen die falschen Propheten und falsche Apostel, ja falsche
Evangelia und Apokrypha dazu. Schickte Gott einen Propheten
bei einem Volke, so wären leicht vierhundert falsche dagegen.
Thäte Gott durch seine Boten Wunder, die Zauberer würden
auch also thun mit ihrem Beschwören. Schickte Gott einen Christ,
es würden viel falsche Christi kommen und Wuuder thun, so daß
auch die Auserwählten wo möglich dürften verführet werden.
Kämen etliche Apostel in seinem Namen, es würden viel falsche
Apostel aufstehen, die er nicht gesandt hätte. Ließe er ein Evan=
gelium aufzeichnen, gleich würden eine Menge Pseudo=Evangelia
oder fälschlich ausgegebene Evangelia denen Leuten in die Hände
gespielet werden. Summa, je mehr Völker wären, bei welchen
sich Gott offenbarete, je mehr würde sich Verschiedenheit, falscher
Schein, Betrug und also Zweifel, Irrungen, Ungewißheit und
Widerspruch häufen. Es ist also der Weisheit Gottes entgegen,
sich so zu offenbaren, und uns nicht möglich, eine solche zerstreute,

vervielfältigte und nur durch Mehrheit der Wunder weniger aus=
richtende göttliche Offenbarung zu gedenken."

§§. „Wir müssen nun den letzten Fall, da sich Gott nur in
einem Volke, zu gewissen Zeiten, durch gewisse Personen, theils
mündlich, theils schriftlich offenbaren könnte, um desto genauer in
Erwägung ziehen, weil eben dieses wirklich geschehen zu sein ge=
setzet und dabei behauptet wird, daß darin der allen Menschen
nöthige Weg zur Seligkeit enthalten sei. Es ist wahr, daß bei
diesem Falle die Wunder nicht so viel und so oft geschehen dürfen
als in den beiden vorigen Fällen. Auch ist wahr, daß in der
Offenbarung selbst nicht so viel Verschiedenheit und anscheinender
Streit sein kann, als wenn dieselbe bei vielen Völkern durch Vieler
Mund und Feder gegangen wäre. Und darin hat diese Hypo=
thesis einen Vorzug vor den übrigen. Jedoch wird man auch
schon aus dem, was ich bisher angeführet, erkennen können, was
dieser Hypothesi theils ebensowol, theils noch mehr als den
vorigen entgegen ist. Einmal geschiehet auch hier durch Wunder
und außerordentliche übernatürliche Wirkung, was durch den
ordentlichen Weg der Natur hätte geschehen können. Fürs Andere
wird das offenbarte Erkenntniß dadurch, daß es über die Ver=
nunft ist, dunkel und unbegreiflich, da es würde klar und verständ=
lich gewesen sein, wenn es aus natürlich bekannten Wahrheiten
hätte können hergeleitet werden. Fürs Dritte folget daraus,
daß es um der Ursache willen nicht allgemein kann angenommen
werden; dem Einen ist es zu hoch, er kann nichts davon verstehen,
dem Andern ein Aergerniß und Thorheit. Zum Vierten muß der
göttliche Ursprung dieses Erkenntnisses selbst bei dem Volke, wo
es offenbaret wird, ebenso zweifelhaft als bei allen andern Völ=
kern bleiben, weil es doch auch da blos durch ein menschlich Zeug=
niß dem Volke für eine göttliche Offenbarung ausgegeben wird,
und es an falschen Propheten und Wundern nicht fehlet, wie man
denn nicht leugnen kann, daß Moses und die Propheten, daß
Christus und die Apostel zu ihren Zeiten unter ihrem Volke daher
am Meisten Widerspruch gefunden und am Meisten mit dem Un=
glauben zu kämpfen gehabt. Fünftens wird doch auch der Vor=
trag durch mehrerer Menschen Mund und Feder vielfältig; und
daher müssen Irrungen und Zweifel, ja Rotten und Secten ent=
stehen, wie gleichfalls die Historie Altes und Neuen Testaments
in dem jüdischen Volke bestätiget. Wenn man denn nun weiter
gehet und bedenket, wie diese Offenbarung von einem Volke zu

allen übrigen auf dem ganzen Erdboden kommen soll, so daß
alle Menschen eine gegründete Ueberführung davon haben könnten,
so häuft sich die Schwierigkeit der Maßen, daß es, nach der Natur
und Beschaffenheit der Menschen, eine wahre Unmöglichkeit ist,
daß alle Menschen auf dem Erdboden eine solche Offenbarung zu
wissen bekommen, glauben und also durch dieselbe selig werden
könnten. Es wird sich bei gemachtem Ueberschlage finden, daß
unter einer Million Menschen kaum Einer mit Grund von einer
solchen Offenbarung urtheilen und überführt sein kann. Wir
wollen dieses etwas genauer in Untersuchung nehmen."

§§. „Erstlich haben Kinder bis zehn Jahre schlechterdings
keine Fähigkeit, eine Offenbarung entweder zu verstehen oder mit
Grunde davon zu urtheilen. Denn was zarte Kinder betrifft,
die erst auf die Welt kommen, so können sie zwar mit Wasser be-
sprengt und unter beigefügtem Formular getauft werden; es
können andere Erwachsene statt ihrer ein Glaubensbekenntniß
dabei ablegen und alsdenn statt ihrer Ja sagen, wenn gefragt
wird, ob sie auf solchen Glauben wollen getauft sein; allein die
Kinder haben noch nicht die geringsten Begriffe, sie können noch
nichts von einander unterscheiden und sind sich dessen, was mit
ihnen geschiehet, im Geringsten nicht bewußt. Weil nun kein
Glaube, Religion oder Erkenntniß von Gott und göttlichen
Dingen ohne Begriffe mag gedacht werden, so ist nicht möglich,
daß diese getaufte Kinder einen Glauben von der Offenbarung
haben. Will man sich etwa auf eine übernatürliche Wirkung
Gottes in die Seele berufen, dadurch ein Glaube gewirket würde,
so müßte man doch gestehen, daß dieser gewirkte Glaube aus der
Taufe ein Glaube ohne Begriffe und also ganz was anders sei
als der Glaube, welchen die Kinder nachmals in den Schulen aus
dem Katechismo lernen. Denn hätte der heilige Geist in den getauften Kindern ein Erkenntniß von Gott, von den drei Personen,
von Christo, von seiner Person und Naturen, von seinem Leiden
und Sterben u. s. w. gewirkt, was brauchte es denn nachher
eines elenden Schulmeisters, um dieses Erkenntniß den Kindern
einzupflanzen? Könnten die Begriffe, so der heilige Geist gewirkt,
so bald verschwinden? Könnten die Lehrlinge aus der Schule des
heiligen Geistes so roh, unwissend, einfältig und dumm in die
A B C-Schule kommen, daß ihnen auch nicht die geringste Spur
des Erlerneten zurückgeblieben wäre? Es ist also aus der Natur
der Menschen in der Kindheit und aus dem, was Kinder nachmals

von sich blicken lassen, offenbar genug, daß ihnen durch die Taufe kein Glaube an die Offenbarung, der in Erkenntniß oder Begriffen bestehet, gewirket sei, noch habe gewirket werden können. Wer aber einen Glauben ohne alles Erkenntniß und Begriffe sich einbilden wollte, der würde sich vergeblich bemühen, ein widersprechendes Ding zu gedenken. Es scheinen auch die Stifter dieser Ceremonie wohl eingesehen zu haben, daß die Taufe den Glauben nicht wirken könne. Denn sie lassen die Gevattern im Namen des Kindes schon vor der Taufe das ganze Bekenntniß des Glaubens ablegen, und danu fragen sie: „Willst Du auf solchen Glauben getauft sein?" Wenn sie in den Gedanken gestanden wären, daß die Taufe den Glauben wirkte, so würden sie erst geordnet haben, die Kinder zu taufen, und hernach das Bekenntniß des Glaubens, so die Taufe gewirkt hätte, abzulegen. So aber machen sie es umgekehrt: es antworten die Gevattern statt des Kindes, daß es glaube an Gott den Vater als Schöpfer, an Gott den Sohn als Erlöser, an Gott den heiligen Geist als Heiligmacher, und das Kind wird auf einen Glauben, den es schon hat und dessen Bekenntniß es schon abgelegt, getauft und zur christlichen Gemeine angenommen. Wie kann man denn sagen, daß die Taufe erst den Glauben wirke? Es ist aber daraus offenbar, daß diese Ceremonie von alten Leuten, die ihr Bekenntniß des Glaubens vor der Taufe ablegen, auf die Kinder gebracht sei, zu einem bloßen Zeichen, daß sie diese Aufnahme in die christliche Kirche durch die Taufe begehren würden, wenn sie schon das Erkenntniß hätten, was sie als Erwachsene haben werden, und daher diese Cermonie wie die Beschneidung bei ihnen zum Voraus verrichte. Oder wenn die Taufe den Glauben wirken kann, warum müssen Erwachsene erst den Katechismum mit Mühe lernen? warum werden Juden, die sich zur christlichen Kirche begeben wollen, nicht alsobald getauft, sondern erst fleißig unterrichtet? Man dürfte sie ja nur taufen, so müßten sie den ganzen Glauben, wenn der heilige Geist den Glauben durch die Taufe wirkte. Man kann auch bei der ganzen Taufe nichts annehmen, das den Glauben wirkte: nicht das Wasser, denn das machet nur die Haut naß; nicht die Worte an sich, denn sie bestehen nur in einem Schalle aus zusammengefügten Buchstaben; nicht der Verstand der Worte, denn der ist eine Vorstellung der Sache in Gedanken, welche von willkürlichen Zeichen abhänget, so die Vorfahren und Urheber der Sprache erdacht haben, davon die Kinder nichts wissen; nicht der heilige Geist, der durch das Wort wirkte,

9*

denn Kinder verstehen die Worte nicht; nicht ein Geist, der un=
mittelbar wirkte, weil sonst die Wirkung ein Zwang sein würde,
dem die Kinder nicht widerstehen könnten, und keine Ursache wäre,
warum derselbe Geist nicht ohne Wasser und bei allen Kindern
auf der Welt dasselbe verrichten wollte. Oder hängt der Glaube
und die Seligkeit ab von dem Wasser und von den christlichen
Eltern, welche die Taufe für ihre Kinder verlangen, so ist es ein
bloßes Glück, daß gewisse Kinder selig werden, weil sie von christ=
lichen Eltern geboren sind, ein bloßes Unglück hergegen, warum
noch weit mehrere ewig verdammet werden, weil sie nicht von
christlichen Eltern das Leben empfangen haben. Alles dieses
fasset unendlichen Widerspruch in sich, und daher bleibt nichts
übrig, als daß die Kinder gar keinen Glauben oder Erkenntniß
von der Offenbarung haben oder haben können. Wenn nun die
Offenbarung und der Glaube an dieselbe das einzige nothwendige
Mittel zur Seligkeit sein sollte, so ist es für diesen Theil mensch=
lichen Geschlechts, der in seiner zarten Kindheit von der Welt
scheidet, ein unmögliches Mittel. Wenigstens wird man zuge=
stehen müssen, daß doch nur Christenkindern durch Glück und
Zufall möglich werde, durch dieses Mittel den Glauben zu be=
kommen und selig zu werden, allen übrigen Türken=, Juden= und
Heidenkindern aber durch Unglück unmöglich falle, an der Offen=
barung, Glauben und Seligkeit Antheil zu bekommen."

§§. „Wenn die Kinder erwachsen, so wird ein jedes nach
dem Willen seiner Eltern von Lehrmeistern oder auch von den
Eltern selbst in den Anfangsgründen der väterlichen Religion
unterrichtet: der Jude in dem Judenthum, der Türke nach dem
Alkoran, der Sineser, der Perser, der Heide in seinen hergebrach=
ten Meinungen und Gebräuchen, der Christ in seinem Katechismo,
so wie es fällt, auf Katholisch, Reformirt, Lutherisch, Arminianisch,
Mennonitisch, Socinianisch. Zuweilen wird schon in den Ehe=
pacten der Eltern den Kindern, die noch sollen geboren werden,
ihr Glaube als ein Erbgut, als ihre väterliche oder mütterliche
Portion bestimmt: die Knaben bekommen etwa den katholischen,
die Mädchens den Lutherischen Glauben. Und siehe, sie nehmen
ihn, wie alle übrige Religionen und Secten, nach den Ehepacten,
nach dem Willen und Bestimmung ihrer Eltern, nach dem Exem=
pel ihrer Vorfahren getrost an und können nicht anders handeln.
Wer kann von solchen Kindern eine Fähigkeit fordern, daß sie die
Wahrheit dessen, was sie lernen, beurtheilen und, so sie im Irr=

thume wären, eine beſſere Religion ſuchen und finden ſollten? Wer kann ihnen verdeuken, daß ſie bei dem Vertrauen, bei dem Gehorſame, ſo ſie ihren Eltern ſchuldig ſind, auch derſelben ihre Religion für wahr und für die beſte halten?[1]) Sie lernen erſtlich mehr die Wörter und äußerliche Cerimonien als Begriffe; es wird ihnen ſauer, ſich von göttlichen Dingen, die nicht in die Sinne fallen, eine Vorſtellung zu machen; und wenn ſie zumal' unter ungeſchickte Lehrmeiſter verfallen, wie es leider den meiſten wider= fährt, ſo müſſen ſie ſich auch bis ins männliche Alter mit dem leeren Tone unverſtändlicher Formuln, die ſie ihrem Gedächtniſſe ohne Erklärung einzuprägen angehalten ſind, behelfen. Wenn denn noch einige wenige Kiuder ſo weit kommen, daß ſie ſich von den Dingen ſelbſt anfangen Begriffe zu machen, ſo ſind doch die= ſelben noch auf kindiſche Weiſe dunkel, unvollſtändig, verwirrt und irrig. Da iſt noch keine Fertigkeit im Gebrauche der Ver= nunft, keine Erfahrung, keine Wiſſenſchaft, keine Beleſenheit in der Geſchichte. Ihnen kann alſo leicht ein Blendwerk vorge= macht, ein Schrecken vor der Hölle, wo ſie nicht glauben, einge= prägt werden, und ſie ſind ohne das von ſelbſt geneigt, was ihnen ihre Eltern und Lehrmeiſter ſagen, was alle bekannte und angeſehene Leute glauben, ohne Unterſuchung blindlings für wahr zu halten. Daher denn auch die Erfahrung beſtätiget, daß ein jedes Kind meinet, die rechte Offenbarung und den rechten Verſtand derſelben erlernet zu haben; ſie folgen den Eltern ſo ge= troſt auf dem unbekannten Wege zur Seligkeit als auf einem

---

1) Leſſing hat dieſem Gedanken des Ungenannten in ſeinem „Nathan" (3. Aufz., 7. Auftr.) einen poetiſchen Ausdruck verliehen:

„Denn gründen alle (Religionen) ſich nicht auf Geſchichte?
Geſchrieben oder überliefert! — Und
Geſchichte muß doch wol allein auf Treu'
Und Glauben angenommen werden? — Nicht? —
Nun, weſſen Treu' und Glauben zieht man denn
Am Wenigſten in Zweifel? Doch der Seinen?
Doch deren Blut wir ſind? Doch Deren, die
Von Kindheit an uns Proben ihrer Liebe
Gegeben? die uns nie getäuſcht, als wo
Getäuſcht zu werden uns heilſamer war? —
Wie kann ich meinen Vätern weniger
Als Du den Deinen glauben? Oder umgekehrt:
Kann ich von Dir verlangen, daß Du Deine
Vorfahren Lügen ſtrafſt, um meinen nicht
Zu widerſprechen? Oder umgekehrt?
Das Nämliche gilt von den Chriſten. Nicht?" —

A. d. H.

unbetretenen Wege zu einem Luftschlosse. Eine Offenbarung, welche über die Vernunft gehet, zu beurtheilen, ist kein Kinderwerk; es ist schlechterdings unmöglich, daß ein so unverständiges Alter darin zurechtefinden oder den rechten Weg zum gegründeten Er= kenntnisse treffen könnte. Ist eine Offenbarung und ein gegrün= beter Glaube an dieselbe das Mittel zur Seligkeit, so ist dies Mittel für Kinder umsonst. Will man hiebei wieder die Kinder ausnehmen, die man rechtgläubige Eltern zu haben annimmt, so macht man abermals aus dem Glauben und aus der Seligkeit ein Werk des Glücks, einen Zufall, ein Ohngefähr. Was können andere Kinder davor, daß ihre Eltern nicht Christen, nicht Prote= stanten sind? So wenig als die jetzigen Sachsen Ursache sind, daß ihre Vorfahren durch Caroli M. Schwert zum christlichen Glauben gebracht sind, so wenig können auch andere Kinder davor, daß ihre Voreltern nicht so bekehret worden. Wird denn nicht Gott dadurch unweise, unbillig, ungerecht und unbarmherzig gemacht, wenn er die Seligkeit nach dem Glücke und Zufalle aus= spendete; wenn er ein Mittel zu derselben nothwendig setzte, dessen Ergreifung doch von tausend Umständen abhänget und über das Vermögen der Meisten ist; wenn er die meisten Menschen wegen unverschuldeter zufälligen Beraubung des Mittels zu einer ewigen Strafe verdammete? Gott handelt gewiß anders im Leib= lichen. Was den Menschen und besonders auch Kindern zum Leben nothwendig ist, das reicht er durch die Natur im Ueber= flusse dar, daß es sich Allen und Jeden von selbst anbietet, und giebt wiederum Jedem das Vermögen, sich dessen zu bedienen. Wie kann er die Mittel zu dem geistlichen und ewigen Leben und Wohlfahrt so sehr über das Vermögen der Menschen gesetzt haben, daß sie theils unmöglich sind, theils dem Zufalle überlassen werden?"

§§. "Wenn demnach ein jeder vernünftiger Mensch wohl ein= sehen kann, daß es für Kinder von dem Anfange ihres Lebens bis wenigstens zu vollen zehn Jahren schlechterdings eine Un= möglichkeit ist, eine Offenbarung zu beurtheilen und also zu einem gegründeten Glauben zu gelangen, so ist hiebei noch übrig zu untersuchen, wie viel Menschen hiedurch von der Möglichkeit dieses Mittels ausgeschlossen werden. Ich will mich in diesem Stücke auf einen angesehenen Mann beziehen, der die göttliche Ordnung in den Veränderungen des menschlichen Geschlechts nach ungezweifelter Erfahrung sorgfältig berechnet

hat und dadurch dem menschlichen Geschlechte und der ver=
nünftigen Welt einen wahren Dienst gethan. Der bestimmet
unter Andern im sechsten Capitel das Verhältniß der Sterben=
den nach dem verschiedenen Alter und bedienet sich zu dem Ende
der richtigsten Listen von Breslau, Loudon, Berlin und insonder=
heit von Wien, woraus erhellet, daß die Hälfte der gebornen
Kinder gegen vier Jahr schon wieder todt ist: [1] von 11686 ge=
bornen werden nur 5520, und also nicht einmal die Hälfte drei
Jahr alt, daß sie bis ins vierte kämen. Nach dem zehnten Jahre
aber ist von allen Gebornen nur ein Drittel übrig, nämlich von
11686 erreichen nur 3920 das zehnte Jahr. Folglich wären
von dem ganzen menschlichen Geschlechte die Kinder, so unter
zehn Jahren sterben, zwei Drittheile des menschlichen Geschlechts.
Also ist vermöge dessen der Schluß richtig, daß erstlich die
Offenbarung für zwei Drittheile des menschlichen Geschlechts
ein schlechterdings unmögliches Mittel sei. Ob ich nun wohl
versichert bin, daß diese Rechnung genau und behutsam gemacht
sei und von keiner außerordentlichen Krankheit entstanden, so will
ich doch ein und anderer Einwendung, welche man wegen des
Verhältnisses der sterbenden Kinder an andern Orten und zu
andern Zeiten machen möchte, vorbeugen und nur annehmen,
daß die Hälfte Menschen unter zehn Jahren versterben, und folg=
lich die Offenbarung für die Hälfte des menschlichen Geschlechts
unbrauchbar und unmöglich sei. Das ist doch, dünkt mich, mit
einem Mal ein gewaltiger Abschlag von dem Satze, daß die Offen=
barung allen Menschen zur Seligkeit nöthig sei."

, §§. „Lasset uns aber weiter gehen! Die übrige Hälfte des
menschlichen Geschlechts bestehet denn aus Erwachsenen über zehn
Jahre. Nun sterben noch von diesen auch eine große Menge
dahin, ehe sie vollen Gebrauch der Vernunft und die zur Unter=
suchung ihres erlerneten Glaubens nöthige Fähigkeit erhalten
können. Das möchte abermal gerne die Hälfte der übrigen
Hälfte wegnehmen. Allein ich will auch diese nicht mit in An=

---

1) Die folgenden statistischen Angaben des Ungenannten leiden, gewiß ohne
seine Schuld, an sehr starker Uebertreibung. Die relative Sterblichkeit ist aller=
dings in den verschiedenen Lebensaltern sehr verschieden und namentlich im
ersten Lebensjahre so groß, daß von 4 neugeborenen Kindern immer eins im ersten
Jahre stirbt; sie nimmt dann aber so schnell ab, daß von einer Million
Menschen in den ersten sechzehn Jahren nur 459,271, also noch nicht die
Hälfte sterben. Danach sind die obigen Angaben des Ungenannten zu be=
richtigen. — A. d. H.

schlag nehmen und nur das übrige menschliche Geschlecht von Er=
wachsenen über zehn Jahre in die Zeiten vor Christo und nach
Christo theilen. Ja, ob ich wol genugsamen Grund zu haben
vermeine, daß die Welt vor Christo schon unzählige tausend
Jahre gestanden, so will ich doch jetzt das Alter der Welt, so aus
der Schrift ohngefähr bestimmt werden mag, annehmen, daß näm=
lich vor Christi Geburt nur etwa 4000 Jahre verflossen. Ich hoffe
auch, daß mir ein Jeder zugestehen wird, daß in den 4000 Jahren
vor Christo wenigstens ebenso viel Menschen auf dem Erdboden ge=
lebet als nach Christi Geburt in 1744 Jahren. Denn wenn gleich
der Erdboden anfangs nur durch ein Paar besetzet worden wäre,
so hätte doch das lange Leben der Patriarchen, die dauerhafte Ge=
sundheit der ersten Menschen und die Fruchtbarkeit der Morgen=
länder den Erdboden bald füllen müssen. Die entsetzliche Ver=
mehrung der Hebräer selbst wäre davon ein Zeuge; insonderheit
aber, daß bald nach Noäh Zeiten die Erde an vielen so gar rauhen
Oertern schon so gedrungen voll gewesen, daß, wenn sich Menschen
einen neuen Sitz und Wohnplatz erwählen wollten, sie dazu nicht
anders als durch Vertreibung alter Einwohner Rath gewußt.
Nun ist gar nicht glaublich, wenn hin und wieder noch Länder
unbesetzt gewesen und nur auf Einwohner gewartet hätten, daß
die Leute und selbst die Israeliten würden so toll und rasend ge=
wesen sein, sich sowol mit vieler eigenen Gefahr des Lebens und
mancherlei Elend, als auch mit Unrecht, Raub und Mord un=
schuldiger Menschen einen Wohnplatz zu suchen, den sie in Friede
und Ruhe hätten haben können. Warum würden die Kinder
Esau die Horiter von dem Gebirge vertilgt und vertrieben haben,
Deut. II., 12. u. s. w., wenn ihnen das mit Milch und Honig
fließende Kanaan in der Nähe frei und offen gestanden? Was
hätten sich die Kinder Ammon an die großen starken Enakim oder
Samsumim gemacht und sie aus den bergigten Gegenden verjagt,
wenn sie gewußt, daß bessere Länder noch unbesetzt wären?
Ebend., V. 19. Warum hätte der Schwarm von Kaphthorim
die Aveer von Hazerim bis gen Gaza wollen ins Elend ver=
weisen und an ihrer Statt daselbst wohnen, so sie einen ledigen
Platz des Erdbodens für sich hätten finden können? Ebend., V. 23.
Diese und dergleichen Geschichte mehr, so schon lange vor Mosis
Zeiten geschehen, und deren mehrere von auswärtigen Geschicht=
schreibern aufgezeichnet sind, zeigen genugsam, daß der Erdboden
schon damals volkreich und allenthalben bepflanzet gewesen. Und
dieses ist von ganz Asien bis nach China hinaus zu sagen, welchem

Lande Niemand den Ruhm eines sehr alten und von Alters her
stark bevölkerten Reiches streitig machen wird. Africa war, eben
wie Asien, vorzeiten weit stärker besetzt wie jetzo, wie die alten Nach=
richten von Aegypten und der ganzen Küste am Meere beweisen.
In Europa haben die Celten, Scythen und andere Nationen durch
ihre Wanderschaften und Streifereien genug an den Tag gelegt,
daß ihre Menge weder zu Hause noch an andern Orten bequem
mehr unterkommen könnte. Und Amerika muß wol von undenk=
lichen Zeiten voller Einwohner gewesen sein, weil der übrige Erd=
kreis von solcher Wanderschaft alle Erinnerung verloren und die
Spanier Alles darin bewohnt gefunden, so daß sie 40 Millionen
Menschen in einem kleinen Theile desselben hinrichten können,
ohne daß sie doch denselben von Menschen ganz öde gemacht.
Endlich so bedenke man, daß 1744 Jahre noch nicht einmal die
Hälfte von 4000 Jahren sind. So daß ich meine, selbst nach
der Zeitrechnung und Geschichte der Bibel unstreitig annehmen
zu können, daß vor Christo wenigstens ebenso viel Menschen in
4000 Jahren gelebt als nachmals in 1744 Jahren.“

§§. „Wenn nun vor Christi Geburt nur einem Geschlecht oder
einem Volke die Offenbarung widerfahren wäre, wie auge=
nommen wird, so ist derselben Ausbreitung und Fortpflanzung
ganz unmöglich gewesen. Denn es konnte anfangs nur münd=
lich geschehen. Wie leicht aber wird eine Rede vergessen? wie
viel wird dazugesetzt, davongelassen oder verkehrt? Wie viel ver=
lieret die Sage von der Glaubwürdigkeit bei denen Entlegenen
und bei den Nachkommen? Oder wenn der Stammvater eines
Volks die Offenbarung verachtet und seinen Kindern nichts da=
von gesagt, wie wollen es die Nachkommen erfahren? So lautet
auch die Historie vor der Sündfluth, darin kaum ein Dutzend
Leute haben genannt werden können, die von einer Offenbarung
was gehalten. Allen den Uebrigen war sie so fremde, daß es
endlich heißet, Gott habe nur auf dem ganzen Erdboden den einen
Noah übrig gehabt, der sich an seine Offenbarung gehalten oder
dieselbe von Gott bekommen. Er war denn der einzige Prediger
der Gerechtigkeit, wie es heißet. Lasset uns aber bedenken, wie
weit wol seine Stimme sollte erschollen sein! Lief er etwa die
Welt durch, wie die Apostel, zu predigen? sandte er etwan
Missionarien aus? Nein! er saß an seinem Orte, er banete
seinen Acker, pflanzte seinen Weinberg, hütete seine Schafe, wie
es die damaligen Zeiten erforderten. Und alle Nachkommen

haben es ebenso gemacht, sie waren Viehhirten wie ihre Väter
und sind höchstens mit ihren Viehhorden von einem Orte nach
Verfließung etlicher Jahre zu einem andern gezogen.   Nun lesen
wir nirgend in der Schrift, daß sie sich jemals die geringste Mühe
gegeben, die Religion und Offenbarung auszubreiten, oder nur ein
Wort darum bei Fremden verloren hätten; aber gesetzt, daß auch
solche festgesessene Ackersleute oder ziehende Viehhirten etwa bei
Gelegenheit zu einem oder andern ihrer Nachbarn etwas ge=
sprochen haben möchten: wie konnte das unter dem ganzen menschs=
lichen Geschlechte, das auf so viel tausend Meilen verbreitet war,
bekannt werden? Wer bekümmerte sich darum, ob und was dort ein
Landmann etliche Hundert Meilen von ihm gesagt? Wer von den
übrigen Menschen wußte, daß ein Abraham, ein Isaak, ein Jakob
in der Welt wäre? Wer konnte das, was ein Solcher sollte gesagt
haben, alsobald glauben? Allein es war auch nicht einmal an dem,
daß sich diese guten Leute um Ausbreitung der Religion und Offen=
barung bekümmert hätten; sie haben vielmehr guten Theils sammt
ihrer Familie die Abgötterei der Oerter, wo sie gewesen, mit ange=
nommen.   Jakob's, Joseph's und der Israeliten Exempel in
Aegypten beweisen solches. Wenn daher Moses kömmt und sagt,
daß Gott ihm erschienen sei, so findet er nicht allein nicht bei
Pharao, sondern nicht einmal bei den Israeliten Glauben. Die
Geschichte giebt auch, daß Moses und alle Propheten, ohnge=
achtet aller Wunder, nicht einmal ihr eigenes Volk von ihren Er=
scheinungen, Gesichten und Träumen überführen können, und daß
die Abgötterei unter den Israeliten beständig von Anfang bis zu
der Babylonischen Gefängniß geherrschet habe.   Wenn denn die
Offenbarung auf solche Art soll gepflanzet werden, daß sich Gott
nur einem einigen gewissen Volke offenbaret und es mit allen
außerordentlichen Hilfsmitteln nicht einmal bei dem Volke dahin
bringen kann, daß sie angenommen wird: wie hätten denn vollend
die Nachbarn, wie hätten entfernte Völker zu den Zeiten der alten
Welt etwas davon glauben oder einmal davon hören können?
Es ist ja wol unleugbar, daß es heutiges Tages tausendmal
leichter ist, etwas unter vielen Menschen bekannt zu machen, da
Posten, Schreibekunst, Briefwechsel, Handlung, Schifffahrt, Reisen,
Missionen, Gesandtschaften, Reisebeschreibungen und endlich die
erfundene Buchdruckerei und öffentliche Zeitungen etwas unter
die Leute bringen können.   Dennoch wollte ich was darauf ver=
wetten, daß hundert und aber hundert ganze Nationen auf Erden
sind, die jetzo noch unter tausend Gelehrten bei den gesittetsten Völkern

nicht einer nur dem Namen nach kennet, geschweige, daß er von
einzeln Personen unter ihnen und deren Vorgeben und Mei=
nungen sollte Nachricht haben oder sich darum bekümmern oder
auch gegründeten Bericht davon einziehen können. Wie wäre
es also in alten Zeiten, vor Christi Geburt, möglich gewesen,
daß eine Offenbarung, welche in einem Winkel des Erdbodens
einigen wenigen Personen in einem einzigen Volke widerfahren
war, und welche dem Volke selbst unglaublich schien, den andern
Nationen auf dem ganzen Erdkreise ohne alle Bemühung und
Predigen der Propheten, ohne Posten, Schreibekunst, Briefwechsel,
Schifffahrt, Missionen, Buchdruckerei und dergleichen sollte be=
kannt oder glaublich gemacht werden können? Gewiß, das ist so
unmöglich und noch weit unmöglicher, als daß ich heutiges Tages
wissen könnte oder zu wissen verlangte, was ein Slachtjiz [1]) in
Polen hinter seinem Pfluge spricht, oder ein Bojar in Siberien
bei seinem Zobelfange denkt, oder was einem Mandarin in Sina
träumt. Die alte Welt konnte so wenig von einander wissen und
wegen ihrer Umstände sich so wenig um einander bekümmern,
daß es in dem Stücke ebenso gut war, als ob die Andern nicht
in der Welt wären. Die Chaldäer und Aegyptier hatten sich
noch durch ihre Wissenschaft Ruhm erworben, so daß sie wol von
Fremden besucht wurden. Aber die Hebräer und das Jsra=
elitische Volk haben sich niemals in irgend einem Theile der
Wissenschaften hervorgethan. Dazu waren sie durch ihr Gesetz
sowol als durch die Lage selbst von allen andern Nationen abge=
schlossen; sie trieben keine Handlung zu Wasser oder zu Lande,
außer das Wenige, was zu Salomon's Zeiten mag geschehen sein;
ihre Schriften waren unter ihnen selbst ganz selten und Andern
nicht allein in der hebräischen Sprache, sondern auch in der nachher
gemachten griechischen Uebersetzung unverständlich. Nimmt man
denn auch dazu an, daß die Hauptsache der Offenbarung bei

---

1) Das Wort S l a ch t j i z oder richtiger Szlachcic ist von „szlachta" (der
Adel) abgeleitet und bezeichnet den polnischen Edelmann. Daß der Ungenannte
sich den Slachtjiz h i n t e r d e m P f l u g e denkt, darf uns bei der Armuth
eines großen Theils des niederen polnischen Adels nicht Wunder nehmen. — Das
Wort B o j a r bedeutet im Slavischen eigentlich „Krieger", dann „freier Grund=
besitzer", „Adeliger". In R u ß l a n d bezeichnete man mit diesem Worte einst
die aus den vornehmsten Adelsgeschlechtern genommenen Mitglieder des ersten
Standes nach den regierenden Knjazen oder Knjesen. Peter der Große hat die
Bojarenwürde gänzlich aufgehoben. Der letzte russische Bojar starb im Jahre 1750.
— M a n d a r i n ist der dem Beamtenadel in China (Sina) von den Portugiesen
beigelegte Name. — A. d. H.

ihnen unter dem Schatten der Ceremonien versteckt gewesen,
so daß sie zuletzt denen Juden selbst unbekannt oder von
ihnen verkehrt verstanden worden, wie wollte doch durch dieses
Volk die Offenbarung offenbar und allgemein werden? Vor
Alexandri M. Zeiten hat Niemand, außer etwa die nächsten
Nachbaren, gewußt, daß Juden, Israeliten oder Hebräer in der
Welt wären. Und da sie zerstreuet in der Welt herumliefen,
waren sie wegen der Beschneidung, Armuth, Unwissenheit, Un=
art, Lügen, Betrug und wunderbaren Gebräuche ein Gelächter,
Verachtung und Scheusal aller Menschen geworden, so daß sie die
Allerungeschicktesten auf der Welt waren, von denen vernünftige
Menschen eine Offenbarung als göttlich und glaubwürdig hätten
annehmen können. Summa, wenn wir das Alles, was etwa
vor Christi Zeit Einige unter den Juden von der Offenbarung
geglaubt, zusammennehmen, so ist es gegen die übrige Anzahl
des Volkes selbst und noch mehr gegen das übrige ganze mensch=
liche Geschlecht für nichts zu achten. Und daher bleibt uns nur
ein Viertheil des menschlichen Geschlechts nach Christi Geburt
übrig, das in Erwägung zu ziehen wäre."

§§. „Wenn wir auf die Zeiten nach Christi Geburt kommen,
so ist offenbar, daß wiederum die Hälfte der Menschen, welche
von daher bis jetzo gelebt haben, von der Geschichte Jesu oder
der darauf gebaueten Religion nicht das Geringste gehöret haben.
Paulus ist so billig, daß er Röm. 10, 14. 15. frägt: „Wie
sollen sie nun Den anrufen, an den sie nicht
glauben? Wie sollen sie aber an Den glauben,
von dem sie nichts gehöret haben? wie sollen sie
aber hören ohne Prediger? Wie sollen sie aber
predigen, wo sie nicht gesandt werden?" Er hat aber
die Dreistigkeit,[1] zu antworten, 10, 18: „Ich sage aber:

---

1) Die „Dreistigkeit" ist so groß nicht, wenn man bedenkt, daß der
Apostel Paulus in der angeführten Stelle (Röm. 10, 18) nur von den Juden
redet und nicht, wie der Ungenannte annimmt, von allen Menschen überhaupt. —
Auch die folgende Stelle (Kol. 1, 23) wird von dem Ungenannten allzu sehr gepreßt
und pedantisch auf die Goldwage gelegt. Die Worte enthalten weiter nichts als
den allerdings überschwänglichen, aber sicherlich nicht unberechtigten Ausdruck des
stolzen Selbstbewußtseins des großen Heidenapostels, das Evangelium unendlich
weit verbreitet zu haben. — Was endlich die weiter unten folgende Behauptung
des Ungenannten betrifft, daß Paulus „sich das Amt des Evangelii unter den
Heiden anmaßete", so ist dieser Vorwurf freilich dem Apostel schon bei seinen
Lebzeiten von seinen fanatischen Gegnern oft genug gemacht worden; aber wenn

haben sie es nicht gehöret? ja doch! es ist je in
alle Laube ansgegangen ihr Schall und an die
Eude des Erdkreises ihre Worte."*) Und am andern
Orte, Kol. 1, 23, sagt er noch mit weniger Scheu: „So Ihr an=
ders bleibet im Glauben gegründet und fest und Euch nicht be=
wegen lasset von der Hoffnung des Evangelii, welches
Ihr gehöret habt, welches geprediget ist bei allen
Creaturen, die unter dem Himmel sind, dessen ich
Paulus ein Diener worden bin." Gewiß in Pauli
seinem Atlante geographico müssen sehr viele Karten gemangelt
haben; der Erdkreis und das menschliche Geschlecht muß bei ihm
auf wenig Völker und Länder eingezogen worden sein, daß er zu
der Zeit, da das Christenthum noch so zu reden in seiner Wiege
lag, dieses zu sagen das Herz hat. Paulus war es ja fast nur
allein unter den Aposteln, welcher sich das Amt des Evangelii
unter den Heiden anmaßete, da die andern Apostel mehren Theils
unter den Juden blieben. War denn dieser Mann oder seine Ge=
hilfen bis ans Ende des Erdbodens gewesen? Waren keine
Creaturen, keine Heiden oder Menschen unter dem Himmel mehr
übrig, denen er nicht geprediget, oder die von seiner Predigt
nicht gehöret hätten? Wir wissen ja, wie weit seine Reisen sich
erstrecket und an wen seine Briefe gerichtet sind. Wie himmel=
weit ist das davon entfernet, daß er hätte sagen mögen, er oder
seine Gehilfen wären in alle Lande, ans Eude des Erd=
kreises, zu allen Creaturen, die unter dem Himmel
sind, gewesen?**) Die Schifffahrt ist erst in neueren Zeiten durch
Erfindung der Magnetnadel recht emporkommen. Es ist nicht so gar

---

je ein Mensch zu seinem Amte wirklichen Beruf hatte, so war es doch ohne Frage
der Apostel Paulus! Auch ein Feind des Christenthums muß so viel Achtung vor
der historischen Wahrheit haben, um dies nicht zu leugnen. — A. d. H.

*) Paulus führet hier die Worte des 19. Psalms, V. 5, an.

**) Der berühmte Professor Theologiae am Gymnasio in Hamburg, Joh.
Alb. Fabricius, schreibt davon in seinem Syllabo Scriptorum de veritate
religionis christianae ganz billig: „Tamen de multis millenis millibus valet
quaestio Apostoli: „„Quomodo credent ei, quem non audierunt? quomodo
autem audient sine praedicante?"" Nam quod eodem loco quidem Paulus
subjungit: „„In omnem terram exivit sonus eorum"", neminem video rerum
humanarum utcunque peritum et in historia aut geographia non rudem, qui
hoc ausit de omnibus locis et aetatibus, quam diu fuit et quam longe patuit
patetque orbis, ostendere, ita, ut ne unus quidem mortalis justam eo nomine
meruisse ignorationis invictae e cusationem sit dicendus." Woher kommt es
doch aber, daß der von Paulo aus dem 19. Psalm angeführte Spruch ihn selbst

lange, daß man die ganze Erde zuerst umfahren hat. Man hat seit ein paar Jahrhunderten viele hundert Inseln, viele huudert Völker, viele große Länder, die ein= oder etliche Mal größer sind als Europa endeckt. Es sind noch viele Terrae incognitae übrig, und die jetzt aus allen Reisebeschreibungen Alles genau gesammlet haben, werden sich noch nicht rühmen, daß sie nur die Küsten des Erdbodens allerwärts recht·kenneten, geschweige, daß sie von allen Völkern innerhalb Landes Nachricht zu haben sich anmaßeten. Von dem innern großen Africa und so vielen andern Ländern und Völkern mehr wissen wir noch fast nichts. Die mit so vielen Kosten, Mühe und Gefahr versandte Missionarii haben nur noch etliche wenige Völker besuchen, etlicher wenigen Sprache erlernen können. Wer nur das geringste Erkenntniß von unserm Erdboden hat und nur irgend noch etwas von Aufrichtigkeit besitzet, der muß gestehen, daß weder die 40 Millionen Menschen, welche die Spanier in Amerika so christlich ermordet haben, noch alle ihre Vorfahren bis ins funfzehnte Jahrhundert, noch alle Einwohner der übrigen neu entdeckten Länder und Insuln bis auf die Zeit, da sie entdeckt sind, noch die innern Einwohner des großen Africa bis auf diese Stunde, noch viele andere Nationen in dem nörd= lichen und östlichen Europa und Asia bis ins achte, neunte, ja funfzehnte Jahrhundert das Geringste von dem Christenthume haben wissen können. Was von dem früh gepredigten Christen= thume in den meisten sonst noch bekannt gewesenen Läudern gesagt wird, sind nach aller Verständigen Urtheil lauter Märlein und dreiste Unwahrheiten. Wenn wir nun die Anzahl Menschen, welche von Christi Geburt an bis auf den heutigen Tag keine Nachricht von dem Christenthume haben können, in genauen An= schlag bringen wollten, so würde sich finden, daß gerne sechs Achttheile von der gesammten Anzahl erwachsener Menschen, die seit Christi Geburt gelebt, abgingen, denen es schlechterdings un= möglich gewesen, durch einen solchen Weg der Offenbarung zu Gott zu kommen. Da wir nun diese gesammte Anzahl er= wachseuer Menschen kaum als ein Viertheil des ganzen mensch=

---

widerlegt? Aus keiner andern Ursache, als weil er die Stimme der Natur, davon David spricht, zur Stimme der Offenbaruug machen will. Denn jene geht, so weit die Natur selber geht und vernünftige Menschen sind; diese aber kann nimmer all= gemein werden. [Daß der „berühmte Professor Theologiae am Gymnasio in Hamburg" der Schwiegervater des H. S. Reimarus war, ist bereits in den Vorbemerkungen, S. 3, hervorgehoben. — A. d. H.]

lichen Geschlechts anzusehen haben, so würden nur ²/₃₂ Theile
desselben übrigbleiben, die vom Christenthume etwas wissen
können. Allein es ist mir gleich, zu welcher Art der Unmöglich=
keit ich die Menschen hinrechnen soll; ich will hier demnach aber=
mal sehr freigebig sein und nur die Hälfte abrechnen, daß ein
Achttheil des menschlichen Geschlechts noch übrig bleibt, an
welches einige Nachricht vom Christenthum gelangen können.
Aber es sind noch viele Ursachen übrig, warum es den Meisten
von diesen unmöglich gewesen, gegründeten Bericht davon ein=
zuziehen, und noch viel mehrere, warum sie es für keine göttliche
Offenbarung halten können."

§§. „Setzet solche christliche Barbaren und Unmenschen, die in ein
fremd Land kommen, 40 Millionen Menschen, ohne daß sie ihnen
das geringste Leid gethan, jämmerlich ermorden, die Uebrigen
verjagen, berauben und ihnen ihr Laub, Haus und alles Ihrige
nehmen: können dieselben wol als von Gott gesandte Boten einer
Offenbarung angesehen werden? konnten die Amerikaner ihnen wol
einige, geschweige denn eine wahre und göttliche Religion zutrauen?
mußten sie nicht allen ihren Nachbarn und Landsleuten Schrecken
und Abscheu vor solchen gottlosen Creaturen beibringen? Was
gehen noch heutiges Tages mehren Theils für Leute nach heid=
nischen Ländern? ruchloses Seevolk, verdorbene liederliche junge
Leute, Uebelthäter, die zum Strange verurtheilet waren und nun
in die Colonien zur Begnadigung verschickt werden, gewinn=
süchtige Kaufleute, die gestohlene Menschen kaufen und sie wieder
verkaufen oder zu Sclaven brauchen, Geistliche von verschiedenen
Secten, dereu eine jede die andern in die Hölle verdammet und
da ein jeder Amtsgehilfe den andern verketzert und sich mit ihm
zanket; zum Theil auch solche Missionarii, die das Christenthum
durch allerlei groben Taub, Aberglauben, Bilder= und Hei=
ligendienst so beschmitzet [1]) haben, daß es keinem Menschen, der
natürlich gesunde Vernunft hat und noch von Vorurtheilen frei
ist, anständig sein kann. Ist da wol die geringste Möglichkeit,
daß Fremde, die noch von dem Innern der christlichen Lehre keine
rechte Einsicht haben und also noch blos aus dem äußerlichen
Betragen der Christen urtheilen müssen, nur eine Begierde be=

---

1) „Beschmitzet" = „beschmutzet", „besudelt". Das Wort smitzen,
schmitzen oder schmützen ist das Intensivum zu smizen (schmei=
ßen) = „werfen", aber auch „streichen", „schmieren". — A. d. H.

kommen, zu wissen, worin die Lehre bestehe? Sie müssen ja so
gedenken: „Ist es eine göttliche Religion, die sich einer über=
natürlichen Offenbarung und wunderthätigen Kraft bei denen
Menschen rühmet, warum macht sie die Menschen nicht frömmer,
nicht besser? warum sind die Leute dabei gottloser als alle an=
dere? Gott hat keine Gemeinschaft mit unreinen Seelen, er
offenbaret sich nicht denen Gottlosen, er brauchet keine Laster=
hafte zu Boten seiner heiligen Wahrheiten; ihr Vorgeben muß
falsch und erlogen sein. Dazu, wenn ich gleich ihnen Gehör geben
wollte, wem soll ich folgen? Der Eine beschuldiget den Andern
irriger Lehre, falscher Auslegung, menschlicher Zusätze; frage ich
Diesen, so warnet er mich für Jenen; frage ich Jenen, so ver=
dammet er Diesen bis in die Hölle. Laß sie erst selber unter
einander eins werden, wenn ich ihnen als Wegweisern folgen
soll." Wer kann den Heiden verdeulen, wenn sie bis auf den
heutigen Tag so urtheilen und sich von dem Christenthume viel=
mehr zurückziehen? Das Christenthum hat anfangs durch Ver=
nunft und frommen Wandel über das Heidenthum gesiegt; aber
durch Zwiespalt des Glaubens und daher entstehende Unordnung
und Laster ist es in sich wieder zerfallen. Wenn nun sonderlich
Zwiespalt dem Christenthume wesentlich ist und nach Pauli Aus=
spruche Secten oder Rotten darin nothwendig sein müssen, wie
es auch die ganze Kirchenhistorie giebt, so kann man leicht ge=
denken, wie es bald mit der Fortpflanzung des Christenthums
ergangen. Ein Reich, das mit sich selbst uneins ist, kann nicht
bestehen; eine Secte, eine Rotte reibt die andere wieder auf. Und
diese innerlichen Unruhen, Gezänke und Verfolgungen nebst
denen einreißenden Lastern und Aberglauben haben gemacht,
daß das Christenthum fast in ganz Asien, wo es zuerst auf=
gekommen war, wie auch in Africa wieder hat vergehen und
ausgerottet werden müssen, und daß noch die schwachen Ueber=
bleibsel davon, da sie in wenigen unter sich zankenden Griechen,
Katholiken, Protestanten, Habassinern, [1] Armeniern oder Jako=
biten und Maroniten oder Melchiten 2c. bestehen, nicht wieder
aufkommen können. Wie es denn auch innerhalb des Christen=

---

[1] Die **Abessinier** sind ebenso wie die Kopten in Aegypten und die
Armenier **Monophysiten** oder **Jakobiten.** Letztere Benennung erhielten die
Monophysiten, weil unter den Verfolgungen Justinian's der Mönch **Jakob
Zanzalus** (gewöhnlich el Baradai, der Bettler, genannt) durch unermüdlichen
Eifer die monophysitische Kirche in Syrien und Mesopotamien vor dem Unter=
gange bewahrte. Die Jakobiten gaben den Katholiken im römischen Reich den

thums mit der Reformation nicht anders ergangen, daß die
vielen Spaltungen unter den Protestanten den Fortgang der
aufgehenden Reformation in vielen auswärtigen Reichen sowol
als in Deutschland selbst unterbrochen und zurückgesetzt haben.
Wie kann man sich denn bei den immer sich mehrenden Secten
der Christen einen Zugang und Wachsthum von Heiden ver=
sprechen? Wenn vormals nachgerade ganz Europa das Christen=
thum angenommen, so weiß man genugsam, daß solches guten
Theils mit Gewalt und Schwert geschehen sei, und daß die
gröbste Barbarei, Unwissenheit und Einfalt der Einwohner den
Weg dazu gebahnet, und diese Einwohner also auch klüglich von
der Klerisei in solcher sclavischen Dummheit erhalten worden.
Wir wissen, daß die Zeiten der Gewalt und Finsterniß den größten
Theil der Dauer des Christenthums in Europa ansmachen. Ich
kann aber solche Leute, die durch Gewalt und Unwissenheit zum
Christenthume gebracht oder durch eben diese Mittel darin unter=
halten werden, gar nicht für solche erkennen; bei welchen eine ge=
gründete Ueberführung von der Offenbarung stattfinde; und wenn
auch jetzt eben diese Gewalt und Finsterniß außer Europa über
die Heiden ausgebreitet werden könnte, so würde ich doch diese
vormals blinde Heiden, nunmehro blinde Christen, ebenso wenig
unter die Zahl Derer rechnen, denen man einen gegründeten
Glauben von der Offenbarung beilegen kann. Es gehet aber
auch jenes heutiges Tages nicht mehr an; und also fällt Alles
hin, was vormals zur Ausbreitung des Christenthums etwas
beigetragen. Gewalt kann und will man nicht mehr gebrauchen.
Man will durch Ueberzeugung belehren, und dabei verläßt man
doch den Weg der Vernunft, dadurch zuerst die Heiden gewonnen
sind. Die vernünftige Religion ist jetzt aus dem Katechismo ver=
bannet, es sind lauter unbegreifliche Glaubensarticul. Statt der
ersten Glaubenseinfalt, welche die auswärtigen Lehrlinge mit
vielen Geheimnissen verschonete, belästiget man die Katechumenos
mit vielen über alle Vernunft steigenden Glaubensarticuln, mit
Ceremonien, Aberglauben, Streitigkeiten. Statt der Tugend
und Gottseligkeit lässet man ihnen äußerlich nichts als ruchloses

---

Namen Melchiten (Königliche, vom hebr. Melech, der König). Den Maro=
niten (so genannt nach dem Kloster des h. Maro im Libanon) gebührt der Name
Melchiten erst seit dem Jahre 1596, in welchem sie durch den Papst Clemens VIII.
mit der römischen Kirche vereinigt wurden. Bis dahin waren die Maroniten
Monotheleten und standen als solche den Monophysiten oder Jakobiten näher
als den orthodoxen Katholiken oder Melchiten. — A. d. H.

Wesen und Schandthaten sehen. Daher darf man sich nicht
wundern, daß an keinen weitern Fortgang des Christenthums
bei den Heiden mehr zu gedenken ist und alle Mühe, so daran
gewandt wird, vergebens sei. Ein Jeder stelle sich unparteiisch
in die Stelle der Heiden und urtheile denn, ob es wol möglich
sei, daß sie durch gegründete Ueberführung zum Christenthume
zu bringen sind. Sie sind erstlich von ihrer väterlichen Religion,
sowie wir, von Jugend auf so eingenommen, daß sie, sich um
andere zu bekümmern, so unnöthig als gefährlich halten. Wer
ihnen dieses verargen wollte, der mag mir zuvor antworten, ob
er den Talmud, die Misna und Gemara, den Alkoran, den
Zendavesta des Zerduscht, den Sad=der des Destur, den
Con=fu=zu¹) und andere dergleichen Bücher gelesen? ob er aller
Völker Religionen so genau zu kennen und so unparteiisch
zu untersuchen jemals Lust, Fähigkeit oder Zeit gehabt? ob
er nicht glaube, die Religion, darin er erzogen worden, sei die
einige wahre und seligmachende? ob er nicht daher unnöthig
zu sein glaube, sich um andere Religionen viel zu beküm=
mern? ja, ob er es nicht fast für sündlich erachtet hätte, sich
nach andern, als bessern, umzusehen und aus Reizung zu den=
selben ihre Bücher zu lesen und nach ihren Lehrern zu laufen?
Eben das haben die Heiden, und noch weit Mehreres für sich, da
sie die Christen für die gottlosesten Menschen auf der Welt zu
halten Ursache haben und also durch das, was sie äußerlich von
dem Christenthume wissen und sehen, keine Lust bekommen kön=
nen, zu forschen, worin ihre Lehre eigentlich bestehe; sondern
vielmehr durch die äußerliche Gestalt desselben, so die erste Rei=
zung zum Erkenntnisse desselben geben sollte, einen starken Ein=
druck des Abscheues und Widerwillens bekommen. Da sie denn
auch wahrnehmen, daß die Christen selbst unter sich in so viele

---

1) Der Talmud (Thalmud, d. i. Lehre) ist eine Sammlung pharisäischer
Satzungen und Ueberlieferungen, die sich besonders auf religiöses und bürgerliches
Recht beziehen. Er zerfällt in zwei Theile, die Mischna und die Gemara;
erstere enthält die durch Tradition fortgepflanzten Satzungen, letztere die rabbi=
nischen Erklärungen derselben. — Zendavesta ist der Collectivname für die
heiligen Schriften der feueranbetenden Parsen oder Guebern. Sadder, d. i.
Buch, heißt ihr wichtigstes Glaubensbuch, und die Destur sind ihre gesetzes=
kundigen Priester. Es müßte also im Text wol eigentlich nicht des Destur
heißen, sondern der Destur. Der Stifter der parsischen Religion ist Zara=
thustra (Zoroaster, Zerduscht), eine mehr der Sage als der Geschichte an=
gehörige Persönlichkeit. — Der chinesische Weise und Religionsstifter Kon=
fu=tsee (Confucius, d. h. Lehrer oder Meister Kong) lebte von 552 oder 551
bis 478 v. Chr. — A. d. H.

Seelen vertheilet sind und sich unter einander verketzern und verdammen; da die Stücke des Christenthums, welche sie von allen
Secten als einstimmige Wahrheiten hören, der Vernunft des
Menschen ein Aergerniß und Thorheit sind, und da endlich die
Wundergeschichte, worauf sich Alles gründet, an sich unglaublich
und jetzt unmöglich von Heiden zu untersuchen sind: so müssen
wir alle Heiden und fremde Religionen, zu welchen in neuern
Zeiten die Christen und der Ruf des Christenthums gekommen
ist, von der Zahl Derer, bei welchen das Christenthum möglich
sei, ausschließen. Die Geschichte und Erfahrung bewähret auch,
was ich sage, indem in den zwei- bis dreihundert Jahren, da
man unbekannte Völker zu besuchen und mit vieler Mühe und
Kosten die geschicktesten Missionarien dahin zu senden angefangen,
auch die größten Vortheile der Wissenschaften und Buchdruckerei
vor den alten voraus hat, dennoch fast nichts ausgerichtet ist und,
überhaupt zu rechnen, von einer Million Menschen kaum Einer
zum Christenthume gebracht worden, so daß auch diese Neu-
bekehrte entweder blos aus Absicht auf zeitliche Vortheile oder
aus blinder sclavischer Einfalt zum Christenthume getreten oder
nur einen Schein desselben angenommen, Keiner aber von der
Geschichte Jesu und der Apostel, von der Wahrheit und Göttlichkeit ihrer Wunder, von der Aufrichtigkeit der Zeugen, von der
unverfälschten Bewahrung der Bücher oder deren göttlichen Eingeben genugsame Untersuchung anstellen oder gegründete Ueberführung haben kann. Mit einem Worte, alle große Mühe und
Kosten sind an Missionen verloren; das Christenthum lässet sich
heutiges Tages bei den Heiden nicht weiter ausbreiten."

§§. „Es finden sich denn ferner andere Hindernisse in der
Beschaffenheit des menschlichen Geschlechts, welche nicht verstatten, daß eine solche Offenbarung, die nur einem Volke gegeben ist, allen Völkern beigebracht werde. Die Menschen sind
durch die Verschiedenheit so vieler Sprachen sehr von einander
abgesondert, daß sie sich nicht verstehen. Und wer die Menge
der Sprachen bedenket, benebst der Geschicklichkeit, die ein Dolmetscher oder Uebersetzer haben muß, wird wol glauben, daß es
menschlicher Weise unmöglich sei, ein Buch in alle Sprachen zu
übersetzen und so viel Menschen zu finden, welche sowol alle
übrige Eigenschaften der Missionarien als auch diese Geschicklichkeit
an sich hätten, daß sie alle Sprachen fertig redeten, damit man
sie in die ganze Welt vertheilen und allen Völkern und Zungen
predigen lassen könnte. Wenn wir die Sprachen, wie billig, als

verschiedene Sprachen ansehen, darin Einer den Andern nicht
verstehen kann, wo er sie nicht besonders gelernet hat, so werden
wir auf dem Erdboden gerne 500 verschiedene Sprachen zählen
können. Ich will gerne zugeben, daß diese aus viel wenigern
Hauptsprachen stammen; aber weil wir hier auf die Verkündigung
der Offenbarung sehen, welche mündlich oder schriftlich geschehen
soll, so müssen wir so viele Sprachen setzen, als sich Völker einander in der Muttersprache nicht verstehen können. Denn wer
wollte z. E. alle die Sprachen für eine halten, welche aus der
sclavonischen oder teutschen entstanden sind? Wenn er einen Prediger des Evangelii bei den europäischen Völkern abgeben wollte,
so würde er wol sehen, daß er mit diesen Stammsprachen nicht
auskäme, und daß er weder die Lente, noch die Leute ihn verstehen könnten. Wenn wir nun diesen Begriff zum Grunde legen,
so sage ich gar nicht zu viel, daß 500 verschiedene Sprachen auf
dem Erdboden sind. Herr Chamberlayne[1]) hat allein das Gebet
Jesu in 152 Sprachen drucken lassen, und man könnte das zweite
Hundert leicht voll machen, wenn man die darin fehlende Uebersetzungen, die schon bekannt sind, hinzufügen wollte. Wie viele
Sprachen aber sind uns noch ganz unbekannt! Man rechnet
allein in Amerika über 1000 Sprachen,[2]) deren jedoch viele
solche Verwandtschaft unter einander haben wie unsere europäischen.*) Herr Reland[3]) zählet allein in der Provinz Guaxaca,

---

*) Guil. Nicholsonus, Episc. Carliolensis, in diss. de universis totius
orbis linguis, subjuncta Chamberlaynii Orationi Domin., p. 20: „*Purcha-
sius noster linguas sex diversas* (Americanas) *didicit, ipsi autem plus mille
habuisse dicebantur. Multae in hunc usque diem in Anglia nova, Canada
etc. esse dicuntur, sed quae non minus quam Europaeae nostrae sibi invi-
cem affines videntur.*"

1) Der englische Gelehrte John Chamberlayne († 1724) war
Kammerherr des Prinzen Georg von Dänemark, Mitglied der königl. Societät
zu London und der Akademie der Wissenschaften zu Berlin. Am Bekanntesten ist
er geworden durch seine mit David Wilkins, einem Deutschen, veranstaltete
Herausgabe des Vaterunsers in fremden Sprachen: „Oratio dominica in diversas omnium fere gentium linguas (152) versa cum dissertatione de
linguarum origine". Lond. 1700. Die Vaterunser sind nach Weltgegenden
und Ländern geordnet und in der Schrift der betreffenden Sprache, ihre Lesung
jedoch in lateinischer Sprache geliefert. Neun gelehrte Abhandlungen (von dem
im Texte mehrfach genannten englischen Bischof Nicholson, von Leibniz,
Reland u. A.) über verschiedene Gegenstände der morgenländischen Philologie
bilden den Schluß. — A. d. H.

2) Die Angabe, daß es in Amerika über 1000 Sprachen gebe, ist natürlich
stark übertrieben. Aber immerhin rechnet ein neuerer Forscher von den 860
Sprachen, die er auf der ganzen Erde aufzählt, 438 allein auf Amerika. — A. d. H.

3) Hadrian Reland (geb. 1676 zu Ryp bei Alkmaar, seit 1701 Prof.
der orientalischen Sprachen zu Utrecht, gest. 1718) zog zuerst das Malayische in den
Kreis wissenschaftlicher Sprachforschung. — A. d. H.

zu Mexico gehörig, dreizehn verschiedene Sprachen.*) Herr
Strahlenberg hat uns eine Probe von 32 allein tatarischen
Sprachen gegeben, die ziemlich weit von einander abgehen.**)
Ich lasse es gelten, daß einige Sprachen in allen Theilen der Welt
fast als allgemeine Sprachen anzusehen sind, als das Französische
in Europa, das Malaische in Asien, das Holländische und Portu=
giesische an den Küsten von Ost= und Westindien. Doch ist dieses
nicht weiter zu deuten, als daß einige vornehmere gelehrte
Reisende oder Handelsleute sich diese Sprachen bekannt gemacht,
nicht aber, daß sie der gemeine Mann spricht oder verstehet, auf
welchen doch in der Bekehrung am Meisten zu sehen wäre. Dem=
nach bleibt die Vielheit der Sprachen eine unüberwindliche
Schwierigkeit in der Ausbreitung einer Offenbarung oder des
Christenthums. Wenn werden wir die Bibel in 500 Sprachen
übersetzt und gedruckt sehen? Dergleichen ungeheure Polyglotta[1])
ist nimmer zu hoffen. Nun soll ja Gott, wie man vorgiebt, die
Vielheit und Verwirrung der Sprachen bei dem Babylonischen
Thurm selber angerichtet haben; so hätte denn ja Gott dadurch
selbst unmöglich gemacht, daß eine solche Offenbarung, die er
nur in einer Sprache gegeben, allgemein werden könnte. Wir
wollen es wenigstens so nehmen, daß es Gott durch die Natur
gethan. Der Menschen Natur bringt das so mit sich, daß, wenn
sie gleich anfangs alle eine Sprache gehabt hätten, dennoch durch
Länge der Zeit gar viele daraus entstehen müßten. Keine einzige
Sprache bleibt in etlichen hundert Jahren dieselbe. Wir würden
unsere Vorfahren nicht mehr deutsch redend verstehen, wenn sie
wieder aufstehen sollten, und sie uns nicht. Daraus siehet man
aber gar deutlich, daß der Mensch für keine übernatürliche Offen=
barung gemacht sei, als welche natürlich Allen und Jeden mit=

---

*) *Hadr. Reland*, Diss. de linguis insularum quarundam orientalium,
P. III. Diss. Misc. p. 206 sqq.

**) Strahlenberg im „Nord= und Oestl. Theil von Europa und Asia",
Einleitung, Sect. IV. p. 55 sqq.

[Philipp Johann von Strahlenberg, ein Schwede von Geburt,
verlebte zur Zeit des nordischen Krieges mehrere Jahre in russischer Gefangen=
schaft und sammelte Nachrichten über Rußland, stellte auch das erste samojedische
Wörterverzeichniß auf. Seine Schrift: „Das nördliche und östliche Theil von
Europa und Asia, insoweit solches das ganze russische Reich in sich begreift" er=
schien im Jahre 1730 in Stockholm. Er starb um 1750 in Stockholm. — A. d. H.]

1) Schon jetzt läßt allein die britische Bibelgesellschaft die Bibel in mehr
als 150 Sprachen und Mundarten drucken, so daß wir auf die Frage des Un=
genannten: „Wenn werden wir die Bibel in 500 Sprachen übersetzt und gedruckt
sehen?" schon heute antworten können: „Wahrscheinlich in nicht allzu ferner
Zukunft." — A. d. H.

getheilet werden kann. Die Sprache der Natur, die in den Ge=
schöpfen Gottes redet, nebst Vernunft und Gewissen ist allein
die allgemeine Sprache, dadurch sich Gott allen Menschen und
Völkern offenbaren kann; sonst durch Worte eines Volks, die
500 Dolmetscher brauchten, ist es nicht möglich.*) Wenn Gott
hätte wollen den Predigern des Evangelii unerlernte Sprachen
durch ein Wunder eingießen, so wäre es bei der Entdeckung der
neuen Welt so nöthig gewesen als jemals. Und was wollen wir
von denen Völkern sagen, deren Sprache entweder ganz von den
übrigen abgehet oder auch kaum eine Sprache zu nennen ist? Die
sinesische hat weder im Reden noch Schreiben mit andern uns be=
kannten Sprachen etwas gemein, sie sprechen etliche Buchstaben, als
B, D, R, gar nicht; sie haben nur in der ganzen Sprache .... Wör=
ter[1]), und zwar lauter einsilbigte, welche sie durch allerlei Melodei
und Zusammensetzung zu mehrern Wörtern machen. Hergegen
haben sie statt der Buchstaben im Schreiben über 80000 Figuren,
welche sie malen und nicht mit dem Klange der Wörter, sondern mit
den Begriffen selbst verknüpfen. Folglich können sie die eigenen
Namen nicht anders schreiben, als insofern sie aus deren Klange
sich allerlei Begriffe vorstellen. Eben das ist fast von der japa=
nischen und tunkinischen Sprache zu sagen, welche von der sine=
sischen ganz unterschieden sind, ohnerachtet sie, ihre Begriffe aus=
zudrücken, einerlei Figuren mit den Sinesern gebrauchen. Wie denn
auch die Sprache von Congo besonders schwer sein soll. Ich halte
daher für eine Sache fast von unüberwindlicher Schwierigkeit, die
Bibel ins Sinesische und dergleichen Sprachen zu übersetzen. Noch

---

*) „Quid quaeri Labiene jubes? an liber in armis
    Occubuisse velim potius, quam regna videre?
    An sit vita nihil? sed longa an differat aetas?
    An noceat vis ulla bono? Fortunaque perdat
    Opposita virtute minas? laudandaque velle
    Sit satis? et nunquam successu crescat honestum?
    Scimus, et haec nobis non altius inseret Ammon.
    Haeremus cuncti superis, temploque tacente,
    Nil facimus non sponte Dei, nec vocibus ullis
    Numen eget; dixitque semel nascentibus Auctor
    Quidquid scire licet; sterilesne legit arenas,
    Ut caneret paucis, mersitque hoc pulvere verum?
    Estne Dei sedes nisi terra et pontus et aër
    Et coelum et virtus? Superos quid quaerimus ultra?"
                                    Lucan., IX. 566 sqq.
1) Warum Lessing die Zahl der Wörter nicht mittheilt, ist nicht klar. War
sie in dem Manuscripte des Ungenannten unleserlich, oder hielt sie Lessing ihrer
Geringfügigkeit wegen für unglaublich? — A. d. H.

weniger aber ist möglich, mit denen Völlern zu reden oder ihnen die
Gedanken durch Figuren vorzumalen, die gar keine rechte Sprache
haben. Der Bischof Nicholson, da er zu Herrn Chamberlayne's
vielfachen Uebersetzung von dem Gebet des Herrn einen Brief
schreibt von den verschiedenen Sprachen des Erdbodens, redet so
davon:*) „Einige Samojiden, welche an der Eis=
küste von Siberien wohnen, haben fast nichts
Menschliches als das Gesicht und die Leibesgestalt.
Deren unbeutlichen Schall werden Gelehrte hier
in dieser Uebersetzung ebenso wenig als der Affen
ihr Gekrächze verlangen. Die Einwohner Grön=
lauds können sich nicht auders als die wilden
Thiere verstehen, durch einen wüsten Schall, wel=
chen weder dänische noch holländische Schiffleute
bisher haben nachmachen können. So können auch
vielleicht die Hottentotten in Africa in ihrer
Sprache, die mehr nach der Truthähne Kollern
als nach menschlicher Stimme klingt, etwas
schnarchen, das sie unter einander verstehen.
Allein man müßte besorgen, das Gebet des Herrn
zu verunehren, wenn man es in die schändliche
Aussprache dieser Elenden einkleiden wollte."
Ferner sagt er: „Die Mohren haben durch ganz
Guinea und so weiter nach Mittag eine große
Menge wilder Sprachen, dereu Schall so wüste
ist, daß er mit den Buchstaben der Europäer gar
nicht kann ausgedruckt werden. Und so mag es
auch beschaffen sein mit den meisten inländischen
Völkern unter der Linie." Ich möchte also wissen, wie

---

*) Pag. 1: „*Samojidae glaciales Siberiae oras incolentes, praeter
os corporisque speciem nihil fere humanum habere dicuntur. Incertus autem istorum homuncionum sonus nihilo magis quam siniorum garritus hic
a doctis requiretur. Groenlandiae quoque incolae fortassis non multo alter atque ferae se mutuo intelligere possunt per inconditum illum sonum
suum, quem Danus Batavusque nauta nullus adhuc imitari potuerit. Denique Hotentoti illi Afri in lingua sua, gallorum Numidicorum sono quam
voci humanae similiore, aliquid forte inter ipsos intelligibile blaterent. Quis
vero non metuat, ne orationem Dominicam pollueret, si foedo miserorum
istorum hominum ore pronunciandum committeret.*" Id. p. 18: „*Per totum
Guineae indeque Austrum versus Mauri magnam barbararum linguarum
copiam habent, quarum soni adeo inconditi sunt, ut Europaeis literis nullis
exprimi possint. Quae fortassis et jam conditio est nonnullarum imo ple-
rarumque mediterranearum gentium sub Aequatore sitarum,*"

Einer auf Hottentottifch oder Guineifch das Evangelium predigen oder die Bibel überfetzen wollte. Kurz, der Menfch ift für keine Offenbarung gefchaffen; den Einen hindert diefes, den Andern jenes, daß fie ihm nicht kann beigebracht werden."

§§. „Ein neues Hinderniß geben bei vielen Völkern theils die weltliche Macht und ftrengen Gefetze, welche allen fremden Vorftellungen in Religionsfachen fchlechterdings den Eintritt verfperren, theils die Landesreligion und der Unterthanen Ge= wiffen, welche nach ihren Lehrfätzen glauben, die einige wahre Religion zu befitzen und eine Todfünde zu begehen, wenn fie fich nur im Geringften unterfingen, ihre Religion vernünftig zu über= legen und daran zu zweifeln, oder wenn fie lüftern würden, fich um andere Religionen zu bekümmern und fich mit dereu Ver= wandten in ein Gefpräch darüber einzulaffen. Dies ift der Zu= ftand fowol anderwärts als befonders im ganzen türkifchen Reiche. Es würde Dem ein kurzer Proceß gemacht werden, welcher fich da des Vorhabens äußerte, die Mufelmänner in ihrem Glauben irre zu machen und fie zum Chriftenthume, als einer beffern Religion, zu bewegen. Ich entfinne mich auch nie= mals etwas von Miffionarien, welche in die Türkei gefchickt wären, gelefen oder gehört zu haben. Es würde auch bei den Türken felbft wegen ihres blinden Gehorfams und Eifers für ihren Glauben und Alkoran nicht angehen. Denn eben das bringt ihre Religion mit fich, nicht zu räfonniren, nicht zu zweifeln, fich mit Irrgläubigen in keine Unterredung oder Streit einzulaffen. Sie find fo feft von der göttlichen Sendung des Mahomet, von der Wahrheit feiner Wunder, von der göttlichen Eingebung und Vorzügen ihres Alkorans überredet; fie haben aus dem Alkoran fo ftarken Haß wider das Chriftenthum, als einer Vielgötterei und Abgötterei, eingefogen, daß es keiner Gefetze oder Strafe brauchte, fie davon abzuhalten. Die guten Leute handeln darin nach ihrer Einficht des Gewiffens. Es ift wahr, fie dulden Chriften unter fich, und man muß es der Chriftenheit zur Schaude nachfagen, daß Chriften unter türkifcher Regierung ihren Gottes= dienft ungehinderter treiben als unter chriftlicher. Es ift auch nicht zu leugnen, daß die Türken nach ihrem Alkoran felbft Mofen und Chriftum für große Propheten halten. Allein fie glauben, daß die Bücher Altes Teftaments von den Juden häß= lich verdorben und die Lehre Chrifti fehr verfälfcht fei, und in= fonderheit von Diefen mancherlei Abgötterei und Vielgötterei eingeführet worden. Denn daß die Christen drei Götter anbeten, ist einem Türken so klar, als er Drei zählen kann; und daß ein Mensch zugleich Gott sei, ist bei ihnen offenbare Abgötterei. Dieses ihnen anders zu bedeuten und aus dem Sinne zu reden, ist schwer. Dieses macht, daß sie so wenig Lust haben, Christen zu werden, als Christen Lust haben, Juden zu werden, ungeachtet die Juden an manchen Orten unter ihnen wohnen und das Alte Testament Beiden gemein ist; genug, sie verwerfen Christum. So ist auch einem Türken zum Abscheu wider das Christenthum genug, daß sie Gottes Wort und Lehre verfälschet, daß sie einen Gott, der Vater heißt, einen Gott, der Sohn heißt, einen Gott, der heiliger Geist heißt, setzen, den Menschen Christum zugleich zu dem mittelsten Gott machen und den von Gott gesandten Propheten Mahomet verwerfen. Ich habe schon vorhin gezeiget, was die Vorurtheile einer väterlichen Religion, darin man vor dem Gebrauche der Vernunft unterwiesen und durch Furcht vor ewiger Verdammniß bestätiget ist, über des Menschen Gemüth vermögen: daß auf die Art ein Jeder, wo er nicht eine mehr als gemeine Einsicht hat, bei der Religion seiner Voreltern bleibe und ein jetziger eifriger Christ eben ein so guter eifriger Türke und Jude würde gewesen sein, wenn er darin von gleichen Eltern auf solche Weise wäre erzogen worden; imgleichen ein ehrlicher Protestante ebenso ein Erzkatholischer würde gewesen sein, wenn er mitten unter Katholiken groß geworden wäre. Der Menschen Natur bringt das so mit sich, und das Gegentheil ist über das Vermögen der allermeisten Menschen, wenn zumal ihre natürlichen Kräfte der Vernunft durch den bangen Gehorsam des väterlichen Glaubens so unterdrückt und gefangen sind, daß sie sich lebenslang zu Sclaven desselben dahingegeben. Weil nun ein Türke aus eben solchem Grunde wie Christen, und ebenso stark und eifrig wie Christen, die einige wahre Religion zu haben glaubt; weil er eben wie ein Christ für verdammlich hält, an seiner Religion zu zweifeln und darüber zu vernünfteln; weil er von dem Christenthume so viel Anstößiges und Aergerliches weiß, als immer einem Christen von der türkischen Religion bekannt ist; weil er endlich ebenso sehr durch innerliche Gewissens= als weltliche Furcht abgehalten wird, sich mit dem Christenthume und deren Lehrern und Schriften bekannter zu machen: so ist menschlicher Weise unmöglich, daß ein Türke in der Türkei zum Christenthume sollte gelangen oder darnach besser zu forschen Lust bekommen können. Und dieses müssen

wir auf alle andere Völker, deren Beschaffenheit und Erziehung
dieser ähnlich ist, ja selbst auf die katholische Christenheit deuten.
Ein guter Katholik in Spanien, da er die Bibel gar nicht zu
sehen bekommt und von den Ketzern so viel Arges höret, hergegen
zum blinden Glauben und Vertrauen zu seinen Geistlichen an=
geführet ist und durch das Fegfeuer so sehr als die Inquisition
geschrecket wird, kann unmöglich dazu kommen, daß er ein Pro=
testant werde. Alle vernünftige und billige Welt muß solche
blinde Menschen entschuldiget halten. Man kann von Niemanden
was Unmögliches fordern, noch für möglich halten, was die
Kräfte desselben nach bewandten Umständen übersteiget."

§§. „Ich könnte noch Vieles insbesondere von den Juden
sagen, warum deren nicht mehrere zum Christenthume treten,
da sie doch mitten unter denselben leben, ihre Bücher, die
oft genug bei ihnen versetzt werden, lesen können, oft genug
zum Christenthume gereizt werden und einerlei Grundsätze mit
den Christen annehmen. Der Pöbel schilt nur auf die grausame
Verstockung und Bosheit der Juden und ist daher so erbittert
auf dieselbe, daß er ihnen das Christenthum gern einprügeln
würde, wenn es ihm nur freistünde. Allein, lieben Leute, es
will Niemand gern und wissentlich zum Teufel fahren und ewig
an Seele und Leib gequält sein. Könnten die Leute einsehen,
daß ihnen Heil in Jesu offen stünde, sie würden gewiß zugreifen.
Es ist ihnen aber so leicht nicht, wie wol Mancher denkt. Der
Jude hat von seinen Vorfahren ganz andere Zeugnisse und Ur=
theile von Jesu, wie die Evangelisten und Apostel davon geben.
Und wenn er es nirgend andersher wüßte, so siehet er's im Neuen
Testamente selbst, was die Schriftgelehrten, Obristen und Ael=
testen im Volke von ihm gehalten. Da sich nun diese Zeugnisse
von dem höchsten Rathe in Jerusalem, von siebenzig angesehenen
obrigkeitlichen Personen herschreiben und aller damaligen Ge=
lehrten und angesehenen Leute Gutachten damit übereingestimmt,
so trauet der Jude darin dem Urtheile des ganzen hohen Raths
und aller alten Rabbiner mehr als dem Zeugnisse einiger Weniger
aus dem Pöbel, die Jesu Anhänger gewesen. Er ist im Gesetze
Mosis aufs Schärfste gewarnet, er soll nicht mehrere Götter an=
erkennen, es sei nur ein Gott. Er kann aber doch die Lehre,
daß Jesus sowol Gott sei wie der Vater, und der heilige Geist
sowol Gott sei wie Vater und Sohn, nicht anders einsehen
als eine Lehre von vielen Göttern; er denkt wie seine Vorfahren,

das sei eine Gotteslästerung, daß sich Jesus selbst zum Gott ge=
macht. Er erwartet zwar einen Messias, aber einen, der Israel
erlösen und nicht uoch 1700 Jahre nachher in der Gefangenschaft
und Elende laffen sollte; einen, der König sein und ein herrlich
Reich anfangen, nicht aber am Holze als ein Missethäter geheult
werden sollte; einen, der nicht das ewige Gesetz Mosis abschaffen,
sondern recht in den Schwang bringen sollte. Betrachtet er die
von den Evangelisten angeführten Beweisthümer aus dem Alten
Testamente, daß Jesus der Messias sei: „Er soll Nazare=
nus heißen; aus Aegypten habe ich meinen Sohn
gerufen; ich will sein Vater sein, und er soll mein
Sohn sein" u. f. w., so findet er entweder gar nichts davon
im Alten Testamente, oder daß auch die Worte von ganz was
anders handeln. Er findet also seiner Einsicht nach nichts als
Blendwerk und Betrügerei in diesem vorgegebenen Beweise.
Diese und andere dergleichen scheinbare Einwürfe, die er be=
greifen kann, stud ihm von seinem Rabbiner, dem er, wie natür=
lich, trauet, von Jugend auf mit dem größten Hasse wider
Jesum beigebracht worden. Er hat gelernet, nach seinem Kate=
chismo seinem Gotte im Gebete zu danken, daß er ein Jude
geboren sei; er höret von zarter Kindheit an, daß Die sich ins
Verderben stürzen, die den Gott ihrer Väter verlassen; so be=
kommt er nothwendig einen solchen Haß und Abscheu gegen das
Christenthum, den er, wenn wir wollen menschlich urtheilen, un=
möglich überwinden kann. Sind ihm andere Dinge unbegreiflich,
so daß sie ihn wollen irre machen; kann er auf die Einwürfe der
Christen, daß der Messias längst müßte gekommen sein, nicht
allerdings antworten: so denkt er, wie auch ein Christ bei solcher
Gelegenheit denkt, das gehe über seine Einsicht, das wisse
dennoch sein Rabbiner zu beantworten, er wolle sich an das
halten, was er verstehe. Wenn man nicht mehr von solchen
armen Menschen fordern will, als seine Kräfte zulassen, so wird
man wol begreifen, daß es einem Juden, der nach seiner Art
recht unterrichtet ist, nicht möglich sei, ein Christ zu werden.
Paulus hat schon die Hoffnung der Bekehrung mehrerer Juden
fast ganz aufgegeben und wandte sich daher zu den Heiden; und
wir lesen nicht, daß nachher bis auf jetzige Zeiten aus diesem
Volke ein besonderer Zuwachs zum Christenthume gekommen sei.
Vielmehr haben sie hin und wieder um ihres Glaubens willen
die gräulichsten Verfolgungen und Marter herzhaft ausgestanden.
Und man mag insgemein mit Bestand der Wahrheit sagen, daß

die Juden, so heutiges Tages Christen werden, fast alle Betrüger
sind, die Liederlichkeit, Armuth und gehoffter Vortheil dazu be=
wogen hat. Alle Anstalten, Anschläge, Zwangsmittel, Wider=
legungen werden bei den Juden übel und vergeblich angewandt."

§§. „Wir sehen aus allen Obigen, daß und warum das
Christenthum unmöglich allgemein werden, noch jetzo weiter aus=
gebreitet werden könne. Es erhellet zugleich, daß es weder bei
Heiden seit der Entdeckung von Amerika und andern unbekannten
Ländern, noch bei Türken seit dem siebenten Jahrhunderte, noch
bei Juden seit der Zerstörung Jerusalems jemals merklichen
Wachsthum gehabt oder ferner haben könne. Vielmehr hat Ma=
homet mit seinen Nachkommen dem Christenthume erstaunlichen
Abbruch gethan und gern die Hälfte christlicher Botmäßigkeit unter
seine Herrschaft und Glauben gebracht. Und bis auf den heu=
tigen Tag giebt es die Menge Renegaten, die vom Christen=
thume zu den Türken übertreten. Wenn man demnach Diejenigen
mit dazu rechnet, welche mitten im Christenthume mehr und mehr
Augen bekommen und wegen des Aergernisses und Anstoßes, so
sie am Christenthum nehmen, zurücktreten und bei ihrer gesunden
Vernunft bleiben, so sind alle die von Heiden, Juden oder Tür=
ken heutiges Tages zum Christenthum Bekehrte nicht dagegen
zu rechnen. Dieses Alles, was bisher den christlichen Namen
geführet, machet gegen das, so jemals heidnisch, jüdisch oder
türkisch gewesen, nicht den hundertsten Theil aus. Und wer die
Natur des Menschen und die Beschaffenheit des Erdbodens und
der darauf wohnenden Völker kennet, wird gestehen müssen, daß
dieses auch Alles ist, was menschlicher Weise bei Ausbreitung
einer Offenbarung möglich zu nennen. Denn das Christenthum
hat alle Vortheile gehabt und gebraucht, die nur zu erdenken
sind. Es kam auf, da das Judenthum zu Grunde gehen wollte,
und da die jüdische Religion mit so vielem närrischen Tand ver=
stellet war, daß es theils den Juden selbst, theils andern Nationen
zum Gelächter dienete. Es kam auf, da nicht allein die klugen
Heiden, sondern sogar das gemeine Volk unter Griechen und
Römern und durch diese fast in der ganzen Welt die Thorheit
der heidnischen Götterhistorie, Götzen, Orakel, Vogelflug und
Wahrsagerei einsah und zum Spotte hatte. Das Christenthum
gebrauchte sich des Vortheils, daß es anfangs fast nichts als die
natürliche und vernünftige Religion den Heiden entgegensetzte,
die Geheimnisse des Glaubens aber, die damals schon aufge=

kommen waren, als eine Disciplinam arcani[1]) zurückhielte, bis
die Neubekehrten völlig unter den Gehorsam des Glaubens ge=
bracht waren. Man erdichtete auch wol zur Bestärkung der
christlichen Lehre durch pias fraudes allerlei Bücher, Weissagun=
gen und Wunder, welche durch dreistes Vorgeben bei der Un=
wissenheit Glauben gefunden. Die Leute wurden erst durch
Verheißung der baldigen Wiederkunft Christi zu seinem herrlichen
Reiche und durch die großen Belohnungen, welche sie darin
sollten zu gewarten haben, wenigstens durch Versprechung einer
ewigen unaussprechlichen Freude im Himmel, angelockt und zu
herzhaften Bekennern gemacht, den Tod zu verachten und alle
Marter dafür auszustehen. Die ersten Christen nahm man
wegen der zu befürchtenden Lästerung der Auswärtigen in genaue
Aufsicht und Zucht, daß ihre äußerliche Gottesfurcht und Tugend
Allen in die Augen fiel. Als durch solche Mittel immer Mehrere
und endlich römische Kaiser gewonnen waren, da brauchte man
auch Gewalt, riß allenthalben die heidnischen Tempel und Altäre
nieder, und so bekam die Religion fast mit der römischen Macht
einerlei Grenzen. Wie denn auch nachher in Deutschland,
Dänemark, Schweden, Rußland die Gewalt nebst der Unwissen=
heit der Zeiten das Beste zur Ausbreitung des Christenthums ge=
than. Seit dem funfzehnten Jahrhunderte hat die europäische
Christenheit das Glück gehabt, in den Besitz der Sprachen und
Wissenschaften zu kommen, allerlei Künste, insonderheit Buch=
druckerei und die Magnetnadel zu erfinden, eine ganz neue
Welt zu entdecken, die Handlung und Schifffahrt über den ganzen
Erdboden auszubreiten, Reichthümer zur Unterhaltung der
Missionarien und Neubekehrten zu erwerben: so daß Leute, die
Sprachen und Wissenschaften besaßen, mit gedruckten Büchern
als Missionarii weit und breit haben versandt werden können.
Sehet, das hat keine Religion auf der Welt jemals zusammen ge=
habt oder angewandt; und das ist Alles, was in menschlichen
Kräften stehet, zur allgemeinen Ausbreitung einer Offenbarung
anzuwenden; so daß die christliche Religion des Falls hätte all=

---

1) Die etwa seit dem Ende des zweiten Jahrhunderts in der christlichen Kirche
geübte „Disciplina arcani" erstreckte sich aller Wahrscheinlichkeit nach nicht
auf „die Geheimnisse des Glaubens", wie der Ungenannte annimmt,
sondern lediglich auf das Rituelle der beiden Sacramente Taufe und Abend=
mahl, d. h. es wurde streng darauf gehalten, daß bei der Feier dieser beiden
heiligen Handlungen kein Nichtchrist zugegen war. Dagegen wurde die Lehre,
selbst die Lehre von diesen beiden Sacramenten, durchaus nicht als arcanum (Ge=
heimniß) behandelt. — A. d. H.

gemein werden müſſen, wenn es an ſich möglich wäre, daß eine
Offenbarung, die nur einem Volke gegeben iſt, oder beſonders
die chriſtliche Lehre allgemein werden könnte. Wir müſſen nur noch
dieſes hiebei anmerken, daß das Chriſtenthum am Wenigſten
zugenommen, ſeitdem es die größten und beſten, ja faſt allein
wahren Hilfsmittel gehabt, nämlich Erkenntniß der Sprachen und
Wiſſenſchaften, Hiſtorie, Buchdruckerei, Schifffahrt, Handlung,
Reichthümer und Miſſionen; ja, daß es ſint der Zeit häufige
innerliche Feinde und Ungläubige bekommen, die durch alle Boyle-
aniſche[1]) Predigten und Beweiſe für die chriſtliche Religion nur
deſto mehr überhand genommen. Ein Zeichen, daß diejenigen
Dinge, welche einer Offenbarung am Meiſten förderlich ſein ſollten,
wenn ſie mit gegründetem Glauben und Ueberzeugung ſoll gepflanzet werden, dieſelbe nur in ſich wankend und ſchwach machen;
ein Zeichen, daß ſie zwar viele Menſchen durch Gewalt und Unwiſſenheit zum blinden Gehorſam des Glaubens bringen kann,
aber alsdenn auch von einer gegründeten Ueberführung am Wei-
teſten entfernet ſei.“

§§. „Laſſet uns demnach noch unterſuchen, was zu einer
gegründeten Ueberführung von einer Offenbarung gehöre, um zu
ſehen, ob Viele oder Wenige in der Chriſtenheit ſelbſt dieſelbe
haben oder haben können. Erſtlich iſt unſtreitig, daß die Schrift
in der Schrift ſelbſt als ein ſolcher Weg zu einem gegründeten
Glauben angewieſen werde, und daß man dieſelbe mit Ueberlegung und Verſtand leſen ſolle. „Forſchet in der Schrift,“ heißt
es, „denn Ihr meinet, daß Ihr das ewige Leben darin habet, und
ſie iſt es, die von mir zeuget.“ Und Paulus ſagt: „Weil Du von
Kind auf die heilige Schrift weißt, ſo kann Dich dieſelbe unterrichten
zur Seligkeit.“ Jeſus und die Apoſtel verweiſen alſo die Menſchen
nicht auf einen Katechismum, ſondern auf die Schrift; ſie heißen
ſie mit eigenen Augen darin ſehen und forſchen, nicht aber Andere
für ſich deulen und ſehen laſſen. Die Rede iſt auch nicht von den
Jüngern, inſofern ſie Lehrer abgeben ſollten, ſondern inſofern ſie für
ſich das ewige Leben dariu finden und zur Seligkeit ſollten unter-

---

1) Der berühmte engliſche Naturforſcher Robert Boyle (1627—1691) vertheidigte nicht blos das Chriſtenthum in verſchiedenen Schriften gegen die Deiſten,
ſondern beſtimmte auch durch ſeinen letzten Willen 40 bis 50 Pfund für denjenigen
Prediger, der in einer von den Exekutoren des Teſtaments jedesmal zu bezeichnenden
Kirche acht Predigten wider die Ungläubigen, d. h. nicht blos wider Heiden, Juden
und Mohamedaner, ſondern namentlich auch wider die Deiſten und Atheiſten
halten würde. — A. d. H.

richtet werden, welches allen Menschen zukommt. Dieses nun
vorausgesetzt, so folget erstlich, daß die Bibel oder das Buch,
worin die Offenbarung enthalten ist, in einer jeden Sprache über=
setzt vorhanden sein muß, und zwar so häufig und für so wohl=
feilen Preis, daß sie ein Jeder zu seinem Gebrauche anschaffen
kann. Es folget ferner, daß ein jeder Mensch die gedruckte
Schrift muß fertig lesen und aus dem Gelesenen einen Verstand
herausbringen können. Ja, wenn hin und wieder eine schwere
Stelle unterläuft, worauf was ankommt, so müssen sie geschickt
sein, sich durch die Erklärungskunst und alle die Hilfsmittel der=
selben, nämlich Sprachen, Alterthümer, Historie und Wissen=
schaften zu helfen. Man weiß ja, wie in der Schrift selbst die
Oerter am Meisten den Streitigkeiten unterworfen sind, worauf
die Glaubensarticul gebauet werden, als von der Dreieinig=
keit Gottes, von der Gottheit Jesu, von den Verheißungen des
Messias, von der Gnadenwahl, von der Rechtfertigung, von der
Taufe, vom Abendmahl, von dem Ansehen der Kirche u. s. w.
Man weiß, daß gar viele und mancherlei Systemata aus der
verschiedenen Auslegung dieser Oerter geflossen sind. Wenn nun
die Menschen nicht fähig sind, den wahren Sinn derselben einzu=
sehen, sondern darin Andere für sich rathen lassen, so ist ihr
Glaube blind, ungegründet und dependiret von einem Zufalle;
sie wissen nicht, ob sie den Sinn der Offenbarung oder einen ganz
andern gefasset haben; welches wider die Schrift und wider die
Natur eines zuverlässigen Glaubens ist. Wollen wir die Reli=
gion und den Glauben als den Grund der Seligkeit so hinwerfen,
daß wir ihn von aller Einsicht und Verstand absondern und zu
einem bloßen Echo eines vorgesagten Schalles machen, welches
durch einen Zufall diese Worte nachspricht, da es auch jede andere
würde nachgesprochen haben? Das gehet nicht an. Allein lasset
uns nun eine Untersuchung aufstellen, was in obermähnten Stücken
möglich sei. Da ist nun offenbar, daß eine geraume Zeit hat hin=
gehen müssen, ehe die Bibel oder auch nur das Neue Testament
in alle die Sprachen hat können übersetzt werden, dahin sich das
Christenthum ausgebreitet; es ist offenbar, daß, wenn gleich alle
die Uebersetzungen vorhanden gewesen, dennoch vor Erfindung
der Buchdruckerei dieselbe in sehr weniger Leute Händen gewesen,
theils weil sie nicht so oft hat können abgeschrieben werden, theils
auch, weil solche Handschriften zu theuer waren, als daß sie ein
Jeder hätte bezahlen können. Ja, nachdem auch die Buchdruckerei
erfunden ist, so fehlt es doch in den meisten Sprachen an häufigem

und wohlfeilem Abdrucke. Die Deutschen mögen sich hierin
durch des Herrn Barons von Canstein's[1]) Anstalten eines Vorzugs
rühmen. Sonst sind in den übrigen Sprachen nicht der hundertste
Theil Bibeln gedruckt, als Menschen sind. Und im ganzen
Papstthume darf der Laie nicht einmal die Bibel lesen. Zu
geschweigen, daß sowol im Papstthume als unter Protestanten
und in der griechischen Kirche eine unglaubliche Menge Leute
sind, und jeder Zeit gewesen sind, die in ihrer Jugend so weit
nicht angeführet worden, daß sie irgend eine Schrift lesen könnten.
Wenn wir dieses Alles zusammen nehmen, so ist leicht zu erachten,
daß vom Anfange des Christenthums, da noch keine Ueber=
setzungen waren, da die Abschriften rar und theuer waren, da der
Unterricht der Jugend schlecht war, da man auch den Laien nicht
verstattete, die Bibel zu lesen, bis auf den heutigen Tag die ganze
Menge der Christen zusammengerechnet, kaum der tausendste
Christ eine Bibel zu sehen bekommen, und unter tausend, welche
die Bibel zu sehen bekommen, kaum einer die Geschicklichkeit ge=
habt, sich in schweren Stellen, worauf die Glaubensartikel an=
kommen, selber durch die Mittel der Erklärungskunst zu helfen.
Es ist vom Anfange des Christenthums, in den Zeiten der Un=
wissenheit und Finsterniß, und noch jetzt im Papstthume, ja auch
unter den meisten Protestanten lauter Köhlerglaube, lauter Ka=
techismusglaube. Alle diese armen Leute müssen sich's von den
Priestern lassen vorsagen, was in der Schrift stehe und was der
Verstand der Worte sei; zum Theil haben sie nichts als Wörter,
welche sie aus dem Katechismo ihrem Gedächtnisse ohne Verstand
eingeprägt; und wenn sie ja noch einige Vorstellungen dabei
haben, so sind es die, welche Andere nach ihrem Begriffe, Ein=
sicht und Vorurtheil aus der Schrift gezogen und für wahr ge=
halten oder vielleicht auch aus der dritten, vierten, fünften Hand
bekommen haben, indem ja selbst unter tausend Priestern kaum
zehne fähig sind, mit eigenen Augen den Verstand schwerer
Stellen einzusehen, sondern einen ihnen angepriesenen Ausleger
ihrer Secte fragen, welcher seine Gedanken vielleicht selbst nach
Anderer Einsicht gerichtet und Andere ausgeschrieben. So

---

1) Der Freiherr Karl Hilbebrand von Canstein (1667—1719) erwarb
sich um die Verbreitung der heiligen Schrift die größten Verdienste durch die
Gründung der sogenannten „Cansteinischen Bibelanstalt" in Halle, durch die seit
ihrer Gründung viele Millionen von Bibeln und Neuen Testamenten gegen einen
sehr mäßigen Preis verkauft worden sind. Der jährliche Absatz beläuft sich gegen=
wärtig auf 45—50000 Exemplare. — A. d. H.

wissen denn unter 1000000 Christen 999999, wenn es hoch
kömmt, nichts weiter, als daß der eine Mensch so oder so von der
Offenbarung und derselben Verstande denkt; das beten sie nach,
das lernen sie auswendig, darin bestehet ihr ganzer Glaube.
Sie sind demnach bloße Papageien, bei denen es nicht fehlet, daß
sie das, was ihnen vorgesagt worden, wieder nachsagen. Was
die Natur und das Glück Jedem für Eltern und Lehrmeister gegeben, dessen Katechismum lernet er auswendig. Sind Jene
katholisch, so lernet und glaubt er einen katholischen Katechismum;
sind sie reformirt, Lutherisch, Mennonitisch, so lernet und glaubt er
einen reformirten, Lutherischen, Mennonitischen Katechismum,
sowie der Jude seinen Lekach tobh, Minhagim und Maase=Buch,[1]
wie ein Türke seinen Alkoran. Der allergrößte Hanse ist in
solchen Dingen, die nicht vor sich begreiflich sind und auf Glauben
ankommen, ein bloßes Wachs, das auf eine leidende Weise alle
Figuren in sich drucken lässet, ein Bogen weiß Papier, welcher
alle Schrift annimmt, ein vielfacher Spiegel, worin sich eines
Menschen Gedanke viel tausendmal vorstellet, aber auch alle
andere Gedanken würden vorgestellet haben."

§§. „Es werden vielleicht Viele heutiges Tages, welche die
Bibel für sich fleißig lesen, bei sich gedenken: „Ich habe doch keinen
solchen Köhlerglauben, ich sehe mit eigenen Augen klar und offenbar, daß das wahr sei und in der Bibel stehe, was mir mein
Katechismus bisher gesagt." So gestehet er denn doch, daß er
bisher ein Katechismusgläubiger gewesen. Er mag denn andere
Katechismusgläubige anderer Secten, die auch nun in der Bibel
keine Fremdlinge sind, fragen, ob sie was anders darin gefunden,
als was ihnen ihr Katechismus eingeschärfet. Ja, er mag sich
selber fragen, ob er was Anderes darin finden wollen, als was
er in den Anfangsgründen der erlerneten Lehre von Jugend
auf eingesogen. Denn wenn man nicht die Schrift so läse, so
wäre es ja nicht möglich, daß ein Jeder seine, von andern ganz
verschiedene Meinungen, und zwar ganz klar und offenbar darin
zu erblicken glaubte. Man muß zuvor allen Katechismusglauben

---

1) Lekach tobh (hebr. לֶקַח טוֹב) heißt auf Deutsch „gute Lehre";
Minhagim ist der Plural des hebr. Wortes Minhag (מִנְהָג), welches
das „Fahren" oder „Laufen" bedeutet, so daß man Minhagim etwa durch unser
„Cursus" wiedergeben könnte; Maase=Buch endlich heißt auf Deutsch „Buch
der Werke" (מַעֲשֶׂה), d. h. der guten Werke. — A. d. H.

gänzlich ablegen und alle Hilfsmittel der Erklärung bei der Hand haben, wenn man das in der Schrift finden will, was wirklich darin versteckt liegt. Wer sie aber in der Absicht vornimmt, daß er das daraus bestätigen will, was sein erlernetes Glaubensformular sagt, der findet es auch darin und wird in seinem Katechismusglauben tröstlich gestärkt. Das gehet den Gelehrten so, wie will es Halb= gelehrten, Staatsleuten, Kaufleuten und Handwerkern? Der Laie läßt den Priester, der Priester den Professor, der Professor Calvi= num, Lutherum, die Heidelbergischen, Wittenbergischen und Triden= tinischen Theologen, und Diese wieder die Concilia, Kirchenväter und Athanasium für sich denken. Ein Jeder denkt dem Andern nach und giebt sich Mühe, ja nicht anders zu denken, als seine Vorfahren gedacht haben, von welchen er glaubt, daß sie die Or= thodoxie besessen. Wie Viele sind wol, die, ich will nicht sagen einzelne schwere Oerter, darauf es ankommt, mit eigener Einsicht, welche aus Sprachen und Alterthümern entstehen kann, nupar= teiisch betrachten, sondern sich nur in den Sinn kommen ließen, daß sie aus der ganzen Schrift selber, nach eigener Einsicht ein Lehrgebäude ziehen wollten, ohne irgend an das System ihrer Katechismusjahre zu gedenken? Nein! unsere symbolischen Bücher müssen zum Grunde liegen, nach denen müssen wir die Schrift erklären. Vitringa und Lampe [1]) waren geschickte, wackere Leute; wer kann es leugnen? und was funden sie in der Bibel? den Heidelbergischen Katechismus und das Dortrechtische Con= cilium. Buddeus, Reinbeck, Mosheim [2]) haben allewege großen

---

1) Ueber **Vitringa** vergl. die Anm. zu Seite 108. — **Friedrich Adolph Lampe** (geb. 1683 zu Detmold, 1720—27 Professor in Utrecht, gest. 1729 als Professor und Pastor in Bremen) ist eine Hauptzierde der beutschreformirten Kirche im 18. Jahrhundert und Begründer einer besonderen homiletischen und katecheti= schen Schule. Sein „Geheimniß des Gnadenbundes" (6 Bde.) erlebte im Jahre 1751 die siebente Auflage. Noch heute von Bedeutung ist seine „Auslegung des Evangelii Johannis". — **Heidelberger Katechismus** heißt das auf Veran= lassung des Kurfürsten Friedrich III. von der Pfalz durch Ursinus und Olevianus verfaßte Lehrbuch der Glaubenssäße der reformirten Kirche, welches 1563 erschienen ist und namentlich den Deutschreformirten als symbolisches Buch gilt. — Auf der **Dortrechter Synode** (1618—19, dem Dortrechtischen Concilium) wurden die Arminianer oder Remonstranten aus der reformirten Kirche gestoßen und die absolute Prädestination als Dogma dieser Kirche festgestellt. — A. d. H.

2) **Johann Franz Buddeus** (eigentlich Budde, geb. 1667 zu Anklam, gest. 1729 als Kirchenrath zu Gotha) und **Johann Gustav Reinbeck** (geb. 1683 zu Celle, gest. 1741 als Propst zu St. Petri in Berlin) wendeten die Wolffische Philosophie in der Theologie an. — **Johann Lorenz von Mosheim** (geb. 1694 zu Lübeck, gest. 1755 als Professor der Theologie und Kanzler der Georgia

Ruhm; wer wollte ihnen den streitig machen? Aber was sehen sie in der Bibel? die Augsburgische Confession und Lutheri Katechismum. Grotius, Episcopius, Limborch[1]) haben viel Einsicht und Wissenschaft gehabt; ich habe nichts dagegen. Was ziehen sie aber aus der Schrift für eine Lehre? Der Arminianer. Lasset uns auch Petavio,[2]) Bellarmino und andern Katholischen mehr das Zeugniß einer großen Gelehrsamkeit nicht unbillig versagen! Aber was kommt aus ihrem Bibelforschen heraus? Die Lehre der Tridentinischen Väter. Wenn solche große Leute, die Alles gehabt, was zum Verstande der Bibel Licht geben kann, dennoch im Blinden getappt und nichts anders darin finden können, als was ein Jeder in seiner Jugend aus seinem Katechismo gesogen: was will doch Einer, der weder Sprachen, noch Alterthümer, noch Vernunftkunst, noch Historie, noch Wissenschaften im Kopfe hat, dem nichts als vorgefaßte Meinungen übergelassen sind, woran er sich halten könne, was will Der, sage ich, sich anmaßen, daß er aus der Schrift durch eigene Einsicht erforschen wollte? Er mag sich vielleicht nach Lesung der Schrift einbilden, er sehe nun mit eigenen Augen, er glaube nun nicht mehr einfältig, was seine Kirche und sein Katechismus sagen; und dennoch ist es nicht anders. So lange sich Einer nicht aufrichtig entschließet, vor Lesung der Schrift alle seine Theologie abzulegen und nichts zu wissen, was darin stehe, so kann er auch nicht lernen, welcher der eigentliche Zusammenhang der darin vorgetragenen Lehre sei. Denn wenn wir gleich alle vorgefaßte Meinungen bei Seite setzen, so sind doch die allerwenigsten Menschen fähig, aus der zerstreuten und hin und wieder versteckten Materie ein Lehrgebäude des Glaubens aufzurichten. Man kann nicht leugnen, daß das Glaubensbekenntniß der Hebräer und Christen im Alten und Neuen Testamente nicht an einem Orte, nicht im Zu-

---

Augusta zu Göttingen) ist Begründer der pragmatischen Methode in der Kirchengeschichte. Alle Drei gehören zu den bedeutendsten Lutherischen Theologen des vorigen Jahrhunderts. — A. b. H.

1) Hugo Grotius (geb. 1583 zu Delft, gest. 1645 zu Rostock auf einer Reise nach seiner niederländischen Heimath). Simon Episcopius (eigentlich Biscop, geb. 1583 zu Amsterdam gest. 1643 als Professor am Arminianischen Kollegium seiner Vaterstadt) und Philipp van Limborch (geb. 1633 zu Amsterdam, gest. 1712) sind drei der bedeutendsten Theologen Arminianischer Richtung. — A. b. H.

2) Der als Gelehrter ausgezeichnete Jesuit Dionysius Petavius (Denys Petau, geb. 1583 zu Orléans, gest. 1652 in Paris) hat sich nicht blos um die Chronologie große Verdienste erworben, sondern auch dogmatische Werke verfaßt. Ueber Bellarmin vergl. die Anm. auf S. 108. — A. b. H.

sammenhange, nicht deutlich durch Erklärung der Begriffe, nicht
ordentlich nach Articuln, so wie in unsern heutigen Lehrbüchern,
vorgetragen sei, sondern daß Alles, was dahin gehöret, bald hie,
bald da bei Gelegenheit, zum Theil ganz verstedt oder mit unbe=
stimmten und Vielerlei bedeutenden Worten außer dem Zusammen=
hange vorgebracht sei; daß manche Redensarten verblümt, weit
getrieben, dunkel und schwer zu verstehen sind und große Uebung
in der Erklärungskunst nebst Belesenheit, Wissenschaft und Scharf=
sinnigkeit erfordern; daß Vieles nicht sowol ausdrücklich darin
enthalten, als durch Folgerungen und Vernunftschlüsse herauszu=
bringen sei, Anderes ohne Alterthümer und Historie der Mei=
nungen und Redensarten der Alten nicht recht verstanden werden
könne.   Daher es kein Wunder ist, daß nach der verschiedenen
Einsicht der Menschen und nach den verschiedenen vorgefaßten
Meinungen so vielerlei Systemata aus der Schrift gezogen sind,
als Secten und Ketzereien im Christenthume gewesen. Ein Buch,
das nicht systematisch, nicht deutlich und ordentlich, sondern so
geschrieben ist, daß hundert verschiedene Systemata daraus ge=
nommen werden können, erfordert einen Leser, der ganz ungemeine
Gelehrsamkeit, Scharfsinnigkeit und Einsicht besitzet und dabei
von allen Vorurtheilen vollkommen frei ist, wenn er das darin
liegende System nur mit einiger Wahrscheinlichkeit herausbringen
soll.   Da ist unter Tausenden, auch der Gelehrten und Gottes=
gelehrten kaum Einer, der alle die dazu erforderliche Eigen=
schaften besitzet; für den allergrößten Theil der Menschen und
selbst der Gelehrten ist es eine unmögliche Sache, sich durch eigene
Einsicht ein wahres System aus der Schrift zu bauen. Was
bleibt denn übrig, als daß ein Jeder sich an seinem von der ersten
Kindheit an erlernetem Bekenntnisse hält. Und was ist das
anders als blinde Folge, Vorurtheil, Dünkel, eitler Schein? ge=
wiß kein zuverlässiger, gegründeter Glaube! "

§§. „Allein es ist damit noch nicht ausgemacht, daß man ein
Buch, darin eine Offenbarung enthalten sein soll, verstehet; man
muß auch nothwendig wissen, ob es eben die Leute, denen man
etwa eine Offenbarung zutrauen möchte, zu Urhebern habe oder
ihnen nur untergeschoben sei, und ob man mit dem Buche auch
in so langer Zeit allemal ehrlich und vorsichtig genug umgegangen
oder ob es auch hin und wieder verfälscht oder verstümmelt sei.
Denn gewiß keine Art Schriften sind der Nachstellung der Be=
trüger und Gefahr der Verfälschung mehr unterworfen als solche

die den Ruf einer Weissagung, Offenbarung und Göttlichkeit vor
sich haben; kein Volk hat sich in der Kunst, ganze Schriften unter
dem Namen prophetischer Männer zu schmieden, dreister gewiesen
als das jüdische; keine Secte ist wegen der fraudum piarum in
Unterschiebung der Schriften so berühmt als die christliche. Wir
haben keine Offenbarung davon, in welchen und wie vielen
Büchern die Offenbarung enthalten sei, wenn und von wem ein
jedes geschrieben, ob der Schreiber von dem heiligen Geiste ge=
trieben sei, ob Diejenigen, welche das zuerst von den Verfassern
geglaubt, richtig geurtheilet oder sich betrogen haben. Es läßt
sich von den meisten Büchern Altes Testaments augenscheinlich
zeigen, daß sie so alt nicht sein können, als sie ausgegeben werden,
noch von Denen geschrieben sein können, die man gemeiniglich für
die Verfasser hält. Moses kann nicht Verfasser von den fünf
ersten Büchern des Alten Testaments sein, so wie wir sie setzt
haben, und was denn auch Mosis Gesetz vor Zeiten geheißen haben
mag, das war vor der Babylonischen Gefängniß fast in Keines
Händen. Die Samariter wollten hernach von keinem andern
Buche als diesem allein wissen; alle übrige prophetische Bücher
kannten sie nicht und nahmen sie nicht an. Von historischen hatten
sie nur eins, unter Josuä Namen, das aber von dem heutigen
ganz verschieden war. Woher sind denn die übrigen Bücher zu den
Juden kommen? wer hat sie gemacht? wer hat sie gesammlet?
wer hat sie für kanonisch erklärt? Wo sind hergegen so viele
Bücher geblieben, auf welche sich die übergebliebenen gründen
und berufen, und die daher noch mehreres Ansehen und Alter=
thum müssen gehabt haben? wo sind die Bücher, welche die Apo=
stel selbst als Schrift und Weissagung anführen und doch in
unserm heutigen Alten Testamente nicht vorhanden sind? Die
Schreiber des Neuen Testaments geben ihre Bücher selbst nicht
für die göttliche Schrift aus; sie heißen nichts anders Schrift oder
Bibel als das Alte Testament; sie zeigen nicht an, daß aus ihren
Schriften, und zwar gewissen Schriften, eine Sammlung solle
gemacht und als ein Neues Testament mit der Schrift Altes
Testaments gleiches Ansehen haben. Ein Jeder schrieb bei Ge=
legenheit, wie es ihm gut dünkte. Es waren anfangs von der
Geschichte Jesu viele und mancherlei Erzählungen und Schriften
in der Leute Händen, die alle hin und wieder für wahre Nach=
richten gehalten wurden. Die Evangelisten aber, die wir noch
übrig haben, sagen nicht, daß die andern Evangelia falsche Evan=
gelia, noch daß ihnen ihre von Gott eingegeben und also die

rechten wären, ſondern Lucas zum Exempel ſpricht: Nachdem
ſchon ſo Viele ſich unternommen hätten, eine Erzählung von Jeſu
Geſchichten zuſammenzutragen, ſo wie es ihnen von Leuten, die
dabei geweſen, berichtet worden, ſo habe es ihm auch gedünkt,
desgleichen zu thun.*) Es iſt nach und nach gekommen, daß ſich
die andern Evangelia verloren, und daß dieſe viere, als die ge=
meinſten und beliebteſten, die Oberhand behalten. Die Apoſtel
haben geſchrieben, ein jeder ſo, wie es Zeit und Gelegenheit gab,
ohne Verabredung oder Vorſatz, ein völliges Lehrgebäude in
ihren Schriften zu hinterlaſſen; zuweilen auch von ihren beſondern
Angelegenheiten. Manche von ihren Schriften ſind verloren,
andere ſind ohne Befehl und Abſicht der Apoſtel ſelbſt, wer weiß
von wem, abgeſchrieben und geſammlet. Die eigene Hand=
ſchriften der Apoſtel waren nicht aufbehalten; an manchen
Schriften wurde gezweifelt, ob ſie auch von den Apoſteln ge=
ſchrieben wären, und es kam auf Jedes Gutdünken, auf allge=
meinen Ruf und Sage an, ob man dieſe oder jene Schrift wollte
vor apoſtoliſch durchgehen laſſen; ſo daß noch bis ins ſechste,
ſiebente Jahrhundert manche Bücher des Neuen Teſtaments von
gewiſſen Kirchenvätern verworfen und nicht für kanoniſch erkannt
wurden. Wenn denn ja die Bücher für kanoniſch erkannt
worden, wie iſt man damit umgegangen? Wir wiſſen, daß nicht
allein viele Lesarten darin befindlich ſind, ſondern daß auch an
manchen Stellen gezweifelt worden, ob ſie aufrichtig wären. Hat
nicht die ganze Hiſtorie von den Magis aus Morgenland,[1]) das
achte Capitel Johannis, der deutlichſte Spruch von der Dreieinig=
keit: „Drei ſind, die da zeugen" ꝛc., in vielen, ja den
älteſten Handſchriften gefehlet? Hat nicht Herr Wettſtein[2]) offen=

---

*) „Ἔδοξε κἀμοί“, Luc. 1.

1) „Die Hiſtorie von den Magis aus Morgenland" (Matth. 2)
fehlt allerdings z. B. in dem ſehr alten Codex Alexandrinus (A); aber das iſt kein
Wunder, denn in dieſem Codex fehlt überhaupt faſt der ganze Matthäus; dagegen
haben ſie andere alte Codices. Anders verhält es ſich mit „dem achten Capitel
Johannis," oder vielmehr nur mit der Geſchichte von der Ehebrecherin (Joh.
7,53 bis 8,11) und mit „dem deutlichſten Spruch von der Dreieinig=
keit" (1. Joh. 5, 7. 8). Dieſe beiden Stellen fehlen in ſämmtlichen älteſten Codi=
ces und werden daher gegenwärtig z. B. in den Ausgaben von Tiſchendorf auch
nur unter dem Text mitgetheilt. — A. d. H.

2) Joh. Jakob Wettſtein (geb. zu Baſel 1693, geſt. 1754) erwarb ſich
durch ſeine mit umfangreichen Prolegomenen verſehene äußerſt fleißige kritiſche
Ausgabe des N. T. (Amſterdam 1751. 52) die höchſten Verdienſte um die Feſt=
ſtellung des neuteſtamentlichen Textes. — A. d. H.

bar gewiesen, daß man mit den alten Handschriften des N. T.
nicht ehrlich umgegangen ist, und um nur Jesu Gottheit hinein=
zudringen, viele Stellen desselben in den MSS. gottloser Weise
geändert? Ich führe dieses Alles jetzt nicht an in der Absicht,
solches an diesem Orte als wahr zu erweisen; sondern ich will
nur damit zeigen, was von Alters her bei den Büchern und
Grundtexte der Schrift in Streit gezogen ist und billig von einem
jeden Menschen, ehe er sich ein Buch als baare Offenbarung in
die Hände stecken lässet, müßte untersuchet und geprüfet werden.
Denn daß man in neueren Zeiten fast durchgehends zu dieser oder
jener Meinung getreten ist oder diese Streitigkeiten gar schlafen
lässet, das machet die Sache nicht gewisser und entbindet keinen
vernünftigen Menschen von der Pflicht einer so wichtigen Unter=
suchung. Der feste, ungezweifelte Beifall und Zuversicht der
Neuern, daß es mit allen Büchern und üblichen Lesarten der
Schrift seine vollkommene Richtigkeit habe, ist auf nichts ge=
gründet als auf die blinde und faule Leichtgläubigkeit der Vor=
fahren. Je näher man zu den älteren Zeiten hinaufsteiget, da
man doch noch etwa bessere Urkunden und Beweisthümer hätte
haben mögen, desto mehr Streit, Ungewißheit und Zweifel ist
wegen der Bücher des Neuen Testaments. Ist denn nun nicht
zum gegründeten Glauben, der aus diesen Büchern entstehen soll,
nöthig, daß Einer alle die Alten und ihre Nachrichten von denen
Büchern und Personen durchlese, daß er die Kritik, Sprachen und
Historie der Zeiten, Gewohnheiten und Meinungen inne habe,
viele Schärfe des Verstandes besitze und seine Vernunft im Nachden=
ken wohl geübet habe? Eins von Beiden muß nothwendig sein:
entweder wir müssen die offenbarte Religion, worin wir erzogen
sind, blos auf gut Vertrauen zu unsern Lehrern und zu allen
Vorfahren und denen ersten Urhebern annehmen, oder so wir da=
von selber gründlich überführt sein wollen, müssen wir die Ur=
kunden, worin dieselbe enthalten ist, und deren Verfasser genau
kennen und untersuchen. Jenes kann nichts anders wirken als
einen blinden Glauben, da man selbst nicht weiß, was und
warum man es für wahr und göttlich hält, sondern da man blos
das Glück oder den Zufall bestimmen lässet, was er uns durch
erbliche Verlassenschaft unserer Eltern und Vorfahren für Mei=
nungen und Religion zugetheilet. Ein solcher Glaube ist der
türkischen, jüdischen und heidnischen Religion, ja alles Aber=
glaubens und Abgötterei gleich fähig und kann eben daher un=
möglich allgemein werden, weil er sich blindlings nach den Vor=

fahren richtet, die längst in gar verschiedene Meinungen, Secten und Religionen vertheilet gewesen; kann auch unmöglich der Grund der Seligkeit sein, weil die Seligkeit nicht auf ein Glück und Zufall beruhen kann. Ist denn aber im Gegentheil ein gegründeter Glaube und dazu eine Untersuchung der Urkunden nöthig, welche uns ohne viele Belesenheit, Historie, Sprachen, Kritik, Wissenschaft, Nachdenken, Witz und Scharfsinnigkeit unmöglich klares Licht geben kann, so ist abermal offenbar, daß der Glaube an eine Offenbarung unmöglich allgemein werden kann, weil unter Tausend der Gelehrten, ja unter tausend Gottesgelahrten kaum einer zu dieser Untersuchung fähig ist, geschweige, daß Ungelehrte, weß Standes sie auch sind, zu einer Ueberführung davon gelangen könnten."

§§. „Wir haben aber noch die wichtigste und allerschwerste Untersuchung übrig. Soll ein Buch als die göttliche Offenbarung, als der Grund des Glaubens und der Seligkeit angenommen werden, so muß ja wol ein Mensch erst recht klar und deutlich überführt sein, daß die Schrift Gottes Wort sei, und daß die Verfasser, welche sonst ohnstreitig sündliche Menschen gewesen wie andere, dieses voraus gehabt, daß ihnen Gott Alles eingeflößet, und daß sie sich darin weder selbst betrogen noch Andere betrügen wollen. Mein! wie Viele sind doch wol in der Christenheit, die jemals an solche Frage gedacht oder, so ihnen solches eingefallen, die darnach zu fragen nicht für gefährlich und sündlich gehalten; oder die auch, wenn sie sich so weit erdreistet, das Geschick und die Wissenschaft haben, solches aus rechten Gründen zu beurtheilen; oder endlich, die, wenn sie alle dazu nöthige Fähigkeit besäßen, wegen eingesogener jugendlichen Vorurtheile unparteiisch dabei verfahren können? Es ist artig, wie diese schwere und wichtige Sache denen Leuten erleichtert wird. Die Kinder lernen ein halb Dutzend Sprüche aus der Bibel, darin gesagt wird, daß die Bibel Gottes Wort sei; so sind sie darnach ihr ganzes Leben hindurch mit Hilfe ihres Gedächtnisses im Christenthume vortrefflich gegründet und wider allen Zweifel und Anfechtung bewahret. Die Offenbarung hat denn allein das Vorrecht, sich per *petitionem principii*[1]) zu erweisen: Die

---

1) Unter „petitio principii" versteht man denjenigen Fehler im Beweisverfahren, bei welchem dasjenige vorausgesetzt wird, was in Frage steht, also etwas als Beweisgrund benutzt wird, was selbst erst bewiesen werden müßte. — A b H.

Schreiber sind von Gott getrieben, denn sie sagen es; Beweis genug! nur Schade, daß denn doch allein die wahre Offenbarung solch Vorrecht haben kann, die falschen aber nicht, und daß folglich die Ungewißheit bleibt, welche die wahre Offenbarung sei, mithin die Nöthigkeit solcher Untersuchung aus bessern Gründen bestätiget wird. Noch kürzer kommen Andere zum Beweise, wenn sie sich berufen auf die Kraft des Geistes, der mit dem Worte verbunden sei und der Seele Zeugniß gebe, daß es Gottes Wort sei. Wer aber merket solch Zeugniß bei sich? Die, welche es vorher schon glauben, daß die Schrift Gottes Wort sei. Denn sonst müßten ja Juden, Türken, Heiden und Alle, die noch von der Göttlichkeit der Schrift nicht überführt sind, alsobald bekehrt werden, wenn sie nur die Schrift läsen, und müßten wenigstens merken, daß der Geist Gottes ihnen das auch sage und ihrer Seelen einrede. Denn Die hätten es gewiß am Meisten nöthig, daß sie so überführt würden. Bei Denen aber findet sich gerade das Gegentheil, indem sie sich alle Augenblick beim Lesen, bald hie= bald daran stoßen und viel Ungereimtes, Widersprechendes, Fabelhaftes, ja Gottloses und Liederliches därin zu finden vermeinen, daran ein vernünftiger und gesitteter Mensch nothwendig Aergerniß nehmen müsse. Und wenn ja gleich hin und wieder etwas vorkäme, das wahr und gut gesagt sei, so sei es doch nichts Außerordentliches, dergleichen nicht auch im Alkoran und bei vernünftigen Heiden, ja mehrentheils weit edler, schöner und unanstößiger ausgedrückt anzutreffen wäre. Es macht blos die Gewohnheit der Menschen, da sie von Jugend auf ohne Verstand und Nachdenken alle die saubern Historien von Noah, von Lot und seinen Töchtern, von Abraham's und Isaak's Preisgebung ihrer Weiber, von Jakob's Betrug und List, von Joseph's Kornjuderei und Unterdrückung der Unterthanen, von Mosis Stehlen, Rauben und Morden und so weiter lesen, daß ihnen Alles das nicht mehr anstößig und ärgerlich dünkt; und hergegen macht die in der Jugend gefaßte Meinung, Gott spreche in der Bibel mit den Menschen, daß sie schon zum Voraus mit Hochachtung, Ehrfurcht, Bewunderung und mit Vorsatz, auf das Göttliche Acht zu geben, zur Lesung oder Anhörung der Bibel schreiten und alsdenn bald hie= bald dadurch bewegt werden und also das Zeugniß des Geistes von der Göttlichkeit der Schrift bei sich zu spüren vermeinen. Fraget doch aber einen Türken, ob ihm bei Lesung seines Alkoran's nicht ebenso zu Muthe sei, und ob er nicht von heiliger Andacht und

Bewunderung über die göttliche Schreibart so gerühret werde,
daß er glaubt, es sei nicht möglich, wenn auch alle Engel zusam=
menkämen, ein dergleichen schönes Buch zu verfertigen. Das
macht, er kömmt zu seinem Alkoran ebenso vorbereitet wie der
Christ zur Bibel. Ich bin aber versichert, wenn ein Mensch
weder ein noch anderes Buch von Jugend auf gelesen hätte,
wäre aber doch vernünftig erzogen und käme denn mit gesetzten
und geübten Gemüthskräften und ohne Vorurtheil, ja, ohne ein=
mal zu wissen, was die Bibel für ein Buch sei, über die Bibel,
so würde er sie nicht nur ohne Bewegung lesen, sondern bald für
einen Roman und Sammlung der alten fabularis historiae, bald
für eine Geschichte der Thorheit und Bosheit der Besten unter
dem jüdischen Volke, bald für unverständliche Enthusiasterei oder
auch verständliche Betrügerei ihrer Priester und so ferner halten.
Wer jede Gemüthsbewegung bei sich, indem er etwas lieset oder
höret, für ein Zeugniß der Wahrheit und des Geistes Gottes
hält, der kennet sich selbst noch nicht, was alles für Vorstellungen
in seinem Gemüthe sind, die es zuweilen weich, zärtlich und rege
machen können. Dazu braucht es, zumal bei Leuten, die vorher
wovon eingenommen sind und ihre Vernunft bei Seite setzen,
keiner Wahrheit, keiner übernatürlichen Wirkung des Geistes
Gottes. Es kann ein tröstlich Märlein, eine traurige Geschichte,
eine lebhafte und zum Mitleide eingerichtete Vorstellung in
Fabeln, Legenden, Tragödien, Historien und so ferner verrichten.
Wer Wahrheit und Göttlichkeit einer Schrift auf solche Be=
wegungen des Herzens ankommen läßt, der macht seine eigene
Einbildung und Weichlichkeit zum Richter in einer so wichtigen
Sache. Allein die jüdische und christliche Kirche hat doch von so
langer Zeit diese Bücher für göttlich gehalten. Abermal eine
Verkürzung des Beweises! Sagt mir aber, was nennet man die
Kirche? Sind es solche Leute, die die Schrift für Gottes Wort
gehalten, oder sind es andere? Wenn jenes, wie ich glaube,
Kirche heißet, so hat es seine Richtigkeit: welche die Bibel für
Gottes Wort gehalten, die haben sie dafür gehalten. Was soll
uns aber die Menge Leute, die es so viele Jahrhunderte Einer
dem Andern nachgebetet? Hat Einer geirret, so haben sie Alle ge=
irret. Kann sich nicht die Meinung in den Zeiten der Unwissen=
heit bei der leichtgläubigen Einfalt durch pias fraudes einge=
schlichen haben und darnach mit blindem Eifer fortgepflanzet sein?
Soll ich denn meinen Glauben und Zuversicht auf Leute ankommen
lassen, die vor siebenzehnhundert Jahren gelebt haben, und die

ich selber nicht kenne, noch weiß, wer sie gewesen sind, viel
weniger von ihrer Ehrlichkeit und Vorsicht versichert bin? Jedoch,
es ist auch so richtig nicht mit der lieben Kirche, falls wir einen
Blick in die Geschichte thun. Die jüdischen Schreiber haben an=
fangs in ihrem Volke wenig Glauben gefunden, und die Schriften
des Nenen Testaments sind nicht nur von Auswärtigen, sondern
auch von Einheimischen sehr angefochten und ihnen andere
Schriften entgegengesetzt worden. Wir müssen ein Kennzeichen
der Offenbarung haben, dadurch wir selbst, ohne Andern blind=
lings zu trauen, mit eigener Einsicht zu allen Zeiten fähig sind,
zu urtheilen, ob etwas eine wahre Offenbarung sei oder nicht.
Demnach bleibt uns nichts übrig, wenn wir auf den Grund
gehen wollen, als daß wir theils die Schreiber selbst, theils den
Inhalt ihrer Schriften untersuchen. Von den Schreibern kennen
wir zwar nicht alle, aber doch etliche aus ihrer eigenen Erzählung,
wer sie gewesen und was sie verrichtet haben; wir sehen ihre
Absicht aus den Schriften, wir bemerken ihre Schreibart, wir
erkennen die Ordnung ihrer Gedanken. Der Inhalt ist entweder
historisch oder läuft in Wissenschaften hinein oder bestehet in
Lehren, die über unsern Verstand sind. Historische Dinge müssen
nach den Regeln einer glaubwürdigen Geschichte beurtheilet
werden. Was zu Wissenschaften gehöret, muß der Vernunft
gemäß sein oder sich aus deutlichen Begriffen und unleugbaren
Grundsätzen durch richtige Vernunftschlüsse beweisen lassen. Was
aber ein höheres übernatürliches Erkenntniß sein soll, muß doch
nicht wider die Vernunft sein, das ist keinen innern Widerspruch
enthalten oder andern klar erkannten Wahrheiten widersprechen.
Jedoch wenn auch dieses Alles einträfe, so wäre ein Buch darum
noch nicht göttlich. Denn von Geschichten und Wissenschaften
kann auch ein verständiger Mensch wahr schreiben, ja ordentlich,
deutlich und schön schreiben, und er könnte auch was Unbegreif=
liches sagen, ohne daß man ihn eines Widerspruchs überführen
könnte, das deswegen doch nicht wahr oder göttlich wäre. Dem=
nach geben alle die obigen Betrachtungen blos solche Kennzeichen,
daraus man die Sache wol verneinen, aber nicht bejahen kann.
Eine einzige Unwahrheit, die wider die klare Erfahrung, wider
die Geschichte, wider die gesunde Vernunft, wider unleugbare
Grundsätze, wider die Regeln guter Sitten läuft, ist genug, ein
Buch als eine göttliche Offenbarung zu verwerfen. Dagegen
muß in einer göttlichen Offenbarung nicht allein Alles dieses
übereinstimmen und ohne den geringsten Fehl sein, so daß man

sich auf alle dabei entstehende Zweifel Genüge thun kann, sondern sie muß auch noch was voraus haben, das sie als göttlich von allem Menschlichen unterscheidet. Und da weiß man nichts anders als Prophezeihungen und Wunder. Bei den Prophe= zeihungen hat man in Acht zu nehmen, ob sie das Zukünftige klar und deutlich voraussagen oder nur, auf Art der heidnischen Orakel, mit dunkeln und zweideutigen Worten, daß man darin finden kann, was ein Jeder will; ob sie wirklich so vor der ge= schehenen Sache niedergeschrieben und bekannt gemacht sind, oder ob sie nur nach der Begebenheit aufgezeichnet oder in so klaren Worten verfasset sei; ob die klar vorher aufgezeichneten Weis= sagungen eingetroffen oder nicht; und wenn jenes geschehen, ob das Zukünftige nicht durch menschlichen Verstand vorauszusehen gewesen; ob es nicht von ohngefähr eingetroffen; ob die Weis= sagung nicht vielleicht gemacht, daß dasjenige sich zugetragen, was vorhergesagt worden; ob nicht solche eingetroffene Wahr= sagungen, und zwar durch die Feder eines spätern Schriftstellers noch verbessert, allein aufbehalten sind, die fehlgeschlagenen aber verschwiegen worden, und was dergleichen mehr ist. Bei den Wundern hat man zu beobachten, ob sie von den Gegenwärtigen ohne Widerspruch für Wunder gehalten sind; ob dieselben das Geschick gehabt, das Natürliche und die Kunstgriffe von über= natürlichen Wirkungen zu unterscheiden; ob die Wunder so er= zählet sind, daß man aus der Erzählung selbst ein geübtes Urtheil des Schreibers und die Merkmale, daß es ein Wunder und nichts Natürliches oder Betrug gewesen, schließen kann; ob die Wunder selbst so beschaffen sind, daß die Umstände mit einander überein= stimmen oder sich widersprechen; ob sie der Art sind, daß sie nicht allein Gottes Macht, sondern auch seine Weisheit und Güte be= weisen, oder ob sie vielmehr diesen Vollkommenheiten Gottes entgegenlaufen und blos die Ordnung und den Lauf der Natur stören und aus der Welt einen Traum machen; letztlich ist sehr darauf zu sehen, was sie für einen Zweck gehabt, und was denn endlich durch diese Wunder Gutes und Herrliches ausgerichtet worden. Wer die Geschichte anderer Völker gelesen, der wird wol begreifen, daß alle diese Untersuchungen bei den Weissagungen und Wundern nöthig sind, wo man nicht will betrogen sein. Und ein Jeder kann auch hier wol sehen, daß aus diesen Kennzeichen viel leichter sei, die Falschheit einer Offenbarung einzusehen, als von ihrer Wahrheit überzeugt zu werden. Denn jene verräth sich, wo man nur nicht gar zu sehr geblendet ist, gar bald, wo nicht in dem Einen, jedoch in dem Andern. Wie will man sich aber, zumal nach so langer Zeit, auf alle die erregten Fragen von den Weissagungen und Wundern genüglich antworten, daß nicht Vieles überbliebe, das wir nicht zuverlässig mit Ja beant= worten oder allen Zweifeln dabei begegnen könnten? Daher denn nothwendig folget, daß sehr Viele von Denen, welche noch die Fähigkeit und den Vorsatz haben, die Offenbarung aufrichtig zu untersuchen, in der Ungewißheit und Zweifeln stecken bleiben oder die Offenbarung wol gar als falsch verwerfen. Und wie Viele bleiben denn wol von dem ganzen menschlichen Geschlechte übrig, die einen gegründeten und zuverlässigen Glauben an die Offenbarung bekommen können?"

§§. „Ich habe in allem Obigem nichts Unbilliges gesetzet. Die Vernunft und die Schrift selbst erfordern eine Gewißheit und Ueberführung des Glaubens. Die Gewißheit kann aber nicht anders als durch obige Untersuchung entstehen, und wer von Menschen nichts fordern will, was über menschliches Ver= mögen ist, wird gestehen müssen, daß eine solche Untersuchung und folglich ein zuverlässiger Glaube an die Offenbarung eine für den allergrößten Theil des menschlichen Geschlechts ganz un= mögliche Sache sei, da die Nachricht und Urkunden der Offen= barung erst müssen an alle Menschen gebracht und in alle Sprachen der Welt übersetzt sein, da ein Jeder muß zu verstän= digen Jahren kommen sein, nach solcher Offenbarung zu forschen, vorgängige Lust bekommen und durch kein Vorurtheil oder Ge= walt davon abgehalten werden; da ein Jeder muß das Buch habhaft werden und lesen können und, so er's lieset, verstehen und erklären und durch eigene Einsicht ein Lehrgebäude heraus= ziehen können, und wenn er dieses gethan hat, von der Richtig= keit der Uebersetzung, von der unverfälschten Bewahrung der Bücher und von den rechten Urhebern derselben überführt sein und alsdann von der Wahrheit der Geschichte und Lehrsätze und von der Göttlichkeit der Weissagungen und Wunder unparteiisch urtheilen: so daß ein Jeder dazu, wenn ihm auch alle Urkunden könnten in die Hände gebracht werden, gar viele Sprachen, Alterthümer, Historie, Geographie, Chronologie, Belesenheit, Erklärungskunst, Weltweisheit und andere Wissenschaften, Witz und Uebung der Vernunft, Ehrlichkeit und Freiheit im Denken besitzen müßte, wenn er nicht blindlings glauben, sondern wissen will, was und an wen und warum er's glaubet; welches unter

Millionen des ganzen menschlichen Geschlechts kaum von Einem zusammen kann gefordert werden. Denn die Hälfte des mensch= lichen Geschlechts verstirbt in kindischen Jahren. Von den Er= wachsenen hat die eine Hälfte, vor Christi Geburt, von der Offenbarung, so etwa dem Israelitischen Volke geschehen wäre, nichts wissen oder glauben können. Und von Denen, so nach Christi Geburt gelebt, sind die Amerikaner und andere jüngst entdeckte Länder insgesammt, wenigstens bis ins funfzehnte Se= culum, ja viele Theile von Europa und Asia bis ins achte, neunte Jahrhundert gänzlich entschuldiget, daß sie keine Christen werden können, weil ihnen nicht geprediget ist, noch bis auf den heutigen Tag die Bibel in alle Sprachen übersetzt, noch allenthalben Missionarii hingeschickt worden. Und nachdem sich das Christen= thum durch Schifffahrt und Handlung weiter ausgebreitet, so können doch Heiden und Türken theils wegen der Gottlosigkeit und Spaltung der Christen unter sich, theils wegen ihres durch väter= liche Religion gefesselten Gewissens und äußerlichen Zwangs unmöglich Lust oder Gelegenheit bekommen, sich nur einmal um die Lehre der Christen und deren Wahrheit recht zu bekümmern: daß daher, wenn wir Alles rechnen, was nach Christi Geburt mit allen möglichen Mitteln, Gewalt und Kunstgriffen hat können christlich werden, selbiges sich nicht auf den hundertsten Theil der gesammten Anzahl erstrecket. Wenn wir nun Diejenigen unter den Christen selbst abrechnen, die in den Zeiten der Barbarei und Unwissenheit gelebt und noch leben, die nicht einmal lesen können oder aus Armuth, aus Bosheit der Pfaffen und Mangel der Bibelexemplarien keine Bibel habhaft werden können und, so sie sie haben und lesen, dennoch nicht verstehen, so wird wiederum unter denselben kaum der hundertste Theil sein, welcher weiter kömmt als bis zu einem Köhlerglauben. Unter Denen, die ein Wenig mehr Gelegenheit und Begriffe haben, die Bibel zu lesen und zu verstehen, können dennoch sehr Wenige das Lehr= gebäude der Schrift aus hundert versteckten Oertern durch eigene Einsicht heraussuchen; und daher sind Hundert gegen Einen, die nicht weiter kommen als bis zum Katechismusglauben: sie halten, daß dies die seligmachende Lehre sei, blos weil es ihr von Jugend auf erlerneter Katechismus sagt. Lasset sie denn endlich auch Gelehrte und Gottesgelehrte sein, so kommen doch Wenige so weit, daß sie alle Urkunden, Kirchengeschichte, Alterthümer, Sprachen und Wissenschaften in so hohem Grade besitzen, daß sie vermittelst der Kritik und Anwendung der gesunden Vernunft

von der Bücher unverfälschten Bewahrung, von den wahren Ur=
hebern derselben, von der Wahrheit der Geschichte, von der
Göttlichkeit der Offenbarung sollten genugsame Prüfung anstellen
können, die bis zu einer zuverlässigen Ueberführung käme. Dem=
nach habe ich nichts zu viel gesagt, daß eine Offenbarung, die
einem Volke im Winkel des Erdbodens und in demselben Volke
nur wenigen Personen, nur zu gewisser Zeit, und zwar durch
Gesichte und Träume geschehen ist, kaum unter einer Million des
menschlichen Geschlechts bei Einem einen überführlichen Glauben
wirken könne, bei allen den andern Menschen aber unmöglich ein
Mittel zur Seligkeit werden könne. Es mag nun Einer so viel
davon abdingen, als er will, er mag nach Gefallen gar keine
solche Gewißheit zu einem seligmachenden Glauben erfordern,
sondern es bei dem Katechismus= und Köhlerglauben bewenden
lassen, so erhellet doch auch aus diesem Gegensatze, daß eine
Offenbarung nimmer allgemein werden kann, weil nach solchem
Katechismusglauben ohne genugsame Fähigkeit der Untersuchung
ein Jeder (wie es auch die Erfahrung giebt) bei seiner väterlichen
Religion, das ist Jude, Türke, Heide bleiben wird und bleiben
muß und also durch Ueberführung und Untersuchung zu keiner
neuen Lehre der Offenbarung gebracht werden kann. Man nehme
demnach an, was man will, einen Glauben an die Offenbarung,
der sich auf zureichende Untersuchung und Ueberführung gründet,
oder der blos mit dem, was Eltern und Lehrer, was Katechismus
und Bibel sagen, zufrieden ist, so ist in beiden Fällen klar, daß
eine Offenbarung, welche alle und jede Menschen ohne Entschul=
digung annehmen könnten und müßten, eine schlechterdings un=
mögliche Sache sei. Da nun Gott nach seiner Weisheit und
Güte, wenn er alle Menschen selig haben will, dasjenige nicht
zum nothwendigen und einzigen Mittel der Seligkeit machen
kann, welches denen allermeisten schlechterdings unmöglich fällt,
zu bekommen, anzunehmen und zu gebrauchen, so muß gewiß die
Offenbarung nicht nöthig und der Mensch für keine Offenbarung
gemacht sein. Es bleibt der einzige Weg, dadurch etwas allge=
mein werden kann, die Sprache und das Buch der Natur, die
Geschöpfe Gottes und die Spuren der göttlichen Vollkommen=
heiten, welche darin als in einem Spiegel allen Menschen, so
gelehrten als ungelehrten, so Barbaren als Griechen, Juden
und Christen, aller Orten und zu allen Zeiten, sich deutlich dar=
stellen. Sollten die Menschen zu ihrem Zweck, dazu sie Gott
geschaffen, eine mehrere Fähigkeit und Erkenntniß haben müssen,

als sie jetzt erhalten können, so würde Gott selbiges in der Natur oder natürlichen Kräften des Menschen gelegt haben. Er hat für die leibliche und zeitliche Wohlfahrt des Menschen durch solche allgemeine Mittel, die ein Jeder haben kann, in der Natur ge= sorget, und was nur Wenige habhaft werden können, das ist auch dem Menschen zu seiner Wohlfahrt nicht nöthig. Um so viel mehr muß dasjenige, was die Seele, und zwar in alle Ewig= keit soll vollkommen und glücklich machen, allgemein sein, und wo es das nicht ist, wenn nur Wenige dazu gelangen können, so ist es auch dem Menschen nicht nöthig und von dem weisen, gütigen Gott nicht als ein nothwendiges Mittel gesetzet, sondern von Menschen ersonnen."

Drittes Fragment.

Durchgang der Israeliten durchs Rothe Meer.

§. 26. „Wenn wir das andere Wunder, nämlich den Durchgang durchs Rothe Meer betrachten, so legt der innere Widerspruch der Sachen ihre Unmöglichkeit fast noch handgreiflicher zu Tage. Es zogen aus Aegypten 600000 streitbare Israeliten, gerüstet und in Schlachtordnung. Sie hatten Weiber und Kinder und viel Pöbelvolk, das sich zu ihnen gesammlet hatte, mit sich. Nun muß man nach dem ordentlichen Verhältniß der Menschen gegen einander für einen Streitbaren, Mannhaften wenigstens 4 Andere, theils Weiber, theils Kinder, theils alte Abgelebte, theils Gesinde rechnen. Daher die Anzahl der Ausgezogenen nach der Angabe der Streitbaren wenigstens auf 3000000 Seelen zu rechnen ist. Sie führeten alle ihre Schafe und Rinder und also viel Vieh mit sich. Wenn wir nun nur 300000 Hausväter und auf jeden eine Kuh oder Ochsen und zwei Schafe rechnen, so gäbe das eine Anzahl von 300000 Ochsen und Kühen und 600000 Schafen und Ziegen. Wir müssen aber auch wenigstens 1000 Fuder Heu oder Futter für das Vieh rechnen, anderer vielen Wagen, zu ihren goldenen und silbernen Gefäßen, die sie entwandt hatten, und zu der häufigen Bagage und den Gezelten für eine so ungeheure Armee ꝛc. zu geschweigen, welche wir nur auf 5000, das ist für 60 Personen einen Wagen, rechnen wollen. Sie waren endlich bis ans Rothe Meer kommen und hatten in dieser Gegend am Ufer ihr Lager aufgeschlagen, als ihnen Pharao mit 600 auserlesenen Wagen

und allen übrigen Wagen Aegyptens nebst der ganzen Reiterei
und Fußvolk nachkam und sich nicht weit von ihnen, da es Abend
ward, setzte.   Josephus rechnet dieses Heer auf 50000 Reiter
und 200000 Fußknechte.   Klein muß es gewiß wol nicht ge=
wesen sein, wo er gegen eine Armee von 600000 Gerüsteten an=
gehen wollte.   Wir wollen aber nur die Hälfte, nämlich 25000
Reiter und 100000 Fußknechte nebst denen Wagen rechnen. Die
Wolken= und Feuersäule setzt sich die Nacht hindurch zwischen den
Israeliten und Aegyptiern.   Gott schickt darauf einen starken
Ostwind, der das Meer die ganze Nacht hindurch wegführete und
trocken machte.   Dann gehen die Israeliten trockenes Fußes
hinein und die Aegyptier ihnen nach, so daß Jene nun völlig
hinüber, Diese allesammt mitten in dem Meere waren.   In der
Morgenwache schauet Gott auf das Heer der Aegyptier, lässet
das Wasser wieder herkommen, daß dasselbe noch vor Morgens
wieder in seinen Strom kommt und also alle Aegyptier ersaufen,
daß nicht Einer überblieb.   Dies ist, was die biblische Erzählung
theils ausdrücklich sagt, theils nothwendig in sich schließt."

§. 27.   „Ich will hier alle die übrigen Umstände bei Seite
setzen und nur den ungeheuren Marsch in Vergleichung der kurzen
Zeit, der Menge der Menschen und Viehes, des unbequemen
Weges und der finstern Nacht in Erwägung ziehen.   Da der
Ostwind die ganze Nacht gewehet, das Meer trocken zu machen,
so kann es gewiß nicht vor Mitternacht trocken geworden sein.
Nun sind in der Morgenwache, das ist nach drei Uhr des Nachts,
die Aegyptier schon mit Roß und Wagen mitten im Meere: da
kommt das Wasser wieder in seinen Strom gegen Morgen, die
Aegyptier fliehen zurück, aber dem Wasser entgegen und er=
sanfen.   Folglich sind in der Zeit von 12 Uhr Nachts bis 3 oder
4 Uhr Morgens alle Israeliten nicht allein durchs Meer auf das
Ufer jenseits, sondern auch die Aegyptier allesammt bis mitten
ins Meer marschiret.   Wer nun einen Marsch einer Armee, ich
will nicht eben sagen mitgethan, sondern nur gehöret oder ge=
lesen hat, der kann leicht begreifen, daß ein solcher geschwinder
Flug, zumal bei einer solchen Menge von Menschen und Vieh
und bei den übrigen Umständen, eine wahre Unmöglichkeit sei.
Die Menge Menschen macht 3000000 aus; danu sind bei den
Israeliten 6000 Wagen mit Futter und Bagage, davor die ob=
erwähnte Ochsen mögen gespannet gewesen sein.   Bei den
Aegyptiern waren viele Streitwagen mit zwei, vier und wol mehr

Pferden bespannet, und also wenigstens, nebst der Reiterei,
100000 Pferde. Dann kommt das Vieh der Israeliten:
300000 Ochsen und Kühe und 600000 Schafe. Wann eine
solche ungeheure Menge Menschen und Vieh sich lagern soll, so
wird ein Raum von vielen deutschen Meilen in die Länge und
Breite dazu erfordert werden, wie nicht allein die heutige Erfah=
rung, sondern auch die Art des Lagers der Alten lehret. Das
Lager der Hebräer war, wie bei der Hütte der Versammlung
und auch an den Städten der Leviten zu sehen ist, viereckt. Und
die Sache giebt, daß ein Heer gegen einen feindlichen Ueberfall
seine Mannschaft nicht etwa in die Länge zerstreuen und schwach
machen, sondern beisammen halten müsse, wozu ein Viereck das
Bequemste ist, welches auch die Römer und andere Völker beliebt
haben. Wenn wir nun auch 10 Personen in ein Gezelt bringen,
so giebt doch die Anzahl von 3000000 Menschen schon 300000
Gezelte. Diese können nicht bequemer ins Gevierte gestellet
werden, als daß sie die Bagage, die Wagen und das Vieh zum
Schutz in die Mitte nehmen. Wenn wir nun bedenken, was
300000 Ochsen, 600000 Schafe und so viele tausend Bagage=
wagen für einen ungeheuren Platz erfordern, und wie weit sich
um dieselbe herum 300000 Gezelte erstrecken müßten, so sagen
wir sehr wenig, wenn wir behaupten, daß Alles mit einander,
wenn es auch noch so ordentlich und vortheilhaft gestellet wäre,
über zwo Meilen in die Länge und Breite erfüllen müssen. Da
nun zwischen dem Heere der Israeliten und Aegyptier nothwendig
noch ein großer Zwischenraum sein müssen, so ist ferner offenbar,
daß wir nicht zu milde rechnen, wenn wir sagen, daß das letzte
Heer der Aegyptier noch eine Meile von den äußersten Israeliten
und also drei Meilen von der See entfernet gewesen. Die See
selbst, wenn wir sie nach dieser Erzählung messen, müßte auch
wenigstens eine deutsche Meile breit gewesen sein, wenn
Pharaon's ganzes Heer mit so vielen Roß und Wagen in der=
selben mittelsten und tiefsten Gange auf einmal einen Platz und
ihr Grab gefunden. Mithin hätten die äußersten und letzten
Aegyptier von ihrem Staub des Lagers bis an die Stätte ihrer
Ersäufung ohngefähr vier deutsche Meilen und so die äußersten
und letzten Israeliten von dem Staub ihres Lagers bis an die
Stelle jenseit des Meers gleichfalls ohngefähr vier deutsche Meilen
gehabt."

§. 28. „Nun möchte man eher gedenken, das wäre ja wol

so unmöglich noch nicht, daß man auf der Flucht 4.Meilen in 4 Stunden zurücklegen möchte. Allein wer nur ein Wenig zu deutlicher Vorstellung der Sachen mit allen Umständen gewöhnet ist und insonderheit die Art des Marsches der Morgenländer und den Boden des Meeres kennet, der wird keine Mühe haben, einzusehen, daß ein solcher Marsch von 4 deutschen Meilen in 4 Stunden und in finsterer Nacht, mit so viel Menschen, Bagage und Vieh, über einen Boden der See, der nur Wenigen zugleich einen Gang verstattet, eine wahre Unmöglichkeit sei. Um solches nun ganz klar zu machen, will ich erst den ordentlichen Zug der Morgenländer und Hebräer beschreiben, so weit ich ihn aus den Alterthümern habe finden können, ohne daß ich noch vors Erste dadurch die Israeliten in ihrer Flucht gedenke aufzuhalten. Die Hebräer hielten eine Ordnung im Ziehen, so daß Stamm vor Stamm und in jedem Stamme jede Familie unter den Häuptern ihrer Väter zoge. Indem ich aber dieselbe Ordnung auch auf diesem Marsche setze, so halte ich die Leute gar nicht dadurch auf. Denn man weiß, daß Ordnung im Marsche fördert und Unordnung gewaltig zögert. Nun waren sonst unter ihnen Hauptleute über 1000, über 100, über 50, ja über 10. Da sie nun noch Hauptleute über 10 als Corporals gehabt, so ist sehr wahrscheinlich, daß sie ordentlicher Weise nicht stärker als 10 Mann in einem Gliede marschiret, welches auch die Enge und Ungleichheit der Wege, die sich wenigstens hin und wieder hervorthun konnte, zu erfordern schiene. Daher wir auch heutiges Tages die Karawanen nicht anders als in einem langen Zuge abgebildet finden, welches blos die Unmöglichkeit der Wege veranlasset. Denn sonst wäre es ihr Vortheil, daß sie viel Mann hoch einherzögen; so würden sie mit mehrvereinten Kräften den Räubern widerstehen können. Aus eben der Ursache hatten die Hebräer, so wie andere Karawanen in alten und neueren Zeiten, einen Führer, der mit einem brennenden und schmauchenden Topfe auf einer Stange voranging, damit man ihn in einer großen Ferne bei Tage und Nacht sehen und sich also die Hintersten nicht verirren möchten. Ein solcher ordentlicher Zug gäbe bei einem Heere von 3000000 Menschen 300000 Reihen oder Glieder. Wenn wir nun auf jede Reihe, mit dem Viehe und Bagagewagen durch einander gerechnet, nur 3 Schritte Platz bringen, so wird sich der ganze Zug auf 900000 Schritte oder 180 deutsche Meilen erstrecken. Da nun ein hurtiger Kerl nicht mehr als 4000 Schritte in einer Stunde gehen kann, so würde der Zug, ohne die Stellung der Ordnung, ohne Rast-

tage zu rechnen, 225 Stunden oder 9 Tage und 9 Stunden
währen, ehe die Letzten nur in der Ersten Fußstapfen treten konnten.
Ich vergrößere hier die Dinge nicht, sondern ich sage sowol nach
der heutigen Erfahrung als nach der Geschichte der Hebräer
viel zu wenig. Ich will den General heutiges Tages sehr loben,
welcher bei der jetzigen so sehr ausgekünstelten Kriegsordnung
nur mit 100000 Mann einen Marsch von etlichen Meilen in
8 bis 10 Tagen thun kann, so daß sie Alle zur Stelle kommen.
Und wer auf die Märsche der Israeliten Acht giebt, wird finden,
daß sie so langsam von einem Orte zum andern gezogen sind:
wie sie denn an den Berg Horeb erst im dritten Monate kamen, wo
sie nach Mosis erster Rechnung in 3 Tagen zu sein gedachten."

§. 29. „Es frägt sich aber, wie viel Zeit die Israeliten
bei den Umständen einer Flucht am Rothen Meere gewinnen
können. Ich will Alles einräumen, was möglich ist; nur bitte
ich mir aus, daß man den Israeliten und ihren Ochsen und
Karren keine Flügel gebe, und daß man die See nicht anders
mache, als sie gewesen und noch ist! Wollte man setzen, dieses
Heer der Israeliten von 3000000 Menschen hätte sich nicht ins
Gevierte, sondern am Strande des Meeres in die Länge gelagert,
und wäre also der See nicht allein näher gewesen, sondern auch
in breiten Reihen über den trockenen Boden der See gegangen: so
würde man etwas annehmen, das theils nicht viel zur Geschwindig=
keit hülfe, theils wider die Beschaffenheit der Sachen und biblischen
Geschichte ist. Ich sage, eines Theils würde es zur Geschwin=
digkeit nicht viel helfen. Denn man stelle so Viel in einer Reihe, als
einem Jeden beliebt, so wird die Reihe so lang werden, daß Moses
mehr als die ganze Nacht brauchte, es Allen und Jeden am
äußersten Ende wissen zu lassen, daß sie aufbrechen sollten. Das
Volk war sich Pharao mit seinem Heere nicht vorher vermuthen;
es dachte an keinen solchen Durchgang durch die See; wie sie
ihre Augen aufhuben und die Aegyptier sahen, kamen ein Theil
erschrocken zu Mose und meinten, nun müßten sie Alle sterben.
Da sagt ihnen Moses erst, was geschehen sollte. Die Wolken=
und Feuersäule ging auch nicht voran, daß sie daraus den Aufbruch
hätten wahrnehmen können; sondern sie stellete sich die ganze
Nacht hinter das Heer, zwischen ihnen und den Aegyptiern. Das
wäre sonst ein Zeichen, daß sie umkehren und gegen die Aegyptier
angehen sollten, weil sich ihre vorangehende Wolkensäule dahin
gewendet. Und das sollten auch die Aegyptier nach diesem Stra=

tegemate daraus denken; wenn aber die Israeliten anders denken
sollten, so mußte es ihnen angezeigt werden, und zwar nicht durch
laute Posaunen, sondern durch Boten, weil es eine Flucht sein-
sollte, die in der Nacht in der Stille zuginge, und die die Aegyptier
nicht merken sollten. Je mehr wir nun die Israeliten am
Straube ausbreiten, je längere Zeit erfordert es, ehe der Auf=
bruch durch Boten zu Aller Wissenschaft kommen können. Denn
da 10, in einer Reihe gestellet, 300000 Reihen und 180 Meilen
in die Länge geben, so würde umgekehrt folgen, wenn man nur
10 Reihen nähme, daß man 300000 in einer Reihe in der Breite
haben würde, welche, wo nicht 180 Meilen, jedoch gerne den dritten
Theil, nämlich 60 deutsche Meilen in die Breite sich erstreckten, als
worin nur auf jeden Mann ein Schritt gerechnet ist. So lang
aber ist auch der ganze Sinus Arabicus nicht einmal, [1] und Nie=
mand wird gedenken, daß die ganze See bis ins große Meer
hinein ausgetrocknet sein sollte. Die Schrift selbst beschreibt es
ja nur als einen mäßigen Strich, den der Wind trocken gemacht,
so daß das Wasser zu beiden Seiten als Mauern soll gestanden
haben. Nimmt man nun, um die Ausbreitung zu verkürzen,
eine mittlere Zahl von Reihen an, so kommen wir wieder der
gebräuchlichen vierechten Gestalt des Lagers näher, aber damit
weiter von der See; und es wird so noch Zeit genug erfordert,
ehe Moses den Aufbruch Allen hätte kundthun können, da sich
auch das allervortheilhafteste Lager auf zwo Meilen erstreckt
haben müßte. Allein stellet Eure 3000000 Menschen so lang
oder so breit am Rothen Meere, wie Ihr wollet; lasset sie alle
vorher wissen, daß die See durch einen Wind trocken werden soll,
damit sich ein Jeder zum Voraus zum Durchgange bereitet und
Gezelte und Bagage eingepackt habe: so, sage ich, hilft Alles
doch nichts, sondern Einer muß auf den Andern warten,
weil der Boden des Meeres so nicht beschaffen ist, daß Viele zu=
gleich, ja daß auch nur Wenige ungehindert durchkommen
können. Dieses will ich durch unleugbare Zeugnisse be=
weisen."

§. 30. „Wir haben eine so genaue Beschreibung von dem
Rothen Meere oder Sinu Arabico, als wir wünschen können, beim

---

1) Der Ungenannte meint wol nur den Meerbusen von Suez; denn der ganze
„Sinus Arabicus" ist über 300 deutsche Meilen lang. Es müßte dann freilich
nicht „Sinus Arabicus" heißen, sondern „Sinus Heroopolites". — A. d. H.

Diodoro Siculo,*) welche um so viel glaubwürdiger ist, als die

*) Diodorus Siculus, Lib. III. p. 171 sq. (120 sq.):

„Ὁ προςαγορευόμενος Ἀράβιος κόλπος ἀνεστόμωται μὲν εἰς τὸν κατὰ μεσημβρίαν κείμενον ὠκεανὸν, τῷ μήκει δ᾽ ἐπὶ πολλοὺς πάνυ παρήκων σταδίους, τὸν μυχὸν ἔχει περιοριζόμενον ταῖς ἐσχατιαῖς τῆς Ἀραβίας καὶ Τρωγλοδυτικῆς. εὖρος δὲ κατὰ μὲν τὸ στόμα καὶ τὸν μυχὸν ὑπάρχει περὶ ἑκκαίδεκα σταδίους, ἀπὸ δὲ Πανόρμου λιμένος πρὸς τὴν ἀντιπέραν ἤπειρον μακρᾶς νεὼς διωγμὸν ἡμερήσιον. — — ὁ δὲ παράπλους αὐτοῦ κατὰ πολλοὺς τόπους ἔχει νήσους μακρὰς, στενοὺς μὲν διαδρόμους ἐχούσας, ῥοῦν δὲ πολὺν καὶ σφοδρόν. — — ἀπὸ πόλεως τοίνυν Ἀρσινόης κομιζομένοις παρὰ τὴν δεξιὰν ἤπειρον ἐκπίπτει κατὰ πολλοὺς τόπους ἐκ πέτρας εἰς θάλατταν ὕδατα πολλὰ πικρᾶς ἁλμυρίδος ἔχοντα γεῦσιν."

„Die Mündung des sogenannten Arabischen Meerbusens gehet gegen Mittag in die See; seine Länge erstrecket sich auf viele Stabia, und der innerste Busen wird von den Grenzen der Länder Arabien und Troglodytis umschlossen. Die Breite der Mündung sowol als inneren Busens ist von ohngefähr 16 Stabien; von dem Hafen Panormus aber bis ans feste Land gegenüber hat ein langes Ruderschiff einen Tag zu fahren. In der Ueberfahrt finden sich an vielen Orten lange Inseln, zwischen welchen der Weg nur enge, die Fluth aber besto häufiger und stärker ist. Wenn man von der Stadt Arsinoë rechtwärts die Ufer bestreichet, so sieht man hin und wieder viele Bäche aus den Felsen in die See fallen, welche aber einen bittersalzen Geschmack haben."

Idem, pag. 173. (121):

„Ἡ δὲ θάλαττα τεναγώδης οὖσα τὸ βάθος εὑρίσκεται οὐ πλεῖον τριῶν ὀργυῶν, καὶ τῇ χρόᾳ παντελῶς ὑπάρχει χλωρά. τοῦτο δὲ αὐτῇ φασὶ συμβαίνειν, οὐ διὰ τὸ τῶν ὑγρῶν φύσιν εἶναι τοιαύτην, ἀλλὰ διὰ τὸ πλῆθος τοῦ διαφαινομένου καθ᾽ ὕδατος μνίου καὶ φύκους. ταῖς μὲν οὖν ἐπικόποις τῶν νεῶν

„Das Meer selbst ist sumpfigt, nicht über drei Klafter tief und an Farbe durchaus grün. Das soll nicht daher entstehen, weil die Natur des Wassers so beschaffen wäre, sondern von der Menge Moos und Schilf, welches durchs Wasser zu sehen ist. Mit leichten Ruderschiffen läßt sich zwar da bequem fahren, weil in der schmalen Fahrt keine große Wellen

übrigen Nachrichten der Alten und Neueren damit übereinstimmen. Es ist nämlich das Meer nach dessen Berichte nicht gar tief, sieht aber allenthalben ganz grün aus, von dem vielen Moose und allerlei Grase, so von dem Grunde hervorwächset. An

εὔθετός ἐστιν ὁ τόπος, κλύδωνα μὲν οὐκ ἐκ πολλοῦ κυλίων διαστήματος, θήραν δ᾽ ἰχθύων ἄπλετον παρεχόμενος. αἱ δὲ τοὺς ἐλέφαντας διακομίζουσαι, διὰ τὰ βάρη βαθύπλευροι (βαθύπωροι) καθεστῶσαι καὶ ταῖς κατασκευαῖς ἐμβριθεῖς, μεγάλους καὶ δεινοὺς ἐπιφέρουσι κινδύνους τοῖς ἐν αὐταῖς πλέουσι. διάρσει γὰρ ἱστίων θέουσαι, καὶ διὰ τὴν τῶν πνευμάτων βίαν πολλάκις νυκτὸς ὠθούμενοι, ποτὲ μὲν πέτραις προςπεσοῦσαι ναυαγοῦσι, ποτὲ δ᾽ εἰς τεναγώδεις ἰσθμοὺς ἐμπίπτουσι.''

gehen, und man fängt eine Menge von Fischen darin. Aber in den Schiffen, welche die Elephanten hinüberbringen, und die sowol wegen ihrer Last tief segeln, als auch ihrem Gebäude nach schwer sind, werden die Leute in große und harte Gefahr gesetzt. Denn gleichwie sie mit aufgespannten Segeln fahren und durch starke Winde oft in der Nacht getrieben werden, so stoßen sie bald an Klippen und leiden Schiffbruch, bald bleiben sie in einer schlammigten, engen Fahrt stecken (etiam in arena haerere pluribus ostendit).''

Theophrasti Histor. plantar., VI. 8:

„Ἐν δὲ τῇ θαλάττῃ ἐρυθρᾷ δένδρα τινὰ φύεται, καὶ καλοῦσιν αὐτὰ δάφνην καὶ ἐλαίαν. — — ἐν δὲ τῷ καλουμένῳ Ἡρώῳ, ἐφ᾽ ὃν καταβαίνουσιν οἱ ἐξ Αἰγύπτου, φύεται μὲν δάφνη τε καὶ ἐλαία καὶ θύμον, οὐ μὴν χλωρά γε, ἀλλὰ λιθοειδῆ τὰ ὑπερέχοντα τῆς θαλάττης. — — φύεσθαι δὲ καὶ σχοίνους λιθίνους παρ᾽ αὐτὴν τὴν θάλατταν, οὓς οὐδεὶς ἂν διαγνοίη τῇ ὄψει πρὸς τοὺς ἀληθινούς. — — ἐν δὲ ταῖς νήσοις ταῖς ὑπὸ τῆς πλημμυρίδος καταλαμβανομέναις δένδρα μεγάλα πεφυκέναι — — συμβαίνειν δὲ ὅθ᾽ ἡ πλημ-

„Im Rothen Meere (verstehe: auf den Inseln) wachsen Bäume, welche sie Palm- und Oelbäume nennen. — — In dem Heroischen Busen, welchen die aus Aegypten Reisende hinabfahren, wachsen zwar Palmen, Oelbäume und Thymian; sie sind aber nicht grünend, sondern, so weit sie aus dem Meere hervorragen, steinigt. — — Es sollen auch am Meere steinerne Binsen wachsen, die Niemand dem Ansehen nach von den wahren unterscheiden würde — — und auf den Inseln, welche die Fluth bedecket, große Bäume — — so daß, wenn die Fluth kömmt, das Andere alles überschwemmet wird, außer die Aeste der größten Bäume, an welchen sie die

den mehrſten Orten iſt es ſchlammigt, zumal in den Buchten
und nach ſeinen äußerſten Enden zu. An manchen Orten hat
es auch am Grunde einen loſen Sand, in welchen die
überfahrenden Schiffe, wenn ſie zu tief gehen und es Ebbe
iſt, ſo hineingerathen, daß ſie immer tiefer einſinken und
ihnen hernach nicht zu helfen iſt, es ſei denn, daß eine heftige
Fluth ſie heraushebt. Es giebt auch in dieſer See viele Inſeln,
zwiſchen deren engen Raume ſich denn die Fluth mit großer Ge=
walt durchdränget und alſo den Gang tiefer aushöhlet. Hin und
wieder finden ſich verborgene Klippen und Felſen, ſo daß die
Schiffe, zumal in der Nacht, nicht anders als mit großer Gefahr
überſetzen können, daß ſie nicht an einen Fels ſcheitern oder in
einen Schlamm oder Sand zu ſitzen kommen. Auch bringt der
Grund häufige Stauden hervor, welche einem Lorbeer= und Oel=
baume gleichen, nur daß ſie nicht grünend, ſondern als Korallen
ſteinigt ſind; wie denn auch häufige rothe und weiße Korallen
darin anzutreffen. Daher Chriſtoph Fürer, als er ſich auf ſeiner
Reiſe in dieſem Meere baden wollen, den einen Fuß an ſolcher
ſpitzigen Koralle gefährlich verwundet hat. Dies ſind Wahr=
heiten, gegen welche kein Dichten einer unbeſchränkten Einbildung
eine Ausflucht gewähret. Hier laſſe man mir nun ſo viele
100 oder 1000 in einer Reihe in finſterer Nacht eiligſt durchgehen
und =fahren. Wird nicht der Eine im tiefen Schlamm beſtecken
bleiben, der Andere vor Gras, Moos und Schilf nicht fortkommen
können, der Dritte über ein hohes Ufer einer Inſel klettern
müſſen, der Vierte die Naſe an eine Klippe ſtoßen, der Fünfte in
einen Sand ſinken, der Sechste über die Stauden und Korallen

μυρὶς ἐπέλθοι, τὰ μὲν ἄλλα
κατακρύπτεσθαι ὅλα, τῶν δὲ
μεγίστων ὑπερέχειν τοὺς κλά-
δους, ἐξ ὧν τὰ πρυμνήσια
ἀνάπτειν, εἶθ᾽ ὅτε πάλιν ἄμπω-
τις γίνοιτο, ἐκ τῶν ῥιζῶν.“

Schiffe feſtbinden, oder, wenn es
wieder Ebbe wird, an derſelben
Wurzeln.“

Strabo, lib. XVII. pag. 815:

„Διὰ τὸ τὴν Ἐρυθρὰν δύς-
πλουν εἶναι, καὶ μάλιστα τοῖς
ἐκ τοῦ μυχοῦ πλοϊζομένοις.“

„Weil das Rothe Meer übel zu befahren iſt, ſonderlich wenn man von
dem inneren Buſen ſchiffet.“

Siehe auch von der ſchlimmen Schifffahrt Pet. Bellonium, Obss. lib. II. c. 58.
Siehe Christoph. Füreri Itinerar., p. 35, und Petri de la Valle Reiſebeſchr.,
P. I. ep. XI., welcher ſelbſt viele Korallen nebſt Muſcheln und Schnecken gefiſchet
und eine gute Anzahl Kiſten, damit gefüllet, nach Hauſe geſchicket.

stolpern oder sich die Füße verletzen? Werden nicht die Lastwagen
bestecken bleiben, zerbrechen oder umwerfen? Es ist schon viel,
wenn durch solche See nur ein enger schmaler Gang ausfindig
zu machen ist, da Wenige zugleich in einer Reihe und ohne Gefahr
hinüberkommen können: wie sollte ein solcher Boden vielen
Tausend oder Hunderten zugleich einen freien Durchgang ge=
währen? Herr Clericus hat in seiner Dissertation de maris
Idumaei trajectione diese Beschaffenheit des Grundes vom Rothen
Meere größten Theils angemerkt. Aber es ist sehr artig, bei
welcher Gelegenheit er die Sache anbringt. Weil er seine Isra=
eliten gern hinüber haben will, so ist das Meer erstlich gar nicht
breit und tief; er gedenkt an die Hindernisse des Bodens nicht;
er erwähnet weder der Vielheit von Menschen und Karren und
Vieh, noch der Zeit, welche sie zu einem solchen Wege brauchen,
noch anderer Umstände; er stellet blos seine Israeliten in dreite
Reihen und lässet sie geschwinde hinüberhutschen. Auch Pharao
kommt noch ungehindert und geschwinde hinein. Wenn er aber
fliehen will, so wird das Meer dreit, so schneiden seine Räder in
den Sand und Schlamm zu tief ein, so stößt er sich an Felsen und
Korallen, so kann er nicht aus der Stelle kommen: die Fluth über=
eilt ihn, der arme Pharao muß mit alle seinem Heere, mit Roß
und Wagen im Rothen Meere ersaufen. Alle der Schlamm und
Sand, alle Felsen und Klippen, alle Stauden und Korallen, alle
Inseln und Höhen scheinen bei Clerico erst sint der Zeit, daß die
Israeliten hinüber sind und Pharao hineingebracht ist, hervor=
gewachsen zu sein. So sehr kann auch einen sonst gar vernünftigen
Mann das Vorurtheil deß, was er gerne haben will, blenden!“

§. 31. „Es ist also wol offenbar genug, daß bei diesem Bo=
den des Rothen Meeres kein Durchzug in dreiten Reihen statt=
gehabt, und daß also derselbe sowol dieserwegen als wegen
der vielen Anstöße und Hindernisse viele Tage hätte währen
müssen. Lasset uns aber nun auch die andern Hindernisse mit
in Erwägung ziehen. Es war gegen Abend, als sie Pharao=
nis Heer erblickten. Darauf liefen sie in voller Bestürzung
zu Mose und zankten mit ihm, warum er sie aus Aegypten ge=
führet. Moses besänftiget sie und spricht ihnen Muth ein. Die
Wolkensäule wird darauf von der Spitze der Armee das ganze
Lager hindurch nach hinten gebracht und zwischen den Israeliten
und Aegyptiern gesetzt. Dem ganzen Heere wird Befehl zum
Aufbruche ertheilet, vermuthlich nicht durch die Wolkensäule, weil
die sich hinten stellete, nicht durch eine Posaune, weil sie heimlich

fliehen wollten, sondern durch Boten. Darauf mußten ja die Gezelte abgebrochen und mit der Bagage auf Wagen gepackt und Ochsen davor gespannet werden. Die Armee selbst mußte sich in Ordnung stellen und den Troß, die Bagage, das Vieh entweder voranschicken oder in die Mitte nehmen, wenigstens bedecken. Wie viel Zeit geht darüber hin? Wie hat allein so viel Vieh, jung und alt, schwer und leicht, in drei Stunden einen Weg von drei bis vier deutschen Meilen können getrieben werden? Da die Natur und Erfahrung lehret und die Schrift selbst bemerket, daß das Vieh gar langsam will getrieben sein. Die Israeliten hatten zudem keine Pferde bei sich, wie die ganze Geschichte weiset, und mußten also ihre Lastwagen mit Ochsen bespannen. Eine solche Ochsenpost bringt wenigstens vier Stunden auf eine Meile zu. Wenn wir nun auch die Futterung und alle Hindernisse des Bodens wegnehmen wollten, so würde doch ein jeder Wagen nicht unter 12 Stunden zur Stelle kommen; und wenn einer auf den andern warten müßte, wie ja nothwendig ist, so würde allein der Zug von etlichen tausend Wagen, mit Ochsen bespannet, ganze Wochen Zeit erfordern. Siud denn auch keine Kranke, Kröppel, Lahme, Blinde, Schwangere, Abgelebte in einer Anzahl von 3000000 Menschen gewesen? und haben die mit den streitbaren Männern in gleicher Geschwindigkeit fortkommen können? Gesetzt, man hätte durch ein unerhörtes und ganz unglaubliches Wunder von allen diesen menschlichen Schwachheiten bei den Israeliten nichts gewußt, so waren doch etliche 100000 Kinder bei dem Volke, welche theils mußten getragen werden und also das Gehen den Müttern desto saurer machten, oder, wenn sie ja schon zu laufen vermögend waren, doch einen so weiten Weg nicht aushalten konnten. Nun lasset uns dabei den unwegsamen Meeresboden, den Schlamm, das Moos, den Sand, die Insuln, die Klippen, die Stauden und Korallen, die Höhen und Tiefen bedenken, die allenthalben im Wege stehen. Wir haben eine finstere Nacht vor uns, da man bald auf dies, bald auf jenes und sonderlich auf einander stößt; wir haben in dieser finstern Nacht durch alle die aufhaltenden Anstöße des Meers 600000 streitbare Männer nicht allein, sondern etliche 100000 kleine Kinder, Alte, Kranke, Kröppel, Lahme, Blinde, Schwangere; wir haben 300000 Ochsen und 600000 Schafe, 6000 bespannete Wagen hinüberzubringen, und es wird uns nicht mehr als eine Nachtwache Zeit dazu gegeben. Gewiß, ich bin versichert, wir würden uns Alle tausendmal eher entschließen, uns mit Pharao und alle seinem Heere herumzuschlagen, als solch

unmöglich Ding zu unternehmen. Aber unser Mosaischer Ge=
schichtschreiber ist in keiner Verlegenheit; er denkt und schreibt sie
in drei Stunden, ehe man's inne wird, hinüber.“

§. 32. „Weil nun ein Jeder mit Häuden greifen kann, daß
diese Wnuder einen inneren Widerspruch und wahre Unmöglich=
keit in sich halten, so können sie nicht wirklich geschehen sein; son=
dern sie slud nothwendig erdichtet, und zwar so merklich und so grob,
daß man wohl siehet, es komme von einem Schreiber, der weder
diesem Zuge selber mit beigewohnet, und was Alles dazu gehöre,
nebst den Gegenden des Rothen Meeres mit seinen Augen gesehen,
noch auch von dem, was er erdichtet, sich eine deutliche und ander=
weitiger Erfahrung sowol als Natur der Sachen gemäße Vor=
stellung gemacht. Er macht alles Vieh in seiner Erzählung durch
Pest todt, und danu hat er wieder frisches in dem Vorrathe seiner
Einbildungskraft. Wo es aber herkommt, da bekümmert er sich
nicht um. Er lässet es abermal an Geschwüren dahinfallen
und sterben, und siehe, bald lebt es wieder auf, daß es vom
Hagel kann erschlagen werden. Und dann spannet er's von Neuem
vor den Wagen und setzet Reiter darauf. Er führet 3000000
Menschen mit Weibern, Kindern, Kranken, Kröppel, Lahmen,
Bliuden, Schwangern, Abgelebten, mit so viel 1000 Gezelten
und Bagagewagen vermittelst einer Ochsenpost mit 300000
Ochsen und 600000 Schafen im Finstern über Stock und Block,
durch Schlamm, Moos, Sand, Stauden, Klippen, Inseln, User
hinunter, User hinauf, viele Meilen weit in einer Nachtwache
jenseit des Meeres. Sehet, so wenig Verstand und Nachdenken
kostet es, Wunder zu machen! so wenig ist auch nöthig, sie zu
glauben! Diese zwei Proben angegebener Wunder können also
genug sein, daraus zu urtheilen, daß auch die übrigen aus mensch=
lichem Gehirn erdichtet und in der That nicht geschehen sind, noch
etwas Göttliches beweisen. Daher darf ich mich ins Künftige von
meinem jetzigen Zwecke nicht so sehr entfernen und alle Mosaische
oder folgende Wnuder so weitläuftig vornehmen; es soll zu
seiner Zeit geschehen. Geuug, daß man aus dieser Probe schon
sehen kann, daß man sich durch das eingestreute Göttliche nicht
dürfe abhalten lassen, die Handelungen und Absichten Mosis
nackend und bloß zu betrachten, wie sie an und vor sich aussehen.
Wir werden demnach in den folgeuden die Wunder Mosis nur
im Vorbeigehen betrachten und hauptsächlich sehen, was Moses
gethan, und was die Leute seiner Zeit, die Alles mit Angen ge=
sehen, von ihm durchgängig geurtheilet haben.“

Daß die Bücher A. T. nicht geschrieben worden, eine Religion zu offenbaren.

§§. „Ich verstehe aber besonders eine übernatürliche seligmachende Religion, welche vor allen Dingen ein Erkenntniß von der Unsterblichkeit der Seelen, von der Belohnung und Bestrafung unserer Handlungen in einem zukünftigen ewigen Leben, von der Vereinigung frommer Seelen mit Gott zu einer immer größern Verherrlichung und Seligkeit erfordert und zum Grunde legen muß. Wenn wir demnach annehmen, daß Einer den Vorsatz hat, eine seligmachende Religion zu lehren und zu offenbaren, und daß ihm diese wichtigen Sätze, welche den vornehmsten Zweck der Religion ausmachen, bekannt sind, und daß er sie für wahr hält, so ist nicht möglich, daß er dieselben verschweigen oder nur kaltsinnig, im Vorbeigehen, mit ein paar zweideutigen Worten berühren sollte. Er müßte diese unbekannte und nicht so leicht zu begreifende, ja wol großen Zweifeln unterworfene Wahrheiten zu allererst verständlich erklären und überzeuglich darthun und als den wichtigsten Bewegungsgrund und Zweck aller religiosen Handlungen und menschlichen Hoffnung anpreisen. Setzen wir aber, daß Einer von diesen wichtigen Sätzen nichts erwähnet, sondern lauter zeitliche Belohnungen und Strafen zu Bewegungsgründen brauchet, ja dem Menschen vorstellet, daß, wenn er einmal todt sei, er auch nicht mehr lebe, noch aufleben könne, so folget auch nothwendig, daß ihm diese wichtigen Grundsätze einer seligmachenden Religion entweder gar nicht bekannt gewesen, oder daß er sie für falsch und unmöglich gehalten habe. Folglich kann er auch den Zweck nicht gehabt haben, eine seligmachende Religion zu offenbaren; sondern wo er ja von einer Religion spricht und schreibt, so kann es keine andere als eine schlechte und niederträchtige Religion sein, welche kaum mehr den Schein einer Religion behaupten kann. Am Wenigsten wird es Jemand für eine göttliche Offenbarung an= nehmen können, da, wo uns irgend eine göttliche Offenbarung nöthig ist, dieselbe insonderheit und hauptsächlich zu dem Erkennt= nisse von der Unsterblichkeit der Seelen und dessen mehrerer Ver= gewisserung nöthig wäre. Nun frägt sich, was wir von Mose und den übrigen Schreibern Altes Testaments sagen wollen. Denn was wir auch sonst für ein Erkenntniß oder Absicht bei ihnen annehmen, so scheinet doch der Schluß herauszukommen, daß sie uns keine göttliche Offenbarung gewähren, wo sie nicht zugleich das Erkenntniß von der Unsterblichkeit der Seelen und ihrem Zustande nach diesem Leben als einen der wichtigsten Punkte sorgfältig vortragen."

§§. „Es hat zwar der gelehrte Herr Warburton[1]) die gött= liche Sendung des Moses eben daher zu beweisen gesucht, weil er von der Unsterblichkeit der Seelen nichts gelehret hat. Allein ich muß gestehen, daß ich in denen drei Bänden, so er davon zu= sammengeschrieben, sonst viele schöne Anmerkungen, aber nur das Eine nicht gefunden, worin der Grund seines Beweises liege. Ich rede von solchem Beweise, dabei man einem vernünftigen, gelehrten und ehrlichem Manne zutrauen kann, daß er ihn im Ernste meine, und ich fürchte, daß diese Art, Mosen zu rechtfertigen, nirgend Beifall finden und den Herrn Warburton selbst verdächtig machen werde. Ich kann es nicht anders als einen Widerspruch ansehen, daß Einer das verhehlet, was er offenbaren will. Setze ich nun, daß Moses oder die folgenden Schreiber eine selig= machende Religion hat offenbaren wollen, so setze ich zugleich,

---

1) **William Warburton** (geb. 1698 zu **Newark-upon-Trent** in der Grafschaft Nottingham, gest. 1779 als Bischof von Gloucester) ist einer der be= deutendsten Vertheidiger des Christenthums gegen die Angriffe der Deisten. Sein berühmtestes Werk: „The Divine Legation of Moses demonstrated on the Principles of a religious Deist" etc., erschien im Jahre 1738. Grade das **Fehlen einer Lehre von der Unsterblichkeit** im A. T. ist nach War= burton ein Beweis für die göttliche Sendung des Moses, weil zwar ein gewöhn= licher Staat diese Lehre nicht entbehren könne, der jüdische Staat aber eben wegen der speciellen göttlichen Leitung diese Lehre nicht nöthig gehabt habe. — A. d. H.

daß sie eine Religion offenbaren wollen, welche die Menschen in
Absicht und Hoffnung der Seligkeit annehmen und ausüben
sollten, damit sie nämlich daraus die Bewegungsgründe der
Liebe und des Verlangens zu Gott, des Vertrauens auf denselben,
des Gehorsams gegen ihn, der Geduld und Standhaftigkeit in
aller Trübsal und überhaupt aller Tugenden und Pflichten nehmen
könnten. Da nun eine solche Religion sich auf das Erkenntniß
der Seligkeit, als ihre Hauptabsicht, und auf die daraus genom=
menen Bewegungsgründe stützet, so ist es ein Widerspruch, eine
seligmachende Religion offenbaren wollen und doch das Erkennt=
niß von der Seligkeit mit Fleiß verschweigen und verhehlen. Das
wäre ebenso beschaffen, als wenn Moses die Israeliten hätte
bereden wollen, mit ihm ins gelobte Land zu ziehen, um das
einzunehmen, und hätte ihnen doch nicht gesagt, daß ein solches
Land in der Welt sei, noch daß ihnen Gott solches verheißen."

§§. „Allein, wenn wir auch den Zweck, eine seligmachende
Religion zu offenbaren, bei Mose und den Uebrigen gleich nicht
setzen, so würden sie doch noch andere Ursachen genug gehabt
haben, ihren Israeliten von der Seelen Unsterblichkeit und
Seligkeit was vorzusagen und ihnen diese Hoffnung anzubringen.
Ich habe im vorigen Capitel gezeiget, daß die Absicht der Priester
und Propheten in ihren Büchern nicht weiter gegangen, als nur
die Israeliten von dem Dienste anderer Götter zu ihrem Levi=
tischen Dienste des Gottes Jehovah zu bringen, davon sie so
große Vortheile hatten, und daß sie doch hieran die ganze Zeit
über vor der Babylonischen Gefängniß durch alle ihre Geschichte
und Weissagungen, durch alle Thaten und Wunder, durch alles
Verheißen und Drohen vergeblich gearbeitet haben. Nun ver=
sprechen sie ihnen Alles, was auf der Welt angenehm sein mag,
und drohen mit Allem, was in diesem Leben fürchterlich und er=
schrecklich sein kann. Der Bewegungsgrund ist also blos von
leiblichen Strafen und Belohnungen dieses Lebens hergenommen,
und ebenderselbe wird auch allein den Erzvätern beigelegt.
Jakob fordert nichts mehr von Gott, als Brod zu essen und
Kleider anzuziehen, so soll Jehovah sein Gott sein, und sodann
will er ihm ein Haus bauen und ihm den Zehenden geben von
allem Vermögen; welches man gewiß einen sehr niederträchtigen
und knechtischen Gottesdienst heißen mag. Moses legt den Is=
raeliten keinen andern Bewegungsgrund vor, Gott zu dienen.
„Dem Jehovah, Eurem Gott, sollt Ihr dienen, so

wird er Dein Brod und Dein Wasser segnen, und ich will alle Krankheit aus Deinem Mittel hinweg= thun: es wird keine Mißgebärende noch Unfrucht= bare sein in Deinem Lande; ich will die Zahl Deiner Tage erfüllen (Dich alt werden lassen), ich will meinen Schrecken vor Dir her senden. Werdet Ihr in meinen Satzungen wandeln und meine Gebote halten und dieselbe thun, so will ich Eure Regen geben zu ihrer Zeit, und das Land wird sein Ge= wächs geben, und der Baum des Feldes wird seine Frucht geben, und es wird Euch die Dreschzeit reichen bis an die Weinernte, und die Weinernte wird reichen bis an die Saat: also werdet Ihr Euer Brod essen, bis Ihr satt werdet, und werdet sicher wohnen in Eurem Lande" 2c. Und so lautet es in vielen andern Stellen. Insonderheit ist zu merken: Wenn Moses alle Segen und Flüche dem Volke vorlegen will, die er nur erdenken kann, um sie zur Beobachtung des Gesetzes zu bewegen, so ist doch nicht ein einziger Segen oder Fluch auf was Geistliches oder Ewiges, auf Seligkeit oder Verdammniß, Belohnung oder Strafe nach diesem Leben gerichtet: alle sind sie leiblich und zeitlich. In den nachfolgenden Büchern und in den Propheten ist es nicht anders beschaffen; wobei ich mich nicht aufhalten darf, weil es Jedem in die Augen fällt und längst erkannt ist. Nnn mußte doch Moses sowol als alle nachfolgende Priester und Propheten erfahren, daß alle ihre Bewegungsgründe, alle Segen und Flüche nichts helfen wollten, das Volk von dem abgöttischen Dienste zum Levitischen zu bringen. Hatten sie denn nicht demselben die himmlischen und ewigen Güter als triftigere Bewegungsgründe vorlegen müssen, da sie mit den leiblichen Verheißungen so viele Jahre herdurch nichts ausgerichtet hatten? Hätten sie ihnen nicht die Natur der Seele und ihre Unsterblichkeit nebst den unendlichen der Ewigkeit erklären und eine Furcht vor den Gott aller Geister einprägen müssen, der auch nach dem Tode die Seele kann zur Rechenschaft fordern, welche hier seine Gebote verachtet und über= treten? Es ist nicht möglich, daß Einer, dem die Wahrheit selbst bekannt ist, dieselbe in solchem Falle, da sie noch als das einzige Mittel zum Zwecke übrig bleibt, nicht hervordringen sollte. Zu= mal, da hier die sinnlichen und leiblichen Güter bei den Israeliten unmöglich einen Eindruck geben konnten, daß sie zum Levitischen Gottesdienste willig würden. Denn sie hatten bei ihrer Ab=

götterei in der That mehrerern Ueberfluß und Bequemlichkeit
als bei dem Levitiſchen Dienſte, vermöge welches ſie nach dem Ge=
ſetze den Prieſtern und Leviten ſo viele Abgaben entrichten, ſo
viele koſtbare Pflichten ausüben ſollten, daß ſie kaum das liebe
Brod dabei behalten konnten, der Laſt und Mühe noch zu ge=
ſchweigen. Es wäre alſo nichts nöthiger geweſen, als daß ihnen
dieſe ſclaviſche Armuth wenigſtens durch Verheißung weit größerer
Güter verſüßet würde.“

§§. „Moſes ſucht die Levitiſchen Gebräuche beim Gottes=
dienſte durch die Weisheit und den Verſtand, welcher darin liege,
beliebt zu machen. „Schau,“ ſpricht er, „ich hab’ Euch
Satzungen und Rechte gelehret, wie mir der Herr,
mein Gott, geboten hat. . . . So behaltet’s nun
und thut’s! denn dies iſt Eure Weisheit und Ver=
ſtand vor den Augen der Völker, welche, wann ſie
hören werden alle dieſe Satzungen, werden ſie
ſagen: „„Nur dieſes herrliche Volk iſt ein weiſes
und verſtändiges Volk.““ Denn welches iſt ſo ein
herrlich Volk, das Götter habe, die ſich zu ihm
nahen, als der Jehovah, unſer Gott, ſo oft wir ihn
anrufen?“ Wenn aber Moſes, wie es ſcheinet, inſonderheit auf
die Levitiſchen Satzungen zielet, ſo ſiehet man nicht, warum die=
ſelben mehr Weisheit und Verſtand zeigen als die heidniſchen.
Denn auch die Heiden hatten ihre Tempel, Prieſter, Altäre,
Opfer, Reinigungen, Orakel und alle die Hauptſachen, welche
Moſes geſtiftet. Daher durften ſich weder die Heiden darüber
wundern, noch die Israeliten damit beſondere Weisheit und
Verſtand dünken laſſen. Denn in dem Aeußerlichen ſteckt es nicht.
Dieſe Handlungen ſind vielmehr an ſich den Sinnen unangenehm
und müſſen den Weiſen als ungereimt vorkommen, wenn ſie
nichts weiter zu bedeuten haben. Nun mußte man bei den
Heiden noch, daß dieſe äußerliche Ceremonien gewiſſe Geheim=
niſſe bedeuten ſollten; die Prieſter verſtanden ſie und ließen auch
Andere dazu, welche endlich in dieſe Geheimniſſe hineinſchauen
durften und ἐπόπται genannt wurden. Und da hat Herr War=
burton gar ſchön gezeigt, daß die Heiden unter Andern mit ihren
geheimnißvollen Ceremonien der Seelen Unſterblichkeit, Beloh=
nung und Beſtrafung nach dieſem Leben vorſtellen wollen. Sollte
denn nicht Moſes auch dieſe bei ſeinem Volke verachtete Levitiſche
Ceremonien, wenn er anders was offenbaren wollte, dadurch

haben als weise und verständig vorstellen müssen, daß sie lauter
himmliſche und ewige Dinge bedeuteten? Sollte er vom Anfange
bis zu Ende in ſeinem Geſetze nicht einmal einen Wink von dieſer wich=
tigen Sache geben? Wir können es doch aus heidniſchen Schreibern
deutlich ſehen, ob ſie gleich ſonſt mit ihren Myſteriis ſehr geheim
waren; warum nicht aus Moſe, da er uns was offenbaren ſollte?
So verhält es ſich auch mit David. Der preiſet den Levitiſchen
Gottesdienſt wegen ſeiner Schönheit und frenet ſich, daß er ſoll
den ſchönen Gottesdienſt beſuchen und im Hanſe des Herrn
immerdar wandeln. Nun iſt wahr, daß David dem Gottesdienſte
ſofern einen äußerlichen Wohlſtand und Ordnung gegeben, als
er Muſik und Lieder dabei eingeführet. Aber das Allermeiſte
bei dem Gottesdienſte war doch der geſunden Vernunft und den
Sinnen zuwider. Denn worin beſtand das Schöne des Gottes=
dienſtes? Sollte Gott Fleiſch von Rindern und Schafen eſſen,
oder von deren Blute trinken, oder den lieblichen Geruch von dem
verbrannten Fette riechen in ſeiner Naſen? Das iſt der Voll=
kommenheit Gottes unanſtändig. Menſchen konnte das meiſte
Aeußerliche auch nicht ſchöner dünken: daß da Rinder und Kälber
blökten, Schafe und Ziegen meckerten, Turteltauben girreten;
daß da eine Schlacht= und Fleiſchbank war, Alles mit Blut,
Fett und Unflath aus den Gedärmen beſudelt und durch eben den
Unflath und das Verbrennen des Fettes mit Geſtank und Schmauch
erfüllet ward; daß dort Einer ſich durch einen Yſopbüſchel mit
Waſſer und Aſche beſpritzen, dort ein Anderer ſich den Ohrlappen
und Daumen der rechten Hand und den Zehen am rechten Fuße
mit einem Tropfen Bluts vom Stier beſchmieren ließ; dort ein
Anderer ſich nackend wuſch und die Kleider wieder abtrocknete;
dort wieder ein Anderer alle Haare vom Leibe abſchor und ſie
hernach unter dem Fleiſchkeſſel verbrennete; dort Prieſter und
Leviten und Iſraeliten ſchmauſeten. Ich ſehe darin nichts
Schönes, und würde es noch viel weniger ſehen, wenn ich das
Unangenehme ſelbſt mit meinen Sinnen empfinden ſollte. Wenn
aber David andere höhere Schönheit darin geſehen, wenn er ſich
zum Exempel bei dem Gottesdienſte vorgebildet hätte, daß er
einmal näher zu Gott kommen und in jener Seligkeit freudig vor
ihm wandeln würde: ſollte er Andern dieſe Gedanken bei ſolcher
guten Gelegenheit mißgegönnet und nicht vielmehr mitgetheilet
haben, damit ſie auch die Schönheit des Levitiſchen Gottesdienſtes
erkennen und Luſt dazu bekommen könnten?"

§§. „Einen andern ſtarken Bewegungsgrund hätte Moſes

gehabt, der Seelen Unsterblichkeit und Seligkeit zu offenbaren, in=
sofern er die Israeliten dadurch hätte beherzt machen können,
wider ihre Feinde zu streiten und das Land Kanaan einzunehmen.
Moses hatte ihnen sonst zwar Begierde und Muth zu machen
gesucht, indem er das Land Kanaan als das herrlichste Land, da
Milch und Honig in flösse, beschrieben und dabei verheißen, daß
Gott vor ihnen her gehen und alle Heiden und Feinde durch viele
Wunder vor ihnen her vertreiben und bestreiten würde: sie
sollten nur getrost und unverzagt sein. Aber es ist aus der
Geschichte bekannt, daß diese Vorstellung bei den feigen Israe=
liten nichts helfen wollte. Sobald sie hörten, daß da
große Enakskinder wohnten, daß sie feste Städte und eiserne
Wagen hätten, wurden sie verzagt und wollten ihr Leben, in
dessen Grenzen nämlich Moses alle Belohnung eingeschränkt hatte,
nicht daran wagen; sie irreten lieber vierzig Jahre in der Wüsten
herum, und es ward bei Mosis Leben nichts aus der Sache.
Man weiß auch, wie sie noch zu Josuä Zeiten und nachmals
dieses einzige Kleinod des Lebens so ungern in die Schanze gesetzt.
Wenn nur ein Paar ihrer Brüder blieben, so wird die ganze
Armee von 600000 Mann verzagt, zu fechten, fliehet zurück und
will nicht wieder an den Feind; sie behelfen sich lieber kümmerlich
mit ein Wenig Landes, indem sie gegen die starken Kananiter,
ihre Festungen und eiserne Wagen viel zu weiches Herz hatten.
Weil denn Milch und Honig nicht süß genug war, ihr theures
Leben daran zu wagen, wovon sie hernach weder Genuß noch
einige Belohnung weiter zu hoffen hatten, hätte sie nicht die Hoff=
nung der Unsterblichkeit und der Belohnung nach diesem Leben
zu tapfern Männern gemacht? und hätten Moses und Josua nicht
auch des Falls große Ursache gehabt, ihnen diesen Glauben auf
alle Weise beizubringen? Denn man weiß ja aus so vieler andern
Völker, insonderheit der Celten ihrer Geschichte, wie tapfer sie
gegen ihre Feinde gefochten, wie unerschrocken sie in den Tod ge=
gangen, blos weil sie von ihren Priestern und Druiden belehret
worden, daß sie ebendarum in ein besseres Leben versetzt
würden.*) Ist denn begreiflich, daß Moses und Josua und alle

---

*) Lucanus Pharsal., I. 458:
— „Certe populi, quos despicit Arctos
Felices errore suo, quos ille timorum
Maximus haud urget, leti metus: inde ruendi
In ferrum mens prona viris, animaeque capaces
Mortis, et ignavum rediturae parcere vitae."

Priester und Propheten bei den Israeliten mit dieser so starken Aufmunterung zur Tapferkeit wissentlich hinter dem Berge halten, da sie mit allen andern Zureden nichts ausrichten?"*)

§§. „Es ist oft die Frage in der Schrift, insonderheit in Hiob's, David's und Salomon's Büchern, warum es denen Frommen gehe wie den Gottlosen, warum es diese oft gut und jene böse haben, wie dieses mit göttlicher Güte und Gerechtigkeit übereinstimme. Was antwortet die Schrift hierauf? Entweder nichts oder höchstens dieses, daß Gott es doch zuletzt dem Frommen und seinem Samen in der Welt wohl und dem Gott= losen oder wenigstens seinem Samen in der Welt werde übel gehen lassen. Also wird die ganze Komödie der menschlichen Begebenheiten in diesem Leben beschlossen. Da widerlegt es aber die Erfahrung, daß es so alle Zeit gehe. Wie oft hält das Unglück bei einem Frommen nicht bis an das Ende seines Lebens an! wie oft muß nicht auch sein Same nach Brod gehen! wie oft stirbt der Gottlose in allem Wohlleben und hinterläßt eine glückliche Familie! Die rechte Antwort hierauf wäre ja wol ge= wesen, daß dieses Leben nur kurz sei und nur einen Auftritt der menschlichen Begebenheiten ausmache; daß hergegen noch ein anderer Auftritt mit einem andern Leben erfolge, worin sich dieser widrige Schein auflösen werde, darin Gott den Frommen werde Recht und Gnade widerfahren lassen und hergegen die Gottlosen zur Strafe ziehen. Ist es nun wol möglich, daß Einer einen schweren Zweifel in der Religion aufbringet und stark macht und dennoch seine Leser lieber in Zweifel oder im Irrthum lässet, wo er die rechte Antwort weiß und den Zweck hat, die Religion zu lehren und zu befestigen?"

§§. „Wir finden in der Schrift zum Oeftern Sterbende redend aufgeführet, welche für fromme Männer Gottes gehalten worden, oder Propheten, welche zu den Sterbenden vor ihrer Todesstunde gesandt sind. Da wäre es doch einmal Zeit, nun die vergänglichen Güter dieser Welt vorbei sind und das über= standene Leben so wenig wiederkommt, als Hoffnung gegeben wird, vom Tode wieder aufzustehen und ein neues Leben wieder anzufangen: da wäre es, sage ich, einmal Zeit, daß fromme Männer ihre Augen auf das Zukünftige und Ewige richteten, daß

---

*) Conf. et Appian. Celt.: „Θανάτου καταφρονηταὶ δι' ἐλπίδα ἀναβιώσεως."
Clem. Alex. Strom. III. 7; Juliani Caes. in Trajano de Getis.

sie sich mit der Hoffnung eines andern Lebens aufmunterten
oder sich nur mit einem Worte merken ließen, daß sie daran ge=
dächten; daß Priester und Propheten die Sterbenden zu den
himmlischen und ewigen Gütern durch ihr Zureden bereiteten.
Allein da ist nichts zu thun; alles Reden und Zureden bestehet
darin, daß sie entweder noch einige Jahre einer Lebensfrist ge=
nießen, oder ihre Nachkommen es gut haben sollen. Mit dem
Beschluß des Lebens ist auch ihre Gottesfurcht, Religion, Tugend
und Hoffnung zum Ende. Genug, die Frommen sind dieses
Lebens satt, sie werden versammlet zu ihren Vätern, sie werden
begraben, und denn ruhen und schlafen sie immer und ewiglich.
Sollte denn eine so wichtige Sache, als die Unsterblichkeit und Selig=
keit ist, bei so vieler Gelegenheit und insonderheit bei Sterbenden
nicht ein einzig Mal in Betrachtung gezogen werden? Zum Exempel,
Moses erzählt vom Henoch, daß er immer mit Gott gewandelt,
hernach aber „war er nicht mehr, dieweil ihn Gott hin=
weggenommen hatte;" weiter stehet da nichts. Daher
Clericus[1] billig dabei die Anmerkung machet: „Es ist zu bewun=
dern, daß Moses, wenn er anders geglaubt, Henoch sei in die
Unsterblichkeit versetzt, eine so wichtige Sache ganz im Vorbei=
gehen und so dunkel berühret, als ob er solches Niemand hätte
wollen wissen lassen." Esaias bestraft Diejenigen, welche nichts
thun, als Ochsen würgen, Schafe schlachten, Fleisch essen und
Wein trinken und dabei sagen: „Lasset uns essen und
trinken! denn morgen werden wir sterben." Das ist:
alsdenn hat doch alle Freude ein Ende, wenn man todt ist; so
wollen wir derselben genießen, weil wir noch leben. Was sagt
denn Esaias hierauf? sagt er etwa: Ihr irret Euch, Ihr müsset
noch nach diesem Leben Rechenschaft geben? Nein, er spricht nur:
„Aber der Herr Zebaoth hat sich offenbaret vor
meinen Ohren, daß Euch diese Missethat nicht solle
vergeben werden, bis Ihr sterbet." Das ist: Ihr sollt
bis an Euren Tod dafür gestraft werden. Hiebei hat abermal
Clericus die ganz natürlichen Gedanken: „Wenn die Unsterblich=
keit zu diesen Zeiten bekannt gewesen wäre, so würde es sich an
diesem Orte sehr wohl geschickt haben, die Gottlosen vor den
Strafen des zukünftigen Lebens zu warnen. Denn die so redeten:

---

1) Johann Clericus (eigentl. le Clerc, geb. 1657 zu Genf, Professor am
Arminianischen Gymnasium in Amsterdam, gest. 1736) hat sich in den verschiedensten
Gebieten der gelehrten Theologie einen Namen erworben, namentlich aber durch
seine alttestamentlichen Commentare. — A. d. H.

Laßt uns essen und trinken, weil wir morgen sterben, die glaubten kein ander Leben. Das ist nämlich einerlei mit dem, was beim Petronius[1]) stehet: „Ach! ach! wie elend sind wir! wie wird doch der ganze Mensch so bald ein Nichts! Drum laßt uns wohl leben, so lange wir noch sind!" Solcher Gelegenheiten nun, da der Unsterblichkeit und der zukünftigen Belohnung oder Bestrafung noth= wendig hätte müssen gedacht werden, sind gar viele mehr, welche ich nicht alle namhaft machen kann. Da nun die Schreiber des Alten Testaments bei keiner auch noch so dringenden Gelegenheit diesen wichtigen Lehrpunkt der Religion erwähnen, so folget erst= lich, daß sie ihn selbst nicht müssen gewußt haben; und ferner folgt daraus, daß, was man ihnen auch für einen Zweck beilegt, derselbe doch keine göttliche Offenbarung einer seligmachenden Religion könne gewesen sein."

§§. „Ich will aber noch mehr sagen. Es ist nicht genug, daß die Schreiber des Alten Testaments die Unsterblichkeit nicht lehren und erwähnen; sie leugnen sie sogar und behaupten das Gegentheil: daß der Mensch nichts sei als Erde und Staub, daß wir im Tode nicht besser sind als das Vieh, daß mit dem Leben Alles aus sei, daß die Todten nichts wissen und keinen Lohn mehr haben, daß sie nimmer und in Ewigkeit vom Tode wieder er= wachen. Nach Mosis Beschreibung ward der Mensch aus einem Erdenkloß gebildet, und darauf bläset ihm Gott einen Hauch der Luft, welche das Leben giebt, einen Odem des Lebens in seine Nase, und also wird er eine lebendige Seele. Die Eva wird aus der Rippe Adam's erbauet; wir lesen aber nicht, daß ihr beson= ders ein solcher Hauch des Lebens in die Nase geblasen sei; ver= muthlich weil die Rippe schon Fleisch und Blut und folglich Leben an sich hatte und, so zu reden, ein Pfropfreis eines neuen Menschens war. Denn das Blut ist nach Mosis Grundsätzen die Seele oder das principium vitale alles Fleisches, auch des Menschen, und aus dessen Bewegung entstehet der Odem oder das Hauchen des Lebens. Wenn nun der erste Mensch zwar ew glich leben sollte, so sollte es doch geschehen von den Früchten im Garten, insonderheit von dem Baume des Lebens. Nach dem Falle aber soll er des Todes sterben; der Baum des Lebens wird weggethan, daß der Mensch nicht ewiglich lebe. Und danu heißt es schlechthin von dem Menschen, ohne Einschränkung etwa auf

---

1) Dem Titus Petronius Arbiter, einem Günstling des Nero, wird die witzige, aber unzüchtige Schrift „Satiricon liber" zugeschrieben. — A. d. H.

den Leib allein: „Staub bist Du, und zu Staub wirst Du wieder werden." Die Wörter, welche Moses und die andern hebräischen Schreiber von der Seele gebrauchen, deuten alle nur was Körperliches an. Nephesch, ein Odem, Ruach, ein Wind, Neschamah, ein Hauch. Wenn der Odem aus ist (cum homo animam efflavit), so ist er nicht mehr. Demnach, daß Gott dem ersten Menschen diesen Hauch des Lebens, diese Neschamah in seine Nase geblasen, kann keinen Geist andeuten, der von der Materie unterschieden oder unsterblich wäre. Der Mensch ziehet den Odem durch die Nase, und das thun die Thiere auch, darum auch den Thieren eine Neschamah beigelegt wird. Und wenn Ezechiel die Belebung todter Gebeine in einem Sinn= bilde von der Herstellung des Volks nach der Art der Mosaischen Schöpfung beschreibt, so läßt er erst die Gebeine zusammen= kommen, Fleisch und Haut darauf wachsen; aber denn ist noch kein Ruach, kein Odem in ihnen. Darauf ruft er dem Winde; der kommt herzu aus allen vier Gegenden der Welt und bläst die Todten an; dann kommt Odem in sie, und sie werden wieder lebendig. Es ist also doch ein materieller Wind, Hauch oder Odem. Weßfalls Hiob sagt: „Gedenke, daß mein Leben ein Wind ist!" Und Esaias braucht dieselbe Mosaische Redensart zum Beweise der Sterblichkeit. „So lasset nun ab," spricht er, „von dem Menschen, der Odem hat in der Nasen! Dann, Lieber, wie hoch ist er zu schätzen?" Das ist: ist er doch nur ein Hauch, ein Wind. So wie David auch spricht: „Verlasset Euch nicht auf Fürsten, auf ein Menschen= kind, bei dem keine Hilfe ist! sein Geist (oder Wind) wird auffahren (Rucho teze), er wird wieder zur Erde werden." Demnach haben auch die folgenden Hebräer Mosis Worte nicht anders erklärt, als daß er die Seele des Menschen angesehen als einen Hauch, der wieder in die Luft verflattert, so wie der Leib in der Erde vermodert. Der Mensch ist also nach seiner Beschreibung ganz und gar Materie, verweslich und sterb= lich. Und daher rechnet er's in seinem Gesetze unter die aber= gläubischen Handlungen, wenn Einer die Todten frägt; nämlich weil die Todten nicht mehr sind, nicht mehr leben oder wieder aufstehen werden und also auch keine Antwort geben können, ebenso wenig als Wahrsager, Zeichendeuter oder Tagewähler etwas von den Dingen, darum sie gefragt werden, wissen."

§§. „So reden und schreiben auch die Hebräer von dem

Zuſtande der Verſtorbenen. Das kluge Weib von Tekoah ſagt zum Könige David: „Wir werden gewiß ſterben und werden ſein wie das Waſſer, das in die Erde ver= ſchleuft, das man nicht wieder ſammlen kann.“ Hiob ſagt zu Gott: „Meine Tage vergehen ohne Hoff= nung. Gedenke, daß mein Leben ein Wind iſt und meine Augen nicht wiederkommen werden, zu ſehen das Gute, und daß mich auch das ſcharfſichtigſte Auge nicht mehr ſehen wird! ja, wenn auch Deine Augen nach mir ſehen werden, ſo werde ich nicht mehr ſein. Eine Wolke vergehet und fähret dahin: alſo wer in das Grab hinunterfähret, kömmt nicht wieder herauf.“ Welche Worte nicht blos in Abſicht auf dieſes Leben geredet ſein können, weil er ſagt, daß wenn auch Gottes ſcharfſichtige Augen nach ihm ſehen wollten, ſo ſei er doch nicht mehr. Hätte er geglaubt, nach dem Tode mit ſeiner Seelen vor dem Angeſichte Gottes zu ſein oder Gott zu ſchauen, ſo könnte er ſo nicht ſprechen. Weiter ſagt Hiob: „Ein Baum hat Hoffnung, wenn er ſchon abgehauen iſt, daß er ſich wieder erneuere, und ſeine Schößlinge hören nicht auf; obſchon ſeine Wurzel in der Erde veraltet und ſein Stamm in dem Staube erſtirbt, ſo grünet er doch wieder vom Geruche des Waſſers und bringet Zweige wie eine Pflanze. Ein Mann aber ſtirbt, wenn er ſo abgemattet iſt, und wenn ein Menſch ge= ſtorben iſt, wo iſt er denn? (d. i. nirgend.) Wie das Waſſer ausläuft aus einem See, und wie ein Strom verſieget und vertrocknet, alſo ein Menſch, wenn er ſich geleget hat, wird er nicht wieder aufſtehen und wird nicht wieder aufwachen, bis der Himmel nicht mehr ſein wird (d. i. in Ewigkeit nicht), und wird von ſeinem Schlafe nicht erwecket werden. Ach, daß Du mich im Grabe verdeckteſt, daß Du mich verbärgeſt, bis Dein Zorn ſich wendete, und ſetzteſt mir ein Ziel, daß Du wieder an mich dächteſt!“ (ach! daß doch dieſes möglich wäre, daß ich eine Zeit lang ſein könnte wie ein Todter, der nichts empfindet, und darnach wieder aufleben möchte!) „Aber ſollte ein Mann, wenn er geſtorben iſt, wieder aufleben? (das iſt nicht möglich.) Ich wollte (ſonſt) alle die Tage meiner beſtimmten Zeit harren, bis daß meine Erneuerung käme; ſo würdeſt Du mir dann

rufen, und ich wollte Dir antworten; Du würdest
zum Werke Deiner Hände Begierde haben. Nun
aber zählest Du meine Gänge" 2c. Es kann nichts Deut=
lichers gesagt werden, daß mit dem Tode Alles aus sei und der
Mensch in Ewigkeit keine Hoffnung habe, wieder aufzuleben, und
daß solches eine an sich unmögliche Sache sei. Es klingt Alles
vollkommen heidnisch, und pflegen die heidnischen Schreiber diese
Meinung durch gleiche Sinnbilder auszubrücken."

§§. „Es wird mir hienächst erlaubt sein, dreier Israeli=
tischen Könige Zeugnisse von eben dieser Meinung bei den He=
bräern aufzuführen. David betet: „Wende Dich, Herr, und
errette meine Seele (mein Leben), hilf mir um Deiner
Güte willen! Dann im Tode (wenn man todt ist) geden=
ket man Deiner nicht. Wer will Dir in der Hölle (in
dem Zustande nach diesem Leben) danken?" Auf ebendie Art
redet er zu Gott: „Was hast Du für Gewinn an meinem
Blute (an meinem Tode), wann ich in die Grube hinab=
fahre? Wird Dir auch der Staub danken? Wird er
Deine Wahrheit verkündigen?" d. i. denn bin ich nichts
als Staub und kann es nicht mehr mit Dank erkennen und preisen,
daß Du mir viele Wohlthaten erzeiget hast. Wiederum spricht
er in einem andern Psalm: „Wirst Du danu den Todten
Wunder erzeigen? oder werden die Verstorbenen
aufstehen und Dir danken? wird man im Grabe (in
dem Zustande nach diesem Leben) erzählen Deine Güte?
und Deine Treue im Verderben? (wenn man vermodert
ist.) Mögen Deine Wunder in der Finsterniß erkannt
werden? oder Deine Gerechtigkeit im Lande der
Vergessenheit?" (im Reiche der Todten, da man weder das
Gegenwärtige erkennet, noch sich des Vergangenen erinnert.)
Hätte David irgend einen Begriff gehabt von einer Seele, die
vom Körper unterschieden ist und ihr geistliches Leben nach der
Absonderung vom Leibe in sich behält, ja, eben durch den Tod in
den Zustand gesetzt wird, Gott näher zu erkennen und zu loben,
so könnte er unmöglich so reden, als wenn der Mensch lauter Leib
wäre und nicht anders als mit dem Leibe in dieser Welt leben,
und nicht anders als hier Gott loben und danken konnte. Der König
Hiskias aber, nachdem er die Verlängerung seines Lebens erhalten
hatte, redet ebenso: „Ich sprach, ich muß zu den Pforten
des Grabes fahren — — nun werde ich nicht

mehr sehen den Herrn, ja den Herrn im Lande
der Lebendigen — — Dann das Grab (d. i. der Be=
grabene) lobt Dich nicht, so rühmet Dich der Tod
(d. i. der Todte) nicht; die in die Grube fahren, warten
nicht auf Deine Wahrheit (haben nichts mehr von
Deinen Verheißungen zu gewarten), sondern die Leben=
bigen; ja, die Lebendigen (allein) loben Dich." Wo=
rin eine gleiche Meinung entdeckt wird, daß Menschen, wenn
sie einmal todt sind, keine Wohlthaten mehr von Gott zu gewarten
haben und zu genießen fähig sind. Der König Salomon
spricht in seinem Predigerbuche: „Das ist ein bös Ding
unter Allem, das unter der Sonne geschiehet, daß
Allen Einerlei begegnet (dem Frommen wie dem Gott=
losen), und — — sie gleichwol darnach zu den Todten
fahren müssen. Zwar Derjenige, der mit allen
Lebendigen Gesellschaft hat, der hat eine Hoff=
nung (sintemal auch ein lebendiger Hund besser
ist dann ein todter Löwe); dann die Lebendigen
wissen, daß sie sterben werden, die Todten aber
wissen nichts, haben auch keinen Lohn mehr, sinte=
mal ihr Gedächtniß in Vergessenheit gestellet ist" ꝛc.
„Geneuß des Lebens mit Deinem Weibe, das Du
lieb hast, alle die Tage Deines eiteln Lebens!
Alles, was Dir vorhanden kommt, zu thun, das
thue wacker! dann im Grabe (im Reiche der Todten),
da Du hinfährest, ist weder Werk, noch Anschlag,
noch Klugheit, noch Weisheit." An einem andern Orte
macht er eine Vergleichung zwischen Menschen und Vieh: „Ich
sprach in meinem Herzen von dem Zustande der
Menschenkinder — — —, daß sie an ihnen selbst sein
wie das Vieh; dann was den Menschenkindern be=
gegnet, und was dem Viehe begegnet, das ist bei
beiden einerlei. Wie dieses stirbt, so stirbt jener
auch, und haben Alle einerlei Geist, und der Mensch
hat nichts Vortrefflichers dann das Vieh; dann sie
sind allzumal eitel, sie fahren Alle an einen Ort,
sie sind Alle aus dem Staube gemacht und werden
Alle wieder zu Staub. Wer weiß, ob der Geist
des Menschen aufwärts fahre, und ob der Geist
des Viehes unterwärts fahre?" Es kann gewiß Nie=
mand die Meinung, daß die Seele des Menschen mit dem Leibe

vergehe, daß der Mensch auch der Seele nach nichts vor den
Thieren voraus habe, daß kein Leben nach diesem Leben, keine Be=
lohnung einer Seligkeit sei, stärker an den Tag legen.   Und die
Ausleger, welche an diesen Stellen künsteln, um einen andern
Verstand herauszubringen, haben Mühe und Arbeit verloren."

§§. „Wären die Menschen nicht gewohnt, mit den Begriffen,
die sie einmal eingesogen, Alles anzusehen und das, was sie in
ihren Gedanken haben, in allen Dingen wahrzunehmen, so müßte
diese Wahrheit, daß das Alte Testament von keiner Unsterblich=
keit und ewigen Leben weiß, Allen einleuchten.   Aber wir lernen
erst die Unsterblichkeit der Seelen, Himmel, Hölle und Aufer=
stehung aus dem Neuen Testamente oder Katechismo und glauben,
daß ebendasselbe auch im Alten Testamente stehen müsse.   Dann
lesen wir das Alte Testament in der Meinung und Absicht, so
finden wir denn diese Sätze in vielen Stellen; zumal, da uns
die Wörter Himmel, Hölle, Geist und dergleichen verleiten, zu
gedenken, daß sich die Hebräer ebendas dabei vorgestellet haben,
was wir; ja da auch zum Oeftern die Uebersetzungen falsch sind
und einen Verstand darlegen, welcher durchaus in dem Grund=
texte nicht enthalten ist.   Wenn wir ohne Vorurtheil dabei ver=
fahren wollen, so müssen wir 1) die Meinung der Schreiber des
Neuen Testaments eine Weile bei Seite setzen; sonst würden wir
ebendas, wovon die Frage ist, schon zum Grunde legen.   2)
Müssen wir uns nicht blos auf die Uebersetzungen verlassen, als
welche schon den Verstand nach diesem Vorurtheil etwas gedrehet
haben und an manchen Stellen offenbar unrichtig sind.   Denn wer
zum Exempel eine Uebersetzung von dem bekannten Spruche
Hiob's hat: „Ich weiß, daß mein Erlöser lebt, und
der wird mich hernach aus der Erden auferwecken,"
der betrügt sich, wenn er die Erweckung der Todten darin findet,
weil die Uebersetzung falsch ist.   3) Müssen wir mit den Wörtern
blos diejenigen Begriffe verknüpfen, welche die alten Hebräer
gehabt, nicht aber welche wir aus der christlichen Lehre geschöpft
haben.   Denn wenn Einer zum Exempel das Wort Hölle in
der Uebersetzung lieset und deutet, es bedeute, wie bei uns Christen,
einen Ort der Qual oder Strafen der verdammten Seelen nach diesem
Leben, der fasset einen Begriff daraus, welchen kein Schreiber Alten
Testaments damit verknüpft hat.   Und so ist es mit dem Worte
Messias, Goel oder Erlöser und andern mehr beschaffen.
Die Hebräer haben durch einen Messias oder Gesalbten nichts

anders als einen weltlichen König verstanden, und ein Goel oder
Erlöser ist bei ihnen Derjenige, so seine Anverwandten aus der
Gefangenschaft erkaufet und errettet.   Dünken Einem diese Re=
geln zu erklären billig zu sein, so wird er gewiß andere Gedanken
von der Lehre des Alten Testaments bekommen.   Ich kann fast
nicht umhin, Denenjenigen, welche noch mit Vorurtheilen in diesem
Stücke behaftet sind, aus dem Traume zu helfen und die Stellen
des Alten Testaments kürzlich durchzugehen, welche auf solche
Art einen Schein geben, daß auch die alten Hebräer von einer
geistigen, unsterblichen Seele, welche nach diesem Leben bestraft
oder belohnet würde, ja von der Auferstehung etwas gewußt haben."

§§. „Man beziehet sich gegentheils auf Gen. I., 26: „Lasset
uns Menschen machen nach unserm Bilde, nach
unserer Gleichniß!"   Denn da sehr Viele das Ebenbild
Gottes nach ihrem Katechismo setzen in einer Vollkommenheit
des Geistes, welche in Weisheit und Gerechtigkeit bestehet, wo=
raus eine ewige Seligkeit entstehet, so ist der Schluß fertig:
also wird von Mose unter dem Ebenbilde Gottes die Vollkommen=
heit der Seele verstanden, welche den ersten Menschen zur Selig=
keit geschickt gemacht.   Oder man schließet so: der Mensch ist ein
Bild Gottes, nicht dem Leibe, sondern der Seele nach; also ist
er Gott ähnlich in der Unsterblichkeit und Seligkeit der Seele.
Allein wir müssen nicht Begriffe nach unserm Gefallen und nach
unserer christlichen Meinung annehmen, um dieselbe den Worten
der alten Hebräer anzuhängen.   Das Ebenbild oder Gleichniß
Gottes, so Moses meinet, wird alsobald erkläret: „auf daß
sie herrschen über die Fische des Meers und über
die Vögel des Himmels, desgleichen über das
Vieh und über die ganze Erde."*)   Wenn denn der
Mensch sollte Gottes Bild werden, auf daß er über die Thiere
herrsche, so ist das Ebenbild Gottes so etwas, wodurch die Herr=
schaft über die Thiere von dem Menschen erhalten wird.   So er=
kläret sich auch David: „Dennoch hast Du ihn (den Men=

---

*) Es ist derselbe Begriff, welchen uns Ovidius von dem göttlichen Ebenbilde
giebt, Metam., I. 76 sqq.:
„Sanctius his animal mentisque capacius altae
   Deerat adhuc, et quod dominari in caetera posset.
   Natus homo est.
   Quam (tellurem) satus Japeto mistam fluvialibus undis
   Finxit in effigiem moderantum cuncta Deorum."
Da bestehet die effigies deorum darin, quod dominari in caetera posset, gleichwie
die Götter cuncta moderantur.   Und woher dieß? quia mentis est capacius altae.

schen) wenig geringer gemacht als Gott (Elohim); mit Herrlichkeit und Schmuck hast Du ihn gekrönet; Du hast ihn zum Herrn gemacht über die Werke Deiner Hände, Alles hast Du unter seine Füße gethan, Schafe und Ochsen allzumal, dazu auch die wilden Thiere, die Vögel des Himmels und die Fische des Meeres." Nun folget die Herrschaft über die Thiere nicht aus der Unsterblichkeit oder Seligkeit der Seelen, demnach ist auch das Ebenbild Gottes von Mose nicht darin gesetzt. Es folgt aber die Herrschaft über die Thiere aus des Menschen Vernunft, und das ist es, was die Schrift ausdrücklich sagt. Denn sein wie Gott, sein wie ein Engel Gottes, heißet: sie wissen, was gut oder böse sei. Wir wissen aber Gutes und Böses nicht anders als durch die Vernunft zu unterscheiden. Demnach bestehet das Ebenbild Gottes nach dem Begriffe der Schrift A. T. eigentlich in der Vernunft, wodurch wir uns zu Herren über die andern Thiere machen. Und weil uns die Vernunft durch Adam's Fall aus dem Paradiese nicht benommen ist, so wird der Mensch auch nach dem Falle Gottes Ebenbild genannt. Es folget aber im Geringsten nicht, daß Einer, der dem Menschen eine Vernunft zustehet, wodurch er Gutes und Böses unterscheiden und sich zum Herrn über die Thiere machen kann, auch einen Begriff von der Seele Unsterblichkeit oder Seligkeit haben müsse."

2. „Der sterbende Jakob sagt in der Weissagung, die auf den Stamm Dan gerichtet ist: „Zu Deinem (nämlich: o Dan!) Heil warte ich des Herrn" oder: „hoffe ich auf den Herrn." Denn so müssen diese Worte übersetzet werden; nicht aber, wie Einige wider die Wortfügung und Accente es geben: „Herr, ich warte auf Dein Heil." Dennoch gehet man auf diese falsche Uebersetzung zu Werke, und weil man Heil und Seligkeit nach der Christen Sprache für eins nimmt, oder auch (per Metonymiam) Christum, der uns das Heil erwirbt, darunter verstehet, so siehet man in der an sich falschen Uebersetzung durch den angenommenen christlichen Begriff die Seligkeit und Christum. Allein was wäre wol für Ursache, daß dem Jakob ex abrupto ein geistliches und ewiges Seelenheil bei dem Stamme Dan einfallen sollte? Der Stamm Dan ginge Christum vielleicht weniger an als die andern, und er sollte auch nicht vor andern selig werden. Es hat aber offenbar eine Verknüpfung mit dem

Vorigen, daß dieser Stamm sich würde niederlassen, wo gutruhen sei, und sich bequemen, dienstbar zu werden, aber doch endlich seine eigene Herrschaft behaupten und wie eine Schlange dem Pferde in die Fersen beißen, daß der Reiter herunterfalle. Darauf folget der Seufzer: „Zu Deinem Heil (o Dan!) warte ich des Herrn." So ist auch offenbar, daß Jakob das Heil der Daniter verstehe, welches kurz vorher beschrieben worden, nämlich daß sie sich von dem Joche durch List würden los= machen."

3. „Ferner soll auch Bileam die Unsterblichkeit und Seligkeit andeuten, da er von dem Volke Israel spricht: „O, daß ich sterben möchte des Todes der Gerechten und mein Ende würde wie Eines derselben!" Im Hebräischen lauten die Worte eigentlich so: „O, daß meine Seele stürbe des Todes" 2c. Dieses giebt Denen, welche die Art der hebräi= schen Sprache nicht kennen oder hier nicht beachten wollen, Gelegen= heit, an die Seele zu gedenken und durch den Tod die Absonderung der Seele von dem Leibe zu verstehen, da denn der Tod der Ge= rechten aus den Begriffen des Neuen Testaments nach seiner Folge angenommen wird; denn da heißt es, die Gerechten werden gehen ins ewige Leben. So weiß man künstlich aus den Worten: „Ach, daß meine Seele stürbe," her= auszubringen, daß die Seele nicht stirbet. Gewiß, kein Mensch, der sich der Seele nach eine selige Unsterblichkeit anzu= wünschen gedächte, würde sich so ausdrücken: „Ach, daß meine Seele stürbe!" Die wahre Meinung dieser Redens= art ist bei den Hebräern, daß meine Seele so viel heißen soll als ich, Deine Seele so viel als Du, und so weiter. Denn sie haben kein ander Wort, das sie anstatt der Person selbst oder anstatt eines pronominis, und besonders eines reciproci setzen können, und denken daher bei solchen Redensarten im Geringsten nicht auf eine Seele, die vom Leibe unterschieden ist oder vom Leibe abzusondern wäre, sondern sie denken überhaupt auf die Person. Daher Simson spricht: „Meine Seele sterbe mit den Philistern," das ist: „ich will mit den Philistern zugleich sterben." So war auch Bileam nicht gedungen, den Israeliten ein Seelen= oder geistliches Uebel, sondern leibliches Uebel anzuwünschen. Da sich nun der Fluch bei ihm in Segen verkehret, so haben wir auch unter diesen Worten einen leiblichen Segen zu verstehen. Denn einen geistlichen Segen, einen seligen

Tod hätte der Moabiter den Israeliten vielleicht nicht mißgönnet: sit divus, modo non vivus! Der Gerechten Segen aber ist nach dem Begriffe der Hebräer, daß sie alt und lebenssatt werden, im Friede und gutem Alter sterben; dagegen der Gottlosen Fluch ist, daß sie nicht lange leben und ihr Leben nicht zur Hälfte bringen. Dies hohe und geruhige Alter der gerechten Israeliten hängt zusammen mit ihrem vorhergehenden Segen, daß sie sich ver= mehreten wie der Staub, den man nicht zählen kann, indem aus dem langen Leben die starke Vermehrung fließet, und Beides sich die Hebräer selbst gerne anzuwünschen pflegten. Daher auch Moses ihnen die Verheißung giebt: „Es wird keine Miß= gebärende noch Unfruchtbare sein in Deinem Lande, und ich will die Zahl Deiner Tage er= füllen." Indem aber Bileam diesen Wunsch von den Israeliten zugleich auf sich ziehet, wird er als ein Prophete aufgeführet, als ob er in der Offenbarung vorhergesehen, daß er nicht so ruhig und alt, sondern vor der Zeit gewaltsam sterben würde. Denn die folgende Geschichte giebt, daß er nachmals im Kriege wider die Midianiter mit dem Schwerte erwürget sei.

„Nach Bileam's Zeiten will sich lange kein Spruch finden lassen, der nur irgend auf der Seelen Unsterblichkeit zu ziehen sei, bis man zu David's Schriften kömmt, woraus unterschiedliche pflegen angeführet zu werden. Es heißt erstlich, wenigstens nach vielen, auch alten Uebersetzungen im 16. Psalm: „Du wirst meine Seele nicht in der Hölle lassen, noch zu= geben, daß Dein Heiliger verwese." Allein diese Ue= bersetzung ist ungetreu, da sie ohne Noth von den Worten des Grundtextes abgehet und dadurch den Verstand verkehret. Es heißet eigentlich: Du wirst meine Seele (d. i. mich) nicht verlassen bis zum Grabe; Du wirst nicht zugeben, daß Dein Heiliger die Grube sehe. Da verstehet aber ein Jeder, daß David nichts anders sagen will als, er hoffe, Gott werde ihn nicht sterben oder umkommen lassen; wie er denn auch vorher sagt, er werde nicht umgestoßen (oder vom Thron ge= stoßen) werden, sein Fleisch werde sicher wohnen, nämlich in dem Erbtheile, darin ihm das Loos gefallen; und hernach, daß Gott ihm den Weg des Lebens, d. i. eines langen und glücklichen Lebens, kund thue.

„An einem andern Orte spricht David: „Ich will (oder werde) Dein Angesicht schauen in Gerechtigkeit; wenn ich erwache, will (oder werde) ich mich sättigen

an Deinem Bilde." Man nennet die Seligkeit nach der
christlichen Theologie das Anschauen Gottes, man vergleicht den
Tod einem Schlafe und die Auferstehung einem Erwachen; also
denket man auch so christlich von David's Worten, daß er auf
das Anschauen Gottes im Himmel und in der Seligkeit, wie auch
auf die Erweckung seines Leibes in der Auferstehung warte und
hoffe. Jedoch lasset David sich erklären, was er durch das Ange=
sicht Gottes nach seiner Sprache verstehe! Denn die Hebräer
heißen Liphne Jehovah, „vor dem Angesichte des Herrn",
in ihrer Levitischen Schreibart den Ort vor der Bundes=
lade, gegen dem Allerheiligsten. Die Bundeslade selbst und
sonderlich der Deckel, worauf die Cherubim abgebildet waren,
wurde als ein Zeichen der göttlichen Gegenwart angesehen.
Daher wenn die Bundeslade in der Wüsten von ihrem Orte sich
bewegte, sprach Moses: „Herr, stehe auf!" und wenn sie
ruhen sollte, sprach er: „Komm wieder, Herr, zu der
Menge der Tausenden Israel!" Hinaufgehen zum
Herrn hieße so viel als: zur Stiftshütte gehen, wo die Bundes=
lade war. Wie also David die Bundeslade mit großem Jauchzen
und Tanzen gen Jerusalem holete, nicht anders, als ob er Gott
selber zu sich geholet hätte, so spricht er auch, wenn er zum Hause
des Herrn gehen will, da die Bundeslade war, er wolle Gottes
Angesicht sehen oder vor dem Angesichte des Herrn erscheinen. Zum
Exempel, wie er vertrieben war, so wünschete er: „Wenn
werde ich hineingehen, daß ich vor Gottes Ange=
sicht erscheine?" Er erkläret sich gleich darauf: „denn ich
wollte gern hingehen mit dem Haufen und mit
ihnen wallen zum Hause Gottes mit Freudenge=
sang und Danken unter dem Haufen der Feiern=
den." In einem andern Psalm spricht er ebendavon: „Lasset
uns vor sein Angesicht kommen mit Danksagung,
lasset uns ihm jauchzen mit Psalmen!" Und weiter:
„Dienet dem Herrn mit Freuden, kommt vor sein
Angesicht mit fröhlichem Gesang — gehet zu seinen
Thoren ein mit Danksagung, zu seinen Vorhöfen
mit Loben!" In diesem Psalm nun setzt er sich den gottlosen
Weltleuten, die Alles vollauf haben, entgegen und spricht, daß
er sich an Gott und seinem Dienste halten wolle: „Ich will
Dein Angesicht schauen in Gerechtigkeit," ich will in
dem Hause Gottes vor der Bundeslade erscheinen in Unschuld,
„und wenn ich erwache," des Morgens früh, so oft ich erwache,

„will ich mich sättigen an Deinem Bilde," will ich
mich daran vergnügen, daß ich das Bild Deiner Gnadengegenwart
daselbst bei dem Morgenopfer erblicke.   Denn frühe pflegte
David zu beten und zu dem Ende in das Haus Gottes zu gehen.
Es ist also ebendas, was David in einem andern Psalm sagt:
wenn Gott nur das Licht seines Antlitzes über ihn erhebet, so sei
er fröhlicher als Jene, die viel Korn und Most haben, und be=
zeuget, wie er früh zu Gott beten wolle und in sein Haus gehen
in seiner Furcht.

„Im 49. Psalm lässet sich David vernehmen: „Gott wird
mich (eigentlich: meine Seele) erlösen von dem Grabe
(eigentlich: von der Hand des Grabes), weil er mich an=
nehmen (oder: ergreifen) wird." Der Verstand ist, Gott werde
ihn aus der Todesgefahr erretten, dagegen die Gottlosen wie das
Vieh, wie Ochsen und Schafe, vor der Zeit getödtet werden. Um aber
hierin das Gesuchte zu finden, giebt man diesen Ort so: „Gott wird
meine Seele erlösen von der Höllen Gewalt; denn
er wird mich aufnehmen." Da ist denn die Seele, welche
die Hölle mit ihren Sünden verdienet hat; da ist der geistliche
Erlöser, daß die Hölle keine Macht über die Seele habe; da ist
das Aufnehmen ins Reich der Herrlichkeit. Welches Alles keiner
Widerlegung braucht, weil es sich auf eine ungetreue Ueber=
setzung und auf eigene Vorstellungen und Zusätze gründet."

§§. „Noch ein paar Stellen aus Salomon's Büchern und dem
Hiob sind zu berühren.   In den Sprichwörtern heißt es nach
der gemeinen Uebersetzung: „Der Gottlose wird umge=
stoßen in seinem Unglücke, aber der Gerechte ist
auch im Tode getrost;" nämlich, wie man es deutet, weil
er auf ein besseres Leben hoffet. Aber eigentlich sollte es gegeben
werden: „aber der Gerechte hat auch, wenn er ster=
ben soll, Hoffnung," nämlich wieder aufzukommen, da=
gegen der Gottlose, wenn ihn ein Unglück trifft, umgestoßen wird,
daß er liegen bleibt und nicht wieder aufkommt.

„Ferner spricht Salomon oder vielmehr die gemeine Ueber=
setzung seiner Worte: „Der Weg zum Leben, der auf=
wärts gehet, ist des Weisen, auf daß er meide die
Hölle, welche drunten ist." Also verstehet man das
Leben, das droben ist im Himmel, wornach die Weisen trachten
und sich hüten für die Hölle, welche man sich unten zu sein ein=
bildet. Aber es ist bekannt, daß das hebräische Scheol, so
Hölle gegeben wird, nichts anders bedeute als das Grab, den

Tod oder den Zustand der Todten, welche unter der Erde be=
graben liegen. Daher hat auch das Leben seine eigentliche natür=
liche Bedeutung; und wie das, was den Tod zuwege bringt,
unterwärts führet und unter die Erde bringt, so gehet der Weg,
der zum Leben führet, aufwärts. Dieses ist des Weisen und
Frommen Wandel, als womit Gott durch die Natur und durch be=
sondere Vorsehung dieses verknüpft hat, daß aus solcher Lebensart
ein langes und glückliches Leben entsprieße; dagegen sich die Ruch=
losen durch ihr unordentliches Leben gemeiniglich bald unter die
Erde bringen.

„Es ist ein andrer merkwürdiger Ort im Predigerbuche, da
Salomon sagt: „daß der Staub (des Menschen) wieder in
die Erde komme, wie er gewesen ist, der Geist aber
wieder zu Gott komme, der ihn gegeben hat.“ Das
nimmt man so an, als ob der Geist oder die Seele des Menschen
zu Gott in die himmlische Freude und Seligkeit komme. Wie
sollte man aber aus solchen zweideutigen Worten dem Schreiber
eine solche Meinung andichten, der mit viel deutlichern Aus=
drückungen gesagt hatte, daß die Todten nichts wissen und keinen
Lohn mehr haben, daß der Mensch stirbt wie das Vieh, und daß
sie beide einerlei Geist haben und an einen Ort fahren, zumal,
da Salomon hier gleich darauf seinen Hauptsatz wiederholet:
„Es ist Alles ganz eitel, ja, Alles ist eitel,“ das
heißt vergänglich. Will man den Prediger in keinen offen=
baren Widerspruch mit sich selbst setzen, so bedeutet der Geiste des
Menschen, von dem er gesagt hatte, daß er eins sei mit dem Geist
des Viehes, nichts anders als das Leben oder den Odem. Denn
das ist nach der gemeinen Erfahrung wahr, daß das Leben des
Menschen sowol als des Viehes vergehe und aufhöre. Indem er
aber auf die Historie der Schöpfung siehet und angefangen hat,
Mosis Worte zu gebrauchen, daß der Mensch wieder zur Erde
werde, davon er genommen ist, so fügt er auch bei dem Geiste
hinzu, daß er zu Gott komme, der ihn gegeben hat, da er näm=
lich dem Menschen einen lebendigen Odem in seine Nase einge=
blasen. Denn dieser Geist oder Odem kömmt wieder zu Gott, in=
soferne Gott, der dem Menschen das Leben gegeben hat, es ihm
auch wieder nimmt und ihn seinen Lebensodem läßt wieder aus=
hauchen: „πνεῦμα μὲν πρὸς αἰθέρα, τὸ σῶμα δ' εἰς γῆν,“ wie
Euripides sagt: „der Geist, oder Odem, in die Luft, der
Leib in die Erde.“ Hätte Salomo durch die Worte, daß der
Geist wieder zu Gott komme, was anders, nämlich ein freudiges

Anschauen Gottes, eine Seligkeit und Unsterblichkeit wollen an=
zeigen, so würde er hier nicht unmittelbar darauf sagen: „Es ist
Alles ganz eitel, sprach der Prediger; ja, Alles ist
eitel." Denn eitel heißt beim Salomon in diesem ganzen Buche,
was vergänglich ist und nur eine kleine Weile dauert. Wie reimte
sich nun der Schluß: Der Geist kömmt zu einem ewigen, unsterb=
lichen Leben und zum Anschauen Gottes: also ist Alles eitel
oder vergänglich? Hergegen ist die Folgerung natürlich: Gott
nimmt dem Menschen, wenn er alt und schwach wird, endlich auch
das Leben, so er ihm gegeben hatte, und damit hat Alles ein Ende:
ergo ist alles Menschliche eitel und vergänglich.

„Die bekannte Stelle im Hiob pflegt man so zu übersetzen:
„Ich weiß, daß mein Erlöser lebt, und er wird
mich hernach aus der Erden auferwecken (oder: ich
werde hernach von der Erde auferstehen), und werde dar=
nach mit dieser meiner Haut umgeben werden, und
werde in meinem Fleische Gott sehen; denselben
werde ich mir sehen, und meine Augen werden ihn
schauen und kein Fremder." Was Wunder denn, daß
dieser Ort fast in allen Katechismis und Lehrbüchern zum Be=
weise der Auferstehung, der Seligkeit und des Verdienstes Christi
sich gebrauchen lassen muß? Es ist aber viel Falsches in der Ueber=
setzung. Eigentlich lautet es nach dem Hebräischen so: „Ich
weiß, daß mein Erlöser (oder Erretter) lebt und zu=
letzt über dem Staube stehen (oder sich über den Staub
stellen) wird. Wenn nun gleich nach der Haut auch
dieses (mein Fleisch) möchte durchlöchert (oder abgestreifet)
werden, so werde ich doch aus meinem Fleische Gott
schauen; denselben werde ich mir schauen, und meine
Augen werden ihn schauen und kein Anderer; meine
Nieren vergehen (darüber) in meinem Schooße" (für
Verlangen). Hiob's Haut war durch die Geschwüre und viel=
leicht auch Würmer durchlöchert, und so war zu vermuthen, daß
die anhaltende Krankheit tiefer ins Fleisch fressen möchte. Den=
noch hoffet er aus diesem seinem Fleische, darauf er mit Fingern
gewiesen, Gott als einen Erlöser oder Erretter von seinem Leiden
zu seinem Troste zu schauen; wenn er sich nämlich zuletzt in dem
Dramate würde auf die Schaubühne stellen und auf der Erde
erscheinen. Dieses geschahe auch und machte den Beschluß, da
Gott, wie in den Komödien der Alten zu geschehen pflegte, tan=
quam Deus ex machina erscheinet und dem Hiob alles Gute ver=

spricht und widerfahren lässet. Darnach verlanget Hiob schon
jetzt, oder darnach schmachten ihm seine Nieren. Hernach aber,
als es geschehen, giebt er sich, wegen des erfüllten Verlangens,
zufrieden und spricht: „Ich habe Dich mit meinen Ohren
gehöret, und mein Auge siehet Dich auch nun.“
Es ist demnach in dem Spruche, dessen Erfüllung sich in der
Komödie und in diesem Leben völlig zeigt, nichts, das auf ein
künftiges Leben zielte.“

§§. „Gleichwie nun alle jetzt angeführten Oerter offenbarlich
einen ganz andern Verstand haben, als daß sie mit Grund auf
die Unsterblichkeit, Seligkeit oder Auferstehung sollten können ge=
zogen werden, so will ich doch auch ein paar Stellen beibringen,
welche mehr Wahrscheinlichkeit haben. Erstlich kann man sich
mit einigem Schein beziehen auf die Geschichte des Elias, die so
erzählt wird, daß Elias mit feurigen Roß und Wagen in einem
Wetter gen Himmel gefahren oder von Gott in einem Wetter gen
Himmel geholet sei. Ich will hier eben von der Wahrheit der
Geschichte selbst keine Frage anstellen. Denn sonst, da diese
Himmelfahrt Eliä unter dem Könige Josaphat geschehen sein soll,
möchte es schwer zu begreifen stehen, wie Elias einige Jahre
hernach an des Josaphat's Sohn Joram einen Brief geschrieben,
welchen wir wörtlich in das Buch der Chroniken eingerückt lesen.
Da man nun im Himmel (man verstehe Luft=, Sternen= oder
Seligenhimmel) keine Briefe schreibt und damit Boten an die
Bürger der Erden abfertiget, so möchte man eher glauben, daß
Elias sich nur eine Weile verborgen, wie er sonst wol gethan
hatte, und daß, damit man ihn nicht suchen sollte, ausgesprengt sei,
ob wäre er gen Himmel geholet worden. Denn der Brief des
Elias, den er nach der Zeit geschrieben, hebt die Wahrheit seiner
Himmelfahrt nothwendig auf, oder, so Elias von der Erden vor=
her weggeholet ist, müßte der Brief erdichtet sein. Allein es
kömmt hier auf die Wahrheit der Geschichte nicht so sehr an, weil
die Frage nur ist, ob die Schreiber des Alten Testaments von
einer Unsterblichkeit oder Seligkeit der Seelen etwas gewußt,
welche Meinung sie auch in Erzählung einer falschen Geschichte
hätten an den Tag legen können. Demnach frägt sich nur
von dem Geschichtschreiber, der die Himmelfahrt Eliä erzählet,
was der für einen Begriff dabei gehabt habe. Erstlich nun
kann man nicht behaupten, daß darin der Begriff von der
Unsterblichkeit der Seelen stecke. Denn der ganze Elias ist
körperlich aufgehaben. Wie, wenn er nun irgend in eine Ge=

genb des Himmels weggeriſſen iſt, ſo folgte noch nicht, daß
er da beim Leben geblieben; und wenn er da beim Leben geblieben,
ſo würden doch die Worte noch nichts weiter ſagen, als daß er
körperlich lebe, auch nicht, wie lange er da leben ſolle, oder in
welchem Zuſtande er lebe.   Es könnte auch ſein, daß er nur in
den Lufthimmel bei dem Gewitter durch einen Wirbelwind hin=
geriſſen und hernach anderwärts wieder niedergeſetzet ſei, wie
es die meiſten Jünger des Elias deuteten und des Falls ausgingen,
ihn zu ſuchen.   Keiner aber unter ihnen, ſelbſt Eliſa nicht, läßt
ſich merken, daß er an einen Ort oder Zuſtand der Seligkeit denke,
wohin Elias verſetzt ſei.   Die Juden ſind zum Theil der Mei=
nung, Henoch ſei wirklich geſtorben, und Joſephus ſcheinet vom
Henoch und Elias anzudeuten, daß man nur die Art ihres Todes
nicht wiſſe, wodurch er indirecte zugiebt, daß ſie geſtorben ſein
müſſen.   Es mag aber Joſephus davon gehalten haben, was
er will, ſo erzählt er es doch auch nicht ſo, als ob er verſtanden,
daß Elias lebendig in den Himmel der Seligen verſetzt ſei, und es
ſcheint beſonders, als ob er ſich vor den Römern und Griechen
geſchämt, der feurigen Roß und Wagen hiebei zu gedenken.   Wenn
wir einen geſunden Verſtand aus dieſer bibliſchen Erzählung
ziehen wollen, ſo müſſen wir wol zum Grunde legen, daß hier
ebenſo wenig feurige Pferde und Wagen zu verſtehen ſind, als
man gedenken kann, daß die Poeten ſich einen wirklichen Pegaſus
oder einen wirklichen Sonnenwagen des Phaëthon, mit vier
Pferden beſpannet, eingebildet hätten.   Es iſt demnach etwas
Verblümtes in dieſer Beſchreibung, und weil Feu'r in der Luft
wol ſein kann, fliegende Pferde und Wagen aber in der Luft nicht
ſein können, ſo ſteckt das Verblümte in den Pferden und Wagen,
das Feuer hingegen muß eigentlich verſtanden werden, zumal
weil eines Wetters gedacht wird, darin Elias gen Himmel gefahren.
Denn ein Wetter bringt vermittelſt des Windes aus den zuſammen=
gejagten Wolken Blitz und Donner, und der Blitz iſt nichts anders
als ein Feuer. Nun muß man wiſſen, daß das Gewitter Gott be=
ſonders von den Alten beigelegt wird, als ob er darin erſcheine
und ſeine Stimme hören laſſe und ſodann den Himmel neige
und auf den Wolken als ſeinen Cherub (Fahrzeuge oder Wagen)
herabfahre und mit den Flügeln des Windes in den blitzenden
Wolken einherfliege.   Wir finden viele ſolche Beſchreibungen des
Gewitters in der Schrift, inſonderheit im 18. Pſalm: „Er (Gott)
neigete den Himmel und fuhr herab, und Dunkel
war unter ſeinen Füßen; und er fuhr auf dem Che=

rub und flog daher; er schwebete auf den Fittigen des
Windes. — Vom Glanze vor ihm her trenneten sich
seine Wolken, es hagelte und blitzte; und der Herr
donnerte im Himmel, und der Höchste gab seine
Stimme, es hagelte und blitzte.“ Da ist offenbar, daß
das Wetter auf eine hohe prophetische Art abgebildet werde, und
daß insonderheit die Wolken Gottes Cherub[1]) (anderwärts
Rechub), das ist Gottes Fuhrwerk, Roß und Wagen genannt
werden. Wir können also schon aus dieser prophetischen Schreib=
art verstehen, was feurige Roß und Wagen heißen sollen. Es sind
nämlich die mit dem Winde schnell fortgehende Wolken, insoferne sie
feurige Blitze schießen und einen rollenden Donner, gleich einem Knall
eines fahrenden Wagen, hören lassen, auch durch die Pressung der
Luft in einem Wirbelwinde oft Vieles von der Erden, selbst auch
Menschen mit sich in die Luft oder in den Himmel führen. Da
nun ein Wetter und Wind mit feurigen Blitzen und rollenden
Donner den Eliam aus der Menschen Gesicht in die Luft gerückt
hatte, so hieße nach der prophetischen Redeart des Elisa und
seiner Gesellen: daß Gott mit seinen Cherubim, als feurigen
Roß und Wagen, den Elias gen Himmel geholet habe — welche
Ausdrückung, als eine unter den Prophetenkindern vom Elia ge=
bräuchliche, der Geschichtschreiber zwar behalten, aber auch durch
seine eigene unverblümte Redensart erkläret hat — daß ihn Gott
im Wetter gen Himmel geholet. Wir erinnern uns hiebei aber=
mal dessen, was Livius vom Romulo schreibt: „*Subito coorta tem-
pestas cum magno fragore tonitribusque tam denso regem operuit
nimbo, ut conspectum ejus concioni abstulerit, nec deinde in terris Romulus fuit. Romana pubes — satis credebat patribus,
qui proximi steterant, sublimem raptum procella.*“ So hatte
denn auch ein schleunig entstandenes Gewitter den Elias aus der
Leute Gesichte entrissen: et pubes prophetarum satis credidit
Elisae, qui proximus steterat, sublimem raptum procella. Doch
ist der Unterschied, daß die Römer nach Livii Bericht daraus Ge=
legenheit nahmen, zu sagen, Romulus sei in die Zahl der Götter
versetzt, Elisa aber nichts davon sagt, daß Elias unter die Zahl

---

1) Die Worte Cherub (כרוב) und Rechub (רכוב) sind durchaus
nicht einfache Synonyma, wie der Ungenannte annimmt; denn das Wort Rechub
bedeutet „Fuhrwerk“, „Wagen“, ohne jede Nebenbedeutung. Dagegen bezeichnet
das Wort Cherub (Pl. Cherubim) eine Art phantastischer, aus der Gestalt des
Menschen, des Stiers, des Löwen und des Adlers combinirter Wesen (vergl.
Ez. 1 u. 10), die das Paradies bewachen (Gen. 3, 24) und auf ihren Flügeln den
Thronsessel Gottes durch die Wolken tragen (nach der im Text citirten Stelle
Pf. 18, 11, u. nach 2. Sam. 22, 11). — A. d. H.

der Seligen verſetzt ſei, ſondern es dabei läſſet, daß er in den
Lufthimmel mit Donner und Blitz geriſſen ſei. Was ihm weiter
begegnet, oder wo er geblieben, wußte er folglich nicht, ſonſt
müßte er's bei der Gelegenheit, als die Andern ihn hie und da
zu ſuchen bemühet waren, nothwendig offenbaret haben. Gleich=
wie alſo in der ganzen Geſchichte nichts iſt, was einen Begriff
von der Menſchen Seligkeit nach dieſem Leben andeutet, ſo zeiget
insbeſondere das Letztere, daß auch Eliſa und die übrigen Pro=
phetenknaben im Geringſten nicht an dergleichen gedacht haben."

§§. „Das Ausdrücklichſte, woraus man ſchließen möchte,
daß die Hebräer, wenigſtens in den letztern Zeiten, von der
Seelen Unſterblichkeit und Auferſtehung Wiſſenſchaft gehabt
haben müßten, iſt, daß zu Zeiten des Elias und Eliſa ſogar
Todte wieder lebendig geworden, als der Sohn der Wittwen zu
Sarepta und der Sunamitiſchen Frauen, wie auch der Todte,
welcher Eliſae Gebeine berührte. Imgleichen, daß der Pro=
phet Ezechiel in einem Geſichte und Bilde ein ganzes Feld voller
Todtenknochen vorſtellet, welche wieder lebendig werden. Jedoch
wenn wir nicht unbedächtlich insfahren wollen, ſo werden wir
finden, daß noch ein großer Unterſchied zwiſchen beiden Begriffen
ſei und einer aus dem andern gar nicht folge. Dieſe Exempel
und Geſichte ſtellen nicht etwas vor, das allen Menſchen zukömmt
oder dermaleinſt widerfahren wird, ſondern Wunder, die Gott
außerordentlich an gewiſſen Perſonen gethan oder thun kann.
Dergleichen Wunder hatte David noch nicht erlebt oder davon
gehört; darum ſpricht er: „Wirſt Du dann den Todten
Wunder erzeigen? oder werden die Verſtorbenen
aufſtehen und Dir danken?" Er hält es alſo für eine
Sache, die Gott nicht thun würde oder vielleicht, weil ſie un=
möglich ſei, nicht thun könnte, daß er Todte wieder lebendig
machte. Endlich aber zu des Elias und Eliſa Zeiten ſtiegen die
Wunder ſo hoch, daß auch Todte auferweckt wurden. Nun frägt
ſich, ob dieſes den Begriff von der Seelen Unſterblichkeit, Selig=
keit und künftiger Auferweckung aller Menſchen habe erwecken
können und ſollen? Ich ſage Nein. Die Sache ſollte nichts anders
beweiſen, als daß Elias und Eliſa große Propheten wären und
Gott allmächtig ſei; man kann mit Grunde der Wahrheit nicht
ſagen, daß entweder von den Propheten ſelbſt oder in der Schrift
eine Folgerung auf der menſchlichen Seelen geiſtliche Beſchaffenheit
oder Dau'r und Zuſtand nach dieſem Leben daraus gezogen ſei.
Auch konnten die Hebräer nach ihren Begriffen, ſo ſie bisher

bekommen hatten, aus dieser Begebenheit den Schluß nicht
machen, daß die Seele eine von dem Körper wesentlich unter-
schiedene und an sich fortdauernde Substanz sei, welche nur durch
den Tod vom Leibe getrennet würde, inzwischen aber für sich lebe
und als eadem numero substantia mit dem Leibe in der Auferweckung wieder vereiniget würde; sondern die Seele war bei
den Hebräern der Odem, das Leben, das Regen und Bewegen
im Menschen. Wie nun Gott dem Menschen einen lebendigen
Odem in seine Nase geblasen und dadurch den leblosen Erdkloß
belebet hat, so kann er über und wider den Lauf der Natur ebenden entseelten Körper wieder aufs Neue beleben oder ihm eine
regende Lebenskraft eindrücken, die ebenfalls nach Ezechiel's prophetischer Erscheinung durch einen Wind oder Hauch aufs Neue
erregt ward, auch nur eine Zeit lang währet und ebenso vergänglich ist, daß der Mensch dennoch zum andern Male stirbet;
so wie, wenn ein Baum einmal todt ist, Gott nicht anders als
durch ein Wunder denselben wieder beleben würde, aber Niemand daher dem Baume eine Seele zuschreiben möchte, die
bisher außer ihm gewaltet und nunmehr wieder in ihn hineingebracht sei. Wenigstens haben wir, was die menschliche Seele
betrifft, weder sonst noch auch bei diesen Erweckungen der Todten
die geringste Spur in dem Alten Testamente, daß die Seele
außer dem Leibe ein fortdauerndes Leben habe, und daß sie in
einem seligen oder unseligen Zustande sei; daß dieses allen
Menschen widerfahre und Aller Seelen einmal mit ihren Leibern
wieder vereiniget werden sollen: nichts als das zeitliche Leben
wird gewissen Personen außerordentlich durch ein Wunder wieder
geschenkt, zum Beweise der göttlichen Macht, der Sendung seiner
Propheten und der Gnade für gewisse Personen, welchen an dem
Leben dieser Verstorbenen gelegen war. Ezechiel's Vorstellung
aber ist blos ein symbolisches Gesichte, wodurch nichts weiter
angedeutet werden soll, als daß Gott das fast ganz abgestorbene
und entkräftete jüdische Volk wieder aufs Neue mit blühenden
Wachsthum und frischer Kraft beleben wolle. Nun weiß man ja,
daß in prophetischen Gesichten gar nicht auf die Wahrheit oder
Möglichkeit des Vorbildes gesehen oder geachtet werde; das bestehet mehren Theils in Träumen und Phantaseien, welche für sich
ungereimt scheinen möchten und zu dem Zweck dessen, was die
Propheten lehren wollen, gar nicht gehören, sondern blos das
Gegenbild oder die Deutung. So ist es denn auch hier in dem
Gesichte Ezechiel's mit dem Vorbilde beschaffen: die Absicht ist
gar nicht, eine Auferstehung der Todten zu lehren, oder davon

als von einer Wahrheit, die vorausgesetzt wird, einen Schluß und Deutung zu nehmen, sondern diese Belebung der Todten= gebeine ist blos eine Malerei der Einbildungskraft, ein erdichtetes Sinnbild, welches weiter keinen Grund hat, als insoferne darunter die Wiederaufrichtung des Israelitischen Volkes vor= gestellet ward. Wenn wir aber auch annehmen wollten, daß in Ezechiel's Gesichte eine Wahrheit zum Vorbilde den Andern gesetzt würde, so würde doch, wie ich schon angezeigt, nichts mehr in dem Vorbilde stecken, als daß es Gott möglich sei, wenn er Wunder thun wolle, die Gebeine der verstorbenen Israeliten wieder aufs Neue zu beleben; welches nichts von einer all= gemeinen Auferstehung aller Menschen, die wirklich geschehen soll, in sich fasset und ebenso wenig beweiset, daß es eine und dieselbe für sich lebende und fortdauernde Seele sei, welche in der neuen Belebung den Körpern wieder zugesellet wird, als wenig es in dem Gegenbilde die Meinung ist, daß ebendieselben ein= zelnen Israeliten, welche ins Unglück gerathen und zum Theil längst in ihrem Elende verstorben waren, wieder sollten glücklich gemacht werden, sondern nur das Volk oder die ganze Nation, obgleich aus ganz andern Personen bestehend."

§§. „Nach der Babylonischen Gefängniß kommen erst die Zeiten, da die Juden solche Begriffe von der Seele und deren künftigen Zustande hatten und äußerten, als wir im Neuen Testamente lesen, gleichwie sie überhaupt von der Zeit an in ihrem ganzen Wesen, Religion und Sitten viel Veränderung spüren ließen. Vorhin waren sie beständig der Vielgötterei und Abgötterei ergeben; sint der Zeit aber verehrten sie nimmer und nirgend mehr als einen Gott Jehovah und ließen sich lieber zu Tode martern, als daß sie fremden Göttern dienen sollten. Vor= hin hatten sie nimmer das Gesetz Mosis beobachtet; jetzt wurden sie Eiferer des Gesetzes. Vorhin waren keine Abschriften des Gesetzes oder der Propheten in der Leute Händen, auch keine Synagogen, wo das Gesetze ordentlich gelesen und gelehret ward; jetzt wurden aller Orten häufige Synagogen aufgerichtet, Moses ward alle Sabbathe in den Synagogen ordentlich gelesen und erkläret, und bald wurde solches auch bis auf die Propheten ausgedehnt: die Bücher Mosis und der Propheten wurden durch die Schreider (γραμματεῖς oder סופרים, Sopherim) so fleißig und oft abgeschrieben, daß sie in Aller Händen waren. Vorhin war weder Gottesgelahrtheit noch Weltweisheit bei diesem Volke; jetzt fingen sie an zu denken, ihre Vernunft zu gebrauchen, Lehr=

gebäude aufzurichten und zu disputiren. Vorhin war lauter Un=
wissenheit und Unglauben bei ihnen, da sie noch Propheten und
Wunder hatten; jetzt bekommen sie ohne Weissagung und
Wunder Erkenntniß und Glauben, nachdem sie die Wahrheit zu
überlegen anfangen. Alle diese Veränderungen können wir keiner
andern Ursache zuschreiben, als daß die Juden durch ihre Ge=
fangenschaft und Zerstreuung mehreren Umgang mit andern
Völkern, und insonderheit mit den vernünftigsten von ganz Asien,
Africa und Europa, bekamen, bei ihnen eine bessere Polizei
sahen, Künste und Wissenschaften lerneten, Umgang mit den
Weltweisen hatten und ihre Bücher lasen. Die Babylonier und
Perser, als Herren der Juden, waren wegen ihrer Weisheit
berühmt, und besonders hatten die alten Perser eine ziemlich
gesunde und reine Gottesgelahrtheit, und wo jemals ein Regent
zugleich ein großer Weltweiser gewesen, so ist es gewiß Cyrus.
Aegypten, wo sich die Juden seit Alexandri M. Zeiten häufig
aufhielten und große Freiheiten hatten, war eine alte, jetzt noch
durch die Griechen verbesserte Schule der Weltweisheit, wo alle
Wissenschaften gelehret wurden, wo Philo, Aristobulus [1]) und
Andere das Ihrige erlernet. Die Griechen, welche sich Asien
unterwürfig gemacht und häufig da wohnten, auch wiederum die
Juden unter sich zu wohnen veranlasset hatten, mußten diesem
Volke nothwendig etwas von ihrem Geschmacke guter Wahrheiten
und Anstalten beidringen, und denen folgten die Römer auf dem
Fuße, welche nicht minder häufig in Palästina, als die Juden
häufig in Italien und dem römischen Gebiete waren."

§§. „Nun werden wir durch die glaubwürdigsten Zeugnisse
überführet, daß alle diese Völker eine Unsterblichkeit der Seele
erkannt und gelehret haben. Pausanias sagt in Messeniacis von
den Chaldäern: „Ich weiß, daß die Chaldäer und die
Magi der Juder zuerst gesagt, daß die Seele des
Menschen unsterblich sei." Herodotus redet so von den
Aegyptiern, daß sie die Ersten gewesen, die solches behauptet.
Ihr Zeugniß beweiset, daß beide Völker solches geglaubt,
und von langen Zeiten geglaubt, obgleich schwer zu sagen
ist, welche von diesen Nationen die erste gewesen sei. Die
schöne Rede des sterbenden Cyrus von der Unsterblichkeit
der Seelen findet sich beim Xenophon und beim Cicero.

---

1) Die Alexandrinischen, jüdisch=griechischen Philosophen Aristobulus
(um 160 v. Chr.) und Philo (geb. um 25 v. Chr.) strebten nach einer Ver=
mittelung zwischen Judaismus und Hellenismus. Die allegorische Auslegung
der h. Schrift spielte bei diesem Versuche eine Hauptrolle. — A. d. H.

Augustinus berichtet, daß ein Assyrier Pherecydes dem Pythagoras zuerst von der Seelen Unsterblichkeit was vorgesagt und
ihn dadurch zur Weltweisheit bewogen. Unter den Griechen hat
sie nicht allein Pythagoras und Plato getrieben und fortgepflanzet, sondern Plutarchus bemerket, daß Homerus diese Meinung schon gehabt. Cicero beruft sich in diesem Stücke auf die
Uebereinstimmung aller Nationen und giebt anderwärts zu verstehen, daß des Epikuri Meinung neu sei. Da nun die Juden
vor ihrer Gefangenschaft und Zerstreuung von der Seelen
Unsterblichkeit nichts wußten, noch aus ihren Schriften wissen
konnten, sondern daraus vielmehr das Gegentheil zu glauben
Ursache hatten, nun aber, nachdem sie unter die Völker gerathen
waren, welche der Seelen Unsterblichkeit glaubten, gleichfalls
dieselbe zu glauben anfingen, so ist offenbar, daß sie diese Meinung von den fremden Nationen und deren Weltweisen erlernet und
um so viel williger angenommen haben, je mehr sie dieselbe einer
vernünftigen Religion und der natürlichen Neigung des Menschen
gemäß erkannten, und je weniger sie damals Bedenken trugen,
zu den Lehren ihrer Schriftsteller unterschiedliche Zusätze zu
machen oder von deren buchstäblichem Verstande abzuweichen.
Es wird durchgehends erkannt, daß die drei Secten der Juden
von den heidnischen Weltweisen viele Meinungen und Gebräuche
angenommen und dieselben mit der Gottesgelahrtheit ihrer
eigenen Vorfahren vermischet haben. Die Pharisäer und Essäer
nun behaupteten die Unsterblichkeit der Seelen und ein zukünf-
tiges Leben, gleichwie die Sadducäer solches leugneten. Jene
hatten Vieles von den Stoikern und Pythagoreern, Diese von
des Epikurus Schule geborget. Allein das war der Unterschied
zwischen Beiden, daß Diese zu einem Grundsatze machten, nichts
anzunehmen, was nicht der buchstäbliche Sinn Mosis und der
Propheten in sich hielte, Jene hingegen allerlei fremde Zusätze
machten und annahmen und sich daher nicht anders zu helfen
wußten, als daß sie zur Behauptung ihrer Sätze aus Mose und
den Propheten eine künstliche allegorische Erklärung gebrauchten,
wodurch sie Dinge, woran diese Schreiber nimmer gedacht, aus
ihren Worten zu erzwingen mußten. Die Sadducäer würden
demnach Epikuri Meinung von der Vergänglichkeit der Seelen
nimmer angenommen und öffentlich gelehret und vertheidiget
haben, wenn sie nicht Mosi und den Propheten nach dem buchstäblichen Verstande gemäß gewesen wäre. So konnten sie sich
auch bei den Juden völlig rechtfertigen, daß sie nichts lehreten,
als was in Mose und den Propheten enthalten sei. Denn man

hätte sich sonst billig zu wundern, daß diese an sich gegen alle
Religion laufende gefährliche Sätze der Sadducäer unter den
damaligen Juden, als Eiferern des Gesetzes, öffentlich geduldet
worden, und daß die Sadducäer des Falls nicht für Ketzer erkläret
und aus der Synagoge gestoßen worden, wenn man nicht be=
dächte, daß sie durch Beziehung auf Mosen und die Propheten
leicht oben bleiben konnten, indem kein einziger Spruch aus der
ganzen Schrift aufzuweisen war, welcher das Gegentheil lehret.
Da nun die Juden insgemein keine andere Richtschnur des Glau=
bens annahmen, so konnten die Sadducäer nicht allein nach dem
Gesetze nicht verstoßen oder bestraft werden, sondern sie machten
gar die vornehmste Partei unter den Juden aus, waren bei
Hofe beliebt, saßen mit im Synedrio, in dem Tempel und in den
Synagogen. Und ob es gleich heißet, daß Simeon ben Schetach
sie aus dem großen Rathe verjaget, so lesen wir doch an vielen
Orten, daß sie nachher beständig mit darin gesessen, ja, daß sogar
unter den Hohenpriestern selbst Ananus II. und Hyrkanus I.
Sadducäer gewesen. Wie gern würden die Pharisäer und alles
Volk solche unter dem Namen der Epikurer noch mehr verhaßte
Leute unterdrückt und verbannet haben, wenn sie ihnen hätten
weisen können, daß sie wider das Gesetz lehreten? Die Pharisäer
hatten also die Lehre von der Seelen Unsterblichkeit und künftiger
Belohnung oder Bestrafung nicht aus der Schrift genommen,
sondern von fremden auswärtigen Völkern und Weltweisen ent=
lehnet und hatten sofern den wichtigsten Grund, das mangelhafte
Gesetz zu ergänzen und zu verbessern, ja nun zuerst eine Religion
daraus zu machen, was bisher noch keiner Religion ähnlich ge=
sehen, wenn sie nur nicht durch andere thörichte Zusätze Alles
wieder verdorben und die ganze Religion zu einer scheinheiligen
Heuchelei gemacht hätten. Allein sie wollten doch auch weder in
dem Einen noch in dem Andern das Ansehen haben, daß sie
etwas vortrügen, welches in Mose und den Propheten nicht ent=
halten sei, als welcher Verdacht bei dem Volke sehr zu verhüten
war. Sie ergriffen daher zweierlei Mittel, ihre Zusätze mit der
Schrift zu vereinigen. Einmal suchten sie zu behaupten, daß
Vieles von Mose und den Propheten nur mündlich vorgetragen
wäre, welches auf sie, als auf dem Stuhle Mosis sitzende Lehrer,
durch ihre Vorfahren gebracht sei; andern Theils erfunden sie
eine Art allegorischer, mystischer, symbolischer, ja kabbalistischer
Auslegung der Schrift, welches eine Kunst ist, aus Allen Alles zu
machen, und aus der Schrift zu beweisen, was man nur will. Da=
durch wurden ihnen Thüren und Thore aufgethan, ihre eigenen

Lehren und Stiftungen als schriftmäßig einzuführen; sie wußten der Sache wie Peter im Tale of a Tub [1]) bald zu helfen: stand es nicht totidem verbis in der Schrift, so stand es doch totidem syllabis et litteris darin, und stand es nicht buchstäblich darin, so war es doch hie und da auf eine verblümte Weise angezeiget. Dieses ist der wahre Grund und Ursprung der an sich unnatürlichen und nie erhörten allegorischen und mystischen Auslegung, welche man mit der Zeit zur Einführung vieler andern Säße gebraucht hat, und worin sich die Juden endlich so verliebt, daß ihnen nichts artig bewiesen zu sein dünkte, welches nicht allegorisch bewiesen wäre."

§§. „Daß die Unsterblichkeit der Seelen aus dem Alten Testament blos auf diese künstliche Weise herauszubringen sei, lehret uns auch die Unterredung Jesu mit den Sadducäern über diese Materie. Denn da Jesus es mit Leuten zu thun hatte, welche nichts gelten ließen, als was der buchstäbliche Verstand an den Tag legte, so würde er sich außer Zweifel auf einen solchen Ort Altes Testaments bezogen haben, wenn er irgend wäre zu finden gewesen. So aber bringt Jesus keinen Ort der Schrift hervor, wo die Sache ausdrücklich gesagt wird, sondern nur einen Spruch, woraus es soll geschlossen werden, und zwar nicht eher kann geschlossen werden, als wenn man erst den buchstäblichen Verstand verläßt. Es ist der Ort, da Gott sagt: „Ich bin der Gott Abraham's, Isaak's und Jakob's," woraus Jesus folgert: „Gott aber ist nicht ein Gott der Todten, sondern der Lebendigen," und will damit den Schluß in die Gedanken bringen: also leben Abraham, Isaak und Jakob. Da sie aber dem Leibe nach nicht leben, so folget, daß sie der Seele nach bei Gott leben. Allein der buchstäbliche Verstand des Ortes ist ohnstreitig dieser: Ich bin der Gott, welchen Eure Väter Abraham, Isaak und Jakob verehret haben. Denn so heißt der Gott Nahor's, den Nahor anbetete; so heißt Camos ein Gott des Ammonitischen Königes, das ist, den derselbe für einen Gott erkannte und dem er diente; die Götter der Heiden heißen, welche nach der Meinung der Heiden Götter sind und von ihnen als solche angebetet werden. Jakob sagt: Wirst

---

1) In Jonathan Swift's berühmtem „Märchen von der Tonne" (Tale of a Tub) werden bekanntlich die Auslegungskünste der Theologen, die aus nichts Etwas und aus Allem Alles zu machen verstehen, mit dem bittersten Hohne gegeißelt. Unter den drei Brüdern Peter (der Katholik), Martin (der Lutheraner) und Johann (der Calvinist) versteht es namentlich der Aelteste, Peter, dem Testamente seines Vaters (der h. Schrift) eine wächserne Nase zu drehen. — A. d. H.

Du mir Kleider und Schuh, Essen und Trinken geben, so sollt
Du mein Gott sein, das ist, wie folget: ich will Dich als Gott
verehren, Dir ein Haus bauen, opfern und den Zehenden geben.
Nun folget aus diesem eigentlichen buchstäblichen Verstande nicht:
Abraham, Isaak und Jakob haben den Gott Jehovah verehret,
oder Jehovah ist der Gott, welchen Abraham, Isaak und Jakob
verehret haben: also leben die Erzväter noch.   Noch weniger
folget das daraus, wovon eigentlich der Streit war, daß sie
körperlich wieder aufstehen werden.   Daher muß erst der buch=
stäbliche Sinn verlassen und ein anderer angenommen werden.
Wollte man etwa einen andern Verstand zum buchstäblichen
machen, nämlich daß Gott wegen des Schutzes und Lohns
Abraham's und seiner Kinder Gott sei, so wird man finden, daß
die Folgerung nichts richtiger sei und nichts mehr beweise. Denn
der Schluß würde dieser sein: Wenn Gott wegen des Schutzes
und Lohns ein Gott Abraham's, Isaak's und Jakob's genannt
wird, so folget, daß dieselbe nicht todt sind, sondern leben.
A. E. Hier würde entweder Abraham, Isaak und Jakob als
noch existirend verstanden oder als vor Zeiten lebend. Das Erste
wäre eine petitio principii, wie man in Schulen redet, oder es
setzte ebendas zum Grunde, welches bewiesen werden soll, und
bewiese also nichts.   Denn es hieße ebenso viel als: Wenn
Abraham, Isaak und Jakob noch sind, so sind sie; das Andere
aber folget nicht: Wenn Gott den Abraham, Isaak und Jakob
vor Zeiten geschützt und belohnt hat, da sie noch lebten, so leben
sie auch noch und werden ewiglich leben.   Es ist also wol offenbar
genug, daß Jesus den buchstäblichen Verstand (welchen man
auch setzen will) nicht wider die Sadducäer aus der Schrift zum
Grunde legen können, und daß folglich im Alten Testamente die
Lehre von der Unsterblichkeit und Seligkeit der Seelen nicht
eigentlich und wirklich enthalten sei.   Ob nun gleich Jesus durch
seinen Beweis den Sadducäern das Maul gestopfet hatte, näm=
lich daß sie darüber verwirret wurden und nicht wußten, was
auf den Schluß zu antworten wäre, folglich stille schwiegen, so
wurden sie doch auch nach denen Grundsätzen, welche sie an=
genommen hatten, nicht überführt.   Sie blieben bei ihrer Mei=
nung, und es ist gar merkwürdig, daß sich im ganzen Neuen
Testamente meines Wissens kein einzig Exempel findet, daß sich
ein Sadducäer zu Christo oder seiner Lehre bekehret hätte, weil
sie nämlich nichts annehmen wollten, als was der klare Verstand
des Alten Testamentes gab, und daraus sich nicht überzeugen
konnten."

Fünftes Fragment.
Ueber die Auferstehungsgeschichte.

—

§§. „Die vornehmste und erste Frage, worauf das ganze neue Systema der Apostel ankömmt, ist demnach diese: ob Jesus, nachdem er getödtet worden, wahrhaftig auferstanden sei. Da beruft sich nun Matthäus anfangs auf das fremde Zeugniß der Wächter Pilati, welche er auf Begehren des jüdischen Raths bei dem Grabe gestellet, und welche mit ihrem großen Schrecken Jesum aus dem Grabe hervorbrechen gesehen, auch diese Geschichte den Hohenpriestern und Aeltesten verkündiget hätten. Die Erzählung lautet umständlicher also: „Des andern Tages nach der Kreuzigung Jesu, das ist am ersten Ostertage, als den funfzehnten des Monats Nisan, kamen die Obersten der Priester und die Pharisäer, welche den hohen Rath ausmachten, sämmtlich zu dem römischen Landpfleger Pilato und sprachen: „„Herr, wir sind eingedenk worden, daß dieser Verführer Jesus, den Du gestern hast kreuzigen lassen, gesagt hat, wie er noch lebte: er wolle drei Tage hernach, wenn er getödtet wäre, wiederum lebendig auferstehen. Demnach bitten wir inständig, besiehl doch, daß man das Grab, wohin er gelegt ist, verwahre bis an den dritten Tag, auf daß nicht irgend seine Jünger inzwischen des Nachts kommen, ihn aus dem Grabe heimlich wegstehlen und hernach zum Volke sagen: er ist auferstanden von den Todten. Denn auf solche Art würde der letzte Betrug ärger sein als der erste.““ Pilatus sprach darauf zu ihnen: „„Siehe, da habt Ihr die verlangten Hüter, gehet damit hin und verwahret das Grab, wie Ihr's am Besten zu bewerkstelligen wisset!““ Sie, die obersten Priester und Pharisäer, gingen demnach alsobald hin und verwahrten das Grab mit denen zugeordneten Hütern und versiegelten noch zu mehrerer Gewißheit den Stein, der vor die Thüre des Grabes gewälzet war. Am Sonntage aber frühe, den 16. Nisan, kamen Maria Magdalena und die andere Maria zum Thore heraus, das Grab zu besehen; und siehe, da geschah ein groß Erdbeben; der Engel des Herrn kam vom Himmel herab und wälzte den Stein von der Thüre des Grabes und setzte sich darauf; seine Gestalt des Angesichts war wie der Blitz und sein Kleid weiß wie der Schnee. Darüber erschraken die Hüter vor Furcht dergestalt, daß sie bebten und als todt waren. Den Weibern aber sagte der Engel: „„Ihr habt Euch nicht zu fürchten; ich weiß, Ihr suchet Jesum, den Gekreuzigten; der ist aber nicht mehr hier, sondern er ist auferstanden, wie er gesagt hat.““ Wie nun die Weiber die ledige Stätte im Grabe und im Zurückeilen Jesum selbst auf dem Wege gesehen und gesprochen hatten und dieses den übrigen Jüngern in der Stadt verkündigen wollten, so kamen auch etliche von den Hütern nach der Stadt und berichteten den Obersten der Priester Alles, was geschehen war. Die kamen also mit den Aeltesten, den übrigen Mitgliedern des hohen Raths darüber zusammen, erzählten ihnen der Wächter Aussage von dem Geschehenen. Darauf ward nach Ueberlegung der Sache diese Entschließung gefasset: Sie gaben den Kriegsknechten Pilati, die das Grab gehütet hatten, Geld genug, daß sie sagen sollten, Jesus' Jünger wären des Nachts gekommen und hätten den Leichnam gestohlen, als sie geschlafen. „„Wenn dieses ja,““ sagten die Priester, „„bei dem Landpfleger Pilato auskommen sollte, daß Ihr geschlafen, so wollen wir Juden ihn schon befriedigen, daß Euch deswegen keine Strafe widerfahren soll.““ Also nahmen die Hüter das Geld und thaten, wie sie gelehret waren. Daher ist die Rede, daß Jesus' Jünger seinen Leichnam des Nachts gestohlen, bei den Juden ausgekommen und währet bis auf den heutigen Tag.“

§§. „So weit gehet die Erzählung Matthäi, die gewiß eine Sache von der größten Wichtigkeit enthält. Denn wenn das in der That geschehen wäre, so würde es eine innere Ueberführung von der Wahrheit der Auferstehung Jesu sowol bei den Juden als Heiden damaliger Zeit haben wirken können, und die Apostel hätten zum Beweise ihres Zeugnisses fast nichts anders gebraucht, als sich auf diese stadtkündige Begebenheit allenthalben zu berufen, oder sich wol gar von Pilato Brief und Siegel über die durch Hüter bis in den dritten Tag geschehene Bewahrung des Grabes

auszubitten, hienächst aber bei demselben auf eine schärfere und
peinliche Befragung der Hüter über das, was ihnen begegnet sei,
äußerst zu bringen, damit sie sich sowol selbst von dem aufge=
bürdeten Betruge retten, als auch die Wahrheit bei Allen und
Jeden überzeuglich darlegen und das Hinderniß, so die Verleum=
dung ihnen in den Weg geworfen, wegräumen möchten. Wie
ist denn nun mit der Wahrheit dieser Geschichte zusammenzu=
reimen, daß außer dem Matthäus kein einziger Evangelist in
seinen Berichten, kein einziger Apostel in seinen Briefen derselben
irgend die geringste Erwähnung thut, sondern Matthäus mit
seiner so wichtigen Erzählung, von aller Andern Zeugnisse ver=
lassen, ganz allein bleibet? Wie kann es mit der Wahrheit dieser
Geschichte bestehen, daß sie kein einziger Apostel oder Jünger vor
jüdischen oder römischen Gerichten oder vor dem Volke in Syna=
gogen und Häusern zur Ueberführung der Menschen und zu ihrer
eigenen Verantwortung jemals gebrauchet? Nach Matthäi Er=
zählung hatten ja die obersten Priester den Bericht der Hüter und
folglich die wunderbare Eröffnung des nunmehro ledigen Grabes
Jesu allen Aeltesten des ganzen hohen Raths mitgetheilt und mit
ihnen sich besprochen, wie das Geschehene zu unterdrücken und zu
vermänteln sein möchte. Demnach wußten und glaubten alle
siebenzig Mitglieder des hohen Raths, daß es sich in der That
so verhielte, wie die Apostel predigten; und es war kein ander=
weitiger Beweisgrund zu erdenken, der in den Beisitzern des
Synedrii mehr innere Ueberführung und Beschämung hätte
wirken können, als dieser, wenn sich die Apostel auf des Synedrii
eigene sorgfältige Bewachung des Grabes und das, was ihnen
die Wächter selbst von dem Geschehenen ausgesagt, und was also
einem Jeden sein Gewissen zeugen würde, bezogen hätten. Wenn
also Petrus, wenn Paulus, wenn Andere über das Bekenntniß
von der Auferstehung Jesu zu Rede gestellet wurden, was hätte
es weiter Zeugniß bedurft als dieses: „Es ist vor der ganzen
Stadt Jerusalem und vor aller Welt kund und offenbar, daß der
ganze hohe Rath, mit römischer Soldatenwache versehen, die
Vorsicht gebraucht hat, das Grab zu besichtigen, zu versiegeln
und bis auf den dritten Tag bewachen zu lassen. Nun hat die
Wache am dritten Tage in aller Frühe das Grab mit Schrecken
verlassen. Sie hätte es aber so lange bewachen müssen, bis der
dritte Tag vorbei gewesen, und bis die Oberpriester und der ganze
Rath wieder hinausgekommen wäre, um das Grab abermals zu
besehen, ob der Körper noch drinnen und in seine Verwesung ge=

gangen sei, um alsdenn die Wache zu entlassen. Der ganze Rath weiß hergegen in seinem Gewissen, was diese Hüter ausgesagt, was ihnen begegnet sei, wie und warum sie vor der Zeit mit Schrecken davongelaufen. Demnach ist ein Jeder innerlich über= führt, daß Jesus müsse auferstanden sein, und daß wir nichts als die Wahrheit verkündigen." Aber in der ganzen Apostelgeschichte, bei den öfteren Vertheidigungen vor dem Rathe, da sie die Auf= erstehung Jesu bezeugen, thun sie nicht die geringste Erwähnung von dieser so merkwürdigen Begebenheit. Sie sprechen etwa blos: „Wir können es ja nicht lassen, daß wir nicht reden sollten, was wir gesehen und gehöret haben. Wir sind seine Zeugen über diesem Worte und der heilige Geist." Konnte denn ihr dürres Bejahen wol den geringsten Eindruck machen? Wenn man die Herren des Raths nur als vernünftige Menschen ansiehet, so konnten sie solch Vorgeben der Apostel auf ihr Wort nicht glauben; denn es war eine ganz außerordentliche, übernatürliche Sache, daß Einer vom Tode sollte aufgestanden sein, welche sich so schlechthin nicht annehmen ließe, vornehmlich da es die Anhänger Jesu allein sagten und sonst Niemand, der es gesehn hätte, ge= nannt wurde, zu geschweigen, daß viele der Rathsherren Sabbu= cäer waren, welche die Auferstehung der Todten an sich für un= möglich und in der Schrift nicht gegründet hielten. Betrachtet man aber die Rathsherren als Richter, so mußten sie auch nach ihrem Amte dem bloßen Vorgeben der Apostel nicht trauen, weil diese in ihrer eigenen Sache zeugeten, und zwar zur Einführung einer neuen Religion und zur Umstürzung der bisher eingeführten, über welche diese Richter nach Amtspflicht wachen sollten. Sie konnten und mußten den Aposteln auf ihr eigenes Zeugniß nicht Recht geben, weil die Pharisäer, so das etwa am Ersten für glaublich erkläret hätten, sogleich von ihren Beisitzern, den Sabbu= cäern, für parteiische Richter wären gehalten und dadurch eine Spaltung im Gerichte selbst wäre erregt worden. Der heilige Geist, auf dessen Zeugniß sich die Apostel weiter beriefen, war blos in ihrem Munde und zeugete ja nicht außer den Aposteln, konnte daher auch von den Richtern für nichts als ein leeres Vorgeben der Apostel selbst und für ihr eigenes Wort angesehen werden. Warum lassen denn die Apostel solche schlechte und eitele petitiones principii[1]) nicht lieber ganz weg und bedienen

---

1) Ueber den Begriff der „petitio principii" vgl. die Anm. auf S. 168. — A. d. H.

sich dagegen dieser so vortheilhaften Begebenheit, welche der
Richter eigenes Gewissen ihnen glaublich machte, und welche nur
allein dieselben rühren, überzeugen und beschämen konnte? Was
lässet sich hieraus anders urtheilen, als: entweder die Geschichte
muß nicht wahr sein, oder die Apostel würden sie da, wo sie als
der einzige kräftige Beweisgrund überblieb, alle andere aber
nichts verfangen konnten, nothwendig gebrauchet haben."

§§. „Dieses Urtheil wird noch mehr bestärket, wenn man
betrachtet, wie oft die Apostel und übrigen Jünger Jesu vor
römischen Gerichten gestanden und zu stehen entschlossen waren
und sich doch diese Begebenheit weder wirklich zu Nutze gemacht,
noch solches zu thun jemals gedacht haben. Man hat ja wol in
spätern Zeiten Briefe des Pilati an den Kaiser Tiberium gedichtet,
worin diese Erzählung nebst andern enthalten ist; aber in der
That haben sich die Apostel bei den Römern nimmer auf des
Pilati oder seiner Kriegsknechte Zeugniß berufen, noch sich jemals
darum bekümmert, ein solches mündlich oder schriftlich von Pilato
zu erhalten. Wäre wol was Besseres zu der Apostel Zweck, insofern sie auch Heiden belehren wollten, zu erdenken gewesen, als
daß sie fürs Erste nach den Namen der Wächter geforschet hätten,
um dieselben bei allen Römern namhaft zu machen, welche man
um die Wahrheit dieser Geschichte befragen könnte? Denn wenn
gleich diese Wächter von den Juden Geld bekommen, um die
Sache zu verschweigen oder anders zu erzählen, so würden sie
doch bei ihren Landesleuten kein Hehl daraus gemacht haben, die
Wahrheit auf ernstliches Befragen zu gestehen, wo sie nicht
gar von selbst die wunderbare Geschichte bei ihren Freunden und
Kameraden ausgebreitet hätten, wie es bei solchen Gelegenheiten
zu gehen pflegt, daß die Menschen die Begebenheit, je wunder-
barer sie ist, desto weniger verschweigen können. Würden also
die Apostel nicht ein vorläufiges Gerücht bei den Römern zum
Vortheil gehabt haben, daß sie allemal durch Nennung dieser
Soldaten glaubwürdig machen und auf schärfere Nachfrage be-
währen könnten? Warum gedenken sie denn der Sache bei den
Heiden, denen sonst die Auferstehung der Todten gar nicht in den
Sinn wollte, nimmer? Warum sprechen sie nicht: „Fragt nur
Eure Landsleute, den Cajus und Proculus und Lateranus und
Lätus, welche dieses Jesu Grab bewachet und dasselbe mit seiner Auf-
erstehung zu ihrem Erstaunen aufspringen gesehen?" Ja, die
Apostel würden noch ein Mehreres gethan haben. Sie wären

zu Pilato selbst gleich auf frischer That hingegangen und hätten sich von demselben eine förmliche schriftliche Acte über die Bewachung des Grabes und eine peinliche Untersuchung der Wahrheit ausgebeten. Hätte denn gleich Pilatus von selbst nicht daran gewollt, so hätte er dennoch, oder wenigstens die Soldaten, welche das Grab bewachet, wider ihren Dank und Willen daran müssen, wenn sich die Apostel vor den römischen Gerichten darauf berufen hätten. Aber sie gedenken der Sache so wenig vor Felix und vor Festus als vor dem Agrippas und Berenice, [1]) noch sonst irgend bei den Römern und Griechen; sie lassen sich lieber mit ihrer Auferstehung auslachen und für rasend erklären. Daher wir nicht anders schließen können, als daß die Sache nicht geschehen sei; denn sonst müßte sie nothwendig, als der einzige Beweisgrund, der bei Heiden etwas ausrichten möchte, angeführet sein, da gewiß alle andere Gründe bei ihnen vergeblich und lächerlich waren. Denn aus der Vernunft lässet sich die Auferstehung nicht beweisen, und die Schriften der Propheten galten bei den Heiden nichts, · die Sache aber an sich schiene ihnen ungereimt und fabelhaft zu sein.“

§§. „Bei denen Juden in ihren Synagogen oder Privatversammlungen wäre gleichfalls die triftigste Ursache gewesen, diese stadt- und landkündige Bewachung des Grabes Jesu nebst dem, was darauf erfolget war, allenthalben namhaft zu machen. Denn die müßte nothwendig zu Aller Wissenschaft gekommen sein, wenn der ganze hohe Rath in Procession am ersten Ostertage zu Pilato und so von ihm, mit einer Soldatenwache durch die Stadt begleitet, zum Thore hinaus gegangen wäre, das Grab zu versiegeln und zu hüten. Es hätten selbst Joseph von Arimathia und Nikodemus und ein ehrlicher . . . . . ., als Mitglieder des Raths, · nicht verschwiegen, was bei ihnen in dem hohen Rathe erzählet und zur Verdrehung der Sache von der boshaften Partei beschlossen wäre; daß demnach die ganze Judenschaft zur Annehmung dieser Erzählung und dieses Beweises schon würde vorbereitet gewesen sein, wenn es die Apostel hätten wollen auf die Bahn bringen und in ihren Predigten oder Verantwortungen rege machen. Sie hatten ja dazu bei den Juden noch eine besondere dringende Ursache. Denn es ist wirklich an dem, was

---

1) Ueber Felix, Festus, Agrippa und Berenice vergl. Apostelg. 24—26. — A. d. H.

Matthäus schreibt, daß es eine gemeine Rede bei den Juden
geworden: die Jünger Jesu wären heimlich des
Nachts gekommen und hätten den Leichnam Jesu ge=
stohlen, und nun gingen sie herum und sagten, er sei
auferstanden. Die allgemeine Nachrede mußten die Apostel
leiden, weil selbst der hohe Rath zu Jerusalem angesehene Männer
bei allen jüdischen Gemeinen in Judäa und andern Ländern her=
umschickte und diesen nächtlichen Diebstahl des Körpers Jesu be=
kannt machten, um Alle und Jede vor der Betrügerei zu warnen.
Das wissen wir aus des Justini Martyris [1]) Unterredung mit
dem Juden Trypho, wie es imgleichen Eusebius [2]) in seiner
Kirchengeschichte und über den Esaias erwähnet. Wenn es dem=
nach in der That eine allgemeine Rede geworden, was die Juden
zum Nachtheil der Apostel ausgebreitet, woher kömmt es denn
doch, daß des Matthäi Geschichte mit den Wächtern nicht auch
eine allgemeine Rede bei den Jüngern Jesu geworden ist? Wo
die Apostel nur hinkamen, da war der böse Ruf von ihrer Be=
trügerei vorangegangen und die Gemüther davon eingenommen;
wäre es aber mit der Auferstehung Jesu Betrug, so war ja
ihre ganze Predigt eitel. Warum retten sie ihre Ehrlichkeit denn
nimmer und nirgend wider eine solche allgemeine und glaubliche
Beschuldigung mit der Geschichte, welche uns Matthäus erzählet?
warum nehmen sie daraus nicht vor allen Andern die beste Be=
währung ihres vorgegebenen Facti? Nein, sie schweigen davon
durchgängig, und es ist daher handgreiflich, daß dergleichen
nimmer wirklich vorgegangen sei, und daß es Matthäus nur zur
Ablehnung der erwähnten Beschuldigung erdichtet, die Uebrigen
aber selbst geurtheilet haben müssen, daß sie mit solcher Verthei=
digung nicht fortkommen würden und es daher besser sei, diesen
schlimmen Punkt unberührt zu lassen, als wider eine sehr wahr=
scheinliche und beglaubte Nachrede eine schlechte und sich selbst
widersprechende Verantwortung vorzubringen."

---

1) Von Justinus, dem Philosophen und Märtyrer († um 166 in
Rom), besitzen wir außer einer größeren und kleineren Apologie auch
einen „Dialogus cum Tryphone". Diese Schrift ist als eine Art Protokoll über
in mit dem angesehenen Juden Tryphon nach dem Jahre 139 in Ephesus wirk=
ich gehaltenes Gespräch anzusehen. — A. b. H.
2) Unter den zahlreichen auf uns gekommenen Schriften des berühmten
Bischofs Eusebius von Cäsarea (†340) befindet sich nicht blos eine Ἐκκλη-
σιαστικὴ ἱστορία in 10 Büchern, durch welche Eusebius sich den Namen „des
Vaters der Kirchengeschichte" erworben hat, sondern auch ein Commentar über den
Jesaias, gleichfalls in 10 Büchern. — A. b. H.

§§. „Ich sage nicht unbillig, die Beschuldigung sei wahr=
scheinlich und glaublich, die Ablehnung Matthäi hergegen schlecht
und voller Widerspruch. Denn wenn wir die Umstände ansehen,
so reimet sich Alles mit der Beschuldigung. Es war ganz mög=
lich, daß der Körper Jesu des Nachts heimlich aus dem Grabe
gestohlen und anderwärts verscharret werden konnte. Das Grab
war in einem Fels, gehörte dem Joseph von Arimathia, einem
heimlichen Jünger Jesu, und der Zugang zum Grabe war in dem
Gehege seines Gartens. Ebendieser Joseph hatte sich den Leich=
nam Jesu ausgebeten und denselben aus eigener Bewegung in
sein Grab gelegt; die Maria Magdalena und andere Weiber
waren dabei gewesen, und alle Apostel wußten den Ort. Sie
hatten ungehinderte Freiheit, zum Grabe zu kommen; keine Be=
sorgniß von einer Soldatenwache, keine Furcht, daß sie der
Gärtner nicht zum Grabe lassen möge; die Schwierigkeit, welche
sich die Weiber bei den Evangelisten machen, ist nicht: wie sie
den Gärtner und die Wächter überreden oder nöthigen wollten,
ihnen die Oeffnung des Grabes zu verstatten, sondern nur der
Stein vor dem Grabe: „Wer wälzet uns den Stein
von des Grabes Thür?“ Es mußten also keine Wächter
da sein, und der Gärtner mußte Befehl von seinem Herrn haben,
den Jüngern Jesu die Thür offen zu halten. Ja, dieser konnte
auch selbst bei Tage und bei Nachte ins Grab gehen und mit dem
Körper machen, was er wollte, oder einem Andern solches zu thun
erlauben. Die Maria Magdalena sagt es uns ganz deutlich:
„Sie haben meinen Herrn weggenommen,“ spricht
sie, „und wir wissen nicht, wo sie ihn hingelegt
haben.“ Und da sie den Gärtner vor sich zu haben meint,
spricht sie zu ihm: „Herr, hast Du ihn weggenommen,
so sage mir, wo hast Du ihn hingelegt, so will
ich ihn holen.“ Sie setzet also zum Voraus, daß der Körper
in der verwichenen Nacht könnte von dem Gärtner oder einigen
Andern weggeschleppet sein. Demnach ist es nach dem eigenen
Berichte des Evangelisten ganz wohl möglich gewesen, daß die
Jünger Jesu dessen Leichnam in der Nacht heimlich aus dem
Grabe anderswohin brächten. Und es konnte den Juden nicht
anders als höchst wahrscheinlich vorkommen, daß ebendiese
Jünger solches wirklich gethan. Denn, würden sie sagen, wollte
Gott Jesum zum Wunder aller Welt erwecken, warum sollte er
es nicht bei Tage, vor aller Welt Augen thun? warum sollte er
die Sache so veranstalten, daß, wenn Einer auch noch so früh

zum Grabe käme, derselbe schon das Grab offen und ledig fände
und nicht den geringsten Unterschied merkte, als wenn der Körper
heimlich aus dem Grabe weggestohlen sei? Die Zeit war auch
noch lange nicht vorbei, welche Jesus im Grabe zubringen sollte.
Es war gesagt, d r e i   T a g e   u n d   d r e i   N ä ch t e sollte er in
der Erden liegen; nun war nur erst ein Tag und zwo Nächte
verstrichen: warum würde denn mit der Erweckung so geeilet
und dieselbe wider die Verheißung zu einer Zeit verrichtet, da sie
Niemand vermuthen war, noch Zeuge davon sein konnte? Wenn
die Jünger Jesu hätten Glauben finden wollen und als aufrichtige, ehrliche Leute mit Wahrheit umgegangen wären, so
müßten sie uns die Erweckung Jesu und deren genaue Zeit
öffentlich vorhergesagt haben, so wären wir hinausgegangen
und hätten sie mit angesehen. Ja, die Apostel hätten Ursache
gehabt, an einem bestimmten Tage und Stunde nicht nur Pilatum und seine Wache, sondern alle Hohepriester und Schriftgelehrten als Zuschauer zum Grabe einzuladen; so hätten sie sich
nachher den Verdacht eines Betruges und die Verfolgung er-
sparet und hätten ohne Predigen und Mühe eine allgemeine
Ueberführung geschaffet. Nun aber schweigen sie vorher von seiner
Auferstehung ganz stille und thun, als wenn sie selbst nicht einmal davon gewußt oder daran gedacht hätten. Was aber noch
mehr ist: in aller der Zeit von vierzig Tagen, da Jesus soll auferstanden sein und unter ihnen gewandelt haben, sagen sie
Keinem unter uns ein Wort, daß er wieder lebe, damit wir auch
zu ihnen kommen und Jesum sehen und sprechen könnten; sondern
nach vierzig Tagen, da er schon soll gen Himmel gefahren sein,
gehen sie erst aus und sprechen, er sei da und dort gewesen. Frägt
man sie: Wo war er denn? wer hat ihn denn gesehen? so ist
er bei ihnen im verschlossenen Zimmer gewesen, ohne daß eine
Thür aufgegangen, ohne daß ihn Jemand hat können kommen
oder weggehen sehen; so war es auf dem Felde, in Galiläa am
Meere, auf dem Berge. Mein! warum nicht im Tempel? vor
dem Volke? vor den Hohenpriestern, oder doch nur vor irgend
eines jüdischen Menschen Angen? Die Wahrheit darf sich ja
nicht verstecken oder verkriechen, und zwar eine solche Wahrheit,
welche unter uns bekannt und geglaubet werden sollte. Es heißet
ja, er sei nicht gesandt, denn nur zu den verlornen Schafen vom
Hause Israel; wie könnte er denn so neidisch gegen uns sein, sich
Keinem unter uns zu zeigen? Oder sollten wir ihn nur in seiner
armseligen Gestalt und zuletzt am Kreuze hängen und sterben

ſehen, um uns an ihm zu ärgern, auferweckt aber, lebendig und
in ſeiner Herrlichkeit nimmer zu ſehen bekommen, damit wir ja
von unſerm Meſſias keine eigene zuverläſſige Ueberführung er=
langten und uns nichts überbliebe, als ſeinen wenigen Anhängern
darin zu trauen, die doch den todten Körper nächtlicher Weile
haben ſtehlen können und ſich ſo dabei aufgeführet haben, daß
eine ſolche Vermuthung billig auf ſie fallen muß, und daß alle
vernünftige Menſchen, ſelbſt der ganze Rath und alle Hohe=
prieſter und Schriftgelehrten ſo von ihnen urtheilen und uns vor
ihrem Betruge warnen?“

§§. „Je unglaublicher nun die Auferſtehung Jeſu denen Juden
ſein, und je mehr ihnen die nächtliche Entwendung des Körpers
möglich, wahrſcheinlich und glaublich ſcheinen mußte, wenn keine
Bewachung des Grabes geſchehen war, deſto größere Urſache
hätten die Evangeliſten und Apoſtel gehabt, den Verdacht eines
Betruges, welcher ihnen von der höchſten Obrigkeit ſelbſt bei
allen Juden angehänget war, durch ſleißige Vorhaltung dieſer
bekannten Bewachung des Grabes von ſich zu entfernen. Dieſes
war das Einzige, womit ſie ihre Wahrheit und Ehrlichkeit noch
einiger Maßen hätten retten mögen; alles Andere waren petitiones principii. Da aber außer dem einzigen Matthäus
Keiner dieſer Geſchichte, an keinem Orte, bei ſo öfterer Gelegen=
heit, weder in Schriften noch Reden, weder vor Gericht noch bei
Privatperſonen, weder zum Beweiſe noch zur Vertheidigung mit
einem Worte gedenket, ſo kann ſie unmöglich wahr und wirklich
geſchehen ſein. Es iſt ein offenbarer Widerſpruch: nur einen
feſten Beweisgrund haben, der ſich von ſelbſt anbietet, denſelben
wiſſen und ſo oft zu brauchen genöthiget ſein und dennoch nim=
mer gebrauchen, ſondern ſich mit nichtigen behelfen. Daher denn
ſchon klar genug iſt, daß Matthäus dieſe Geſchichte allein aus
ſeinem Gehirne erſonnen hat, weil er auf die Beſchuldigung
etwas hat antworten wollen und nichts Beſſers erfinden können.
Allein wie übel die Erfindung gerathen ſei, zeigt der öftere
Widerſpruch, darin ſich Matthäus in der Geſchichte ſelbſt mit
ſich und andern Evangeliſten verwickelt.“

§§. „Es iſt erſtlich widerſprechend, daß die Hohenprieſter
von der Auferſtehung Jeſu vorher etwas wiſſen ſollten, davon
die Apoſtel ſelbſt, denen doch die Geheimniſſe des Reichs Gottes
offenbaret hießen, nichts wußten. Von Dieſen heißet es aus=
brücklich: „Sie mußten die Schrift noch nicht, daß

er von den Todten auferstehen müßte." Und daß
dieses wahr sei, zeiget ihr ganzes Betragen. Sie klagen, daß
ihre Hoffnung von der Erlösung Israel's mit seinem Tode
ganz aus sei. Sie kommen mit Specereien zum Grabe, in Mei=
nung, daß er gleich andern Verstorbenen auch todt bleiben und
in die Verwesung treten werde. Ja, als sie den Körper nicht im
Grabe finden, fällt ihnen noch nichts von seiner Auferstehung
ein, sondern sie schließen blos daraus, er müsse weggenommen
und anderswohin getragen sein. Ein Theil will sogar seine
Auferstehung durchaus nicht glauben, nachdem sie ihnen schon
berichtet worden. Mit einem Worte, bis an Jesus' Tod und
kurz nachher haben seine Jünger von keiner Auferstehung
etwas gewußt, gehöret oder daran gedacht. Wie ist es denn
möglich, daß den Hohenpriestern und Schriftgelehrten etwas
davon bekannt gewesen sein sollte, und daß sie daher auf die
Vorsicht gefallen wären, das Grab mit einer Wache zu besetzen?
2) Ist es sehr unglaublich, daß Hohepriester und der ganze
Rath am ersten Ostertage öffentlich zu Pilato gehen und hernach
mit der römischen Wache in Procession zum Thore hinausgehen
und das Grab versiegeln sollten. Denn anderer Umstände nicht
zu erwähnen, so lief es wider der Juden Gesetz und Gebräuche,
sich am Feste, da sie insonderheit still und rein sein mußten, mit
solchem Gewerbe abzugeben, sich unter die Heiden zu mengen
oder ein Grab anzurühren. Waren doch die Jünger Jesu, wie
es heißet, den Festtag über stille nach dem Gesetze: wie sollten
denn die Hohenpriester sich öffentlich vor dem Volke so vergehen
und insonderheit ein Grab berühren, da sie sonst die Gräber
gegen die Festtage mit weißem Kalk zu übertünchen pflegten,
damit sie auch von ferne schon möchten gesehen werden, und
ein Jeder sich davor hüten könnte, daß er nicht unrein würde.
3) Wenn wir auch die Betrachtung dessen, was den Juden nach
dem Gesetze erlaubt war, aussetzen, so konnte doch ein gesammtes
obrigkeitliches Collegium von so vielen Personen nimmer so
gröblich wider den Wohlstand handeln, daß es am hohen Fest=
tage in Corpore öffentlich zu den Heiden ginge und mit einer
Soldatenwache in Procession durch die Stadt zöge, da Alles
dieses bei dem Pilato durch ein paar Abgeordnete in der Stille
hätte können ausgerichtet werden. 4) Aber warum sollten sie
überhaupt des Falls zu Pilato gehen und den Heiden noch mehr
Macht über sich einräumen? Joseph, dem das Grab gehörte,
und der es in dem Umfange seines Gartens hatte, konnte sich ja

als ein Jude und Mitglied des hohen Raths nicht entlegen,
daß Wächter vor das Grab gestellet würden; ja, er mußte es
vielmehr gerne sehen und sich ausbitten, damit er offenbar aus
dem Verdachte eines Betruges gezogen würde, worin er sonst
nothwendig mit verwickelt werden mußte. 5) Und was kommt
denn endlich heraus? Der ganze hohe Rath, ein Collegium von
siebenzig obrigkeitlichen Männern, wird in dieser Geschichte zu
lauter Schelmen gemacht, welche mit Ueberlegung einmüthig
willigen, ein Falsum zu begehen und zu solchem Falso auch die
römische Wache zu bereden. Das ist an sich eine unmögliche
Sache. Und wo bleibt Joseph, wo bleibt Nikodemus hiebei?
Sind denn Die nun auch zu Schelmen worden? Sind nun
Pharisäer und Sadducäer in diesem Collegio eins, die Auf=
erstehung auch durch eine ersonnene Lüge zu verleugnen, da
sonst die Apostel das Collegium über diesen Satz so meisterlich
zu theilen wissen, daß sich die Pharisäer dessen wider die Sad=
ducäer annehmen? Kann auch eine so dumme Lüge von so viel
verständigen Leuten erdacht werden, daß alle römische Soldaten
auf ihrem Posten schlafen sollten und eine Anzahl Juden bei
ihnen vorbeigehen, den großen Stein vor dem Grabe wegwälzen
und den Körper heraustragen? Dieses Alles sollte incognito,
ohne Gepolter und heimlich verrichtet werden und kein Soldat
davon aufwachen, kein Fußstapfen Derer, die den Körper weg=
getragen, nachbleiben? 6) Wenn denn endlich Matthäus auf
solche Art den Betrug von sich auf die Obrigkeit schiebt und sie
eines offenbaren und stadtkündigen Falsi bezüchtiget, woher
kömmt es denn, daß der Apostel Betrug eine gemeine Rede unter
den Juden geworden bis auf den heutigen Tag, von des jü=
dischen Synedrii Betruge aber alle Evangelisten und Apostel
jeder Zeit und allenthalben schweigen? Mich dünkt, dies heiße
ja wol, widersprechende Dinge und etwas, das sich bald ver=
räth, vorgeben, welches der Unwahrheit eigen ist."

§§. „Lasset uns aber auch noch zuletzt sehen, wie Matthäus
vor seinen eigenen Glaubensgenossen mit seiner Erzählung be=
stehet! Die übrigen Evangelisten wissen nicht allein von keiner
Wache, sondern berichten auch solche Umstände, welche die Wache
aufheben. Da gehen die Weiber sämmtlich am dritten Tage
hinaus in der Absicht, daß sie ins Grab hineingehen und den
todten Körper nach jüdischer Art mit vielen Myrrhen, Aloe und
dergleichen einwickeln wollen. Nun würden sie ja wol als furcht=

same Weiber nicht wider den Willen der römischen Soldaten
hineinzubringen suchen, oder wenigstens sich im Hingehen den
Zweifel machen: Wie kommen wir ins Grab? wie werden
uns die Wächter durchlassen? Der Stein ist versiegelt; wenn
auch die Wächter wollten, so dürfen sie uns nicht hineinlassen;
es ist eine unmögliche und vergebliche Sache. Allein darum
sind sie gar nicht bekümmert, sondern nur, wer ihnen den Stein
von des Grabes Thüre wälzen wolle, welches zum Grunde setzet,
daß ihnen sonst nichts hinderlich sei, daß sie sonst frei hinzu=
kommen können, daß keine Wache davor liege. Wollte man sagen,
die guten Weiber hätten vielleicht nicht gewußt, was am vorigen
Tage geschehen wäre, so mußten es doch gewiß nunmehro die
Evangelisten Marcus, Lucas und Johannes so gut wissen als
Matthäus. Hätten nun diese Geschichtschreiber ein Grab in Ge=
danken gehabt, das mit einer Wache besetzt war, so würden sie
wenigstens, wenn sie die Weiber in dasselbe hineinbringen wollten,
die Anmerkung dabei gemacht haben: „Sie wußten aber
nicht, daß das Grab mit Hütern verwahret und
der Stein versiegelt wäre." Allein auch den Weibern
selbst hätte die Sache nicht können verborgen sein. Wir können
der Weiber nach der Evangelisten Berichte wenigstens sechs
rechnen. Von so vielen Weibsleuten aber wäre es ein Wun=
der, daß sie das Neue, was öffentlich geschehen war, noch nicht
sollten erfahren haben. Die Hohenpriester und Pharisäer waren
ja nach Matthäi Berichte am ersten Ostertage sämmtlich zu Pilato
gegangen, hatten die Wache von ihm gebeten, und er hatte sie
ihnen mitgegeben. Sollte das nicht Aufsehens in der Stadt
machen, wenn der hohe Rath von siebenzig Personen in Pro=
cession zum Landpfleger gehet, wenn derselbe wieder herauskommt,
eine römische Wache hinter sich habend, ja, wenn er endlich zum
Thore hinauswandert, das Grab besichtiget, ob der Körper noch
darin sei, und alsdenn das Grab versiegelt und die Hüter davor
stellet? Gewiß, dergleichen öffentliches Schauspiel am ersten
Feiertage würde alle Leute, alle Jungens rege gemacht haben,
hinteran zu laufen und zu sehen, was das bedeutete; und der=
gleichen Begebenheit könte auch dem geringsten Kinde, ge=
schweige so vielen Weibern, nicht verborgen geblieben sein. Noch
mehr! Joseph von Arimathia, ein heimlicher Jünger Jesu, aber
zugleich ein Rathsherr, mußte ja wol entweder mit dabei sein
oder wenigstens davon wissen, daß man ihm Wache in seinen
Garten und vor sein Grab legte; und ebendas ist von Niko=

demo, weil er gleichfalls ein Mitglied des Raths und ein Phari=
säer war, zu sagen. Je weniger er für einen Jünger Jesu be=
kannt sein wollte, je weniger würde man ihn von solchem An=
schlage ausgeschlossen haben oder denselben heimlich vor ihm
treiben können. Mit diesen beiden Rathsherren waren ja eben=
diese Weiber beschäftiget gewesen, Jesu Leichnam ins Grab zu
legen, und ohne Joseph's Wissen und Erlaubniß oder Befehl an
den Gärtner konnten sie sich nicht erdreisten, in dessen Grab zu
gehen und mit dem Körper, der Jenem anvertrauet war, zu
machen, was sie wollten. Mit Nikodemus aber hatten sie noch
den Abend vorher die Specereien eingekauft, womit sie den andern
Morgen den Leichnam einwickeln wollten. Wenn also die Wei=
ber auch sonst nichts von der Sache gewußt hätten, so müßten sie
es von diesen beiden Rathsherren erfahren haben. Die würden
ihnen auch gesagt haben, daß sie nur nicht hinausgehen möchten,
es sei umsonst, sie würden zu dem Körper nicht gelassen werden. Weil
nun kein Mensch wissentlich etwas Unmögliches unternimmt, so muß
dieses, was die Weiber unternommen, möglich und folglich keine
Wache vor dem Grabe gewesen sein. Es ist offenbar, daß Matthäus
diesen Widerspruch selber eingesehen hat; darum setzet er auch nicht,
wie die andern Evangelisten, daß die Weiber hinausgegangen
mit Specerei und um Jesu Leichnam zu balsamiren, oder
den Stein abzuwälzen und ins Grab hineinzugehen;
nein, sondern nur daß sie hingegangen, das Grab zu be=
sehen, welches sie etwa von ferne thun und die Hüter ihnen
nicht verwehren konnten."

§§. „In allen übrigen Umständen ist zwischen Matthäo und
den andern Evangelisten ein gleicher Widerspruch. Denn nach
Matthäi Bericht, als die Weiber hinkamen, das Grab zu besehen,
siehe, da entstand ein groß Erdbeben; der Engel des Herrn kam
vom Himmel herab, wälzte den Stein von der Thür und satzte
sich darauf. Die Hüter aber erschraken für Furcht und wurden,
als wären sie todt. Aber zu den Weibern sagte der Engel:
„Fürchtet Euch nicht!" ꝛc. Diese Erzählung hängt so zusammen,
daß die Eröffnung des Grabes durch den Engel in Gegenwart
und im Gesichte der Weiber geschehen, und daß die Soldaten=
wache noch da gewesen, als sie gekommen; welche denn auch
erst nach ihnen, als sie sich von ihrem Schrecken erholet, zum
Thor der Stadt wieder hineingehet. In der That könnte es
auch nicht anders gewesen sein. Denn die Weiber gingen hinaus,

da es noch finster war, und das Grab war nahe vor dem Thor.
Da nun Jesus doch den dritten Tag und den Aufgang der Sonnen
im Grabe hätte erwarten müssen, wenn es nur einiger Maßen
heißen sollte, daß er drei Tage im Grabe gewesen, so konnte die
Auferstehung noch nicht vorbei und die Hüter noch nicht weg sein,
zumal, da sie vor Furcht halb todt blieben und sich von dem
Schrecken noch so bald nicht wieder besinnen noch entschließen
konnten, was dabei anzufangen sei. Allein wie lautet nun dagegen die Erzählung bei den andern Evangelisten? Wie die Weiber
unter einander sprechen: „Wer wälzet uns den Stein von des
Grabes Thüre?" und noch unterwegs von ferne dahin sehen,
so „werden sie gewahr, daß der Stein abgewälzet
sei; sie funden den Stein abgewälzet von dem
Grabe und gingen hinein. Maria Magdalena
siehet, daß der Stein von dem Grabe hinweg
war." Da ist kein Erdbeben, kein Engel, der vom Himmel
fährt, keine Abwälzung des Steins im Gesichte der Weiber, keine
halb todte Wache, sondern wie sie in einer gewissen Weite dahin
sehen, so ist der Stein schon abgewälzet, die Wächter verschwinden und haben in dieser Evangelisten Gedanken unmöglich Platz.
Weiter sagt Maria Magdalena beim Johanne: „Sie haben
meinen Herrn weggenommen, und wir wissen nicht,
wo sie ihn hingelegt haben." Sie sagt zu Jesu, den sie
für den Gärtner hielt: „Herr, hast Du ihn weggenommen, so sage mir, wo hast Du ihn hingelegt, so
will ich ihn holen." Demnach setzt sie ohne Bedenken zum
Grunde, daß viele Menschen und insonderheit der Gärtner des
Joseph's von Arimathia, in dessen Garten das Grab war, ungehindert hätten ins Grab kommen und den Körper wegtragen
können. Dieses bestehet durchaus nicht mit einer Wache, die das
Grab und den Körper hüten sollte, und die nach Matthäi Berichte
noch voller Schrecken und halb todt dalag. Es bestehet auch
nicht mit einem Engel, welcher vor dem Grabe soll gesessen und zu
den ankommenden Weibern gesagt haben: „Fürchtet Euch
nicht! Ihr suchet Jesum von Nazareth; er ist nicht
hier, sondern er ist auferstanden.""

§§. „Wir erkennen nunmehr aus dem vielfältigen Widerspruche, daß die Wächter, welche Matthäus vor das Grab gestellet, keinen Stand halten wollen und sich von einem gesunden
Verstande nicht einmal gedenken lassen. Daher diese Hirn-

gefpenfter, welche den Verdacht des Betruges von den Jüngern
Jefu abkehren follten, denfelben vielmehr beftärken. Die Wächter
verfchwinden bei jedem Umftande, und es bleibt alle Wege mög=
lich und bei aller Betrachtung der Sache höchft wahrfcheinlich,
daß die Jünger des Nachts zum Grade gekommen, den Körper
geftohlen und darnach gefagt, Jefus fei auferftanden. Laffet
uns nun fehen, ob der übrigen Evangeliften Ausfage von der
Auferftehung Jefu an fich mehr einftimmig fei. Wenn die
Evangeliften nebft allen Apofteln noch im Leben wären, fo
könnten fie es uns nicht verdeuken, daß wir diefe Unterfuchung
anftellen und nach Befinden an ihrer Ausfage zweifeln. Die
Sache ift ganz außerordentlich und übernatürlich; fie können
Niemand außer ihrem Mittel aufweifen, der Jefum auferftanden
gefehen hätte; fie allein find Zeugen davon, und wenn wir es
genau erwägen, fo haben wir von Denen, die Jefum felbft
wollen gefehen haben, heutiges Tages nur Zween aufzuweifen;
die übrigen Zween find nicht bei ihm gewefen, fondern haben es
nur aus Hörfagen. Und die Andern werden blos in diefer Zeugen
Schriften als Zeugen aufgeführt. Dennoch follen wir auf diefer
wenigen Jünger Jefu Zeugniß ein ganzes Lehrgebäude gründen.
Ja, was das Meifte ift, fo haben nach ihrem Berichte die Jünger
Jefu anfangs felber nichts davon glauben wollen, fondern einige
haben noch bis auf die letzte Zeit feiner Gegenwart auf Erden
an der Wirklichkeit feiner Auferftehung gezweifelt. Wie Maria
Magdalena mit den übrigen Weibern den Apofteln bekräftigen,
fie hätten ein Geficht der Engel gefehen, ja, fie hätten Jefum
felber gefehen, gefprochen und angefaffet, glaubten fie es nicht.
Es dünkten ihnen ihre Worte, als wären es Märlein. Petrus
lief hin zum Grade und fahe da nichts als die leinen Tücher;
aber es nahm ihn doch Wunder, wie das zuginge. Da die
beiden wandernden Jünger den übrigen Apofteln fagten, wie
Jefus mit ihnen auf dem Wege gewandelt und gefprochen
hätte und hernach verfchwunden wäre, glaubten fie ihnen
auch nicht. Als Jefus fchon allen Jüngern erfchienen war,
wollte es doch Thomas auf ihr Wort nicht glauben, bis er feine
Hände in Jefu Nägelmal und Seite gelegt hätte. Ja, wie ihnen
Jefus erfchien in Galiläa, welches nach Johannis Ausfage fchon
das dritte Mal war, daß Jefus fich den fämmtlichen Apofteln
offenbaret, fo waren noch Etliche unter ihnen, die da zweifelten.
Sind nun die fämmtlichen Apoftel, die doch Jefus' vorgängige
Wunder und Verkündigung gefehen und gehöret hatten und ihn

nun zum Oeftern klar und deutlich vor Augen sahen, mit ihm
redeten und aßen, ihn befühlten und betasteten, dennoch in einer
so wichtigen Begebenheit voller Unglauben und Zweifel gewesen:
wie viel weniger ist es uns heutiges Tages zu verdenken, daß
wir eine Weile ungläubig sind und zweifeln, da wir von Allen
diesem mit unsern Sinnen gar keine Erfahrung bekommen, son=
dern Alles nach 1700 Jahren aus den Urkunden einiger wenigen
Zeugen holen müssen. Und da ist das Einzige, was uns jetzt
vernünftiger Weise zu thun übrigbleibt, daß wir, in Ermange=
lung eigener Erfahrung, erwägen, ob die uns überbliebene
Zeugnisse übereinstimmen. Oder wollen etwa die Evangelisten
und Apostel mit ihrer Behutsamkeit so viel sagen (wie es fast
scheinet): „Wir haben die Auferstehung Jesu so genau unter=
suchet, als immer ein Ungläubiger und Zweifler thun kann; so
könnet Ihr uns nunmehr ohne neue Untersuchung und Bedenken
sicher trauen?" Gewiß, dieses wäre eine unbillige Forderung.
Sie selbst wollten ihres Meisters Verkündigung, Wunder, ja
sichtliche und offenbare Erscheinung so lange in Zweifel ziehen,
und wir sollten nicht befugt sein, die Wahrheit ihrer schriftlichen
Nachrichten, worauf wir Alles müssen ankommen lassen, soferne
zu prüfen, daß wir sehen, ob ihr Zeugniß übereinstimme? Nein,
wir haben schon gar zu viele vorhergehende Beweise in Händen,
damit sich ihr neues, nach Jesu Tode erfundenes Systema ver=
rathen, als daß wir ihnen in der Hauptsache, worauf ihr ganzes
Systema gebauet ist, nicht genau aufmerken sollten."

§§. „Das Erste, was wir bei der Zusammenhaltung der
vier Evangelisten bemerken, ist, daß ihre Erzählung fast in allen
und jeden Punkten der Begebenheit so sehr von einander abgehet
und immer bei dem Einen anders lautet wie bei dem Andern.
Ob nun gleich dieses unmittelbar keinen Widerspruch anzeiget,
so ist es doch auch gewiß keine einstimmige Erzählung, zumal,
da sich die Verschiedenheit in den wichtigsten Stücken der Be=
gebenheit äußert. Und bin ich gewiß versichert, wenn heutiges
Tages vor Gerichte über eine Sache vier Zeugen besonders ab=
gehöret würden, und ihre Aussage wäre in allen Umständen so
weit von einander unterschieden als unsrer vier Evangelisten
ihre, es würde wenigstens der Schluß herauskommen, daß auf
dergleichen variirenden Zeugen Aussage nichts zu bauen sei.
Hier kommt es auf die Wahrheit der Auferstehung Jesu an, und
sofern diese aus der bloßen Aussage von Zeugen sollte denr=

theilet werden, so ward in ihrem Zeugnisse eine Uebereinstim=
mung erfordert, wer ihn gesehen, wo und wie oft man ihn ge=
sehen, was er inzwischen geredet und gethan, und was endlich
aus ihm geworden sei. Wie lautet nun die Aussage davon bei
den vier Evangelisten? 1) Beim Johanne gehet **Maria Mag=
dalena allein zum Grabe**, beim Matthäo **Maria Magda=
lena und die andere Maria**, beim Marco **Maria
Magdalena, Maria Jacobi und Salome**, beim
Luca **Maria Magdalena, Johanna und Maria
Jacobi und Andere mit ihnen**. 2) Matthäus sagt blos,
die Maria sei dahin gegangen, **das Grab zu besehen**,
Marcus, **daß sie kämen und salbeten ihn**, Lucas, **daß
sie die Specerei getragen, welche sie bereitet
hatten**, Johannes sagt gar nichts, warum Maria dahin
gegangen. 3) Nach Matthäi, Marci und Lucae Erzählung
wäre diese Maria nur **einmal** zum Grabe gekommen und hätte
sogleich einen **Engel da gesehen**; aber in Johannis Ge=
schichte kommt sie **zweimal** dahin: das erste Mal, **ohne
einen Engel gesehen zu haben**, da sie wieder weglauft
und Petro sagt, sie haben den Herrn weggenommen, und
das andere Mal, wie sie wiederkömmt und dann den Engel
siehet. 4) Petrus und Johannes sollen auch **früh zum
Grabe gelaufen sein**, wie Johannes meldet; aber die übrigen
Evangelisten melden nichts davon. 5) Die Rede des Engels
beim Matthäo und Marco hält in sich: **sie sollten sich nicht
fürchten, Jesus sei auferstanden; sie sollten das
seinen Jüngern sagen, und daß er vor ihnen hin=
gehen würde in Galiläam**. Im Luca aber stehet nichts
davon, sondern statt dessen: „**Gedenket daran, wie er
Euch saget', da er noch in Galiläa war und sprach:
„„Des Menschen Sohn muß überantwortet werden
in die Hände der Sünder, und gekreuzigt wer=
den und am dritten Tage auferstehen.""**" Beim Jo=
hanne sprechen die Engel gar nichts als dieses zur Maria:
„Weib, was weinest Du?" 6) Die Reden Jesu zur Maria
Magdalena auf dem Wege lauten beim Matthäo so: „**Seid
gegrüßet! fürchtet Euch nicht, gehet hin und ver=
kündiget es meinen Brüdern, daß sie gehen in
Galiläam, daselbst werden sie mich sehen!**" Jo=
hannes hingegen erzählt, er habe zur Maria Magdalena gesagt:
„Weib, was weinest Du? Maria! rühre mich nicht

an; denn ich bin noch nicht aufgefahren zu meinem
Vater; gehe aber hin zu meinen Brüdern und sage
ihnen, ich fahre auf zu meinem Vater und zu Eu=
rem Vater, zu meinem Gott und zu Eurem Gott."
7) Matthäus und Johannes erwähnen nichts von der Er=
scheinung Jesu den zween Jüngern auf dem Wege
nach Emmaus, deren Marcus und Lucas gedenken. 8) Mat=
thäus saget nichts davon, daß Jesus seinen Jüngern in Jerusa=
lem erschienen sei, sondern daß solches einmal geschehen in Gali=
läa, und daß noch etliche Jünger daran gezweifelt, ob er es wäre.
Marcus und Lucas hingegen wissen nichts von der galiläischen
Erscheinung, sondern blos von der einen zu Jerusalem. Johannes
aber gedenket zweier Erscheinungen in Jerusalem,
acht Tage nach einander; die galiläische aber erzählt er als die
dritte mit ganz andern Umständen. 9) Die Reden, welche Jesus
an die Jünger soll gehalten haben, sind sehr unterschieden bei
den Evangelisten, welches umständlich zu zeigen viel zu weit=
läuftig wäre. Jedoch ist insonderheit zu merken, daß Jesus beim
Luca nicht saget, daß sie die Bekehrten taufen sollten, wie Mat=
thäus und Marcus berichten, sondern nur, daß sie Buße und
Vergebung der Sünden predigen sollten. Beim Johanne
aber sagt Jesus den Jüngern gar nichts, weder vom Pre=
digen, noch vom Taufen; sondern er spricht allein zu
Petro: „Hast Du mich lieb, so weide meine Schafe!"
10) Marcus und Lucas, die doch Jesum nicht selber gesehen
haben, berichten seine Himmelfahrt. Aber Matthäus und
Johannes, als Jünger, die Jesum selber wollen gesehen haben,
schweigen von diesem wichtigen Punkte ganz und gar. Jesus
spricht bei ihnen mit seinen Jüngern; dann weiß man weiter
von ihm nicht, wo er geblieben; ihre Erzählung ist zu Ende.
Johannes hat zwar noch so Vieles auf seinem Herzen, was
Jesus gethan habe, daß, wenn Alles sollte in Büchern be=
schrieben werden, dieselben Bücher in der Welt nicht Raum
haben möchten; allein mich dünkt, die paar Zeilen von seiner
Himmelfahrt hätten doch noch wol ein Räumchen darin gefunden
und statt der ungeheuren Hyperbole verdienet."

§§. „Zeugen, die bei ihrer Aussage in den wichtigsten Um=
ständen so sehr variiren, würden in keinen weltlichen Händeln,
wenn es auch nur blos auf ein Wenig Geld einer Person ankäme,
als giltig und rechtsbeständig erkannt werden, so daß der Richter

sich auf ihre Erzählung sicher gründen und den Spruch darauf
bauen könnte; wie kann man denn begehren, daß auf die Aus=
sage von solchen vier variirenden Zeugen die ganze Welt, das
ganze menschliche Geschlecht zu allen Zeiten und aller Orten ihre
Religion, Glauben und Hoffnung zur Seligkeit gründen soll?
Allein es bleibet auch nicht einmal bei der Verschiedenheit ihrer
Erzählung; sie widersprechen sich unleugbar in vielen Stellen
und machen den guten Auslegern, die dieses Tetrachordon[1]) zu
einer bessern Einstimmung bringen wollen, viel vergebliche Mar=
ter. Ich will nur zehen dergleichen ganz offenbare Widersprüche
anführen, ungeachtet derselben weit mehrere sind."

§§. „Der erste Widerspruch ist zwischen Marco und Luca.
Nach Marci Bericht haben Maria Magdalena, Maria Jacobi
und Salome die Specerei gekauft, **als der Festtag ver=
gangen war**, das ist den funfzehnten des Monats Nisan oder
den ersten Ostertag, welcher damals auf einen Schabbas oder
Sonnabend eingefallen war, nach Untergang der Sonnen. Aber
beim Luca kaufen sie die Specerei und Myrrhen **den Abend
vor dem Festtage** und sind den Festtag über stille nach dem
Gesetze, das ist, sie kauften die Specerei am Rüsttage oder Frei=
tage, den vierzehnten Nisan, nach Untergang der Sonnen.
Dieses ist ein augenscheinlicher Widerspruch, welchen nebst vielen
andern die Alten schon eingesehen und daher die Geschichte der
Auferstehung beim Marcus lieber weggelassen. Grotius will
dieses so zusammenreimen, daß er den Aoristum ἠγόρησαν beim
Marco giebt: *jam emta habebant.* „Denn," spricht er, „es war
nicht sonderlich daran gelegen, zu wissen, zu welcher Zeit die Weiber
Specerei gekauft, wohl aber, daß sie welche gehabt." Allein wenn
man in den Text siehet, so ist nichts unwahrscheinlicher als dieses.
Es gehen duo Genitivi Consequentiam designantes vorher: διαγενομένου τοῦ σαββάτου, **als der Sabbath vorbei war.**
Auf solche Construction und auf solches Antecedens muß noth=
wendig eine erfolgte Handlung gesetzt sein: **da kauften sie
Specerei.** Dann kommt der Endzweck dieser Handlung: **auf
daß sie kämen und salbeten ihn.** Man wird mir kein
einzig Exempel irgend eines Schreibers aufweisen können, darin
bei solchem Antecedente duorum Genitivorum Consequentiam

---

1) Das Wort „**Tetrachordon**" bedeutet eigentlich ein **musikalisches
Instrument mit vier Saiten** und bezeichnet hier die vier Evangelien. —
A. d. H.

denotantium und solchem Consequente finem actionis indicante
der Aoristus nicht *Actum* sondern *Statum* bedeuten sollte, und
es ist auch nicht möglich, so zu reden, wenn Einer richtig und
ordentlich denkt, weil auf das Antecedens der Status ja nicht erst
folget, sondern schon vorher gewesen ist. Nun bedeuten die beiden
Genitivi διαγενομένου σαββάτου einen Umstand der Zeit, so vor=
hergegangen; demnach bedeutet das folgende ηγόρησαν einen
Actum, der nach solcher Zeit geschehen und zur Wirklichkeit ge=
kommen ist. Ein Aoristus stehet auch beim Luca: ὑποστρέψασαι
δὲ ἡτοίμασαν ἀρώματα. Da wird es aber Grotius selber nicht
übersetzen wollen: *praeparata jam habebant*, sondern *praepara-
bant*. Es ist einerlei Folge des Antecedentis und Consequentis:
**U n d a l s s i e (vom Grabe) u m g e k e h r e t w a r e n, b e r e i=
t e t e n s i e d i e S p e c e r e i.** Ist es denn nicht eine schlechte Aus=
flucht, daß der Aoristus bei dem einen Evangelisten soll *Actum*,
bei dem andern aber *Statum* bedeuten? und ist dieselbe nicht
blos ersonnen, um aus Schwarz und Weiß, aus Vergangen und
Gegenwärtig Eins zu machen? Die beiden Evangelisten haben
einerlei Construction, und in derselben, wenn man sie natürlich
und auf einerlei Weise verstehet, wie es die Worte leiden, streiten
die Evangelisten mit einander und setzen eine Handlung auf ver=
schiedne Zeit. Aber weil man dieses nicht gerne wissen will, so
muß lieber diese Construction bei dem einen ganz unnatürlich
und ganz anders als bei dem andern angenommen werden.
War denn nichts daran gelegen, daß Marcus auch wie
Lucas sagte, zu welcher Zeit sie die Specerei gekauft hatten?
Allerdings; wie Lucas sagt, daß sie die Specerei am Freitag
Abend gekauft, damit sie den Sabbath über stille sein könnten
nach dem Gesetze, so will Marcus sagen, daß sie aus ebender
Ursache den Sabbath erst übergehen lassen und nach geendigtem
Sabbathe die Specerei eingekauft, damit sie das Gesetz des Sab=
baths nicht überträten. Da nun dieses beider Evangelisten Ab=
sicht gewesen, warum sie den Umstand des Einkaufens der Spe=
cerei auf eine gewisse Zeit bestimmen, so hat auch Marcus
sowol als Lucas die H a n d l u n g des Einkaufens verstanden
und sagen wollen, daß sie nicht am Sabbath geschehen sei, und
es ist nicht möglich, daß er den Statum verstanden habe. Denn
dadurch, daß Einer Specerei hat, wenn der Sabbath vorbei ist,
wird er nicht befreiet, daß er den Einkauf nicht sollte am Sabbath
selbst gethan haben. Es ist also ganz unleugbar, daß Marcus
die Handlung des Einkaufens der Specerei 24 Stunden später

ſetzet als Lucas, und daß folglich hierin ein klarer Wider=
ſpruch ſei."

§§. „Der zweite Widerſpruch in ebender Materie iſt noch
ſtärker. Denn nach Johannis Berichte bringen Joſeph von Ari=
mathia und Nikodemus, als ſie Pilatum um den Leichnam ge=
beten, ſchon Myrrhen und Aloen bei hundert Pfunden mit. Da
nehmen ſie denſelben Freitag oder Rüſttag Abend den Leichnam
und binden ihn in leinene Tücher mit der Specerei nach der
Weiſe, wie die Juden pflegten zu begraben. Sie begehen alſo
nach Johannis Zeugniſſe Alles, was die jüdiſche Weiſe bei Be=
grabung der Todten mit ſich brachte. Und daher iſt merklich, daß
ebendieſer Evangeliſt Johannes nichts gedenket, daß Maria
Magdalena oder Salome nachher beſondere Specerei eingekauft,
oder damit zum Grabe hinausgegangen, oder irgend bei dem
Hinausgehen eine Abſicht gehabt, mit dem todten Körper
noch weiter eine Salbung vorzunehmen; er ſagt nur ſchlech=
terdings, daß Maria Magdalena frühe zum Grabe gekom=
men. Gleichwie wir nun oben bemerkt haben, daß Matthäus
dieſe Abſicht der Weiber nicht ohne Urſache wegläſſet, weil ſie
mit ſeinen Hütern, die er vor das Grab gepflanzet, nicht be=
ſtehen konnte, ſondern ſtatt deſſen blos ſagt, ſie ſeien hinaus=
gegangen, das Grab zu beſehen, ſo iſt es auch nicht ohne Urſache
geſchehen, daß Johannes von der Salbung, welche Maria Mag=
dalena vorgehabt hätte, ſchweigt; denn ſie konnte mit dem, was
Joſeph und Nikodemus ſchon am Freitag Abend in Beiſein und
mit Hilfe der Weiber verrichtet hatten, nicht beſtehen: dem
todten Körper war ſchon Alles widerfahren, was die jüdiſche
Weiſe mit ſich führte. Hergegen ſagen Marcus und Lucas, daß
die Weiber, nachdem ſie nebſt Joſeph und Nikodemo vom Grabe
zurückgekehret waren und Jeſu Leichnam ſchon mit Leinwand ein=
gewickelt ins Grab geleget hatten, entweder denſelben Freitag
Abend, wie Lucas berichtet, oder den folgenden Sabbath Abend,
wie Marcus ſagt, die Specerei gekaufet und bereitet und am
dritten Tage mit ſich hinausgenommen, um den Körper damit
nun erſt zu ſalben. Daher gedenken dieſe beiden Evangeliſten
auch nichts davon, daß Joſeph und Nikodemus dieſe Pollinctu=
ram[1]) mit der Specerei ſchon am Rüſttag Abend verrichtet
hatten; denn ſo hätten es die Weiber nicht erſt nachher zu thun

---

1) Das lateiniſche Wort „pollinctura" (vom verb. pollingere) be=
zeichnet das Abwaſchen der Leichen. — A. d. H.

vornehmen können, weil sie wohl wußten, was geschehen war. Sie waren mit dabei gewesen, wie Joseph den Leichnam in Leinwand gewickelt und in sein Grab gelegt, sie waren demselben nachgefolget und hatten das Grab beschauet, wie sein Leib geleget worden. Da nun diese Evangelisten ein Jeder sich selbst in Acht genommen, daß sie sich in ihrer eigenen Erzählung in diesem Stücke nicht widersprächen, so ist es hergegen desto klärer, daß Einer dem Andern widerspricht. Ist es wahr, daß Joseph und Nikodemus in Gegenwart der Weiber Alles das verrichtet gehabt, was die jüdische Weise, zu begraben, mit sich brachte, so ist es falsch, daß die Weiber sich noch hernach haben können in den Sinn kommen lassen, ebendasselbe', als ob es nicht geschehen wäre, zu verrichten und zu dem Ende zum Grabe zu gehen. Und so ist umgekehrt zu schließen: Ist das Letztere wahr, so ist das Erste falsch. Jedoch es ist wahrscheinlicher zu glauben, daß das Erstere wahr und das Letzte falsch sei. Denn da Joseph sich vorher vorgenommen hatte, den Körper in sein Grab zu nehmen, da wird er auch mit Beihilfe des Nikodemus besorgt und beschicket haben, was zum Begraben nöthig war. Die Juden waren ohne das eilfertig mit der Bestattung ihrer Todten, als welches an demselben Tage zu geschehen pflegte, da Einer gestorben. Es gehörte auch nicht viel Zurüstung zu diesem Werke. Der Körper ward gewaschen und zu solchem Waschen etwa wohlriechend Wasser gebraucht, welches denn die Pollinctura oder Salbung der Juden ist; von andern künstlichen Balsamiren wußten sie nichts. Dann wurde der Körper mit langen Binden von Leinwand, und der Kopf besonders mit dem sogenannten Schweißtuche oder Schnupftuche umwickelt; die Reicheren streuten bei diesem Einwickeln wol Specereien, als gestoßene und mit einander vermischte Myrrhen und Aloe, mit in die Tücher, um dem Gestanke und der Fäulniß einiger Maßen zu wehren; dann war die Sache fertig. Dieses war nun Alles bei Jesu geschehen; was war denn nachher noch für eine Salbung nöthig? was für neue Specereien? und wer hat je gehöret, daß ein todter Körper, wenn er einmal so zu seiner Ruhe gebracht war, so verunehret worden, daß man ihn wieder ausgewickelt und aufs Neue gesalbet? Die Salbung oder das Waschen, die Pollinctura, ging vor dem Einwickeln vorher und war hier folglich auch geschehen, wie es die Weise erforderte. Johannes sagt ausdrücklich: „Sie nahmen den Leichnam Jesu und wickelten ihn in Leinwand mit wohlriechenden Specereien, wie es Weise ist bei den Juden, einen

Körper zur Erden zu bestatten." Das Wort ἐνταφιά-ζειν, so im Grundtexte die Bestattung andeutet, begreifet die Pollincturam oder das Waschen oder Salben des verstorbenen Körpers mit und ist eine nothwendige Vorbereitung zu dem Ein-wickeln. Niemand wickelt einen unfläthigen Körper in reine Lein-wand und wickelt ihn hernach wieder aus mit den Specercien, um ihn alsdenn erst zu waschen. Es ist also ein offenbarer Widerspruch in dieser Erzählung zwischen Johanne, welcher sagt, daß die Salbung und Einwickelung des Körpers Jesu mit der Specerei nebst Allem, was zum Begräbnisse nach jüdischer Weise gehöret, schon am Freitag Abend vollbracht worden sei, und zwischen Marco und Luca, welche darin übereinkommen, daß die Weiber erst am dritten Tage oder am Montag Morgen mit der Specerei hinausgegangen, dem Körper sein Recht zu thun, aber auch darin einander wieder entgegen sind, daß Lucas will, sie hätten die Specerei und Salben am Freitag Abend, als sie vom Grabe umgekehret, bereitet und wären darauf den Sabbath über stille gewesen, Marcus aber, daß sie die Specerei, damit sie ihn salben wollten, erstlich als der Sabbath vergangen war, gekaufet."

§§. „Der dritte Widerspruch ist zwischen Matthäo und den übrigen Evangelisten. Denn nach dieser ihrer Erzählung gehet Maria Magdalena mit den ändern Weibern zum Grabe, und als sie noch in der Ferne waren, sehen sie dahin und werden gewahr, daß der Stein abgewälzet sei, finden also den Stein vom Grabe abgewälzet, sehen, daß der Stein vom Grabe weg war. Beim Matthäo aber kam Maria Magdalena und die andere Maria, das Grab zu besehen, und siehe, da fuhr ein Engel vom Himmel, trat hinzu und wälzte den Stein von dem Grabe und satzte sich darauf, und seine Gestalt war wie der Blitz. Die Hüter nun erschraken vor Furcht und wurden, als wären sie todt; aber zu den Weibern sprach der Engel (als sie sich auch darüber er-schrocken bezeigten): „Fürchtet Euch nicht!" u. s. w. Dieses geschahe demnach Alles in Gegenwart der Weiber; das lässet sich durch keine falsche Ausflucht leugnen. Maria kam hin (ἦλθε), und siehe (ἰδού), da geschah ein groß Erdbeben (ἐγένετο); der Engel kam vom Himmel, trat hinzu, wälzete den Stein ab, satzte sich darauf, sagte zu den Weibern. Eine Beschreibung einer Begebenheit, die vor Jemandes Augen geschiehet, der alle Veränderungen mit ansiehet. Wäre nun dieses wahr, daß der

Stein im Gesichte der Weiber durch einen Engel abgewälzet worden, so müßte jenes falsch sein, daß, wie die Weiber von ferne dahin gesehen, sie schon gewahr worden, daß der Stein abgewälzet und hinweg sei. Es erhellet aber aus dem, was oben gesagt worden, daß Matthäi Erzählung blos nach der Erdichtung von den Wächtern eingerichtet sei. Daher ich den andern Widerspruch, welcher ferner hierin lieget, nicht aufs Neue erörtern will, da nämlich laut Matthäi Bericht Maria, als sie hinkömmt, die Wächter noch findet, welche erst nach der Maria zur Stadt kehren, dagegen bei den übrigen Evangelisten keine Wächter zu hören oder zu sehen sind.“

§§. „Der vierte Widerspruch ist fast zwischen allen und jeden Evangelisten, was die Erscheinung der Engel betrifft, so daß ich leicht hieraus einen vierfachen Widerspruch machen könnte. Ich will es aber Alles der Kürze halber in Eins ziehen. Bei den Evangelisten Matthäo und Marco sehen die Weiber nur einen Engel, und einer spricht nur mit ihnen. Wenn in dieser Evangelisten Gedanken mehrere Engel geschwebt hätten, so war keine Ursache, daß sie den einen aus ihrer Erzählung wegließen, da es ihnen nicht mehr Mühe kostete, zween Engel statt eines Engels zu schreiben, und da zween Engel die Erscheinung noch gewisser machten oder wenigstens das Wunder vergrößerten. Es ist also wol ausgemacht, daß Matthäus und Marcus nur an einen Engel, der erschienen wäre, gedacht. Demnach widersprechen ihnen die beiden andern Evangelisten, Lucas und Johannes, weil sie sagen, daß den Weibern zween Engel erschienen und zween mit ihnen gesprochen. Ferner sehen die Weiber beim Matthäo den einen Engel vom Himmel fahren, den Stein abwälzen und sich darauf setzen, und so spricht er mit ihnen vor dem Grabe, ehe sie noch hineingehen. Bei dem Marco aber finden die Weiber keinen Engel vor dem Grabe, sondern sie gehen hinein und finden den Engel im Grabe zur rechten Hand sitzen. Bei dem Luca finden die Weiber vor dem Grabe auch keinen Engel und wollen schon hineingehen; und da sie bekümmert sind, wo der Leichnam Jesu möchte geblieben sein, stehen oder stellen sich zween Engel bei ihnen (ἐπέστησαν). Bei dem Johanne aber gucket die Maria Magdalena von außen ins Grab und siehet zween Engel in weißen Kleidern sitzen, einen zum Haupte und den andern zu den Füßen. Weiter bei dem Matthäo, Marco und Luca saget der Engel, oder die Engel, zu Maria Magdalena und den Uebrigen, Jesus sei auferstanden, und befehlen ihnen, solches den Jüngern und Petro zu sagen. Bei dem Johanne aber fragen die Engel Mariam nur: „Weib, was weinest Du?" und indem sie ihnen antwortet, sie wisse nicht, wo man den Leichnam Jesu hingeleget habe, siehet sie sich um und siehet Jesum und spricht zu ihm, in Meinung, es sei der Gärtner: „Herr, hast Du ihn weggenommen, so sage mir, wo hast Du ihn hingeleget?" Da offenbaret sich ihr Jesus, und sie erfähret seine Auferstehung nicht von den Engeln, sondern von Jesu selbst.   Dergleichen vielfältig widersprechende Er= zählung von einer Sache kann von Niemand anders kommen als von Leuten, die sich zwar in der Hauptsache beredet, was sie sagen wollen, aber die kleineren Nebenumstände unter sich zu bestimmen vergessen haben; daher ein Jeder nach seiner Ein= bildungskraft und Gutdünken dieselbe für sich dazudichtet."

§§. „Der fünfte Widerspruch ist zwischen Johanne und Luca. Lucas berichtet, daß der Maria Magdalena und Uebrigen, eben da sie ins Grab gegangen und sich wunderten, wo Jesu Leichnam wäre, zween Engel erschienen, welche ihnen die Auf= erstehung Jesu verkündiget; darauf wären diese Weiber eilend hingegangen und hätten solches den Elfen verkündiget (nämlich, wie die andern Evangelisten hinzusetzen, nach dem Befehle der Engel, daß sie es den Jüngern und insonderheit Petro sagen sollten); folglich wäre Petrus geschwinde zum Grabe gelaufen, hätte hineingesehen und nichts als die Tücher da gefunden, wäre also voller Verwunderung über das Geschehene weg= gegangen. Hieraus ist klar, daß die Engel der Mariä, schon ehe Petrus zum Grabe gekommen, erschienen seien, und daß ebendie Engel der Marien die Auferstehung Jesu, und diese wiederum sie Petro verkündiget. Aber Johannes spricht, daß er selbst nebst Petro von der Maria bloß die Botschaft bekommen, daß man den Körper weggetragen; aber von der Auferstehung Jesu hätte sie ihnen nichts gesagt, noch selbst etwas gewußt. Er erzählt es umständlich so: Maria habe den Stein vom Grade ge= wälzet gefunden, darauf sei sie zu ihnen Beiden gelaufen, sagend, man hätte den Leichnam Jesu aus dem Grabe weggenommen, und sie wüßte nicht, wo man denselben möchte hingelegt haben; darauf wäre er nebst Petro um die Wette zum Grabe gelaufen, sie hätten die Leinwand und das Schweißtuch allein liegen sehen und also geglaubt, was Maria gesagt, nämlich daß Menschen=

hände den Leichnam weggenommen (denn das hätten sie noch
nicht gewußt, daß Jesus auferstehen müßte von den Todten),
darauf wären sie wieder weggegangen; Maria aber wäre mit
Weinen vor dem Grabe geblieben, und siehe, da sie hineingeguckt,
habe sie zween Jünglinge gesehen, einen zum Haupte, den andern
zum Füßen, die hätten gefragt: „Weib, was weinest Du?"
da sie nun geantwortet: „Sie haben meinen Herrn weg=
genommen, und ich weiß nicht, wo sie ihn hin=
gelegt," sei Jesus selbst hinter ihr gestanden und habe sich ihr
offenbaret.   Hieraus ist klar, daß Maria Magdalena, als sie zu
Petro gelaufen, selbst noch nicht gewußt, daß Jesus auferstanden
sei, und daß ihr damals noch kein Engel müsse erschienen gewesen
sein; imgleichen, daß Petrus und Johannes ebenfalls nichts von
der Auferstehung gewußt, als sie zum Grabe eilten, und daß sie auch
solches bei und in dem Grabe nicht erfahren, ja, daß Maria es
überall nicht von den Engeln, sondern von Jesu selbst zu wissen
bekommen, welches auf eine dreifache Art dem Berichte Lucä wider=
spricht. Damit man aber hier nicht auch die gemeine Ausflucht nehme,
wodurch man so viele Disharmonien zu stimmen sucht, nämlich,
daß etwa Petrus zweimal zum Grabe gewesen, so will ich aus
den Umständen zeigen, daß es bei beiden Evangelisten ein und
derselbe Hingang Petri zum Grabe sein soll.

1) Luc. 24, 12: „Petrus lief zum Grabe," ἔδραμεν.
Joh. 20, 4: „Petrus und Johannes liefen," ἔτρεχον

2) Luc., B. 12: „Petrus guckte hinein," παρακύψας.
Joh., B. 5: „Johannes guckte hinein," παρακύψας.

3) Luc., B. 12: „Petrus sahe die Tücher allein
liegen," βλέπει τὰ ὀθόνια κείμενα μόνα.
Joh., B. 6. 7: „Petrus sahe die Tücher liegen
und das Schweißtuch nicht mit den Tüchern
liegen," θεωρεῖ τὰ ὀθόνια κείμενα καὶ τὸ σουδάριον
οὐ μετὰ τῶν ὀθονίων κείμενον.

4) Luc., B. 12: „Petrus ging heim," ἀπῆλθε πρὸς
ἑαυτόν.
Joh., B. 10: „Petrus und Johannes gingen
wieder heim," ἀπῆλθον πάλιν πρὸς ἑαυτούς.

Die Sache giebt es auch, daß Petrus nicht zum andern Male
kann hinaus gewesen sein, nachdem Maria etwa zum andern
Male gekommen und ihm die Auferstehung verkündiget. Denn
solches öftere und nach einander erfolgte Ein= und Auslaufen der

Marien und Petri würde nebst dem Beschauen des Grabes und der Unterredung mit den Engeln und mit Jesu so viel Zeit erfordert haben, daß Petrus zum andern Male nicht vor hellem Mittage hätte zum Thore hinaus= und hereingehen können; welches den Umständen und dem Betragen der Jünger Jesu gänzlich entgegen ist. Denn damals hielten sie sich noch ganz versteckt und kamen nicht öffentlich vors Gesichte der Leute, sondern hielten sich in verschlossenen Thüren beisammen in einem Zimmer aus Furcht vor den Juden. Ist nun Petrus nur einmal, ganz frühe, auf der Marien Botschaft zum Grabe hinauskommen, wie kann es bei einander stehen, daß Maria nach Lucä Bericht vorher von den Engeln die Auferstehung gehöret, ja, nach Matthäo Jesum selbst im Rückgehen gesehen und gesprochen, auch Befehl bekommen, solches den Jüngern und insonderheit Petro zu sagen, und daß sie doch (nach der Erzählung Johannis) nichts zu den Jüngern und zu Petro sagt als: „Sie haben den Herrn aus dem Grabe weggenommen, und wir wissen nicht, wo sie ihn hingelegt haben;" ja, daß sie nachher erst die Engel zu sehen bekömmt und alsdenn nicht von ihnen, sondern von Jesu selbst erfähret, daß er lebe?"

§§. „Der sechste Widerspruch ist zwischen Matthäo und Johanne und bestehet darin, daß Jesus nach Aussage des Matthäi der Maria Magdalena auf dem Wege nach der Stadt, nach Johannis Aussage aber vor der Thüre des Grabes erschienen sein soll. Wenn wir die Ausdrückungen des Matthäi ansehen, so erhellet, daß Maria mit ihren Gefährten schon weit von dem Grabe muß weg gewesen sein. Sie gingen geschwinde aus dem Grabe, mit Furcht und großer Freude, und liefen, es den Jüngern zu verkündigen. Indem sie aber so fort wanderten, siehe, da kam ihnen Jesus entgegen. Allein beim Johanne heißet es: „Maria stund vor dem Grabe und weinete draußen." In diesem Weinen bückt sie sich und siehet ins Grab hinein und wird zween Engel gewahr, die darin sitzen und zu ihr sagen: „Weib, was weinest Du?" „Ach!" sagt sie, „daß sie meinen Herrn weggenommen haben, und ich weiß nicht, wo sie ihn hingelegt haben." Indem sie dieses sagt, siehet sie sich um und siehet Jesum stehen, welcher gleichfalls zu ihr spricht: „Weib, was weinest Du?" Nun sage man mir doch, wie es möglich sei, daß Maria zugleich gehen und eilig laufen, zugleich vor dem Grabe stehen und da im Umsehen Jesum, hinter

sich stehend, erblicken und doch weit vom Grabe, auf dem Rück=
wege, Jesum ihr entgegen kommend sehen kann? Es ist mir
schon bei mehr als einer Stelle dieser Untersuchung die Historie
von der Susanna eingefallen; hier aber schicket sie sich besonders
her. Zween Aeltesten in Israel, da sie ihre Geilheit bei der
Susanna nicht hatten büßen können, zeugeten falsch wider sie,
daß sich ein junger Geselle zu ihr im Garten gelegt hätte, und sie
sollte schon auf solcher ehrwürdigen zween Zengen Aussage nach
dem Gesetze Mosis zum Tode verurtheilet werden, als Daniel
die Richter belehrete, eine bessere Untersuchung der Zengen an=
zustellen. Er frug einen Jeden besonders: „Unter welchem
Baume hast Du sie funden?" Der Eine sprach auf solche Frage:
„Unter einer Linden," der Andere: „Unter einer Eichen." Also
ward die Falschheit ihres Zeugnisses durch den Widerspruch ent=
decket, die Jungfer freigesprochen und die Zeugen getödtet. Die
Regul des Widerspruchs, welche bei dieser Zeugenprobe zum
Grunde geleget ward, ist an sich ganz richtig und wird billig bis
auf den heutigen Tag bei allem Zeugenverhöre, ja bei aller
menschlichen Untersuchung der Wahrheit zur Richtschnur gemacht:
Wenn sich Zengen, wenn sich Geschichtschreiber widersprechen, so
kann ihr Bericht unmöglich wahr sein. Aber bei der Susanna
war der Widerspruch lange nicht so klar, wie es zur Ueberführung
der Falschheit ihres Zeugnisses erfordert ward. Denn Menschen
haben allemal bei solchen kleinen Nebenumständen die billige
Entschuldigung, daß sie aus Begierde, die Hauptsache zu be=
merken, auf solche geringe Dinge so genau nicht geachtet; ihr
Fehler bestehet demnach nur darin, daß sie aussagen, was
sie nicht genau wissen, und worin sie sich leicht trügen und ein=
ander widersprechen können; deswegen kann doch die Hauptsache
wahr sein. Wie, wenn diese Zeugen gesagt: „Wir haben aus
Bestürzung über die Schandthat, welche wir sahen, nicht geachtet,
was es für ein Baum gewesen, worunter wir die Susanna mit
ihrem Buhler angetroffen:" was hätte doch der gute Daniel machen,
oder wie hätte er die Falschheit ihres Zeugnisses entdecken wollen?
Aber wir haben hier es mit Zeugen zu thun, die sich mit den
Schranken menschlicher Achtsamkeit oder mit dem gemeinen
menschlichen Fehler, die kleinen Umstände ohne genaue Wissen=
schaft hinzuzufügen, nicht entschuldigen; sie wollen und sollen ja
in allen Stücken, in allen Worten von dem heiligen Geist, der
sie in alle Wahrheit leitet, getrieben sein. Wie kann denn ein
solcher Widerspruch unter ihnen entstehen, der auch menschlicher

Weise bei der forglosesten Beobachtung der Umstände nicht leicht würde begangen werden? Denn wie dort bei der Susannen leicht möglich war, daß Einer, der auf die Buhler unter einem Baume siehet, auf die Art der Blätter und des Baums gar nicht achte, so war ·hier nicht möglich, daß die Maria nicht wissen sollte, ob sie Jesum nahe vor dem Grabe hinter sich stehend ge= sehen hätte, oder ob er ihr weit davon, auf dem Wege zur Stadt entgegen gekommen sei."

§§. „Der siebente Widerspruch findet sich zwischen ebendiesen Evangelisten Matthäo und Johanne. Denn als nach Matthäi Bericht Jesus denen Weibern begegnet, treten sie zu ihm und fassen seine Füße an oder halten ihn bei seinen Füßen (ἐκράτησαν αὐτοῦ τοὺς πόδας). Jesus wehret ihnen auch nicht, sondern spricht vielmehr: „Fürchtet Euch nicht!" Und wie sollte er es nicht gelitten haben, da er selber zu den Jüngern an ebendem ersten Tage sagt: „Betastet mich und sehet! denn ein Geist hat nicht Fleisch und Bein, wie Ihr sehet, daß ich habe." Und hernach über acht Tage heißet er den Thomas seine Finger und Hände in seine Seite legen, welches ja durch ein Anrühren geschehen mußte und aus der Ursache nöthig zu sein schien, damit sie ihn nicht für einen Geist oder Gespenst hielten. Und doch spricht Johannes, Jesus habe bei seiner ersten Erscheinung der Marien verboten, ihn nicht anzurühren. „Rühre mich nicht an!" spricht er, „denn ich bin noch nicht aufgefahren zu meinem Vater; gehe aber hin zu meinen Brüdern und sprich zu ihnen, ich fahre auf zu meinem Vater und zu Eurem Vater!" Hier braucht es keiner weiteren Erläuterung. Wollen angerühret sein und nicht wollen angerühret sein, ist ein offenbarer Widerspruch."

§§. „Der achte Widerspruch ist in dem Orte, wo Jesus seinen Jüngern erschienen. Der Engel sagt zu den Weibern beim Matthäo: „Saget seinen Jüngern, daß er auferstan= den ist von den Todten! und siehe, er wird vor Euch hingehen in Galiläam, daselbst werdet Ihr ihn sehen." Ebendas wiederholet Jesus selbst kurz darauf zu ihnen: „Gehet hin und verkündiget meinen Brü= dern, daß sie hingehen in Galiläam! daselbst wer= den sie mich sehen." Darauf gehen auch die elf Jünger hin nach Galiläa auf den Berg, wo Jesus sie beschieden hatte, und sehen ihn da; etliche aber zweifelten. Hergegen sagt Lucas gerade das Gegentheil. Er erzählet, daß zween Jünger an eben= demselben Tage, da Maria Magdalena die Auferstehung Jesu erfahren, das ist an dem ersten Tage seiner Auferstehung, nach dem Flecken Emmaus gewandert, welcher Weg, wie Grotius sagt, nur zwo Stunden und etwas darüber kostete. Wie sich nun Jesus auf dem Wege zu ihnen fügt und sich ihnen hernach in dem Flecken offenbaret, kehren sie in derselben Stuube zurück nach Jerusalem und finden die Elfe und Andere versammlet, erzählen ihnen, daß sie Jesum auf dem Wege gesehen und am Brodbrechen erkannt hätten. Indem sie dieses sagten, stellet sich Jesus mitten unter ihnen und spricht: „Friede sei mit Euch!" zeiget ihnen seine Hände und Füße, will von ihnen betastet sein und isset vor ihren Augen gebratene Fische, zeiget ihnen aus der Schrift, daß Christus mußte nach seinem Leiden auferstehen, heißet sie Zeugen seiner Auferstehung werden und in Jerusalem bleiben, bis sie angethan würden mit Kraft aus der Höhe, das ist mit den Gaben des heiligen Geistes, der am Pfingstfeste oder funfzig Tage nach Ostern über sie sollte ausgegossen werden. Und in der Apostelgeschichte sagt Lucas noch ausdrücklicher, Jesus habe ihnen befohlen, nicht von Jerusalem wegzugehen, sondern da= selbst die Verheißung seines Vaters zu erwarten, nämlich die Kraft des heiligen Geistes, welcher über sie kommen würde. Wenn Jesus nun gleich am ersten Tage seiner Auferstehung allen elf Jüngern befiehlet, bis Pfingsten zu Jerusalem zu bleiben und nicht von bannen zu gehen, wie kann er ihnen denn befohlen haben, in derselben Zeit nach Galiläa zu gehen? wie kann er ver= sprochen haben, daß sie ihn dort sehen sollten? und wie kann er sich ihnen da wirklich auf einem Berge gezeiget haben? Lucas würde selbst gestehen müssen, daß Beides zugleich unmöglich an= gehe. Darum erwähnt er von der ganzen galiläischen Erscheinung und dem Befehle dazu nicht ein Wort. Weder Jesus noch die Engel sagen bei Luca zu der Marien, wie bei den andern Evangelisten: Saget meinen Brüdern, daß sie hingehen in Gali= läam; daselbst werden sie mich sehen;" sondern er kehret die Rede der Engel so: „Gedenket daran, wie er euch saget', da er noch in Galiläa war!" Viel weniger erzählet Lucas, daß die Jünger wirklich aus Jerusalem nach Galiläa gegangen und er ihnen da auf einem Berge oder am Ufer des Meeres erschienen sei. Sonderu es folget bei ihm sogleich auf den Befehl, daß sie zu Jerusalem bleiben sollten, daß er seine

Jünger von Jerusalem nach Bethanien geführet, sie da gesegnet und von ihnen gen Himmel gefahren sei. So wie nun Lucas keinen so offenbaren Widerspruch mit sich selbst begehen konnte, daß er bei seinem Verbote, nicht aus Jerusalem zu weichen, eine in Galiläa bestimmte Erscheinung fügen sollte, so haben hingegen auch die andern Evangelisten, welche die galiläische Erscheinung als befohlen und geschehen erzählen, keines Befehls Jesu, zu Jerusalem zu bleiben, gedenken können. Matthäus erwähnet gar keiner Erscheinung zu Jerusalem, sondern blos der einen in Galiläa auf dem Berge, da Jesus seine Jünger beschieden hatte; und da spricht Jesus zu ihnen alsobald: „Gehet hin und lehret alle Völker!“ Marcus führet zwar an, daß Jesus sich den Jüngern zu Jerusalem, da sie zu Tische gesessen, gezeiget, aber nicht, daß er sie da bleiben geheißen, sondern vielmehr, daß er ihnen gesagt: „Gehet hin in alle Welt!“ Und so ist beim Johanne, der nebst zween Erscheinungen zu Jerusalem auch die galiläische umständlich berichtet, nicht ein Wort zu finden, daß Jesus seinen Jüngern gleich anfangs sollte gesagt haben, nicht von Jerusalem zu gehen. Denn wie konnten sich diese Leute so gröblich vergessen und gleich hinter einander so was hinschreiben, dadurch das kurz vorher Gesagte gänzlich aufgehoben wurde? So gut sich nun in diesem Stücke ein Jeder in Acht genommen, daß er sich nicht selbst widerlegte, so unwidertreiblich ist hingegen, daß Einer den Andern widerleget und Lügen strafet. Ist es wahr, was Lucas sagt, daß Jesus gleich am ersten Tage seiner Auferstehung seinen Jüngern in Jerusalem erschienen ist und befohlen hat, da zu bleiben und nicht von da wegzugehen bis Pfingsten, so ist es falsch, daß er ihnen befohlen habe, in derselben Zeit von Jerusalem nach dem äußersten Galiläa zu wandern, um ihnen da zu erscheinen. Und umgekehrt kann man nicht anders denken: ist dieses wahr, so muß jene Rede falsch sein. Es ist der offenbarste Widerspruch, der auf der Welt sein kann, und zwar in der Hauptsache, darauf die Wahrheit ihres Zeugnisses ankömmt. Denn die Zeugen der Auferstehung Jesu sollten ja vor allen Dingen zeugen, daß er ihnen erschienen sei nach seinem Tode. Wenn nun der eine Zeuge sagt, daß die Erscheinung zu Jerusalem geschehen sei und außer Jerusalem nicht habe geschehen sollen, der andere, daß sie in Galiläa geschehen und geschehen sollen; wenn der eine berichtet, ihr Meister habe ihnen geboten, von Ostern bis Pfingsten nicht aus Jerusalem zu gehen, der andere, er habe geboten, binnen der Zeit weit von dannen zu sein; wenn

der eine ihm die gebratenen Fiſche zu Jeruſalem in verſchloſſenen
Thüren, der andere am galiläiſchen Meere auffeßet: ſo richten
ſie ſelbſt von beiden Seiten die Glaubwürdigkeit ihres Zeugniſſes
zu Grunde. Allein wenn wir auch den Befehl Jeſu beim Lu=
cas, zu Jeruſalem zu bleiben, wollten ausgeſeßt ſein laſſen, ſo
ſind doch beide Erſcheinungen an ſich ſelbſt, nämlich die zwie=
fache zu Jeruſalem und die dritte in Galiläa, mit einander nicht
zu reimen, wie es doch ſcheinet, daß Johannes einiger Maßen
habe thun wollen. Denn haben ihn die ſämmtlichen Jünger zu
zweien Malen in Jeruſalem geſehen, geſprochen, getaſtet und mit
ihm geſpeiſet: wie kann es ſein, daß ſie, um ihn zu ſehen, die
weite Reiſe nach Galiläa haben thun müſſen? und wozu ſollte
das Hin= und Herwandern? Er konnte ihnen zu Jeruſalem eben=
das ſagen, was er ihnen in Galiläa ſagte; und ob ſie ihn in
Galiläa ſahen, hörten, taſteten und gebratene Fiſche vorlegten,
das konnte ſie nicht mehr überzeugen, als wenn ſie ihn zu Jeru=
ſalem ſahen, hörten, taſteten und gebratene Fiſche vorlegten.
Er ſoll ja auch zuleßt vor Jeruſalem gen Bethanien oder auf
dem Oelberge ſeine Jünger verſammlet haben und vor ihren
Angen gen Himmel gefahren ſein. Wie, wenn er ihnen denn vor=
her zweimal zu Jeruſalem erſcheinen und nun auch bei Jeruſalem
Abſchied von ihnen nehmen wollte und ſie bei dieſen Erſchei=
nungen zu Jeruſalem mit Sehen und Fühlen, mit Sprechen und
Eſſen, mit Beweis aus der Schrift und mit vielen Wundern vor
ihren Angen, ja endlich mit ſeiner Himmelfahrt kräftigſt von
ſeiner Auferſtehung überführet hatte: was brauchte es denn,
daß dieſe kräftigſt überführte Jünger zwiſchenher die weite Reiſe
nach Galiläa thaten, um ihn da zu ſehen? Hatte etwa Jeſus da was
Nothwendiges zu verrichten, daß er zur ſelben Zeit nicht in Jeru=
ſalem bei ihnen ſein kounte? oder konnte er ſich ihnen da beſſer
zeigen als zu Jeruſalem, und ihnen was Mehreres zu ihrer Ueber=
zeugung ſagen? Man ſeße, was man will, ſo wird keine ver=
nünftige Urſache von dieſer Reiſe anzugeben ſein, wenn ſie nicht
die vorige Erzählung und die Eigenſchaften, ſo man Jeſu nach ſeiner
Auferſtehung beilegt, aufheben ſoll.“

§§. „Aber in der galiläiſchen Erſcheinung an ſich begehen
die Evangeliſten, welche ſie erzählen, abermals einen mannich=
faltigen Widerſpruch. Ich will, um meine einmal geſeßte Zahl
nicht zu überſchreiten, Alles in zweien Abſäßen faſſen. Der
neunte Widerſpruch zwiſchen Matthäo und Johanne mag denn

sein, daß Ort und Personen in der galiläischen Erscheinung durch=
aus nicht übereinkommen. Nach dem Matthäo gehen die elf
Jünger in Galiläam auf einen Berg, dahin Jesus sie beschieden
hatte, und da sehen sie ihn auch. Nach dem Johanne aber
fähret Petrus mit sechs Andern aufs Meer Tiberias, zu fischen;
und wie sie wieder ans Ufer kommen, stehet Jesus da und frägt,
ob sie was zu essen hätten. Wie sie es verneinen, heißet er sie
das Netz zur Rechten des Schiffes auswerfen; darauf fangen sie
eine Menge Fische; sie steigen aus; sie finden da (ich denke wol
in der Fischerhütte am Straude) glühende Kohlen, darauf werden
die frischen Fische gebraten, und er setzt sich mit ihnen zu Tische
und isset. Nun erkennet ein Jeder von selbst, daß sieben Per=
sonen nicht alle Elfe sein können. Aber auch unter den sieben
Personen waren noch drei Fremde, welche zu den Elfen nicht ge=
hörten. Nämlich die sieben beim Johanne waren: 1) Simon
Petrus, 2) Thomas, 3) Nathanael von Kana aus Galiläa,
4 und 5) die Söhne Zebedäi, Jacobus und Johannes, und
6 und 7) noch andere zween seiner Jünger, von welchen die bei=
den Letztern, als nicht so bekannte und daher ungenannte, nicht
aus der Zahl der Apostel waren, wie auch Nathanael zu den
Elfen nicht gehörte. Denn diese waren: 1) Simon Petrus,
2) Andreas, sein Bruder, 3) Jacobus und 4) Johannes, die
Söhne Zebedäi, 5) Philippus, 6) Barnabas, 7) Thomas,
8) Matthäus, der Zöllner, 9) Jacobus, Alphei Sohn, 10) Lebbäus,
mit dem Zunamen Thaddäus, und 11) Simon Kanaites. Dan=
nenhero stimmen beide Evangelisten nur in vier Personen, Petro,
Thoma und den Söhnen Zebedäi, überein. Sie widersprechen sich
aber, theils, daß nach dem Matthäo alle elf Apostel bei der Erschei=
nung sind, beim Johanne ihrer acht fehlen, theils, daß Matthäus
keine Fremde dazu nimmt, Johannes aber drei Andere in die Ge=
sellschaft ziehet. Man erkennet aber auch leicht, daß der Ort nicht
einerlei ist bei beiden Evangelisten. Matthäus bringt die Jünger
auf einen Berg in Galiläa, da Jesus zu ihnen kömmt und seine
Unterredung hält. Weil aber auf dem Berge nichts zu beißen
und zu brechen war, so bewirthet er auch die Gesellschaft mit
keinem Essen. Hergegen bei dem Johanne stehet Jesus nahe am
Ufer des Meeres Tiberias; da sehen sie ihn, da sprechen sie, da
speisen sie mit ihm die gefangenen und frisch gebratenen Fische.
Heißet dies nun eine Uebereinstimmung einer Geschichte, wo Per=
sonen und Ort so sehr verschieden sind?"

§§. „Endlich sind auch die Umstände der Erscheinung in dieser zween Zeugen Munde widersprechend. 1) Beim Matthäo ist die galiläische Erscheinung die allererste. Die Jünger bekommen durch die Maria, ehe sie noch den Herrn selbst gesehen haben, Befehl, nach Galiläa zu gehen, da würden sie ihn sehen; sie gehen also sämmtlich hin und sehen ihn auf dem Berge, wohin er sie beschieden hatte. Bei dem Evangelisten Johanne gehen zwo Erscheinungen zu Jerusalem bei den sämmtlichen elf Aposteln vorher, und diese galiläische zählet er als die dritte, nachdem Jesus von den Todten auferstanden. Hätte Matthäus diese galiläische Erscheinung für die dritte gehalten, so würde es übel für die Apostel aussehen, welche von der Auferstehung Jesu gezeuget haben. Denn er spricht: „Da sie ihn sahen, beteten sie ihn an; etliche aber zweifelten.“ Wie konnten denn diese etliche Zweifler Zeugen abgeben, wenn sie ihn hernach nicht wieder sahen? wie denn Matthäus keiner weitern Erscheinung noch der Himmelfahrt selbst gedenket, sondern Jesum da auf dem Berge Abschied von seinen Elfen nehmen lässet mit den Worten: „Siehe, ich bin bei Euch alle Tage, bis an der Welt Ende.“ 2) Die Erscheinung bei dem Matthäo ist vorher bestimmet und von den Jüngern an dem Orte erwartet; sie kennen ihn auch mehren Theils, wie er erscheinet, daß er es sei, und fallen vor ihm nieder. Aber beim Johanne erscheinet Jesus von ohngefähr, da ihn Keiner vermuthete: die Jünger waren aus ganz andern Ursachen, nämlich um des Fischens willen am Ufer, und hernach, als sie ihn sahen, wußten sie es erst nicht, daß es Jesus war; endlich sagen sie sich's einander ins Ohr: „Es ist der Herr!“ Niemand aber von den Jüngern hatte das Herz, ihn zu fragen: „Wer bist Du?“ ob sie gleich wußten, daß es der Herr war. 3) Die Reden endlich, welche Jesus bei dieser galiläischen Erscheinung zu seinen Jüngern soll geführet haben, stimmen in keiner einzigen Silbe bei beiden Evangelisten mit einander überein.“

§§. „Saget mir vor Golt, Leser, die Ihr Gewissen und Ehrlichkeit habt, könnet Ihr dies Zeugniß in einer so wichtigen Sache für einstimmig und aufrichtig halten, das sich in Personen, Zeit, Ort, Weise, Absicht, Reden, Geschichten so mannichfaltig und offenbar widerspricht? Zween dieser Evangelisten, nämlich Marcus und Lucas, haben es nur aus Hörsagen, was sie schreiben; sie sind keine Apostel gewesen und verlangen nicht einmal zu sagen,

daß sie Jesum nach seinem Tode selber mit ihren Augen gesehen
hätten. Matthäus und Johannes, die Jesum als Apostel selber
wollen gesehen haben, widerlegen sich einander am Allermeisten,
so daß ich frei sagen mag, es sei fast kein einziger Umstand, von
dem Tode Jesu an bis zu Ende der Geschichte, darin ihre Er=
zählung zusammenzureimen wäre. Und doch ist sehr merklich,
daß sie alle Beide die Himmelfahrt Jesu gar weglassen; er ver=
schwindet bei ihnen, und man weiß nicht, wo er geblieben, gleich
als ob sie nichts davon wüßten, oder als ob dieses eine Kleinig=
keit wäre. Auch in den Erscheinungen Jesu vor seiner Himmel=
fahrt, deren etwa sechs aus allen Evangelisten zusammenzurech=
nen sind, ist dieses merklich, daß sie insgesammt allen übrigen
ehrlichen Leuten unsichtbar, allein aber den Jüngern Jesu sicht=
bar gewesen sein sollen: erst ganz frühe Morgens im Garten
Joseph's von Arimathia, dann auf dem Wege nach Emmaus,
zweimal in verschlossenen Thüren, wiederum auf dem Berge in
Galiläa, und vor Jerusalem. Wenn die Jünger an solchen ab=
gesonderten Orten sind, da sie keine andere Menschen um sich haben,
so, sagen sie, sei Jesus zu ihnen gekommen. Sie machen es nicht
wie andere aufrichtige Leute, die mit Wahrheit umgehen und sich
frei auf mehrere Menschen berufen dürfen, die ihn hätten kommen,
weggehen, wandern sehen; nein, er stehet bei ihnen, ohne
zu kommen, er kömmt auf eine menschlichen Augen unsichtbare
Art, durch verschlossene Thüren, durchs Schlüsselloch, und so ver=
schwindet er wieder vor den Augen; Niemand auf der Gasse
oder im Hause siehet ihn kommen und weggehen. Ja, in aller
der Zeit von 50 Tagen, so lange er nach seiner Auferstehung soll
auf der Erde gewandelt haben und von den Jüngern hin und
wieder gesehen sein, lässet sich auch kein einziger Jünger zu einem
Fremden was von seiner Auferstehung vermerken; sie halten
die Sache heimlich, man möchte sonst zu ihnen gesagt haben:
„Weiset ihn uns auch, so wollen wir glauben, daß er lebe!"
Nein, sie lassen ihn erst für sich anleben, sich ohne Jemandes
Wissen unsichtbarer Weise erscheinen und vor ihren einzigen
Augen bei Jerusalem von dem Oelberge, ohne daß es Jemand
in der Stadt erblicket, durch die Luft gen Himmel fahren; dann
gehen sie erst aus und sprechen: „Er ist da und dort gewesen."
Er soll ja selber in seinem Leben zu seinen Jüngern gesagt haben,
wenn Jemand zu ihnen nach seinem Tode sprechen würde:
„Siehe, hie ist Christus oder da, so sollt Ihr's nicht
glauben! Siehe er ist in der Wüsten, so gehet nicht

hinaus! Siehe, er ist in der Kammer, so glaubet's
nicht!" Matth. 24, 23. 26. Wie sollen wir denn glauben,
da seine Jünger nicht bei Zeiten sprechen: „Sehet, er ist da!"
nein, sondern: „Er ist hie, er ist da gewesen!" Nicht: „Sehet,
er ist in der Wüsten!" sondern: „Er ist in der Wüsten, am
Meere, auf dem Berge gewesen," nicht: „Er ist bei uns in der
Kammer," sondern: „Er ist bei uns in der Kammer ge=
wesen?" Mein! ist er darum vom Himmel gekommen, um in=
cognito zu sein? um sich nicht als einen Solchen, der vom Himmel
gekommen sei, zu zeigen? Leiden und sterben können auch andere
Menschen, aber vom Tode können sie nicht wieder aufstehen. Wa=
rum lässet er denn jenes aller Welt sehen, dieses aber nicht?
Warum sollen die Menschen mehrere Gewißheit davon haben,
daß er sei wie einer der übrigen Sterblichen, als davon, worauf
ihr Glauben soll gegründet werden, daß er die Menschen vom
Tode erlöset habe? Konnte wol die Welt von einer an sich un=
glaublichen Sache zu viel überführet sein? Ist es denn genug,
daß einige wenige seiner Anhänger, die noch dazu großen Ver=
dacht auf sich laden, daß sie den Körper des Nachts heimlich ge=
stohlen haben, seine Auferstehung wider alle Wahrscheinlichkeit
und mit vielem Widerspruche in die Welt hinein schreiben? Ist
er darum nur zu den Schafen des Hauses Israel gekommen, daß
sie zum Aergernisse sehen sollen, wie er sich selbst vom Tode nicht
erretten kann, und hören, wie er als ein von Gott verlassener
Mensch seinen Geist aufgebe, nicht aber, daß sie ihn als einen
Besieger des Todes und wahrhaften Erlöser in seiner Herrlich=
keit erkennen? Die unsichtbaren Teufel und verdammten Seelen
in dem Pfuhle, der mit Fener und Schwefel brennet, haben die
Ehre, daß sie den auferstandenen Jesum sehen; aber die Menschen,
welche Augen haben, zu sehen, denen zu Gute er auferstanden sein
sollte, und denen die Ueberzeugung davon nöthig war zur Selig=
keit, die haben das Unglück, daß sie ihn nicht zu sehen bekommen.
Hätte er sich doch nur ein einziges Mal nach seiner Auferstehung
im Tempel vor dem Volke und vor dem hohen Rathe zu Jeru=
salem sichtbar, hörbar, tastbar gemacht, so konnte es nicht fehlen,
die ganze jüdische Nation hätte an ihn geglaubt und wären so viel
tausend Seelen mit so vielen Millionen Seelen der nachkommen=
den, jetzt so verhärteten und verstockten Juden aus ihrem Ver=
derben gerettet worden; da hätte der Teufel, dessen Reich zer=
störet werden sollte, nicht so viele Millionen Unterthanen gegen
einige wenige Nachfolger Jesu aus dem auserwählten Volke

Gottes aufstellen können. Gewiß, wenn wir auch keinen weitern
Anstoß bei der Auferstehung Jesu hätten, so wäre dieser einzige,
daß er sich nicht öffentlich sehen lassen, allein genug, alle Glaub=
würdigkeit davon über den Haufen zu werfen, weil es sich in
Ewigkeit nicht mit dem Zwecke, warum Jesus soll in die Welt ge=
kommen sein, zusammenreimen lässet.   Es ist Thorheit, über
den Unglauben der Menschen klagen und seufzen, wenn man
ihnen die Ueberführung nicht geben kann, welche die Sache selbst
nach gesunder Vernunft nothwendig erheischet."

Und nun genug dieser Fragmente! — Wer von meinen Lesern mir sie aber lieber ganz geschenkt hätte, der ist sicherlich furchtsamer als unterrichtet. Er kann ein sehr frommer Christ sein, aber ein sehr aufgeklärter ist er gewiß nicht. Er kann es mit seiner Religion herzlich gut meinen, nur müßte er ihr auch mehr zutrauen!

Denn wie Vieles läßt sich noch auf alle diese Einwürfe und Schwierigkeiten antworten! Und wenn sich auch schlechterdings nichts darauf antworten ließ: was danu? Der gelehrte Theolog könnte am Ende darüber verlegen sein, aber auch der Christ? Der gewiß nicht! Jenem höchstens könnte es zur Verwirrung gereichen, die Stützen, welche er der Religion unterziehen wollen, so erschüttert zu sehen, die Strebepfeiler so niedergerissen zu finden, mit welchen er, wenn Gott will, sie so schön verwahret hatte. Aber was gehen dem Christen dieses Mannes Hypothesen und Erklärungen und Beweise an? Ihm ist es doch einmal da, das Christenthum, welches er so wahr, in welchem er sich so selig fühlet. — Wenn der Paralyticus die wohlthätigen Schläge des elektrischen Funkens erfährt, was kümmert es ihn, ob Nollet oder ob Franklin[1]) oder ob Keiner von Beiden Recht hat? —

Kurz, der Buchstabe ist nicht der Geist, und die Bibel ist nicht die Religion. Folglich sind Einwürfe gegen den Buchstaben und gegen die Bibel nicht eben auch Einwürfe gegen den Geist und gegen die Religion.

Denn die Bibel enthält offenbar mehr als zur Religion

---

1) Joh. Anton Nollet (geb. 1700, † 1770) war in Frankreich der Erste, der Experimentalphysik durch seine 1733 in Paris gehaltenen Vorlesungen in Aufnahme brachte. Sein „Recueil de lettres sur l'électricité" erschien 1753—54 zu Paris in 3 Bänden. — Der berühmte amerikanische Staatsmann und Schriftsteller Benjamin Franklin (geb. 1706, † 1790) ist bekanntlich auch der Erfinder des Blitzableiters und des elektrischen Drachen. Seine Ideen über die Elektricität, die er in der Schrift „New experiments and observations on electricity" niedergelegt hatte, fanden anfangs wenig Anklang, verbreiteten sich aber über ganz Europa, als Büffon diese Schrift übersetzte. — A. d. H.

Gehöriges, und es ist bloße Hypothes, daß sie in diesem Meh=
rern gleich unfehlbar sein müsse. Auch war die Religion, ehe
eine Bibel war. Das Christenthum war, ehe Evangelisten
und Apostel geschrieben hatten. Es verlief eine geraume Zeit,
ehe der Erste von ihnen schrieb, und eine sehr beträchtliche, ehe
der ganze Kanon zu Staube kam. Es mag also von diesen
Schriften noch so viel abhängen, so kann doch unmöglich die
ganze Wahrheit der Religion auf ihnen beruhen. War ein Zeit=
raum, in welchem sie bereits so ausgebreitet war, in welchem sie
bereits sich so vieler Seelen bemächtiget hatte, und in welchem
gleichwol noch kein Buchstabe aus dem von ihr aufgezeichnet
war, was bis auf uns gekommen, so muß es auch möglich sein,
daß Alles, was Evangelisten und Apostel geschrieben haben,
wiederum verloren gänge und die von ihnen gelehrte Religion doch
beständе. Die Religion ist nicht wahr, weil die Evangelisten und
Apostel sie lehrten, sondern sie lehrten sie, weil sie wahr ist. Aus
ihrer innern Wahrheit müssen die schriftlichen Ueberlieferungen
erklärt werden, und alle schriftliche Ueberlieferungen können ihr
keine innere Wahrheit geben, wenn sie keine hat.

Dieses also wäre die allgemeine Antwort auf einen großen
Theil dieser Fragmente, — wie gesagt, in dem schlimmsten Falle.
In dem Falle, daß der Christ, welcher zugleich Theolog ist, in dem
Geiste seines angenommenen Systems nichts Befriedigendes darauf
zu antworten wisse. Aber ob er das weiß, woher soll er selbst die
Erfahrung haben, woher sollen wir es ihm zutrauen, wenn es nicht
erlaubt sein soll, alle Arten von Einwürfen frei und troden
herauszusagen? Es ist falsch, daß schon alle Einwürfe gesagt
sind. Noch falscher ist es, daß sie alle schon beantwortet wären. Ein
großer Theil wenigstens ist ebenso elend beantwortet als elend
gemacht worden. Seichtigkeit und Spötterei der einen Seite hat
man nicht selten mit Stolz und Naserümpfen auf der andern er=
widert. Man hat sich sehr beleidiget gefunden, wenn der eine
Theil Religion und Aberglauben für Eins genommen; aber man
hat sich kein Gewissen gemacht, Zweifel für Unglauben, Begnüg=
samkeit mit dem, was die Vernunft sagt, für Ruchlosigkeit auszu=
schreien. Dort hat man jeden Gottesgelehrten zum Pfaffen, hier
jeden Weltweisen zum Gottesleugner herabgewürdiget. So hat
der Eine und der Andere seinen Gegner zu einem Ungeheuer um=
geschaffen, um ihn, wenn er ihn nicht besiegen kann, wenigstens
vogelfrei erklären zu dürfen.

Wahrlich, er soll noch erscheinen, auf beiden Seiten soll er

noch erſcheinen, der Mann, welcher die Religion ſo beſtreitet, und
der, welcher die Religion ſo vertheidiget, als es die Wichtigkeit und
Würde des Gegenſtandes erfodert. Mit alle den Kenntniſſen,
aller der Wahrheitsliebe, alle dem Ernſte! — Stürme auf ein=
zelne Baſtionen wagen und abſchlagen, heißt weder belagern noch
entſetzen. Und gleichwol iſt bisher noch wenig mehr geſchehen.
Kein Feind hat noch die Feſte ganz eingeſchloſſen, keiner noch einen
allgemeinen Sturm auf ihre geſammten Werke zugleich gewagt. Im=
mer iſt nur irgend ein Außenwerk, und oft ein ſehr unbeträchtliches
angegriffen, aber auch nicht ſelten von den Belagerten mit mehr
Hitze als Klugheit vertheidiget worden. Denn ihre gewöhnliche
Maxime war, alles Geſchütz auf den einzigen angegriffenen Ort
zuſammenzuführen, unbekümmert, ob indeß ein anderer Feind
an einem andern Orte den entblößten Wall überſteige oder nicht.
Ich will ſagen: Ein einzelner Beweis ward oft zum Nachtheil
aller andern, ja zu ſeinem eigenen überſpannt; ein Nagel
ſollte Alles halten und hielt nichts. Ein einzelner Einwurf
ward oft ſo beantwortet, als ob er der einzige wäre, und oft
mit Dingen, die ihren eignen Einwürfen noch ſehr ausgeſetzt
waren. Noch ein unbeſonneneres Verfahren war es, wenn man
das angegriffene Werk ohne alle Gegenwehr verließ, dem Feinde
mit Verachtung preisgab und ſich in ein anderes zog. Denn ſo
hat man ſich nach und nach aus allen Werken nicht vertreiben,
ſondern verſcheuchen laſſen und wird nun bald genöthiget
ſein, ſich wieder in das zuerſt verlaſſene zu werfen. Wer in den
neueſten Schriften für die Wahrheit der chriſtlichen Religion ein
Wenig beleſen iſt, dem werden die Exempel zu jedem Gliede dieſer
Allegorie leicht beiſallen.

· Wie nahe unſer Verfaſſer dem Ideale eines ächten Beſtrei=
ters der Religion gekommen, läßt ſich aus dieſen Fragmenten zwar
einiger Maßen ſchließen, aber nicht hinlänglich erkennen. Kaum
genug ſcheinet er mit ſeinen Laufgräben eingenommen zu haben,
und mit Ernſt gehet er zu Werke. — Möchte er bald einen Mann
erwecken, der dem Ideale eines ächten Vertheidigers der Religion
nur ebenſo nahe käme!

Und nicht dieſem Manne vorzugreifen, ſondern blos urtheilen
zu laſſen, wie Vieles nun er erſt zu ſagen haben würde, und hier=
nächſt dem erſten paniſchen Schrecken zu ſteuern, das einen klein=
müthigen Leſer beſallen könnte, eile ich, jedem Fragmente insbe=
ſondere einige Gedanken beizufügen, die ſich mir aufgedrungen
haben. Wenn ich aber damit mehr thue, als ich gleich anfangs

thun zu dürfen um Erlaubniß bat, so geschieht es, weil ich den
Ton der Verhöhnung verabscheue, in den ich leicht fallen könnte,
wenn ich nur jenes thun wollte. Freilich giebt es der Männer
genug, welche itzt die Religion so vertheidigen, als ob sie von
ihren Feinden ausdrücklich bestochen wären, sie zu untergraben.
Allein es wäre Verleumdung der Religion, wenn ich zu verstehen
geben wollte, daß gleichwol diese Männer nur noch allein vor
dem Riß stünden. Ja, woher weiß ich, ob nicht auch diese
Männer die besten Absichten von der Welt haben? Wann sie
nicht ihre Absichten schützen sollen, was wird mich schützen, wenn
ich das Ziel ebenso weit verfehle?

1.

Das erste Fragment bestreitet eine Sache, die nichts weniger
als das Christenthum annehmlich zu machen vermögend
ist. Wenn es also Theologen gegeben, die darauf gedrungen,
so müssen sie wol von der Nothwendigkeit derselben sich sehr
lebendig überzeugt gefühlt haben. Würden sie sonst unter das
Thor, in welches sie einzugehen ermunterten, Fußangel vor Aller
Augen haben streuen wollen?

Und allerdings hat es dergleichen Theologen gegeben; allein
wo giebt es deren denn noch? Hat man den Mantel nicht längst
auf die andere Schulter genommen? Die Kanzeln, anstatt von
der Gefangennehmung der Vernunft unter den Gehorsam des
Glaubens zu ertönen, ertönen nun von nichts als von dem
innigen Bande zwischen Vernunft und Glauben. Glaube
ist durch Wunder und Zeichen bekräftigte Vernunft und Vernunft räsonnirender Glaube geworden. Die ganze geoffenbarte
Religion ist nichts als eine erneuerte Sanction der Religion der
Vernunft. Geheimnisse giebt es entweder darin gar nicht, oder
wenn es welche giebt, so ist es doch gleichviel, ob der Christ diesen
oder jenen oder gar keinen Begriff damit verbindet.

Wie leicht waren jene Theologaster zu widerlegen, die außer
einigen mißverstandenen Schriftstellen nichts auf ihrer Seite
hatten und durch Verdammung der Vernunft die beleidigte Vernunft im Harnisch erhielten! Sie brachten Alles gegen sich auf,
was Vernunft haben wollte und hatte.

Wie kitzlig hingegen ist es, mit Diesen anzubinden, welche
die Vernunft erheben und einschläfern, indem sie die Widersacher

der Offenbarung als Widersacher des gesunden Menschenverstandes verschreien! Sie bestechen Alles, was Vernunft haben
will und nicht hat.

Gleichwol muß ohnstreitig die Wahrheit auch hier liegen,
wo sie immer liegt: zwischen beiden Extremen. Ob eine Offenbarung sein kann und sein muß, und welche von so vielen, die
darauf Anspruch machen, es wahrscheinlich sei, kann nur die Vernunft entscheiden. Aber wenn eine sein kann und eine sein muß
und die rechte einmal ausfindig gemacht worden, so muß es der Vernunft eher noch ein Beweis mehr für die Wahrheit derselben als
ein Einwurf darwider sein, wenn sie Dinge dariu findet, die ihren
Begriff übersteigen. Wer dergleichen aus seiner Religion aus-
poliret, hätte ebenso gut gar keine. Denn was ist eine Offenbarung, die nichts offenbaret? Ist es genug, wenn man nur den
Namen beidehält, ob man schon die Sache verwirft? Und sind das
allein die Ungläubigen, welche den Namen mit der Sache aufgeben?

Eine gewisse Gefangennehmung unter den Gehorsam
des Glaubens beruht also gar nicht auf dieser oder jenen Schriftstelle, sondern auf dem wesentlichen Begriffe einer Offenbarung.
Unser Verfasser mag immerhin jene Schriftstellen besser verstanden haben, und ich wüßte mehr als einen würdigen Ausleger,
der eben nicht mehr darin gefunden. Er mag immerhin sehr
Recht gegen die armseligen Homileten haben, welche zu dem kläg-
lichen Sündenfalle der ersten Eltern ihre Zuflucht nehmen, eine
Sache zu beweisen, die dieses Beweises gar nicht bedarf. Die
Mosaische Geschichte davon erkennet er selbst für unschuldig an
solchem Mißbrauche. Aber wie es nicht wahr ist, daß daraus
ein nachheriges Verderben der menschlichen Vernunft zu folgern,
so scheinet mir doch auch er nicht völlig eingesehen zu haben, was
darin liegt. Wenn er nämlich sagt: „daß nach Anleitung derselben die Prediger, als wahre Seelsorger, vielmehr schuldig
wären, ihren Zuhörern die gesunde Vernunft und den Gebrauch
derselben als eine untrügliche Richtschnur der göttlichen Erkenntniß und eines frommen Wandels zu empfehlen, indem uusere
ersten Eltern eben darum gefallen wären, weil sie ihrer Vernunft
sich nicht bedienet hätten," so erschöpft er die Sache nur zur Hälfte.
Denn über dieses wird auch noch die Ursache darin angedeutet,
wie und warum ihre Vernunft unwirksam geblieben. Mit einem
Worte, die Macht unsrer sinnlichen Begierden, unsrer dunkeln
Vorstellungen über alle noch so deutliche Erkenntniß ist es, welche

zur kräftigsten Anschauung darin gebracht wird. Von dieser Macht
berichtet die Mosaische Erzählung entweder die erste traurige
Erfahrung oder ertheilet das schicklichste Beispiel. Factum oder
Allegorie: in dieser Macht allein liegt die Quelle aller unserer
Vergehungen, die dem Adam, des göttlichen Ebenbildes unbe-
schadet, ebensowol anerschaffen war, als sie uns angeboren wird.
Wir haben in Adam Alle gesündiget, weil wir Alle sündigen
müssen, und Ebenbild Gottes noch genug, daß wir doch nicht
eben nichts anders thun, als sündigen, daß wir es in uns haben,
jene Macht zu schwächen, und wir uns ihrer ebensowol zu guten
als zu bösen Handlungen bedienen können. Dieser lehrreichen
Auslegung wenigstens ist das so oft verhöhnte Märchen Mosis
sehr fähig, wenn wir die Accommodationen, welche ein späteres
System davon machte, nur nicht mit hineintragen und Accommodationen Accommodationen sein lassen.

Wie gesagt: eine gewisse Gefangennehmung der Vernunft
unter den Gehorsam des Glaubens beruhet blos auf dem wesentlichen Begriffe einer Offenbarung. Oder vielmehr — denn das
Wort Gefangennehmung scheinet Gewaltsamkeit auf der
einen und Widerstreben auf der andern Seite anzuzeigen — die
Vernunft giebt sich gefangen, ihre Ergebung ist nichts als das
Bekenntniß ihrer Grenzen, sobald sie von der Wirklichkeit der
Offenbarung versichert ist. Dies also, dies ist der Posten, in
welchem man sich schlechterdings behaupten muß; und es verräth entweder armselige Eitelkeit, wenn man sich durch hämische
Spötter herauslachen läßt, oder Verzweiflung an den Beweisen für die Wirklichkeit einer Offenbarung, wenn man sich in
der Meinung hinausziehet, daß man es alsdann mit diesen
Beweisen nicht mehr so streng nehmen werde. Was man damit
retten will, geht um so viel unwiederbringlicher verloren; und es ist
bloßer Fallstrick, den die Widersacher der christlichen Religion
durch Uebertreibung des Unbegreiflichen in derselben denjenigen
von ihren Vertheidigern legen, die ihrer Sache so ganz gewiß
nicht sind und vor allen Dingen die Ehre ihres Scharfsinns in
Sicherheit bringen zu müssen glauben.

Ein anderer Fallstrick, den man selbst Theologen von der
bessern Art legt, ist der, daß man sich mit den bisherigen katechetischen Lehrbüchern so unzufrieden bezeigt und es ihrer fehlerhaften Einrichtung zuschreibt, daß die Religion nicht mehr Eingang finde. Nun will ich zwar gar nicht leugnen, daß an diesen
Büchern nicht Manches zu verbessern sein sollte; aber man sehe

doch wohl zu, ehe man mit gutherziger Uebereilung ebendas
daran verbeſſert, was gewiſſe Leute ſo gern verbeſſert haben
möchten, zu welchen ſelbſt unſer Verfaſſer gehöret, wenn er ihnen
„den Mangel an einer vernünftigen Religion und an einem vernünftigen Uebergange von derſelben zur Offenbarung" vorwirſt.

Ich denke: dieſer Mangel iſt theils kein Mangel, und theils
würde es äußerſt gefährlich ſein, ihm abzuhelfen, ihm wirklich
abzuhelfen. Denn davon kann doch nur die Rede ſein, weil blos
ſo obenhin daran künſteln die lieben Bücherchen ja erſt recht ſchal
und kahl machen würde.

Die geoffenbarte Religion ſetzt im Geringſten nicht eine vernünftige Religion voraus, ſondern ſchließt ſie in ſich. Wann ſie
dieſelbe vorausſetzte, das iſt, wann ſie ohne dieſelbe unverſtänd-
lich wäre, ſo wäre der gerügte Mangel der Lehrbücher ein wahrer
Mangel. Da ſie aber dieſelbe in ſich ſchließt; da ſie alle Wahrheiten enthält, welche jene lehret, und ſie blos mit einer andern Art
von Beweiſen unterſtützt: ſo iſt es noch ſehr die Frage, ob die Ein-
förmigkeit der Beweisart in Lehrbüchern für Kinder und gemeine
Leute nicht bequemer und nützlicher iſt als eine genaue Abſonde-
rung der vernünftigen und geoffenbarten Lehrſätze, einen jeden
aus der ihm eigenthümlichen Quelle erwieſen.

Wenigſtens iſt es gewiß, daß der Uebergang von bloßen
Vernunftswahrheiten zu geoffenbarten äußerſt mißlich iſt, wenn
man ſich durch die ebenſo ſcharfen als faßlichen Beweiſe der
erſtern verwöhnt hat. Man erwartet und fordert ſodann bei den
Beweiſen der andern ebendieſelbe Schärfe und Faßlichkeit und
hält, was nicht ebenſo erwieſen iſt, für gar nicht erwieſen. Ich
erinnere mich hierbei, was mir in meiner Jugend begegnete. Ich
wollte Mathematik ſtudiren, und man gab mir des ältern
Sturm's[1]) Tabellen in die Hände, in welchen noch die Chiromantie mit unter den mathematiſchen Wiſſenſchaften abgehandelt
iſt. Als ich auf dieſe kam, wußte ich gar nicht, wie mir geſchahe.
Mein kleiner Verſtand kam auf einmal aus aller ſeiner Wirkſam-

---

1) Joh. Chriſtoph Sturm, zum Unterſchiede von ſeinem Sohne Leon-
hard Chriſtoph „der Aeltere" genannt, war geboren im Jahre 1635 zu Hippolt-
ſtein bei Neuburg, ſtudirte in Jena und Leyden, war Paſtor in Ettingen und ſeit
1669 Profeſſor der Phyſik in Altdorf. Er ſchrieb verſchiedene aſtronomiſche und
mathematiſche Werke und ſtarb 1703. — Unter Chiromantie verſteht man die
Kunſt, aus dem Bau, den Linien, den Räumen und Bögen der hohlen Hand ſowie
aus den Eigenthümlichkeiten der Finger den Charakter eines Menſchen zu erkennen und ſein Schickſal zu entziffern. Die Pſeudowiſſenſchaft der Chiromantie
blühte beſonders im 16. und 17. Jahrhundert. — A. d. H.

keit; und obschon eine Kunst, die mich mit meinem künftigen Schick=
sale bekannt zu machen versprach, keinen geringen Reiz für mich
hatte, so war mir doch, als ob ich schales Zuckerwasser auf lieb=
lichen Wein tränke, wenn ich aus der Geometrie in sie herüber=
blickte. Ich wußte nicht, was ich von dem Manne denken sollte,
der so disparate Dinge in ein Buch vereiniget hatte; ich gab ihm
seinen Abschied und suchte einen andern Lehrer. Hätte ich aber
glauben müssen, daß dieser Mann unfehlbar gewesen, so würden
die erbetenen Grundsätze der Chiromantie, deren Willkürlichkeit
mir so auffallend war, mich mit Furcht und Mißtrauen gegen die
mathematischen Wahrheiten erfüllt haben, die meinem Verstande
so sehr behagten, ob ich sie gleich zum Theil nur noch blos mit
dem Gedächtnisse gefaßt hatte. Unmöglich hätte ich beide, Geo=
metrie und Chiromantie, für gleich gewiß halten können, aber
möglich wäre es gewesen, daß ich mich gewöhnt hätte, Chiro=
mantie und Geometrie als gleich ungewiß zu denken.

Ich halte es kaum der Mühe werth, mich vor dem Verdachte
zu bewahren, als wolle ich hiermit zu verstehen geben, daß die
Beweise für die Offenbarung und die Beweise für die Chiromantie
von einerlei Gewichte wären. Sie sind freilich nicht von
einerlei Gewichte; ihre specifiquen Gewichte haben schlechter=
dings kein Verhältniß gegen einander; aber beider Beweise sind
doch aus der nämlichen Classe, sie gründen sich beide auf Zeug=
nisse und Erfahrungssätze. Und das Abstechende der stärksten
Beweise dieser Art gegen Beweise, die aus der Natur der Dinge
fließen, ist so auffallend, daß alle Kunst, dieses Auffallende zu
vermindern, dieses Abstechende durch allerlei Schattirungen sanfter
zu machen, vergebens ist.

II.

Das zweite Fragment sagt eine Menge vollkommen richtiger,
ganz ungezweifelter Dinge. Es mag nichts als solche Dinge ent=
halten! Der Beweis, daß eine Offenbarung, die alle Menschen
auf eine gegründete Art glauben könnten, unmöglich sei, sei mit
aller Strenge geführt. Und er ist es wirklich.

Führt er aber seine Beantwortung nicht gleich mit sich?
Wenn eine solche Offenbarung unmöglich ist, — nun freilich,
so hat sie auch Gott nicht möglich machen können. Allein wenn
nun gleichwol eine Offenbarung nützlich und nöthig ist, sollte Gott

)emohngeachtet lieber g a r k e i n e ertheilen, weil er keine ſo l ch e
:rtheilen konnte? Sollte Gott dem ganzen menſchlichen Ge=
chlechte dieſe Wohlthat vorenthalten, weil er nicht alle Menſchen
,u g l e i ch e r Zeit, in g l e i ch e m Grade daran Theil nehmen laſſen
.onnte? Wer hat das Herz, hierauf mit Ja zu antworten?

Genug, wenn die höchſte Weisheit und Güte bei Ertheilung
)er Offenbarung, die ſie in jener Allgemeinheit und Allklarheit
1icht gewähren konnte, nur denjenigen Weg gewählet hat, auf
velchem in der k ü r z e ſt e n Zeit die m e i ſt e n Menſchen des Ge=
1uſſes derſelben fähig wurden. Oder getraut ſich Jemand zu
eigen, daß dieſes nicht geſchehen? daß die Offenbarung zu einer
1nderu Zeit, einem andern Volke, in einer andern Sprache er=
heilet, mehrere Menſchen in kürzerer Zeit mit den Wahrheiten
1nd den Bewegungsgründen zur Tugend hätte ausrüſten köuneu,
,eren ſich itzt die Chriſten als Chriſten rühmen dürfen?

Wer ſich dieſes getraut, der nenne mir vorläufig doch nur
rſt ein Volk, in deſſen Händen das anvertraute Pfuud der Offen=
,arung wahrſcheinlicher Weiſe mehr gewuchert haben würde als
n den Händen des jüdiſchen! Dieſes unendlich mehr verachtete
.ls verächtliche Volk iſt doch in der ganzen Geſchichte ſchlechter=
,ings das erſte und einzige, welches ſich ein Geſchäft daraus
:emacht, ſeine Religion mitzutheilen und auszubreiten. Wegen
,es Eifers, mit welchem die Juden dieſes Geſchäft betrieben, be=
:rafte ſie ſchon Chriſtus, verlachte ſie ſchon Horaz. Alle andere
Bölker waren mit ihren Religionen entweder zu geheim und zu
,eidiſch, oder viel zu kalt gegen ſie geſinnt, als daß ſie für der=
;lben Ausbreitung ſich der geringſten Mühwaltung hätten unter=
.ehen wollen. Die chriſtlichen Völker, die den Juden in dieſem
:ifer hernach gefolgt ſind, überkamen ihn blos, inſofern ſie auf
en Stamm des Judenthums gepfropft waren.

Wenn denn nun aber gleichwol, würde unſer Verfaſſer inſi=
iren, eine gegründete Kenntniß der Offenbarung, die a l l e
Renſchen unmöglich haben können, a l l e n Menſchen zur Seligkeit
1umgänglich nöthig iſt, wie kommen die Millionen dazu —?

Laßt uns einen ſo grauſamen Gedanken auch nicht ein=
1al ausdenken! — Weh dem menſchlichen Geſchlechte, wenn
ichts dieſem Gedanken entgegenzuſetzen als etwa, — daß der
Berfaſſer die Summe gezogen, ehe die Rechnung noch geſchloſſen,
1nd man zu ihm ſagen könnte: „Das Chriſtenthum iſt auf ewige
.eiten; es gewinnt alle Jahre neuen Boden, obgleich weder
Riſſionen noch gelehrte Erweiſe ſeiner Wahrheit dieſen neuen

Boden gewinnen helfen; wenn schon in den letzten Jahrhunderten
der chriſtlichen Völker nicht viel mehr geworden, ſo ſind unter
dieſen chriſtlichen Völkern doch gewiß mehr Chriſten geworden;
die Zeit muß kommen, da dieſes unmerkliche Wachsthum der Welt
mit Erſtaunen in die Augen leuchten wird; der glückliche Wind-
ſtoß muß kommen, welcher die noch zerſtreueten Flammen in einen
Alles umfaſſenden Brand vereiniget, ſo daß am Ende die Zahl
der Verlornen ſich zu der Zahl der Geretteten ebenſo verhalten
wird, als noch itzt die Zahl der Geretteten ſich zu der Zahl der
Verlornen verhält." —

Weh dem menſchlichen Geſchlechte, wenn nur dieſes — oder
etwa noch irgend ein armſeliges Diſtinctiönchen es tröſten ſoll!
— Daß man zwiſchen der Offenbarung und den Büchern der
Offenbarung einen Unterſchied machen müſſe; daß jene nur eine
einzige ſehr faßliche Wahrheit ſei, dereu Geſchichte in dieſen enthalten; daß die Seligkeit nicht an die mühſame Erforſchung
dieſer, ſondern an die herzliche Annahme jener gebunden ſei,
welches in den einzeln Poſten der Rechnung große Ausfälle
machen müſſe. —

Denn weh dem menſchlichen Geſchlechte, wenn in dieſer
Oekonomie des Heils auch nur eine einzige Seele verloren
geht! An dem Verluſte dieſer einzigen müſſen alle den
bitterſten Antheil nehmen, weil jede von allen dieſe einzige hätte
ſein können. Und welche Seligkeit iſt ſo überſchwänglich, die ein
ſolcher Antheil nicht vergällen könnte?

Aber wozu dieſer Parenthyrſus?[1] — Eine ſo unver-
ſchuldete Niederlage der Menſchen, ein von Gott ſelbſt der Hölle
ſo in die Hände geſpielter Sieg iſt ein elendes Hirngeſpinnſt
Man gehe dem blinden Lärmen nur auf den Gruud. Ein Wort
und er iſt beigelegt.

Daß nämlich die Offenbarung auch für diejenigen Menſchen
zur Seligkeit nöthig ſei, die gar keine oder doch keine gegründet
Kenntniß davon erlangen können, iſt weder die Lehre Chriſti, noch
jemals die allgemein anerkannte Lehre der Kirche geweſen. Selbſ
Die, die ſich in allen den verſchiedenen Gemeinden derſelben an
Härteſten darüber ausgedrückt haben, die jener allgemeinen Noth

---

1) Parenthyrſus (griech. παρένϑυρσος, von ϑύρσος, den
Begeiſterungsſtab des Bacchus) bezeichnet den Ausdruck falſcher Begeiſterung, dann
jede Uebertreibung, namentlich, wie hier, die leidenſchaftliche Uebertreibung bei
der Darſtellung. — A. d. H.

wendigkeit nichts vergeben zu dürfen geglaubt, ſind den traurigen
Folgerungen doch ausgewichen und haben mit der andern Hand
wiedergegeben, was ſie mit der einen genommen. Es iſt gleich=
viel, mit wie guter oder ſchlechter Art ſie dieſes gethan, wie un=
philoſophiſch ſie dabei gedacht, wie treu oder nicht treu ſie ihrem
eignen Syſtem dabei geblieben: genug, ſie haben es doch gethan,
und haben es gern und freudig gethan. Ihr bloßer Wunſch
rechtfertiget ihr Herz, und ihr Geſtändniß, daß Gott dispenſiren
könne, wo es der Theolog nicht könne, daß Gott Auswege wiſſen
werde, wo es auch nicht einmal der Dispenſation bedürfe, ver=
ſöhnet mit ihrem Syſtem.

Und hier iſt es, wo ich die allgemeine Anmerkung gegen
unſern Verfaſſer, die ich ſchon angedeutet, ausdrücklich wieder=
holen muß, die ihm aber ebenſowol zur Entſchuldigung als zum
Tadel gereicht. Er nimmt Alles, was ein gewiſſes in gewiſſen
ſymboliſchen Büchern vorgetragenes Syſtem des Chriſtenthums
begreift, für das einzig wahre, eigentliche Chriſtenthum. Sätze,
ohne welche das Chriſtenthum nicht beſtehen kann, welche von dem
Stifter mit ausdrücklichen Worten gelehret worden, und Sätze,
welche man blos zur beſſern Verbindung jener eingeſchaltet oder
aus ihnen folgern zu müſſen vermeinet, ſind ihm Eins. Gleich=
wol iſt billig und recht, daß bei Beſtreitung des Chriſtenthums
alle Secten für e i n e n Mann zu ſtehen angenommen werden,
und eigentlich nichts wider das Chriſtenthum für giltig zu achten,
als worauf keine von allen dieſen Secten antworten kann. Aber
von dieſer Art ſind doch wahrlich nicht weder die Lehre von der
gänzlichen Verderbniß der menſchlichen Vernunft in göttlichen
Dingen, gegen welche er in dem erſten Fragmente ſo gutes Spiel
hatte, noch die Lehre von der unumgänglichen Nothwendigkeit
eines klaren und deutlichen Glaubens zur Seligkeit, auf welche
dieſes zweite Fragment hinausläuft, noch auch die Lehre von der
Theopneuſtie,[1] wie er ſie (S. 171) vorträgt, aber freilich auch
vortragen mußte, um allen ſeinen Einwürfen, ſelbſt den gering=
fügigſten, einen gleich hohen Grad des Belangs zu verſchaffen.
— So wenigſtens muß ich aus dem, was vor uns liegt,
urtheilen.

---

1) Unter Th e o p n e u ſt i e (vom griech. ϑεόπνευστος, 2. Timoth. 3, 16)
oder Inſpiration verſteht man die göttliche Begeiſterung der bibliſchen Schriftſteller,
durch die ſie befähigt wurden, trotz ihrer menſchlichen Unvollkommenheit den gött=
lichen Willen rein und unverfälſcht darzuſtellen. — A. d. H.

III.

Der Einwurf des dritten Fragments ist schon oft gemacht und oft beantwortet worden. Aber wie ist er Beides? Sicherlich ist er noch nie so gründlich, so ausführlich, allen Ausflüchten so vorbeugend gemacht worden als hier. Und nun versuche man, wie viel die Antworten eines Clericus, eines Calmet, eines Saurin, eines Lilienthal's[1]) dagegen verschlagen. Ich fürchte, sehr viel wol nicht. Nothwendig wird der Orthodox also ganz auf etwas Neues denken müssen, wenn er sich auf seinem Posten nicht zu behaupten weiß und seiner Sache doch nichts vergeben will.

Er wird ihr aber nicht wenig zu vergeben glauben, wenn er die Unmöglichkeit, daß eine so große Menge in so kurzer Zeit einen solchen Weg machen können, eingestehen und sich damit zu retten suchen wollte, daß also wol in dem Texte die Zahl des ausziehenden Volks verschrieben sein möge, daß anstatt sechsmalhunderttausend streitbarer Mann nur deren sechzigtausend, nur sechstausend ausgezogen. — Ich nun freilich wol wüßte nicht, was ein solcher Schreibfehler, wenn er auch noch so wissentlich wäre begangen worden, eben verderben würde. In den ältesten Zeiten verband man mit großen Summen noch sehr undeutliche Begriffe, und es geschah wol oft ganz unschuldiger Weise, wenn man eine sehr große Zahl bald durch diese, bald durch eine andere Anzahl ausdrückte. Man hätte viel zu bezweifeln, wenn man an

---

1) Ueber Clericus vergl. die Anm. zu S. 197. — Der gelehrte Benedictiner Augustin Calmet (geb. 1672, † 1757 als Abt zu Sénones) hat mehrere zum Theil sehr umfangreiche Werke der Erklärung der h. Schrift gewidmet, so namentlich „La Sainte Bible, en latin et en françois avec un commentaire littéral et critique" (Paris 1707 u. f., 23 Bde. 4.) und sein „Dictionnaire historique et critique, chronologique, géographique et littéral de la Bible" (Paris 1722, 2 Bde. Fol.). — Jacques Saurin (geb. 1677, † 1730), der berühmteste Kanzelredner des französischen Protestantismus, lieferte exegetisch-apologetische Erörterungen der Hauptthatsachen der biblischen Geschichte in seinen „Discours historiques, critiques, théologiques et moraux sur les événements les plus mémorables du Vieux et du Nouveau Testament". Amsterdam 1720—28. 2 Bde. Fol. — Mit Lilienthal ist wol der jüngere, Theodor Christoph Lilienthal gemeint, der sich als Vertheidiger des Christenthums gegen die verschiedenartigsten Angriffe aus alter und neuer Zeit einen Namen gemacht hat. Sein dahingehöriges Werk führt den Titel: „Die gute Sache der göttlichen Offenbarung wider die Feinde derselben erwiesen und gerettet". Königsberg 1750—82. In 16 Bänden. Lilienthal starb 1782, 71 Jahre alt, als Professor der Theologie in seiner Vaterstadt Königsberg. — A. d. H.

allen den alten Schlachten zweifeln wollte, bei welchen die Zahl
der gebliebenen Feinde von dem einen Schriftsteller ſo, von dem
andern anders und von allen weit größer angegeben wird, als
ſich mit andern zugleich erzählten Umſtänden reimen läßt. Wa=
rum ſollte man mit Wundern es genauer nehmen wollen, bei
welchen auf die Zahl Derer, zu deren Beſten oder zu deren
Züchtigung ſie geſchehen, weit weniger ankömmt, — ganz und
gar nichts auf ihr beruhet? Denn ob Moſes mit ſeinem Stabe
das Meer theilet und Millionen trocknes Fußes hindurchführet,
oder ob Eliſa mit dem Mantel ſeines Meiſters das Nämliche
an dem Jordan thut und blos für ſeine Perſon hindurchgehet: iſt
dieſes nicht ein ebenſo gutes Wunder als jenes?

So freilich würde ich denken. Aber allerdings kann der
Orthodox ſo nachgebend nicht wohl ſein, ſo lange noch eine Mög=
lichkeit unverſucht iſt, die Sache bis in den kleinſten Buchſtaben
zu retten. — Wie vielleicht hier. — Denn wie, wenn das Wunder
folgender Geſtalt erfolgt wäre? — Als die Jsraeliten an einen
Arm des arabiſchen Meerbuſens gelangt waren, durch welchen
ſie nothwendig mußten, wenn ſie ihren Verfolgern nicht in die
Hände fallen wollten, ſo trieb ein ſtarker Wind — man nehme die
Ebbe zu Hilfe, wenn man will — das Waſſer aus dieſem Arme
meerein und hielt es ſo lange zurück, bis ſie mit aller Ge=
mächlichkeit hindurchgegangen waren. Indeß ſuchte das ober=
wärts geſtauchte Waſſer einen andern Ablauf, brach hinter den
Jsraeliten durch, ſtürzte ſich einen neuen Weg wieder landein,
und in dieſem neuen Arme war es, wo die Aegyptier ihren Unter=
gang fanden. Was könnte ungezwungner ſein als dieſe Vor=
ſtellung? Iſt es nicht die Natur des Waſſers, daß es, in ſeinem
gewöhnlichen Ablaufe gehindert, die erſte die beſte ſchwache oder
niedrige Stelle des Ufers überſteigt oder durchreißt und ein neues
Bette ſich wühlet? Und welche Schwierigkeit unſers Fragments
bleibt durch dieſe Vorſtellung noch ungehoben? Die Jsraeliten,
deren ſo viel ſein mögen, als man will, brauchen nun nicht zu
eilen; ſie können mit Rindern und Kindern, mit Sack und Pack
nun ſo langſam ziehen, als ſie nur immer nöthig haben; ſind ſie
gleich beim Eintritte der Morgenwache ſchon eben nicht über den
ganzen breiten, ausgetrockneten Arm, ſo iſt das Waſſer dieſes
Armes doch nun ſchon hinter ihnen, und ihre Feinde erſaufen in
ebendem Waſſer, auf deſſen Boden ſie ihnen entkommen.

Ich müßte nicht, daß irgend ein Ausleger ſich eine ähnliche
Vorſtellung gemacht und den Text darnach behandelt hätte, der

sich gewiß in sehr vielen Stellen ihr ungemein fügen würde,
ihr in allen besser fügen würde als jeder andern Vorstellung.
Ja, die Sache noch so genau genommen, sehe ich nur ein einziges
Wort in der Mosaischen Erzählung Luther's, das ihr entgegen
zu sein scheinet. Nämlich: „Und das Meer kam wieder
für Morgens in seinen Strom," oder, wie es Hr. Mi=
chaelis[1]) übersetzt: „Da kam das Wasser um die Mor=
genzeit wieder und hielt seine gewöhnliche Fluth."
Wenn es sein Strom war, in welchen das Meer zurückkam,
wenn es seine gewöhnliche Fluth war, mit welcher es zurück=
kam, so scheinet ein neuer Arm, ein neuer Ausfluß freilich mehr
als eigenmächtig angenommen zu sein. Luther zwar hat ganz
das Ansehen, hier mehr der Vulgata als dem Grundtexte gefolgt
zu sein, welche sagt: „Mare reversum est primo diluculo ad
priorem locum," und Hr. Michaelis dürfte leicht ein Wenig zu
viel von seiner Hypothes in den Text getragen haben. Denn
nach den Worten heißt es in diesen doch nur: „Und das
Meer kam wieder am Morgen in seine Stärke;" so
daß es noch nicht einmal entschieden ist, ob das Meer in seiner
Stärke wiedergekommen, oder ob es wiederkam, als der Morgen
in seiner Stärke war.

Doch dem sei, wie ihm wolle. Meine Auslegung lasse sich oder
lasse sich nicht vertheidigen: ich bin weit entfernt, zu glauben, daß der
Orthodox genöthiget sei, zu einem Einfalle von mir seine Zuflucht
zu nehmen. Er braucht, wie gesagt, nur auf seinem Posten sich
zu behaupten, und er kann alle die sinnreichen Einfälle entbehren,
mit welchen man ihm zu Hilfe zu kommen den Schein haben will
und in der That ihn nur aus seiner Verschanzung herauszulocken
sucht.

---

1) Der äußerst vielseitige gelehrte Theologe Johann David Michaelis
(geb. 1717, † 1791), über 40 Jahre eine Hauptzierde der Georgia Augusta zu
Göttingen, hat sich nicht blos um die biblische Einleitungswissenschaft die höchsten
Verdienste erworben, sondern hat auch als Exeget einen mit Recht berühmten
Namen. Seine 1769—86 erschienene umschreibende Uebersetzung des A. Testa=
ments umfaßt 13 Quartbände. — In der streitigen Stelle ist die Erklärung von
Michaelis: „und hielt seine gewöhnliche Fluth" sachlich vollkommen
richtig; denn das streitige Wort איתן bedeutet nicht „Stärke", wie Lessing
meint, sondern „ununterbrochene Fortbauer", perennitas. Wörtlich
übersetzt hieße also die Stelle: „mare rediit ad suam perennitatem, i. e. ad
fluxum suum perennem" (Gesenius), „und das Meer kehrte zurück in
seine Fluth." Eine Beziehung des Wortes לאיתנו auf die Wieder=
kehr des Morgens, die Lessing für möglich hält, ist bei der angegebenen Grund=
bedeutung des Wortes natürlich ganz undenkbar. — A. d. H.

Ich nenne aber ſeinen Poſten ben kleinen, aber unüber=
windlichen Bezirk, außer welchem ihn gar keine Anfälle be=
unruhigen müßten: die eine befriedigende Antwort, die er auf
ſo viele Einwürfe ertheilen kann und ſoll. Als hier: „Wenn
denn nun aber," darf er bloß ſagen, „der ganze Durchgang
ein Wunder war? Wenn das Wunder nicht bloß in der Auf=
trocknung des Meerbuſens beſtand, wenn auch die Geſchwindig=
keit, mit welcher eine ſolche Menge in ſo kurzer Zeit herüberkam,
mit zu dem Wunder gehört? — Ich habe gar nichts darwider,
daß man bei dem erſten Stücke dieſer wunderbaren Begebenheit
auch natürliche Urſachen wirkſam ſein läßt; nicht den Wind bloß,
deſſen die Schrift ſelbſt gedenket, ſondern auch die Ebbe, von der
die Schrift nichts ſagt; und wenn man an einer Ebbe nicht
genug hat, meinetwegen auch zwei auf einander folgende Ebben,
Ebbe auf Ebbe, von welcher weder die Schrift noch die Admira=
litätslootſen in Curhaven etwas wiſſen.*) Ich gebe es gern zu,
daß es zu einem Wunder genug iſt, wenn dieſe natürlichen Ur=
ſachen nur nicht itzt, oder itzt nicht ſo und ſo wirkſam geweſen
wären, und ihre dermalige ſo beſchaffene Wirkſamkeit, die un=
mittelbar in dem Willen Gottes gegründet iſt, gleichwol vorher=
geſagt worden. Ich gebe das gern zu: nur muß man mit dem,
was ich zugebe, mich nicht ſchlagen wollen; nur muß man
das, wovon ich zugebe, daß es bei einem Wunder, dem Wunder
unbeſchadet, ſein könne, nicht zu einer unumgänglichen Erforder=
niß des Wunders überhaupt machen; man muß ein Wunder,
weil ſich keine natürlichen Kräfte angeben laſſen, deren ſich Gott
dazu bedienet, nicht platterdings verwerfen. Die Auftrocknung
des Meerbuſens geſchahe durch Ebbe und Wind; gut: und war
doch ein Wunder! Die Geſchwindigkeit, mit der das Volk
herüberkam, ward — freilich weiß ich nicht wie bewirkt: aber iſt
ſie darum weniger ein Wunder? ſie iſt gerade Wunders um ſo
viel mehr. Es klingt allerdings ganz ſinnreich, wenn ſich Euer
Verfaſſer (S. 181) verbittet, daß man den Israeliten
und ihren Ochſen und Karren nur keine Flügel
gebe. Indeß ſagt doch Gott ſelbſt, daß er die Israeliten auf
Adlersflügeln (2. Moſ. 19, 4) aus Aegypten getragen habe;
und wenn die Sprache nun kein Wort hat, die Art und Weiſe
dieſer wunderbaren Geſchwindigkeit auszudrücken, als dieſe Me=
tapher? Erlaubt mir immer, daß ich auch in einer Metapher,

---

*) S. Niebuhr's „Beſchreibung von Arabien", S. 414.

die Gott braucht, mehr Wirkliches sehe als in allen Euren sym=
bolischen Demonstrationen!"

Und wenn der Orthodox so antwortet, wie will man ihm
beikommen? Man kann die Achseln zucken über seine Antwort,
so viel man will; aber stehen muß man ihn doch laffen, wo er
steht. Das ist der Vortheil, den ein Mann hat, der seinen
Grundsätzen treu bleibt und lieber nicht so ausgemachten
Grundsätzen folgen, als ihnen nicht consequent reden und
handeln will. Diese Consequenz, vermöge welcher man voraus=
sagen kann, wie ein Mensch in einem gegebnen Falle reden und
handeln werde, ist es, was den Mann zum Manne macht, ihm
Charakter und Stätigkeit giebt, diese großen Vorzüge eines
denkenden Menschen. Charakter und Stätigkeit berichtigen sogar
mit der Zeit die Grundsätze; denn es ist unmöglich, daß ein
Mensch lange nach Grundsätzen handeln kann, ohne es wahr=
zunehmen, wenn sie falsch sind. Wer viel rechnet, wird es bald
merken, ob ihm ein richtiges Einmaleins beiwohnet oder nicht.

Nicht also die Orthodoxie, sondern eine gewisse schielende,
hinkende, sich selber ungleiche Orthodoxie ist so ekel! So ekel, so
widerstehend, so aufstoßend! — Das wenigstens sind die eigent=
lichen Worte für meine Empfindung.

IV.

Das Alte Testament weiß von keiner Unsterblichkeit der
Seele, von keinen Belohnungen und Strafen nach diesem Leben.
Es sei so. Ja, man gehe, wenn man will, noch einen Schritt
weiter. Man behaupte, das A. T. oder doch das Israelitische
Volk, wie wir es in den Schriften des A. T. vor den Zeiten der
Babylonischen Gefangenschaft kennen lernen, habe nicht einmal den
wahren Begriff von der Einheit Gottes gehabt. Wenn man das
Volk meinet und einzelne erleuchtetere Seelen, dergleichen die
heiligen Schriftsteller selbst waren, davon ausnimmt, so kann
auch diese Behauptung zu einem hohen Grade von Wahrschein=
lichkeit getrieben werden. Gewiß ist es wenigstens, daß die Ein=
heit, welche das Israelitische Volk seinem Gotte beilegte, gar
nicht die transscendentale metaphysische Einheit war, welche itzt
der Grund aller natürlichen Theologie ist. Bis zu der Höhe
hatte sich der gemeine menschliche Verstand in so frühen Zeiten
noch nicht erhoben, am Wenigsten unter einem Volke erhoben,

dem Künſte und Wiſſenſchaften ſo unangelegen waren, und das
ſich aller Gemeinſchaft mit unterrichtetern Völkern ſo hartnäckig
entzog. Bei dem wahren, ächten Begriffe eines einigen Gottes
hätte dieſes Volk unmöglich ſo oft von ihm abfallen und zu
andern Göttern übergehen können. Es würde die falſchen Götter
nicht des nämlichen Namens gewürdiget haben; es würde den
wahren Gott nicht ſo ausſchließungsweiſe ſeinen Gott, den
Gott ſeines Landes, den Gott ſeiner Väter genannt haben.
Kurz, der Einige hieß bei ihm nichts mehr als der Erſte, der
Vornehmſte, der Vollkommenſte in ſeiner Art. Die Götter der
Heiden waren ihm auch Götter; aber unter ſo vielen Göttern
konnte doch nur einer der mächtigſte und weiſeſte ſein; und
dieſer mächtigſte und weiſeſte war ſein Jehovah. So lange es
keinen Grund ſaud, an der Macht und Weisheit, in welchen
ſein Gott den Göttern aller andern Völker überlegen war, zu
zweifeln, ſo lange hing es ihm an. Kaum aber glaubte es zu
erkennen, daß dieſes oder jenes benachbarte Volk durch Vorſorge
ſeines Gottes irgend eines Wohlſtandes genoß, der ihm abging,
den ihm alſo ſein Jehovah nicht gewähren konnte oder nicht ge=
währen wollte, ſo wich es hinter ihm ab und hurte mit den
Göttern des vermeinten glücklichern Volks, von welchen es
nicht eher wieder zurückkam, als bis es ſeine Luſt gebüßet hatte
und durch den Verluſt größerer Güter, durch Verwahrloſung des
weſentlichern Wohlſtandes gebüßt hatte. Nur als es in der Ba=
bylonischen Gefängniß ſeinen Verſtand ein Wenig mehr hatte
brauchen lernen; als es ein Volk näher hatte kennen lernen, das
ſich den einigen Gott würdiger dachte; als nun erſt ſelbſt die
Schriften ſeines Geſetzgebers und ſeiner Propheten unter ihm
gemeiner wurden; als es ſahe, wie viel große unerkannte Wahr=
heiten in dieſen Schriften lagen oder ſich hineinlegen ließen; als
es erkannte, wie ſelbſt nach dieſen Schriften ſeinem Jehovah eine
weit erhabnere Einheit zukomme als die, welche ihn blos an die
Spitze aller andern Götter ſetzte: ward es auf einmal ein ganz
andres Volk, und alle Abgötterei hörte unter ihm auf. Wenn
dieſe plötzliche Veränderung, die kein Menſch leugnen kann, nicht
durch den veredelten Begriff zu erklären, den es ſich nun von
ſeinem eignen Gotte machte, ſo iſt ſie durch nichts zu erklären.
Man kann einem Nationalgott untreu werden, aber nie Gott, ſo=
bald man ihn einmal erkannt hat.

Wie geſagt, man thue über die Einwürfe des vierten Frag=
ments auch noch dieſen Schritt hinaus und füge hinzu: daß, ſo

wie Moſes ſelbſt im Anfange ſeiner Sendung von dem Unend=
lichen keinen Begriff hatte — würde er ihn ſonſt nach ſeinem
Namen gefragt haben? [1]) — ſich Gott zu ihm herabließ und ſich
ihm nicht als den unendlichen, ſondern blos als eine von den
beſondern Gottheiten ankündigte, unter welche der Aberglaube
Länder und Völker vertheilet hatte. Gott ward der Gott der
Ebräer, und wenn die Ebräer ihren Gott nun einmal ſatt hatten,
was war natürlicher, als daß ſie es mit einem andern verſuchen
wollten?

Auch ſo noch — wenn man dem alten Israelitiſchen Volke
ſelbſt dieſen großen mehr hergebrachten als erwieſenen
Vorzug, den einigen wahren Gott gelaunt zu haben, mit Grunde
ſtreitig machen konnte — auch ſo noch getraute ich mir die Wege
Gottes mit ihm zu rechtfertigen.

Auf die Göttlichkeit der Bücher des A. T. iſt aus dergleichen
Dingen wenigſtens gar nichts zu ſchließen. Denn dieſe muß ganz
anders als aus den darin vorkommenden Wahrheiten der natür=
lichen Religion erwieſen werden. Wahrheiten, die allerdeutlichſten,
die allererhabenſten, die allertiefſten von dieſer Art, kann jedes
andere ebenſo alte Buch enthalten, wovon wir itzt die Beweiſe
haben, Beweiſe, welche ſo manchen gelehrten Sorites [2]) für die
Göttlichkeit der Bibel fehlerhaft machen, in welchem die allein
in dem A. T. gelehrte Einheit Gottes ein Glied iſt. Die heiligen
Bücher der Braminen müſſen es an Alter und an würdigen
Vorſtellungen von Gott mit den Büchern des A. T. aufnehmen
können, wenn das Uebrige den Proben entſpricht, die uns itzt
erſt zuverläſſige Männer daraus mitgetheilet haben. Denn ob=
ſchon der menſchliche Verſtand nur ſehr allmählig ausgebildet
worden, und Wahrheiten, die gegenwärtig dem gemeinſten
Manne ſo einleuchtend und faßlich ſind, einmal ſehr unbegreiflich
und daher unmittelbare Eingebungen der Gottheit müſſen ge=

---

1) Die Stelle, auf die ſich Leſſing bezieht, ſteht 2. Moſ. 3, 13. — A. d. H.

2) Mit dem Worte Sorites (griech. σωρείτης, von σωρός = Haufe)
bezeichnet man in der Logik den Kettenſchluß, deſſen Weſen darin beſteht, daß
in einer längeren Reihe logiſch zuſammenhängender Prämiſſen entweder die Ober=
oder die Unterſätze weggelaſſen und allen ein gemeinſamer Schlußſatz angefügt
wird. Z. B.
    „Alle Eichen ſind Bäume.
    Alle Bäume ſind Pflanzen.
    Alle Pflanzen ſind organiſch.
    Alles Organiſche iſt vergänglich.
    Alſo ſind alle Eichen vergänglich." — A. d. H.

schienen haben und als solche auch damals nur haben angenom=
men werden können, so hat es doch zu allen Zeiten und in allen
Ländern privilegirte Seelen gegeben, die aus eignen Kräften
über die Sphäre ihrer Zeitverwandten hinausdachten, dem grö=
ßern Lichte entgegeneilten und Andern ihre Empfindungen davon
zwar nicht mittheilen, aber doch erzählen konnten.

Was sich also von dergleichen Männern herschreiben kann,
deren noch itzt von Zeit zu Zeit einige aufstehen, ohne daß man
ihnen immer Gerechtigkeit widerfahren läßt, das kann zu keinem
Beweise eines unmittelbar göttlichen Ursprungs gebraucht wer=
den. Kann es diesen Ursprung aber nicht erweisen, da, wo es
vorhanden ist, so kann es diesen Ursprung auch nicht widerlegen,
da, wo es mangelt; und Bücher können gar wohl von Gott sein,
durch eine höhere Eingebung Gottes verfaßt sein, ob sich schon
nur wenige oder gar keine Spuren von der Unsterblichkeit der
Seelen und der Vergeltung nach diesem Leben darin finden.
Diese Bücher können sogar eine seligmachende Religion ent=
halten, das ist eine Religion, bei deren Befolgung sich der Mensch
seiner Glückseligkeit so weit versichert halten kann, als er hinaus=
denkt. Denn warum dürfte eine solche Religion sich nicht nach
den Grenzen seiner Sehnsucht und Wünsche fügen? Warum
müßte sie nothwendig erst die Sphäre dieser Sehnsucht und
Wünsche erweitern? Freilich wäre eine solche seligmachende
Religion nicht die seligmachende christliche Religion. Aber
wenn denn die christliche Religion nur erst zu einer gewissen
Zeit, in einem gewissen Bezirke erscheinen konnte, mußten
deswegen alle vorhergehende Zeiten, alle andere Bezirke keine
seligmachende Religion haben? Ich will es den Gottesgelehrten
gern zugeben, daß aber doch das Seligmachende in den ver=
schiednen Religionen immer das Nämliche müsse gewesen sein,
wenn sie mir nur hinwiederum zugeben, daß darum nicht immer
die Menschen den nämlichen Begriff damit müssen ver=
bunden haben. Gott könnte ja wol in allen Religionen die guten
Menschen in der nämlichen Betrachtung aus den näm=
lichen Gründen selig machen wollen, ohne darum allen
Menschen von dieser Betrachtung, von diesen Gründen die
nämliche Offenbarung ertheilt zu haben. —

Unter einem gewissen Zirkel von Freunden ist vor einiger
Zeit ein kleiner Aufsatz in der Handschrift herumgegangen,
welcher die ersten Linien zu einem ausführlichen Buche enthielt
und überschrieben war: „Die Erziehung des Menschen=

geschlechts". Ich muß bekennen, daß ich von einigen Ge=
danken dieses Aufsatzes bereits wörtlich Gebrauch gemacht habe.
Was hindert mich also, oder vielmehr was ist also schicklicher,
als daß ich den Anfang desselben in seinem ganzen Zusammen=
hange mittheile, der sich auf den Inhalt unsers vierten Frag=
ments so genau beziehet? Die Indiscretion, die ich damit begehe,
weiß ich zu verantworten, und von der Lauterkeit der Absichten
des Verfassers bin ich überzeugt. Er ist auch bei Weitem so hete=
rodox nicht, als er bei dem ersten Anblicke scheinet, wie ihm auch
die schwierigsten Leser zugestehen werden, wenn er einmal den
ganzen Aufsatz oder gar die völlige Ausführung desselben be=
kannt zu machen für gut halten sollte. Hier ist indeß, wie gesagt,
der Anfang, — des verwandten und genützten Inhalts wegen.

Die Erziehung des Menschengeschlechts.

— — — — — — — — — — — — — — — — — — — —¹)

Und so gelangt der Verfasser zu dem zweiten großen Schritte
in der Erziehung des Menschengeschlechts. Auf die kindischen
Bewegungsgründe zum Gehorsam folgen die ungleich mehr
anspornenden Aussichten des Jünglings. Künftige Ehre, künf=
tiges Wohlleben tritt an die Stelle der gegenwärtigen Näscherei,
des gegenwärtigen Spielzeugs. Doch alle diese fernern Specu=
lationen gehören nicht zu unserer Sache, und ich breche ab.
Auch giebt man einen Vorschmack nicht mit der ganzen Schüssel.

V.

Ueber die Widersprüche in der Auferstehungsgeschichte,
welche das fünfte Fragment uns so nahe legt, dächte ich nun so.

§. Die Zeugen der Auferstehung Christi sind nicht die näm=
lichen Personen, die uns die Nachricht von der Aussage dieser
Zeugen überliefert haben. Denn wenn schon in Einem und dem

---

1) Die ersten 53 Paragraphen der „Erziehung des Menschengeschlechts",
welche Lessing an dieser Stelle zuerst veröffentlicht hat, müssen hier wegbleiben
da der ganze Aufsatz in dem die philosophischen Schriften enthaltenden
18. Theile unserer Ausgabe mitgetheilt wird. — A. d. H.

Andern beide Charaktere zuſammenkommen, ſo iſt doch unwider=
ſprechlich, daß kein einziger Evangeliſt bei allen und jeden Er=
ſcheinungen Chriſti gegenwärtig geweſen.

§. Folglich ſind zweierlei Widerſprüche hier möglich,
Widerſprüche unter den Zeugen und Widerſprüche unter den
Geſchichtſchreibern der Ausſage dieſer Zeugen.

§. Sind Widerſprüche unter den Zeugen vorhanden? —
Dergleichen könnten nur ſein, wenn ein Evangeliſt über den
einzeln Fall, bei welchem er ſelbſt Augenzeuge geweſen, ſich ſelbſt
widerſpräche, oder wenigſtens wenn mehrere Evangeliſten über
den nämlichen einzeln Fall, bei welchem jeder gegenwärtig
geweſen, ſich unter einander widerſprächen. Dergleichen Wider=
ſprüche ſind mir unbekannt.

§. Sind Widerſprüche unter den Zeugen vorhanden ge=
weſen? — Anſcheinende, warum nicht? Denn die Erfahrung
giebt es, und es kann ſchlechterdings nicht anders ſein, als daß
von mehrern Zeugen nicht Jeder die nämliche Sache, an dem
nämlichen Orte, zu der nämlichen Zeit anders ſehen, anders
hören, folglich anders erzählen ſollte. Denn eines Jeden Auf=
merkſamkeit iſt anders geſtimmt. Ich halte es ſogar für un=
möglich, daß der nämliche Zeuge von dem nämlichen Vorfalle,
den er mit aller vorſätzlichen Aufmerkſamkeit beobachtete, zu ver=
ſchiedenen Zeiten die nämliche Ausſage machen könne. Denn die
Erinnerung des Menſchen von der nämlichen Sache iſt zu ver=
ſchiedenen Zeiten verſchieden. Er müßte denn ſeine Ausſage
auswendig gelernt haben; aber alsdann ſagt er nicht, wie er ſich
der Sache itzt erinnerlich iſt, ſondern wie er ſich derſelben zu der
Zeit, als er ſeine Ausſage auswendig lernte, erinnerlich war.

§. Sind wahre Widerſprüche unter den Zeugen vor=
hauden geweſen? ſolche, die bei keiner billigen Vergleichung, bei
keiner nähern Erklärung verſchwinden? — Woher ſollen wir das
wiſſen? Wir wiſſen ja nicht einmal, ob jemals die Zeugen ge=
hörig vernommen worden? Wenigſtens iſt das Protokoll über
dieſes Verhör nicht mehr vorhanden; und wer Ja ſagt, hat in
dieſem Betracht ebenſo viel Grund für ſich, als wer Nein ſagt.

§. Nur daß, wer Nein ſagt, eine ſehr geſetzliche Ver=
muthung für ſich anführen kann, die Jener nicht kann. Dieſe
nämlich: Der große Proceß, welcher von der glaubwürdigen
Ausſage dieſer Zeugen abhing, iſt gewonnen. Das Chriſten=

thum hat über die heidnische und jüdische Religion gesiegt. Es ist da.

§. Und wir sollten geschehen lassen, daß man uns diesen gewonnenen Proceß nach den unvollständigen, unconcertirten Nachrichten von jenen, wie aus dem Erfolge zu schließen, glaub= würdigen und einstimmigen Zeugnissen nochmals nach zwei= tausend Jahren revidiren wolle? Nimmermehr!

§. Vielmehr: so viel Widersprüche in den Erzählungen der Evangelisten, als man will! — Es sind nicht die Widersprüche der Zeugen, sondern der Geschichtschreiber, nicht der Aussagen, sondern der Nachrichten von diesen Aussagen.

§. Aber der heilige Geist ist bei diesen Nachrichten wirksam gewesen. — Ganz recht; nämlich dadurch, daß er Jeden zu schreiben getrieben, wie ihm die Sache nach seinem besten Wissen und Gewissen bekannt gewesen.

§. Wenn sie nun dem Einen so, dem Andern anders be= kannt war, bekannt sein mußte? — Sollte der heilige Geist in dem Augenblicke, da sie die Feder ergriffen, lieber ihre ver= schiednen Vorstellungen einförmig und eben durch diese Ein= förmigkeit verdächtig machen, oder sollte er zugeben, daß die Verschiedenheit beibehalten wurde, auf die itzt gar nichts mehr ankömmt?

§. Sagt man, Verschiedenheiten sind keine Widersprüche? — Was sie nicht sind, das werden sie in dem zweiten und dritten Munde. Was Verschiedenheit bei den Augenzeugen war, wird Wider= spruch bei Denen, welche die Sache nur von Hörensagen haben.

§. Nur ein fortdauerndes Wunder hätte es verhindern können, daß in den 30 bis 40 Jahren, ehe Evangelisten schrieben, solche Ausartungen der mündlichen Erzählung von der Auf= erstehung sich nicht ereignet hätten. Aber was für Recht haben wir, dieses Wunder anzunehmen? Und was bringt uns, es an= znnehmen?

§. Wer sich irgend einen solchen Drang muthwillig schafft, der hab' es! Aber er wisse auch, was ihm sodann obliegt: alle die Widersprüche zu heben, die sich in den verschiedenen Erzäh= lungen der Evangelisten finden, und sie auf eine leichtere, natür= lichere Art zu heben, als es in den gewöhnlichen Harmonien geschehen ist.

§. Daß er dabei ſich ja nicht auf dieſes und jenes Werk zu
ſehr verlaſſe, deſſen vielverſprechender Titel ihm etwa nur be=
kannt iſt. Ditton hat freilich die Wahrheit der chriſtlichen
Religion aus der Auferſtehung demonſtrativiſch erwieſen.
Aber er hat die Widerſprüche der Evangeliſten ganz übergangen,
entweder weil er glaubte, daß dieſe Widerſprüche ſchon längſt
auf die unwiderſprechlichſte Weiſe gehoben wären, — woran ich
zweifle, oder weil er dafürhielt, daß ſeine Demonſtration ohn=
geachtet aller dieſer Widerſprüche in ihrer ganzen Stärke beſtehen
könne, — wie auch mich dünkt.

§. Ebenſo iſt Th. Sherlok in ſeiner gerichtlichen
Prüfung der Zeugen der Auferſtehung verfahren. Er erhärtet,
daß die eigentlichen Zeugen allen Glauben verdienen; aber auf
die Widerſprüche in den Erzählungen der Evangeliſten läßt er
ſich nicht ein.

§. Der einzige Gilbert Weſt hat dieſe Widerſprüche zum
Theil mit in ſeinen Plan ziehen zu müſſen geglaubt. Wen indeß
ſeine ewige Vervielfältigung der nämlichen Perſonen und Er=
ſcheinungen beruhigen kann, der muß ſo ſchwer eben nicht zu
beruhigen ſein.

§. Folglich findet der Mann, der die Untrüglichkeit der
Evangeliſten in jedem Worte behauptet, auch hier noch un=
bearbeitetes Feld genug. Er verſuche es nun und beantworte
die gerügten zehn Widerſprüche unſers Fragments. Aber er
beantworte ſie alle! Denn dieſem und jenen nur etwas Wahr=
ſcheinliches entgegenſetzen und die übrigen mit triumphirender
Verachtung übergehen, heißt, keinen beantworten.

Von dem Zwecke Jesu und seiner Jünger.

Noch ein Fragment des Wolfenbüttel'schen Ungenannten.

Vorrebe des Herausgebers.

Gegenwärtiges Fragment sollte meinen erſten Gedanken nach
urch mich entweder gar nicht oder doch nur irgend einmal zu
einer Zeit, in ebendem abgelegenen ſo wenig beſuchten Winkel
ibliothekariſchen Auskehrichts erſcheinen, in welchem ſeine Vor=
änger erſchienen ſind. Ich laſſe mir es ungern früher aus den
änden winden; aber wer kann für Gewalt?

Gleich anfangs muß ich ſagen, daß dieſes Fragment zu dem
ragmente über die Auferſtehungsgeſchichte gehöret, welches be=
its ſo viele Federn beſchäftiget hat und wahrſcheinlich noch lange
nmer neune gegen eine beſchäftigen wird, die ihr Heil gegen
ie übrigen Fragmente verſuchen möchte.

Die Urſache dieſer Erſcheinung, daß eben das Fragment über
ie Auferſtehungsgeſchichte ſo viel Athleten wecket, iſt klar. Die
ache, worüber geſtritten wird, iſt ſo wichtig, und der Streit
heinet ſo leicht zu ſein! Jeder Homilet, der ſich getrauet, eine
ſterpredigt zu halten, getrauet ſich auch, mit meinem Ungenannten
er anzubinden. Krüppel will überall vorantanzen, und er läßt
lehrers drucken, was nur eben verdiente, geſagt zu werden — und
ich das kaum verdiente.

Doch es ſei fern von mir, daß ich alle die würdigen Männer,
elche gegen beſagtes Fragment bisher geſchrieben haben, in dieſem
mlichen Lichte erblicken ſollte. In Einigen derſelben erkenne ich
irklich Gelehrte, deren Schuld es nicht iſt, wenn ihr Gegner nicht
Boden liegt. Die Streiche, die ſie führen, ſind nicht übel; aber
haben auf die Strahlenbrechung nicht gerechnet; der Gegner
ht nicht da, wo er ihnen in ſeiner Wolke zu ſtehen ſcheinet, und
e Streiche fallen vorbei oder ſtreifen ihn höchſtens.

Gewiſſer Maßen kann ich ſelbſt nicht in Abrede ſein, daß ich,
der Herausgeber, daran mit Schuld habe. Man konnte es dem
Bruchſtücke nicht anſehen, welche Stelle es in dem Gebäude behauptet oder behaupten ſollen. Ich gab des Falls keinen Wink, und
es iſt ganz begreiflich, wenn ſouach die Schnauze einer Renne für
einen Kragſtein, das Geſimſe einer Feuermauer für ein Stück des
Architrabs genommen und als ſolches behandelt worden.

Freilich könnte ich zu meiner Entſchuldigung anführen, gleichwol vor der Klippe gewarnet zu haben, an der man geſcheitert
indem ich Fragmente für nichts als Fragmente ausgegeben. Freilich könnte ich meinen ſehr verzeihlichen Wahn vorſchützen, daß ich
geglaubt, des Celſus [1] „Incivile est, nisi tota lege perspecta
una aliqua particula ejus proposita, judicare vel respondere,
habe Juſtinian ebenſowol für den Gottesgelehrten als für den
Rechtsgelehrten aufbewahren laſſen.

Doch da es indeß auch ſeinen Nutzen hat, daß unſere Gottesgelehrten ſo vorſichtig und bedächtig nicht ſind als unſere Rechtsgelehrten, und manche derſelben nicht ohne Grund für nöthig erachten, lieber bald und nicht gut als ſpät und beſſer zu antworten
indem es vielen ihrer Leſer doch einerlei iſt, wie ſie antworten, wen
ſie nur antworten: ſo will ich darüber weiter nichts ſagen und nu
ſo bald als möglich den Fehler von meiner Seite wieder gut zu
machen ſuchen.

Aus dem nämlich, was ich nun noch aus den Papieren de
Ungenannten mitzutheilen im Staube bin, wird man, wo nic
günſtiger, doch richtiger von dem Fragmente der Auferſtehung
geſchichte urtheilen lernen. Man wird wenigſtens aufhören, ſein
Verfaſſer als einen Wahnſinnigen zu verſchreien, der die Son
mit einem Schneeballe auslöſchen will, indem man nun wol ſieh
daß die Zweifel, welche er wider die Auferſtehungsgeſchich
macht, das nicht ſind, noch ſein ſollen, womit er die ganze Religi
umzuſtoßen vermeinet. Er ſchließt ganz ſo lächerlich nicht, a
man ihn bisher ſchließen laſſen: „Die Geſchichte der Aufe
ſtehung iſt verdächtig; folglich iſt die ganze Religion falſch, die m
auf die Auferſtehung gegründet zu ſein vorgiebt;" ſonde
er ſchließt vielmehr ſo: „Die ganze Religion iſt falſch, die man a

1) Der römiſche Rechtsgelehrte und Staatsmann P. Juventius Celſ
(geb. um 67 n. Chr., geſt. in der letzten Zeit Hadrian's) ſchrieb außer mehrei
anderen juriſtiſchen Werken: „Digestorum libri XXXIX“, welche auf Befehl
Kaiſers Juſtinian (527 — 565) für deſſen berühmte Sammlung der „Pandekte
excerpirt worden ſind. — A. d. H.

die Auferstehung gründen will; folglich kann es auch mit der Aufer=
stehung seine Richtigkeit nicht haben, und die Geschichte derselben
wird Spuren ihrer Erdichtung tragen, deren sie auch wirklich
trägt." —

Aber schäme ich mich nicht, daß ich das kleinere Aergerniß
durch ein weit größers heben zu wollen vorgebe? Warum lasse
ich es bei jenem nicht bewenden, wenn ich nicht selbst Freude an
dem Aergernisse habe? — Darum nicht, weil ich überzeugt bin,
daß dies Aergerniß überhaupt nichts als ein Popanz ist, mit dem
gewisse Leute gern allen und jeden Geist der Prüfung verscheuchen
möchten. Darum nicht, weil es schlechterdings zu nichts hilft,
den Krebs nur halb schneiden zu wollen. Darum nicht, weil dem
Feuer muß Luft gemacht werden, wann es gelöscht werden soll.

Man erlaube mir, daß ich besonders auf dem Letztern einen
Augenblick bestehe. Ich habe bereits an einem andern Orte gesagt,
daß das Buch ganz und völlig ausgearbeitet existiret, und bereits in
mehrern Abschriften, an mehrern Orten existiret, wovon ich nur
den kleinern Theil in Fragmenten des ersten Entwurfs in
Häuden habe. Ich setze itzt hinzu, daß dieses Buch geschrieben
aus einer Haud in die andere geht, aus einer Provinz in die
andere vertragen wird und so im Verborgenen gewiß mehr Prose=
lyten macht, als es im Angesichte einer widersprechenden Welt
machen würde. Denn man lieset nichts begieriger, als was man
nur nächst Wenigen lesen zu können glaubt. Ein Manuscript ist
ein Wort ins Ohr, ein gedrucktes Buch ist eine Jedermannssage,
und es ist in der Natur, daß das Wort ins Ohr mehr Aufmerk=
samkeit macht als die Jedermannssage.

Bei diesem Gleichnisse zu bleiben, was habe ich nun Unrechtes
gethan, was thue ich noch Unrechtes, daß ich das Wort ins Ohr,
welches die Wohlfahrt eines ehrlichen Mannes untergräbt, je eher
je lieber zu einer lauten Sage mache, damit es auch Dem, den
es betrifft, zu Ohren komme, und er Gelegenheit habe, sich darüber
zu verantworten? Ja, wenn dieses Wort ins Ohr in meinem Ohre
erstürbe, wenn ich selbst der Urheber dieses Wortes wäre! — Aber
ist dieses hier der Fall? Und doch sollte ich mich schämen?

Die mögen sich vielmehr schämen, welche die Verheißung
ihres göttlichen Lehrers haben, daß seine Kirche auch von den
Pforten der Hölle nicht überwältiget werden soll, und einfältig
genug glauben, daß dieses nicht anders geschehen könne, als
wenn sie die Pforten der Hölle überwältigen! — Und wie denken
die einen solchen Sieg zu erlangen? dadurch, daß sie gar in keinen

Streit sich einlassen? dadurch, daß sie das Ding so zu karten suchen, daß die Pforten der Hölle auch nicht einmal einen Anfall wagen dürfen? — Von diesem negocirten Siege aus ihrer politischen Studirstube kenne ich keine Verheißung.

Aber warum sage ich denn: „Die mögen sich schämen?" Die muß Der heißen. Der mag sich schämen, der noch der Einzige seiner Art ist! Denn noch ist der Herr Hauptpastor Goeze der einzige Theolog, der zugleich so stolz und so klein von der christlichen Religion deulet. Noch ist er der Einzige, der es mir verübelt, daß ich die Fluth lieber nach und nach durch den Damm zu leiten suche, als den Damm auf einmal will übersteigen lassen. Noch ist er der Einzige, der mich darum auf eine Art verlästert, die wenigstens dem Racha[1]) gleichkömmt. Nur freilich, daß der Große Rath nicht dieses sein Racha, sondern mich auf dieses sein Racha bestrafen soll. · Sehr christlich!

Darauf wage ich es denn nun aber auch hin! Genug, daß für mich selbst der Nutzen immer unendlich größer ausfallen muß, als der Schade sein kann, dem mich meine Dreistigkeit in Zuversicht auf die gerechte Sache aussetzet. Denn da, wie mir der Herr Hauptpastor bereits selbst attestiret haben, ich schlechterdings kein Hebräisch verstehe, so kann es nicht fehlen, daß ich auf Veranlassung dieses neuen Fragments, bei welchem es lediglich auf eine tiefe Kenntniß der hebräischen Sprache und Alterthümer ankömmt, nicht über manche Dinge belehrt werden sollte, über die ich fremde Belehrung nothwendig brauche. Der Herr Hauptpastor selbst, nach ihrer bekannten großen orientalischen Gelehrsamkeit, werden hoffentlich ein Vieles dazu beitragen, wofür ich ihm gern alle das Uebel vergeben will, das sein heiliger Eifer mir etwa sonst möchte zugezogen haben. Ein frommer Schüler kann über die Züchtigung seines treuen Lehrers weinen, aber nicht zürnen. — Und hiermit küsse ich seine Ruthe oder seine Skorpionen schon im Voraus!

---

1) In der Bergpredigt (Matth. 5,22) spricht Christus: „Wer zu seinem Bruder sagt: Raka (d. h. wahrscheinlich „Schwachkopf", hebr. רֵיקָא sc. רֵיק = vacuus cerebro), der soll dem Synedrium verfallen sein (der „Großen Rath"). — A. d. H.

Von dem Zwecke-Jesu und seiner Jünger.

I.

Von dem Zwecke der Lehre Jesu.

§. 1.

„Aus dem vorigen Buche und dessen letzterem Capitel in=
onderheit ist zu ersehen, daß die Lehre von der Seelen Unsterblich=
eit und Seligkeit, welche das Wesentliche einer Religion, und zumal
iner geoffenbarten sein muß, von den Schreibern Altes Testa=
nents noch nicht vorgetragen und also bei den Juden zu den
Zeiten ihrer eignen Propheten unbekannt gewesen sei; daß her=
egen die nachmaligen Juden diesen wichtigen Articul der Re=
igion durch den Umgang mit vernünftigen Heiden und deren
Weltweisen gelernet und angenommen; daß ihn die Pharisäer
ornehmlich wider die Sadducäer behauptet und getrieben und,
a sie ihn aus Mose und den Propheten nicht nach dem wahren
uchstäblichen Sinn erweisen konnten, sich dazu einer gekünstelten
llegorischen und kabbalistischen Erklärung bedienet haben. Es
atten demnach die Pharisäer schon vor Jesu Zeiten das Gesetz=
che, so in ihren väterlichen Schriften enthalten war, auf den
echten Zweck einer Religion zu leuken gesucht; und so weit
äre es ihnen nicht eben so sehr zu verargen gewesen, wenn sie,
m den Schein einer Neuerung bei dem Volke zu vermeiden, Mosen
nd die Propheten, auch wider die Wahrheit, auf diesen großen
weck gezogen hätten. Allein wie sie in diesem einen Stücke
en Grund zu einer Religion zu legen schienen, so verdarben sie
uf der andern Seite fast Alles wieder, da sie zu diesem großen
wecke fast keine andere Pflichten als die äußerlichen Ceremonien
es Gesetzes vorschrieben, ja dieselbe durch ihre Zusätze noch un=
ndlich schärften und vermehrten, so daß dadurch wahre Frömmig=
it und Tugend fast gänzlich verdunkelt und ersticket ward und
lles auf lauter Heuchelei und Scheinheiligkeit hinauslief.“

§. 2.

„Wie nun Jesus anfing zu lehren, so nahm er sich zwar
hauptsächlich vor, den Tand und Mißbrauch der Pharisäer zu
bestrafen und zu reformiren und eine bessere Gerechtigkeit, als
Jener ihre war, zu predigen; wie denn einem Jeden aus der
Lesung des Neuen Testaments bekannt sein kann, daß ein großer
Theil der Reden Jesu wider die verkehrte Scheinheiligkeit der
Pharisäer und Schriftgelehrten in äußerlichen Ceremonien gerichtet ist. Nichtsdestoweniger gab er ihnen in dem andern
Punkte von der Unsterblichkeit und Seligkeit Recht und vertheidigte
die Meinung nicht allein wider die Sadducäer, sondern schärfte
sie auch dem Volke fleißig ein: er führet Abraham und Lazarum
in seinen Gleichnissen ein als in dem Reiche der Herrlichkeit in
vieler Freude lebend; er heißet die Leute sich nicht fürchten für
Die, so den Leib tödten, die Seele aber nicht zu tödten vermögend
sind, sondern für Gott, der Leib und Seele in die Hölle stürzen
kann; er redet fleißig von dem Himmelreich und jüngsten Gerichte,
das Gott halten werde u. s. w. Demnach hatte seine Lehre einen
großen Vorzug nicht allein vor der Pharisäer Lehre, sondern auch
vor jener im Alten Testamente, wo an dergleichen wesentlich
Grundsätze der Religion nicht gedacht und von lauter irdischen
Verheißungen und Belohnungen gesprochen, nach dem Tode aber
dem Menschen alle Hoffnung abgeschnitten wird. Daher Paulus
billig von ihm sagt, daß er den Tod abgeschafft, hergegen das
Leben und ein unvergängliches Wesen ans Licht gebracht hat durchs
Evangelium. Denn das Gesetz machte nicht vollkommen, sondern
die Einführung einer bessern Hoffnung, durch welche wir zu Gott
nahen. Augustinus spricht: „Jam Christi beneficio etiam idioti
notam creditamque animae immortalitatem vitamque post mor-
tem futuram." Dannenhero scheint es der christlichen Lehre hauptsächlich zuzuschreiben zu sein, daß sich die der Sadducäer mit
ihrem Anhange seit der Zeit fast gänzlich unter den Juden verloren hat. Ich füge diesem Vorzuge der Lehre Jesu noch diese
hinzu, daß Jesus auch die Heiden zum Reiche Gottes mit einlade
und nicht, wie Moses, zu hassen und mit Feuer und Schwert zu
vertilgen gebeut. „Gehet hin," spricht er, „und lehret alle Heiden,
prediget das Evangelium aller Creatur!" ja, er will sogar diejenigen Heiden von dieser Hoffnung nicht gänzlich ausgeschlossen
wissen, welche noch in ihrem finstern Erkenntniß stecken bleiben,
er spricht, es werde Tyro und Sidon erträglicher ergehen am
jüngsten Gericht als manchen Juden."

§. 3.

„Gleichwie demnach kein Zweifel sein kann, daß Jesus in
:iner Lehre die Menschen auf den rechten großen Zweck einer
teligion, nämlich eine ewige Seeligkeit, verwiesen, so bleibt uns
ur die Frage übrig, was Jesus selbst für sich in seiner
ehre und Handlungen für einen Zweck gehabt
abe. Jesus hat selbst nichts schriftlich hinterlassen, sondern
llles, was wir von seiner Lehre und Handlungen wissen, ist in
en Schriften seiner Jünger enthalten. Was nun seine Lehre
esonders betrifft, so haben zwar unter seinen Jüngern nicht
llein die Evangelisten, sondern auch die Apostel ihres Meisters
ehre vorzutragen unternommen; allein ich finde große Ursache,
asjenige, was die Apostel in ihren eignen Schriften vordringen,
on dem, was Jesus in seinem Leben wirklich selbst ausgesprochen
nd gelehret hat, gänzlich abzusondern. Denn die Apostel sind
:lbst Lehrer gewesen und tragen also das Ihrige vor, haben
uch nimmer behauptet, daß Jesus, ihr Meister, selbst in seinem
:eben Alles dasjenige gesagt und gelehret, was sie schreiben.
)agegen führen sich die vier Evangelisten blos als Geschicht=
hreiber auf, welche das Hauptsächlichste, was Jesus sowol ge=
edet als gethan, zur Nachricht aufgezeichnet haben. Wenn wir
un wissen wollen, was eigentlich Jesu Lehre gewesen, was er
esagt und geprediget habe, so ist das res facti, so frägt sich's
ach etwas, das geschehen ist; und daher ist dieses aus den
lachrichten der Geschichtschreiber zu holen. Da nun dieser Ge=
hichtschreiber gar viere sind und sie Alle in der Hauptsumme
er Lehre Jesu übereinstimmen, so ist weder an der Aufrichtig=
:it ihrer Nachrichten zu zweifeln, noch auch zu glauben, daß sie
inen wichtigen Punkt oder wesentlich Stück der Lehre Jesu sollten
erschwiegen oder vergessen haben. Daher denn auch nicht zu ge=
enken steht, daß Jesus durch seine Lehre etwas anders intendiret
der abgezielet habe, als sich aus den eigenen Worten Jesu bei den
:vangelisten abnehmen lässet. So erkennet denn wol ein Jeder,
aß ich gegründete Ursache habe, warum ich in meiner Unter=
:chung von dem Zweck der Lehre Jesu mich blos an die Nach=
ichten der vier Evangelisten als die eigentliche und einzige Ur=
:nde halten werde und dasjenige, was die Apostel für sich ge=
:hret oder zum Zweck gehabt, nicht mit hineinmische, indem die
lpostel selbst keine Geschichtschreiber von der Lehre ihres Meisters,
)ndern für sich Lehrer abgeben wollen, und sich hernach, wenn
ir die eigentliche Lehre und Absicht Jesu aus den vier Urkunden

der Geschichtschreiber zuvor ausgemacht, erst zuverlässig urtheilen läſſet, ob die Apostel einerlei Lehre und Abſicht mit ihrem Meiſter geführet haben."

§. 4.

„Die Reden Jeſu bei den vier Evangeliſten ſind nicht allein bald durchzulaufen, ſondern wir finden alſobald den ganzen Inhalt und die ganze Abſicht der Lehre Jeſu in ſeinen eigenen Worten entdecket und zuſammengefaſſet. „Bekehret Euch und gläubet dem Evangelio!" oder wie es ſonſt heißet: „Bekehret Euch, denn das Himmelreich iſt nahe herbeikommen!" So ſagt er anderwärts: „Ich bin kommen, die Sünder zur Bekehrung zu rufen;" und: „Ich muß das Evangelium vom Reiche Gottes predigen, denn dazu bin ich geſandt." Und ebendieſes iſt es auch, was der Vorläufer Jeſu, Johannes, trieb, ihm den Weg zu bereiten: „Bekehret Euch, denn das Himmelreich iſt nah herbeikommen!" Beides, das Himmelreich und die Bekehrung, hänget ſo zuſammen, daß das Himmelreich der Zweck iſt, und die Bekehrung ein Mittel oder eine Vorbereitung zu dieſem Himmelreich. Durch das Himmelreich, ſo jetzt nahe herbeikommen war, und wovon das Evangelium oder die fröhliche Botſchaft denen Juden verkündiget ward, verſtehen wir nach jüdiſcher Redensart das Reich Chriſti oder des Meſſias, worauf die Juden ſo lange gewartet und gehoffet hatten. Das giebt die Sache ſelbſt, da Jeſus kommen war als der Meſſias, und Johannes ebendieſes verkündigte; es giebt es auch der Gebrauch ebender Redensart bei den Juden damaliger Zeiten, ſo daß, wenn ſie von dem Himmelreich, das da kommen ſollte, hörten, ſie nichts anders als das Reich des Meſſias darunter verſtanden. Da nun Jeſus und Johannes dieſe Redensart nicht anders erklären, ſo haben ſie auch dieſelbe in der bekannten und üblichen Bedeutung wollen verſtanden wiſſen. Wenn es demnach heißet: das Himmelreich iſt nahe herbeikommen, ſo hat es den Verſtand: der Meſſias wird ſich bald offenbaren und ſein Reich anfangen. Wenn es heißet: gläubet an das Evangelium, ſo iſt es ebenſo viel geſagt, als: gläubet an die fröhliche Botſchaft von der nahen Zukunft des Meſſias und ſeines Reiches. Zu dieſem jetzt nahen Reiche des Meſſias ſollten ſich die Leute vorbereiten und geſchickt machen durch die Bekehrung, das iſt durch eine Aenderung des Sinnes und Gemüthes, daß ſie vom Böſen und von der Neigung dazu abließen und ſich von Herzen zum Guten nd zur Frömmigkeit lenkten. Diese Forderung war nicht allein zu allen Zeiten billig, sondern wurde auch insonderheit gegen die Zukunft des Messias bei den Juden für nöthig gehalten, wie sie denn noch bis auf den heutigen Tag glauben, daß eben der Mangel der Buße und Besserung des Messias Zukunft zurück- halte, und so sie nur einmal rechtschaffne Buße thun würden, so würde der Messias alsobald kommen. Wer nun alle Reden Jesu durchgehen und überdenken will, der wird finden, daß der Inhalt derselben insgesammt auf diese zwo Stücke gezogen werden muß, daß er entweder das Himmelreich beschreibet und solches seinen Jüngern zu verkünden befiehlet, oder auch zeiget, wie sich die Menschen rechtschaffen dazu bekehren und nicht bei dem schein= heiligen Wesen der Pharisäer beharren müßten."

§. 5.

„Ich will zuvor von der Bekehrung, die Christus geprediget, ein Wenig umständlicher reden; jedoch wird mir das Gedächtniß meiner Leser, die das Neue Testament von Jugend auf so fleißig gehöret haben, zu Hilfe kommen. Da wird nämlich einen Jeden innerlich sein, wie alle Lehren Jesu auf Demuth, Sanftmuth, Barmherzigkeit, Friedfertigkeit, Versöhnlichkeit, Mildthätigkeit, Dienstfertigkeit, Aufrichtigkeit, wahre Liebe und Vertrauen zu Gott, Gebet, Ablegung alles Hasses, auch sogar wider die Feinde, Vermeidung böser Lust und unnützer Reden, Verleug= nung sein selbst und überhaupt auf ein inneres thätiges Wesen errichtet seien, und wie er gegen die großen Gebote der Liebe gegen Gott und den Nächsten alle äußerliche Gebräuche für ge= ring und ohne jene für unnütz erkläret, auch die heuchlerische Scheinheiligkeit der Pharisäer, welche sie in äußerlichen Kleinig= keiten mit Hintansetzung der Liebe und Herzensbesserung prah= risch suchten, tadelt und bestrafet. Man darf nur die schöne Bergpredigt Jesu, welche die ausführlichste von allen seinen Reden ist, durchgehen, so wird man lebhaft überzeugt werden, daß die Buße, Bekehrung und Besserung der Menschen, sofern sie in einer wahren innern und aufrichtigen Liebe zu Gott, zum Nächsten und zu allem Guten bestehet, sein einziger Zweck ist. Denn er demnach auch sonst das Sittengesetz besser erkläret, als es bisher geschehen, oder die Heuchelei der Pharisäer bestraft oder seine Hintansetzung des Ceremoniengesetzes vertheidiget, so hat solches mit dieser Hauptlehre Jesu die genaueste Verbindung. Da zeigt er, wie falsch und eingeschränkt bisher das Gesetz: „Du

sollt nicht tödten, Du sollt nicht ehebrechen, Du sollt nicht falsch
schwören!" nur auf die groben äußerlichen Laster sei gedeutet und
zum Theil noch zur Rechtfertigung vieler bösen Thaten gemiß
brauchet worden; wie unrecht man das Recht der Vergeltung
zum Deckmantel des Hasses und der Rache wider den Feind ge
braucht; wie heuchlerisch man mit dem Almosen verfahren sei,
wenn man vor sich her posaunen lassen; mit dem Beten, da man
solches auf den Ecken der Gassen verrichtet; mit dem Fasten, da
man sein Geberden und Gesichte dabei verstellet; er druckt den
Pharisäern die Schwären auf, daß sie ihre Denkzettel[1]) und
Saume sein breit und groß machten, lange Gebete verrichteten,
die Berührung unreiner Dinge sorgfältig vermieden, ihre Händ
und Gefäße fleißig wüschen, Münte und Till sogar verzehnteten,
der Propheten Gräber tünchten, da sie doch voller geistlicher
Hochmuth, titul= und rangsüchtig wären, der Wittwen Häuser an
sich zögen, falsch und leichtsinnig schwören, dem Raube und
Fraße ergeben wären, die Propheten zu tödten und den Elter
die schuldige Liebe unter eitelm Vorwand zu versagen kein Be
denken trügen. Davon sagt Jesus billig: Das heißt Mücke
säugen[2]) und Kameele verschlucken: sich für Kleinigkeiten in Ach
nehmen, aber hergegen die größten Gebote der Demuth, Liebe
und Barmherzigkeit überhin sehen, ja gar Gottes Gebote durch
die Deuteleien und Aufsätze der Menschen aufheben. Jesus be
kommt oft von den Pharisäern selbst Gelegenheit, den großen

---

1) Durch „Denkzettel" giebt Luther (Matth. 23, 5) das griech. φυλα
κτήρια (eigentlich so viel wie Amulete) wieder, mit welchem Worte die nach
exilischen Juden mit gewissen Bibelsprüchen beschriebene Pergamentstreifen be
zeichneten, die beim Gebete theils an die Stirn, theils an den linken Arm in der
Gegend des Herzens mit ledernen Riemen (daher hebr. תְּפִלִּין = Gebets
riemen) festgebunden wurden. Man sollte durch sie an die Pflicht erinnert wer
den, das Gesetz mit Kopf und Herzen zu erfüllen. — „Säume" übersetzt Luther
(Matth. 9, 20; 14, 36; 23, 5) das griech. κράσπεδα. Letzteres Wort
entspricht dem hebr. צִיצִת und bezeichnet daher eigentlich die Quasten oder
Troddeln, welche die Juden nach 4. Mos. 15, 33 ff. mit purpurblauen Schnüren
an den vier Ecken des Oberkleides trugen, um sich der Gebote Jehovah's zu
erinnern und vor Abgötterei zu hüten. Die Pharisäer machten die κράσπεδα
recht groß, um sich den Schein vorzüglich frommer Menschen zu geben. — A. d. H.
2) Christus wirft (Matth. 23, 24) den Pharisäern vor, daß „sie Mücken
seigeten", d. h. durchseiheten („säugen" ist ein ganz ergötzliches Miß
verständniß), oder mit andern Worten, daß sie den Wein zwar von kleinen
Insecten reinigten, dagegen ganze Kameele verschluckten. „Mücken seigen" heißt
also: ein ächter Kleinigkeitskrämer sein. — A. d. H.

Vorzug der sittlichen Pflichten vor den äußerlichen Ceremonien zu zeigen. Wird er zur Rede gestellet, warum seine Jünger sich nicht zuvor waschen, ehe sie Brod essen, so weiset er, wie nicht sowol das, was in den Mund gehet, sondern was aus demselben, ja aus dem Herzen kommt, Mord, Ehebruch, Hurerei, List, Schalkheit u. dgl. den Menschen verunreinige. Wundert man sich, daß er mit Zöllnern und Sündern speise, so heißet er sie lernen, daß Gott an Barmherzigkeit und Bekehrung der Sünder mehr Gefallen habe als an Opfern. Wird es ihm übel ausgelegt, daß er am Sabbath die Kranken heilet, daß seine Jünger am Sabbath Aehren ausrupfen und also eine Art der Arbeit (nämlich des Mähens) verrichten, so unterrichtet er sie, daß der Sabbath um des Menschen willen geordnet sei, folglich dem Gesetze der Noth und Liebe weichen und nicht hindern müsse, dem Nächsten Gutes zu thun."

§. 6.

„So ist denn die Absicht der Predigten und Lehren Jesu auf ein rechtschaffenes thätiges Wesen, auf eine Aenderung des Sinnes, auf ungeheuchelte Liebe Gottes und des Nächsten, auf Demuth, Sanftmuth, Verleugnung sein selbst und Unterdrückung aller bösen Lust gerichtet. Es sind keine hohe Geheimnisse oder Glaubenspunkte, die er erkläret, beweiset und prediget, es sind lauter moralische Lehren und Lebenspflichten, die den Menschen innerlich und von ganzem Herzen bessern sollen, wobei er das gemeine Erkenntniß von der Seele des Menschen, von Gott und seinen Vollkommenheiten, von der Seligkeit nach diesem Leben u. s. w. schlechterdings als bekannt voraussetzet, nicht aber aufs Neue erklärt, viel weniger auf eine gelehrte und weitläuftige Art vorträgt. Wie er nun für seine Person das Gesetz nicht aufheben, sondern erfüllen wollte, so zeigt er auch Andern, daß das ganze Gesetz und die Propheten an diesen zweien Geboten hangen: Gott von ganzem Herzen und seinen Nächsten als sich selbst zu lieben, und daß folglich in dieser Hauptsumme der ganzen Schrift Alten Testaments die Bekehrung und Besserung des Menschen enthalten sei. Hierauf weiset Jesus die Leute, wenn sie zu ihm kommen und fragen, was sie thun sollen, um selig zu werden: „Thue das, so wirst Du leben!" Er sagt, daß die Seligkeit blos darauf ankomme, daß Einer thue den Willen seines himmlischen Vaters, und Alle, die solches thun, erkennet er für seine Brüder. Wenn gleich an jenem Tage die Menschen

sagen wollten: „Herr, Herr! haben wir nicht in Deinem Namen
geweissaget? Haben wir nicht in Deinem Namen Wunder gethan?" so wird doch Jesus sprechen: „Weichet von mir, Ihr
Uebelthäter!" Das hergegen sind Schafe, die er zu seiner
Rechten stellen will, und die Gesegneten, die das Reich ererben
sollen, welche die Hungrigen gespeiset, die Durstigen getränket,
die Gäste beherberget, die Nackten gekleidet, die Gefangnen besucht haben. Wenn er daher seine Jünger in alle Welt sendet,
zu lehren, so erklärt er sich bald, worin dies Lehren bestehen soll:
„Lehret sie halten Alles, was ich Euch befohlen habe!" Das
Kennzeichen, was er auch von falschen Propheten giebt, ist nicht,
ob sie diese oder jene irrige Meinung hegen, ob sie ein fremdes
Lehrgebäude haben, ob sie Heterodoxe, Ketzer und Irrgläubige
sind oder Andere dazu machen, sondern „an den Werken sollt
Ihr sie erkennen!" Das sind bei ihm falsche Propheten, die in
Schafskleidern einhergehen, inwendig aber reißende Wölfe sind,
d. i. die unter dem Schein der Liebe und Unschuld nichts anders
suchen, als andern Menschen zu schaden; die da solche Früchte
bringen als ein fauler Baum; die den Willen des himmlischen
Vaters nicht thun, sondern Uebelthäter sind."

§. 7.

„Ich kann nicht umhin, einen gemeinen Irrthum der Christen
zu entdecken, welche aus der Vermischung der Lehre der Apostel mit
der Lehre Jesu sich einbilden, daß Jesu Absicht in seinem Lehramte gewesen, gewisse zum Theil neue und unbekannte Glaubensarticul und Geheimnisse zu offenbaren und also ein neues Lehrgebäude der Religion aufzurichten, dagegen aber die jüdische
Religion nach ihren besonderen Gebräuchen, als Opfern, Beschneidung, Reinigung, Sabbathen und andern Levitischen Ceremonien, abzuschaffen. Ich weiß wohl, daß die Apostel und insonderheit Paulus hieran gearbeitet, und daß die nachfolgende
Lehrer theils immer mehrere Geheimnisse und Glaubensarticul
geschmiedet, theils auch sich immer mehr von den jüdischen Ceremonien zurückgezogen, bis endlich Mosis Gesetze gar abgeschafft
und eine ganz andere Religion eingeführet worden. Allein in
allen Lehren, Reden und Gesprächen Jesu kann ich von beiden
nicht die geringste Spur finden. Er trieb nichts als lauter sittliche Pflichten, wahre Liebe Gottes und des Nächsten; darin setzet
er den ganzen Inhalt des Gesetzes und der Propheten, und
darauf heißet er die Hoffnung zu seinem Himmelreich und zur

Seligkeit bauen. Uebrigens war er ein geborner Jude und wollte es auch bleiben; er bezeuget, er sei nicht kommen, das Gesetz abzuschaffen, sondern zu erfüllen; er weiset nur, daß das Hauptsächlichste im Gesetze nicht auf die äußerlichen Dinge an-käme. Was er sonst von der Seelen Unsterblichkeit und Seligkeit, von der Auferstehung des Leibes zum Gerichte, von dem Himmel-reich und von dem Christ oder Messias, der in Mose und den Propheten verheißen wäre, vorbringet, das war Alles sowol den Juden bekannt und der damaligen jüdischen Religion gemäß, als es insonderheit dahin zielte, daß er als der Messias ein solches Himmelreich unter den Juden aufrichten und also den glückseligen Zustand in der Religion sowol als im Aeußerlichen, wozu ihnen vorlängst Hoffnung gemacht wäre, unter ihnen einführen wollte. Damit man dieses desto deutlicher einsehen möge, will ich von der Lehre Jesu zwei Stücke ausführlicher beweisen: 1) daß er keine neue Geheimnisse oder Glaubensarticul vorgetragen habe, 2) daß er das Levitische Ceremoniengesetz nicht habe abschaffen wollen."

§. 8.

„Was nun das Erste betrifft, daß Jesus keine neue Ge-heimnisse oder Glaubensarticul gelehret oder zu lehren sich vor-gesetzet habe, so kann ich mich guten Theils schon auf das Gesagte beziehen, als woraus genugsam erhellet, daß Jesus sein ganzes Lehramt darin gesetzet, die Bekehrung und ein rechtschaffnes thätiges Wesen zu predigen. Es ist aber auch merkwürdig, daß, wenn Jesus den Glauben von Jemand fordert, er immer gewisse Lehrsätze namhaft machet, die man glauben und für wahr an-nehmen solle. Nun wäre das ja ein ungereimter blinder Köhler-glaube, der sich auf gewisse den Gläubenden selbst unbekannte Lehrsätze bezöge: sie sollten glauben und wüßten selbst nicht, was sie glauben sollten. Der Glaube, den Jesus fodert, ist blos ein Vertrauen zu ihm; daher er an den meisten Stellen der Reden Jesu sich beziehet auf seine Wundermacht: „Glaubet Ihr, daß ich Euch solches thun kann? O Weib, Dein Glaube ist groß! Fürchte Dich nicht, glaube nur! Solchen Glauben habe ich in Israel nicht funden, Dir geschehe wie Du geglaubet hast! Je-sus sahe ihren Glauben," als sie den Gichtbrüchtigen zu ihm brachten. „Dein Glaube hat Dir geholfen. So Ihr Glauben habt als ein Senfkorn, werdet

Ihr Berge versetzen." Zuweilen beziehet sich dieser Glaube
oder dies Vertrauen auf Jesum als den Messias. „Wenn des
Menschen Sohn kommen wird, meinest Du, daß er
werde Glauben finden?" daß man ihm zutrauen werde,
daß er das Reich des Messias werde aufrichten? „Thut Buße
und glaubet ans Evangelium!" hoffet und vertrauet auf
die fröhliche Botschaft, daß das Reich Gottes, das Reich des Messias
nahe herbeikommen sei! „Glaubest Du an den Sohn Got=
tes?" sagte Jesus zu dem Blindgebornen. „Herr," sprach er,
„welcher ist's, auf daß ich an ihn gläube?" Jesus
sprach: „Der mit Dir redet, der ist's." Bekümmere
Dich also nicht, daß man Dich aus der Schule gestoßen; ich
werde bald ein ander Reich anfangen, das Vertrauen habe nur!
„Wer glaubet (an das Evangelium) und getaufet
wird, der wird selig werden, wer aber nicht glau=
bet, der wird verdammet werden," d.i. wer hoffet und
vertrauet, daß die fröhliche Botschaft von dem wahren Reiche des
Messias bald werde erfüllet werden, und dabei durch die Taufe
der Buße sich dazu bereitet, der wird selig werden. Dies Ver=
trauen ist offenbarlich der Glaube, den Jesus fordert; sonst
findet man in seinen Reden keinen Lehrglauben oder Glaubens=
punkte. Daher kam es auch, daß in der ersten christlichen Kirche
der Katechismus und das Glaubensbekenntniß so kurz war. Sie
durften nur das Evangelium glauben oder das Vertrauen haben,
daß Jesus das Reich Gottes bald anfangen würde; wenn sie
dabei sich bußfertig bezeigten, so wurden sie getauft und waren
vollkommne Christen. Da nun Viele unter den Juden waren,
welche schon auf das Reich Gottes warteten, so war es kein
Wunder, daß in einem Tage, ja in ein paar Stunden etliche
Tausend gläubig wurden, denen doch nichts anders war vor=
gesaget worden, als daß Jesus der verheißene Prophet sei, durch
Thaten und Wunder und durch seine Auferstehung als ein solcher
bewiesen vor allem Volle."

§. 9.

„Dieser Katechismus ist sehr kurz und bestehet nur aus
einem Articul. Und doch finden wir in den Reden Jesu nicht
einmal, daß er diesen einen Hauptarticul von dem verheißenen
Messia und dessen Reiche erkläret oder beweiset; sondern er setzet
blos das gemeine Erkenntniß der Juden aus den Verheißungen
der Propheten nach damaliger Auslegung voraus. Daher sagt

Jesus so wenig als Johannes, wer oder was Christus, d. i. der
Messias, oder das Reich Gottes und das Himmelreich oder das
Evangelium sei; sie sprechen schlechthin: „Das Himmelreich oder
das Evangelium ist nahe herbeikommen." Jesus sendet seine
Jünger, ebendas Evangelium zu predigen, sagt aber nichts dabei,
worin das Himmelreich bestehen sollte, worin die Verheißung
ihren Grund hätte, worauf das Reich abzielte; er beziehet sich
also blos auf die gemeine Meinung und Hoffnung davon. Und
wenn Jesus sonst das Himmelreich durch Gleichnisse beschreibt,
es sei gleich einem Menschen, der einen guten Samen auf seinem
Acker säete, einem Senfkorn, einem Sauerteige, einem verborge=
nen Schatze, einem Kaufmann, der gute Perlen suchte, einem
Netze, einem Könige, der mit seinem Knechte rechnen wollte, einem
Hausvater, der Arbeiter dinget in seinen Weinberg, einem Kö=
nige der seinem Sohne Hochzeit machte: so kann man gewiß wol
nicht viel klüger daraus werden; und wenn wir nicht aus den
Schriften der Juden etwas mehr wüßten, was man damals vor
eine Meinung von dem Messias, von dem Himmelreiche oder
Reiche Gottes gehabt, so würde uns dieser Hauptarticul noch
sehr dunkel und unverständlich sein. Jesus erkläret zuweilen
seine Gleichnisse den Jüngern insbesondere und sagt denn dabei,
daß ihnen allein gegeben sei, **die Geheimnisse des Reiches
Gottes** zu wissen. Allein da diese Geheimnisse blos in einer
Erklärung der verblümten Vorstellung bestehen, und die erklärte
Vorstellung, soferne sie von Gleichnißreden entblößet ist, wie=
derum nichts anders als das gemeine Erkenntniß von dem ver=
heißenen Reiche Gottes unter dem Messias in sich hält, so muß
man gestehen, daß unter diesen Geheimnissen keine besondere
neue oder unbegreifliche Lehrsätze verstanden werden. Sehet
demnach, wie sehr man sich durch Wörter betriegen lässet! Man
ist heutiges Tages gewohnt, unter dem Worte **Glauben** oder
Evangelium den ganzen Inbegriff der christlichen Lehre,
welche geglaubet werden soll, oder alle Articul des christlichen
Glaubens in ihren Zusammenhange, den ganzen Katechismum
und Glaubensbekenntniß zu verstehen, und man nennet diejenigen
Glaubenslehren insbesondre **Geheimnisse**, welche über die
Vernunft gehen oder durch die bloße Vernunft weder zu erfinden
noch zu beweisen sind. Mit solchen Katechismusbegriffen der
Wörter **Glaube, Evangelium** und **Geheimnisse** kömmt
man hernach zur Lesung des Neuen Testaments; und wenn man
da findet, daß Jesus den Glauben ans Evangelium fordert, so

stellet man sich bei diesen Worten den ganzen Inbegriff der jetzigen christlichen Katechismuslehre mit allen Articuln und Geheimnissen vor, welchen man in seiner Jugend gelernet hat und so zu nennen gewohnt ist, und deutet denn, daß Jesus einen solchen Inbegriff der Lehre meine und den zu glauben fodere, wo man wolle selig werden. Da doch aus Obigen erhellet, daß Jesus durch den Glauben ans Evangelium nichts anders andeute als das Vertrauen zu ihm und zu der Botschaft, welche er verkündigen ließ, daß jetzt unter ihm das Reich des Messias seinen Anfang nehmen sollte, und daß er durch Geheimnisse verstehe die Gleichnißreden von ebendiesem Reiche, soferne sie nicht einem Jeden von dem gemeinem Manne gleich verständlich waren, sondern einer Erklärung brauchten."

§. 10.

„Weil heutiges Tages die Lehre von der Dreifaltigkeit der Personen in Gott und von dem Werke der Erlösung durch Jesum, als den Sohn Gottes und Gottmenschen, die Hauptarticul und Geheimnisse des christlichen Glaubens ansmachen, so will ich insbesondere zeigen, daß man in Jesu Reden diese Lehren nicht finde. Zu dem Ende will ich erklären, in welchem Verstande Jesus der Sohn Gottes genannt wird, was der heilige Geist bedeute, und endlich, was es heiße, wenn bei der Taufe Vater, Sohn und heiliger Geist zusammengesetzt werden. Erstlich nennet sich Jesus den Sohn Gottes und lässet sich von Andern, insbesondere von seinen Jüngern so nennen. Was das bedeute, müssen wir nicht aus unserer angenommenen Katechismusmeinung, sondern aus den Stellen des Alten Testaments und der Evangelisten ansmachen. Weil aber noch Viele mit der Katechismusbedeutung dieser Redensart noch ganz eingenommen sein möchten, so will ich die Stellen des Alten Testaments hersetzen, damit man erkenne, daß die Hebräer einen ganz andern Begriff mit diesem Worte verknüpft haben, und daß es nichts weiter heiße als der Geliebte Gottes (Jedidjah). Gott erkläret nach der Sprache der Schrift Diejenigen für seine Söhne, die er liebt, so wie wir auch heutiges Tages noch aus Liebe zu einem Jüngern und Geringern sagen: mein Sohn. Gott spricht zu Mose: „Du sollt zu Pharao sagen: „„Israel ist mein Sohn, mein Erstgeborner — — laß meinen Sohn ziehen, daß er mir diene!"" Moses hält den Israeliten vor, daß sie „Gott getragen hat in der

Wüsten, wie ein Mann seinen Sohn trägt.“ Nathan
muß auf göttlichen Befehl dem König David den Salomo ver=
heißen, von dem Gott spricht: „Ich will sein Vater sein,
er aber wird mein Sohn sein — — meine Gütigkeit
wird nicht von ihm weichen.“ Im andern Psalm sagt
David in gleichem Verstande, daß Gott zu ihm so gesprochen
habe: „Du bist mein Sohn, ich habe Dich heute ge=
zeuget; küsset den Sohn, auf daß er (Gott) nicht
zürne!“ In einem andern Psalm hält der Verfasser zur Zeit,
da das Israelitische Volk ganz zerstöret war, Gott die Ver=
heißung vor: „Dazumal redetest Du im Gesichte: „„Er (David)
wird mich nennen also: ‚Du bist mein Vater, mein
Gott und der Fels meines Heils,‘ auch will ich ihn
zum erstgebornen Sohn machen — — ich will ihm
ewiglich bewahren meine Gutthätigkeit.““ Jeremias
führt Gott redend ein von Israel: „Ich bin Israel’s Vater,
und Ephraim ist mein erstgeborner Sohn; ist er
mir nicht ein Kind, an welchem ich alle Lust habe?“
Im Buche der Weisheit sprechen die Gottlosen von dem Ge=
rechten überhaupt: „Lasset uns den armen Gerechten
überwältigen, lasset uns der Wittwen nicht scho=
nen, noch für des Alten graue Haare uns schämen!
Laßt uns auf den Gerechten lauern, denn er ist uns
verdrießlich; er giebt für, daß er Gott kenne, und
nennet sich Gottes Knecht, oder Kind (παῖδα).
Wolan, lasset uns sehen, ob seine Worte wahr
seien, und versuchen, wie es mit ihm ein Ende
nehmen will! Denn so der Gerechte Gottes Sohn
ist, so wird er sich sein annehmen und ihn erretten
von der Hand der Widersacher. Wir wollen ihn zum
schändlichen Tod verdammen; danu es wird eine
Aufsicht auf ihn geschehen nach seinen Worten.“
Hier sind ohne Streit lauter bloße Menschen, die Söhne Gottes
heißen, und zwar, wie ein Jeder erkennet, darum, weil Gott sie
liebet, an ihnen Lust hat, ihnen seine Gutthätigkeit beweiset und
sie schützet. Ob die Redensart im Neuen Testamente was anders
bedeute, wollen wir jetzt sehen.“

§. 11.

„Wir haben gleich anfangs im Neuen Testamente einen
Engel, der der Maria verkündiget, daß der Heilige, so von ihr

geboren würde, Gottes Sohn genennet werden sollte,
und hernach bei der Taufe Jesu und bei seiner Verklärung auf
dem Berge eine Stimme vom Himmel, die da sagt: „Dies ist
mein lieber Sohn, an dem ich Wohlgefallen habe."
Es wird also nach der göttlichen Stimme Jesus ein Sohn Gottes
genannt, weil er ihn liebte und Wohlgefallen an ihm hatte;
welches mithin auf gleichem Fuß geschieht, wie im Alten Testa=
mente David, Salomon, ja ganz Israel Gottes Sohn genennet
ward. Die Versuchung des Satans, welche gleich auf die Taufe
Jesu folgt, erkläret es vollends. Denn da spricht der Satan zu
Jesu, als ihn nach langen Fasten in der Wüsten hungerte: „Bist
Du Gottes Sohn, so sprich, daß diese Steine Brod
werden!" das ist: Bist Du der Geliebte Gottes, so wird er
Dich nicht hungern lassen, so wird er Dir eher aus den Steinen
Brod schaffen, wenn Du ihn darum bittest. Weiter spricht der
Satan, als er Jesum auf die Spitze des Tempels gestellt: „Bist
Du Gottes Sohn, so laß Dich hinab! denn es stehet
geschrieben, er wird seinen Engeln über Dir Befehl
thun, daß sie Dich auf den Häuden tragen, auf daß
Du Deinen Fuß nicht an einen Stein stoßest." Die
Worte sind aus dem 91. Psalm, da die Rede ist von den
Frommen, welche unter dem Schutze des Höchsten sind und ihr
Vertrauen auf seine Bewahrung setzen können, im Gegensatze
von dem Gottlosen. Die Frommen aber genießen der besondern
Vorsorge Gottes wegen der Liebe, die er zu ihnen trägt, so daß
es wol im Alten Testamente heißet, daß Gott selbst (so wie da
von den Engeln gesagt wird) die Israeliten getragen, wie ein
Mann seinen Sohn trägt. Was antwortet aber Jesus dem
Satan hierauf? sagt er etwan: „Ich bin von Gott als meinem
Vater von Ewigkeit gezeuget, ich bin Gott von Wesen und Natur
und meinem Vater gleich oder eines Wesens mit ihm?" Nein!
er spricht auf das Erste: „Es stehet geschrieben: ‚Der
Mensch lebt nicht vom Brode allein, sondern von
einem jeglichen Wort, das durch den Mund Gottes
gehet.' " Der Ort ist aus dem fünften Buche Mose, da Moses
den Israeliten vorhält, daß Gott sie zwar hungern lassen, aber
auch mit Man gespeiset. Da setzt er hinzu: „So erkennest Du ja
in Deinem Herzen, daß der Herr Dein Gott Dich gezogen hat,
wie ein Mann seinen Sohn zeucht." Demnach, da Jesus beweisen
will, er dürfte als ein Sohn Gottes eben nicht aus den Steinen
das Brod suchen, so beweiset er, daß er ein Mensch sei, der von

dem göttlichen Wort lebe und auf Gottes Verheißung, Liebe und
Vorsorge baue. Denn wie ein Vater sein Kind zuweilen hungern
läffet und ihm auch zu rechter Zeit so viel Brod giebt, als ihm
dienet; wie Gott vor Zeiten seinen geliebten und erstgebornen
Sohn Israel zuweilen in Mangel und Hunger gerathen laffen,
aber auch hernach mit dem Himmel= oder Engelbrod gespeiset:
so werde ihm Gott auch nach seiner besondern Liebe und Vor=
sorge zu rechter Zeit Speise geben; wie denn bald hernach die
Engel kamen und ihm dienten, das ist, Essen zutrugen. Weiter
sagt Jesus auf das Andere: „Wiederum stehet auch ge=
schrieben: ‚Du sollt Gott Deinen Herrn nicht ver=
suchen!‘“ Die Worte sind abermal aus demselben Buche
Mosis, da Moses die Israeliten sowol überhaupt aufmuntert
zur Beobachtung der Gebote Gottes des Herrn, als auch inson=
derheit sie warnet, ihn nicht wieder so zu versuchen wie zu Massa
bei dem Haderwasser. Demnach, da Jesus beweisen soll, daß er
sich als ein Sohn Gottes nicht vom Tempel herunterlaffen dürfte,
so beweiset er es daher, daß er Gott seinen Herrn nicht ver=
suchen solle, indem er Wunder verlange. Ein Sohn Gottes
erkennet demnach Gott für seinen Herrn, von dem er nicht mehr
außerordentliche Liebeszeichen verlanget, als seine weise Führung
zuläffet. Endlich, wie der Satan verlanget, von Jesu angebetet
zu werden so antwortet Dieser: „Es stehet geschrieben:
‚Du sollt Gott Deinen Herrn anbeten und ihm
alleine dienen!‘“ welche Worte aus ebendem Orte Mosis
geholet sind und den Beweis in sich halten, daß Jesus als ein
Sohn Gottes denselben allein anbeten und ihm dienen müsse.
Also erhellet aus allen dreien Stellen, daß weder der Satan,
noch Jesus selbst einen andern Begriff mit den Worten Gottes
Sohn verknüpfet, als daß derselbe ein Mensch sei, der von
Gott geliebet, besonders geliebet und geschützet wird; und Jesus
will insonderheit dadurch erweisen, daß er ein rechter Sohn
Gottes sei, weil er von Gottes Wort der Verheißung lebet, Gott
seinen Herrn nicht versuchet und ihn anbetet und verehret. Auch
haben die Juden insgemein diese Benennung nicht auders ver=
standen. Sie sprachen zum Exempel zu Jesu, als er schon am
Kreuze hing: „Bist Du Gottes Sohn, so steig herab
vom Kreuze! Er hat Gott vertraut, der erlöse
ihn auch, lüstet’s ihu; denn er hat gesagt: ‚Ich bin
Gottes Sohn.‘“ Die Rede scheinet auf die Worte des Buchs
der Weisheit zu zielen, welche ich vorhin angeführt habe: „Er

(der Gerechte) giebt für, daß er Gott kenne, und
rühmet sich als Gottes Kind — — und rühmet, daß
Gott sein Vater sei. — Ist der Gerechte Gottes
Sohn, so wird er ihm helfen und erretten von der
Hand der Widersacher." Und hierin steckt eine so deutliche
Erklärung von der Spötterei der Juden wider Jesum, daß ich
sie nicht besser geben kann; aber auch ein genugsamer Beweis,
daß die Juden durch einen Sohn Gottes nichts anders gemeinet
als einen Frommen oder Gerechten, den Gott besonders liebe
und sich also auch desselben auf eine wunderthät'ge Art annehmen
würde. Gleichwie hergegen der Hauptmann und die bei ihm
waren, als sie sahen das Erdbeben und was da geschehen,
sprachen: „Dieser ist wahrlich Gottes Sohn ge=
wesen!" ein frommer und bei Gott beliebter Mensch, über
dessen unbilligen Tod Gott zürnet."

§. 12.

„Man verstehet hieraus genugsam, daß die allgemeine Be=
deutung der Ausdrückung Gottes Sohn auch im Neuen Testa=
mente, bei den Juden und in Jesu eigenem Munde, einen von
Gott besonders geliebten Menschen anzeige. Jedoch muß ich noch
hinzufügen, daß das Wort zuweilen in einem ausnehmenden
Verstande genommen werde. Es wird aber ein Wort in aus=
nehmendem Verstande genommen, wenn es zwar an sich Vielen
einer Art zukommt, aber alsdenn nur ein gewisses individuum
oder einzelnes Ding derselben Art anzeiget, welches sich durch
einen Vorzug oder Grad der Vollkommenheit von andern seiner
Art unterscheidet. So ist ein Prophet oder der Prophet im aus=
nehmenden Verstande ein größerer Prophet; der Gesalbte oder
Messias ist im ausnehmenden Verstande ein größerer König.
So ist denn auch der Sohn Gottes im ausnehmenden Verstande,
der mehr von Gott geliebet ist als alle andre Geliebte. Alles
Dreies im ausnehmenden Verstande aber ward zu den Zeiten
bei den Juden von dem Erlöser Israel's gesagt. Denn je mehr
das arme Volk in Bedruck gerieth, je mehr suchten sie sich mit
diesem Trost Israel's aufzurichten, und Alles, was groß und
angenehm im A. T. war, auf ihren gehofften Erlöser zu deuten.
Und dazu gab ihnen ihre allegorische Erklärungsart guten Zu=
schub, vermöge welcher es ihnen nicht schwer fiel, Alles, was sie
wollten, in allen Worten und in allen Sachen zu finden. Dem=
nach mußten sie den gehofften Erlöser Israel's nicht allein zum

roßen Könige, sondern auch zum großen Propheten und zu
inem besonders von Gott Geliebten zu machen; und da mußten
David, Salomon, ja selbst das Volk Israel Vorbilder des
Messias werden, nicht nur insoferne Jene große Könige und
David zugleich ein großer Prophet war, sondern insoferne Gott
Alle Drei seine Söhne oder Geliebte geheißen. Auf solche alle=
orische Weise wird der Spruch beim Mose: „Aus Aegypten
habe ich meinen Sohn gerufen,"[1] ob er gleich lediglich
vom Volke Israel redet, auf Jesu Wiederkunft aus Aegypten
ezogen, blos damit anzudeuten, daß Jesus der Geliebte Gottes
oder der Messias sei. Und wenn dergleichen Stellen A. T. noch
icht genug sind, Jesum als einen solchen zu erweisen, so kömmt
ine Bath-Kol,[2] eine Stimme vom Himmel, die solches bekräftiget:
Dies ist mein lieber Sohn, an welchem ich Wohl=
gefallen habe!" weil damals die Juden gewohnt waren,
Alles, was nach der Schrift noch streitig sein möchte, durch eine
Bat-Kol oder Stimme vom Himmel zu beweisen und zu ent=
scheiden. Ob wol in dieser Stimme auch auf den Spruch beim
Esaias, den die Juden vom Messias anzunehmen pflegten, zu=
gleich mit gezielet werden mag, da es heißet: „Siehe, dies
ist mein Knecht, den ich erhalten will, mein Aus=
erwählter, an dem meine Seele Wohlgefallen
hat"? So war denn die Benennung des Messias, daß er im
ausnehmenden Verstande der Sohn Gottes hieß, das ist, den
Gott besonders liebte und an dem er Wohlgefallen hätte, damals
bei den Juden eingeführt, und daher heißet der Sohn Gottes
sein und der Christ, der Messias sein, einerlei. Es ist offenbar
aus dem Bekenntniß Petri, da er zu Jesu sagt: „Du bist
Christus, der Sohn des lebendigen Gottes;" denn
Jesus verbot darauf seinen Jüngern, daß sie Niemand sagen
sollen, daß er der Christ (d. i. Messias) wäre. So beeidiget
auch der Hohepriester Jesum, daß er sagen soll, ob er sei Christus,
der Sohn Gottes. Auch wird der Hohenpriester und übrigen
Juden Spottfrage: „Bist Du Gottes Sohn, so steig

---

1) Die Worte: „Aus Aegypten habe ich meinen Sohn gerufen"
hen nicht „beim Mose", sondern Hos. 11, 1. — A. d. H.
2) Bath-Kol (hebr. בַּת קוֹל, filia vocis, Tochter der Stimme) bezeichnet
nächst nichts Anderes als den Widerhall, das Echo, dann den Wi=
erhall einer himmlischen Stimme. Die späteren Juden erblickten
abergläubischer Weise oft in ganz zufälligen Erscheinungen eine Bath=Kol. —
D. H.

herab vom Kreuze!" bald darauf so erklärt: „Ist er der
König Israel's, so steig' er herab vom Kreuze."
Gleichwie sich nun die ursprüngliche Bedeutung des Propheten
nicht verlieret oder verändert, wenn das Wort im ausnehmenden
Verstande auf den gehofften Erlöser Israel's gezogen wird,
sondern in der That damit gesagt wird, daß dieser Er=
löser Israel's zugleich ein großer Prophete sein werde; gleich=
wie das Wort Christ, Gesalbter oder Messias, auch
in seinem ausnehmenden Verstande von dem Erlöser Israel's
nichts anders sagt als sonsten, nämlich daß er werde ein großer
König sein: so können wir auch in der Redensart der Sohn
Gottes, soferne sie ausnehmend den verheißenen Erlöser
Israel's anzeigen soll, keine fremde und unerhörte Bedentung
annehmen, sondern wir müssen blos die gebräuchliche erweitern
und verstehen, daß der Messias darum so heiße, weil er besonders
von Gott geliebt sein werde. Dieses ist klar aus der himmlischen
Stimme, welche ihn zu Gottes Sohn macht, insofern er ein
Sohn der Liebe ist und Gott Wohlgefallen an ihm hat; es ist
klar aus den Sinnbildern des A. T., dem David, dem Salomon
und dem Volke Israel, in welchen Bildern sich die Juden ihren
Messias vorstelleten, insoferne sie wegen der ausnehmenden Liebe
Gottes zu denselben Gottes Söhne heißen; es ist klar aus des
Hauptmanns Rede, da er, was die Hohenpriester spottsweise
sagten, im Ernste wiederholt: „Dieser ist wahrlich Got=
tes Sohn gewesen!" Denn wie die Hohenpriester die aus=
bleibende liebreiche Hilfe Gottes zum Beweise setzen, daß Jesus
nicht Gottes Sohn gewesen: „Bist Du Gottes Sohn, so
steig herab vom Kreuze!" so schließet der Hauptmann,
daß er Gottes Sohn gewesen, weil Gott durch das Erdbeben an
den Tag legte, daß er ihn geliebet hätte. Es ist endlich klar aus
Jesu eigener Unterredung mit dem Satan, da der Satan be=
hauptet, er könne nicht der Sohn Gottes in solchem ausnehmen=
den Verstande sein, weil sonst Gott diese ausnehmende Liebe
durch eine wunderthätige Hilfe bei ihm darthun würde, Jesus
aber an dem Beispiel des Volks Israel, welches gleichfalls Gottes
Sohn heißet, zeiget, daß Gott wol Jemand lieben könne, ob er
ihn gleich eine Weile hungern lässet, und daß ein Geliebter
Gottes auch das Vertrauen zu Gott haben müsse, er werde ihm
zu rechter Zeit helfen, nicht aber Gottes Liebe auf die Probe
stellen müsse, daß er unnöthige Wunder verlange. So offenbar
nun diese Bedeutung ist, so unschriftmäßig, neu und unerhört is

ie andere, da man aus dem Sohne Gottes eine Person machet,
ie Gott und aus Gottes Wesen von Ewigkeit gezeuget ist und
iederum mit dem Vater, der ihn gezeuget hat, eine dritte gött=
iche Person von sich ausgehen lässet. Einen solchen Sohn Gottes
ennet das Alte Testament, kennen die Juden, kennen die Evan=
elisten nicht, und Jesus selbst giebt sich nicht davor aus, sondern
ie Apostel haben zuerst in dieser Benennung was Höheres ge=
ucht. Der Verfasser des Briefes an die Hebräer spricht daher:
Zu welchem der Engel hat er jemals gesagt: ‚Du
ist mein Sohn, ich habe Dich heute gezeuget?‘
.nd abermals: ‚Ich werde sein Vater sein, und er
)ird mein Sohn sein?‘" Demnach, schließet er, müsse der=
:lbe höher sein, denn die Engel sind. Nun ist doch offenbar,
aß diese Benennung in der Schrift nicht allein den Engeln ge=
;eben wird, da sie Söhne Gottes, ja selbst Götter heißen, sondern
aß sie sogar bloßen Menschen, als insonderheit dem Volke Israel,
as doch aus so vielen Gottlosen bestand, beigeleget wird. Wie
ässet sich denn daraus erzwingen, daß, wenn Einer ein Sohn
Gottes genannt wird, er einer höhern Natur und Wesens als die
:ngel selbst sein müsse? Dazu mußte ja der Verfasser des Briefes
)ohl, daß die angeführten Stellen eigentlich von Menschen, von
em David und Salomon reden und nur durch seine gewohnte
lllegorie auf den Messias gezogen würden. Wenn nun die Be=
ennung eines Sohnes Gottes von den eigentlich gemeinten
Menschen blos sagen will, daß sie besonders von Gott geliebet
nd, kann sie in der Allegorie was anders bedeuten? Das wäre
ine neue Art zu allegorisiren, dadurch man aus Allem Alles
iachen könnte. Eine Allegorie ist nämlich, wenn man statt des
ubjecti, welches eigentlich gemeinet ist, ein anderes Subjectum
ls ein Gegenbild nimmt und darauf dasselbe Praedicatum appli=
:iret, welches dem eigentlichen Subjecto beigelegt ward. Könnte
ian in der Allegorie auch das Praedicatum ändern oder, wel=
)es einerlei ist, in einem andern Verstande nehmen, so wäre es
ar eine ungezähmte Art der Deutung, und der Satz, so heraus=
ebracht würde, hätte nicht die geringste Verwandtschaft mit dem=
nigen, worin er soll enthalten sein. Zum Exempel Paulus
immt den Satz aus dem A. T.: „Hagar ist die Magd, Sara ist
ie Freie." Er allegorisiret, wenn er Hagar auf die Kirche Alten
estaments, Sara auf die Kirche Neuen Testaments deutet. Aber
: lässet doch die Bedeutung des Praedicati bei seiner Allegorie,
aß jene Kirche knechtisch gewesen, diese aber frei sei. Wenn er

auch das Praedicatum hätte ändern wollen, so hörte es auf, eine
Allegorie zu sein, es wäre ein Satz, der gar keine Verknüpfung
mit dem vorigen behielte, und da also gar kein Grund vorhanden
wäre, warum er eben in diesem Satze und nicht vielmehr in einem
jeden sei gesuchet worden. Denn so könnte ich nur sprechen: Der
Satz: ‚Hagar ist die Magd‘ heißet so viel als: ‚die Kirche Altes
Testaments ist eine Theokratie gewesen;‘, Sara ist die Freie‘
heißet so viel als: ‚die Kirche Neues Testaments hat zehn große
Verfolgungen ausstehen müssen.‘ Wo wollte die ausschweifende
Auslegung hin? Da an sich die Allegorie, welche statt des eigent=
lich gemeinten Subjecti ein anderes Subjectum setzet, schon ein
Spielwerk der Einbildungskraft ist, so würde aus solcher Allego=
rie, da vollends auch das Praedicatum geändert würde, gar ein
Traum werden. Wollte nun der Verfasser des Briefes an die
Hebräer ja allegorisiren, so möchte er etwa sprechen: „David ist
Gottes Sohn (oder Geliebter); Salomon ist Gottes Sohn (oder
Geliebter); wir haben einen andern David und Salomo, den
Messias; folglich ist der auch der Geliebte Gottes,“ so ließe er
bei der Allegorie das Praedicatum des Vorbildes und applicirte
es auf das Gegenbild. Aber da er spricht: „Also ist er höher
als die Engel,“ so verändert er auch die Bedeutung des Prae=
dicati, indem offenbar ist, daß die Redensart von dem David
und Salomon das nicht bedeutet, daß sie höher als die Engel
wären. Folglich gehet des Verfassers Allegorie ganz von allen
Regeln einer Allegorie ab und hat um so viel weniger in den an=
geführten Stellen Grund.“

§. 13.

„Ich will unterdessen nicht in Abrede sein, daß Jesus sich
alle diejenigen Vorzüge zueignet, welche aus den Benennungen
eines ausnehmenden Propheten, Königes und Geliebten Gottes
fließen und den damaligen Meinungen der Juden von dem
Messias gemäß waren; aber es bleibt dennoch Alles in den
Schranken der Menschlichkeit. Er sagt wol: „Hier ist meh=
denn Jonas,“ aber nur insoferne er als der Messias ein
größerer Prophet sein sollte; er sagt: „Hier ist mehr denn
Salomo,“ aber nur insoferne er als der Messias ein größerer
König sein sollte. Er nimmt es wol an, daß er sei Gottes
Sohn, aber nur insoferne dieses den Christ bedeutet; und wenn
der Hohepriester ihn beschwöret, ob er sei Christus der Sohn
Gottes, so antwortet er: „Du sagst es, ich bin’s, und von nu=

t werdet Ihr sehen des Menschen Sohn sitzen zur rechten
und der Kraft und kommen in den Wolken des Himmels." Es
ihm also einerlei, Gottes Sohn sein und ein Menschensohn
n, der von Gott so sehr erhöhet wird. Und man wird finden,
ß Jesus sich selbst am Allerliebsten und Oeftersten des Menschen
ohn nennet, weil diese Benennung eine Geringschätzlichkeit von
h selbst und eine Demuth anzeiget, und weil Jesaias den Ge=
bten Gottes, an dem Gott Wohlgefallen hat, nach der Eigen=
aft der Demuth beschreibet. Er heißet Gott zum Oeftern seinen
ater; aber auch dieses war eine damals gebräuchliche Benen=
ing Gottes, die alle Menschen, ihre Ehrfurcht und Vertrauen
zuzeigen, von Gott gebrauchten; und er hat es kein Hehl, zu
stehen: „Der Vater ist größer denn ich." Er lehret
e Jünger daher auch nur beten: „Unser Vater, der Du
st im Himmel," nicht aber: „Unser Vater und Sohn
ottes." Er giebt wol zu verstehen, er sei ein Herr Da=
ib's, aber insoferne er als der Messias ein Reich aufrichten
lte, dazu alle Todten, auch selbst David, von Gott erwecket
ürden, und darin er König sein und alle Welt richten sollte,
ie auch die Juden sich das Reich des Messias damals vorstell=
n. Er sagt wol, er sei ehe denn Abraham, aber nur
soferne seine Zukunft verheißen war, die nicht allein Abraham,
ndern längst vor ihm die Erzväter im Glauben gesehen. Denn
wie Abraham den Tag Jesu gesehen, so ist Jesus auch gewe=
t zu Abraham's Zeiten und vor Abraham. Der Tag Jesu
er ist nach seinem Verstande gesehen worden im Glauben an
e Verheißungen; demnach ist auch Jesus nach dem Verstande
ser Worte eher gewesen als Abraham in dem Glauben der
zväter und in den Verheißungen, sowie es anderwärts heißt,
ß Jesus als das Lamm geschlachtet sei vom Anbeginn der Welt.
an erkennet aus diesem Obenangeführten abermal, was ich
on mehrmals einfließen lassen: wie leichte man aus Unwissen=
it der jüdischen Redensarten, Meinungen und Allegorien zu
tem ganz ungegründeten Verstande und Lehrgebäude könne
rleitet werden. Denn das kann man überhaupt feste setzen:
e hebräischen Redensarten der Juden klingen nach orientalischer
eise hoch und schwülstig, und man sollte Wunder meinen, was
c eine große Sache darunter verborgen wäre; sie bedeuten aber
e Zeit weniger, als wie die Worte anzudeuten scheinen. Man
uß sie daher lernen von ihrem Pracht entkleiden und entblößen,
verstehet man erst ihre Sprache recht, und die Geschichte von

den Meinungen, welche unter den Juden geherrschet haben, be=
festiget uns alsbann, daß wir den Verstand getroffen. Da aber
die Juden ihre Meinungen, welche seit der Babylonischen Ge=
fängniß aufgekommen waren, nicht allemal mit dem Wortver=
stande der Schrift bestätigen konnten, verfielen sie auf Allegorien,
und daher kann man auch keine mehrere Schärfe des Beweises in
ihrer Schriftgelehrtheit suchen, als die Art einer Allegorie leidet.
Diese Reguln haben mir den Weg gewiesen, auch besonders der
wahren Verstand der Redensart zu finden, wenn ein Mensch
und wenn der Messias Gottes Sohn genannt wird, und ich habe
daraus erkannt, daß, wenn Jesus sich Gottes Sohn nennet, er
nichts auders damit andeuten wolle, als daß er der ausnehmend
von Gott geliebte Christ oder Messias sei, folglich auch hieburch
keine bei den Jüden neue Lehre oder neues Geheimniß aufge=
bracht habe."

§. 14.

„Ebendie angeführten Reguln werden uns nöthig sein, zu
verstehen, was die Hebräer vor einen Begriff gehabt, wenn sie
von dem heiligen Geiste reden. Denn die Hebräer spielen über=
haupt mit dem Worte Geist. Es bedeutet bei ihnen 1) die
Seele selbst, 2) die Gaben und Geschicklichkeit des Gemüths, und
3) den Zustand und die Bewegungen desselben. Daraus ent=
stehen so fremde Redensarten, daß, wer die Sprache nicht gewohn
ist, sich gar leicht verkehrte Vorstellungen von der bedeuteten
Sache machen könnte. Wer verstehet zum Exempel so leicht, was
Lucas sagen will: ein Weib habe einen Geist der Krankhei
gehabt achtzehn Jahre lang und sei krumm oder contract gewesen?
Es soll aber nach seiner Art zu reden nichts anders anzeigen al
eine schlimme Beschaffenheit des Gemüths und Hypochondrie
welche auf eine Nervenkrankheit und contractes Wesen ausge
schlagen. So, wenn von Saul gesagt wird, ein böser Geist hab
ihn beunruhiget, würde man sich irren, wenn man ihn für be
sessen halten wollte. Es war nichts anders als eine böse Ge
müthsbeschaffenheit, die in einer Melancholie, verdrießlichel
Humeur, Jachzorn und halber Unsinnigkeit bestand. Denn alle
Zustand und alle Leidenschaft des Gemüths ist Geist bei den He
bräern, ein Geist des Zorns, ein freudiger Geist, ein geängstete
Geist, ein gedulbiger Geist, ein falscher Geist, ein nureiner Geist
ein guter Geist, ein neuer fester Geist sind lauter verschiedene Ge
müthsbeschaffenheiten, Bewegungen, Tugenden und Laster, di

ein Jeder durch diesen Schlüssel leicht selbst erklären kann. Ebenso
ist es mit der Bedeutung des heiligen Geistes beschaffen.
Es bedeutet 1) Gott selbst. Denn wie sonst der Name Got=
tes, das Angesicht Gottes, die Seele Gottes Gott
selbst bedeutet, so ist auch Gottes Geist und Gott einerlei.
Darum sagt David: „Wo soll ich hinsliehen vor Dei=
nem Geist, nud wo soll ich hinsliehen vor Deinem
Angesicht?" Weil nun Gott heilig ist, so ist auch der heilige
Geist und Gott einerlei, wie Esaias spricht: „Sie erbitter=
ten seinen heiligen Geist; darum verkehrte er sich
und ward ihr Feind." Das heißet ebenso viel, als: sie er=
bitterten den heiligen Gott, den Heiligen in Israel. 2) Werden
durch dies Wort angezeigt die heiligen Gaben des Gemüths bei
den Menschen, sofern sie von Gott kommen, sie seien nun ordent=
lich und natürlich oder außerordentlich, als Weissagungen und
Wunder. So braucht es Esaias bald darauf: „Wo ist, der
seinen heiligen Geist unter sie gab?" wodurch auf die
Weissagung der siebzig Männer im Lager zu Mosis Zeiten ge=
zielet wird. Also heißen die Worte soviel: Wo ist der Gott, der
Jenen die Gabe der Weissagung mittheilete? 3) Soll es die gute
Beschaffenheit des Gemüths und die heiligen Regungen desselben
vorstellen, als in dem bekannten Bußpsalm, da David nach Be=
reuung seiner Sünde bittet um Erneuerung eines festen
Geistes, das ist um einen geänderten Sinn, der beständig sei
im Guten; darnach, daß der heilige Geist nicht möge von
ihm genommen werden, welches eben der erneuerte Sinn und
fester Vorsatz im Guten ist, um dessen Beständigkeit er gebeten
hatte; endlich, daß der freudige Geist ihn enthalten oder
unterstützen möge, das ist, sein Gemüth möge Freudigkeit und
gute Zuversicht zu Gottes Gnade haben. Er tröstet sich auch
damit, daß Gott ihm werde gnädig sein, weil ein zerbrochener
Geist, nämlich ein Gemüth voll Reue und Leid, Gott wohlgefalle.
Wie man nun nicht besonders einen heiligen Geist und wieder
einen festen Geist, dann einen freudigen Geist in Gott selbst an=
nehmen kann, so sind alle diese Geister, daß ich so rede, nichts
anders als die verschiedene Gemüthsregung und Beschaffenheit
bei dem David. Jedoch insoferne die Regungen des Menschen
gut sind und alle gute Gaben von Gott kommen, so wird denn
auch ein jeglicher guter Geist Gott zugeschrieben und sonst auch
wol der Geist des Herrn, der Geist Gottes genannt, der über die
Menschen gekommen oder über sie ausgegossen worden u. s. w."

§. 15.

„Im Neuen Testamente ist die Erwähnung des heiligen Gei=
stes sehr häufig, jedoch in ebendem dreifachen Verstande. 1) Be=
deutet es Gott selbst, als wenn es vom Ananias heißet, er habe
dem heiligen Geist gelogen, welches hernach erkläret wird, er
habe Gott gelogen. 2) Am Oeftersten sind darunter die ordent=
lichen sowol als außerordentlichen Gaben zu verstehen. So sollte
Johannes noch im Mutterleibe erfüllet werden mit dem heiligen
Geist, das ist mit besondern Gaben. Es heißet, der Vater wird
den heiligen Geist geben Denen, die ihn darum bitten, wo es mit
den Gaben, welche Väter ihren Kindern geben, verglichen wird
und also heilige Gaben anzeiget. Mit dem heiligen Geiste ge=
taufet werden, heißet: mit allerlei geistlichen Gaben ausgerüstet
werden. Daß der heilige Geist noch nicht da war, wie es beim
Johannes lautet, kann nichts anders bedeuten, als daß die außer=
ordentlichen Gaben noch nicht mitgetheilet waren. Und so mußten
die Jünger Johannis noch nicht, ob ein heiliger Geist sei, nämlich
ob solche außerordentliche Gaben unter den Jüngern herrschten.
Hernach aber, als sie getaufet waren, kam der heilige Geist auf
sie, und redeten mit Zungen und weissagten. Dahin gehöret auch
der heilige Geist als Advocate, welchen Jesus verheißen, näm=
lich eine besondere Gabe, zu reden und sich zu vertheidigen.
3) Sind durch den heiligen Geist die heiligen Regungen und
Triebe zu verstehen. So ward Elisabeth und Zacharias des
heiligen Geistes voll, das ist, sie empfunden einen heiligen Trieb,
Gott zu loben. So ist die Lästerung wider den heiligen Geist
vermuthlich zu verstehen als eine Lästerung wider den innern
Trieb des Gewissens. Mit mehrern Stellen der Schrift mag ich
meine Leser nicht beschweren, und Verständige werden von selbst
sehen, daß die übrigen hieraus leicht zu erklären sind, und daß
darin ke.. Begriff einer besondern Person in Gott verborgen
lieget.“ in

§. 16.

„Nun will ich auch noch mit Wenigen der Stellen gedenken,
wo man gemeiniglich glaubt, daß alle drei Personen der Gott=
heit, Vater Sohn und heiliger Geist, zugleich aufgeführet werden.
Dieser Stellen sind bei den Evangelisten nur zwo, die eine bei
der Taufe Jesu und die andere bei der Taufformul, welche Jesus
seinen Jüngern soll vorgeschrieben haben. Wegen der letztern

muß ich um einen kleinen Aufschub bitten, weil ich sie nicht eher in ein volles Licht setzen kann, bis ich die Taufceremonie selbst werde erläutert haben, welches bald darunter geschehen soll. Mit der Taufe Jesu selbst war es so beschaffen: Der Messias sollte vermöge der Weissagungen als der von Gott besonders Geliebte mit außerordentlichen Gaben reichlich überschüttet sein; Gott wollte seinen Geist über ihn ausgießen oder, wie es sonst heißet, ihn mit Freudenöl salben, mehr denn seine Gesellen. Diese reiche Schenkung geistlicher Gaben konnte nicht besser vorgestellet werden als bei der Taufe; darum auch Johannes und die Apostel die Redensart brauchen: mit dem heiligen Geist getaufet werden, wenn sie sagen wollen, daß die Menschen mit besondern geistlichen Gaben überschüttet sind. Demnach, da Johannes der Täufer seinen Vetter Jesum dem Volke als den Messias vorstellen will, so siehet er den Himmel offen und den heiligen Geist als eine Taube herabfahren; dabei höret er eine Stimme vom Himmel (eine Bath-Kol): „Dies ist mein lieber Sohn, an welchem ich Wohlgefallen habe." Wir wollen aus dem Lucas annehmen, daß hier eine körperliche Gestalt der Taube gemeinet sei; jedoch war Alles dieses nur ein Gesichte und geschahe nicht wirklich. Der eine Johannes der Täufer siehet und höret Alles alleine. Marcus sagt: „Er (Johannes) sahe den Geist Gottes herunterfahren als eine Taube," und bei dem Evangelisten Johannes spricht Johannes der Täufer selbst: „Ich habe den Geist als eine Taube vom Himmel herunterfahren sehen, und er blieb auf ihm." Wäre die Sache wirklich geschehen, so würde alles Volk, so dabei stand, solches mit gesehen und gehöret haben, und dann würden die Evangelisten solches Sehen und Hören auch nicht so sorgfältig auf den einen Johannes einschränken, sondern sie hätten vielmehr Ursache, sich auf alles gegenwärtige Volk als Augen- und Ohrenzeugen zu berufen. Nun aber, da Johannes alleine siehet und höret, wovon Andere nichts wissen, so ist es ein solches Gesichte, wie Stephanus gehabt, der unter so vielem Volke alleine den Himmel offen siehet und Jesum zur rechten Hand Gottes sitzen, welches kein vernünftiger Mensch für eine wahre Begebenheit halten kann. Und wie Cornelius in einem Gesichte einen Engel sahe und mit sich reden hörte, und Petrus bald darauf in einem Gesichte den Himmel offen und allerlei Thiere vom Himmel herunterkommen sahe und eine Stimme mit sich reden hörte, so sahe auch Johannes den Himmel offen und eine Taube herabkommen und hörte darauf eine Stimme. Und

wie könnte sich wol der Himmel in der That aufthun? wie können
vernünftige Menschen sich dergleichen gedenken? Die Einbildungs=
kraft aber, worin die Gesichte vorgestellet werden, kann dergleichen
malen, und Grotius bemerket gar wohl: „id velut solenne signum
praevium ταῖς ὀπτασίαις“: die Oeffnung des Himmels
sei ein gewöhnlich Zeichen der Gesichte, welches
vorangesetzet wird, als beim Ezechiel: „Da thät
sich der Himmel auf, und Gott zeigete mir Ge=
sichte.“ So wenig demnach der Himmel sich in der Wahrheit
öffnen kann, so wenig Gott mit leiblichen Augen kann gesehen
werden, oder ein Menschenkind bei ihm zur rechten Haud im
Himmel stehen kann; so wenig ein Tuch, an vier Zippeln gebunden,
allerlei Thiere in sich fassen und so mit den Thieren aus dem Himmel
herunterkommen kann: ebenso wenig kann der Himmel, in welchem
und aus welchem dieses soll geschehen und gehöret sein, sich in der
That öffnen, oder auch aus dem geöffneten Himmel eine Taube her=
unterfliegen. Es ist auch die Meinung und Absicht der hebräischen
Schreiber nicht einmal, daß sie dergleichen Dinge als eine wirk=
liche Begebenheit vorstellen wollten, sondern wer ihre Sprache
verstehet, der weiß wohl, daß sie in dergleichen Fällen und unter
solchen Redensarten nichts als prophetische Gesichte und Träume
erzählen wollen, wenn sie gleich dieselbe als eine Geschichte oder
Historie einkleiden. Abermal ein Zeichen, wie sehr man sich ohne
genaue Kunde der Schreibart der Hebräer in dem wahren Ver=
stande ihrer Worte betriegen kann.“

§. 17.

„Wir setzeu es demnach als gnugsam bewiesen voraus, daß
dasjenige, so bei der Taufe Jesu erzählt wird, selbst nach der Ab=
sicht und Meinung der Evangelisten nichts auders als ein Ge=
sichte Johannis des Täufers sein soll. Weil nun Gesichte
nichts anders als Vorstellungen in der Einbildungskraft sind, und
die Einbildungskraft mit lauter sinnlichen Bildern beschäftiget ist,
so ist kein Wuuder, daß Johannes die geistlichen Gaben, welche
Gott vom Himmel dem Messias mittheilet, in einem sinnlichen
Bilde, und zwar einer Taube, die vom Himmel herabkommt, vor=
stellet. Grotius hat auch hier mit guter Einsicht bemerket, daß
der Grund dieses ganzen Gesichtes in dem Orte des Esaias liege,
woraus auch die Worte der himmlischen Stimme hergeholet sind:
„Dies ist mein Auserwählter, an dem ich Wohl=

gefallen habe." Nun wird in dem angeführten Orte der
Messias bei allen seinen Gaben als sehr sanftmüthig abgebildet.
Folglich, da die Tauben ein Bild der Sanftmuth sind, und das
Sprichwort „πραότερος περιστερᾶς", „sanftmüthiger als
eine Taube, ohne Falsch wie eine Taube", bekannt ist,
so stellete die Einbildungskraft in dem Gesichte den heiligen Geist
oder die geistlichen Gaben, die auf Jesum als den Messias von
Gott kommen sollten, durch eine Taube vor, welche vom Himmel
auf ihn herabgefahren und auf ihn geblieben. Denn alle gute
Gaben kommen von oben herab, von dem Vater des Lichts, und
wenn die sinnliche Einbildungskraft diese Gaben vorstellen will,
so bekommen sie eine Gestalt und Bilde. So stellet Daniel den
Rathschluß der Vorsehung Gottes über den König Nebukadnezar
vor unter dem Bilde eines Wächters, der vom Himmel herab=
gefahren. So stellet die Einbildungskraft in dem Traume Jakob's
den göttlichen Schutz über ihn vor unter dem Bilde der Engel,
die auf einer Leiter vom Himmel zu ihm herabsteigen. So wird
das Verhängniß Gottes, daß Ahab denen falschen Propheten mehr
Glauben zustellen mußte als dem Micha, vorgestellet durch einen
falschen Geist, der vom Himmel herabgeschicket worden und sich
in der Propheten Mund gesetzet. Und wenn Johannes die
Heiligungsgaben in der Kirche des Neuen Testaments als von
Gott geschenket vorstellen will, so siehet er ein neues Jerusalem,
die heilige Stadt, vom Himmel herabfahren und höret eine große
Stimme, die da spricht: „Siehe da eine Hütte Gottes bei dem
Menschen!" Da demnach Johannes der Täufer Jesum vorstellen
will als mit außerordentlichem Geiste oder Gaben, jedoch voller
Sanftmuth von Gott ausgerüstet und als den Geliebten Gottes,
den Messias, so siehet er den heiligen Geist in Gestalt einer Taube
vom Himmel herabfahren und auf ihn bleiben; und siehe da,
eine Stimme vom Himmel rufet: „Dies ist mein lieber Sohn, an
dem ich Wohlgefallen habe." Es sind also in diesem Gesichte
nicht drei verschiedene göttliche Personen vorgestellet, sondern, wie
oben deutlich erwiesen ist, daß der Sohn Gottes blos einen
Menschen bedeute, den Gott sonderlich liebet, und ausnehmend
den Messias, und wie jetzt gezeiget ist, daß der heilige Geist, der
auf Jesum in Gestalt einer Taube vom Himmel herabfähret, in
dem Gesichte nichts anders vorstelle als Jesu außerordentlichen
Geist oder Gaben, so ihm vom Himmel geschenket sind: so bleibet
nur eine göttliche Person in diesem Gesichte übrig, nämlich die
vom Himmel rufet. Johannes hat demnach so wenig als die

Evangelisten in diesem Gesichte einen dreieinigen Gott vor=
stellen wollen."

§. 18.

„Wenn aber Jesus selbst diese fremde und den Juden ganz
unbekannte Lehre von dreien verschiedenen Personen in einem
göttlichen Wesen hätte vortragen wollen oder derselben Erklärung
zu den Pflichten ihres Lehramts gerechnet hätte, sollte er wol da=
von bis nach seiner Auferstehung geschwiegen haben? sollte er
sie alsdenn, da er eben Abschied von seinen Jüngern nehmen will,
blos in dem Taufformular mit drei Worten versteckt haben?
Sollte er sich in seinem Leben immer geringer machen als den
Vater, alle Macht, die er sich selber zuschreibt, demselben als
Geber beimessen und seine Schuldigkeit, demselben zu dienen, zu
gehorchen und ihn anzubeten, erkennen? Sollte er nicht auch als
Mensch, wenn er selber betet, den Vater und den heiligen
Geist als Beides gleiche Mitpersonen eines Wesens anrufen?
Sollte er nicht die Jünger gelehret haben, in ihrem Gebet Gott
Vater, Sohn und heiligen Geist anzurufen oder dasselbe mit einem
Preis: „Ehre sei Gott dem Vater, Sohn und heiligem Geist!"
beschließen? Wir finden von Allen das Gegentheil; und also
ist seine Absicht nicht gewesen, einen dreieinigen Gott vorän=
stellen, sich selbst, wie viel er auch aus sich machet, Gott gleich zu
machen oder darunter eine neue von dem Judenthume abgehende
Lehre einzuführen. Nur Eins muß ich noch berühren, das wieder=
um aus unvorsichtigem Mißverstande der hebräischen Redens=
arten anders genommen werden könte, als es in der That zu
verstehen ist, nämlich wenn Jesus sagt: „Ich und der Vater
sind eins." Denn das möchte um so viel eher dahin ausgedeutet
werden, als es die Juden selbst so anslegten, daß er sich dadurch
selbst zum Gott mache. Allein Jesus hatte gleich vorher bedächt=
lich gesagt: „Der Vater, der sie (die Schafe) mir ge=
geben hat, ist größer denn Alles," nämlich größer nicht
allein als die Schafe, sondern auch als der Hirte. Und nach der
Beschuldigung der Juden erklärt er sich, daß er darunter verstehe,
daß ihn der Vater geheiliget habe, daß er Gottes Sohn sei, daß
er die Werke seines Vaters thue, daß der Vater in ihm sei und
er in dem Vater. Was heißet aber das, daß der Vater in ihm
und er in dem Vater ist, und sie also Beide eins sind? Jesus
redet ein ander Mal auch so zweideutig: „Wenn Ihr mich
kennetet, so kennetet Ihr auch meinen Vater,

und von nun an kennet Ihr ihn und habt ihn ge=
sehen. Da spricht Philippus zu ihm: ,Herr, zeige
uns den Vater, so genüget uns!‘ Jesus spricht zu
ihm: ,Philippe, wer mich gesehen hat, der hat
auch den Vater gesehen; wie sprichst Du danu:
„„Zeige uns den Vater!““ Gläubst Du nicht, daß
ich im Vater und der Vater in mir ist?‘“ Das
war noch Alles hohe und dunkle Zweideutigkeit; die Auf=
lösung folget erst: „An demselbigen Tage werdet Ihr
erkennen, daß ich in meinem Vater bin und Ihr in
mir und ich in Euch. Wer meine Gebote hat und
hält sie, der ist's, der mich liebet. Wer mich aber
liebet, der wird von meinem Vater geliebet werden,
und ich werde ihn lieben und mich ihm offenbaren.“
So waren denn die Jünger Jesu in ihm, sofern sie von ihm
geliebet werden und in seinem Herzen waren. Jesus war wieder=
um in seinen Jüngern, soferne er von ihnen geliebet ward, und
der Vater war in ihm, weil er seinen Vater liebte und nach seinem
Willen that. Da nun die Redensart „Ich und der Vater sind
eins“ durch die andere erkläret wird, so bedeutet sie auch nichts
weiter als gegenseitige Liebe, welche eine Einigkeit der Gemüther
und des Willens stiftet. Das erhellet gar deutlich aus einem
andern Orte, da Jesus für seine Jünger zum Vater bittet: „Auf
daß sie Alle eins seien, gleichwie Du, Vater, in mir
bist und ich in Dir, daß auch sie in uns eins
seien. — — — Ich habe ihnen gegeben die Herr=
lichkeit, die Du mir gegeben hast, auf daß sie eins
seien, gleichwie wir eins sind: ich in ihnen und
Du in mir, auf daß sie vollkommen seien in Eins,
und daß die Welt erkenne, daß Du mich gesandt
hast und sie geliebet hast, gleichwie Du mich ge=
liebet hast.“ Da werden die drei Redensarten „eins sein“,
„in einander sein“ und „sich einander lieben“ ganz gleichlautend
gebraucht und durch einander erklärt, wie denn auch die Ver=
einigung zwischen Jesu und seinen Jüngern in gleichem Verstande
wie die Vereinigung zwischen ihm und dem Vater und zwischen dem
Vater und den Jüngern genommen und eine mit der andern des=
falls verglichen wird, so daß die Jünger mit in die Gesellschaft der
Einheit oder vielmehr Einigkeit Jesu und des Vaters gezogen
werden. Und so bedeutet „eins sein“ im ganzen Neuen Testamente
nimmer etwas anders als eine consensionen animorum, eine Ueber=

einſtimmung oder Vereinigung der Gemüther, wie ich aus allen und jeden Stellen darthun könnte, wenn es der Zweck litte. Wenn demnach Jeſus ſagt: „Ich und der Vater ſind eins," ſo iſt gar ſeine Abſicht nicht, ſich dem Weſen nach zu Gott oder eines Weſens mit dem Vater, und ſich alſo zu einem und dem= ſelben, vom Vater nur perſönlich unterſchiedenen Gott zu machen, ſondern blos, auf eine kräftige Art die Liebe zu ſeinem Vater und des Vaters zu ihm auszudrücken, welches allerdings von dem Geliebten Gottes oder dem Meſſias auch nach jüdiſcher Religion konnte geſagt werden. Demnach iſt auch in dieſen ob= wol etwas zweideutigen und hohen Worten keine neue Lehre oder Geheimniß verborgen, und das war es. was ich erweiſen wollte."

§. 19.

„Ich wollte ferner erweiſen, daß Jeſus weder das Cere= moniengeſetze abzuſchaffen geſucht oder befohlen, noch ſelbſt neue Ceremonien eingeführet habe. Das erkenne ich freilich wohl und habe es auch ſchon oben erinnert, daß Jeſus das Sitten= geſetz und die innere Bekehrung des Herzens dem Ceremonien= geſetz und denen äußerlichen Geberden weit vorziehe und, wenn eins dem andern im Fall der Noth weichen muß, das Ceremonien= geſetz zurücke ſtelle und die gegenſeitige Heuchelei der Phariſäer und Schriftgelehrten hart beſtrafe, welche blos auf ehrliche äußerliche Scheinheiligkeit hielten und die großen Gebote der Liebe und Barmherzigkeit darüber hintanſetzten. Allein übrigens läſſet Jeſus das ganze Ceremonialgeſetze in ſeinem Werth und Gange. Er bezengt ſich demſelben in ſeinem Wandel ſelbſt alle Wege gemäß: er wohnet dem Gottesdienſt in den Syna= gogen und im Tempel fleißig bei; er höret Moſen und die Pro= pheten nach alter Gewohnheit an den Sabbathern leſen; er reiſet nach Verordnung des Geſetzes auf die hohen Feſte, inſonderheit Oſtern, ſodann auch Laubhütten und Kirchweihe nach Jeruſalem und verrichtet daſelbſt, was die Ordnung des Gottesdienſtes mit ſich brachte, läſſet auch für ſich und ſeine Jünger das Oſterlamm ſchlachten und iſſet es mit den gewöhnlichen Lobgeſängen. Allein er betheuret auch überhaupt, daß er nicht kommen ſei, das Geſetze aufzuheben, ſondern alle Gerechtigkeit zu erfüllen. Er verwirft nicht, daß die Phariſäer auch die geringſten Kräuter verzehndeten; er tadelt nur, daß ſie dabei das Vornehmſte im Geſetz verab= ſäumten: „Dieſes," ſpricht er, „ſollte man thun und Jenes nicht laſſen." Er erklärt es an ſich nicht für unrecht

oder thöricht, daß die Pharisäer Gedenkriemen[1]) trügen, wo=
bei sie sich der Beobachtung des Gesetzes erinnerten, wie es
Moses befohlen hatte und Christus auch vermuthlich selbst that;
er bestraft nur, daß sie dieselbe vor Andern groß und breit hätten,
um sich damit sehen zu lassen, als ob sie vor Andern auf das Ge=
setz sorgfältig Acht hätten. Er befiehlet dem Aussätzigen, nach=
dem er rein worden war, sich den Priestern zu zeigen
und die Gabe zu opfern, welche Moses im Gesetze
geboten hatte. Er sagt dem Volke und seinen Jüngern:
„Auf Mosis Stuhl sitzen die Schriftgelehrten und
Pharisäer; Alles nun, was sie Euch sagen, daß
Ihr halten sollet, das haltet und thut's; aber
nach ihren Werken sollt Ihr nicht thun!“ Er spricht
von sich selber: „Ihr sollt nicht wähnen, daß ich
kommen bin, das Gesetz oder die Propheten auf=
zulösen, sondern zu erfüllen. Denn, Amen, ich
sage Euch, bis daß der Himmel und die Erde zer=
gehe, wird nicht vergehen der kleinste Buchstab
noch ein Strichlein im Gesetze, bis daß es Alles
geschehe. Wer nun eins von diesen geringsten Ge=
boten auflöset und lehret gleichwol die Leute
also, der wird der Kleinste heißen im Himmel=
reich; wer es aber thut und lehret, der wird groß
heißen im Himmelreich.“ Dies zeiget so klar, als
immer möglich ist, daß Jesus das Gesetze Mosis in allen Stücken
bis auf die geringsten Kleinigkeiten (so wie andere Juden auch
thaten) für ewig und, so lang die Welt stehet, unveränderlich ge=
halten, das nicht allein nicht abgeschaffet werden und aufhören
würde, sondern hauptsächlich in seinem Himmelreich, welches
nahe herbeikommen wäre, in dem Reiche Gottes unter dem
Messias, gelten und genau beobachtet werden sollte, so daß, wer
auch nur der geringsten Gebote eins (als das Verzehnden bis
auf alle Kleinigkeiten und dergleichen) nicht hielte und andere
Leute überreden wollte, daß man's so genau nicht halten dürfe,
in diesem Reiche des Messias der Kleinste sein sollte; wer es aber
Alles genau hielte und zu halten lehrte, der würde in seinem
Himmelreich groß sein. Es ist also sonnenklar, daß Jesus die
Absicht in seinem Lehramte und bei seinem vorstehenden Himmel=

---

1) Ueber die Denkzettel und Riemen vergl. die Anm. 1 zu S.294.
– A. d. H.

reiche nicht gehabt, ein einzig Buchstab oder Strichlein im Gesetze,
das ist nach seiner Sprache, ein einziges Ceremonialgesetz, welches
in Vergleichung der Liebe und Barmherzigkeit und andern solchen
Pflichten des Sittengesetzes klein heißet, abzuschaffen, aufzulösen
und als nicht mehr nöthig vorzustellen, sondern vielmehr das
ganze Gesetze in diesem bevorstehenden Himmelreiche noch besser
im Schwange zu bringen.   Da nun die jüdische Religion durch
das Ceremonialgesetze hauptsächlich die jüdische wird und sich von
andern Religionen unterscheidet, so ist auch zugleich offenbar,
daß Jesus die jüdische Religion in keinem Stücke abschaffen und
statt derselben eine neue einführen wollen.   Es folget demnach
hieraus auch unwidertreiblich, daß die Apostel der Lehre, Absicht
und Befehl ihres Meisters schnurgrade entgegen gelehret und ge=
handelt, da sie nicht allein die Heiden von diesem Gesetze ent=
bunden, sondern auch die aus dem Judenthum Bekehrte von
solcher Bürde, als die weder sie noch ihre Väter tragen können,
losgemacht.   Sie hörten nämlich selber auf, das Gesetze Mosis
zu beobachten, ohne nur, wenn sie aus Noth und zum Schein noch
so was mitmachen mußten, und lehreten öffentlich, das Gesetze
sei nur ein S c h a t t e n und V o r b i l d a u f C h r i s t u m;
nun aber der, als der Körper selbst, kommen sei, so höre das
Schattenwerk auf, es sei nur ein Z u c h t m e i s t e r a u f C h r i s t u m,
der für Kinder gehöre; nun sie aber in die Freiheit der Kinder
Gottes versetzet wären, hätten sie dieses Zuchtmeisters nicht mehr
nöthig; ja, sie sagten, dieses Gesetze sei nicht allein in sich n i c h t
n ü t z e u n d v e r m ö g e n i c h t , s e l i g z u m a c h e n , sondern wenn
Einer auch z. E. sich beschneiden ließe, dem sei Christus
n i c h t s n ü t z e.   So wurden denn bald Beschneidung, Opfer,
Reinigung, Sabbathe, Neumonden, Festtage und dergleichen
gänzlich abgeschaffet und das Judenthum zu Grabe gebracht.
Dies lässet sich unmöglich mit der Lehre und dem Vorsatze Jesu
reimen und fand auch anfangs großen Widerspruch.   Denn sie
löseten nicht etwa einen Buchstab oder Strichlein im Gesetze,
sondern vielmehr das ganze Gesetze und alle Gebote, große
mit den kleinen, auf, die doch, bis Himmel und Erden
vergingen, auch in dem Himmelreiche, das die Apostel predigen
und fortpflanzen wollten, bestehen sollten; sie lebten und lehreten
anders als ihr Meister, nicht wie Die, so die Größten sein wollten
im Himmelreich und die Stämme Israel auf zwölf Stühlen nach
diesem Gesetze richten, folglich auch die allergeringsten Gebote
dieses Gesetzes selber thun und Andere zu thun lehren sollten, wie

Jesus befohlen hatte, sondern wie Die, so die Kleinsten in diesem Himmelreiche sein sollten, ja gar nicht dazu gehörten. Mit einem Worte, die Apostel sind ganz und gar in Lehre und Leben von ihrem Meister abgegangen und haben die Religion und den Zweck desselben fahren lassen und umgekehrt und ein ganz neues Lehrgebäude eingeführet."

§. 20.

„Es stehet auch dahin, ob Jesus selbst die Absicht seines Himmelreichs weiter als auf die jüdische Nation erstrecket. Denn die Worte sind doch klar, da er seinen Aposteln, die er zur Verkündigung des Himmelreichs ausschicket, diesen Befehl mitgiebt: **Des Weges zu den Heiden sollt Ihr nicht ziehen, noch in eine Stadt der Samariter hineingehen, sondern gehet vielmehr zu den verlornen Schafen des Hauses Israel.**" Und Jesus sagt selbst von sich: „**Ich bin nicht gesandt, denn nur zu den verlornen Schafen vom Hause Israel.**" Ich gestehe, daß ich mit diesen und dergleichen Reden denjenigen Befehl nicht zusammenreimen weiß, welchen er nach seiner Auferstehung soll gegeben haben: „**Gehet hin und lehret alle Heiden und taufet sie!**" Wenn die Apostel kurz vorher, als sie anfangen sollten, das Evangelium zu predigen, dergleichen Befehl, alle Heiden zu Jüngern zu machen, von Jesu bekommen hätten, was brauchte denn der Apostel Petrus sich Bedenken machen, zu dem Hauptmann Cornelius zu gehen, um ihn zu bekehren, gleich als ob er sich dadurch verunreinigte? was brauchte er durch ein besonder Gesichte belehret zu werden, daß Gott auch Heiden zum Christenthum ausersehen hätte? Wie sollten die Apostel und Brüder, da er wieder gen Jerusalem kam, darüber mit ihm gezankt haben, daß er zu einem Heiden eingegangen wäre? (Apostelg. f.), und warum sollte Petrus in seiner Verantwortung sich allein darauf berufen, daß Jesus zu ihnen gesagt: „**Ihr (verstehe: Apostel) sollet mit dem heiligen Geist getaufet werden?**" Denn die Verheißung ginge an sich die Heiden gar nicht an, und er konnte daraus nur durch einen Vernunftschluß seine Vertheidigung herausbringen: „**So nun Gott den Heiden gleiche Gaben gegeben hat wie uns, wer war ich, daß ich Gott wehren sollte?**" Warum sollte der Apostel Petrus sich nicht auf den ausdrücklichen Befehl Jesu und Sendung an alle Heiden berufen? Wenn ein solcher ge-

wesen wäre, so hätte er nur geradezu sagen können: „Ihr wisset
ja, lieben Brüder, den Befehl Jesu, daß wir hingehen
sollen und alle Heiden zu Jüngern machen, aller Creatur das
Evangelium predigen; so ist ja dies der Wille des Herrn und
unser Amt, dazu wir berufen sind." Allein davon sagt Petrus
kein Wort. Auch ist mir bei diesem Befehl das Taufen sehr be-
denklich. Jesus hatte sich zwar selbst taufen lassen, und Johannes
der Täufer hatte bei der Verkündigung des herankommenden
Himmelreichs alle Juden, die zu ihm kamen, getaufet, um sie dazu zu bereiten. Allein in dem ganzen Leben Jesu, nachdem er
sein Lehramt angetreten, lesen wir nicht weiter, daß Jemand getaufet sei; selbst die Jünger Jesu sind von ihm nicht durch dieses
Mittel angenommen worden. Jesus hat Niemand getauft, und
die Apostel sind nicht getauft, haben auch, da sie von Jesu ausgesandt wurden, nicht Befehl bekommen, Diejenigen, so sie zu
ihm bekehren sollten, zu taufen, sondern nur zu verkündigen, daß
Himmelreich sei herbeikommen, und die Kranken zu heilen, die
Aussätzigen zu reinigen, die Todten zu erwecken und die Teufel
auszutreiben. Woher wird denn dieses Mittel nach Jesus' Tod
so nothwendig gemacht? Vermuthlich, weil jetzt erst nach der
Apostel Absicht das Himmelreich auch bis auf die Heiden sollt
ausgedehnet werden, bei welchen das Taufen[1]) so feierlich nöthig
und üblich war, wenn sie sich bekehrten. Jedoch wir wollen und
können das, was nach dem Tode Jesu geschehen, noch jetzo nicht
so gründlich untersuchen. Gesetzt, Jesus habe nachmals seinen
Jüngern befohlen, was er vorhin verboten hatte, nämlich auch
denen Heiden das Himmelreich anzutragen; gesetzt, er habe die
Taufe bei dem Eintritt in die Kirche eingesetzt und dieselbe nicht
allein für die bekehrten Heiden, sondern auch Juden verordnet:
so ist doch auch wiederum wahr, daß er den Juden dabei und dadurch nicht gebiete, ihr Judenthum und die Beobachtung des
Gesetzes Mosis fahren zu lassen, noch denen Heiden, als Proselytis, verbiete, das ganze Gesetze und das völlige Judenthum
anzunehmen. Vielmehr, wie er selber in seinem ganzen Leben
alle Die, so er zu Jüngern und zu Mitgenossen seines Himmelreichs angenommen hatte, beständig ließ Juden bleiben, so wie er es
auch war, ja ihnen vielmehr bezeugte, daß er nicht gekommen sei
das Gesetze aufzulösen, und solches auch seinen Jüngern in seiner

---

1) Ueber die Proselyten vergl. die Anm. 1 zu S. 93. Seit wann man angefangen, die Proselyten der Gerechtigkeit zu t a u f e n, ist sehr unsicher. — A. d. [H.]

Himmelreiche zu thun und zu lehren verbot: so siehet man im
Geringsten nicht, wie dieses Alles nachher durch die einzige Cere=
monie der Taufe sollte umgestoßen und aufgehoben werden, ohne
weiter ein Wort zu sagen.   Denn die Taufe konnte ja bei dem
ganzen Judenthum und dem Gesetze Mosis bestehen und war
an sich schon eine jüdische Ceremonie, wie ich gleich zeigen will.
Auch sind die ersten Christen, welche ursprünglich Juden gewesen
waren, so sehr von dieser Absicht Jesu, daß nämlich das volle
Judenthum bei dem Christenthum bestehen sollte, überzeugt ge=
wesen, daß sie ihres Christenthums ungeachtet stets alle jüdische
Ceremonie beibehielten, ja Eiferer des Gesetzes waren.   Denn
es war nach Jesus' Lehre keine weitere Veränderung in ihrer
Religion vorgegangen, als daß sie bisher geglaubet an einen
Erlöser Israel's, der da kommen sollte, nun aber glaubten an
einen, der schon gekommen sei.   Und es haben auch in neuern
Zeiten vernünftige Gottesgelehrte so geurtheilet, daß man die ge=
borne Juden, wenn sie wollten Christen werden, dabei dennoch
sollte lassen in ihren jüdischen Gebräuchen und in der Beobach=
tung des Gesetzes Mosis fortfahren.   Denn ein Jude, der ein=
mal das Alte Testament annimmt und Moses' Gesetze für göttlich
und nach der Schrift für eine ewige Satzung in allen ihren Ge=
schlechten hält, da man nichts dazu= und nichts davonthun dürfe,
der kann sich unmöglich überreden, daß ein Solcher der von
Mose und den Propheten verheißene Messias sei, welcher Mosis
und aller Propheten Gesetze und Vermahnungen hätte zernichten
wollen.   Was nun auch die Heiden betrifft, welche durch die
Taufe zu Christen gemacht werden sollten, so wären sie eben des=
wegen als jüdische Proselyti anzusehen, welche dadurch das
Judenthum und Gesetze Mosis, wo nicht ganz, jedoch zum Theil
auf sich nehmen.   Denn die Taufe war bei denen Juden damals
dasjenige Mittel oder die Ceremonie, wodurch die Heiden zum
Judenthum eingeweihet und Judengenossen wurden.   Ob nun
wol nicht alle Proselyti gleich waren, sondern einige nur dem
unvernünftigen Heidenthum absagten und als Proselyti portae
unter den Juden zu wohnen Freiheit bekamen, andere nicht allein
das Heidenthum fahren ließen, sondern auch als Proselyti
justitiae alle Gerechtigkeit des Gesetzes zu erfüllen über sich
nahmen, so mußten doch alle Proselyti, auch die Proselyti
portae, einige, nämlich die leichteren Gesetze beobachten, wo sie unter
den Juden ohne Anstoß wohnen wollten, und es war ihnen un=
verboten, wenn sie sich zum vollen Judenthum bequemen wollten;

ja, die Proselyti besonders, so sich taufen ließen, erklärten sich
eben durch diese Ceremonie, daß sie völlige Judengenossen werden
wollten."

§. 21.

„Dieses giebt mir Gelegenheit, zu zeigen, daß, wenn ja Jesus
die Taufe für alle und jede Juden und Heiden geordnet hätte,
so sich zu seinem Himmelreiche bekennen wollten, er dennoch keine
neue Ceremonie eingesetzt oder eine Aenderung in der jüdischen
Religion vorgenommen hätte. Diejenige Handlung an sich,
welche wir „taufen" nennen, bestand darin, daß sich Einer mit
nacktem Leibe ganz und zum Oeftern ins Wasser tauchte, um sich
recht von allem Unflathe über dem ganzen Leibe zu waschen und
zu reinigen; daher es auch βαπτίζειν, „tauchen", „waschen",
„baden", in der Grundsprache genannt wird, welches Wort eigent=
lich von dem leiblichen Waschen und Reinigen zu verstehen; wie
denn der Pharisäer, bei dem Jesus zu Gaste geladen war, sich
wundert, daß Jesus sich nicht w ü s ch e, ehe er zu Tische ginge.
Da stehet dasselbe Wort βαπτίζεσϑαι, was wir sonst T a u f e n
geben. Dieses Waschen aber bedeutete bei heiligen Handlungen
eine Abwaschung und Reinigung von Sünden. Daher Ananias
zu dem Saul sagt: „Und nun stehe auf, laß Dich taufen und
Deine Sünden abwaschen!" Es war also an sich eine leibliche
Reinigung, wie die Juden vielfältig brauchten, und diese leibliche
Reinigung ward gebraucht, so oft man sich zu einer heiligen
Handlung bereit und geschickt machen wollte, um zu zeigen, daß
man zuvor alle Sünde wollte ablegen. Daher als Jakob mit
seiner Familie nach Bethel ziehen wollte, um Gott daselbst einen
Altar zu bauen und ihm für die gnädige Bewahrung zu danken,
so befahl er Allen, die bei ihm waren, die fremden Götter weg=
zuthun, sich zu reinigen oder zu waschen und andere Kleider an=
zulegen. Und als das Volk Israel das Gesetze empfangen sollte,
mußte es sich dazu zween Tage heiligen, daß sie sich und ihre
Kleider wuschen und reinigten. Wenn die Priester zu ihrem Amte
eingeweihet wurden, und wenn sie den Gottesdienst verrichteten,
mußten sie sich zuvor, ja der Hohepriester an dem einen Ver=
söhnungstage fünfmal waschen. Daher war es kein Wunder,
daß Jesus selbst, da er sich zu seinem Lehramt heiligen wollte, in
den Jordan hinabstieg und sich taufen oder waschen ließ, und
daß Johannes, der die Leute zu dem nahen Himmelreich durch
Buße und Bekehrung bereiten wollte, dieselbe sich zu waschen

oder zu taufen heißet. Ganz Judäa kommt fast zu ihm und thut
solches; Keiner wundert sich über die Sache als über ein neues
Beginnen oder einen neuen Gebrauch. Sie wußten das schon,
daß es dem Gesetze Mosis gemäß sei, sich zu allen heiligen Haud=
lungen auf solche Art äußerlich zu reinigen, um dadurch die innere
Reinigung des Herzens anzudeuten. Und daher war es auch
bei den Juden der beständige Gebrauch, daß, wenn Heiden zu
ihnen traten und Judengenossen wurden, sie sich dazu durch ein
Taufen bereiten und weihen mußten; welches denn insonderheit
die Proselyti justitiae, Beide, Manns= und Weibspersonen, thun
mußten, die sich zur Beobachtung des ganzen Gesetzes Mosis be=
kenneten und daher auch aller Vorrechte der gebornen Juden
theilhaftig wurden. Die Sache ist so bekannt, daß ich nicht brauche
weitläuftiger darin zu sein. Wenn nun die Taufe oder das Wa=
schen und Reinigen des ganzen Leibes im Wasser, sowol bei Juden
als Judengenossen, soferne sie sich zu einer heiligen Handlung
bereiten und weihen wollten, gesetzmäßig und gebräuchlich war,
ja, wenn Diejenigen, so noch bisher außer der jüdischen Kirche
gelebt, sich eben durch ein feierlich Waschen oder Taufe zur Be=
obachtung des ganzen Gesetzes Mosis verpflichtet, so war ja das
Taufen, welches Jesus bei dem Eintritt in sein Himmelreich ge=
ordnet hat, keine den Juden fremde Ceremonie, die eine Neuerung
in der Religion anzeigen könnte, und zielete nicht zur Abschaffung,
sondern vielmehr zur Uebernehmung und Festhaltung des ganzen
Gesetzes Mosis. Denn, wie Paulus sagt, Derjenige, so sich be=
schneiden ließe, das ist, eine Mannsperson, so durch die Beschnei=
dung ein Proselytus wird, sei eben dadurch des ganzen Gesetzes
schuldig worden, so verhält sich's auch mit der Taufe als dem
noch allgemeinern Gebrauche der Proselyten sowol männliches
als weibliches Geschlechtes: wer sich taufen ließe bei den Juden,
der ward dadurch des ganzen Gesetzes schuldig."

§. 22.

„Ja, spricht man, mit dieser Taufe ist es ein ganz Anderes:
hier wurden sie nicht getauft, um Jüden, sondern um Christen zu
werden, und zwar mit einer ganz ungewohnten und ein Geheim=
niß der christlichen Religion in sich haltenden Formul: „im Na=
men des Vaters, Sohnes und heiligen Geistes."
Ich antworte: eben diese Formul machet die ganze Sache vollends
verdächtig und bringt mich dazu, daß ich nicht glauben kann,
Jesus habe solchen Befehl der Taufe und solche Taufformul seinen

Aposteln gegeben. Denn außer dem, was ich oben schon über=
haupt erwähnt habe, daß solcher Befehl dem schnurgrade ent=
gegen wäre, was Jesus in seinem Leben zu den Aposteln sagte,
sie sollten nicht zu den Heiden gehen, ihnen das Evangelium zu
predigen, und daß Jesus selbst in seinem Leben während seines
ganzen Amts keinen Jünger getauft, noch taufen lassen, noch an=
dere Bekehrte zu taufen befohlen: so kömmt auch hier eine For=
mul dazu, welche kein einziger Apostel jemals bei irgend einem
getauften Juden oder Heiden gebraucht hat. Man schlage alle
Stellen des Neuen Testaments nach, wo die Apostel getauft und
eine Formul dabei gebrauchet haben: man wird diese nirgend
finden. Petrus spricht zum Ersten bei der Pfingstversammlung
zu Denen, welche frugen, was sie thun sollten: „**Bekehret
Euch, und lasse sich ein Jeglicher taufen auf den
Namen Jesu Christi zur Vergebung der Sünde!**“
Die Bekehrten zu Samaria **waren allein getauft auf den
Namen des Herrn Jesu**. Als der Kämmerling der Königin
Kandaces von Philippo die Taufe verlangte, hieß es: „**So Du
gläubest von ganzem Herzen, so mag's wol gesche=
hen.**“ Wie lautete aber das Glaubensbekenntniß? lautete es
nach dieser Formul: „Ich glaube an den Vater, Sohn und hei=
ligen Geist?“ Nein! sondern: „**Ich glaube, daß Jesus
Christus der Sohn Gottes** (oder Messias) **ist;**“ darauf
ward er getauft. Als Petrus zu dem Hauptmann Cornelius
kommen war und sahe, daß die daselbst versammleten Heiden die
Gabe des heiligen Geistes empfingen, machte er keine Schwierig=
keit, daß sie nicht feierlich durch die Taufe zu Christen geweihet
würden, und **befahl, daß sie getaufet würden auf
den Namen des Herrn**, das ist, auf den Namen Jesu. Als
Paulus zu Epheso etliche Jünger fand, frug er sie, ob sie den
heiligen Geist empfangen hätten, als sie gläubig geworden. Sie
sprachen: „Wir haben auch nie gehört, ob ein heiliger Geist sei.“
Paulus frug weiter: „Worauf seid Ihr denn getauft?“ Sie
sprachen: „Auf Johannis Taufe.“ „Ja,“ spricht Paulus, „Jo=
hannes hat wol getauft mit der Taufe der Bekehrung, aber dabei
gesagt, daß sie gläuben sollten an Den, der nach ihm käme, das
ist an Christum Jesum.“ Wie die Jünger das hörten, **ließen
sie sich taufen auf den Namen des Herrn Jesu.**
Paulus erzählet selber von sich, wie Ananias bei seiner Taufe
zu ihm gesagt: „**Stehe auf und laß Dich taufen und
Deine Sünden abwaschen, und rufe den Namen**

)es Herrn (Jesu) an!" Er schreibt an die Römer: „Wisset
Ihr nicht, daß wir Alle, die wir auf Jesum Chri=
stum getauft sind, die sind auf seinen Tod ge=
tauft?" Er schmählet mit den Korinthern, daß sie sich nicht Alle
nach Christo nenneten, sondern Einige auch wol Paulisch oder
Apollisch. „Wie," spricht er, „seid Ihr auf Pauli Na=
men getauft?" Er will sagen: Es mag Euch Paulus oder
Apollo oder ein Anderer getauft haben, so seid Ihr doch Alle auf
Christi Namen getauft. In welchem Verstande er auch nach=
mals schreibt: „Wir sind durch einen einigen Geist
Alle zu einem einigen Leibe getauft," nämlich Alle
Glieder Christi zu sein. Und an die Galater: „Ihr seid
Alle Gottes Kinder durch den Glauben an Chri=
stum Jesum; denn wie viel Euer auf Christum ge=
tauft sind, die haben Christum angezogen." Sehet
da die Stellen alle mit einander, welche irgend einer Taufformul
oder eines dabei abgelegten Glaubensbekenntnisses erwähnen!
Keine einzige lautet nach einer solchen Vorschrift auf den Na=
men oder in dem Namen des Vaters, Sohnes und
heiligen Geistes, sondern lediglich auf den Namen
Jesu Christi, auf den Namen des Herrn Jesu, auf
den Namen des Herrn, auf Christum. Wenn jene
Formul denen Aposteln von Jesu selbst wäre vorgeschrieben wor=
den; wenn ein solch Geheimniß des Glaubens, nämlich die Drei=
faltigkeit der Personen in Gott, darin steckte; wenn das ein Glau=
bensarticul und dessen Bekenntniß zur Bekehrung und zum Chri=
stenthum nöthig wäre: würden sich wol die Apostel bei der Taufe
unterfangen haben, diese Formul zu ändern, den Vater und hei=
ligen Geist wegzulassen und auf Jesum alleine zu taufen und
auch hierin die Worte zu ändern und bald Jesum, bald den
Herrn, bald Christum, bald Jesum Christum, nimmer aber den
Sohn Gottes zu sagen? Behält doch Paulus und die Evange=
listen alle die Formul der Einsetzung des Abendmahls so genau,
wie sie dieselbe von dem Herrn empfangen: würde Paulus und
die übrigen Apostel die Taufformul nicht auch wörtlich und hei=
lig beibehalten, wenn sie sie von dem Herrn empfangen hätten?
Und woher kömmt es doch, daß sogar kein einziger Evangelist
außer dem einzigen Matthäus dieser Formul erwähnt, welche um
so viel mehr werth sein würde, erzählet und unverändert aufge=
schrieben zu werden, je mehr sie ein Sacrament beträfe und ein
sonst nirgend vorgetragenes Glaubensgeheimniß der Dreieinig=

feit göttlicher Perſonen in ſich hielte? Es iſt, däucht mich, mehr
als zu klar, daß dieſe Formul in ſpätern Zeiten in den Matthäus
(ein Evangelienbuch, das auch ſonſt durch die Ueberſetzung aus
dem hebräiſchen jetzt verlornen Original nicht in allen Stücken
unverfälſcht zu uns kommen und andere mehrere verdächtige
Stellen in ſich hält) eingerücket worden. Und es erhellet aus
Obigen, daß die Apoſtel die Taufe zu nichts auders gebraucht
als zum Bekenntniß des Glaubens, daß Jeſus der Meſſias ſei."

§. 23.

„Allein wir wollen einmal dieſes Alles ausgeſtellt ſein
laſſen; wir wollen ſetzen, daß Jeſus nicht allein die Taufe für
alle Bekehrte geordnet, ſondern ſie auch mit dieſer Formul zu
taufen befohlen habe: ſo würde doch dadurch die Taufe gar nicht
zu einer neuen Ceremonie gemacht, welche in der jüdiſchen Religion etwas äuderte oder zu bereu Abſchaffung und zur Einführung einer anderu Religion einen Endzweck gerichtet hätte. Wenn
die Juden die neubekehrten Judengenoſſen tauften, ſo pflegten
ſie dieſelben auf einen gewiſſen Namen (Leschem, εἰς ὄνομα) zu
taufen. Denn entweder waren es ihre Knechte, ſo wurden ſie
auf den Namen der Freiheit oder der Knechtſchaft
getauft, das iſt, daß ſie hinfüro als Judengenoſſen annoch Knechte
oder auch freie Leute genannt und wirklich ſein ſollten. Oder es
waren Andere, ſo mußte doch ihre Tauje einen gewiſſen Namen
oder Titul haben, worauf ſie getauft und wozu ſie eingeweihet
wurden. Und da iſt beſonders zu wiſſen, daß die Juden die Neubekehrten als neugeborne Kindlein anſahen, die in einen ganz
andern Zuſtand kämen, ihre vorige Anverwandten, Familie,
Namen ablegten und verlören und hergegen als Judengenoſſen
in ein völlig ander Volk und Familie träten und einen neuen
Namen haben müßten. Da wurden ſie denn ſchlechthin **auf den**
Namen der Judengenoſſen (Gerim) getauft, das iſt, daß ſie
hinfüro Judengenoſſen heißen und aller der Vorrechte des jüdiſchen
Volks wirklich genießen ſollten. Auf dieſe Weiſe müßte denn nach
der Art, wie Juden von der Taufe zu reden pflegten, auch Jeſu
Taufformular verſtanden werden, wenn die neubekehrten Jünger
oder Chriſten, welche glaubten, daß der verheißene Meſſias ſchon
gekommen, daß Jeſus der Meſſias ſei, und daß ſein Himmelreich
nahe herbeikommen, εἰς ὄνομα, auf einen gewiſſen Namen,
ſollten getauft werden; nämlich daß ſie von dieſem Glauben und
Bekenntniß eine gewiſſe Benennung empfingen, welche mit dem

oirklichen Genuß gewisser Vorrechte verknüpft wäre. Daß dieses
ie Meinung der Redensart: auf einen Namen taufen, sei,
iehet man ganz offenbar aus denen obangeregten und andern
nehreren Stellen. Denn als die Korinther sich nicht allein Chri=
iisch, sondern auch Einige Apollisch, Andre Paulisch nannten, so
cägt der Apostel, ob sie denn auf den Namen Pauli ge=
auft wären, und danket Gott, daß er Niemand außer einige
Benige getauft hätte, damit Niemand sagen könnte, daß er
Panlus) auf seinen Namen getauft. Sie waren Alle auf Chri=
um oder auf Christi Namen getauft, daß sie sollten Christen sein
nd heißen, das ist, Leute, die den Messias bekennen und an seinem
jimmelreiche Theil haben. Denn die auf Christum getauft
nd, die haben Christum angezogen, die tragen seine Liberei und
lamen, die sind Christi, wie es ebendaselbst erklärt wird.
)emnach wurden auch die Jünger, welche schon an Jesum glaub=
m, aber doch bisher nur auf Johannis Taufe getauft
)aren, so daß sie jedoch darnach nur Johannis Jünger hießen,
och einmal getauft, auf den Namen des Herrn Jesu,
aß sie Jünger und Nachfolger Jesu heißen und sein sollten.
)enn Johannes taufte mit Wasser auf die Bekehrung,
as ist, daß sie von der Zeit an Bekehrte sein und genannt werden
illten; aber darum hatten sie noch die Gabe des heiligen Gei=
es nicht empfangen, welche Jesus seinen Jüngern, die sich zu
m bekenneten, verheißen. Und wenn Paulus sagt, die auf
hristum getauft sind, seien auf seinen Tod ge=
iuft, so verstehet er, daß, wie sie Christen heißen und sein
ollten, sie auch, wie Christus getödtet ist, auf gewisse Weise
etödtet sein und heißen müßten, nämlich getödtet und abge=
irben denen Sünden. Ebender Apostel allegorisiret von den
sraeliten, welche durch die Wolke und durchs Meer gegangen
id, „sie sind Alle auf Mosen getauft,“ das ist, sie
iben sich Alle ebendadurch, daß sie mit der Wolke durchs Meer
gangen sind, für Mosis Nachfolger bekannt, nämlich da
: mit ihm durch die Wüste nach dem gelobten Lande ziehen woll=
i. Es ist aber einerlei in der Schrift, ob es heißet, auf Jemand
taufet sein oder auf Jemandes Namen getaufet sein; der Name
ib die Person, geneunet werden und sein, gilt bei den Hebräern
is: auf Jesum getauft sein und auf den Namen Jesu getauft
n, auf Christum getauft sein und auf den Namen Christi ge=
iuft sein, auf Mosen oder auf Mosis Namen, auf die Freiheit
ier auf den Namen der Freiheit, auf die Bekehrung oder auf

den Namen der Bekehrung getauft sein. Demnach erhellet, daß
die Redensart „auf den Namen einer Person oder Sache taufen"
eigentlich und zuerst bedeutet: Jemand zu dem Ende taufen, daß
er eine gewisse Benennung von der Person oder Sache bekomme
und annehme, hiernächst aber, daß er auch dasjenige sein und
genießen möge, was der Name mit sich bringt."

§. 24.

„Nun wird nicht schwer sein, den wahren Verstand der
Taufformul einzusehen, wenn ja die Proselyti des Messias der
Juden auf den Namen des Vaters, des Sohnes und des heiligen
Geistes haben sollen getauft werden. Es muß eine Benennung
der Getauften von denen Personen oder Sachen nebst einem
gewissen damit verknüpften Zustand anzeigen. Durch den Vater
wird bei den Juden der Vater im Himmel oder Gott verstanden;
das ist eine bekannte und unleugbare Sache, wovon uns allein
das Gebet, „Unser Vater, der Du bist im Himmel",
genugsam überführen kann. Folglich sollten die Getauften von
dem himmlischen Vater benannt werden und sein Kinder
ihres Vaters im Himmel oder, wie es Paulus ausdrückt,
Gottes Kinder. Der Sohn des Vaters oder Gottes hieße
in ausnehmendem Verstande Christus oder der Messias, wie sich
Jesus nannte. Demnach sollten die Getauften Nachfolger oder
Jünger Jesu als des Sohns sein und heißen oder, wie es
Paulus giebt, durch die Taufe Christum anziehen,
Christi sein. Der heilige Geist bedeutet allerlei geistliche, auch
außerordentliche Gaben, welche insonderheit durch die Taufe
oder nach der Taufe denen Bekehrten sollten geschenkt werden.
Demnach sollten die Getauften Begeisterte oder voll des heiligen Geistes genannt werden und sein, das ist, wie es Pau-
lus giebt, den heiligen Geist empfahen, weissagen und
mit allerlei Sprachen reden. Kurz, „taufen auf den Namen des
Vaters, Sohnes und heiligen Geistes" heißet: zu dem Ende
Jemand taufen, daß er ein Kind Gottes in der Nachfolge des
Messias und voll geistlicher Gaben werde. Und was wäre denn
hierin für eine neue Lehre, welche dem, was sich die Juden von
den Tagen des Messias versprachen, nicht völlig gemäß wäre?
oder was wäre es für eine neue Ceremonie, welche mit den
Taufen der Juden, als einer Vorbereitung zu einer heiligen
Handlung oder als einer Einweihung zu dem Judenthum, nicht
gänzlich übereinkäme? Es ist aber fast nicht Wunder, daß

iejenigen, welche die Bedeutung der kurzen Formularum so-
nnium der Juden nicht kennen, aus dieser Taufformul, ich weiß
cht was herausbringen, zumal da sie durch eine falsche Ueber=
zung, die den Katechismusvorurtheilen zu Hilfe kömmt, noch
ehr verleitet werden. Denn da geben Einige die Worte εἰς
ὄνομα: „in dem Namen des Vaters, des Sohnes und des
iligen Geistes"; und dann setzet man noch wol dazu: „im
amen Gottes des Vaters, des Sohnes und des heiligen
eistes", wie es in der Absolutionsformul lautet. Gleich als ob
n Befehl dreier göttlichen Personen dadurch angezeiget würde,
t doch der Vater allein bei denen Juden wahrer Gott ist und
lein statt Gott gebraucht wird, auch „auf Eines Namen
ufen" nichts weiter als eine Benennung andeutet, welche so=
ol von Menschen als von Gott, sowol von Sachen als Per=
nen hergenommen sein konnte. Mein! wie müssen sich doch
nwissende und Einfältige von ihren zum Theil selbst blinden
itern hintergehen lassen! und wie werden doch aus ein paar
unklen Wörtern, die man nicht verstehet, und an deren ächten
lterthum sehr zu zweifeln ist, so leichte große Geheimnisse, ja
ne ganz neue Religion geschmiedet und damit so viele hundert
ahre herdurch menschliche Vernunft und Gewissen gefesselt!
ie christliche Taufe hat heutiges Tages nichts mehr gemein mit
r Taufe, die Jesus eingesetzt haben soll oder die Apostel ge=
:aucht haben. Die Taufe Johannis, Jesu, der Apostel und aller
uden überhaupt war ein Niedertauchen, Baden und Waschen
es ganzen Leibes im Wasser, um durch die leibliche Reinigung
e Seelenreinigung von allem Unflath der Sünden vorzustellen.
agegen man jetzt drei Tropfen Wasser auf den Kopf gießet,
odurch keine Reinigung des ganzen Leibes entstehen und also
uch keine geistliche Reinigung kann vorgebildet werden. Jesus
nd die Apostel hießen, zu taufen auf den Namen des Va=
rs ꝛc. oder auf den Namen Christi. Die Christen aber taufen
tzt im Namen des Vaters, des Sohnes und des heiligen
eistes, und kein Mensch verknüpfet mit diesen Worten denselben
egriff, welchen Jesus und die Apostel damit verknüpfet. Der
ebrauch der ersten Kirche zeiget, daß, wenn ja der Befehl und
e Formul, auf den Namen des Vaters, Sohnes und heiligen
eistes zu taufen, von Jesu selbst herstammte, sie dennoch kein
laubensgeheimniß von dreien Personen in Gott darin gesucht,
ndern von den Worten abgegangen sind und allein auf den
tamen Christi getauft, als welches die Hauptsache war, daß sie

sich zu dem Messias bekennen wollten. Jetzo sucht man in der Worten ein Geheimniß, daran Jesus und die Apostel nicht gedacht, und würde es für eine Todsünde halten, von den Worter abzugehen; hingegen lässet man die Hauptsache fahren. Vo Zeiten ward kein auder Bekenntniß eines Glaubens bei de Taufe abgelegt, als daß Jesus der Christ sei. Nun aber bekenne man eine Dreieinigkeit in Gott, eine Menschwerdung der ander Person in Gott und ein Haufen mehr andere Katechismusartike dabei, worauf die ersten Christen und vielleicht die Apostel selbj zum Theil nicht würden haben zu antworten wissen. In de ersten Kirche wurden alte und erwachsne Leute getauft, welch mußten, worauf sie getauft wurden, und also das Christenthun mit dem Gebrauch ihres Verstandes und aus freien Willen an nahmen. Heutiges Tages macht man die Kinder zu Christen ehe sie noch beulen können, und ehe sie wissen, wie ihnen geschieht und lässet Andere an ihrer Statt denken und wollen und ei Bekenntniß ablegen. Nach der ersten Stiftung sollte man sid durch die Taufe zu dem Messias bekennen, welcher selbst sagte daß er nicht gesandt sei denn nur zu dem Hause Israel, zu de Juden, und keinen Buchstab des ganzen jüdischen Gesetzes auf gelöset, sondern Alles erfüllt wissen wollte; mit einem Worte man sollte sich taufen lassen, um ein vollkommener Jude z werden. Nun aber wird ein Jude getauft, um kein Jude meh zu bleiben, und ein Jeder, um das ganze Gesetze aufzuhebe und auders zu lehren und zu leben als Jesus selbst und als Die so Jesus in sein Himmelreich haben wollte."

§. 25.

„Damit wir nun wieder zu unserm Vorhaben kommen, s erhellet, daß, wenn auch Jesus nach seinem Tode die Taufe fü Alle, so sich zu ihm bekennen würden, mit ebenden Worten, wi es der eine Matthäus erzählet, gestiftet hätte, dennoch keine neu Ceremonie oder Religion, noch Abschaffung der jüdischen Reli gion und Ceremonien darunter verborgen sein könte. Da abe dieser Bericht des Matthäus und der übrigen Evangelisten au ihre Glaubwürdigkeit in denen Stüden, welche nach dem Tod Jesu sollen geschehen sein, ankömmt, so wird sich nach der Unter suchung dieser Frage erst von der Wahrheit urtheilen lassen, ol Jesus nach seinem Tode wirklich eine Taufe geordnet; wenigsten ist aus Obangeregten schon zu ersehen, daß man Ursache habe daran zu zweifeln, weil Jesus in seinem ganzen Leben, so lang

gelehret und Jünger gemacht, von Niemanden was Weiters
ⱶ den Glauben, nicht aber die Taufe gefordert und also weder
ɔſt getaufet, noch getaufte Apoſtel gehabt, noch durch die
ⱶoſtel Andere taufen laſſen; gleichwie denn auch bei denen
ɔornen Juden, zu welchen Jeſus allein geſandt zu ſein glaubte,
ⱶ ſolche feierliche Handlung, wie ſie für die Proſelytos gehöret,
ⱶt ſo nöthig war, indem die Juden durch Annehmung ihres
ⱶ eſſias nichts anders thaten, als was Juden zukam, nicht aber
ⱶ e die Heiden von einer Religion zur andern traten. Ich könnte
ⱶ gleiche Weiſe von der Stiftung des Abendmahls, was einige
ⱶt unterlaufende Worte betrifft, Zweifel erregen; allein weil die
ⱶiftung an ſich nichts Widerſprechendes in ſich hält, ſo will ich
ⱶch von meinem Zwecke nicht entfernen und nur mit Wenigen
ⱶrtern, ob Jeſus durch die Einſetzung des Abendmahls eine
ⱶe Ceremonie geſtiftet, welche zur Abſchaffung und Aufhebung
derer jüdiſcher Ceremonien und des jüdiſchen Geſetzes und Re=
ion dienen ſollte."

§. 26.

„Hiebei muß man ſich erinnern, daß die Stiftung des
ⱶendmahls keine beſondere Handlung und eigene Mahlzeit
ⱶweſen, ſondern die gewöhnliche Oſtermahlzeit war es ohne die
ⱶ geringſte Veränderung, bei welcher dieſe Stiftung nebenher
ⱶchahe. Jeſus war zum Oſterfeſte nach Jeruſalem gekommen
ⱶd gedachte auch die Oſtermahlzeit nach dem Geſetze zu halten;
ⱶe Jünger frugen ihn daher, wo ſie ſollten das Oſterlamm für
ⱶ bereiten. Ob nun zwar der eigentliche Tag zur Schlachtung
ⱶ Oſterlamms noch nicht da war, indem Jeſus noch vor der
ⱶben Oſtern gekreuziget worden, ſo ſcheinet er doch mit ſeinen
ⱶngern eine ſolche Erinnerungsmahlzeit auf Art der Oſter=
ⱶhlzeit gehalten zu haben und ſagt daher bei derſelben: „Mich
ⱶt herzlich verlangt, das Oſterlamm zu eſſen;" und man ſieht
ⱶt, daß er irgend etwas weggelaſſen oder geändert habe, was
ⱶ der Oſtermahlzeit gebräuchlich war. Es war nämlich die
ⱶtermahlzeit im Geſetze geordnet zur Erinnerung der Aus=
ⱶrung aus der ägyptiſchen Dienſtbarkeit und beſtand nach der
ⱶrſchrift Moſis hauptſächlich aus einem ganzen gebratenen
ⱶmm, welches nebſt ungeſäureten Brode und einem Salat
ⱶeſſen ward, wobei die Gewohnheit der Juden auch ein Ge=
ⱶſe in Form eines Ziegelſteins zur Erinnerung ihrer ägyptiſchen
ⱶbeit und einige Becher mit Wein zu trinken nebſt Lobgeſängen

aus den Psalmen David's zu sprechen eingeführt hatte. Bei den
ungesäu'rten Brode, welches der Hausvater oder der Vornehmst
der Familie und speisenden Gesellschaft in Stücken brach un'
herumgab, pflegte derselbe nach jüdischer Weise die Worte zi
gebrauchen: „Dies ist das Brod der Trübsal, welche
unsere Väter in Aegypten gegessen haben." Da'
ist, sie sollten sich bei dem ungesäureten, unschmackhaften Brod
erinnern, in welchem Kummer ihre Vorfahren ihr Brod in
Aegypten gegessen. Und nach Einiger Meinung sollte der Kelch
welcher mit rothem Weine insgemein gefüllet war, ein Erinne
rungszeichen sein, so das viel Blut, welches Pharao in Aegypter
vergossen, vorstellete. Hier siehet man wol, daß bei der Oster
mahlzeit Vieles von den Juden willkürlich eingeführet worden
welches im Gesetze nicht enthalten war, und daß sie sich dabe
beliebige Erinnerungszeichen des Vergangenen gesetzet; welche
denn der Hauptsache auch nicht hinderte. Da nun Jesus da
Osterlamm, und was dem Gesetze gemäß war, Alles in seiner
Gange und Gebrauch lässet, warum sollte es ihm nicht auc
übrigens freistehen, seinen Jüngern ein beliebiges Erinnerungs
zeichen seines Todes bei der Ostermahlzeit zu setzen, da ihm sei
Leiden an ebendiesem Feste bevorstund? Er nimmt daher auc
das Brod als der Vornehmste dieser speisenden Gesellschaft
bricht es und giebt es denen Jüngern mit ein Wenig verändertei
Worten: „Dies ist mein Leib, der für Euch gegebei
wird." Und nachdem sie den Lobgesang gesprochen hatten
nimmt er den rothen Wein und sagt: „Dies ist mein Blut
das für Euch vergossen wird." Wie also blos voi
Menschen der Gebrauch eingeführet war, daß sie sich bei den
Brode am Ostern des Brods der Trübsal ihrer Väter erinner
ten, mit den Worten: „Dies ist das Brod der Trübsal,'
so will Jesus, daß seine Jünger alle Zeit an diesem Feste be
ebendem Brode eingedenk sein möchten, daß er seinen Leib fü
sie dahingegeben, und spricht auf gleiche Weise: „Dies if
mein Leib." Wie die Juden sich bei dem Weine das häufi
vergossene Blut ihrer Vorfahren in Aegypten vorstelleten, fo
sollten künftig Jesus' Jünger auch nicht vergessen, daß Jesus sei
Blut für sie vergossen: „Dies ist mein Blut," sagt er
„das für Euch vergossen wird." Er fügt des Falle
hinzu: „Solches thut zu meinem Gedächtniß," wel
ches Paulus so ausdrücket: sie sollten seinen Tod dabe
verkündigen."

§. 27.

„Nun möchte ich gerne wissen, was hierin für eine Aende=
rung in der Religion und gesetzlichen Ceremonien liegen soll?
Hat denn Jesus bei diesem gesetzten Erinnerungszeichen, daß er
sein Leib und Leben am Ostern für seine Jünger dahingegeben
habe, die Ostermahlzeit oder das Osterfest abzuschaffen befohlen?
Hat er gesagt, ins Künftige könnten sie zu allen Zeiten, an allen
Orten bei jedem Brode und Weine das feierliche Gedächtniß
seines Leidens halten? Es ist vielmehr offenbar, daß Jesus
selbst mit seinen Jüngern damals eine Ostermahlzeit gehalten,
und dieses ohne die geringste Veränderung der gesetzlichen oder
üblichen Ceremonien. Es ist ja auch an sich nichts Wider=
sprechendes, daß man sich zu einer Zeit, bei einerlei Handlung
mehrerer Dinge erinnern kann, die zur selben Zeit geschehen sind,
und daß sich folglich die Jünger Jesu künftig am Ostern und bei
der Ostermahlzeit allemal Beides zu Gemüthe führten, sowol
daß ihre Vorfahren an dem Tage aus der ägyptischen Dienst=
barkeit errettet worden, als auch daß Jesus, um Israel zu er=
lösen, sein Leib und Leben um dieselbe Zeit dahingegeben. Man
muß vielmehr natürlicher Weise so schließen: da Jesus die Oster=
mahlzeit zum willkürlichen Erinnerungszeichen seines Leidens
brauchet, so schaffet er dieselbe nicht allein nicht ab, sondern
bestätiget sie vielmehr, indem die Sache mit dem Erinnerungs=
zeichen eine Verbindung bekömmt, und folglich auch nunmehro
das Andenken des aufgeopferten Leibes und Lebens Jesu an die
Ostermahlzeit und besonders an dem Essen des ungesäureten
Brodes und dem Trinken des gesegneten Kelches (welchen die
Juden calicem benedictionis nennen) gebunden war. Die Sache
selbst macht es offenbar, daß diese Erinnerungsmahlzeit von Jesu
Leiden von der Ostermahlzeit nicht getrennet und unterschieden
sein solle, sondern daß vielmehr ebendie Ostermahlzeit und keine
andere die feierliche Erinnerung davon geben sollen. Denn das
Leiden, dessen man sich erinnern sollte, geschahe ja am Ostern.
Alle Erinnerungszeichen aber von einer Geschichte, die öffentlich ge=
setzt werden und zur Gewohnheit gedeihen sollen, binden sich an die
Zeit des Jahrs, da dieselbe vordem geschehen sind; wie es mit den
Feiertagen und öffentlichen Mahlzeiten bei den Hebräern sowol als
andern Völkern gehalten worden ist, und wie es besonders bei der
Erinnerung des Todes einer berühmten Person unter den Juden
üblich war, daß sie dieselbe einmal im Jahre öffentlich und feier=
lich präcise auf dem Sterbetag ansetzten. Da nun diese Oster=

mahlz
mit ih   u
saß, ihn zum   ie Jünger
nichts bequem   zu begehen,
als ebendiese betrübte Ostermahlzeit. Ja, was noch mehr ist,
Jesus giebt selbst bei dieser Einsetzung zu verstehen, daß er das
Osterlamm und also auch das ungesäurete Brob, w
hörte, imgleichen den Segenskelch und das Gewächs
stocks selber wieder aufs Neue zu essen und zu trinken hoffte,
wenn das Reich Gottes angehen würde, welches er sonst das
Himmelreich oder seines Vaters Reich nennet: Dieses sollte
nämlich geschehen bei seiner andern Zukunft, da er bald in den
Wolken des Himmels wiederkommen wollte mit großer Kraft und
Herrlichkeit und seine zwölf Jünger sitzen sollten auf zwölf Stüh=
len, zu richten die zwölf Geschlechte Israel. Daher auch Paulus
die Worte der Einsetzung „zu meinem Gebächtniß" so
erkläret, sie sollten des Herrn Tod verkündigen, bis daß er
kömmt. Demnach sollten die Jünger Christi mittler Weile, bis
er sich lebendig wieder darstellte zu seinem Reiche, und bis er in
demselben aufs Nene Ostern halten, das Brob essen und von
dem Gewächse des Weinstocks trinken würde, seinen Tod bei
dieser Ostermahlzeit feiern und verkündigen. Ostern sollte folg=
lich nicht allein unterdessen beständig gehalten werden, sondern
es sollte auch in dem zukünftigen Reiche Gottes, welches Jesus
nach seiner Wiederkunft aus den Wolken aufrichten würde, vor
wie nach und recht aufs Neue gefeiert und das Osterlamm nebst
Allem, was dazu gehöret, dabei gegessen und getrunken werden."

§. 28.

„So ist denn nun aus Allem, was Jesus in Absicht auf sein
Himmelreich gelehret, zu glauben befohlen und gestiftet hat,
nichts weiter übrig. Und wenn wir uns wegen dessen, was in
diesem Stücke von Jesu geschehen ist, blos an die Nachricht der
vier Geschichtschreiber oder Evangelisten halten, so ist im Ge=
ringsten nicht zu erkennen, daß derselbe entweder die im Gesetze
verordnete und übliche jüdische Religion und Gebräuche ab=
schaffen und ändern oder statt derselben neue Lehren und Ge=
heimnisse pr   nebst einer neuen Religion auch neue
Ceremonien   ollen, sondern es erhellet vielmehr, daß
Jesus selb   Jüngern vollkommene Juden gewesen,
und daß er eines Theils nichts anders gelehret, als daß sich die

Juden rechtſchaffen bekehren und ſich einer beſſern Gerechtigkeit
als der äußerlichen ſcheinheiligen, phariſäiſchen befleißigen ſoll=
ten. Auf dieſes thätige Weſen, auf dieſe Frömmigkeit des Her=
zens bringen alle ſeine Reden, Lehren und Vermahnungen, mit
allerlei ſo deutlichen als Gleichnißreden, die der Einfältigſte
begreifen konnte und ein Jeder gerne hören mochte. Es iſt alſo
in der That erwieſen, daß der eine Theil der Lehren Jeſu kurz
zuſammengefaſſet ſei in dem einem Worte „Bekehret Euch!“
Nun haben wir noch den andern Theil der Lehren Jeſu zu be=
trachten, wie er als eine Hauptabſicht der vorigen ausgedruckt
iſt: „denn das Himmelreich iſt nahe herbeikom=
men.“‟

§. 29.

„Das Himmelreich, zu welchem die geprebigte Bekehrung
als eine Vorbereitung und Mittel leiten ſollte, und welche folg=
lich den äußerſten Zweck der Unternehmung Jeſu in ſich hielte,
wird von ihm ſelbſt gar nicht erklärt, was es ſei oder worin es
beſtehe; die Gleichniſſe, welche er davon brauchet, daß es einem
Säemann, einem Senſkorn, einem Sauerteige, einem verborge=
nen Schatze, einem Netze, einem Kaufmann, der gute Perlen
ſuchte ꝛc. gleich ſei, lehren uns nichts oder gewiß nicht viel, wenn
wir ſonſt nicht ſchon einen Begriff haben, den wir mit dem Worte
zu verknüpfen wiſſen. ; Wir ſchließen daraus, daß die Redensart
jenen damaligen Juden ſchon vor ſich verſtändlich geweſen ſein
müſſe und Jeſus ſich alſo auf dieſelbe bezogen; mithin werden
wir Jeſus' Abſicht mit dem Himmelreiche nicht anders ergründen,
als wenn wir uns um die üblche Bedeutung dieſer Redensart
bei den damaligen Juden bekümmern. Es lehren uns aber auch
außer dem Neuen Teſtamente andere jüdiſche Schriften, daß ſie
durch das Himmelreich nicht allein überhaupt dasjenige Reich
verſtehen, welches Gott unter denen Juden als ein König durch
ein Geſetze aufgerichtet, ſondern beſonders dasjenige, welches
er noch viel herrlicher unter dem Meſſias offenbaren würde.
Das Targum[1]) über Micha 4, 7 erkläret den Ort, da in „den
letzten Tagen“ (d. i. nach der Jüden Sprache zu den Zeiten

---

1) Unter Thargum (Targum, הַרְגּוּם pl. תַּרְגּוּמִים) verſteht man
die chaldäiſchen Ueberſetzungen und Paraphraſen des Alten Teſtaments.
Die Thargumim ſtammen aus verſchiedenen Zeiten; das Thargum des Onkelos,
das älteſte, iſt etwa um die Mitte des erſten chriſtlichen Jahrhunderts entſtanden.
— A. d. H.

des Messias) alle Heiden zu dem Gott Israel' nach Jerusalem kommen werden und der Herr König über sie sein will auf dem Berge Zion ewiglich, es „wird ihnen das Himmelreich offenbar werden auf dem Berge Zion." Imgleichen erkläret das Jalkut Schimoni, fol. 178, col. 1, einen andern Ort, Zach. 14, 9, den die Juden gleichfalls von den Zeiten des Messias verstehen, daß alsdenn „die Zeit kommen wird, da das Himmelreich wird offenbar werden." Allein ohne uns viel auf rabbinische Schriften zu beziehen, so weiset uns das Neue Testament selbst diese Bedeutung ganz llar. Denn was waren Diejenigen, so auf das Reich Gottes warteten, anders als Solche, die auf die Zukunft und Offenbarung des Messias warteten? Was wollte Johannes, als der Vorläufer Jesu, für ein ander Reich, das nahe herbeikommen wäre, kund machen, ohne das von dem Messias? Was verstehen die Pharisäer anders, Luc. 17, 20, wenn sie Jesum fragen: „Wenn kömmt das Reich Gottes?" und die Jünger Jesu, wenn sie hofften, nun würde er bald sein Reich anfangen? Der Schlüssel zu dieser Redensart ist folgender. Weil Gott nach dem Ausdruck der Hebräer im Himmel wohnet, und daher der Himmel bei den Juden so viel heißet als Gott selbst, so ist das Reich Gottes und das Himmelreich einerlei. Imgleichen weil der Vatername bei den Juden sowol als besonders bei Jesu ausnehmend den himmlischen Vater anzeigte, so verstehet Jesus durch das Reich seines Vaters ebendieses Himmelreich oder Reich des Messias, als welches er Gott oder dem himmlischen Vater beilegt, insoferne es von Gott aufgerichtet würde und Gott darin der Oberste sein sollte, dem Messias aber alle Gewalt übergeben hätte. Wenn Jesus also allenthalben predigte und predigen ließ vom Reiche Gottes und vom Himmelreiche, daß es nahe herbeikommen wäre, so verstanden die Juden wohl, was er damit sagen wollte: nämlich daß der Messias bald erscheinen und sein Reich anfangen würde. Denn das war die Hoffnung Israel's, wornach sie laut Weissagung ihrer Propheten seit ihrer Unterdrückung und Gefangenschaft sehnlich warteten, daß ein Gesalbter oder Messias, d. i. ein König, kommen sollte, der sie von allen diesen Drangsalen erlösete und ein herrlich Reich unter ihnen aufrichtete. Selbst unter den Heiden war diese jüdische Weissagung allenthalben ruchtbar worden, und denen Juden ward schon die Zeit lange, diß die Erfüllung käme. Die Verkündigung davon mußte ihnen also die

fröhlichste Botschaft oder ein Evangelium sein. Folglich heißet
„das Evangelium predigen" auch nichts anders als: die
fröhliche Botschaft bringen, daß der verheißene Messias nun
bald erscheinen und sein Reich anfangen werde. „Gläubet
dem Evangelio" heißet nichts anders, als: gläubet, daß der
erwartete Messias bald kommen werde zu Eurer Erlösung und
zu seinem herrlichen Reiche."

§. 30.

„Da nun die ganze Absicht Jesu und aller seiner Lehre und
Handlung in diesen Worten enthalten ist, so ist sie überhaupt
klar genug und nach der damaligen Juden ihrer Art zu reden
verständlich genug ausgedruckt. Wenn Johannes, wenn Jesus,
wenn seine Boten oder Apostel allerwärts verkündigten: „Das
Himmelreich ist nahe herbeikommen; glaubet an
das Evangelium!" so mußten sie, daß ihnen die angenehme
Botschaft von der baldigen Zukunft des erwarteten Messias ge=
bracht würde. Allein wir lesen auch nirgend, daß Johannes
oder Jesus oder die Jünger bei dieser Verkündigung irgend was
Weiteres gesagt, worin das Reich Gottes bestehen und von
welcher Art und Beschaffenheit es sein sollte. Daher die Juden
mit solchen Worten von dem nahen Himmelreich nothwendig den
unter ihnen herrschenden Begriff verknüpfen mußten. Der herr=
schende Begriff aber von dem Messias und dessen Reiche war,
daß er ein weltlicher großer König sein und ein mächtiges Reich
zu Jerusalem errichten würde, dadurch er sie von aller Knecht=
schaft errettete und vielmehr zu Herren über andre Völker machte.
Dies war unstreitig die allgemeine Meinung der Juden von dem
Messias und folglich auch die Vorstellung, welche sie sich machen
mußten, wenn ihnen von der Zukunft des Messias und seines
Reiches gesaget ward. Demnach wo die Juden diesem Evangelio
glaubten, da ihnen die Zukunft des Himmelreiches ohne weitere
Erklärung verkündiget ward, so mußten sie auch nach ihren Be=
griffen einen weltlichen Messias und ein zeitlich Reich erwarten.
Die Spuren solcher Erwartung liegen auch gar deutlich und
häufig in den Reden der Jünger und Apostel selbst, die dieses
Reich Andern verkündiget hatten. Sie zankten sich schon darum,
wer der Größte sein würde in diesem Himmelreiche; und ob sie
zwar alle Zwölf sitzen sollten auf zwölf Stühlen, zu richten die
zwölf Geschlechte Israel, so will doch der Eine zur Rechten, der
Andre zur Linken Jesu, als des Messias sitzen, das ist: sie wollen

22*

nach dem Messias die Vornehmsten sein und am Meisten zu sagen
haben; und sie gedachten dabei, daß dieses Reich Gottes alsobald
sollte offenbaret werden. Nun ist sehr wohl zu beobachten, daß
diese Jünger Jesu schon lange vorher von ihm den Befehl be=
kommen hatten: „Gehet hin und sprecht: ‚Das Him=
melreich ist nahe herbeikommen,‘“ und daß sie sich
darauf wirklich durch ganz Judäa vertheilet und selbzweite in
allen Städten, Schulen und Häusern herumgegangen waren, zu
predigen und zu verkündigen, daß das Himmelreich nahe herbei=
kommen wäre, und darnach zu Jesu wieder gekehret waren. Es
kann aber ja Niemand den Leuten eine andere Lehre und Meinung
beibringen, als er selber weiß und glaubt. Demnach da die
Jünger Jesu als Herolde des Himmelreichs nicht nur damals,
sondern auch noch lange nachher sich ein weltliches Reich des
Messias vorgestellet, so haben sie auch kein anderes als ein welt=
lich Reich des Messias in allen Städten, Schulen und Häusern
von Judäa verkündiget. Demnach war ganz Judäa durch solche
Boten in die Gedanken gesetzet, daß Jesus ein weltlich Reich
anfangen wollte. Ja, was noch mehr ist, diese Apostel
sprechen noch nach dem Tode Jesu von seiner Absicht und Vor=
haben nicht anders. „Wir hofften, er (Jesus von Nazareth)
sollte Israel erlösen.“ Die wenigen Worte halten gewiß
sehr viel Merkwürdiges in sich. Erstlich ist offenbar, daß sie noch
eine zeitliche Erlösung und ein weltlich Reich meinen, das sie bis
dahin durch Jesum gehoffet. Israel oder das jüdische Volk sollte
sein erlöset worden, nicht das menschliche Geschlecht. Es war
eine Erlösung, die sie gehoffet hatten, die geschehen sollte, aber
die nicht geschehen und erfüllet war. Wenn nun eine geistliche
Erlösung durch einen leidenden Heiland zu verstehen wäre, so
wäre es nach dem Tode Jesu keine vergebliche und unerfüllte
Hoffnung mehr; und wenn diese Erlösung durch ein Leiden hätte
sollen vollbracht werden, so würden sie nicht zum Grunde ihrer
gehabten Hoffnung angegeben haben, daß Jesus sich mächtig
bezeigt mit Thaten und Worten vor allem Volk. Es war also
kein Erlöser des menschlichen Geschlechts, der durch sein Leiden
und Sterben die Sünde der ganzen Welt tilgen sollte, sondern
ein Erlöser des Volls Israel von der weltlichen Knechtschaft,
welchen sie sich beständig in Jesu vorgestellet und um so mehr an
ihm gehoffet, als er mächtig gewesen in Thaten und Worten
und auch davor bei allem Volke angesehen gewesen. Und darin
bestehet ihre fehlgeschlagene Hoffnung. Es ist weiter hiebei zu

merken, daß die beiden Jünger nicht von sich allein, sondern von allen überhaupt per communicationem reden. Denn Kleophas spricht von einer bekannten Geschichte, darauf die Hoffnung von ganz Israel ankam; er spricht besonders von Denen, die Jesum für einen Propheten erkannt, von Denen, die erschreckt sind durch die Botschaft seiner Auferstehung: „Es haben uns erschreckt etliche Weiber der Unsern; Etliche unter uns gingen hin zum Grabe." Es sind also alle Apostel, alle Jünger, Manns= und Weibspersonen, die so von Jesu bis an seinen Tod gedacht haben, daß er seine mächtige Thaten und Worte zur Erlösung des Volks Israel von der Herrschaft anderer Völker anwenden und solches glücklich hinausführen würde. Man hat drittens zu merken, daß sie dieses von allen Jüngern sagen nach dem Tode Jesu, und daß folglich alle Jünger sich in Jesu, die ganze Zeit herdurch, da er gelebt, bis an seinen Tod, nichts anders als einen weltlichen Regenten und Erlöser und keinen andern Zweck seiner Lehren und Verrichtungen vorgestellet. Demnach ist das Nächste, was wir hieraus zu schließen haben, dieses, daß die Apostel erst nach dem Tode Jesu das Systema von einem geist= lichen leidenden Erlöser des ganzen menschlichen Geschlechts gefasset haben. Folglich haben die Apostel nach dem Tode Jesu ihr voriges Systema von der Absicht der Lehre und den Ver= richtungen Jesu geändert und also dann erst aufgehöret, auf Jesum als einen weltlichen mächtigen Erlöser des Volkes Israel zu hoffen."

§. 31.

„Die Evangelisten gehören mit unter die Zahl der Jünger und Apostel Jesu und legen also diese Hoffnung von Jesu sich selber sowie allen Jüngern bei. Demnach haben sie auch auf Jesum als einen weltlichen Erlöser des Volkes Israel bis an seinen Tod gehoffet und nach fehlgeschlagener Hoffnung, nach seinem Tode erst das Systema von einem geistlichen leidenden Erlöser des ganzen menschlichen Geschlechts gefasset, folglich auch ihr voriges Systema von der Absicht der Lehre und Verrichtung Jesu geändert. Nun haben alle Evangelisten ihre Erzählung von Jesu Lehre und Verrichtung lange nach seinem Tode ge= schrieben: mithin haben die Evangelisten ihre Erzählung von Jesu Lehre und Verrichtungen geschrieben, als sie ihr System und Meinung von der Absicht der Lehre und Verrichtung Jesu geändert hatten. Wenn Einer sein Systema und Meinung von

der Absicht der Lehre und Verrichtung einer Person äudert, so
erkennet er oder giebt vor, zu erkennen, daß er vorhin die Lehre
und Verrichtung der Person anders und unrecht verstanden und
beurtheilet habe. Folglich wenn er seine Erzählung nach ge=
ändertem Systemate auffetzet, so erzählet er die Lehre und Ver=
richtungen anders, als er würde gethan haben, wenn er die
Erzählung vor der Veränderung seines Systematis aufgesetzt
hätte. Die Worte seiner Erzählung sollen seine jetzige, nicht die
vorige, irrige und verworfene Gedanken ausdrucken. Er lässet
also das weg, woraus auch der Leser, sowie er selbst vorhin
gethan, das vorige verworfne Systema schöpfen könnte, und
setzet das vielmehr umständlich hinein, woraus sein jetziges
Systema zu ziehen ist. Er erzählet die Lehren und Verrichtungen
nicht auf die Art und in der Verknüpfung, daß die Absicht des
vorigen, sondern auf die Art und in der Verknüpfung, daß die
Absicht seines jetzigen Systematis darin liege; es sei denn, daß
er aus Versehen und menschlicher Unachtsamkeit einige Ueber=
bleibsel seines alten Systematis stehen lässet. Wir dürfen dem=
nach auch nicht zweifeln, daß die Evangelisten, da sie nach ver=
ändertem Systemate und Meinung von der Absicht Jesu in seiner
Lehre und Verrichtung und nach verworfenem vorigen Systemate
ihre Erzählung geschrieben, die Lehre und Verrichtungen Jesu
anders vorgetragen haben würden, wenn sie vor dem Tode Jesu
und bei seinem Leben sollten davon geschrieben haben, als nun,
da sie es nach seinem Tode gethan. Bei Jesu Leben würde die
Erzählung so gelautet haben, daß man darin ihre damalige
Hoffnung von der weltlichen Erlösung Israel's durch Jesum
deutlich gelesen und erkannt hätte; dagegen können in ihrer
jetzigen Erzählung die Gründe, wodurch sie zu ihrem vorigen
verworfenen Systemate veranlasset worden, nicht so klar ent=
halten sein; sondern da sie den Vorsatz gehabt, ihr neues ver=
ändertes Systema darin vorzutragen, so haben sie mit Fleiß
weglassen müssen, was sie zu dem vorigen Systemate veranlasset
hatte, und das ausführlich hinschreiben, woraus ihr jetziges
Systema zu nehmen ist, auch die Art und Verknüpfung der
Geschichte darnach einrichten; es wäre dann, daß sie aus Ver=
sehen einige Ueberbleibsel ihres alten Systematis hätten stehen
lassen."

§. 32.

„Daß diese gezogene Schlüsse ihre völlige Nichtigkeit haben, zeiget die Lesung der Evangelisten selbst. Denn da ist das neue Systema von einem leidenden geistlichen Erlöser in Jesu eigenen Worten so klar und dürre vorgetragen, und hergegen sind von der Absicht Jesu, ein weltlicher Erlöser Israel's zu werden, in seinen Reden und Verrichtungen so wenige und so dunkle Spuren, daß man nach ihrer jetzigen Erzählung der Geschichte durchaus nicht begreifen kann, wie alle Jünger die ganze Zeit herdurch zu der Meinung des alten Systematis hätten kommen oder auch darin beharren können, wenn anders Jesus das wirklich gesagt, was sie jetzt erzählen, und nichts anders gesagt oder ge- than, was mehr auf eine weltliche Errettung gerichtet war. Es ist besonders nicht zu begreifen, wenn Jesus vor seinem Tode so deutlich von seinem Sterben und von seiner Auferstehung nach dreien Tagen geredet hätte, warum diese so frische Verheißung keinem ein- zigen Jünger, Apostel, Evangelisten oder Weibe in die Gedanken kömmt, als er nun wirklich gestorben und begraben ist. Da reden und handeln sie sämmtlich so, als ob sie ihr Lebetage nichts davon ge- höret hätten: sie wickeln den Leichnam ein, sie suchen ihn mit vieler Specerei für die Fäulniß und Verwesung zu bewahren, ja, sie suchen dieses noch am dritten Tage nach seinem Tode zu thun, da jetzt die verheißene Zeit seiner Auferstehung herankam. Sie wissen folglich auch nichts von einer solchen Verheißung; sie denken an nichts anders, als daß Jesus todt sein und bleiben werde und wie andere Menschen in die Verwesung gehen und stinken. Sie geben alle Hoffnung einer Erlösung durch ihn gänzlich auf und zeigen nicht die geringste Spur von einer andern Hoffnung einer Aufer- stehung oder geistlichen Erlösung. Sie wundern und entsetzen sich, als sie den Stein von des Grabes Thür abgewälzet finden; sie denken noch, der Gärtner möchte den Leichnam wol weggetragen haben, als sie ihn nicht mehr da sehen; und als die Weiber gar den Jüngern die Botschaft von Jesus' Auferstehung bringen, erschrecken sie als über eine unvermuthete Sache und wollen's nicht glauben. Ist es wol möglich, daß sich alle und jede Jünger so betragen konnten, wenn die letzten Reden ihres zum Tode gehenden Meisters die große Verheißung der Auferstehung auf einen bestimmten Tag so deutlich enthalten, wie sie es jetzt er- zählen? Nach ihrem jetzigen Bericht hatte es doch Jesus so klar und verständlich gesagt, daß auch der hohe Rath die Besorgniß eines vorhandenen Betrugs daraus schöpfet: „Wir haben gedacht,

daß dieser Verführer sprach, da er noch lebete:
„Ich will nach drei en Tagen wieder auferstehen,“
ja, daß sie wirklich in Procession mit einer Wache von Soldaten
am Sabbath zum Thore hinausgehen, den Stein versiegeln, die
Wache von Kriegsknechten dabeistellen, „damit nicht die
Jünger kämen und ihn stöhlen und sagten hernach,
er sei auferstanden.“ Wenn demnach Jesus seine Auferstehung so offenbar verkündiget hatte, daß sie stadtkundig geworden, wie der jetzige Bericht der Evangelisten lautet, so ist keinesweges zu begreifen, daß sie denen Jüngern, zu welchen er noch
wol ein Wort mehr sprach, und denen gegeben war, das Geheimniß des Reichs Gottes zu erkennen, gar nicht einmal in den Sinn
kömmt. Hätten sie ja etwa noch einen Zweifel an der Verheißung gehabt, so würden sie deswegen doch wol daran gedacht
haben und würden sämmtlich am dritten Tage hingegangen sein
in der Erwartung, wovon sogar ihre Widersacher Argwohn geschöpfet haben sollen, ob er seine Verheißung erfüllen und wirklich aufstehen werde. Aber Keiner von ihnen denket einmal daran; sie gehen hin, um ihn zu seiner ewigen Ruhe in dem Grabe
zu bereiten. Und was das Meiste ist, so denken sie auch nicht
einmal an die Wache, so das Grab bewahret; sie gehen hin als
zu einem Grabe, das ihnen nicht versperret ist, da die Schwierigkeit sein würde, nicht wie sie vor der Wache dazugelassen werden
möchten, sondern wer ihnen den Stein von der Thür abwälzen
würde. Die Wache verschwindet hier, und die Jünger denken
nicht ein selbst an Jesu Auferstehung nicht, sondern wissen auch
nicht einmal, daß der hohe Rath auf eine stadtkundige Weise
an diese von Jesu vorhergesagte Auferstehung gedacht hat. Wie,
wenn nun ein Evangeliste in denen paar Tagen nach Jesu Tode
die Erzählung von Jesu Reden und Thaten nebst dem ganzen
Verlauf seiner Geschichte hätte sollen zu Papier bringen: könnten
wol diese Erzählungen von seiner verkündigten Erlösung durch das
äußerste Leiden, von seiner in drei Tagen zu erwartenden Auferstehung, von dem Aufsehen, welches diese Verheißung in der
ganzen Stadt nach sich gezogen, hineingekommen sein? Ohne
Zweifel, da sie selber an keine Erlösung mehr gehoffet, an keine
Auferstehung gedacht und sich so betragen, als ob nicht das
Geringste von dieser allgemeinen Vorsicht des Raths geschehen sei,
würde das Alles aus ihrem Evangelio herausgeblieben sein.
Hergegen, da allerdings ein Grund gewesen sein muß, daß
NB. alle Jünger, NB. die ganze Zeit des Lebens Jesu herdurch

s an seinen Tod, auf Jesum als einen weltlichen Erlöser
Israel's gehoffet hatten, so würden wir in ihrer Erzählung der
Geschichte Jesu nach dem alten Systemate souder Zweifel auch die
runde haben zu wissen bekommen, woraus sie eine so beständige
unveränderte Meinung und Hoffnung geschöpfet hatten. Die
Evangelisten haben folglich, seitdem sie ihr Systema von Jesus'
Lehre und Verrichtungen geändert, Dinge hineingesetzt, welche
sie vorher würden weggelassen haben, und Dinge weggelassen,
welche sie vorher würden hineingesetzet haben, und haben dieses
in den wichtigsten Punkten gethan, worauf ihr ganzes neues
Systema ankömmt."

<h2 style="text-align:center">§. 33.</h2>

„Da nun die Geschichte Jesu bei seinen Jüngern nach ge-
ändertem Systemate in den wichtigsten Punkten auders lautet,
als sie vorhin würde gelautet haben; da sie Dinge, worauf ihr
neues Systema hauptsächlich ankömmt, als geschehen erzählen,
wovon sie doch vor der Aenderung ihres Systematis nicht das
geringste gewußt, und andre Dinge aus der Geschichte weglassen, woran sie vor der Aenderung ihres Systematis nothwendig
müssen gedacht haben: so richtet sich ihr neues System nicht nach
der Geschichte, sondern die Geschichte muß sich nach ihrem neuen
Systemate richten. Nämlich so lange sie noch Jesu wirkliche
Reden und Verrichtungen in seinem Leben vor Augen hatten,
hofften sie, er sollte Israel zeitlich erlösen, und ihr Systema
gründete sich blos auf Facta. Nun aber, da ihnen die Hoffnung
fehlschlägt, ändern sie in ein paar Tagen ihr ganzes Systema
und machen ihn zu einem leidenden Erlöser aller Menschen; darauf ändern sich auch ihre Facta, und Jesus muß in seinem Leben
Dinge gesagt und verheißen, ja der ganze Rath des Falls gethan
haben, davon sie vorhin nicht das Mindeste gewußt. Wo sich
nun das Systema nicht nach der Geschichte richtet, sondern die
Geschichte nach dem Systemate richten muß, da sind Beides, Geschichte und Systema, insoferne ungegründet. Die Geschichte,
weil sie nicht aus den Begebenheiten selbst und der daraus entstehenden Erfahrung und Erinnerung hergenommen sind, sondern
blos darum als geschehen erzählet werden, damit sie mit der
neuen und geänderten Hypothesi oder dem neuen Systemate übereinstimmen. Das Systema aber, weil es sich auf Facta beziehet,
die erst nach dem gefaßten Systemate in den Gedanken der
Schreiber entstanden und also blos ersonnen und falsch sind. So

viel sich demnach aus der Jünger Jesu und besonders aus de
Evangelisten ihrem zwiefachen und ganz geänderten Betragen vo
der wahren Absicht, die Jesus in seinen Reden und Verrichtunge
gehabt, schließen läſſet, so können wir nicht anders deuten, als da
ihr erstes Systema von einer vorgehabten weltlichen Erlösun
Israel's gegründet und wahr gewesen, und daß sie nur wege
fehlgeschlagener Hoffnung nach seinem Tode ein ander System
seiner Absichten, nämlich ein leidender geistlicher Erlöser de
Menschen zu werden, ersonnen und darnach die Erzählung seine
Reden und Verrichtungen abgefasset haben, folglich diese Er
zählung und Systema soferne ungegründet und falsch sei."

II.

§. 1.

„Wir wollen aber auch jetzt näher und gerader zur Sach
schreiten und die Gründe beider Systematum aus Jesu eig
nen Reden und Verrichtungen, soweit sie uns berichtet sind
in Erwägung nehmen. Und da siehet ein Jeder wol, daß e
bei dem alten Systemate darauf ankommt, ob uns die Evan
gelisten in der Geschichte Jesu, wider ihr Denken und au
bloßem Versehen, einige Spuren derjenigen Gründe übrig
gelassen haben, wodurch sie selbst ehemals bewogen sind, ihre
Meisters Absichten beständig auf eine weltliche Erlösung Israel'
zu ziehen. Bei dem neuen Systemate aber von einer geistliche
Erlösung der Menschen kömmt es nach dem Geständniß de
Apostel selbst fürnehmlich darauf an, ob Jesus wirklich na
seinem Tode auferstanden und gen Himmel gefahren sei, al
wovon die Jünger Zeugen sind und Jesum gesehen, gesproche
und getastet zu haben beträftigen. Das Erstere wollen wir i
diesem, das Andere in dem folgenden Capitel untersuche
Wir haben's demnach in diesem Capitel mit einer Sache zu thu
die uns mit Fleiß von den Evangelisten verborgen und ve
stecket wird, wie ich kurz vorher ausführlich gezeiget hab
Daher wir wol einer genauern Aufmerksamkeit nöthig habe

ein wie doch die Evangelisten überhaupt nicht zu verbergen
ucht, daß sie Jesum bis an seinen Tod für einen weltlichen
löser Israel's angesehen haben und solches auch bei den
den, die es alle wußten, nicht verhehlen konnten, so ist be=
ders auch nicht wohl möglich gewesen, daß sie alle Spuren
es vorigen Systematis aus der Geschichte gänzlich sollten
tilget und vernichtet haben.   Lasset uns demnach diese Spu=
i aufsuchen."

<h2 style="text-align:center">§. 2.</h2>

„Wenn es wahr wäre, daß Jesus in der Absicht Buße
d Bekehrung predigen lassen, damit sich die Menschen im
auben an ihn als einen geistlichen Erlöser halten möchten,
d wenn es wahr wäre, daß er blos durch Leiden und Ster=
n das menschliche Geschlecht von Sünden erlösen wollen, so
ißte er doch auch, daß fast alle Juden sich einen solchen Er=
er nicht vermuthen waren, sondern blos auf einen weltlichen
löser des Volks Israel warteten und sich also eine Befreiung
n der Knechtschaft und ein weltlich herrlich Regiment von ihm
rsprachen.   Nun lässet Jesus doch nur so schlechthin in den
tädten, Schulen und Häusern von Judäa sagen: das Himmel=
ich ist nahe herbeikommen, welches so viel bedeutete, als das
ich des Erlösers oder des Messias werde nun bald angehen.
aber konnte er wohl wissen, daß, falls die Leute seinen Boten
aubten, sie sich auch nach einem weltlichen Erlöser umsehen und
h in dieser Absicht zu ihm wenden würden.   Denn sie konnten
ne hinzugefügte bessere Belehrung keinen andern Begriff von
m Himmelreiche oder Reiche Gottes oder der fröhlichen Botschaft
von, noch von dem Glauben an dasselbe machen, als wie sie es
ich dem gemeinen Gebrauche der Wörter und der herrschenden
teinung davon gelernet hatten.   Müßte denn Jesus nicht vor
len Dingen dem gemeinen Mann durch die Apostel als Boten
s Himmelreichs aus seinem groben Irrthume geholfen haben,
amit ihre Buße, Bekehrung und Glaube auf den rechten Zweck
führet würde?   Denn wenn sich die Leute nur darum belehrten,
iß sie nach ihrem Wahn in dem weltlichen Reiche des Messias
rrlich und in Freuden leben wollten, so war ihre Buße, Bekeh=
ung und Glaube nicht rechter Art.   Jesus hat ihnen aber durch
ne Apostel keinen bessern Begriff beidringen lassen, nicht allein
eil dieses nirgend gemeldet wird, sondern weil er Solche zu
posteln gebrauchte, die selbst in dem gemeinen Wahn steckten und

keines Beſſern überführet waren. Demnach hat Jeſus wohl wiſſe
können, daß er die Juden durch ſolche rohe Verkündigung d₈
nahen Himmelreichs nur zur Hoffnung eines weltlichen Meſſia
erwecken würde; und folglich hat er auch die Abſicht gehabt, ſ
dazu zu erwecken. Was beſonders die Sendung der Apoſtel z
ſolchem Amte betrifft, ſo müßten wir entweder ſetzen, daß Jeſu
ihre Meinung vom Himmelreiche gewußt hat, oder nicht. In dei
erſten Falle iſt von ſelbſt klar, daß er den Zweck gehabt habe
müßte, die Juden zu einer nahen weltlichen Erlöſung aufzumui
tern, weil er wiſſentlich ſolche Boten dazu braucht, die ſelbſt nicht
anders glaubten und daher Andern auch nichts anders predige
konnten. Hätte er aber ihre Meinung nicht gewußt, ſo müßte i
doch die gemeine und herrſchende bei ihnen vermuthet und d
Jünger erſt ſo lange unterrichtet haben, bis ſie ihren Irrthui
hätten fahren laſſen und von ſeiner wahren Abſicht völlig übe
zeuget wären, damit ſie nicht ein falſches Evangelium verkündigtei
Es iſt aber offenbar, die Jünger hatten den Irrthum oder b
Meinung von einer weltlichen Erlöſung Israel's durch den Meſſia
damals ſowie nachher beſtändig und waren mit nichten eine
Andern überführet; Jeſus aber ſendet ſie doch, das Himmelrei
zu verkündigen und Lehrer Anderer zu werden. Daher hat i
auch in ſolchem Falle dieſe herrſchende Meinung, welche er bei de
Jüngern ſowie bei dem Volke vermuthen mußte, gutgeheißen ui
den Zweck gehabt, ſie durch ganz Judäa auszubreiten. Die Han
lung iſt auf keine Weiſe zu retten. Durch ſolche Missionarie
konnte unmöglich was anders abgezielet ſein, als daß die unt
dem römiſchen Joche ſeufzende und zu einer Hoffnung der Erlöſur
längſt vorbereitete Juden jetzt von allen Euden in Judäa rei
werden und zu Hauſe kommen ſollten.“

§. 3.

„Mit dieſer Abſicht ſtimmen die andern Handlungen Je
überein. Sein Vetter Johannes der Täufer hatte ſchon vorh
die Ohren des Volkes geſpitzet und obwol mit etwas dunkeln Wo
ten, jedoch verſtändlich genug angedeutet, daß Jeſus es wäre, a
den ſie ihre Hoffnung zu ſtellen hätten. Dabei thut er, als ob
Jeſum nicht kennte, und als ob ihm ſolches erſt durch eine göttlic
Offenbarung kund geworden, daß er es ſei. Er ſpricht zu de
Volke: „Ich kannte ihn nicht; aber auf daß er offei
baret würde dem Israel, darum bin ich kommer
zu taufen mit Waſſer — — Ich kannte ihn nichi

r der mich gesandt hat, zu taufen mit Wasser,
ſelbige ſprach zu mir: ‚Ueber welchen Du ſehen
ſt den Geiſt herabfahren und auf ihm bleiben,
ſelbige iſt's, der mit dem heiligen Geiſte taufet,‘
o ich hab's geſehen und hab' gezeuget, daß dieſer
ſ Sohn Gottes iſt.“ Johannes ſagt alſo zu zweien Malen
ntlich, er habe ihn vor der Taufe nicht gekannt. Waren ſie aber
t nahe Vettern? waren nicht ihre Mütter gute Freundinnen
einander, die ſich auch beſuchten? war nicht Jeſus als ein
ibe oft unter ſeinen Bekannten und Gefreundten nach Jeru=
m gezogen? ſo daß Johannes als von gleichem Alter auf eben=
ſ Wege die vetterliche Bekanntſchaft nothwendig hätte unter=
ten müſſen? Warum wollen ſie ſich nun vor dem Volke nicht
h kennen? Ich habe wol zur Entſchuldigung gedacht, Johannes
lle nicht damit ſchlechthin leugnen, daß er ihn gekannt, ſondern
ſ ſagen, daß er nicht gewußt, daß er der Chriſt oder Meſſias
re, von welchem es heißet, daß Johannes ſich nicht werth halte,
en Schuhriemen aufzulöſen. Allein der Evangeliſte Matthäus
ſ mir dieſe Gedanken benommen; denn nach deſſen Bericht hat
ſ Johannes ſchon vor der Taufe als den Meſſias angeſehen.
ſ Jeſus aus Galiläa kömmt, daß er ſich taufen ließe, „wehret'
m Johannes heftig und ſprach: ‚Ich hab' von=
then, daß ich von Dir getaufet werde, und Du
mmſt zu mir!‘“ So kannte er denn ja Jeſum vor der Taufe
ht allein von Perſon ganz wohl, ſondern er wollte ihn auch als
njenigen kennen, von dem er ſelbſt nöthig hätte, getaufet zu
rden, nämlich mit dem heiligen Geiſt; welches der Sohn Gottes
ſr der Meſſias thun ſollte. Das widerſpricht dem Vorigen
enbar und verräth die Verſtellung und abgeredte Karte. Die
den Vettern kannten ſich und wußten Einer von des Andern
ſicht und Vorhaben; ſie beginnen zu einer Zeit ſolche außer=
entliche Handlungen, dadurch Einer des Andern Zweck beför=
te: Johannes verkündiget, daß das Himmelreich nahe ſei, daß
ſ Meſſias ſchon mitten unter ſie getreten, nur daß ſie ihn noch
ht kenneten; Jeſus kommt zu Johanne, daß er von ihm dem
lke als ein ſolcher bekannt gemacht werde. Sie machen ſich
ander bei dem Volke groß: Jeſus ſpricht von Johanne, er ſei
ſ Prophet, ja noch mehr als ein Prophet, er ſei der Elias oder
rläufer des Meſſias; unter Allen, die von Weibern geboren
d, ſei Keiner größer als Johannes. Johannes ſpricht hergegen
n Jeſu, daß er der Chriſt oder der Sohn Gottes ſei, daß er mit

dem heiligen Geist taufen werde, und daß er (Johannes) n
werth sei, ihm die Schuh nachzutragen oder die Schuhriemen a
zulösen. Johannes bekömmt nämlich Offenbarung von der Sa
bei der Taufe: er siehet den Himmel offen und den Geist als e
Taube herabfliegen; er höret eine Bath-Kol, eine filiam vocis o
Stimme vom Himmel, die da rufet: „Dies ist mein lieber Sol
an welchem ich Wohlgefallen habe." Ich habe aber schon and
wärts dargethan, daß kein Mensch von Denen, die um Johan
und Jesum waren, das Geringste gesehen oder gehöret hab
Sondern es war Alles blos Johannis Vorgeben, als sähe er d
in einer Entzückung und prophetischen Gesichte, als hörete er
Stimme vom Himmel in seinen Ohren. Denn einem Prophe
mußten die Juden das zuglauben, daß er gesehen und gehö
hätte, was keiner der Umstehenden sahe und hörte; und sie war
damals gewohnt, sich durch eine vorgegebene Bath-Kol oder Stim
vom Himmel überzeugen zu lassen; welches jedoch nach aller v
nünftigen Theologen Geständniß bei den Juden lauter Betr
und eitles Vorgeben war. So werden denn von Johanne V
stellung und Erdichtungen angewandt, den Zweck Jesu, dar
Jener allerdings mußte, zu befördern."

§. 4.

„Sie führen daher auch einerlei Sprache, Lehre und En
zweck. Johannes prediget zum Vorans nach demselben Formul
was Jesus zu gebrauchen Willens war und was er nachmals f
nen Jüngern in den Mund legt. „Bekehret Euch," spricht e
„denn das Himmelreich ist nahe herbeikommen"
Matth. 3, 2. Bald fängt Jesus selbst an zu predigen und zu sage
„Bekehret Euch, denn das Himmelreich ist nahe herbe
kommen!" Matth. 4, 17. Und sobald er Jünger bekömmt, schickt
sie in ganz Judäa herum, ebendasselbe noch weiter bekannt zu mache
So wenig als Jesus die Juden bei dieser Verkündigung aus ihre
Wahn von einem weltlichen und leidlichen Erlöser heraussetzet,
wenig thut es auch Johannes. Beide lassen das Volk seinen g
wohnten Begriff von dem Himmelreiche oder Reiche des Messi
ungehindert mit ihren Worten verknüpfen. Hätte Johannes w
nigstens, als der Vorläufer, dieses Unkraut zuvor aus den G
müthern der Menschen herausgerissen, so möchte sich Jesus ohn
weitere Erklärung darauf verlassen haben. Allein da diese ei
gewurzelte Meinung denen Leuten sowol von Johannes als Jesu
und seinen Jüngern gelassen und darauf getrost gesäet wird, f

nnte auch Johannes so wenig als Jesus einen andern Zweck
ben, als daß sie das Volk zu der baldigen Erscheinung des längst
hofften weltlichen Erlösers erwecken und begierig machen wollten.
nd auf diesen Endzweck ist Beider Predigt von der Bekehrung
er Buße gerichtet. Die Ursache, warum sie Buße thun und sich
kehren sollten, liegt in diesem nahen Reiche des Messias: „Be=
jret Euch, denn das Himmelreich ist nahe herbeikommen!" Näm=
h es war schon damals und ist noch bis auf den heutigen Tag
r Juden Gedanke: ehe würde der Messias nicht kommen, bis sie
htschaffene Buße thäten und sich ernstlich belehrten; wenn sie
er nur einmal eine wahre Buße und Bekehrung äußerten, so
ürde Gott den Messias alsofort kommen lassen und sie von dem
end ihrer Gefangenschaft und Unterdrückung erretten und ein
rrlich Reich wie zu David's Zeiten unter ihnen aufrichten.
iese Vorbereitung konnte demnach weder von den Juden auf
nen andern Zweck gezogen werden, noch von Johannes und
esus gerichtet sein, als wie es der gemeinen Meinung gemäß
ar; und wenn noch heutiges Tages ein Jude seinen erwarteten
eltlichen Messias bald vermuthete und vorher verkündigen wollte,
würde er nach der allgemeinen Lehre der jüdischen Kirche keine
dere Vorbereitung dazu predigen können als die Bekehrung und
uße. Und eben daraus will Jesus erweisen, daß Alle, die vor
m gewesen und sich für die Erlöser des Volks ausgegeben, nicht
e rechten gewesen sind, weil sie Diebe und Mörder gewesen und
s Volk durch unrechtmäßige Gewaltthätigkeit, nicht aber durch
ekehrung und Buße zu diesem Zwecke zu führen getrachtet. Der
dere Erlöser, welchen die Juden erwarteten, sollte dem ersten
rlöser aus der ägyptischen Dienstbarkeit, Moses, darin ähnlich
in, daß er ein großer Prophete wäre und hienächst viele und
oße Wunder thäte. Und weil dieses bei der orthodoxen Kirche
e ordentlichen Kennzeichen des erwarteten Messias waren, so
rediget und lehret Jesus als ein Prophete und thut viele Wun=
r. Beides konnte das Volk nicht aus der Meinung setzen, daß
ein weltlicher Erlöser sein würde, sondern mußte die Leute viel=
ehr darin bestärken, daß wie ihr erster Erlöser ein wunderthätiger
rophete gewesen, so Dieser der rechte andere Erlöser sein würde,
r sie durch solche Wunder aus ihrer Knechtschaft erretten und
s Reich Israel wieder aufrichten sollte. Darum sagten sie bei
elegenheit der Lehren und Wunder Jesu: „Du bist wahrlich der
rophet, der in die Welt kommen soll," und wollten ihn zum Kö=
ige machen. Jesus zwar entwich auf einen Berg; aber es ist

merklich, daß er das Volk bei der Gelegenheit nicht bestrafet od
belehret, daß das ganz seine Absicht nicht sei, daß er zu ganz wa
auders kommen. Hier wäre solches, wo sonst jemals, höchst nöth
gewesen zu erinnern, wenn Jesus einen andern Zweck gehabt un
die Leute auf einen andern hätte führen wollen.   Demnach muß
das Volk diese zu Jesu gefaßte Hoffnung behalten und ihm no
begieriger nachfolgen.   Es war aber für Jesus hier die Zeit un
der Ort nicht, daß er sich in der Wüste von einer Menge zusammen
gelaufenen gemeinen Volkes sollte zum Könige ausrufen lassen
er gedachte seinen Einzug in die Hauptstadt Jerusalem an eine
Ostern, wenn sich alle Israeliten aus ganz Judäa dahin ve
sammlet hätten, auf eine feierliche Weise zu halten, um von alle
Volke mit einem Male zum Könige ausgerufen zu werden."

§. 5.

„Jesus macht es damit eben wie mit der Bekanntmachun
seiner Wunder. Er verbietet, sie ja nicht auszusagen, wo sie u
möglich konnten verschwiegen bleiben, um nur die Leute dazu b
gieriger zu machen.   Der Aussätzige sollte es Niemand sagen, d
er sich doch den Priestern zeigen sollte zum Zeugniß über sie. D
Blinden sollten zusehen, daß es Niemand erführe, da sie ihm do
vorhin auf der Gasse nachgeschrieen hatten.   Da ihm viel Volke
nachgefolget war und er mancherlei Kranken gesund gemacht hatt
bedrohet er die Menge Volks, sie sollten ihn nicht bekannt mache
Da ihn das Volk recht drückte und drängte und er vor Aller Auge
die Teufel austrieb, bedrohet er sie doch scharf, ihn nicht ruchtbo
zu machen.   Da er das Mädchen von zwölf Jahren aus ihre
Todesschlaf wieder aufgeweckt hatte, in einem Hause, wo viel G
tümmel vom Volke war und Alle auf ihn warteten, ob er es würd
wahr machen, daß das Mädchen nur schlafe, befiehlet er, es müs
Niemand wissen oder erfahren.   Als man mitten unter den zeh
Städten einen Tauben, der zugleich stumm war, zu ihm bracht
nimmt er ihn vor dem Volke besonders und stellet ihn dem Vol
wieder hörend und redend dar, gebot aber, es Niemand zu sage
Mich dünkt, wer etwa einzeln Personen nach einander etwas sag
oder zeigte mit der Bedingung, es Niemand wiederzusagen, d
möchte etwa blos einer Einfalt beschuldiget werden, daß er denke
Andere sollten verschweigen, was er selbst nicht verhehlen kann
Wer aber von einer Menge Volks begehret, daß es Niemand we
ter wissen soll, der hat vielmehr die Absicht, daß es soll desto b
gieriger werden, die Sache zu verkündigen.   Wie denn auch hie

folget: je mehr er verbot, je mehr sie es ausbreiteten. Ein
idermal befiehlet er selbst, seine Wunder bekannt zu machen, und
?nn die Jünger Johannes' zu ihm kommen mit der Frage: „Bist
u, der da kommen soll, oder sollen wir eines Andern warten?"
machet er selbst seine Wunder vor allem Volke bekannt, daß sie
:raus schließen sollten, er sei der Messias: „Sagt Johanni
ieder, was Ihr sehet und höret: die Blinden kom=
en wieder zum Gesichte, die Lahmen gehen herum,
e Aussätzigen werden rein, die Tauben bekommen
r Gehör wieder, die Todten werden aufgeweckt,
ıd den Armen wird das Evangelium geprediget;
ıd selig ist, wer sich nicht an mir ärgert."'

§. 6.

„Jesus verfähret demnach ebenso mit seinem Hauptzweck,
ß er der Christ oder Messias sei. Sein Vetter Johannes hatte
ıt schon vorher kundgemacht: hier sagt er es selbst deutlich genug
ır der ganzen Menge Volks. Er schickt seine Jünger herum,
eses Evangelium allenthalben zu verkündigen; ein andermal
ıenbaret er's dem samaritischen Weibe mit ganz dürren Worten,
ıd die sagt es in der Stadt an, sie habe den Messias funden,
ıß sie Alle zu ihm herauskommen. Er gestehet es vor dem
ohenpriester und Synedrio und vor Pilato, und doch verbietet
's hie und da, sogar seinen Jüngern selbst, es Niemand zu sagen.
on dem Himmelreiche spricht Jesus zu dem Volk in lauter Gleich=
ssen, daraus sie nehmen konnten, was sie wollten. Dennoch
:euet er hin und wieder ein von der großen Gewalt, die ihm
)ergeben sei, von dem Stuhl seiner Herrlichkeit, worauf er sitzen
erde und richten. Er sagt seinen Jüngern, er wolle ihnen das
eich bescheiden, wie es ihm sein Vater beschieden, daß sie essen
ıd trinken sollen an seinem Tische, in seinem Reiche, und sitzen
ıf Stühlen und richten die zwölf Geschlechte Israel. Da er
eses sagte, hatten ihn die Jünger zuvor gefragt: „Siehe, wir
ıben Alles verlassen und sind Dir nachgefolget; was wird uns
ıfür?" Da antwortet ihnen Jesus dieses und setzet hinzu: „Und
er verlässet Häuser oder Brüder oder Schwester oder Vater oder
ıutter oder Weib oder Kinder oder Aecker um meines Namens
illen, der wird's hundertfältig nehmen und das ewige Leben
)lam habba, das Reich des Messias) ererben." So versprach
· ihnen ja eine richterliche Würde und Macht über die zwölf
:tämme Israel und hundertfältig so viel Häuser, Aecker und

Mittel, als sie verlaſſen hatten, wenn ſein herrliches Reich angehen würde. Das zielte ja Alles auf ein weltlich Reich und beſtätigte dieſe Meinung nothwendig bei den Jüngern, die ohne das ſchon ganz davon eingenommen waren. Endlich, wie er glaubte, daß das Volk durch Johannem den Täufer, durch ſeine herumgeſandte Apoſtel, durch ſeine liebliche Lehren und Wunder in den zwei vorigen Jahren genug vorbereitet und geneigt wäre, ihn für den Meſſias zu halten und aufzunehmen, welchen ſie erwarteten, ſo erwählt er zur Ausführung deſſen die Zeit des Oſterfeſtes, da er wußte, daß alles Volk aus ganz Judäa zu Jeruſalem verſammlet wäre: er wählt ſich einen Eſel mit einem Füllen, um damit feierlichſt hinein zu reiten und ſich das Anſehen zu geben, daß er der König wäre, von dem geſchrieben ſtehet: „Siehe, Dein König kömmt zu Dir!" Die Jünger glaubten auch, daß das Reich jetzt angehen ſollte. Sie waren nebſt Einigen aus dem Volke geſchäftig, die Kleider auf dem Wege auszubreiten, ſie ſtreuten Palmen, ſie rieſen: „Hoſianna dem Sohne David!" das iſt: Glück zu dem Könige, dem Meſſias, der auf dem Stuhl David's ſitzen ſoll, „gelobet ſei, der da kömmt im Namen des Herrn!" So reitet er ins Thor der Stadt Jeruſalem, und es wird ein Zulauf und Geſchrei des Volks, die ganze Stadt kömmt in Bewegung. Dieſer außerordentliche äußerliche Aufzug, den Jeſus nicht allein litte, ſondern mit Fleiß veranſtaltet hatte, konnte ja auf nichts anders als auf ein weltlich Königreich abzielen: daß nämlich alles Volk Israel, ſo hier verſammlet und vorher von ihm eingenommen wäre, mit einſtimmen und ihn einmüthig zum Könige ausrufen ſollte."

§. 7.

„Es kann ſein, daß Jeſu bei dieſem Unternehmen nicht gar zu wohl zu Muthe geweſen, und daß er ſeinen Jüngern vorher geſagt, wie er ſich zu ſeinem Leiden und Tode gefaßt machen müßte. Allein dieſe waren voller Hoffnung, ſie verſprachen, ihm beizuſtehen und ihn nicht zu verlaſſen, wenn ſie auch mit ihm ſterben müßten. Und ſo ward es denn gewagt: er ſetzt ſich auf den Eſel, er läſſet ſich königliche Ehre anthun, er hält einen öffentlichen Einzug; und wie dieſes einiger Maßen zu gelingen ſcheinet, ſo gehet er gerade zum Tempel, wo der große Rath ſich zu verſammlen pflegte; er legt ſeine Sanftmüthigkeit ab, fängt Gewaltthätigkeiten und Unruhen an als Einer, der ſich ſchon der weltlichen Macht anmaßet, wirft der Wechsler Tiſche um, nimmt eine

eitsche und treibt die Käufer und Verkäufer und Taubenkrämer
im Vorhofe des Tempels hinaus. Er gehet darnach weiter in
n Tempel, thut einige Wunder vor dem Volk und lehret dasselbe;
ub des andern Tages hält er eine scharfe Rede wider die auf
losis Stuhl sitzende Pharisäer und Schriftgelehrten, das ist wider
n hohen Rath und das Synedrium. Er sagt es alsdenn öffent=
h zu dem Volk, er sei Christus; der allein sei ihr Meister. Er
zilt auf diese Pharisäer und Schriftgelehrten, die den hohen Rath
usmachten, als Heuchler, die das Himmelreich zuschlössen, die der
Wittwen Häuser fräßen, als verblendete Leiter, als Narren und
linde, übertünchte Gräber, Mörder der Propheten, Schlangen
ud Ottergezüchte. Er schließet endlich: sie sollten ihn von nun
ı nicht sehen, bis sie allesammt sprächen: „Gelobet sei, der da
mmt im Namen des Herrn!" gleichwie ihnen die Jünger vor=
rufen hatten. Hieße das nicht, das Volk aufhetzen wider die
»brigkeit? war das nicht ebenso viel gesagt zum Volke, als:
Zerset den hohen Rath, der aus lauter blinden Leitern, Heuch=
rn und Ungerechten bestehet, herunter! Diese verschließen und
ılten das Himmelreich, das erwartete Reich des Messias nur auf.
iner ist Euer Meister, Christus, der bin ich, und Ihr sollet hin=
rt mein Angesicht nicht wiedersehen, bis Ihr mich für den Christ
»er Messias, der im Namen des Herrn zu Euch kommen ist, aus=
:rufen?"

§. 8.

„So blickt denn noch aus der Evangelisten Erzählung ihr
tes wahres Systema von einem weltlichen Erlöser hervor. Man
:ht noch, wenn man den Zusammenhang des Betragens Jesu
s auf diesen Aufzug des Einreitens und den Zuruf: „Glück zu
m Sohne David!" als den actnm decretorium [1]) verfolget,
ır genug, warum sie bis zuletzt gehofft haben, Jesus sollte
Israel erlösen. Man sieht auch klar genug, daß alle die andern
mstände, welche zu dem nachher angenommenen Systemate eines
iftlichen Erlösers gehören, sich mit diesem Verfolg der Lehre und
s Betragens Jesu nicht zusammenreimen lassen. Denn was
ılte dieser öffentliche feierliche Aufzug und der Zuruf: „Glück zu
m Könige"? was sollte die Gewaltthätigkeit und Störung der
rdnung im Tempel? was sollte die aufwieglerische Rede an das
olk gegen den hohen Rath? was die Ermunterung, ihn allein

---

1) Actus decretorius oder criticus heißt „die entscheidende That"
'A. d. H.

für den Meister zu erkennen, der da käme im Namen des Herrn?
Hier entdeckte sich Jesus offenbar genug, was er vorhatte. Aber
das war auch der actus criticus und decretorius, die Handlung,
welche dem ganzen Unternehmen den Ausschlag geben sollte und
worauf Alles ankam. Wäre ihm das Volk in Jerusalem zuge=
fallen und hätte ihn mit für einen König ausgerufen, so wie seine
Jünger ihnen vorgingen, so hätte er ganz Judäa auf seiner Seite
gehabt, als welches am Ostern zu Jerusalem versammlet war, so
wäre der hohe Rath, das Synedrium heruntergeworfen, und man
hätte Jesum mit seinen zum Voraus erwählten siebzig Jüngern
statt der siebzig Pharisäer und Schriftgelehrten in das Synedrium
gesetzet. Allein Jesus hatte sich wol von dem Beifall des Volkes
zu viel versprochen. Johannes der Täufer, welcher dieses Vor=
haben bei dem Volke unterstützen sollte, war gefangen und ent=
hauptet. Von der Herumsendung der Apostel hatte Jesus sich
schon vorhin viele gute Wirkung vorgestellet und gemeinet, sie
würden nicht alle Städte von Judäa vollends durchgegangen sein,
so würde sich des Menschen Sohn schon offenbaren können. Allein
das gemeine Volk lief wol zu Jesu, es hörte seine Gleichnisse gerne,
seine Sittenlehre schmeckte ihnen besser als der Pharisäer, Viele
hofften auch durch ihn von Krankheiten zu genesen. Aber das
war zu dem Hauptzweck noch nicht hinlänglich. Es war dazu nur
gemeines und zusammengelaufenes Volk; kein Vornehmer, kein
Pharisäer hing ihm an. Die Ueberzeugung von Jesus' Wundern
muß denn auch nicht gar stark gewesen sein; sonst würde es nicht
an stärkerem Anhange gefehlet haben. Man siehet aus den Evan=
gelisten, wie Jesus hie und da keine Wunder thun können, weil
sie nicht an ihn glauben wollten; wie er ganze Städte, Chorazin
und Bethsaïda, und wo er die meisten Wunder gethan hatte,
wegen solches Unglaubens schilt, und wenn ihn die Pharisäer und
Schriftgelehrten aus dem hohen Rath bitten, sich durch ein Wun=
der zu rechtfertigen, solches abschlägt und statt dessen anfängt zu
schelten. Wenn nur ein einzig Wunder öffentlich, überzeuglich
und unleugbar von Jesu vor allem Volke an dem hohen Festtagen
geschehen wäre, so sind Menschen so geartet, daß ihm alle Welt
würde zugefallen sein. Allein wie Wenige der Juden von Stand
und Würden auf seiner Seite gewesen, das lässet sich daraus er=
kennen, daß, nachdem das erste Geschrei seiner Jünger und Einiger
aus dem Volke vorbei war, Keiner weiter schreien will: „Glück zu
dem Sohne David!“ Das Volk mochte auch die Gewaltthätigkeit
und Unordnung, so Jesus im Tempel angerichtet hatte, und die

ttern Scheltworte wider ihre Obrigkeit als Vorboten mehrerer
errüttung ansehen. Der hohe Rath hatte wenigstens große Ur=
che, auf dergleichen Beginnen ein wachsames Auge zu haben.
s waren schon vorhin Viele gewesen, welche sich durch Wunder
Messiassen hatten aufwerfen wollen, welche der Ausgang und
rfolg entdeckt hatte. Sie stunden damals unter der Botmäßig=
t der Römer, denen sie nur Anlaß gegeben hätten, ihre Macht
mehrer Einschränkung und Sclaverei der Juden zu gebrauchen,
enn sie dergleichen unruhiges Beginnen eines ausgerufenen Kö=
ges, der Israel erlösen sollte, geduldet und geheget hätten. Sie
ußten also den Rath fassen, wie sie Jesum griffen und der Ge=
hr dadurch vorbeugten. Wie Jesus sahe, daß das Volk nicht
wie seine Jünger schreien wollte „Hosianne" oder „Glück zu
m Sohne David", sondern daß es ihn verläßt, daß der hohe
ath hergegen damit umginge, ihn zu ergreifen, so enthält er sich
s Tempels. Er hatte nicht das Herz, rechte Ostern zu halten,
eil er alsdenn oder wenigstens seine Jünger in seinem Namen
Tempel hätten erscheinen und das Osterlamm schlachten, auch
s Blut an den Altar sprengen lassen müssen, da man ihn oder
ne Jünger hätte ergreifen oder ihm nachspüren können. Er
lt deswegen nur ein Pascha μνημονευτικὸν oder eine Erinne=
ngsmahlzeit, und das einen Tag früher wie sonst. Er hielte
n der Zeit an nur nächtliche Zusammenkünfte und hielte sich
ußen vor der Stadt an verborgenen Orten auf. Er ließe zwar
ige Schwerter zusammenbringen, um sich für einen Ueberfall
wehren, aber war doch besorgt, daß ihn selbst von seinen Jün=
rn Einer verrathen möchte, wo er wäre, fing an zu zittern und
zagen, da er sahe, daß es ihm sein Leben kosten konnte. Judas
er verrieth den Ort, wo er war, und entdeckte seine Person; da
ird er noch in der Nacht vor dem vierzehnten Nisan gefangen,
n kurz der Proceß gemacht und er, ehe das Schlachten der Oster=
mmer im Tempel anginge, gekreuziget. Er beschloß sein Leben
t den Worten: „Eli Eli lama asaphthani": „Mein Gott!
ein Gott! warum hast Du mich verlassen?" ein Ge=
ndniß, so sich ohne offenbaren Zwang nicht anders deuten lässet,
s daß ihm Gott zu seinem Zweck und Vorhaben nicht geholfen,
e er gehoffet hatte. Es war demnach sein Zweck nicht gewesen,
ß er leiden und sterben wollte, sondern daß er ein weltlich Reich
frichtete und die Juden von ihrer Gefangenschaft erlösete; und
rin hatte ihn Gott verlassen, darin war ihm seine Hoffnung
lgeschlagen."

§. 9.

„So erhellet denn aus der vorhandenen Geschichte Jesu noch
ganz deutlich, daß seine Absicht in allen Lehren und Betragen
mit dem alten erſten Syſtemate der Apoſtel von einem weltlichen
Erlöſer übereingeſtimmet, und daß die Apoſtel folglich, ſo lange
Jeſus gelebet, guten Grund und Urſache gehabt, beſtändig von
ihm ſo zu denken; daß ſich aber der Meiſter ſelbſt, und daher noch
viel mehr die Jünger bei deſſen Verurtheilung und Tode zuletzt betrogen geſehen, und daß mithin das neue Syſtema von einem
leidenden geiſtlichen Erlöſer erſt nach Jeſu Tode, blos weil die
erſte Hoffnung fehlgeſchlagen, erfunden ſei, ohne daß vorhin Jemand davon gewußt oder daran gedacht hat. Allein laſſet uns
einmal die Glaubwürdigkeit des alten Syſtematis bei Seite ſetzen,
und das neue an und vor ſich betrachten, ob dazu ein beſſere
Grund vorhanden ſei. Es iſt zwar an dem, daß die Apoſtel
ſelbſt durch Verwerfung ihres vorigen Syſtematis geſtehen, daß ſie
ſich in der Abſicht und Meinung ihres Meiſters, ſo lange er gelebet,
geirrt und betrogen haben, und wir könnten von ſolchen Männern,
die ſich ſelbſt für gröblich irrende und in ihrer Hoffnung be-
trogene Menſchen erkannt, überhaupt gedenken, daß ihr geänderte
Syſtema nicht zuverläſſiger ſein könne. Aber wir wollen ihnen
alle Gerechtigkeit widerfahren laſſen, ihrer vorigen Fehle
auf eine Weile vergeſſen und lediglich ihre neue Lehre in ſich
ſelbſt nach ihren Gründen erwägen. Dieſes Lehrgebäude nun beſtehet kürzlich darin: „Chriſtus oder der Meſſias habe erſt z
der Menſchen Verſöhnung leiden und alſo zu ſeiner Herrlichke
eingehen müſſen; aber er ſei kraft derſelben am dritten Tag
wie er verheißen hatte, von dem Tode und aus dem Grabe lebendig auferſtanden und gen Himmel gefahren und werde bald m
großer Kraft und Herrlichkeit in den Wolken des Himmels wiede
kommen, ein Gericht über die Gläubigen und Ungläubigen, Gute
und Böſen zu halten, und alsdenn werde das Reich der Her
lichkeit angehen. “ Ein Jeder erkennet nun leichte, und die Apoſt
ſelbſt geſtehen es, daß das ganze Chriſtenthum zuvörderſt auf d
Wahrheit der Geſchichte der Auferſtehung Jeſu von ſeinem Tod
ankomme. Man weiß, daß ſolches Factum von ihnen thei
durch das äußerliche Zeugniß der Wächter Pilati vor dem Grab
theils durch der Apoſtel eigene Ausſage und Bekräftigung, thei
durch die Weiſſagungen des Alten Teſtaments erhärtet wir.
Wir wollen ihnen demnach folgen und dieſen dreifachen Bewe

dreien besondern Capiteln durchgehen. Wo aber auch die
erheißung von Jesus' Wiederkunft in den Wolken des Himmels
if eine solche Zeit bestimmt ist, daß sie schon hätte müssen ge=
)ehen sein, so kann uns auch dieser Punkt in den Staub setzen,
m der Wahrheit des Systematis zu urtheilen; welches wir in
:m vierten Capitel untersuchen wollen. Ich setze demnach vors
:ste alle äußerliche Umstände, welche dem Christenthum ent=
eder guten oder widrigen Schein geben können, wohlbedächtlich
:i Seite. Denn aus blos äußerlichen Umständen lässet sich nichts
her schließen; sie gehen das Wesen einer Sache nicht an und
ben keinen festen Beweis. Nur Diejenigen, welche sich in ihren
orurtheilen zu nähren und Andere damit einzunehmen gedenken,
legen den Weg zu erwählen, daß sie ihrer Sache zuerst durch aus=
'suchte äußerliche Umstände und Nebendinge eine gute Farbe
istreichen und die Gemüther zum Voraus damit einnehmen,
e sie noch von der Hauptsache etwas berührt haben, damit es
nen hernach desto eher erlaubt sei, über die Hauptsache behut=
m hinzuschlüpfern. Ich will gerade zur Sache selbst, worauf
lles ankömmt, schreiten und darin mein Urtheil nach klarem
ib deutlichem Widerspruch und Uebereinstimmung der Dinge
chten. Lässet sich nun dadurch die Wahrheit im Hauptpunkte
jerzeuglich heraubringen, so können die äußerlichen, an sich
jeideutigen Umstände darnach desto zuverlässiger beurtheilt
erden."

§. 10.

„Die vornehmste und erste Frage*) — —"

*) Hier tritt das Fragment über die Auferstehungsge=
hichte ein, welches ich den Bibliothekarischen Beiträgen ein=
erleibet habe. Es läuft von diesem 10ten §. bis auf den 32sten,
orauf der Verfasser mit dem 33sten in seiner Materie folgen=
:r Maßen fortfähret:

§. 33.

„Da aber die Zeugen der Auferstehung Jesu sich auf Niemand
nders berufen können, sondern alleine wollen gesehen haben, was
ir andere ehrliche Menschen unsichtbar gewesen, selbst aber in
irer Aussage sich vielfältig widersprechen, so lasset uns doch
ieiter untersuchen, ob ihr Beweis aus der Schrift eine bessere
.eberführung giebt. Der gute Stephanus war der Erste, welcher
ie Auferstehung Jesu so behauptete, daß er sich auch darüber

steinigen ließ. Da er aber sich auf seine Erfahrung nicht berufen
konnte und also nirgend sagt, daß er ihn selber lebendig und
auferstanden nach seinem Tode gesehen hätte, so wendet er sich
zu einem Beweise aus der Schrift des Alten Testaments und wird,
um solchen recht vollkommen zu geben, vorher des heiligen Geistes
voll. Wäre es nicht zu weitläuftig, so wollte ich die ganze Demonstration für die Wahrheit der christlichen Religion wörtlich
hieher setzen; denn sie ist gar sonderbar. Ein Jeder aber wird sich
von selbst erinnern können, daß ich nichts Wesentliches auslasse
oder verdrehe, wenn ich den Hauptinhalt hersetze. Er erzählet
erstlich hundert Dinge, die Einer nicht wissen will, und die zur
Sache nichts dienen: wie Abraham aus Mesopotamien berufen
worden nach Kanaan; wie seinen Nachkommen dieses Land verheißen sei nach vierhundert Jahren zu besitzen; wie er die Beschneidung empfangen und Isaak, Jakob und Joseph von ihm
entsprossen; wie Joseph nach Aegypten verkauft und da hoch
emporkommen sei, endlich aber seine ganze Familie nach sich gezogen habe; wo Jakob und seine Söhne begraben worden; wie
die Nachkommen in Aegypten unters Joch gebracht; wie Moses
geboren, von der Tochter Pharao' erzogen und unterrichtet sei;
wie er einen Aegypter erschlagen und diese seine That ruchtbar
worden und zu seiner Flucht nach Midian Anlaß gegeben; wie
Moses nach 40 Jahren den Beruf bekommen, Israel zu befreien;
wie er solches durch viele Wunder ins Werk gerichtet und das
Gesetz auf dem Berge Sinai empfangen; wie sich die Israeliten
zu der ägyptischen Abgötterei des Kalbes, Moloch's und Rem-
phan gewendet; wie sie das Gezelte des Zeugnisses empfangen
und solches NB. mit Jesu[1]) ins Land gebracht bis zur Zeit
David's; wie darauf David Gott ein Haus bauen wollen,
Salomo solches wirklich gethan, obgleich Gott nicht in Häusern
wohnet. Nun wird man denken: Wozu soll alle diese Erzählung,
die mit Jesu und seiner Auferstehung nicht die geringste Verwandtschaft hat? Denn daß Jesus mit oder in dem Gezelte des
Zeugnisses soll ins Land Kanaan gebracht worden sein, das begreifet kein Mensch. Geduld! jetzt kommt der Beweis; wenigstens
fängt er ex abrupto an, den hohen Rath zu schelten: „Ihr
Halsstarrige und Unbeschnittene an Herzen und
Ohren, Ihr widerstrebet allezeit dem heiligen

---

1) „Μετὰ Ιησου" (Ap.-Gesch. 7, 45) heißt nicht: „mit Jesu", wie der
Ungenannte sich wundernd annimmt, sondern „mit Josua". — A. d. H.

eift, wie Eure Väter, also auch Ihr! Welchen
ropheten haben Eure Väter nicht verfolgt? Ja,
e haben getödtet Diejenigen, die da zuvor ver=
ndigten die Zukunft dieses Gerechten, dessen
hr nun Verräther und Mörder worden seid, die
hr das Gesetz empfangen habt durch den Dienst
er Engel und habt's nicht gehalten." Hier scheint
in Beweis zu Ende zu sein und nichts mehr zu fehlen als das
3. 3. E. ¹) Als aber die halsstarrige, unbeschnittne, verräthrische,
mördrische, gottlose Obrigkeit dem guten Manne noch nicht
auben will, sondern vielmehr zornig wird, siehe, da wird
tephanus voll heiligen Geistes, starret in den Himmel und
ehet die Herrlichkeit Gottes und Jesum stehen zur Rechten
Bottes, sagt es auch dem hohen Rath, daß er Jesum da im
immel siehet; aber Schade für alle diese siebzig erleuchtete
Mäuner, daß Keiner unter ihnen so klare Augen hat, das auch
1 sehen; es ist nur dem einzigen Stephanus sichtbar: und also
nd sie nicht fähig, seinen augenscheinlichen Beweis zu fassen,
c wird verurtheilt und gesteiniget."

§. 34.

„Einen andern etwas künstlichern Beweis für die christliche
Religion und Auferstehung Jesu giebt Paulus zu Antiochia in der
Synagoge. Er winket vorher mit der Hand, daß man schweigen
ollte, und spricht; „Ihr Männer von Israel und die
ihr Gott fürchtet, höret zu!" So merke denn auch
uf, mein Leser! ich will Paulum selbst reden lassen, jedoch
eine Gedanken auch eröffnen, die mir, wenn ich mich an die
Stelle der zu bekehrenden Antiochier setze, bei diesen Reden
infallen.

„Der Gott dieses Volks hat erwählet unsre
Väter und hat erhöhet das Volk, daß sie Fremd=
linge wären im Lande Aegypten, und hat sie
mit einem hohen Arm aus demselbigen ge=
führet."
Das ist hoch angefangen!
„Und bei vierzig Jahr lang hat er geduldet ihre

---

1) „W. 3. E." ist eine Uebersetzung der lateinischen beim Abschluß von Be=
eisen gebrauchten Formel: „q. e. d." (= quod erat demonstrandum), und
eißt: Was zu erweisen (war). — A. d. H.

Weife in der Wüſten, und als er ſieben Völker
in dem Lande Kanaan vertilget hatte, hat er
unter ſie nach dem Looſe jener Land ausgetheilet."
Wo will doch dieſes hinaus? was thut es zur Sache?

„Darnach gab er ihnen Richter bei vierhundert
und funfzig Jahr lang bis auf den Propheten
Samuel. Und von derſelben Zeit an baten
ſie um einen König, und Gott gab ihnen Saul,
den Sohn Kis', einen Mann aus dem Stamme
Benjamin, vierzig Jahre. Und er ſetzet' ihn ab
und erweckte ihnen David zum Könige, welchem
er auch Zeugniß gab und ſprach: ‚Ich habe funden David, den Sohn Iſai', einen Mann nach
meinem Herzen, der allen meinen Willen thun
wird.' "
Das wiſſen wir Alles aus Leſung der Schrift; was ſoll nun
endlich daraus gefolgert werden?

„Von Dieſes Samen hat Gott der Verheißung
nach dem Israel erwecket den Heiland Jeſum."
Aber lieber Paulus, wenn dieſes ſollte erwieſen werden, wäre
es denn nicht beſſer geweſen, alle die bekannten Hiſtorien von den
Israeliten wegzulaſſen und dieſe Verheißung vielmehr namhaft
zu machen, ihren eigentlichen Verſtand zu zeigen, und daß ſie auf
Keinen als Jeſum zu deuten ſei, darzuthun?

„Da Johannes vor ſeinem Eintritt zuvor ver-
fündigte die Taufe der Bekehrung dem ganzen
Volk Israel. Als aber Johannes den Lauf erfüllete, ſprach er: ‚Wen wähnet Ihr, daß ich ſei?
Ich bin's nicht; aber ſiehe, er kommt nach mir,
deſſen Schuh von den Füßen loszumachen ich nicht
würdig bin.' "
Wir müſſen zwar den eilfertigen Sprung von den Verheißungen
der Propheten auf Johannem gelten laſſen; allein wo dieſes den
vorigen Satz beweiſen ſoll, ſo folget ja daraus, daß Johannes
die Bekehrung geprediget und auf Jeſum als den Meſſias gewieſen, nicht, daß dieſer Jeſus von Nazareth in den Propheten
als ein Heiland Israel ſei verheißen worden. Soll aber Johannis Zeugniß für ſich allein beweiſen, daß dieſer Jeſus der
Meſſias ſei, ſo können wir es wol auf deſſen Wort nicht allerdings ankommen laſſen. Denn er hat uns das nimmer aus der

Schrift Altes T. bewiesen und sich auch durch keine Wunder oder
Beissagung als einen neuen Propheten, dem wir glauben müß=
en, erzeiget. Das wissen wir von ihm, daß er ein naher Vetter
von Jesu gewesen sein soll.

„Ihr Männer, lieben Brüder, Ihr Kinder des
Geschlechts Abraham, und die unter Euch Gott
fürchten, Euch ist das Wort dieses Heils gesandt.“
Die Anrede klingt lieblich und möchte sonst die Gemüther ge=
winnen; aber wir sind noch so weit nicht, daß wir von dem Worte
es Heils überzeugt sind; wir haben noch nicht verstanden, daß
die alten Propheten Jesum von Nazareth als einen Heiland ver=
heißen, oder daß er es deswegen sein müsse, weil es Johannes
gesagt. Ohne Ueberführung aber sich ein Heil versprechen, hieße
ich blindlings mit eitler Hoffnung schmeicheln; ohne allen Grund
eine Religion fahren zu lassen und eine neue annehmen, hieße
mit der Religion spielen.

„Denn die zu Jerusalem wohnen und ihre Ober=
sten, dieweil sie Diesen nicht erkenneten, haben
sie beide die Stimme der Propheten, welche auf
alle Sabbathe gelesen werden, mit ihren Ur=
theilen erfüllet, und wiewol sie keine Ursache
des Todes an ihm funden, haben sie doch Pilatum
gebeten, daß er umgebracht wurde; als sie aber
Alles vollendet haben, was von ihm geschrieben
ist, haben sie ihn von dem Holz genommen und
haben ihn in ein Grab gelegt.“
Wenn unsre Obersten nicht mehr Beweis von Jesu gehöret ha=
ben, als wir noch bis jetzo, so haben sie ihn nicht als den Heiland
erkennen können. Denn in den Propheten, die wir gleichfalls
alle Sabbathe lesen, stehet weder sein Name, noch sonst ein Kenn=
zeichen, das uns auf diese Person verweise. Da er sich nun
dennoch für einen Messias ausgegeben, so wundert uns nicht,
daß der hohe Rath ihn des Falls zum Tode verurtheilet. Wenig=
stens haben wir alle Wege die billige Vermuthung für die hohe
Obrigkeit, daß sie recht richte; für siebzig schriftverständige Män=
ner, daß sie die prophetischen Kennzeichen des Messias an ihm
nicht müssen funden haben; für die ansehnlichen Väter des Volks,
daß sie eine Unruhe und Verwirrung in Israel aus seinem Be=
tragen besorget.

„Aber Gott hat ihn auferweckt von den Todten,
und er ist erschienen viele Tage lang Denen, die

mit ihm hinauf gen Jerusalem gegangen waren,
welche seine Zeugen sind bei dem Volke."
Ja, wäre er denn von den Todten erwecket, so folgte doch noch
nicht, daß er der Heiland sei. Denn wir lesen ja in der Schrift
auch von Andern, die Gott vom Tode erwecket hat, deren er doch
deswegen Keinen dem Volke zum Messias bestimmt. Allein eben=
dieses, daß Jesus vom Tode erweckt sein soll, können wir so
nicht annehmen. Die Zeugen davon sind, wie wir hören, seine
Anhänger und Jünger, und diese sind es eben, welche schon einen
bösen Ruf bei uns haben. Der hohe Rath zu Jerusalem hat
uns durch abgeordnete Männer ausdrücklich davor warnen lassen
und gesagt, daß diese Jünger des Nachts heimlich zum Grabe
kommen und den Leichnam gestohlen, und nun gingen sie herum
und sprächen, er sei auferstanden. Wir kennen keinen von den
Jüngern; es ist uns aber nicht zu verdenken, daß wir in dieser
Sache dem ganzen hohen Rathe in Jerusalem mehr trauen als
solchen uns unbekannten und schon verdächtigen Zeugen.

„Und auch wir verkündigen Euch die Ver=
heißung, die zu den Vätern geschehen ist, daß
dieselbige Gott ihren Kindern erfüllet hat,
nämlich uns, indem er Jesum erwecket hat; wie
dann im andern Psalm geschrieben stehet: ‚Du
bist mein Sohn, heut hab' ich Dich gezeuget.'"
Du, Paule, willst also nicht zwar aus Deiner Erfahrung als
Zeuge, sondern aus den Verheißungen der Schrift beweisen, daß
Gott Jesum erwecket hat. Aber sage uns doch, wie stehet das
im andern Psalm geschrieben? „Du (David) bist mein Sohn
heute habe ich Dich gezeuget", soll so viel heißen, als:
„Ich will künftig Jesum von Nazareth, des Jo=
seph's Sohn, vom Tode erwecken"? Wer kann doch
Deine Schrifterklärung dulden? Der Text verheißet ja weder,
daß Jemand künftig einmal vom Tode auferstehen soll, noch daß
Der, welcher auferstehet, Gottes Sohn sei, oder umgekehrt, daß
Der, welcher Gottes Sohn ist, auferstehen müsse, oder daß Jesus
von Nazareth Gottes Sohn sei. Wir mögen den Text kehren
und wenden, wie wir wollen, so kömmt nichts heraus, welches
nur die geringste Verknüpfung mit Deinem Satze hätte. Wir ver=
stehen die Worte natürlicher Weise von David, den Gott als
seinen Geliebten zu seinem Sohne angenommen und von den
Schafhürden zum Könige gemacht. David spricht, der Herr habe
zu ihm gesagt (nämlich durch Samuel und Nathan): „Du (Da=

b) bist mein Sohn (mein Geliebter und Auserwählter); h habe Dich heute (jetzo und von nun an) gezeuget" (als nen Sohn angenommen und zum Könige ausersehen). Der mze neunundachtzigste Psalm des Ethan's ist eine Auslegung eser Worte. Da wird Gott redend eingeführt: „Ich habe nen Bund gemacht mit meinem Auserwählten, ich abe David, meinem Knecht, geschworen: ‚Ich will einen Samen befestigen bis in Ewigkeit und will einen Stuhl bauen für und für.'" Der Prophet richt: — „Dazumal redtest Du im Gesicht zu Deinem Geliebten und sprachest: ‚Ich habe einen Helen erweckt, der helfen soll; ich hab' erhöhet einen auserwählten aus dem Volk, ich hab' funden David, meinen Knecht, ich hab' ihn gesalbet mit meinem heiligen Oel. Er wird mich nennen, 'Du, mein ater, mein Gott und Fels meines Heils'; ich will jn zum Erstgebornen machen, zum höhesten über ie Könige auf Erden; ich will ihm ewiglich bearen meine Gutthätigkeit, und mein Bund soll jm treulich gehalten werden'" ꝛc. So ist denn ja David auch Derjenige im andern Psalm, zu dem Gott redet, und : heißet ein Sohn Gottes, wie dort ein Auserwählter, ein Ersteborner, der Gott seinen Vater nennet. Den hat er nach prophetischer Redensart gezeuget, das ist, als einen Sohn angenommen; wie es dort bei Mose heißet, daß Gott Israel (welches gleichfalls Gottes Sohn genannt wird) gezeuget habe, und wie Israel selbst bei dem Propheten die Fremdlinge, welche es in die irche aufnimmt, erzeuget. Was beweiset nun dieses Alles von esu aus Nazareth?

„Daß er ihn aber hat von den Todten auferweckt, der Gestalt, daß er hinfort nicht wieder ins Grab kommen soll, spricht er also (Es. 55, 3): ‚Ich will Euch geben die gewissen Gutthaten David.'" ndere mögen diese Erklärungskunst verstehen; für uns ist sie i künstlich. „Ich will Euch geben die gewissen Gutthaten David" heißet so viel, als: „Ich will Jesum von Nazareth von den odten auferwecken, daß er hinfort nicht wieder ins Grab kommen soll!" Uns dünkt, der Prophet Esaias sagt, Gott wolle nen ewigen Bund mit den Israeliten machen und ihnen das nte widerfahren lassen, was er auch dem David verheißen nd gehalten, nämlich daß ihm viele Völker unterwürfig sein follten. So erkläret er sich gleich im folgenden Vers: „Siehe, ich habe ihn (David) den Leuten zum Zeugen gestellet, zum Fürsten und Gebieter den Völkern."

„Darum spricht er auch an einem andern Ort (Pf. 16, 10): „„Du wirst es nicht zugeben, daß Dein Heiliger die Verwesung sehe.""   Denn David zwar, da er zu seiner Zeit dem Rath Gottes gedienet hat, ist er entschlafen und zu seinen Vätern hinzugeleget worden und hat die Verwesung gesehen. Den aber Gott auferweckt hat, der hat die Verwesung nicht gesehen."

Wenn wir anders die Folgerung recht fassen, so wird sie deutlicher so lauten. „Der Psalm redet von Einem, der die Verwesung nicht sehen soll; David aber hat die Verwesung gesehen. Also ist es David nicht, von dem der Psalm redet." Ferner: „Wer von Gott auferweckt ist, der hat die Verwesung nicht gesehen. Nun hat Gott Jesum auferwecket. Also hat er die Verwesung nicht gesehen. Also ist er Derjenige, davon der Psalm redet." Bei dem ersten Schlusse wird die Frage sein, ob die Worte „die Verwesung nicht sehen" schlechterdings zu nehmen, oder ob sie auf eine gewisse Zeit und obschwebende Todesgefahr zu ziehen sind. Uns dünkt, wer David's Schreibart kennet, der wird in diesen Worten nichts Außerordentliches suchen. Es ist bekannt, daß David sich sonst selbst unter dem Namen des Heiligen oder Frommen verstehe, und man siehet leicht, daß er hier in diesem Psalm die Hilfe Gottes rühmt, welche ihn aus der Todesgefahr, darin er vor Saul schwebte, errettet, so daß ihm nun das Loos aufs Angenehmste gefallen und er zu einem schönen Erbtheil kommen. Er hat also damals nicht ohne Grund gehoffet und gebeten: „Du wirst meine Seele (das ist, mich) nicht verlassen bis zur Hölle (sogar, daß ich ins Reich der Todten fahren müsse), noch zugeben, daß Dein Frommer (David) die Verwesung (oder Grube) sehe (und sterbe), sondern vielmehr geben, daß ich länger lebe und Deine verheißene Gutthat erfahre." So redet David sonst von einem langen Leben: „Kein Bruder kann den andern vom Tode erlösen, ob er gleich lange lebet und die Verwesung nicht siehet." So bedeutet denn „die Verwesung nicht sehen" nicht so viel als „gar nicht sterben", oder „nicht ewig todt bleiben", sondern nur „nicht alsofort, nicht bald sterben, länger leben". Denn er saget gleich darauf von Solchen, die die

rwesung nicht sehen: „Man wird's sehen, daß solche
eisen doch (nämlich zuletzt) einmal sterben, so
hl als die Thoren." Und an einem andern Orte: „Wo
Jemand, der da lebt und den Tod nicht sehe und
ine Seele errette aus der Höllen Haud?" Dem=
ch ist der erste Satz Pauli nicht richtig, daß der Psalm von
nem rede, der die Verwesung schlechterdings nicht oder nimmer
ht, und also der Schluß falsch, daß der Psalm nicht von David
e. Was sollte uns also bewegen, von David selber abzuge=
n, da er in dem ganzen Psalm von sich selber spricht und im=
r die Zueignungswörter ich, mir, mein, meine Seele ꝛc.
rauchet? Und wie könnte David begehren, daß, wenn er so
et, Jemand auf Jesum von Nazareth, einen Mann, der noch
ht geboren war, denken sollte? — In dem andern Schlusse
einet Paulus vergessen zu haben, was er beweisen wollte.
nn er nimmt seinen Hauptsatz, welcher bewiesen werden sollte,
vermerkt im Vordersatze ohne Beweis an. Der Hauptsatz,
lcher bewiesen werden sollte, war nach Pauli eigenen Worten:
aß Gott Jesum auferweckt hat, der Gestalt, daß
hinfort nicht wieder ins Grab kommen soll."
n nimmt Paulus in dem andern Schlusse zum Vordersatze an,
ß Gott Jesum auferwecket hat, und schließt daraus: also redet
Psalm von Jesu, daß er die Verwesung nicht gesehen. Die=
heißet ja nicht beweisen, wenn man das, so erwiesen werden
, ohne Beweis zum Vordersatze annimmt. Daraus wird
hts als ein eitler Kreislauf der Gedanken. Du sagest: „Gott
t Jesum auferweckt." Wir fragen: „Woher beweisest
das?" Dann sprichst Du: „Weil er Derjenige ist,
n welchem David sagt, daß er die Verwesung
ht sehen werde." Warum muß aber David eben von
su reden, und woher wissen wir, daß Jesus die Verwesung
ht gesehen? Du fährest fort: „Weil er auferweckt
; denn welchen Gott auferwecket hat, der hat die Verwesung
ht gesehen.""

§. 35.

„Ich unternehme mir zwar nicht, zu behaupten, daß die An=
chier bei Pauli Rede so gedacht haben; aber da wir heutiges
ges noch oft Antiochier sein müssen und Pauli Beweis für die
ferstehung und christliche Religion anhören, so bezeuge ich auf=
htig, daß, wenn ich auch aufs Ehrlichste damit verfahren will,

ich nichts anders herauszubringen weiß; und ein Jeder, der so
weit im Denken kommen ist, daß er einen wilden Discurs in or
dentliche Vernunftschlüsse auflösen und also auf die Probe stellen
kann, wird mir Recht geben müssen, daß sich aus Pauli Rede
keine andere Folgerung erzwingen lasse. Und so ist es ganz klar
und deutlich, daß der Beweis aus der Schrift für die Aufer
stehung Jesu vor dem Richterstuhl der gesunden Vernunft in
Ewigkeit nicht bestehen könne, sondern eine gar elende und hand
greifliche *petitionem principii per circulum* [1]) in sich halte. Nun
sind diese beiden Beweise Stephani und Pauli die vornehmsten
und weitläuftigsten im Neuen Testament, und was sonst im 2
und 3. Capitel der Apostelgeschichte zur Behauptung des Satzes
von der Auferstehung Jesu von den Aposteln aus dem Alten
Testamente angebracht wird, enthält nichts Neues, was von die
sen beiden Beweisen unterschieden sei. Daher werde ich nicht
nöthig haben, ein Mehres davon anzuführen. Es ist hier auch
der Ort nicht, da ich der Evangelisten ihre aus dem Alten Testa
ment angeführte Zeugnisse der Schrift von der Geschichte Jesu
überhaupt untersuchen kann. Das soll zu seiner Zeit nicht ver
gessen werden. So viel siehet ein Jeder nach Obigen, daß, wenn
man den Hauptsatz, welcher bewiesen werden soll, nämlich den
Satz: „Dieser Spruch redet von Jesu aus Nazareth“
nicht aus dem Neuen Testamente auf guten Glauben voraussetzen
will, kein einziger Spruch etwas beweise, sondern daß sie viel
mehr natürlicher Weise von ganz andern Personen, Zeiten und
Begebenheiten reden. Niemand unter den Evangelisten führet
bei seiner Erzählung mehr Sprüche der Schrift an als Matthäus.
Aber es ist auch nichts offenbarer, wenn man die Schriftstelle
nachschlagen will, als daß sie entweder gar nicht in der Schrift
stehen, oder nicht in denen Büchern stehen, aus welchen sie ange
führet sind, oder auch den Worten nach falsch angezogen worden
alle mit einander aber dem Verstande nach nichts von dem in sich
fassen, weswegen sie Matthäus andringt, und nicht anders al
außer dem Context oder Zusammenhange durch ein bloßes Wort

---

1) Ueber den Begriff der „petitio principii“ vergl. die Anm. zu S. 16
Der Begriff des „circulus in demonstrando“ oder der „Diallele
(διʼ ἀλλήλων) ist dem der „petitio principii“ nahe verwandt. Während näm
lich bei letzterer etwas, was selbst nicht bewiesen ist, als Beweisgrund voraus
gesetzt wird, besteht der Zirkelbeweis darin, daß nicht blos die Wahrheit be
Folgerung aus dem Beweisgrund, sondern auch umgekehrt die Wahrheit des Be
weisgrundes aus der Folgerung abgeleitet wird. — A. d. H.

iel in einer gezwungenen Allegorie dahin zu ziehen sind. Und
ist es besonders, wenn Jonas ein Zeichen oder Zeugniß von
r Auferstehung Jesu sein soll.   Wer kann doch in aller Welt
i diesem vorgegebenen Zeichen auf die bedeutete Sache kommen?
h lese, es ist ein Prophet Jonas gewesen, der den heidnischen
inioiten nicht hat Buße predigen wollen, sondern aufs Meer
flohen ist.   Also, soll ich schließen, wird ein Jesus aus Naza=
th aufstehen, der den Israeliten gerne Buße predigen will und
s Falls nicht aufs Meer fliehet, sondern willig nach Jerusalem
het, um da zu leiden und zu sterben.   Ich lese: Jonas ist von
n Schiffleuten in einem Sturm ins Meer geworfen und hat da
ei Tage und drei Nächte lebendig im Bauche des Walfisches
gebracht.   Also, soll ich schließen, wird Jesus aus Nazareth
cht drei Tage und drei Nächte, sondern einen Tag und zwo
ächte, nicht lebendig, sondern wahrhaftig todt, und das die
eit über nicht im Meere, sondern in der Erden oder vielmehr
1 Grabe in einem Felsen zubringen.   Meine Schließkunst gehet
1 weit nicht."

§. 36.

„Es ist bisher gezeiget worden, daß das neue veränderte Sy=
ema der Apostel von einem geistlichen leidenden Erlöser, der
om Tode auferstehen solle und nach seiner Himmelfahrt bald
it großer Kraft und Herrlichkeit vom Himmel wiederkommen
erde, in seinem ersten Hauptgrunde, nämlich der Auferstehung
on den Todten, erdichtet und falsch sei: 1) weil das vorgegebene
uswärtige Zeugniß der römischen Wache bei dem Matthäo in
ch höchst ungereimt ist und von keinem der übrigen Evangelisten
nd Apostel jemals erwähnt, sondern ihm durch vielerlei Um=
ände widersprochen wird, so daß es vielmehr ganz möglich und
öchst wahrscheinlich bleibt, was eine gemeine Rede bei den
uden worden war, daß nämlich die Jünger Jesu des Nachts
ekommen und den Leichnam gestohlen und darnach gesagt, er
i auferstanden; 2) weil die Jünger Jesu selbst als Zeugen sei=
er Auferstehung in ihrer Aussage in den Hauptpunkten nicht
llein gewaltig variiren, sondern sich auch einander auf vielfäl=
ge Art klar und gröblich widersprechen; 3) weil ihr Beweis der
luferstehung Jesu und ihres ganzen Systematis aus der Schrift
[. T. aus lauter nicht dahin gehörigen Dingen, aus Schelten
nd Schmähen, aus Verdrehung der Schriftstellen und aus fal=
hen Schlüssen und petitionibus principii bestehet. Nun kommen

wir also zu dem andern Grundsatze des neuen Systematis der
Apostel, daß nämlich Jesus nach seiner Himmelfahrt bald i
großer Kraft und Herrlichkeit aus dem Himmel wiederkomme
und alsdenn sein herrliches Reich anfangen werde."

§. 37.

„Dieses Vorgeben desto besser zu verstehen und dessen Un
grund zu entdecken, will ich nur vorläufig einige Erinnerunge
machen. Erstlich ist zu wissen, daß die Juden selbst zweierle
Systemata von ihrem Messias hatten. Die Allermeisten zwa
erwarteten in solcher Person einen weltlichen Regenten, der si
von der Sclaverei erretten und ihnen andere Völker unterthäni
machen sollte. Und in diesem Systemate war nichts als Herr
lichkeit; kein vorgängig Leiden, keine Wiederkunft, sondern da
gewünschte Reich sollte nach dieser Hoffnung Israel's alsobal
angehen, wenn der Messias käme. Es waren aber jedoch andere
obwol weit wenigere Juden, welche sagten, ihr Messias würd
zweimal, und zwar in ganz verschiedener Gestalt kommen. Er
würde er armselig erscheinen, leiden und sterben; danu abe
würde er aus den Wolken des Himmels wiederkommen und all
Gewalt empfangen. Der Jude Trypho beim Justino Martyre
gestehet diese zweifache Zukunft des Messias; sie findet sich in
Talmud und folgenden Schriften der Juden; ja, die Neuern habe
gar einen gedoppelten Messias aus dieser zwiefachen Zukunft ge
macht: den einen aus dem Stamm Joseph, welcher leiden und
sterben solle, den andern aus dem Stamm Juda vom Geschlecht
David's, welcher auf seinem Stuhl sitzen und herrschen werde
Nämlich die Juden hatten in der Zeit ihrer Gefangenschaft di
süße Hoffnung auf einen Erlöser nachgerade durch so viele Schrift
stellen zu bestärken und zu unterhalten gesucht, daß sie nunmeh
vermittelst der pharisäischen Allegorien ihren Messias in unzäh
ligen Sprüchen und fast aller Orten funden. Daher liefen dies
Schriftstellen, die an sich von nichts weniger redten, der Maße
wider einander, daß sie sich, um alle zusammenzureimen, nich
anders zu helfen wußten, als wenn sie eine zwiefache und so ver
schiedene Zukunft des Messias setzten. Es war zum Exempe
einmal angenommen, Zacharias rede vom Messia, wenn e
spricht: „Hüpfe vor Freuden, Du Tochter Zion's

---

1) Ueber Justinus Martyr und seinen „Dialogus cum Tryphone
vergl. Anm. 1 zu S. 229. — A. d. H.

auch ze, Du Tochter Jerusalem's! siehe, Dein Kö=
ig wird kommen zu Dir; derselbe ist gerecht und
in Heiland." Aber siehe, er beschreibt ihn auch als arm
nd auf einem Esel reitend. Und so waren auch noch
.ndere Stellen der Schrift mehr, die ihnen wegen einiger Um=
:ände schienen von dem gehofften Könige und Erlöser zu reden,
.ber die doch seinen elenden Zustand, Bedruck und Verfolgung
.it einmischen. Hergegen siehet Daniel in seinen nächtlichen
Besichten: „Und es kam Einer in den Wolken des
jimmels, wie eines Menschen Sohn, und kam bis
u dem Altbetagten, und demselbigen ward ge=
,eben alle Gewalt und Ehre und Königreich, daß
hm alle Völker, Nationen und Zungen dienen
ollten." In dessen Zukunft ist lauter Macht und Herrschaft;
vie es auch an andern Orten, die der Juden Meinung nach einen
Messias verhießen, lautet. Demnach konnte es nicht fehlen, daß
1icht einige Juden, die die verschiedene Beschreibung zusammen=
jielten, darauf verfielen, daß ihr Messias zweimal, und zwar in
janz verschiedener Gestalt kommen würde. Man begreift also
jon selbst, daß sich die Apostel dieses Systema, ob es gleich nur
Wenige hatten, nunmehro, da ihr erstes und den Meisten schme=
1endes Systema durch den Ausgang widerlegt war, zu Nutze
jemacht und also auch von Jesu, als dem Messia, nach seinem
Sterben eine andre herrliche Zukunft versprochen haben. Es ist
ferner zu wissen, daß die Juden gemeinet, die Auferstehung der
Todten würde auf die andere Zukunft des Messias erfolgen;
)ann würde er über Todte und Lebendige Gericht halten, und
1lsdenn würde das Himmelreich oder die andere Welt angehen;
voburch sie aber nicht, wie die Christen heutiges Tages, die
'elige oder unselige Ewigkeit nach der Zerstörung dieser Welt, im
Himmel und in der Hölle, sondern das herrliche Reich des Messias
1uf dieser Erden verstunden und solches der vorigen oder damals
1och gegenwärtigen Welt, nämlich ihrem Zustande vor dem
Reiche des Messias, entgegensetzten. Es mußten also auch die
Apostel vermöge ihres neuen Systematis eine andere Zukunft
Christi aus den Wotken des Himmels versprechen, worin das,
vas sie jetzt vergeblich gehoffet hatten, erfüllet werden und seine
jläubigen Anhänger nach gehaltenem Gerichte das Reich ererben
ollten. Wenn die Apostel keine solche herrliche Zukunft Christi
verheißen hätten, so würde kein Mensch nach ihrem Messias ge=
ragt oder sich an ihre Predigt gekehret haben; dieses herrliche

24*

Reich war der Trost Israel's in allen ihren Drangsalen, in dessen gewisser Hoffnung sie Alles erduldeten und alles ihr Vermögen willig hergaben, weil sie es hundertfältig wieder empfahen würden."

§. 38.

„Wenn nun die Apostel damals gesagt hätten, es würde noch wol siebzehn, achtzehn oder mehrere Jahrhunderte dauren, ehe Christus aus den Wolken des Himmels wiederkäme, sein Reich anzufangen, so hätte man sie nur ausgelacht. Man hätte geglaubt, indem die Erfüllung ihrer Verheißung über so vieler Menschen und Geschlechter Leben hinausgesetzt würde, daß sie nur dadurch ihre und ihres Meisters Schaude zu bergen suchten. Kein Jude sonderte die andere Zukunft des Messias so weit von der ersten ab, und da die erste um der andern willen geschehen sein müßte, so war keine Ursache anzugeben, warum das Reich der Herrlichkeit nicht bald seinen Anfang nähme. Wenn Niemand den erwünschten Zustand erleben sollte, wer hätte deswegen seinen Lebensunterhalt und Vermögen weggegeben und sich vor der Zeit und umsonst arm gemacht? Wovon hätten denn die Apostel ihren Unterhalt ziehen und noch so vielen Neubekehrten reichlich mittheilen wollen? Es war also für die Apostel allerdings nöthig, daß sie die andere Zukunft Christi zu dem Reiche der Herrlichkeit aufs Zeitlichste und wenigstens auf die Lebzeit der damals vorhandenen Juden versprächen. Und dahin gehen demnach die Reden auch wirklich, welche sie Christo beilegen, daß er balde, und ehe das damalige Geschlecht der Juden vorbei wäre, wiederkommen wollte. Im 24. Capitel Matthäi fragen die Jünger Christum, als er von der Verstörung Jerusalem's und von seiner zweiten Zukunft geredet hatte: „Sage uns, wenn wird das geschehen? und welches wird das Zeichen sein Deiner Zukunft und des Endes der Welt?" Sie meinen durch das Ende der Welt nach jüdischer Sprache das Ende der Zeiten vor dem Reiche des Messias oder die Aufhebung des jetzigen Reiches der Juden, womit das neue Reich unmittelbar sollte verknüpft sein. Da legen nun die Evangelisten und Apostel ihrem Meister eine solche Antwort bei, daß er sie erstlich für falsche Christos oder Messiasse gewarnet, welche sich für ihn ausgeben würden, ehe noch das Ende da wäre: „Bald aber nach der Drangsal derselbigen Tage," spricht er, „wird die Sonne verfinstert werden, und

r Mond wird seinen Schein nicht geben, und die
terne werden vom Himmel fallen, und die Kräfte
r Himmel werden erschüttert werden;" das heißt
ch prophetischer Schreibart der Hebräer: so wird die jetzige
elt oder die jetzige Verfassung der jüdischen Republik ein Ende
hmen, „und alsdenn wird erscheinen das Zeichen
s Sohnes des Menschen im Himmel, und als=
nn werden an die Brust schlagen alle Geschlechte
f Erden und werden sehen kommen den Sohn
s Menschen auf den Wolken des Himmels mit
oßer Kraft und Herrlichkeit u. s. w. Wahrlich, ich
ge Euch, dieses Geschlecht wird nicht vergehen,
s daß dieses Alles geschehe. Von dem Tage
er und von der Stunde weiß Niemand. Darum
achet, denn Ihr wisset nicht, zu welcher Stunde
er Herr kommen wird. Darum auch Ihr seid
reit! dann der Sohn des Menschen wird kommen
einer Stunde, da Ihr nicht meinet. Wann aber
r Sohn des Menschen kommen wird in seiner
errlichkeit und alle heilige Engel mit ihm, als=
nn wird er sitzen auf dem Stuhl seiner Herr=
chkeit, und es werden vor ihm alle Völker ver=
mmlet werden, und er wird sie von einander
heiden, gleich als ein Hirte die Schafe von den
öcken scheidet." Durch diese Reden wird die Zeit der sicht=
ren Wiederkunft Christi auf den Wolken des Himmels zu dem
iche seiner Herrlichkeit klar und genau bestimmet: bald nach
n bevorstehenden Drangsalen der Juden, noch ehe dieses Ge=
lecht oder die zu Jesu Zeiten lebende Juden gänzlich vergangen
er gestorben wären. Und ob zwar Tag und Stunde Niemand
rher wissen sollte, so sollten doch die damals Lebende und be=
ders die Jünger wachsam und bereit sein, weil er kommen
irde zu einer Stunde, da sie es nicht meinten. Daß dieses der
ihre Verstand der Worte bei dem Evangelisten sei, erhellet
ch deutlicher aus einer andern Stelle bei ebendemselben. Denn
chdem Jesus gesagt, er müsse hingehen nach Jerusalem, und
irde daselbst getödtet werden und wieder auferstehen, fügt er
izu: „Dann es wird je geschehen, daß der Sohn
s Menschen komme in der Herrlichkeit seines
aters mit seinen Engeln; und alsdann wird er
nem Jeglichen vergelten nach seinen Werken.

Wahrlich, ich sage Euch, es sind Etliche unter
Denen, die hie stehen, die den Tod mit nichten
schmecken werden, bis daß sie den Sohn des Men=
schen kommen sehen in seinem Reich." Klärers kann
auf der Welt nichts gesagt werden, das die Zeit der sichtbaren
herrlichen Wiederkunft Christi auf einen gewissen nicht gar ent=
ferneten Zeitlauf festsetzte und in dessen Schranken einschlösse.
Die Personen, welche damals um Jesu auf derselben Stelle herum=
stunden, sollten noch vor dieser Zukunft nicht alle gestorben sein,
sondern etliche davon sollten ihn noch vor ihrem Tode kommen
sehen in seinem Reich."

§. 39.

„Allein weil Christus zum Unglück binnen der Zeit, ja in
so vielen Jahrhunderten nachher nicht auf den Wolken des
Himmels wiederkommen ist, so sucht man heutiges Tages der
offenbaren Falschheit dieser Verheißung durch eine gekünstelte,
aber gar kahle Deutung der Worte zu Hilfe zu kommen.
Die Worte „dieses Geschlecht wird nicht vergehen"
müssen sich foltern lassen und nunmehro das jüdische Volk oder
die jüdische Nation bedeuten. Damit, sagt man, könne ja die
Verheißung bestehen; das jüdische Volk sei ja noch nicht ver=
gangen und also die Zeit der andern Zukunft Christi noch nicht
verstrichen. Es ist wahr, man hegt und pflegt die Juden in der
Christenheit nur allzusehr, daß ja das saubere Volk nicht vergehen
soll. Und es scheint, als wenn man sich die Rechnung macht,
daß diese Ausflucht noch vielleicht ebenso viele Jahrhunderte als
vorhin nöthig sein dürfte. Aber sie kann nun und nimmer eine
sichre Zuflucht gewähren. Ich will jetzt nicht sagen, daß die
andere kurz vorher beregte Stelle ebendes Evangelisten Matthäi
oder, so man will, Christi eigene Worte den Verstand außer
Streit setzen; denn von denen Personen, welche auf einer gewissen
Stelle um Jesus vor seinem Leiden herumgestanden sind, kann
man doch wol gewiß nicht sagen, daß sie die ganze jüdische
Nation in so vielen Jahrhunderten nach einander bedeuten, noch
auch behaupten, daß Etliche davon den Tod noch nicht geschmeckt
hätten; man müßte denn, weil nichts mehr übrig ist, einen
ewigen wandernden Juden erdichten, der von den Zeiten Jesu
an noch lebe. Ich will jetzo nur aus den angeführten Worten
selbst zeigen, daß das Grundwort γενεά die Bedeutung einer
Nation oder Volkes nimmer habe. Das Volk oder die
Nation der Juden wird sowie andere Völker durch die Wörter

λαὸς oder ἔθνος ausgedruckt, γενεὰ aber heißt im Neuen Testa=
ment und allenthalben generationem oder Leute, die zu einer Zeit
zusammen auf der Welt leben und hernach durch ihren Ab=
tritt von diesem Schauplatz einer andern Generation Platz lassen."

§. 40.

„Ein Jeder besinnet sich ja alsobald des Anfangs von
Matthäi Evangelio, daß von Abraham bis auf David gerechnet
werden γενεαὶ δεκατέσσαρες, vierzehn Geschlechte oder Gene=
rationen, und wieder vom David bis auf die Babylonische Gefäng=
niß γενεαὶ δεκατέσσαρες, vierzehn Generationen, endlich von der
Babylonischen Gefängniß bis auf Christum γενεαὶ δεκατέσσαρες,
vierzehn Generationen, welche auch bei dem Matthäo in dem Ge=
schlechtregister alle namhaft gemacht werden. Die andern Gene=
rationen nun, außer der zu Jesu Zeiten lebender, hießen παρῳ=
χημέναι, ἕτεραι, ἀρχαῖαι γενεαί, vergangene, andere, alte Geue=
rationen. Die aber zu Jesu Zeiten lebte, war die gegenwärtige,
αὕτη γενεά, diese Generation, die aber auch zu ihrer Zeit
vergehen werde, παρέλθη. Die damalige Generation beschreibt
Jesus öfters als böse, ehebrecherisch und ungläubig, weil sie ihn
sowol als Johannes verleumdet und ein Zeichen vom Himmel
begehret. Er sagt, es würde den Niniviten und der Königin von
Saba erträglicher ergehen an jenem Gerichte als dieser Gene=
ration, welche einen viel größern Propheten als Jonas, einen
viel weisern als Salomon hörten und doch verachteten. Jesus
rechnet insbesondere seine damaligen Jünger als diese Generation
und schilt sie als eine ungläubische und verkehrte Generation, daß
sie einen gewissen Tensel nicht hatten anstreiben können, und
frägt: „Wie lange soll ich bei Euch sein?" Diese Bedeutung hat
das Wort γενεὰ in allen übrigen Stellen des ganzen Neuen
Testaments, wie ein Jeder sehen kann, dem beliebig ist, die
Fächer der Concordanz durchzuwandern. Und ebenden Begriff
verknüpfen die siebzig Dolmetscher, die Apokrypha, Philo, Jo=
sephus, ja auch die Profanscribenten damit. Es ist auch besonders
bei den Hebräern nichts anders als das hebräische דּוֹר, Dor. So
sagt Salomon „Dor holech vedor ba" „γενεὰ πορεύεται καὶ
γενεὰ ἔρχεται," eine Generation vergehet, die andere
kommt. Moses spricht, Gott hätte die Israeliten hin und
her ziehen lassen in der Wüsten vierzig Jahr, bis daß die ganze
Generation verginge, die übel gethan hatte vor dem Herrn, „ἕως
ἐξανηλώθη πᾶσα ἡ γενεά, οἱ ποιοῦντες τὰ πονηρά." Und an einem

andern Ort: „ἕως οὗ διέπεσε πᾶσα γενεὰ ἀνδρῶν πολεμιστῶν." Wiederum heißt es von Denen, die zu Josua Zeiten gelebt hatten, daß die ganze Generation zu ihren Vätern versammlet worden, „καὶ πᾶσα ἡ γενεὰ ἐκείνη προςετέθησαν πρὸς τοὺς πατέρας αὐτῶν."“

§. 41.

Es ist demnach unwidertreiblich, daß in Jesus' Rede bei dem Matthäo αὕτη γενεὰ „dieß Geschlecht", nichts anders heiße als „diese Generation", oder die Juden, welche zu Jesu Zeiten lebten. Die sollten nicht vergehen oder aussterben, ehe und bevor er würde aus den Wolken des Himmels mit großer Kraft und Herrlichkeit wiederkommen sein zu seinem Reich. Da nun unleugbar ist, daß solches nicht geschehen sei, so ist es eine kahle Bemäntelung der Falschheit dieser Verheißung, daß doch das ganze jüdische Volk nicht vergangen, sondern noch in der Welt sei. Diese Generation, die vergehen könnte und würde, ist ja nicht das ganze Volk mit allen Generationen zu verschiednen Zeiten. Jesus und die Juden haben nimmer geglaubt, daß ihr Volk oder Nation vergehen würde; aber daß in dem Volke eine Generation nach der andern vergehen würde, das erkannte Moses, Josua, Salomon, und das wußte ein Jeder aus der gemeinen Erfahrung der Sterblichkeit. Es ließe sich also von einer Generation der Juden sagen, daß sie vergehen würde, und also ließe sich auch die Zeit einer zukünftigen Begebenheit durch die Schrauken des Lebens der gegenwärtigen Generation bestimmen; aber von dem ganzen jüdischen Volk sagte kein Jude, daß es vergehen würde; und also ließe sich die Zeit einer zukünftigen Begebenheit nicht durch die Vergänglichkeit oder das Ende des ganzen Volkes bestimmen. Ueberhaupt lässet sich ja die Erfüllung einer verheißenen gewissen Sache nach ihrer gehofften Wirklichkeit nicht durch etwas feste setzen, das in Einem fortdauret und von Jahrhunderten zu Jahrhunderten bis in Ewigkeit fortgehet. Denn wenn ich Einem sagte: „Dieses Wasser soll nicht vergehen, bis ich wiederkomme," und ich wäre etwa an der Donau, Elbe, Oder, Rhein und verstünde die Ströme in ihrer ganzen Folge des Laufs, würde das nicht vielmehr so viel heißen, als: ich will in Ewigkeit nicht wiederkommen? Es wäre demnach eine artige Bestimmung der Wiederkunft Jesu aus den Wolken des Himmels, wenn die Meinung wäre: das ganze jüdische Volk in allen seinen fortwährenden Generationen soll nicht vergehen, bis ich wiederkomme. Das hieße ja wol be

einem Juden nichts anders, als: er will wiederkommen, ehe der
Jordan verlaufen ist, ehe die Ewigkeit zu Ende ist. Es ist also
nicht möglich, daß „dieses Geschlecht" oder „diese Gene=
ration" in Christi Verheißung der Zukunft was anders bedeu=
ten könne als die damals lebende Juden. Und was kann auf
der Welt in solchem Verstande und Absicht Klärers gesagt werden,
als was Jesus anderwärts spricht: „Etliche von Denen, die
hier bei mir stehen, werden den Tod nicht schmecken, bis daß sie
den Sohn des Menschen kommen sehen in sein Reich." Die Mei=
nung ist einerlei mit der vorigen Redensart „diese Generation
wird nicht vergehen." Denn die Etliche, welche da bei Jesu stun=
den, waren gewisse Personen der damaligen Generation oder der
damals lebenden Juden, und die sollten den Tod nicht schmecken,
das ist nicht sterben oder vergehen, bis sie ihn sähen aus den
Wolken wiederkommen. Aber insoferne in der letztern Ausdrückung
die damalige Generation der Juden durch das Leben gewisser
einzelner namhafter Personen beschränket wird, so bestimmt sie doch
die Sache noch etwas genauer und mehr insbesondere, so daß
Einer gar alle Scham müßte verloren haben, wenn er gegen
den so umständlich determinirten Verstand noch Einwendungen
machen wollte. Gewiß, die erste Zukunft des Messias ist bei
Weiten nicht so genau auf eine gewisse Zeit im Alten Testament
festgesetzt, als die andere Zukunft im Neuen festgesetzt wird. Und
ein Jude kann noch weit vernünftigere und billigere Auslegungen
und Einwendungen vorschützen, daß sein gehoffter Messias noch
gar nicht kommen ist, als ein Christ sich und das Christen=
thum retten kann, daß sein Messias noch nicht wiederkommen ist."

§. 42.

„Man erkennet durchgehends im Neuen Testament, daß alle
Jünger Jesu diesen Begriff von der verheißenen andern Zukunft
desselben gehabt und denen Neubekehrten beigebracht haben, daß
sie gar bald und noch bei ihrem Leben geschehen würde. Die
sämmtlichen Jünger werden von Luca so aufgeführt, daß sie
Jesum nach seiner Auferstehung gefragt: „Herr, wirst Du
nicht zu dieser Zeit das Königreich denen Isra=
eliten wieder herstellen?" Und sie thun nachmals in
ihren Schriften an die Gläubigen dieser Zukunft Jesu als einer
baldigen gar fleißige Erwähnung und ermahnen sie, auf dieselbe
wacker zu sein und sich bereit zu machen, als die noch zu ihrer Zeit
kommen würde, ja alle Stunde und Augenblick kommen könnte, da=

mit fie in dem Staube erfunden würden, daß fie an dem herrlichen
Reiche Theil nehmen könnten.   Jacobus nimmt daher feine
Ermunterung zur Geduld: „So feid nun geduldig,
lieben Brüder, dis auf die Zukunft des Herrn, —
— fo feid auch Ihr geduldig, weil die Zukunft
des Herrn nahe ift — — fiehe, der Richter ftehet
vor der Thür." Paulus fchreibt an feine Theffalonicher,
daß Etliche unter ihnen zwar entfchlafen wären, ehe Chriftus
wiedergekommen, daß aber diefe ihm nicht fpäter in die Wolken
würden entgegengeführet werden als die, fo unter ihnen noch
lebten und überblieben wären, wenn Chriftus erfchiene. „Ich
will aber nicht," fpricht er, „lieben Brüder, daß Euch
unbewußt fei von Denen, die entfchlafen find, auf
daß Ihr nicht trauret wie die Andern, die keine
Hoffnung haben.   Dann fo wir glauben, daß
Jefus geftorben und auferftanden ift, alfo wird
Gott auch Die, die da entfchlafen find durch Jefum,
mit ihm führen.   Dann dies fagen wir Euch durch
des Herrn Wort, daß wir, die wir leben und über=
bleiben werden in der Zukunft des Herrn, Denen
nicht vorkommen werden, die da entfchlafen find.
Denn er felbft, der Herr, wird mit einem Feldge=
fchrei, mit einer Stimme des Erzengels und mit
der Pofaunen Gottes herniederkommen vom Him=
mel, und die Todten in Chrifto werden auferftehen
zuerft.   Darnach wir, die wir leben werden und
überblieben fein, werden zugleich mit denfelbigen
hingerückt werden in den Wolken, dem Herrn ent=
gegen in der Luft, und werden alfo bei dem Herrn
fein allzeit.   So tröftet Euch nun mit diefen Wor=
ten unter einander.   Von den Zeiten aber und
beftimmten Stunden, lieben Brüder, habt Ihr
nicht vonnöthen, daß man Euch fchreibe.   Denn
Ihr felbft wißt eigentlich, daß der Tag des
Herrn wird kommen wie ein Dieb in der Nacht.
Dann, wann fie werden fagen, es ift Friede
und Alles ficher, alsdann wird fie ein fchnell
Verderben überfallen, gleichwie die Kindsweh
ein fchwanger Weib, und werden nicht entfliehen.
Ihr aber, lieben Brüder, feid nicht in der Finfter=
niß, daß Euch derfelbe Tag wie ein Dieb er=

greife!" Ebenso redet Paulus zu den Korinthern: „Siehe, ich sage Euch ein Geheimniß: Wir werden zwar nicht Alle entschlafen, wir werden aber Alle verändert werden. In einem Punkt, in einem Augenblick, mit der letzten Posaune; dann sie wird posaunen, und die Todten werden aufer= wecket werden unverderblich, und wir werden ver= ändert werden." "

§. 43.

„War es nun den ersten Christen bei so klaren Worten Jesu selbst und seiner Apostel zu verdenken, daß sie diese Zukunft Christi in den Wolken alle Tage vermuthen waren, daß sie auf das herrliche Reich immer hofften und wenigstens glaubten, daß Einige unter ihnen noch leben würden, wenn es anginge? War es ihnen zu verargen, daß ihnen die Zeit zu lange währte und die Geduld verginge, als Einer nach dem Andern entschliefe, ohne es zu erleben? Ja, darf man sich wundern, daß endlich Spötter gekommen und gesagt: „Wo ist die Verheißung seiner Zukunft? Dann von dem Tage an, da die Väter entschlafen sind, bleibt es Alles, wie es vom Anfang der Schöpfung gewesen ist." Paulo muß ja wol zu Ohren kommen sein, daß die Thessalonicher sowol durch anderer Lehrer Reden als aus seinem eigenen ersten Briefe an sie Christi Zukunft so nahe stellten, daß die Verheißung nicht würde zu retten gewesen sein. Darum spricht er in seinem andern Briefe mit geheimnißvollen Worten von einer Abweichung, von einem Menschen der Sünde, von dem Sohn des Verderbens, dem Gottlosen, der zuvor kommen müsse; der sei zwar jetzt schon im Werk, aber er werde aufgehalten, und wenn er sich denn endlich offenbare, so werde ihn der Herr umbringen mit dem Athem seines Mundes und werde ihn abschaffen durch die Erscheinung seiner Zukunft. Darum bittet er die Thessalonicher durch die Zukunft des Herrn, daß sie sich weder durch Geist, noch durch Worte, noch durch Briefe, als von ihm geschrieben, bewegen ließen, als wann der Tag Christi vorhanden sei. Allein diese finstere dilatorische Vertröstung will doch nicht lange Stich halten. Denn soll der Sohn des Verderbens Kaiser Caligula oder ein anderer der folgenden sein, wie Viele glauben, so wäre er denn doch bald offenbaret worden: warum wäre er denn nicht abge= schaffet durch die Erscheinung der Zukunft Christi? Soll es aber

Einer sein, der ins andere oder in spätere Jahrhunderte fällt,
so würde nicht erfüllet, was Jesus selbst soll gesagt haben, daß
Etliche Derer, die bei ihm stunden, den Tod nicht schmecken
würden, bis daß sie den Sohn des Menschen kommen sehen in
sein Reich. Es würde nicht erfüllt, was Paulus selber an die
damaligen Thessalonicher und Korinther geschrieben, daß Etliche
unter ihnen noch nicht entschlafen sein würden, wenn Christus mit
der Posaune Gottes zu seinem Reiche in den Wolken kommen
würde. Die Wahrheit ist, man mag Pauli Worte ziehen, auf
welche Geschichte man will, so schicken sie sich in der ganzen
Historie zu keiner einzigen, und man kann fast nichts anders daraus denken, als daß er sich, um nur mit Ehren aus der Sache
zu kommen, mit Fleiß ins Dunkle versteckt, damit die Aufhaltung
der Zukunft Christi nach Belieben immer weiter hinausgesetzt
werden könnte."

§. 44.

„Jedoch der gute Paulus verstehet die Kunst, dilatorische
Antworten zu geben, noch nicht vollkommen. Petrus weiß es
viel besser. „Wisset," sagt er, „daß in den letzten
Tagen Spötter kommen werden, die nach ihren
eigenen Lüsten wandeln werden, und werden sagen:
‚Wo ist die Verheißung seiner Zukunft? Dann
von dem Tage an, da die Väter entschlafen sind,
bleibt es Alles, wie es vom Anfang der Schöpfung gewesen ist.'" Nach einigen Dingen, die dahin gar
nicht gehören, antwortet er: „Dieses Einige aber sei
Euch unverhalten, Geliebte, daß ein Tag bei
dem Herrn ist wie tausend Jahr und tausend
Jahr wie ein Tag. Der Herr verzeucht nicht die
Verheißung, wie es Etliche für einen Verzug
achten; sondern er gebrauchet Langmüthigkeit
gegen uns. — Es wird aber des Herrn Tag
kommen wie ein Dieb in der Nacht" ꝛc. Es scheinen
schon damals solche Spötter gewesen zu sein, weil Petrus hernach
seine Gläubige warnet, daß sie sich für sie bewahren und sich
nicht von ihnen hinreißen lassen sollten. Wenn also auch noch
Spötter sein sollten nach siebenzehnhundert Jahren, die da frügen:
„Wo ist die Verheißung seiner Zukunft?" so hat ihnen Petrus
schon zum Voraus geantwortet, daß sie nur ein Wenig über
anderthalb Tage des Herrn über die Gebühr gewartet haben, und

daß dieſer Verzug aus Langmüthigkeit entſtanden ſei. Wenn alſo die Zukunft Chriſti ſich noch ein paar tauſend Jahre verziehet: Petrus hat dem Spötter ſchon begegnet, es iſt falſch gerechnet, es ſind nur ein paar Tage, die Chriſtus zu ihrem Beſten im Himmel gewartet hat, ehe er ſich herabgelaſſen. Aber ich fürchte ſehr, daß dergleichen Antwort den Spöttern am Allerwenigſten, und andern vernünftigen, aufrichtigen Menſchen auch keine Genug= thuung geben wird. Die Sache muß gewiß ſehr ſchlecht ſtehen, der man nicht anders als durch ſolche Stützen aufhelfen kann. Was ſoll der Spruch aus Pſalm 90 hieher? Chriſtus beſtimmet ſeine zweite Zukunft vom Himmel nach der Evangeliſten Bericht ſo genau, daß noch Etliche Derjenigen, ſo damals bei Chriſto ſtunden, am Leben ſein würden, wenn er aus den Wolken des Himmels wiederkäme. Daher es ungereimt ſein würde, dieſe Zukunft dadurch ins weite Feld zu ſchieben, daß tauſend Jahre bei Gott ſind wie ein Tag. Denn die Zukunft war ja nicht nach den Tagen Gottes, ſondern nach den Tagen des Lebens der Menſchen, nämlich der Umſtehenden, beſtimmet. Es iſt über= haupt ungereimt, der Dauer Gottes Tage zuzuſchreiben, wenn ſie auch hunderttauſend menſchliche Jahre lang wären; ſoll aber dies auf menſchliche Weiſe verſtanden werden, warum macht Petrus denn ein menſchlich Jahr zu tauſend?"

§. 45.

„Aber es war hie kein andrer Rath, als die genaue Be= ſtimmung der Zeit in Vergeſſenheit zu bringen, gleich als ob ſie gar nicht aufgezeichnet wäre, und hergegen einen ſo weiten Terminum zu ſetzen, den man bis in Ewigkeit hinausdehnen kann. Denn es müßten 365000 menſchliche Jahre verlaufen, ehe ein göttlich Jahr zum Ende wäre; und dieſer Verzug würde doch für keinen Verzug zu rechnen ſein, weil bald die Langmuth, bald andere Eigenſchaft Gottes Urſache wäre, daß man ſeine Vorherſehung, Weiſſagung und Wahrheit nicht ſo genau unterſuchen dürfte. Unterdeſſen haben die Apoſtel bei der erſten einfältigen Chriſtenheit ſo viel damit ge= wonnen, daß, nachdem einmal die Gläubigen eingeſchläfert wor= den und der eigentliche Terminus ganz verſtrichen war, die folgende Chriſten und Kirchenväter ſich durch eitle Hoffnung bis in alle Ewigkeit hinhalten konnten. Wir leſen, daß der Evan= geliſte und Apoſtel Johannes, welcher zu Chriſti Zeiten ganz jung war und am Längſten gelebet hat, ſich noch für Denjenigen ausgiebt, der vielleicht Chriſti Zukunft erleben könnte. Er

führet Petrum ein, daß er zu Jesu gesagt: „Was soll aber
Dieser?" (Johannes?) Jesus habe geantwortet: „So ich
will, daß er bleibe, bis ich komme, was geht es
Dich an?" Jesus aber hätte nicht gesagt, daß er nicht sterben
würde, wie hievon die Rede gegangen, sondern nur: So ich
will, daß er bliebe, bis ich komme, was gehet es Dich an?
Johannes schließet daher auch seine Offenbarung so: „Es
spricht, der diese Dinge bezeuget: ‚Ja, ich
komme bald, Amen! Ja, komme, Herr Jesu!'"
Die ersten Kirchenväter nach den Aposteln haben noch immer
gehoffet, Christus würde zu ihren Zeiten erscheinen und sein
Reich auf Erden anfangen, und so ist es von einem Jahrhundert
zum andern gegangen, so daß man endlich die unerfüllte Zeit
der andern Zukunft Christi ganz in Vergessenheit gebracht, und
die heutigen Theologi über diese Materie, weil sie ihren Ab=
sichten nicht förderlich ist, hinwischen, auch die Zukunft Christi
aus den Wolken des Himmels auf einen ganz andern Zweck
ziehen, als Christus selbst und die Apostel gelehret haben. Wie
Viel sind, die heutiges Tages, da man mehr lernet, was in dem
Katechismo und den Compendiis Theologiae, als was in der
Bibel stehet, daran einmal gedenken, daß die offenbar bestimmte
Zeit der andern Zukunft Jesu längst vorbeigegangen sei, und
daß also ein Hauptgrund des Christenthums dadurch gänzlich
unrichtig befunden werde? Wir sind nun durch die Länge der
Zeit gewöhnet, uns die Zeit nicht mehr lange werden zu lassen,
und die Zukunft Christi so gerne noch tausend Jahre weiter
hinans zu setzen, als man sonst gewöhnet ist, noch gerne einen
Tag länger zu warten. Lasset uns nunmehro nicht über die
Juden triumphiren! Hätten sie gleich so viel hundert Jahr
über die gesetzte Zeit auf die erste Zukunft des Messias vergeblich
gewartet, was haben wir uns zu rühmen, da wir über die noch
viel deutlicher gesetzte Zeit auf die andere Zukunft des Messias
fast ebenso lange von einem Tausend Jahre ins andere warten?
Wollen wir sagen: Tausend Jahre sind bei Gott wie ein Tag,
warum haben sie weniger Recht, solche schöne Zeitrechnung für
sich anzuwenden, da David im Alten Testamente der Lehrmeister
davon ist? Wir halten uns an die klaren dürren Worte: „Diese
Generation wird nicht vergehen — Etliche von Denen, die hier
bei mir stehen, werden den Tod nicht schmecken, bis sie sehen den
Sohn des Menschen kommen in sein Reich." Und wir glauben
nicht, daß irgend eine Verheißung in der ganzen Schrift genauer

)estimmet sei, noch etwas offenbarer durch die That selbst als
alsch befunden werden könne.

„Die beiden Facta und Sätze: Christus ist von den Todten
uuferstanden und wird in den Wolken des Himmels binnen
jesetzter Zeit wiederkommen zu seinem Reiche, sind außer Streit
iie Grundsäulen, worauf das Christenthum und das neue
System der Apostel gebauet ist. Ist Christus nicht auferstan=
)en, so ist unser Glaube eitel, wie Paulus selber sagt; und ist
)der wird er nicht wiederkommen zur Vergeltung der Gläubigen
n seinem Reiche, wie uns versprochen worden, so ist der Glaube
:benso unnütze, als er falsch ist. Man wird also aus der bis=
)erigen Betrachtung wol erkennen, daß ich nicht auf zufällige
Rebendinge, sondern geradezu auf das Wesen und die Hauptsache
)es Christenthums gedrungen habe, da ich sowol das alte
System der Apostel von einem weltlichen Erlöser des Jsraeli=
iischen Volkes mit Jesus' Absichten in Lehre und Wandel nach
)em Berichte der Evangelisten zusammengehalten und gegründete
Irsachen gefunden, zu glauben, daß solches allein wahr sei, und
)aß es blos wegen fehlgeschlagener Hoffnung von den Aposteln
)erlassen worden; hergegen daß das veränderte neue Lehr=
jebäude der Apostel von einem geistlichen Erlöser des mensch=
ichen Geschlechts auf zweene vorgegebene Facta als Grundsätze
uufgeführet worden sei, davon der vielfältige Widerspruch der
Zeugen und die That selbst offenbar weiset, daß sie falsch und
rdichtet sind. Hergegen will ich gerne jeden aufrichtigen Leser
urtheilen lassen, ob sie in allen den Büchern, so für die Wahr=
)eit der christlichen Religion geschrieben sind, etwas gefunden
)aben, das meinen obangeregten Zweifeln nur einiger Maßen
Zenüge thut oder so begegnet, daß sie schon zum Voraus beant=
oortet wären und von selbst wegfallen müßten. Ich muß nach
neiner Erfahrung gestehen, daß ich ein gut Theil, und zwar die
:esten derselben, ja noch eher, als ich zu zweifeln anfing, gelesen,
 ber daß ich, seitdem mir durch eigenes Nachdenken Zweifel auf=
 estoßen sind, keinen einzigen derselben bei obgedachten Schrei=
ern gründlich gehoben, sehr viele auch nicht einmal berühret
 efunden. Wir müßten uns ja doch auf dem Wege einander
)egegnen, und wenn die Vertheidiger geradezu gingen auf die
)auptsache und dieselbe klar und deutlich erwiesen hätten, so
)ürde es nicht fehlen, daß meine vornehmsten und meisten
 weifel nicht zum Voraus entkräftet und vernichtet wären oder
 on selbst wegfielen. Ich sehe aber von dem Gegentheil keine

andere Ursache, als daß gedachte Vertheidiger des Christenthums
den rechten Grund gar leise überhüpfen und alle Kräfte ihres
Verstandes und ihrer Redekunst auf Nebenumstände wenden,
welche zwar dem Christenthum einen Schein geben können, zu
mal bei Leuten, die nichts gründlich zu untersuchen vermögent
sind, aber die theils an sich unerweislich befunden worden,
theils keinen sichern Schluß und Beweis von der Wahrheit des
Christenthums gewähren."

§. 46.

„Vielleicht wird dieses, was ich sage, Manchem fremd
dünken, der bisher Wunder gemeinet, was er für unwidertreib
liche Gründe des Christenthums bei solchen Schriftstellern gelesen
Allein ich will mich über das, was ich für wesentliche oder
Nebendinge halte, und wie weit diese theils an sich zuverlässig
sind, oder wie weit sie schließen, mit Wenigen erklären. Wesent
liche Stücke des Christenthums sind die Glaubensarticul, wegen
welcher Verleugnung oder Unwissenheit ich aufhören würde, ein
Christ zu sein; und dahin gehören ja wol hauptsächlich die geist
liche Erlösung Christi durch sein Leiden und Sterben, die Auf
erstehung vom Tode, als eine Bestätigung des vollgiltigen Lei
dens, und die Wiederkunft zur Belohnung oder zur Strafe, als
eine Frucht und Folge der Erlösung. Wer demnach diese ersten
Grundsätze beweiset oder angreifet, der gehet auf das Wesen der
Sache. Hergegen sind Nebendinge in Absicht auf das Christen
thum, die zwar mit dem Christenthum bestehen können, aber doch
keine Glaubensarticul ausmachen, noch mit demselben so genau
verknüpft sind, daß die Glaubensarticul ohne solche Dinge unmög
lich für sich bestehen und mit solchen unmöglich fallen könnten. Da
hin rechne ich erstlich die Wunder, worauf man jedoch gegenseits in
sonderheit dringt. Denn Niemand wird behaupten können, daß die
Wunder an sich einen einzigen Glaubensarticul ausmachen. Un
gesetzt, die Glaubensarticul führten eine innre Glaubwürdigkeit
Beweis oder Gewißheit mit sich, was dürften wir nach Wunder
verlangen, um sie zu glauben? Demnach will Christus selbst die
Wunder in Betrachtung des Glaubens als Nebendinge angesehe
wissen; darum schilt er Die für eine böse und verkehrte Art, die
nicht glauben, wenn sie nicht Zeichen und Wunder sehen. Gesetz
die Facta, als die Auferstehung, wäre nur an sich durch unwider
sprechliche, geprüfte, einstimmige Zeugnisse genugsam glaublich
gemacht, wie es billig sein sollte, so würde sie geglaubt werden
können, ohne daß man von andern Wundern wüßte. Gesetz

Christus wäre in der That in den Wolken des Himmels wiederkommen und führte noch sein Reich auf Erden, wie er nach der
Verheißung hätte thun sollen, so brauchte es keiner Wunder,
solches zu beweisen. Setzen wir hergegen, daß obgedachte Facta
theils auf verdächtige und sich selbst widersprechende Zeugen
beruhen, theils offenbarlich nicht geschehen sind, oder daß Lehren
einen Widerspruch in sich halten, so können das keine Wunder
wieder gut machen. Einmal weil die Wunder als übernatürliche
Begebenheiten für sich ebenso ungewiß und unglaublich sind und
ebenso viel Untersuchung bedürfen als das, was sie beweisen
sollen, und zum Andern, weil darin an sich nichts enthalten ist,
woraus der Schlußsatz folgte: Ergo ist das und jenes geschehen;
ergo ist diese oder jene Lehre wahr; ergo ist dies oder das kein
Widerspruch."

§. 47.

„Ich sage einmal, die Wunder an sich brauchen ebenso viele
Untersuchung, ob sie wahr sind, als das, was dadurch soll bewiesen werden. Wir haben schon bei der Historie Mosis und
folgender Zeiten gesehen, daß es ihren Schreibern keinen Verstand, Kunst oder Mühe koste, Wunder zu machen, und daß es
bei dem Leser noch weniger Verstand erfodere, sie zu glauben.
Der Schreiber macht alles Vieh Pharaonis dreimal nach einander todt, so daß kein einziges überblieben sei, und also sind
immer frische wieder da in seiner reichen Einbildungskraft, daß
sie aufs Neue können erschlagen werden; wo sie hergekommen
sind, da bekümmert er sich nicht um. Er giebt denen Israeliten
hergegen all ihr Vieh mit auf den Weg, daß keine Klaue dahinten
bleibt, und dennoch, wenn er Wunder machen will, so ist keins
da, so leiden sie alle Augenblick Hunger, und es muß Fleisch
regnen. Er bringt dreißigmal hunderttausend Menschen mit
Weibern, Schwangern, Kindern, Säuglingen, mit Alten und
Kranken, Lahmen und Blinden, mit Gezelten und Bagage, mit
Wagen und Geräthe, mit 300000 Rindern und 600000 Schafen
in stockfinsterer Nacht in drei Stunden ganz und wohlbehalten
über den ausgetrockneten Boden einer See, die wenigstens eine
deutsche Meile muß breit gewesen sein, deren Boden hie von
Moos und Schlamm, dort von Sand oder Korallenstauden, hie
von Klippen, dort von Inseln unwegsam ist. Es kostet ihm
weiter kein Bedenken, wie das möglich ist; genug, er denkt und
schreibt sie in einer Nachtwache hinüber. Er lässet, um seinen

liegenden Israeliten zu leuchten, die Sonne 24 Stunden stille-
stehen. Was daraus in der Welt für ein Zustand geworden
wäre, davon ist die Frage gar nicht; es kostet ihm nur ein Wort,
so stehet die Sonne und ganze Maschine der Welt. Er bläset
und schreiet die festesten Mauern herum, ob er gleich die ver-
zweifelten eisernen Wagen weder wegschreien kann, noch still-
stehen heißen. Er verwandelt die Dinge eins ins andre nach
seinem Gefallen, Stäbe in Schlangen, Wasser in Blut, Staub
in Läuse. Er lässet das Wasser wider sein Wesen und Natur
aufgethürmet stehen ohne Haltung oder aus einem dürren Fels
mit einem Stabe herausschlagen. Er macht eine Welt, darin
die Menschen durch die Luft fliegen, darin ein Esel, ein Engel
und ein Mensch ein Gespräch mit einander halten. Mit einem
Wort, die ganze Natur stehet ihm zu Gebote; er bildet sie, wie
er will, aber auch wie einen Traum, Märlein und Schlaraffen-
laub, ohne Ordnung, Reguln, Uebereinstimmung, Wahrheit und
Verstand. So daß der einfältigste Schreiber fähig ist, dergleichen
Wunder zu machen, und daß man allen Reguln eines gesunden
Verstandes entsagen muß, um sie zu glauben, gleichwie denn die
Geschichtschreiber sich selbst verrathen, daß sie zu denen Zeiten,
da sie geschehen sein sollen, nimmer bei den Israeliten selbst
Glauben gefunden."

§. 48.

„Die Wunder im Neuen Testament sind zwar nicht durchgehends so gewaltig und abscheulich, sondern sie bestehen guten
Theils in Heilung der Lahmen, Blinden, Tauben, Kranken, Be-
sessenen; aber die Schreiber verwickeln sich doch auch hin und
wieder in offenbaren Widerspruch; nirgend aber gewähren sie
uns eine Nachricht der Umstände und zuverlässige Untersuchung,
daraus man urtheilen könnte, ob das, was etwa geschehen ist,
ein wahres Wunder gewesen. Sie schreiben Alles nur so platt
und trocken hin und setzen denn ein Siegel des Glaubens darauf:
„Wer glaubet, wird selig werden, wer aber nicht
glaubet, der wird verdammt werden." Jesus selbst
kounte keine Wunder thun, wo die Leute nicht vorher glaubten; und wenn verständige Leute, nämlich die Gelehrten und
Obrigkeiten damaliger Zeit, Wunder von ihm verlangen, die
einer Untersuchung könnten unterworfen werden, so fängt er,
statt solche vor ihren Augen zu thun, an zu schelten, so daß kein
Mensch von dieser Gattung an ihn glauben kounte. Dreißig bis

sechzig Jahre nach Jesu Tode kommen erst Lente, welche diese
Wunder als geschehen in die Welt hineinschreiben, in einer
Sprache, die ein Jude in Paläſtina nicht verſtand, zu einer Zeit,
da die jüdiſche Nation und Republik in der größten Verwirruug
und Unruhe war, und da ſehr Wenige, die Jeſum gekannt hatten,
mehr lebten. So daß ihnen nichts leichter ſein konnte, als
Wunder zu machen, ſo viel, als ihnen beliebte, ohne daß ihre
Handſchriften ſo leicht bekannt oder verſtanden oder widerlegt
werden konnten. Denen Bekehrten aber ward es vom Anfang
eingeprägt, daß es ein Verdienſt und ſeligmachend Werk ſei, zu
glauben und ſeine Vernunft gefangen nehmen unter dem Gehor=
ſam des Glaubens; und daher war bei ihnen ſo viel Glaub=
willigkeit als bei ihren Lehrern pia fraus oder Betrug aus guter
vorgegebener Abſicht; welches Beides bekannter Maßen bei der
erſten chriſtlichen Kirche im höchſten Grad geherrſchet hat. Wiewol
allerdings auch andere Religionen voller Wunder ſind, die aus
keinen beſſern Quellen gefloſſen. Das Heidenthum ſelbſt rühmt ſich
vieler Wunder, der Türke beruft ſich auf Wunder, keine Religion
und Secte iſt arm an Wundern. Und ebendieſes macht auch die
Wunder des Chriſtenthums ungewiß: ob die Facta wirklich
geſchehen, ob die Umſtände dabei ſo beſchaffen geweſen, wie
erzählet wird, ob es auch natürlich oder durch Kunſtgriffe und
Betrügerei zngegangen, oder ob es ſo von ohngefähr zuſammen=
getroffen ꝛc. Wer die Sachen und Geſchichte inne hat, wird wol
ſehen, daß ich die Wahrheit ſchreibe; aber ich verlange hier von
Denen, welche davon kein Erkenntniß haben, noch nicht, daß ſie
mir Recht geben. Unterdeſſen habe ich ihnen doch die Zweifel,
welche Verſtändigen bei denen Wundern des Nenen Teſtaments
einzufallen pflegen, vorhalten müſſen, daß, wenn ſie dieſe Zweifel
nicht zu beantworten wiſſen, ſie wenigſtens erkennen, daß Wun=
der keine ſo gewiſſe Facta ſind, wodurch man die Wahrheit
anderer nicht vor ſich glaublicher factorum oder Lehren beweiſen
und in Gewißheit ſetzen könne, und daß folglich Diejenigen,
welche das Chriſtenthum auf Wunder bauen wollen, nichts
Feſtes oder Inneres und Weſentliches zum Grunde legen."

§. 49.

„Es iſt ſchon ein Zeichen, daß eine Lehre oder Geſchichte
keine innre Glaubwürdigkeit hat, wenn man ſich, um deren
Wahrheit zu beweiſen, auf Wunder berufen muß. Aber die
Wunder halten auch an und vor ſich keinen Grundſatz in ſich,

worin nur ein einziger Glaubensarticul oder factum als ein Schlußsatz enthalten wäre. Es folget nicht: ein Prophet hat Wunder gethan, also hat er wahr geredet; weil auch falsche Propheten und Zauberer Zeichen und Wunder gethan und falsche Christi solche Wunder verrichtet, dadurch auch die Aus= erwählten konnten verführet werden. Es folget nicht: Jesus hat einen Blinden sehend, einen Lahmen gehend gemacht, ergo ist Gott dreieinig in Personen, ergo ist Jesus wahrer Gott und Mensch. Es folget nicht: Jesus hat Lazarum vom Tode er= wecket, folglich ist er auch selbst vom Tode auferstanden. Was brauchen wir von der Hauptsache abgeführet und auf was Aeußerliches gewiesen zu werden, da wir in der Sache selbst Merk= male genug haben, wodurch sich das Wahre vom Falschen unter= scheiden lässet, und da diese Merkmale sich durch tausend äußere Wunder nicht auslöschen lassen? Die untrieglichen Merkmale des Wahren und Falschen sind klare und deutliche Uebereins= stimmung oder Widerspruch; welche soferne auch bei einer Offenbarung gelten müssen, als sie dieses mit allen Wahrheiten gemein hat, daß sie vom Widerspruch frei sein muß. Und so wenig sich durch Wunder beweisen lässet, daß zweimal Zwei Fünfe machen, oder daß ein Dreieck vier Winkel habe, so wenig kann ein Widerspruch, der offenbar in den Lehrsätzen und Ge= schichten des Christenthums liegt, durch eine Menge von Wun= dern gehoben werden. Lasset Jesum, lasset die Apostel noch so viele Blinde und Lahme gesund gemacht und noch so viele Le= gionen Teufel ausgetrieben haben: dadurch heilen sie den Wider= spruch in ihrem Systemate von dem Messias und in ihren wider einander laufenden Zeugnissen von seiner Auferstehung und Wiederkunft nicht; der Widerspruch ist ein Teufel und Vater der Lügen, der sich nicht anstreiden lässet, weder durch Fasten, noch Beten, noch Wunder. Lasset durch diese wunderthätige Leute geschehen sein, was da will: sie können dadurch nicht machen, daß nicht geschehene Dinge geschehen sind, daß Christus in den Wolken des Himmels wiederkommen sei, ehe Alle, die vor seinem Tode bei ihm stunden, den Tod geschmecket. Kein Wunder be= weiset, daß der Spruch: „Aus Aegypten hab' ich meinen Sohn gerufen", von Christo handle, oder daß es in der Schrift bei irgend einem Propheten stehe: „Er soll Naza= renns heißen.""

§. 50.

„Was ich von den Wundern gesagt, daß sie an sich ungewiß sind, und daß sie den Beweis der Wahrheit nicht in sich halten, ebendas muß ich auch von den Prophezeihungen sagen, worauf die Vertheidiger des Christenthums dringen. Wenn eine Weissagung sollte gewiß sein, so fordere ich billig, daß sie buchstäblich, klar, deutlich und bestimmt vorhersage, was zum Voraus kein Mensch wissen kann, und daß solches hernach auf dieselbe bestimmte Art eintreffe, aber auch nicht darum eintreffe, weil es vorhergesagt ist. Wenn aber die vorgegebene Weissagung blos durch allegorische Deutung der Sachen und Wörter kann herausgebracht werden; wenn sie in dunkeln zweideutigen Worten verfasset ist; wenn die Ausdrückungen nur allgemein, vage und unbestimmt lauten; wenn die Sache durch menschlichen Witz vorherzusehen oder zu muthmaßen war; wenn sie ebendarum geschiehet, weil sie vorhergesagt war, oder wenn die Worte eigentlich von ganz was Anders reden und nur durch ein Wortspiel auf das Geweissagte gezogen werden; wenn es nach der geschehenen Sache erst niedergeschrieben ist, daß es vorhergesagt sei, oder ein prophetisch Buch oder Stelle für älter ausgegeben, als sie sind, oder endlich das Vorhergesagte nicht eintrifft: so sind die Prophezeihungen theils ungewiß, theils falsch. Wenn wir nun nach diesen Kennzeichen eine Untersuchung der Weissagungen Altes Testaments, worauf man sich im Neuen beziehet, anstellen, so findet sich offenbarlich von den meisten, daß sie nichtig und falsch sind. Die klaren sind nicht eingetroffen, als: daß der Messias auf dem Stuhl David auf dem Berge Zion sitzen und von einem Meere zum andern, ja bis an die Welt Ende regieren sollte, und was sonst von dem weltlichen Reiche des Erlösers Israel' geweissaget worden. Andere Weissagungen sind mit einem bloßen Wortspiel herbeigezogen und reden eigentlich von ganz was Anders; davon ich kurz vorher ein paar Exempel angeführet. Und ich will zu seiner Zeit zeigen, daß nicht ein einziger Spruch, den Matthäus z. E. auf die Geschichte Jesus' deutet, in dem Verstande von den Schriftstellern Altes Testaments geschrieben sei, worin ihn Matthäus anwendet. Andre Stellen Altes Testaments enthalten Dinge, welche blos durch eine Allegorie auf Christum gezogen werden, als: das Zeichen des Propheten Jonas, der drei Tage und drei Nächte im Bauche des Walfisches gewesen, und der Spruch: „Ich will sein Vater sein, er soll mein Sohn sein." So daß auch unsere Herren Theologi in dergleichen Stellen keinen andern Rath wissen, als sich in einen Circul[1]) zu begeben, nämlich das Neue Testa= ment und dessen Lehre durch die Weissagungen des Alten, und daß dieses im Alten Testament gesagt oder gemeinet sei, durch das Neue, nämlich durch die Zeugnisse des heiligen Matthäi, Pauli 2c. zu beweisen. Andere Dinge haben mit Fleiß deswegen von Christo geschehen können, damit erfüllet würde, was gesagt ist, als: „Siehe, Dein König kommt — reitend auf einem Esel und auf einem Füllen der lastbaren Eselin." Mit einem Worte, ich könnte überhaupt sagen, es ist keine einzige vor= gegebene Weissagung, worauf man sich im Neuen Testament beziehet, die nicht falsch wäre. Wenn ich aber gelinde reden will, so erhellet doch wol, daß sie alle sehr ungewiß und zweifelhaft und von solchen Schreibern, welche so mit Worten und Sachen spielen, nicht ohne genaue Untersuchung anzunehmen sind."

§. 51.

„Nun kann man leicht gedenken, wie die Folgerung auf allen Seiten hinlet. 1) Indem der Beweis aus Weissagungen, welche nicht klärer und deutlicher sind als die obangeregten im Neuen Testamente, in einen Circul laufen und eine petitionem principii begehen muß. Der Satz des Christenthums aus Paulo ist: Jesus von Nazareth ist Gottes Sohn. — Woher das? — Denn es stehet geschrieben: „Ich will sein Vater sein, und er soll mein Sohn sein;" „Du bist mein Sohn, heute hab' ich Dich gezeuget." — Aber mich dünkt, jenes rede vom Salomon, dieses vom David. — Ja, wenn das auch wäre, so stellet es doch unter dem Vorbilde David's und Salomon's eine weit höhere Person vor. — Es ist gut; aber woher kann ich das wissen? Erklären sich die Schreiber Altes Testaments darüber? — Das wol nicht; aber der heilige Apostel Paulus, aus Eingeben des heiligen Geistes, weiset uns den höheren Verstand und das Gegenbild, worauf es zielet. — So ist denn Pauli Lehre wahr, weil sie Paulus saget, und so gehet es mit hundert andern Stellen mehr, nämlich überhaupt bei allen, daraus man nichts eher für das

---

1) Ueber den Begriff des „Circul" (Zirkelbeweis) s. Anm. zu S. 368. — A. d. H.

Chriſtenthum folgern kann, bis man aus dem Chriſtenthum ſelbſt annimmt, daß ſie einen allegoriſchen Verſtand haben, der auf das Chriſtenthum ziele. 2) Geſetzt, der Verſtand der Stellen Altes Teſtaments ſei an ſich und überhaupt recht getroffen, ſo folget doch noch bei Weiten nicht, daß Jeſus von Nazareth damit gemeinet ſei. Geſetzt, der Meſſias ſollte aus Bethlehem kommen: ſind denn Alle, die aus Bethlehem entſproſſen ſind, Meſſiaſſe? Geſetzt, der Meſſias ſollte aus Aegypten kommen: ſind denn Alle, die aus Aegypten kommen ſind, darum Meſſiaſſe? Geſetzt, er ſollte in Nazareth wohnen: kann darum Einer, der ſich in Nazareth aufhält, ſagen: Alſo bin ich der Meſſias? Ja, wird man ſagen, wenn ſo viele, wenn alle Kennzeichen bei einer Perſon eintreffen', ſo iſt auch die Perſon und keine andere ge= meinet. Allein ich fürchte, wir kommen wieder in den vorigen Circul. Die Schreiber des Neuen Teſtaments haben die Lebens= umſtände Jeſu, dergleichen ich jetzt etliche erzählet habe, als wahre Geſchichte an ihm bemerket. Nun haben ſie einen Meſſias aus ihm machen wollen. Darum haben ſie dieſe Lebensumſtände als prophezeihet und an Jeſu erfüllet vorgeſtellet; und da ſolche Prophezeihungen, die das in der That ſagten, nicht zu finden waren, ſo haben ſie durch ein Wortſpiel und durch Allegorien bald dieſe, bald jene Stelle des Alten Teſtaments dahin ge= drehet; und wenn man denn nicht finden kann, daß das in dem Verſtande geſagt werde und auf den Meſſias oder beſonders auf Jeſum ziele, ſo läuft es doch endlich darauf hinaus: wir müſſen es glauben, daß das der Verſtand der Weiſſagungen ſei, weil es die Schreiber des Neuen Teſtamentes uns ſo erklären. Es iſt 3) eine ſchlechte Folgerung: dieſes und jenes iſt von dem Meſſias der Juden vorhergeſagt worden, ergo iſt es von Jeſu erfüllet und geſchehen. Das heiße ich zweene Sätze zugleich erſchleichen, davon eben die Frage iſt. Ich würde ſo ſchließen: dies und das iſt geſchehen und vorhergeſagt, ergo iſt die Vorherſagung in dem Geſchehenen erfüllet. Es muß nämlich zuvor bewieſen ſein, daß dieſes und jenes von einer gewiſſen Perſon geſchehen ſei, und daß ſolche That oder Begebenheit von der Perſon zuvor verkün= diget ſei; alsdenn kann man erſt annehmen, daß die Prophezeihung wahr ſei, und daß ſie an der Perſon erfüllet worden. So lehret uns Moſes ſelbſten ſchließen. Wer aber von der Prophezeihung anfängt und vorausſetzet, daß ſie habe eintreffen und wahr werden müſſen; wer die Facta nicht erſt beweiſet, daß ſie wirklich geſchehen ſind, ſondern aus der als wahr angenommenen Pro=

phezeihung erweiset, der erschleichet Beides, wovon die Frage ist.
Z. E. Laß es sein, daß von dem Messias vorhergesagt sei, er
würde Wunder thun, Blinde sehend, Lahme gehend machen, er
würde vom Tode wieder aufstehen: folgt denn darum, daß es
wahr prophezeihet sei?"

§. 52.

„Ein jeder geübter Leser wird leicht einsehen, daß ich die
häufig erzählten Wunder der Apostel, ihre vorgegebene Ehrlich=
keit und Frömmigkeit im Erzählen, in ihren Lehren und Leben,
ihren Martyrtod, den sie über ihrem Bekenntniß ausgestanden,
und endlich den schleunigen Wachsthum des Christenthums und
worauf man den Beweis des Christenthums mehren Theils an=
kommen läßt, als lauter Nebendinge ansehe, welche die Wahr=
heit der Hauptsache gar nicht ausmachen. Denn wenn ich auch
jetzt unerörtert lassen will, ob ein jedes dieser Stücke auch an
sich erweislich und ungezweifelt sei, oder wie es zugegangen, so ist
doch offenbar genug, daß keines von diesen allen das Wesen der
Sache rühre oder die Zweifel und Anstöße hebe und gut mache.
Viele andere Religionen haben dergleichen zweideutige Beweis=
gründe vor sich; die Folgen, die man daraus für die Wahrheit
einer Religion ziehen will, sind nicht bündig, und wo klare Kenn=
zeichen der Falschheit sind, da vermögen sie gar nichts. Tausend
vorgebliche Wunder können mir keinen einzigen klaren Wider=
spruch bei der Auferstehung, der mir vor Augen liegt, heben
und gut machen; alle Frömmigkeit und Heiligkeit der Apostel
kann mir nicht wahr machen, Jesus sei, noch ehe die bei ihm
Stehende alle gestorben, in großer Kraft und Herrlichkeit sichtbar
wieder vom Himmel gekommen und habe sein herrlich Reich auf
Erden aufgerichtet; alle Märtyrer mit aller ihrer ausgestandenen
unerhörten Qual beweisen mir nicht, daß der Spruch: „Aus
Aegypten habe ich meinen Sohn gerufen", von
Jesus aus Nazareth gemeinet sei, oder daß der Satz: „Er
soll Nazarenus heißen", in der jetzt vorhandenen Schrift
Altes Testaments stehe; und wenn noch so viele Leute zu einer
Meinung und Religion getreten sind, so sehe ich daraus nicht,
daß sie dazu Recht gehabt und ihre Wahl mit Vernunft und
Ueberlegung getroffen. Da mir also durch alle diese Dinge in
der Hauptsache kein Licht noch Auflösung meiner Zweifel gegeben
werden kann, so mag ich auch mich durch deren besondere Be=

trachtung von meinem geraden Wege nicht abkehren laſſen; und
ich glaube, meine Leſer werden es nicht einmal verlangen, daß
ich hier ohne Noth ausſchweifen und meine Gedanken von einem
Jeden eröffnen ſolle, weil Alles bei reiſerer Betrachtung des
Vorigen von ſelbſt wegfällt; ſondern ſie werden gar wohl zu=
frieden ſein, wenn ich blos ſo viel von einem Jeden berühre, als
mir in meinem Wege begegnen und etwa hinderlich zu ſein
ſcheinen wird. Jetzt iſt aber Zeit, nachzuforſchen, was doch der
Jünger Jeſu ihre wahre Abſicht bei Erdichtung ihres neuen
Lehrgebändes geweſen, und wie ſie daſſelbe nach und nach aus=
geführt, welches ich aus der Zuſammenhaltung aller Umſtände
gründlich unterſuchen und, ſo weit es will möglich ſein, aus=
findig zu machen ſuchen will.“

§. 53.

„Die Apoſtel waren anfangs mehren Theils geringe und
ſchlecht bemittelte Leute, die ſich mit Fiſchen oder anderer Han=
tierung nach Nothdurft nähreten, es ſei nun, daß ſie nichts
anders als ihr Handwerk gewußt, oder daß ſie nach Art der
Juden bei dem Studiren ein Handwerk daneben getrieben, dazu
ſie nur im Fall des Mangels der Nahrung griffen, wie Paulus
ein ſolcher Gelehrter war, der bei Nothfällen ſeinen Unterhalt
vom Teppichmachen zu ſuchen pflegte. Wie ſie nun ſich ent=
ſchloſſen, Jeſu nachzufolgen, verließen ſie ihr Handwerk und
alles Geräthe gänzlich und höreten Jeſum lehren, gingen aller=
wärts mit ihm herum oder wurden auch von ihm hie und da in
die Städte Israel ausgeſandt, zu verkündigen, daß das Himmel=
reich nahe herbeikommen wäre; wie denn ihrer Zwölſe vor
Andern ausdrücklich dazu abgeſondert wurden, daß ſie ſollten
Boten des Reichs Gottes werden. Wir brauchen hiebei keiner
Schlüſſe und Folgerungen, was damals die Apoſtel bewogen
habe, Alles zu verlaſſen und Jeſu nachzufolgen; denn die Evan=
geliſten geben uns die ausdrückliche Nachricht, daß ſie ſich die
Hoffnung gemacht, Jeſus würde als Meſſias ein weltlich Reich
aufrichten oder König in Israel werden und ſich auf dem Stuhl
David’s ſetzen. Dabei war ihnen von Jeſus ſelbſt die Ver=
heißung gegeben, daß ſie auch alsdenn auf zwölf Stühlen ſitzen
und die zwölf Geſchlechte Israel richten ſollten; ja, ſie ſaßen
ſchon in ihren Gedanken darauf ſo feſte, daß ſie bereits zum
Voraus unter einander um die Oberſtelle und vornehmſte Ge=

walt nach Jesu stritten — der Eine wollte zu seiner Rechten, der
Andre zur Linken sitzen — und sie wußten Jesu inzwischen ihre
Verdienste gegen ihn anzurechnen, daß sie Alles verlassen und
ihm nachgefolget wären, frugen also, was ihnen davor würde.
Und wie Jesus sie vertröstet, daß, so Jemand um seinetwillen
Aecker oder Häuser oder dergleichen verlassen habe, der solle es
hundertfältig wieder haben: da geben sie sich auf künftige Hoff=
nung zufrieden und sind nur nach der Zeit und Stunde begierig,
wenn er sein Reich anfangen würde, und diese Erwartung währte
so lange, biß die Hinrichtung Jesu ihnen alle diese eitle Hoffnung
auf einmal darnieder schlug; sie klagen: „Wir hofften, er sollte
Israel erlösen!“ Es braucht also keines Beweises, sondern ist
aus ihren eignen Nachrichten klar, daß die Apostel und alle
Jünger Jesu sich durch lauter zeitliche Absichten, nämlich theils
der Hoheit und Herrschsucht, theils reicher Vortheile an Gütern
bewegen lassen, Jesu als einem weltlichen Messias nachzufolgen,
und daß sie diese Hoffnung und Absicht bei seinem Leben nimmer
fahren lassen, sondern noch nach seinem Tode äußern. Dieses
muß also ein Jeder biß dahin nothwendig zugestehen, und Nie=
mand kann es ohne die größte Unverschämtheit ableugnen. Nun
ändert sich schleunig der Jünger Jesu Lehrgebäude; ändern sich
darum auch ihre Absichten? Nein, vielmehr da sie blos wegen
ihrer fehlgeschlagenen Hoffnung und Absichten ein neues Lehr=
gebäude aufrichten, daran sie noch kurz nach Jesus' Tode gar
nicht dachten, und das offenbar falsch und erdichtet scheinet, so
können wir auch nicht anders denken, als daß sie bei ihren bisher
gehegten Absichten geblieben und sie nur blos auf eine andere
Weise, so gut es sich thun lassen wollte, zur Erfüllung zu bringen
gesucht. Wenn wir ihr neues Lehrgebäude noch nicht untersucht
hätten, ob es wahr oder falsch sei, sondern nur ihre vorher=
gehende Gemüthsverfassung und Begebenheit wüßten, nämlich
daß sie bisher beständig nach weltlicher Hoheit und Vortheilen in
einem weltlichen Reiche Jesu getrachtet, daß ihnen diese Absicht
mit dem Tode Jesu fehlgeschlagen, daß sie darauf ein neues
Lehrgebäude von Jesu als einem geistlichen leidenden Erlöser
aufgebracht, daran sie vorher nicht gedacht hatten, und daß sie
sich für Boten und Lehrer dieses neuen Evangelii aufwerfen, so
hätten wir schon billig einen Argwohn auf sie zu werfen, ob sie
nicht dieses blos in ihrer vorigen Absicht vorgäben, weil es viel
wahrscheinlicher ist, daß ein Mensch aus ebenden Hauptabsichten
fortfahre zu handeln, darnach er vorhin allezeit unstreitig ge=

anbelt hat, als daß er dieselbe fahren lassen und verändern
)llte. Allein nun sind wir einen gradern Weg gegangen; wir
aben den Grund des neuen Lehrgebäudes an sich schon oben
)eitläuftig untersucht und Alles offenbar erdichtet und falsch
efunden, und dadurch erhält es alle mögliche Gewißheit in
iefer Art, daß die Apostel dabei nichts anders als ihre alte Ab=
chten, nämlich weltliche Hoheit und Vortheile gehabt. Denn
ie wissentliche vorsätzliche Erdichtung einer falschen Begebenheit
ann nicht anders als aus einem vorhergehenden Willen und
us einem Zweck oder Absicht, die schon in dem Gemüthe ist,
ntspringen. Wer mit Fleiß etwas Falsches erdichtet, muß eine
lbsicht dabei haben, damit er vorher schon schwanger gegangen,
he er etwas aussinnet, das seine Absicht befördern soll; und je
reister und wichtiger diese Erdichtung ist, desto tiefer muß vor=
er der Vorsatz in dem Gemüthe eingewurzelt sein, und desto
iehr muß sie dem Menschen am Herzen liegen. Da nun der
lpostel neues Lehrgebäude erdichtet ist, so haben sie es auch in
iner Absicht, die schon vorher in ihrem Gemüthe und Willen
)ar und damit sie schon lange schwanger gegangen, ersonnen.
lun ist der Apostel vorhergängige Absicht beständig und bis an
iese Erdichtung auf weltliche Hoheit und Vortheile gerichtet
ewesen. Folglich hat es alle moralische Gewißheit, daß die
lpostel ihr neues Lehrgebäude aus voriger Absicht auf weltliche
)oheit und Vortheile erdichtet haben. Wir dürfen auch nicht
weifeln, daß alle Umstände ihrer Handlungen diesen Schluß
ewahren werden."

§. 54.

„Anfangs regierte wol nach Jesus' Tode bei den Jüngern
nuter Angst und Furcht, daß sie auch möchten verfolget und zur
Strafe gezogen werden, weil sie Anhänger eines Mannes ge=
)esen, der sich zum Könige hatte aufwerfen und das Volk wider
en hohen Rath aufwiegeln wollen. Denn so kühn sie gewesen
)aren, mit Jesu in den Tod zu gehen und wol gar mit dem
Schwert dreinzuschlagen, so feig wurden sie, als sie sahen, daß
s mit seiner Verfestung und Hinrichtung ein Ernst werden
)ollte: sie verließen ihn Alle und flohen, und Petrus, der sich
loch so viel erdreistet, von ferne zuzusehen, was aus dem Handel
)erden wollte, verleugnet seinen Meister dreimal und mit einem

Meineide, daß er ihn nicht kenne und nichts von ihm wiff
Denn die Sache lief ganz wider ihre Absicht: ihre zwölf Stühl
darauf sie sitzen und richten wollten in Jesu Reiche, waren m
einmal umgestoßen, und sie verlangten nunmehr weder zu sein
Rechten noch zu seiner Linken zu sein. Diese Furcht währte no
eine Weile nach Jesus' Tode: sie lassen die Weiber mit Josep
und Nikodemus sein Begräbniß beschicken und entfernten si
auch von der letzten Pflicht; sie hielten sich heimlich zusammen i
verschlossenen Thüren aus Furcht vor den Juden, und ihre g
meinschaftliche Noth und Anliegen machte, daß sie stets einmüth
bei einander waren. Es wagt es aber bald Einer oder Ander
auszuschlüpfen; sie hören, daß weiter keine gerichtliche Nachfra
nach ihnen geschiehet; sie merken, daß die Obrigkeit nach d
Hinrichtung Jesu als der Hauptperson seinen Anhang nicht gr
achtet oder auch für Pilatum nicht weiter gehen kann; f
schöpfen bald Muth und denken nunmehr nach überstanden
Gefahr auf ihr künftiges Glücke. Was sollten sie nun weit
beginnen? Wollten sie zu ihrer vorigen Hantierung wied
greifen, so wartete lauter Dürftigkeit und Beschimpfung auf si
Dürftigkeit, denn sie hatten Alles und insonderheit ihr Han
werkszeug, ihre Netze und Schiffe verlassen und waren d
Arbeit entwöhnet. Beschimpfung, weil sie von ihren hoh
Gedanken gewaltig heruntergesetzt waren; und da sie allen
halben durch Jesu Nachfolge bekannt worden waren, so wür
ein Jeder mit Fingern auf sie gewiesen haben, daß aus d
vermeinten Richtern Israel's und nächsten Freunden und M
nistern des Messias nun wieder arme Fischer und wol g
Bettler geworden wären. Beides war ihnen nothwendig a
das völlige Gegentheil ihrer beständig gehegten Absichten u
Hoffnung höchst empfindlich und zuwider. Sie hatten hergeg
unter ihrem Meister schon einen kleinen Vorschmack gehabt, d
das Lehren Ansehen gäbe und nicht unbelohnet bliebe. Jes
selbst hatte von sich nichts. Die alten Nachrichten sagen, daß
sich bis an sein Lehramt mit einem Handwerk genähret. D
legt er aber im 30sten Jahre bei Seite, er fing an zu lehre
Dieses versprach ihm zwar keinen ordentlichen Gehalt (denn d
war bei den Juden nicht gebräuchlich); allein darum durfte
nicht darben. Man war mit milden Gaben gegen die Lehr
desto freigebiger. Wenn er sich zu Jerusalem oder in ein
andern großen Stadt aufhielte, so lud ihn Freund und Fei
fleißig zu Gaste, so daß daher auch die Nachrede entstand,

ire ein Fresser und Weinsäufer, und er entsehe[1] sich nicht,
ch mit Zöllnern und Sündern zu essen; insonderheit waren
ele Marthaen, die sich's recht sauer werden ließen, ihm gute
peisen zu bereiten. Wenn er auch reisete, so zogen diese gut=
ätigen Weiber, als Maria Magdalena, Johanna, das Weib
)usa', des Schaffners Herodis, und Susanna und viele andre
it, die ihm Handreichung thaten von ihrer Habe, wie Lucas
richtet, 8, 1 bis 3. Man versorgte ihn also nicht allein mit
sen, sondern auch mit Gelde, und Judas, der den Beutel
1g, war der Cassmeister, der hie und da auf den Reisen, wo
ja nöthig war, kaufen, bezahlen und Rechnung davon thun
ußte. Wo nun Jesus speisete, da speiseten die Jünger mit,
o Jesus reisete, da zehrten die Jünger aus einem gemein=
)aftlichen Beutel, so daß die milden Gaben, die Jesus bei
inem Lehramt bekam, wenigstens für 13 Personen zureichlich
aren. Und die Apostel waren einmal bei Jesus' Leben, gleich=
m als zum Versuch, daß man bei dieser Lebensart keinen
!angel haben könne, selbandre durch alle Städte Juda zur
erkündigung des Reichs Gottes ohne Tasche oder Beutel aus=
sandt, und wie sie nach ihrer Zurückkunft gefragt wurden, ob
: auch je Mangel gehabt, so mußten sie gestehen, sie hätten nie
inen verspüret. Also hatten sie schon einen Vorschmack, daß das
)hramt, zumal die Verkündigung des Messias, Niemand darben
sse. So verhielt sich's auch mit der Ehre und Hoheit. Denn
: hatten gesehen, daß alles Volk Jesu wegen seiner Lehre nach=
laufen war; sie waren selbst schon einiger Maßen in Achtung
i dem Volke, weil ihr Meister sie als geheime Jünger, die
ehr als Andre zu wissen bekämen, von dem Pöbel unter=
)ieden; sie hatten's selbst erfahren, als sie das Reich Gottes
s Boten und Gesandten des Messias verkündiget; überhaupt
ußten sie auch, wie viel damals das Ansehen der Lehrer bei
n Juden galt, indem die Pharisäer als die vornehmsten Lehrer
re Aussprüche statt der prophetischen gelten machten und das
olk gewöhnet hatten, dieselbe blindlings anzunehmen. Dieses
nsehen konnte noch um so viel höher steigen, wenn Einer bei
esen Zeiten, da sonst Prophezeihung und Wunder aufgehöret
itten, sich den Schein zu geben wußte, als ob er göttliche
ffenbarungen bekommen und Wunder thun könnte; und Nie=

---

1) Das Verbum „sich entsehen" = „sich scheuen" ist schon längst nicht
)hr im Gebrauch. — A. d. H.

mand konnte es höher treiben, als wer sich der allgemeinen E
wartung eines Messias zu Nutze machte, dessen baldige Zukun
lehrte und die Leute glauben machte, daß er zu dessen Himme
reiche die Schlüssel führe. Es ist in der menschlichen Natur nid
anders: wer die Leute erst überreden kann, daß er ihnen be
Weg zur höchsten Glückseligkeit, den Andere nicht wissen od
davon alle Andere ausgeschlossen, zeigen und öffnen, aber au
wieder versperren kann, der wird eben dadurch Meister üb
alles Uebrige, was denen Menschen sonst lieb ist, über sei
Gedanken, über seine Freiheit, über seine Ehre und Vermögen
es ist nunmehr alles Andre gegen diese große und süße Hof
nung ein Geringes. Wenn wir zum Voraus einen Blick in d
Apostel nachmaliges Betragen thun dürfen, so weiset der Ve
folg, daß die Apostel wirklich in alle diese Wege zum hohen A
sehen getreten sind und sich so viel Macht über die Gemeinen a
immer möglich herausgenommen; sie schreiben ihnen sowol i
ihrem Concilio sämmtlich, als jeder besonders im Namen be
heiligen Geistes vor, nicht allein was sie glauben, sondern au
was sie thun und lassen, essen und trinken sollen; sie leisen, f
drohen, als aus Macht, sie thun in den Bann und übergebe
die Leute dem Satan; sie setzen ihnen Bischöfe, Vorstehe
Aeltesten; sie nöthigen die Leute, alle ihre Habe zu verkaufe
und das Geld zu ihren (der Apostel) Füßen zu legen, und dan
theilen sie dieselbe wieder nach Gefallen aus, daß auch Di
so vorhin die Güter besessen, nunmehro ihrer Gnade lebe
mußten, geschweige daß Andre, so nichts gehabt, nunmehr
allein auf der Apostel milbreiche Hände sehen; und wo sie be
gleichen Gemeinschaft der Güter nicht einführen konnten, b
wußten sie die Beisteuern so triftig anzubringen, daß es no
als ein Geringes angesehen ward, daß sie Denen, wodurch f
der geistlichen und himmlischen Güter theilhaftig worden warer
etwas von ihren leiblichen Gütern mittheileten."

§. 55.

„Die Apostel hatten demnach nicht allein aus der vorige
Erfahrung Vorschmacks genng, daß sich bei dem Lehramt un
bei der Verkündigung vom Reiche des Messias außer zureic
lichen Unterhalt, Ehre, Hoheit und Macht erwerben lasse, son
dern sie besaßen auch (wie ihre nachmalige Aufführung zeiget
Verstand genug, sich alle diese Vortheile aufs Beste zu Nut

zu machen. Kein Wunder also, daß sie nach ihrer einmal fehl=
geschlagenen Hoffnung auf die Hoheit und Vortheile im Reiche
des Messias den Muth nicht alsofort sinken lassen, sondern sich
durch eine kühne Erfindung einen neuen Weg dazu bahnen."

§. 56.

„Wir haben schon bemerkt, daß Einige, obwol Wenigere
der damaligen Juden eine zwiefache Zukunft des Messias ge=
glaubt, da er erst in armseliger Gestalt und leidend erscheinen,
nachmals aber bald herrlich und herrschend in den Wolken des
Himmels wiederkommen würde. Dieses kam denen Aposteln
vortrefflich zu Statten, und sie sahen, daß sie noch nicht verloren
Spiel hätten. Die Erwartung der Zukunft des Messias um diese
Zeit war noch allgemein, und wenn sie sich gleich in der Person
eines Thendas und Judas Galiläus (Apostg. 5, 36 f.) betrogen
hatten, so höreten sie doch nicht auf, denselben in Andern und
auf eine andere Art zu erwarten, wie auch die nachmalige Ge=
schichte der Juden weiset. Die Apostel konnten auch vermuthen,
daß ein groß Theil Derer, die Jesum als einen Propheten an=
gesehen, der in Worten und Thaten mächtig gewesen wäre, nun=
mehro dieses Lehrgebäude auch ergreifen und sein Leiden als
einen Theil seines Messiasamtes und als eine Folge seiner
ersten Zukunft betrachten, daher aber auch seine andere herrliche
vom Himmel desto eher glauben und erwarten würden. Sie
durften auch nicht zweifeln, daß manche der vorigen Anhänger
Jesu aus ebender Furcht für Dürftigkeit und Beschimpfung,
welche die Apostel selbst trieb, mit in ihr Schiff treten und gerne
glauben würden, was sie wünschten, damit sie nur nicht möchten
geirrt und sich betrogen haben. In ihren verschlossenen Thüren
und bei dem gemeinschaftlichen Anliegen, da sie noch einmüthig
bei einander waren, hatten sie die beste Zeit, zu überlegen und
mit einander zu verabreden, wie sie diese Meinung zu ihrem
Vortheil anwenden könnten; und dazu war vor allen Dingen
nöthig, den Körper Jesu bald wegzuschaffen, damit sie vorgeben
konnten, er sei aufgestanden und gen Himmel gefahren, um von
bannen nächstens mit großer Kraft und Herrlichkeit wiederzu=
kommen. Es war ihnen ein Leichtes, solche Entwendung des
Körpers ins Werk zu richten. Er lag in Joseph's Garten in
einem daran schließenden Felsen begraben; der Herr und der
Gärtner litten, daß die Apostel bei Tage und bei Nacht das

Grab besuchten; sie verrathen sich selbst mit ihrem Geständniß, daß Jemand den Körper habe heimlich wegtragen können; sie haben die Beschuldigung, daß sie solches selbst in der Nacht wirklich gethan, von hoher Obrigkeit leiden müssen und haben sich nirgend von solcher gemeinen Rede zu retten unterstanden. Kurz, alle Umstände geben, sie haben dieses Unternehmen in der That ausgeführt und nachmals zum Grundstein ihres neuen Lehrgebäudes gelegt. Es scheinet wol aus dem Verfolg, daß sie damit nicht lange gesäumet, sondern den Leichnam bald nach vierundzwanzig Stunden, ehe er vollends in die Verwesung getreten, bei Seite geschaffet haben, und daß sie, wie dieses geschehen und kund worden, als voller Verwunderung und unwissend von irgend einer Auferstehung sich auch mit dahin begeben und die leere Stätte beschauet. Allein noch war es zu frühe, dieses öffentlich zu sagen und zu behaupten. Sie warten damit ganzer funfzig Tage, um hernach, wenn es nicht mehr Zeit wäre, nach dem Körper zu forschen oder von ihnen zu fordern, daß sie den auferstandenen Jesum öffentlich zeigen sollten, desto dreister zu sagen, daß sie ihn hie und da gesehen, daß er bei ihnen gewesen, mit ihnen gesprochen und gegessen hätte und endlich von ihnen geschieden und gen Himmel gefahren sei, um bald herrlicher wiederzukommen.“

§. 57.

„Was konnten sie sich aber bei solchem Unternehmen für einen Fortgang versprechen? Allerdings einen guten. Einmal konnte sie Niemand augenscheinlich einer Falschheit oder Lügen überführen: das Corpus delicti war nicht vorhanden; und wenn ja Einer kommen sollte, der ihn an einem andern Orte anzeigte, so waren es nunmehro schon 50 Tage nach dem Tode, da Alles in die Verwesung getreten sein mußte. Wer konnte ihn jetzt mehr kennen und sagen: Dies ist Jesu Körper? Diese geraume Zeit stellete sie für eine handgreifliche Ueberführung des Betruges sicher und vereitelte alle darauf zu wendende Nachforschung. Sie half ihnen aber auch dazu, daß sie ein Haufen erzählen konnten, wie oft und auf mancherlei Art er ihnen inzwischen erschienen sei, und was er mit ihnen geredet habe, damit sie, als aus Jesu Reden und Befehl nach dem Tode, Alles, was sie selbst für gut funden, lehren und anordnen konnten. Ja, wollte nun nach 50 Tagen Jemand fragen: Wo ist der auferstandene Jesus,

zeiget mir ihn! so hatten sie die Antwort bereit: Nunmehr ist
er schon gen Himmel gefahren. Es kam nur auf ein dreistes
standhaftes Bejahen und Bezeugen an, daß sie Jesum gesehen,
gesprochen, getastet, mit ihm gegessen und gewandelt hätten,
worin sie alle einstimmig waren; ein solch Zeugniß konnte
man nach dem Gesetze nicht verwerfen, weil in zweier oder dreier
Zeugen Munde die Wahrheit bestehen sollte; wie vielmehr,
wenn es ihrer Zwölfe einhellig bezeugten! Die Auferstehung an
sich ward damals von dem allergrößten Haufen, nämlich den
Pharisäern und ganzem Volke geglaubt: es waren vorhin durch
die Propheten Leute vom Tode erweckt worden, und folglich
mußten sie die Möglichkeit der Auferstehung Jesu nach ihrem
eigenen Lehrsatze zugeben. Dieser wußten sich die Apostel, oder
vielmehr Paulus als der Klügste unter allen, vor Gericht zur
Vertheidigung und Rettung meisterlich zu bedienen. Denn um
die Pharisäer und Sadducäer, welche beiderseits in den Gerichten
saßen, an einander zu hetzen und dadurch zu entwischen, saget er
alsdenn nicht besonders, daß er die Auferstehung Jesu behaupte,
sondern er verdrehet die auf ihn gedrachte Beschuldigung, als ob
sie einen allgemeinen Lehrsatz betreffe. Denn als Paulus zu
Jerusalem vor Gerichte war, Apostg. 23, 6, „und wußte,
daß das eine Theil Sadducäer waren, das andere
Theil aber Pharisäer, schrie er im Rath: ‚Ihr
Mäuner, lieben Brüder, ich bin ein Pharisäer
und eines Pharisäers Sohn; ich werde für Recht
gestellet von wegen der Hoffnung und Aufer=
stehung der Todten.‘ Darauf ward ein Aufruhr
zwischen den Pharsäern und Sadducäern, und die
Menge spaltete sich — und die Schriftgelehrten
von der Pharisäer Theil stunden auf, stritten
und sprachen: ‚Wir finden nichts Arges an
diesem Menschen. Hat aber ein Geist oder ein
Engel mit ihm geredt, so lasset uns nicht wider
Gott streiten.‘“ Und so spricht Paulus auch hernach zu
Cäsarea vor dem Landpfleger, Apostg. 24, 20 f.: „Laß
diese Juden selbst sagen, ob sie etwas Unrechts
an mir funden haben, als ich für dem Rathe
stund, es sei danu blos, daß ich geschrieen habe:
‚Von wegen der Auferstehung der Todten werde
ich heute von Euch für Recht gestellet.‘“ Und so
macht er's vor dem König Agrippa und verweiset es den Juden

in deſſen Gegenwart, Apoſtg. 26, 8: „Wie?" ſpricht er,
„wird das für unglaublich bei Euch gehalten, daß
Gott die Todten auferweckt?" Er will ſagen: Es iſt
ja Euer eigen Glaubensbekenntniß, daß eine Auferſtehung der
Todten ſei; es ſtehen ja in der Schrift Exempel, daß es vielmal
wirklich geſchehen. Paulus wußte alſo die Juden recht bei ihren
eigenen Lehrſätzen zu faſſen, und wenn er beſonders auf Jeſus'
Auferſtehung kommt, ſo beruft er ſich auf ſeine Bathkol, auf die
Stimme vom Himmel, die ihm zugerufen; für eine ſolche Bathkol
hatten ſie damals alle Ehrerbietung und mußten ſie gelten laſſen:
„Hat ein Geiſt oder ein Engel mit ihm geredet, ſo
laſſet uns nicht wider Gott ſtreiten." Und ſo wiſſen
die Apoſtel mehrmal von himmliſchen Stimmen, von dem heil.
Geiſt, Erſcheinungen der Engel, Geſichter, Entzückungen bis in
den dritten Himmel und dergleichen zu reden, wenn ſie ihr Vor=
geben beweiſen ſollen. Bei Leuten, die noch etwa eine Hoch=
achtung für Jeſu Perſon behalten und von ſeinen vielen Wun=
dern gehöret hatten, ja daß er ſelbſt Andere ſollte auferwecket
haben, konnte es ſo viel glaublicher ſein, daß Jeſus nun ſelbſt
von den Todten auferſtanden wäre. Dazu hatten die Apoſtel
von ihrem Meiſter gelernet, Wunder zu thun oder wenigſtens,
wie man es machen müßte, um den Schein zu haben und ſolches
unter die Leute zu bringen; und ich habe anderwärts gezeiget,
daß es gar keine Kunſt ſei, Wunder zu erzählen oder auch zu
machen, wenn ſich Viele mit Mund und Hand hierin einander
behilflich ſind, und wenn ſie mit einem Volke zu thun haben,
das gewohnt und geneigt iſt, Wunder zu glauben. Dieſe Will=
fährigkeit, zu glauben, wußten auch die Apoſtel nach Jeſu
Exempel vortrefflich zu beſtärken, indem ſie den Leuten den
Glauben als ein verdienſtlich ſeligmachend Werk anprieſen und
den Unglauben als verdammlich abmalten. Kam es auf Be=
weiſe an, ſo hatten ſie alle Handgriffe der allegoriſchen Aus=
legungskunſt und alſo Moſen und alle Propheten zu ihren
Dienſten, daraus es ihnen nicht ſchwer ward, Jeſum als den
verheißenen Meſſias, ſeine Geburt, ſeine Flucht nach Aegypten,
ſeinen Aufenthalt zu Nazareth, ſeine Thaten und Wunder, ſeine
Kreuzigung, Begräbniß, Auferſtehung, Himmelfahrt, andere
Zukunft, mit einem Worte, Alles, was ſie wollten, aus allen
Stellen erweislich zu machen. Man achtete damals dieſe phari=
ſäiſche Vernunftkunſt für den größten Witz, für die gründlichſte
Gelehrſamkeit und für unwidertreiblich. Und wo ja endlich etwas

an Ueberzeugung mangelte, da konnten sie die Gemüther durch
die Hoffnung reicher Belohnungen bei der baldigen Wiederkunft
Jesu zu seinem herrlichen Reiche geneigt machen zu glauben.
Denn dieses Reich des Messias sollte nach der Meinung der
damaligen Juden und der ersten Christen kein unsichtbares Reich
im Himmel von blos geistlichen Gütern sein, denn das hätte
vielleicht weniger Eindruck gehabt, sondern ein sichtbares tausend=
jähriges Reich auf Erden sein, darin man äße und trinke und
lebte wie vorhin, nur Alles aufs Herrlichste und in dem größten
Ueberfluß und Lust, mit Unterdrückung und Beherrschung aller
Feinde. Das rühret die Sinne, und durch solche süße Vor=
stellungen lässet sich die Begierde der Menschen und dadurch auch
der Verstand blenden, daß sie in der lebhaftesten Hoffnung des
künftigen Ueberflusses der Güter und Glückseligkeit alle Unter=
suchung der Wahrheit, ja selbst die gegenwärtigen Vortheile ver=
säumen und verachten. Hiedurch funden sie also auch Gelegenheit,
Manche zu bereden, daß sie auf die künftige überschwängliche
Belohnung alle ihre Hab' und Güter zum gemeinen Gebrauche
hergaben: das war eine Heilandscasse, darin sich ein Jeder mit
seinem wenigen Vermögen Actien des bald zu erwartenden
Himmelreichs zu kaufen bemühet war, und die Vertheilung dieser
Güter zu Allmosen setzte die Apostel in den Staub, nicht nur
selbst ihre Dürftigkeit in Ueberfluß zu verwandeln, sondern auch
Tausende von Armen zu dem gegenwärtigen Genuß dieser noth=
dürftigen und sodann künftig der reichsten, überschwänglichsten
Güter herbeizulocken."

§. 58.

„Da der Erfolg weiset, daß die Apostel diese Mittel zu ihrem
Vorhaben wirklich angewandt, und daß dieselbe gut angeschlagen
sind, und da gezeiget ist, woher sie sich bei damaligen Zeiten die
Rechnung machen können, damit durchzukommen, so kann auch
fast kein Zweifel sein, daß sie solche Mittel zu ihren Absichten
vorausgesehen, beliebt und in den Tagen, da sie so einmüthig
bei einander waren, mit einander verabredet haben. Allein
mußten sie sich nicht auch die Hindernisse vorstellen, welche ihnen
die Sache schwer machen würden? Das ist allerdings wol zu
vermuthen. Jedoch wer die Umstände des jüdischen Volkes
kennet, wird wol einsehen, daß dieselben ihnen so unüberwindlich

nicht haben scheinen können, daß sie nicht mit standhaftem Muthe
damit durchdringen sollten. Sie verkündigten vors Erste blos
die Auferstehung Jesu von den Todten, eine Sache, die den Rö=
mern blos belachenswürdig schiene und in ihre Herrschaft über die
Juden keinen Einfluß hatte, die aber den pharisäischen Juden
nicht irrglaublich oder ganz unglaublich dünken konnte, wenig=
stens nicht zu widerlegen war, weil das Gegentheil, nachdem der
todte Leichnam nun schon über 40 Tage bei Seite geschaffet war,
unmöglich auf eine handgreifliche Art konnte dargethan werden,
und hergegen das Factum auf eine mehr als gesetzmäßige Art,
das ist durch mehr als zwei oder drei Zeugen bestätiget ward.
Denn für ein ordentliches genaues Zeugenverhör durften sie nicht
bange sein, da man eine eidliche Aussage jedes Zeugen besonders
auf vorgelegte Fragen zu Papiere nimmt und hernach alle zu=
sammenhält, ob sie sich auch einander oder auch einer sich selbst
und denen Umständen der Sache widerspreche. Nein, Alles
ward damals selbst in römischen Gerichten, geschweige denn bei
den Juden, sehr tumultuarisch und obenhin vorgenommen, und
man verstand die Kunst noch nicht, dem Betruge und Irrthum in
Dingen, die geschehen sein sollen, durch eine vernunftmäßige
Prüfung zu begegnen. Die Geschichte des Neuen Testaments
und der Apostel weiset solches genugsam, so oft Jemand vor
Gerichte gestanden. Wenn sie sich denn auch ja von der andern
herrlichen Zukunft Jesu aus den Wolken des Himmels zu seinem
Reiche etwas verlauten laffen, so mußte doch solches gleichfalls
von Römern und Juden als ein eitler Traum und nichtiges Vorgeben, das die Zeit selbst widerlegen würde, verachtet werden.
Und was kounte ihnen allen Falls die jüdische Obrigkeit an=
haben? Das Halsgerichte hatte sie nicht mehr, sie durfte Nie=
mand tödten; das gehörte für den römischen Landpfleger. Die
Geißelung kounte ihnen zuerkannt werden, oder man konnte sie
aus der Synagoge weisen und in den Bann thun. Das war es
Alles. Darauf aber hatten sie es hingesetzt, und nun ihr Meister
in seiner Kreuzigung den schmählichsten Tod erbulden müssen, so
machten sie sich aus dieser geringeren Schaude eine Ehre und
bliesen diesen Martyrgeist auch Denen ein, welche sich zum
Christenthum bekannten. Jedoch, wie gesagt, die jüdische Obrig=
keit kounte ihnen nichts Sonderliches anhaben. Ihr Ansehen
war ganz herunter und die öffentliche Zucht in der größten Ver=
wirrung. Man kann solches aus ein paar Begebenheiten ab=
nehmen, die uns in der Apostel ihren Geschichten aufgezeichne

find. Denn als Paulus vor dem hohen Rath gestellet ward
(Apostg. 23, 2 f.) und anfing sich zu verantworten, hieß ihn
der Hohepriester Ananias aufs Maul schlagen, vermuthlich weil
er ohne Erlaubniß geredet, das einem Beklagten nicht geziemet,
und weil er auf vorhergehendes Verbot dennoch nicht schweigen
wollen. Paulus aber erdreistet sich, den Hohenpriester zu schelten
und zu fluchen. „Gott,“ sprach er, „wird Dich schlagen,
Du übertünchte Wand; sitzest Du und richtest mich
nach dem Gesetz und heißest mich schlagen wider
das Gesetz?“ Was kounte verwegner sein gegen den vor=
nehmsten Richter im hohen Rath? Nun ward er zwar darüber
zur Rede gestellet; allein weiter widerfuhr ihm nichts. Seine
Entschuldigung würde ihn wol nicht gerettet haben, nämlich daß
er nicht gewußt, daß es der Hohepriester sei. Denn es stehet
geschrieben: „Einem Obristen Deines Volks sollt
Du nicht fluchen.“ Die Antwort war sehr kahl; der Hohe=
priester konnte ihm ja so unbekannt nicht sein, und wenn er ihn
ja nicht gekannt hätte, so mußte er ihn doch für einen Rathsherrn
ansehen, der im hohen Rathe besonders was zu sagen hätte, und
der folglich seine Obrigkeit und hier sein Richter wäre; war es
ihm denn erlaubt, außer den Hohenpriester sonst einen Jedweden
in diesem Gerichte zu fluchen? Er sagt ja selbst, es stehe ge=
schrieben: Dem Obristen Deines Volks sollt Du nicht fluchen;
war denn nicht ein jeder Richter und Mitglied des Raths ein
Obrister im jüdischen Volk? schlägt sich denn Paulus nicht mit
seinen eigenen Worten? Allein, wie gesagt, seine Entschuldigung
machte ihn nicht frei, sondern die Schwäche des jüdischen Synedrii
und das geringe Ansehen aller obrigkeitlichen Personen, die bei
der römischen Herrschaft ein paar Scheltworte so genau nicht
nehmen durften. Dieses Schwäche wußte Paulus so gut als ihre
innerliche Uneinigkeit und Zänkereien, da der Rath aus Phari=
säern und Sadducäern bestand, daß also die Richter oft verschie=
dener Meinung waren und in Parteien rissen, die gegen sich
selber angingen und die Beklagten fahren ließen. Weil also
Paulus wußte, daß die Sadducäer die Auferstehung leugneten,
die Pharisäer aber behaupteten, so spielt er nur das divide,[1]
er schlägt sich zu der pharisäischen Partei, er spricht: „Ich bin ein
Pharisäer und eines Pharisäers Sohn, ich werde angeklagt um

---

1) Der Ungenannte spielt an auf das bekannte Sprichwort: „Divide et
impera“ — A. d. H.

der Hoffnung der Auferstehung willen;" gleich entstehet unte
den Richtern selbst Lärmen und Streit: die Pharisäer nehmei
sich seiner an, sie erklären ihn und seine Sache für unschuldig
und dadurch ward der Ausspruch wider Paulum vereitelt. Pau
lus spottet also nur der ohnmächtigen jüdischen Gerichte und is
gewiß, daß die ihm nichts Sonderliches anhaben konnten. Wenn
aber dergleichen Religionshändel für die römischen Gerichte ge
zogen wurden, so fiel allemal der Ausspruch für die Beklagten
die Römer sahen es entweder für unnütze Zänkereien an, da si
über ihre innere Secten und Ketzer nicht richten konnten und
wollten, oder, wie man aus vielen Anzeigen schließen muß, si
nährten auch den inneren Zwiespalt unter den Juden und suchtei
die Macht und das Ansehen der jüdischen Obrigkeit immer weitei
herunterzusetzen, damit sie desto bessere Gelegenheit hätten, da
Volk einst vollends unter ihr Joch zu bringen, wie auch bal
hernach geschehen ist."

§. 59.

„So war auch damals die bürgerliche Zucht unter den Juden
sehr schlecht, und ein Jeder konnte fast ungestraft thun, was ei
wollte. Ich will eben jetzo nicht darauf dringen, daß es der
Aposteln frei ausging, daß sie eine Gemeinschaft der Güter ein
führeten, obwol dieses allerdings dem Wohl eines Staats höchst
nachtheilig ist. Denn die bemittelten Bürger werden dem Staa
dadurch entzogen, daß sie alle ihr Hab' und Gut, Aecker und
Häuser verkaufen und alles daraus gelöste Geld in die gemein
schaftliche Casse ihrer Secte legen. Sie werden also arm und
können künftig auf keine Weise die allgemeine Lasten trager
helfen, noch den Wachsthum des Staats durch Gewerbe ode
Handlung ferner befördern helfen. Hergegen werden Privat
personen Meister und Besitzer von so vieler wohlhabenden Bürge
Gelde, daran das gemeine Wesen und die Schatzkammer eine
gerechten Antheil und Anspruch hatte, und diese Leute sind da
durch im Staude, tausend andere Bürger an sich zu ziehen, di
nun auf ihre milde Haud sehen und ihrer Wohlthäter und Füh
rer Wink und Willen folgen müssen, und die mithin der Bot
mäßigkeit und dem Gehorsam der Obrigkeit geraubt und wo
gar entgegengestellet werden. Allein, wie gesagt, ich will dies
Störung solcher Beeinträchtigung des öffentlichen Vortheils vo

der verworrenen jüdischen Polizei nicht fordern. So hatten denn
doch die Apostel freie Hände, sich dieser öffentlichen Fahrlässigkeit
und Verwirrung zu bedienen und mitten im Staat einen andern
Staat aufzurichten, darin die Religion und Meinung, die Hab'
und Güter und deren Vertheilung und sodann auch das Thun
und Lassen ihrer Anhänger nicht mehr von der Obrigkeit, son=
dern von ihrem, der Apostel Wink und Willen abhing und gegen
obrigkeitlich Gebot oder Verbot gebrauchet ward, unter dem Vor=
wand, man müsse Gott mehr gehorchen als den Menschen.
Allein dieses ist doch dabei am Meisten zu verwundern, daß
gleich anfangs bei dieser Stiftung zween Menschen in der Apostel
ihrem Gemach schleunig nach einander ums Leben kamen und
todt von ihnen hinausgetragen wurden, und daß keine obrig=
keitliche Nachfrage und Untersuchung geschiehet, wie und auf was
Weise die beiden Leute ums Leben kommen, da doch die Begeben=
heit nothwendig ziemlichen Verdacht erwecken mußte. Apostg.
5, 1 u. f. Auanias und sein Weib Sapphira werden mit ein=
ander eins, daß sie auch eine Actie in dieser Heilandscasse nehmen
wollen. Sie entschließen sich also mit Vorwissen der Apostel,
ihren Acker nach dem Exempel Anderer zu verkaufen. Das war
schon an sich eine Sache, die wider Mosis Gesetz und Stiftung
lief und dadurch die Apostel die ganze Verfassung der jüdischen
Polizei über einen Haufen wurfen, indem nach Mosis Ordnung
ein Jeder bei seinem väterlichen Erbgut bleiben sollte. Allein
die Leute mußten ja wol an Andern gesehen haben, daß ihnen,
wenn sie sich einmal ihres Vermögens entäußert, die Nothdurft
etwas sparsam gereichet werden würde; daher bereden sie sich,
daß sie nicht den ganzen Werth ihres väterlichen Erbtheils dran
wenden, sondern etwas für sich zurückbehalten wollen, um her=
nach nicht Andern Alles aus den Händen zu sehen. Nun brauchte
es ja wol keines heiligen Geistes, der Petro das sagte, wie viel
Geld sie aus dem Acker gelöset hätten; er hatte den Preis ge=
höret, er frägt oder zählet nach, wie viel Auanias hier bringe,
und da er merket, daß etwas daran mangele, ist er nicht zufrie=
den; er will Alles haben, er stellet ihn zur Rede, giebt sich ein
Ansehen, als ob ihm etwas vorlügen einerlei sei, als Gott oder
dem heiligen Geist etwas vorlügen: kurz, der Mann fällt (Gott
weiß, auf was Art) todt zur Erde nieder. Es werden Leute
hereingerufen, die ihn aufheben, gleich wegtragen und begraben
müssen, und in drei Stunden ist die ganze Handlung vorbei.
Die Frau Sapphira kommt mittler Weile auch vor die Apostel,

sie wird auch gefragt, ob nicht mehr aus dem Acker gelöset sei.
Als sie leugnet, ein Mehres bekommen zu haben, geht es ihr
ebenso: man trägt sie auch alsofort todt hinaus und begräbt sie
bei ihrem Manne. Ich will keine Frage anstellen, wo das Geld
geblieben, welches zu der Apostel Füßen gelegt war, ob es gleich
nicht alles ihr Vermögen gewesen; denn es scheinet wol, daß
die Apostel dieses, ungeachtet daß die Leute selbst nichts dafür
genießen konnten, denen Erben nicht wiedergegeben, sondern
dennoch Alles als eine gute Prise erkläret und behalten haben;
aber ist es möglich in einer Stadt oder Staat, da noch einige
Ordnung gilt, daß zwo bekannte Leute, Mann und Frau, jäh-
ling an einem Tage in einem Zimmer umkommen, innerhalb ein
paar Stunden bei Seite geschafft und begraben werden, ohne
daß einige Nachfrage geschiehet, auf was Weise sie ums Leben
gekommen sind? Konnte dieses ohne Ahndung, ohne Inhaftirung
der Gegenwärtigen, ohne peinliche Untersuchung geschehen?
Was haben die Apostel in einem so zerrütteten Zustande nicht
unternehmen und wagen können?"

§. 60.

„Hieraus erhellet zur Gnüge, daß die Apostel bei ihrem Unternehmen sich nicht sonderliche Schwierigkeiten vorzustellen und
zu befahren Ursache hatten. Laßt uns also sehen, wie sie wirklich zum Werke schreiten. Nachdem Alles einmüthig zwischen den
Vornehmsten verabredet war, so wurden die übrigen vornehmsten Anhänger Jesu, ohngefähr 120 an der Zahl (Apostelg. 2,
1 u. f.), deren ein Theil vielleicht ehrlicher Weise glaubten, daß
Jesus erstanden und von den Andern wirklich gesehen sei, versammlet; es ward statt des Judas ein neuer Apostel geweihet,
endlich geschahe den funfzigsten Tag nach Ostern oder den Pfingst-
tag (Apostelg. 2, 1 u. f.) der erste öffentliche Ausbruch ihres Vorhabens mit einem Wunder, darin Viererlei merkwürdig ist:
1) ein Brausen und Getöse als eines starken Windes, das von
oben in das Haus zu fahren und das ganze Haus zu erfüllen
schien; 2) sahe man an den Aposteln die Zungen zertheilet, als
die Zungen des Feuers scheinen; 3) und er (ich glaube der Wind)
satzte sich auf einen Jeglichen unter ihnen; 4) redeten die Apostel
ein Jeder mit fremden Sprachen, so daß die Auswärtigen, Parther, Meder, Elamiter, Mesopotamier, Juden, Kappadocier,

Ponter, Aſier, Phrygier, Pamphylier, Aegyptier, Libyer, Cyre=
ner, Römer, fremde Juden, Kreter und Araber, ein Jeglicher
die Apoſtel in ihrer Sprache reden und Gott preiſen höreten.
Darauf werden alle Zuhörer beſtürzt, was doch daraus werden
wolle, Andere ſpotten, ſie müßten ſich berauſcht haben, bis Pe=
trus aufſtehet und einen Beweis führet aus dem Joel, daß dieſes
Wunder in den letzten Tagen habe geſchehen ſollen, und aus des
David's Pſalmen, daß Jeſus habe ſollen auferſtehen, weil Da=
vid ſpricht: „Du wirſt nicht zugeben, daß Dein Heiliger verweſe.“
Darauf hatten ſie willig den Glauben angenommen, ſich taufen
laſſen, und denſelben Tag waren bei Dreitauſend bekehret wor=
den.   Warum aber ſollte wol Gott in der Abſicht, Jeſus' Aufer=
ſtehung erweislich und glaublich zu machen, erſtlich Jeſum nach
ſeiner Auferſtehung keinem Menſchen außer den Apoſteln zeigen,
hernach aber, wenn er nicht mehr vorhanden wäre, die Aufer=
ſtehung durch ein Wunder der Apoſtel beweiſen? Wäre nicht
ſeine Auferſtehung ohne Wunder ganz natürlich mit allgemeinem
Beifall geglaubt worden, wenn Gott ihn nach ſeiner Kreuzigung
und Begräbniß wieder lebendig im Tempel vor dem Synedrio
und allem Volke hätte ſehen und taſten laſſen? Dieſes natür=
liche, leichte und kräftige Mittel zum Zweck aber nicht wählen
und hernach ein unnatürliches, unbegreifliches, wenig fruchtendes
gebrauchen, iſt Gottes Weisheit nicht gemäß.   Wunder, die ſo
angebracht werden, ſind überaus verdächtig. Menſchen, die das
mit Wundern erhärten wollen, was ſie hätten augenſcheinlich
und handgreiflich darthun können und ſollen, wenn ſie eine reine
Sache hätten, die ſuchen ganz unfehlbar die Leichtgläubigkeit un=
verſtändiger Leute zu berücken, welche ſich am Beſten durch das
Unbegreifliche fangen laſſen. Wenn ſie damals geſchwiegen, als
es hieß, daß Jeſus noch lebendig auf der Erden war, ſo laß ſie
nun nachhero mit noch ſo viel Wundern ſpuken und dabei ſagen:
Chriſtus iſt hie oder da geweſen, er iſt bei uns in der Kammer
geweſen, er iſt am galiläiſchen Meer geweſen — die Vernunft
ſagt: Jhr ſollt es nicht glauben! Allein laßt uns das vorge=
gebene Wunder ſelbſt ein Wenig genauer betrachten.   Jch weiß
nicht, ob Lucas, der dieſes erzählt, dabei geweſen, als Alles dieſes
geſchehen ſein ſoll; wenigſtens wird ein vernünftiger Leſer wün=
ſchen, daß ihm Alles verſtändlicher gemacht wäre, wie es zuge=
gangen und möglich geweſen.   Bei dem Getöſe, ſo das Haus
erfüllet, will ich mich zwar nicht aufhalten; wie leicht iſt nicht ein
Getöſe gemacht! aber wer kann begreifen, was Lucas damit

fagen wolle, die Zungen wären an den Aposteln zertheilet ge=
fehen worden, wie des Feuers Zungen sind? Es ist ja wol das
Wort Zunge nicht wie sonst von der Sprache zu verstehen, weil
man die Sprache nicht sehen kann, und weil alsdenn die Be=
schreibung dieser zertheilten Zungen, wie des Feners spitzige
Flammen in Gestalt einer Zunge schießen, alsdenn keine Statt
fünde. Sind es denn der Apostel eigene Zungen gewesen, die
fie zum Halse herausgeschoffen, und die durch das geschwinde
Herausschießen zertheilet gelassen wie der Schlangen Zunge, und
die etwa in diesem Hervorschießen feurig ausgesehen? oder sind
es fremde Zungen gewesen, die oder deren Bild und Gestalt man
an ihnen gesehen? und wo hat man sie gesehen? Ueber ihren
Kopf, wie es gemeiniglich gemalt wird, oder als Flammen aus
ihrem Munde schießen, welches glaublicher die Meinung ist? Und
wer ist Der, so sich auf einen Jeglichen gesetzt? der Wind? denn
sonst ist vorher nichts genannt. Es scheint die ganze Beschreibung
nicht sowol einer Geschichte als einem prophetischen Gesichte zu
gleichen, welches die Einblasung der fremden Sprachen von dem
h. Geist vorstellen soll. Der brausende Wind stellet den heil.
Geist vor; der bläset in die Apostel und bläset in ihnen ein
Fener auf, das mit verschiedenen Zungen aus ihnen hervor=
schießet, die Gabe der verschiedenen fremden Sprachen anzu=
deuten. Das ist ein gut Gemälde und Gesichte in der Ein=
bildungskraft eines prophetischen Schreibers, aber mit einer
wirklichen Geschichte, die man mit Augen sehen kann, will es sich
auf keine Weise reimen. Und warum sollen Etliche der Gegen=
wärtigen noch ihren Spott damit getrieben und die Apostel für
besoffen gehalten haben, wenn sie solche Wunderdinge an den
Aposteln klar vor Augen gesehen hätten? Das widerspricht sich.
Der Menschen Spötterei mag so weit gehen, wie sie will, so würde
doch eine solche augenscheinliche übernatürliche Begebenheit eine
allgemeine Bestürzung und Entsetzen und keine Spötterei veran=
lasset haben. Denn die Spötterei höret bald auf, wenn man et=
was klar vor Augen siehet und nicht vor Gaukelei und Blend=
werk halten kann. Dieses erste Wunder scheinet also blos von
Lucas mit einer ganz undeutlichen Einbildungskraft und weniger
Uebereilung dazugedichtet zu sein. Allein eben diese Spötterei
so vieler Hörer und Zuschauer beweiset uns auch genugsam, daß
das, so wirklich geschehen sein mag, einer bloßen Gaukelei und
Blendwerk ähnlich gesehen. Denn warum treiben sie einen
Spott damit und sagen, daß sie voll süßes Weins sein müßten?

Wenn wir ſetzen, daß die Apoſtel einer nach dem andern ordentlich, deutlich und vernehmlich geredet, was ſie geredet, und daß ſie ſich dabei als vernünftige, ſittſame und nüchterne Menſchen geberdet, ſo hat dieſe Spötterei gar keine Statt. Wir müſſen demnach nothwendig daraus ſchließen, daß ſie ſich dem äußerlichen Anſehen nach als Beſoffene betragen, das iſt, daß ſie ein durchs andere geſchrieen, wie es eine betrunkene Geſellſchaft zu machen pflegt, und daß ſie dabei ganz ausſchweifende Geberden gemacht, wie gleichfalls Betrunkene zu thun pflegen. Man ſiehet alſo leicht daraus, daß die Apoſtel eine prophetiſche Begeiſterung angenommen haben, wobei ſich die Menſchen ſo verſtelleten, als ob ſie toll und raſend waren, ſo daß Hithnabbe, „weiſſagen und toll ſein", mit einem Worte angedeutet wird; ferner aber, daß ſie in ihrer angenommenen Begeiſterung alle auf einmal und durch einander gewiſſe fremde Silben und Wörter mit vollem Halſe geſchrieen, in welcher Verwirrung der Töne ein jeder Leichtgläubiger eine Sprache, die er wollte und wußte, hören konnte. Dies ſtimmet mit der Spötterei vollkommen überein, und ebendas erhellet ziemlich offenbar aus dem Briefe Pauli an die Korinther (1. Kor. 14), da er die Gabe der Sprachen in ihrer Gemeine zwar nicht ganz und gar zu verwerfen das Herze hat, damit er nicht die Apoſtel ſelbſt und die übrigen Wundergaben der Korinther einer Gaukelei beſchuldige; aber er giebt doch genung zu verſtehen, daß es beſſer ſei, ſich deſſen zu enthalten, weil es etwas Unverſtändliches ſei und ohne beigefügte Erklärung, was es heißen ſolle, der Gemeine nichts nütze. Etliche Leute nämlich haben ſich in der Gemeine ein Anſehen mit ſolcher Wundergabe geben wollen und ſich als Begeiſterte mit allerlei wunderlichen nichts heißenden Wörtern hören laſſen, daraus Unverſtändige deulen ſollten, ſie redeten mit fremden Sprachen; oder es iſt auch möglich, daß ihre Einbildungskraft ſich ſo erhitzet, daß ſie in einer Art von Ekſtaſi allerlei Seltſames geſprochen, wie man viele dergleichen Exempel hat. Wenigſtens war es nicht von Gott oder Eingeben des Geiſtes Gottes, der ſeine Sprachwiſſenſchaft gewiß da nicht verſchwenden würde, wo ſie nichts nützte, und wo ſie Paulus auch zu tadeln Urſache hatte. Allein wir wollen ſetzen, welches ich doch wegen der angenommenen Begeiſterung und der darüber entſtandenen Spötterei nicht glaube, die Apoſtel haben einer nach dem andern vernehmliche Sätze in fremden Sprachen hervorgebracht: war es denn nicht möglich, daß einer und der andere von ihnen irgend einen

Spruch in einer fremden Sprache aus dem Umgange mit so
vielerlei Völkern vorlängst gewußt hätte oder jetzt in dieser Ab=
ficht erlernet hätte? Was leuchtete daraus für ein groß Wunder
hervor? und wie schlecht wäre der Schluß: Einige Leute reden
einige Säße in einer fremden Sprache, also ist Jesus von Nazareth
von den Todten wieder lebendig worden? Ja, wird man sagen,
aber so viele ganz entfernete Sprachen! die Parther, Meder,
Elamiter, Kreter, Araber, Kappadocier, Pouter, Asier und so
ferner hören und verstehen, daß sie die Wunder Gottes preisen
und dadurch sich auf einmal 3000 Seelen zum christlichen Glau=
ben belehren lassen: das kann doch gewiß kein Blendwerk ge=
wesen sein; das muß außer wenig Spöttern, die es vielleicht nicht
verstanden, eine allgemeine Ueberführung und starken Eindruck
gewirket haben! Allein Lucas hat hier vergessen, daß er die
Apostel in einem Hause, in einem Zimmer sitzend vorgestellet
hatte. Denn so spricht er gleich anfangs: „Es geschahe
schnell ein Brausen, als eines gewaltigen daher=
fahrenden Windes, welcher erfüllete das ganze
Haus, darin sie saßen.“ V. 2. Nun pflegten die Apostel
im obersten Zimmer des Hauses, ἐν τῷ ὑπερῴῳ, gerade unter dem
flachen Dache, ihre Versammlungen zu halten. Mein! wie haben
da 3000 und mehrere Menschen Raum gehabt? Denn diese
3000 machen noch nicht alle Zuhörer aus: Diejenigen von der
Menge ließen sich nur taufen, welche seine Rede gern annehmen,
V. 41; so sind denn auch Etliche gewesen, die Petri Rede nicht
annehmen wollen. Außer diesen belief sich die Gesellschaft
der vorhin Gläubigen, die da versammlet war, auf 120,
Apostg. 1, 15, und also können wir an die 4000 rechnen. So
viele Personen erfordern eine große Kirche; wie pfropft sie denn Lu=
cas in seinen Gedanken in dies eine Gemach der Apostel hinein? Ich
wollte ihm gerne damit helfen, daß etwa die Menge des Volks
mehren Theils auf der Gasse oder im Vorhofe des Hauses gestanden.
Allein so fällt aller Grund ihrer Ueberzeugung und Bekehrung weg.
Wie konnten Leute, die auf der Gassen oder im Vorhofe nach dem
Zimmer hinauf guckten, sehen, hören, wissen, was vor Wunder=
dinge darin vorgingen, was für Sprachen darin geredet wurden,
was der Inhalt dieser Reden sei? Und dennoch führet sie Lucas
sagend ein: „Sind nicht diese Alle, die da reden, aus Galiläa?
wie hören wir sie danu ein Jeglicher in seiner Sprache, in welcher
wir geboren sind?“ V. 7. 8. Nein, es ist dem Lucas nicht zu
helfen; er hat vergessen, was er geschrieben, und da er nur

er Leute fein viel machen will, die bekehret find, fo denkt er nicht
aran, daß er die Apoftel in einem Zimmer niedergefetzt, und ift
aher unbekümmert, wo diefe drei bis viertaufend Menfchen
Hatz bekommen follen. Wie will er es auch gutmachen, daß
leich auf ein Windbraufen drei bis viertaufend Menfchen zu=
ammenlaufen? Denn hat fich der Wind durch die ganze
Stadt mit Braufen hören laffen, fo war keine Urfache, daß fie
araus was Wunderbares machten, oder daß fie nach einem
aufe der Stadt befonders hinliefen. Hat der Wind aber nur
uf dies Haus allein gebraufet, wie bekommen es denn gleich
) viel taufend Leute an den entferntesten Enden der Sadt, Par=
her, Meder, Elamiter, Kreter, Araber, Phrygier, Kappadocier 2c.
u wiffen? Das ift nicht zu begreifen. Zudem fo follen es
Juden und Judengenoffen, gottesfürchtige Männer gewefen fein;
die kömmt's, daß die am erften Pfingfttage nicht zum Tempel
nd zu ihrer Synagoge eilen, wie ihre Gottesfurcht erfoderte,
ondern aus Neubegierde von dem äußerften Ende der Stadt zu
inem Haufe laufen, darin oder darüber fich ein Braufen hätte
ören laffen? Das reimt fich nicht zufammen. Es ift ja in
iefer Gefchichte Alles fo, als wenn fie der Wind den Augenblick
ufammenwehet: „Da die Stimme gefchahe, kam die
Menge zufammen," V. 6. Es ift auch befonders, daß diefe
n Jerufalem Zufammenlaufende nicht einheimifche Juden find,
ondern lauter Auswärtige aus allen Völkern unter dem Himmel,
eren hier 15 namhaft gemacht werden; recht als wenn diefe
usdrücklich vorher beftellt und berufen wären, von der neuen
Bolyglotta Ohrenzeugen zu werden, die übrigen aber nicht da=
u eingeladen wären. Da es aber hier auf eine ohngefährliche
Nachricht ankam, welche etwa zu der Leute Ohren kommen, und
a gegen 1000 einheimifche Juden aus Paläftina, die auf das
Pfingftfeft kamen, kaum ein Frembling gerechnet werden konnte,
o hätten in der Anzahl von drei= bis viertaufend ohngefähr zu=
ammengelaufener Menfchen kaum 3 oder 4 Fremdlinge fein
öneu; wie kömmt es nun, daß hier 14 Fremdlinge gegen einen
Einheimifchen erfcheinen, fo daß Lucas in deren Aufzählung feine
anze Geographie erfchöpfen muß? Das fällt fchwer zu glauben.
Einem Schreiber, der Wunder berichten will, gebührte ja vor
Allen Dingen, in einer an fich unglaublichen Sache die Möglich=
eit zu erklären und begreiflich zu machen. Hier aber fieht man
icht allein keinesweges, wie ein Jedes möglich gewefen, fondern
nan fiehet bei allen Umftänden die Unmöglichkeit der Erzählung

klar und deutlich. So geht es denen Schreibern, die da Wunder
machen. Es ist ihnen zwar nichts leichter als dieses; es kostet
nicht mehr Mühe, 3000 als 300 zu schreiben, ihre Feder regieret
und ordnet die ganze Natur, sie lassen den Wind brausen, wenn
und wo sie wollen, die Sprachen sich verwirren, die Leute aus
allen Völkern unter dem Himmel in einem Augenblick zusammenkommen. Aber es guckt hier und da die Verwirrung der Einbildungskraft heraus, die sich selbst vielfältig in Widersprüche
verwickelt. Das kann nur eine heilige Einfalt blindlings glauben,
der gesunden Vernunft wird es ein Spott und Gelächter. Und
wenn gleich Lucas 30 Jahre nachher geglaubt haben mag,
daß er nun, da fast ein ganzes menschliches Lebensalter verstrichen, getrost Wunder in die Welt hineinschreiben könnte,
so erblicken doch Verständige noch itzt die Erdichtung an
allen Ecken und Orten und wissen sie von der Wahrheit gar
leichtlich zu unterscheiden. Es kann mir und meinen Lesern
genug sein, daß ich dieses an diesem ersten Wunder der Apostel
gezeiget; ich werde mich künftig bei allen den übrigen als nicht
zu achtenden Dingen nicht aufhalten. Man sieht schon ein, wie
viel Wahres daran gewesen. Es ist ohne Zweifel von den
3000 Menschen, die sich sogleich zur Taufe und zum Glauben an
Jesum bequemt haben sollen, Vieles abzudingen, und der Bewegungsgrund bei Denen, die nachbleiben, ist nicht das Wunder
gewesen (als welches erst in Lucas seiner Einbildungskraft nach
30 Jahren erzeugt worden), sondern der liebe Genuß der gemein-
gemachten Güter, davon Allen mildiglich ausgetheilet ward, daß
sie zusammen aßen und trunken und Niemanden nichts mangelte.
Denn so stehet gleich darauf, B. 42. 44: „Sie beharreten
aber in der Apostel Lehre und in der Gemeinschaft (der Güter) und im Brodbrechen und im Gebet. Denn Alle, die da gläubig waren, waren bei
einander und hielten alle Dinge gemein, und
ihre Güter und Habe verkauften sie und theilten
sie aus unter Allen, nachdem ein Jeder vonnöthen hatte. — Sie brachen auch das Brod
täglich hin und her in den Häusern. Cap. 4, 32.
Die Menge aber Derer, die gläubig worden
waren, war ein Herz und eine Seele. Und Keiner
sagte von etwas seiner Güter, daß es sein wäre,
sondern es war ihnen Alles gemein. Es war
Keiner unter ihnen, der Mangel hatte; denn wie

iel ihrer waren, die da Aecker und Häuser hatten,
ie verkauften sie und brachten das Geld des
erkauften Gutes und legten es zu der Apostel
·üßen. Aber es ward ausgetheilt einem Jeglichen,
achdem er vonnöthen hatte." Sehet hier! Dies ist der
)ahre Grund des Zulaufs, der so natürlich wirkt und zu allen
;eiten gewirkt hat, daß wir keines Wunders brauchen, Alles zu
egreifen und verständlich zu erklären; dies ist der rechte brausende
Bind, der so viel Leute so geschwind zusammenwehet; dies ist
ie rechte Grundsprache, welche Wunder thut!"

Anhang.

Uebersichtliche
Zusammenstellung der Bibelstellen,

die

im vierten und sechsten Fragment

besprochen werden.

Um dem Leser der Fragmente theils die Mühe des Nach=
schlagens zu ersparen, theils zur Bildung eines eigenen Urtheils
über die betreffenden Streitfragen das nöthige Material übersicht=
lich geordnet an die Hand zu geben, haben wir im Folgenden die=
jenigen Bibelabschnitte, deren Erörterung das 4. und 6. Frag=
ment gewidmet sind, nach der Uebersetzung von be Wette zu=
sammengestellt. Wir wählen diese anerkannt gute Uebersetzung,
weil in ihr die Resultate der Forschung auf dem Gebiete der
Grundsprachen überall gewissenhaft verwerthet sind, so daß manche
Bedenken und Anstöße des aufmerksamen Lesers schon durch einen
bloßen Blick in diese Zusammenstellung gehoben werden können.
Die zum 4. Fragment, vom „Durchgang der Israeliten
durchs Rothe Meer", gehörigen Abschnitte geben wir ganz in der
Ordnung, wie sie im 2. Buch Mose vom 12. bis zum 14. Cap.
auf einander folgen; dagegen haben wir die zum 6. Fragment,
„Ueber die Auferstehungsgeschichte", gehörigen Abschnitte aus den
vier Evangelien synoptisch geordnet, so daß der Leser mit einem
Blick die zusammengehörigen Stellen zu übersehen vermag. Und
so hoffen wir, daß diese Zusammenstellung nicht nur zur richtigen
Beurtheilung des 6. Fragments, sondern auch zum Verständniß
der „Duplik" Einiges beitragen möge.

I.
Der Durchgang der Israeliten durchs Rothe Meer.

2. Mof. 12, 29—39. 29. Und es geschah um Mitternacht, da schlug Jehovah alles Erstgeborne im Lande Aegypten vom Erstgebornen Pharao's, der auf seinem Throne saß, bis zum Erstgebornen des Gefangenen im Kerker und alles Erst= geborne des Viehes. 30. Da stand Pharao auf des Nachts, er und alle seine Knechte und alle Aegypter, und es war ein großes Wehklagen in Aegypten; denn es war kein Haus, worin nicht ein Todter war. 31. Und er rief Mose und Aaron des Nachts und sprach: Machet Euch auf, ziehet aus von meinem Volke, sowol Ihr als die Söhne Israel's, und ziehet hin, dienet dem Jehovah, wie Ihr geredet. 32. Auch Eure Schafe und Eure Rinder nehmet mit, so wie Ihr geredet, und ziehet hin und segnet auch mich. 33. Und die Aegypter drängeten das Volk, es eilend zu treiben aus dem Lande; denn sie sprachen: Wir sind Alle des Todes! 34. Und das Volk trug seinen Teig, ehe er gesäuert war, ihre Backschüsseln in ihre Kleider gebunden auf ihren Schultern. 35. Und die Söhne Israel's thaten nach Mose's Worten und entlehnten von den Aegyptern silberne und goldene Gefäße und Kleider. 36. Und Jehovah gab dem Volke Huld in den Augen der Aegypter, und sie liehen sie ihnen, und so beraubten sie die Aegypter.

37. Und so zogen die Söhne Israel's aus von Ramses nach Suchoth, bei sechs= nalhunderttausend Mann zu Fuß, die Männer ohne die Kinder. 38. Auch eine Menge Fremde zog mit ihnen und Schafe und Rinder, sehr viel Vieh. 39. Und sie buken den Teig, den sie mitnahmen aus Aegypten, zu ungesäuerten Kuchen; denn er war noch nicht gesäuert; denn sie wurden weggetrieben aus Aegypten und konnten nicht verziehen und hatten sich auch keine Zehrung bereitet.

2. Mof. 13, 17. 18. 20—22. 17. Und es geschah, als Pharao das Volk ent= ließ, da führete sie Gott nicht auf den Weg nach dem Lande der Philister, denn das war der nächste; denn Gott gedachte, es möchte das Volk gereuen, wenn sie den Streit vor sich sähen, und sie möchten zurückkehren nach Aegypten. 18. Und Gott ließ das Volk sich wenden auf den Weg nach der Wüste am Schilf= meere; gerüstet aber zogen die Söhne Israel's aus dem Lande Aegypten.

20. Und sie brachen auf von Suchoth und lagerten sich in Etham, am Ende der Wüste. 21. Und Jehovah ging vor ihnen her, des Tages in einer Wolkensäule, sie den Weg zu führen, und des Nachts in einer Feuersäule, ihnen zu leuchten, so daß sie ziehen konnten Tag und Nacht. 22. Es wich nicht die Wolkensäule des Tages, noch die Feuersäule des Nachts vor dem Volke.

2. Mof. 14, 1. Und Jehovah redete zu Mose und sprach: 2. Rede zu den Söhnen Israel's, daß sie sich wenden und sich lagern vor Pihachiroth zwischen Migbol und dem Meere, vor Baal-Zephon; ihm gegenüber sollt Ihr Euch lagern am Meere. 3. Und Pharao wird denken von den Söhnen Israel's: Verwirrt [irren sie] im Lande, es schließt sie die Wüste ein. 4. Und ich will das Herz Pharao's verhärten, daß er Euch nachjage, und will mich verherrlichen an Pharao und an seiner ganzen Macht; und die Aegypter sollen erkennen, daß ich Jehovah bin. Und sie thaten also. 5. Und als dem Könige von Aegypten berichtet ward, daß das Volk geflohen, so verwandelte sich das Herz Pharao's und seiner Knechte gegen das Volk, und sie sprachen: Warum haben wir das gethan, daß wir Israel entlassen aus unsrem Dienste! 6. Da spannete er seinen Wagen an und nahm sein Volk mit sich, 7. und nahm sechshundert auserlesene Wagen und alle [übrigen] Wagen in Aegypten und Wagenkämpfer auf alle. 8. Und Jehovah verhärtete das Herz Pharao's, des Königs von Aegypten, daß er den Söhnen Israel's nachjagte. Die Söhne Israel's aber waren ausgezogen durch hochgehobene Hand. 9. Und so jagten die Aegypter ihnen nach und ereileten sie, gelagert am Meere, alle Wagen-Rosse Pharao's und seine Reiter und sein Heer, bei Pihachiroth, Baal-Zephon gegenüber.

10. Und Pharao nahete: da erhoben die Söhne Israel's ihre Augen, und siehe, die Aegypter zogen hinter ihnen her; und es fürchteten sich die Söhne Israel's sehr und schrieen zu Jehovah. 11. Und sie sprachen zu Mose: Weil wol keine Gräber nicht in Aegypten waren, hast Du uns weggeführet, um zu sterben in der Wüste? Warum hast Du uns das gethan, daß Du uns aus Aegypten führetest? 12. Ist es nicht das Wort, das wir zu Dir redeten in Aegypten: Laß ab von uns wir wollen den Aegyptern dienen; denn besser ist es uns, den Aegyptern zu dienen, als daß wir sterben in der Wüste? 13. Da sprach Mose zum Volke Fürchtet Euch nicht, tretet hin und sehet die Hilfe Jehovah's, welche er Euch heute erweisen wird; denn die Ihr heute sehet, die Aegypter werdet Ihr nimmer mehr sehen ewiglich. 14. Jehovah wird für Euch streiten, und Ihr soll ruhig sein.

15. Und Jehovah sprach zu Mose: Was schreiest Du zu mir? Rede zu den Söhnen Israel's, daß sie aufbrechen. 16. Und Du erhebe Deinen Stab und reck Deine Hand aus über das Meer und theile es von einander, so werden die Söhne Israel's mitten durchs Meer gehen auf dem Trocknen. 17. Und siehe, ich will das Herz der Aegypter verhärten, daß sie Euch nachkommen, und will mich verherrlichen an Pharao und an aller seiner Macht, an seinen Wagen und an seine Reitern. 18. Und die Aegypter sollen erkennen, daß ich Jehovah bin, wenn ich mich verherrliche an Pharao, an seinen Wagen und seinen Reitern. 19. Da brach der Engel Gottes auf, der vor dem Heere Israel's herzog, und ging hinter sie; und er brach die Wolkensäule auf von vorne und trat hinter sie. 20. Und sie kan zwischen das Heer der Aegypter und das Heer Israel's, und war die Wolke un

Finsterniß [von der einen Seite] und erleuchtete die Nacht [von der andern]; und so naheten nicht Diese Jenen die ganze Nacht.

21. Und Mose reckete seine Hand aus über das Meer, da ließ Jehovah das Meer weggehen durch einen starken Ostwind die ganze Nacht und machte das Meer zu trockenem Boden, und das Gewässer theilete sich. 22. Und die Söhne Israel's gingen mitten durchs Meer auf dem Trockenen, und das Wasser war ihnen eine Mauer zur Rechten und zur Linken. 23. Und die Aegypter jagten nach und kamen hinter ihnen, alle Rosse Pharao's, seine Wagen und seine Reiter, hinein ins Meer. 24. Und es geschah um die Morgenwache, da blickete Jehovah auf das Heer der Aegypter in der Wolken= und Feuersäule und verwirrete das Heer der Aegypter, 25. und ließ die Räder ihrer Wagen ausweichen und machte ihren Zug beschwerlich. Da sprachen die Aegypter: Lasset uns fliehen vor Israel, denn Jehovah streitet für sie wider die Aegypter!

26. Und Jehovah sprach zu Mose: Recke Deine Hand aus über das Meer, daß das Wasser zurückkehre über die Aegypter, über ihre Wagen und über ihre Reiter! 27. Da reckete Mose seine Hand aus über das Meer, und das Meer kehrete gegen Morgen zurück in seine Fluth, und die Aegypter flohen ihm entgegen, und Jehovah trieb die Aegypter mitten in das Meer. 28. Und das Wasser kehrete zurück und bedeckte die Wagen und die Reiter vom ganzen Heere Pharao's, die hinter ihnen ins Meer gekommen waren; es blieb von ihnen übrig auch nicht Einer. 29. Die Söhne Israel's aber gingen trocken mitten durchs Meer, und das Wasser war ihnen eine Mauer zur Rechten und zur Linken. 30. Und so rettete Jehovah an sel= bigem Tage Israel aus der Hand der Aegypter, und Israel sah die Aegypter todt am Ufer des Meeres. 31. Und Israel sah die große Hand, die Jehovah ihnen erwiesen wider die Aegypter, und das Volk fürchtete Jehovah und vertrauete auf Jehovah und Mosen, seinen Knecht.

Synoptische Darstellung der Auferstehungs-

Matthäus.

Cap. 27, 57. Als es aber Abend geworden, kam ein reicher Mann von Arimathäa, dessen Name Joseph, der ebenfalls Jünger Jesu war. 58. Dieser ging zu Pilatus und erbat sich den Leichnam Jesu. Da befahl Pilatus, den Leichnam auszuliefern. 59. Und Joseph nahm den Leichnam, wickelte ihn in reine Leinewand 60. und legte ihn in sein neues Grab, das er ausgehauen im Felsen; dann wälzete er einen großen Stein vor des Grabes Thüre und ging hinweg. 61. Es war aber daselbst Maria, die Magdalenerin, und die andere Maria, die saßen dem Grabe gegenüber.

62. Des andern Tages aber, das ist der Tag nach dem Rüsttage, kamen die Hohenpriester und Pharisäer zusammen zu Pilatus 63. und sagten: Herr, wir haben uns erinnert, daß jener Betrüger sprach, da er noch lebte: Nach drei Tagen stehe ich auf. 64. Befiehl nun, die Gruft zu verwahren bis zum dritten Tage, daß nicht etwa seine Jünger kommen und ihn stehlen und dann zum Volke sprechen: Er ist auferstanden von den Todten; so würde der letzte Betrug schlimmer sein als der erste. 65. Pilatus sprach zu ihnen: Ihr habt eine Wache: gehet hin, verwahret, wie Ihr könnet. 66. Sie gingen nun hin und verwahreten die Gruft, indem sie den Stein besiegelten, mit der Wache.

Marcus.

Cap. 15, 42. Und als es schon Abend geworden (weil es Rüsttag war, das ist Vorsabbath), 43. kam Joseph von Arimathäa, ein angesehener Rathsherr, welcher ebenfalls auf das Reich Gottes wartete, und wagte es und ging zu Pilatus und erbat sich den Leichnam Jesu. 44. Pilatus aber wunderte sich, daß er schon gestorben sei, und rief den Hauptmann herbei und fragte ihn, ob er bereits gestorben sei. 45. Und da er es vom Hauptmann erfuhr, schenkete er dem Joseph den Leichnam. 46. Und er kaufte Leinwand, nahm ihn ab, wickelte ihn in Leinwand und legte ihn in ein Grab, welches aus Felsen gehauen war; und dann wälzete er einen Stein an des Grabes Thüre. 47. Maria aber, die Magdalenerin, und Maria, Joses' [Mutter], sahen, wo er hingelegt war.

Cap. 16, 1. Und als unterdessen der Sabbath vergangen war, kauften Maria, die Magdalenerin, und Maria, Jacobus' Mutter, und Salome Specereien, auf daß sie kämen und ihn salbeten.

geschichte nach den vier Evangelien.

Lucas.

Cap. 23, 50. Und siehe, ein Mann mit Namen Joseph, der ein Rathsherr war, ein trefflicher und gerechter Mann (51. dieser hatte nicht ihrem Rathe und ihrem Thun beigestimmt), von Arimathäa, einer Stadt der Juden, welcher auch ebenfalls das Reich Gottes erwartete, 52. dieser ging zu Pilatus und erbat sich den Leichnam Jesu. 53. Und er nahm ihn ab, wickelte ihn in Leinwand und legte ihn in ein ausgehauenes Grab, wo noch Niemand gelegen hatte. 54. Und es war Rüsttag, und der Sabbath brach an. 55. Es waren aber auch Weiber gefolgt, welche mit ihm gekommen waren von Galiläa, die schaueten das Grab und wie sein Leichnam hingelegt ward.

56. Dann kehreten sie zurück und bereiteten Specercien und Salben; den Sabbath zwar ruheten sie nach dem Gesetze.

Johannes.

Cap. 19, 38. Nach Diesem aber bat den Pilatus Joseph von Arimathäa, welcher ein Jünger Jesu war, verborgen aber, aus Furcht vor den Juden, daß er den Leichnam Jesu abnehmen dürfte. Und Pilatus erlaubte es. Er kam nun und nahm den Leichnam Jesu ab. 39. Es kam aber auch Nikodemus, der vormals bei Nacht zu Jesu gekommen war, und brachte ein Gemisch von Myrrhen und Aloë, bei hundert Pfund. 40. Sie nahmen nun den Leichnam Jesu und wickelten ihn in Binden mit den Specereien, wie es bei den Juden Sitte ist, die Leichen zu bereiten. 41. Es war aber an der Stätte, wo er gekreuziget worden, ein Garten und in dem Garten ein neues Grab, worein noch Niemand war gelegt worden. 42. Dorthin nun, wegen des Rüsttages der Juden, weil das Grab nahe war, legten sie Jesum.

Matthäus.

Cap. 28, 1. Nach dem Sabbath aber, als der erste Wochentag anbrach, kam Maria, die Magdalenerin, und die andere Maria, um die Gruft zu sehen. 2. Und siehe, ein großes Erdbeben geschah; denn ein Engel des Herrn stieg herab vom Himmel, trat hinzu, wälzete den Stein von der Thüre und setzte sich auf denselben. 3. Es war aber sein Ansehen wie Blitz, und sein Gewand weiß wie Schnee. 4. Und aus Furcht vor ihm bebeten die Wächter und waren wie todt. 5. Es hob aber der Engel an und sprach zu den Weibern: Fürchtet Euch nicht! denn ich weiß, daß Ihr Jesum, den Gekreuzigten, suchet. 6. Er ist nicht hier; denn er ist auferstanden, so wie er gesagt. Kommet, sehet die Stätte, wo der Herr gelegen hat! 7. Und gehet eilend hin und sprechet zu seinen Jüngern, daß er auferstanden ist von den Todten; und siehe, er gehet vor Euch voraus nach Galiläa, daselbst werdet Ihr ihn sehen. Siehe, ich habe es Euch gesagt. 8. Und sie gingen eilend hinaus aus dem Grabe mit großer Furcht und Freude und liefen, es seinen Jüngern zu verkünden.

Marcus.

Cap. 16, 2. Und sehr früh am ersten Wochentage kommen sie zu dem Grabe, als die Sonne aufgegangen war. 3. Und sie sprachen zu einander: Wer wird uns den Stein wegwälzen aus der Thüre des Grabes? 4. Und da sie aufblicken, sehen sie, daß der Stein weggewälzet ist. Denn er war sehr groß. 5. Und sie traten hinein in das Grab und sahen einen Jüngling zur Rechten sitzen, angethan mit einem weißen Gewande; und sie entsetzeten sich. 6. Er aber sagt zu ihnen: Entsetzet Euch nicht! Jesum suchet Ihr, den Nazarener, den Gekreuzigten: er ist auferstanden, er ist nicht hier; siehe, hier ist die Stätte, wo sie ihn hingelegt hatten. 7. Doch gehet und sprechet zu seinen Jüngern und zu Petrus: Er gehet vor Euch voraus nach Galiläa, daselbst werdet Ihr ihn sehen, so wie er Euch gesagt. 8. Und sie gingen hinaus und flohen vom Grabe; es hatte sie aber Schrecken und Entsetzen ergriffen, und sie sagten Niemandem nichts; denn sie fürchteten sich.

Lucas.

Cap. 24, 1. Am erſten Wochentage aber, bei frühem Morgen, kamen ſie zu dem Grabe und brachten die Specereien, die ſie bereitet hatten. 2. Sie fanden aber den Stein weggewälzet vom Grabe. 3. Und ſie traten hinein und fanden den Leichnam des Herrn Jeſu nicht. 4. Und es geſchah, als ſie zweifelhaft waren deßhalb, ſiehe, da ſtanden bei ihnen zween Männer in ſtrahlenden Kleidern. 5. Da ſie nun erſchrocken waren und das Angeſicht zur Erde ſchlugen, ſprachen ſie zu ihnen: Was ſuchet Ihr den Lebendigen bei den Tod= ten? 6. Er iſt nicht hier, ſondern iſt auferſtanden. Erinnert Euch, wie er zu Euch geredet, da er noch in Galiläa war, 7. und geſagt: Es muß der Menſchen = Sohn überliefert werden in die Hände ſündiger Menſchen und gekreuzigt und am dritten Tage auf= erſtehen. 8. Und ſie erinnerten ſich ſeiner Worte. 9. Und ſie kehreten zu= rück vom Grabe und verkündigten dieſes Alles den Elfen und allen den Uebrigen. 10. Es war aber die Mag= dalenerin Maria und Johanna und Maria, Jacobus' [Mutter], und die Uebrigen mit ihnen, welche dieſes zu den Apoſteln ſagten. 11. Und ihre Reden erſchienen ihnen wie ein Mär= chen, und ſie glaubten ihnen nicht.

12. Petrus aber machte ſich auf und lief nach dem Grabe, und ſich hin= einbückend, ſiehet er die Binden allein liegen, und er ging zu Hauſe, ver= wundert über das Geſchehene.

Johannes.

Cap. 20, 1. Am erſten Tage aber der Woche kommt Maria, die Magda= lenerin, früh, da es noch finſter war, zum Grabe und ſiehet, daß der Stein weggenommen iſt vom Grabe. 2. Sie läuft nun und kommt zu Simon Petrus und zu dem andern Jünger, welchen Jeſus lieb hatte, und ſagt zu ihnen: Sie haben den Herrn wegge= nommen aus' dem Grabe, und wir wiſſen nicht, wo ſie ihn hingelegt haben. 3. Es gingen nun Petrus und der andere Jünger hinaus und kamen zum Grabe. 4. Es liefen aber die Zween zuſammen; doch der andere Jünger lief voraus, ſchneller als Petrus, und kam zuerſt zum Grabe. 5. Und er bücket ſich hinein und ſiehet die Binden daliegen; jedoch ging er nicht hinein. 6. Es kommt nun Simon Petrus ihm nach und gehet hinein in das Grab und ſiehet die Binden daliegen 7. und das Schweißtuch, das Jeſus um das Haupt gehabt, nicht bei den Binden liegend, ſondern beiſeits zuſammegewickelt an einen beſondern Ort. 8. Alsbann nun ging auch der andere Jünger hinein, der zuerſt zum Grabe gekommen, und ſah und glaubte. 9. Denn noch verſtanden ſie nicht die Schrift, daß er müſſe von den Todten auferſtehen. 10. Es gingen nun die Jünger wiederum nach Hauſe.

11. Maria aber ſtand brauſſen vor dem Grabe und weinete. Wie ſie nun weinete, bückte ſie ſich hinein in das Grab 12. und ſiehet zween Engel in weißen Kleidern ſitzen, einen zum Haupte und einen zu den Füßen, wo der Leichnam Jeſu gelegen hatte. 13. Und ſelbige ſagen zu ihr: Weib,

Matthäus.

9. Als sie aber hingingen, es seinen Jüngern zu verkünden, siehe, so begegnete ihnen Jesus und sagte: Seid gegrüßet! Und sie traten hinzu, fasseten seine Füße und knieeten vor ihm nieder. 10. Alsdann sagt Jesus zu ihnen: Fürchtet Euch nicht! gehet hin, verkündigt es meinen Brüdern, daß sie hingehen sollen nach Galiläa, so werden sie daselbst mich sehen.

11. Als sie nun weggingen, siehe, da kamen Etliche von der Wache in die Stadt und verkündigten den Hohenpriestern Alles, was geschehen war. 12. Und sie versammelten sich mit den Aeltesten und rathschlageten und gaben den Kriegsknechten reichlich Geld, 13. indem sie sagten: Sprechet: Seine Jünger kamen bei Nacht und stahlen ihn, während wir schliefen. 14. Und wenn solches dem Landpfleger zu Ohren kommt, so wollen wir ihn besänftigen und Euch aller Sorge überheben. 15. Sie nun nahmen das Geld und thaten, wie sie gelehrt waren; und so verbreitete sich diese Rede bei den Juden bis auf den heutigen Tag.

Marcus.

9. Nachdem er aber auferstanden, des Morgens früh am ersten Wochentage, erschien er zuerst Maria, der Magdalenerin, von welcher er sieben Teufel ausgetrieben hatte. 10. Selbige ging hin und verkündigte es Denen, die mit ihm gewesen waren, die da trauerten und weineten. 11. Und selbige, da sie höreten, daß er lebe und von ihr gesehen worden, glaubten nicht.

12. Nach Diesem zeigte er sich Zween von ihnen unterweges in einer andern Gestalt, als sie über Feld gingen. 13. Und selbige gingen hin und verkündigten es den Uebrigen; aber auch Diesen glaubten sie nicht.

Lucas.

13. Und siehe, Zween von ihnen gingen an selbigem Tage nach einem Flecken, der sechzig Stadien von Jerusalem entfernt lieget, deß Name Emmaus. 14. Und sie unterredeten sich mit einander über alle diese Ereignisse. 15. Und es geschah während ihrer Unterredung und ihres Wortwechsels, so nahete sich Jesus selbst und ging mit ihnen. 16. Ihre Augen aber waren zugehalten, daß sie ihn nicht erkennen sollten. 17. Er sprach nun zu ihnen: Was sind das für Reden, die Ihr mit einander wechselt unterweges, und seid traurig? 18. Da antwortete der Eine, deß Name Kleopas, und sprach zu ihm: Bist Du der einzige Fremdling zu Jerusalem, der die Dinge nicht weiß, die daselbst geschehen sind in diesen Tagen? 19. Und er sprach zu ihnen: Welche? Sie sprachen zu ihm: Die mit Jesu, dem Nazaräer [geschehen sind], der ein Prophet war, mächtig in Wort und That, vor Gott und allem Volke: 20. wie ihn unsre Hohenpriester

Johannes

was weinest Du? Sie sagt zu ihnen: Sie haben meinen Herrn weggenommen, und ich weiß nicht, wo sie ihn hingelegt haben. 14. Als sie solches gesprochen, wandte sie sich um und siehet Jesum stehen und wußte nicht, daß es Jesus ist. 15. Jesus sagt zu ihr: Weib, was weinest Du? Wen suchest Du? Jene, meinend, daß es der Gärtner sei, sagt zu ihm: Herr, hast Du ihn weggetragen, so sage mir, wo Du ihn hingelegt hast, so will ich ihn holen. 16. Jesus sagt zu ihr: Maria! Da wendete sie sich um und sagt zu ihm auf Hebräisch: Rabbuni! das heißt: Lehrer. 17. Jesus sagt zu ihr: Rühre mich nicht an! denn noch bin ich nicht aufgestiegen zu meinem Vater. Gehe aber hin zu meinen Brüdern und sprich zu ihnen: Ich steige auf zu meinem Vater und Eurem Vater, zu meinem Gott und Eurem Gott. 18. Maria, die Magdalenerin, kommt und verkündiget den Jüngern, daß sie den Herrn gesehen und er solches zu ihr gesprochen habe.

Matthäus.   Marcus.

Johannes.

Marcus.

14. Hinterher zeigte er sich den Elfen selbst, als sie zu Tische lagen, und schalt ihren Unglauben und Hartsinnigkeit, daß sie Denen, die ihn auferstanden gesehen, nicht geglaubt hatten. 15. Und er sprach zu ihnen: Gehet hin in alle Welt und verkündiget das Evangelium allen Menschen! 16. Wer da glaubt und getauft wird, der wird gerettet werden; wer aber nicht glaubt, der wird verdammt werden. 17. Und diese Zeichen werden Die, so glauben, begleiten: in meinem Namen werden sie Teufel austreiben, mit neuen Zungen reden, 18. Schlangen tragen, und wenn sie etwas Tödtliches trunken, wird es ihnen nicht schaden; Kranken werden sie Hände auflegen, und sie werden genesen.

Lucas.

rebete auf dem Wege, und wie er uns
die Schrift aufschloß?

33. Und sie machten sich auf in
derselben Stunde und kehreten zurück
gen Jerusalem; und sie fanden die
Elfe versammelt und die bei ihnen
waren, 34. welche sagten: Der Herr
ist wirklich auferstanden und dem
Simon erschienen. 35. Und sie erzähle=
ten, was auf dem Wege geschehen, und
wie er von ihnen erkannt worden beim
Brodbrechen.

36. Während sie aber solches
redeten, trat er selbst unter sie und
sagte zu ihnen: Friede sei mit Euch!
37. Erschrocken aber und voll Furcht,
meineten sie einen Geist zu sehen.
38. Und er sprach zu ihnen: Was seid
Ihr bestürzt, und warum steigen Ge=
danken in Euren Herzen auf? 39. Sehet
meine Hände und meine Füße, daß ich
es selbst bin; betastet mich und sehet!
denn ein Geist hat nicht Fleisch und
Bein, wie Ihr schauet, daß ich habe.
40. Und da er dieses gesprochen, zeigete
er ihnen die Hände und die Füße.
41. Da sie es aber noch nicht glaubten
vor Freude und sich verwunderten,
sprach er zu ihnen: Habt Ihr etwas zu
essen hier? 42. Da gaben sie ihm ein
Stück gebratenen Fisch und etwas
Honigwabe. 43. Und er nahm und aß
es vor ihren Augen.

44. Er sprach aber zu ihnen: Das
sind die Reden, die ich zu Euch gesagt,
als ich noch bei Euch war, daß Alles er=
füllet werden müsse, was im Gesetz
Mose's und in den Propheten und
Psalmen von mir geschrieben stehet.
45 Alsdann schloß er ihnen den Ver=

Johannes.

19. Als es nun Abend war an sel=
bigem erstem Tage der Woche und die
Thüren verschlossen waren, wo die
Jünger versammelt waren, aus Furcht
vor den Juden, kam Jesus und trat in
die Mitte und sagt zu ihnen: Friede sei
mit Euch! 20. Und da er solches ge=
sprochen, zeigte er ihnen seine Hände
und seine Seite. Es freuten sich nun die
Jünger, da sie den Herrn sahen.
21. Jesus sprach nun wiederum zu
ihnen: Friede sei mit Euch! Wie mich
der Vater gesandt hat, so sende ich Euch.
22. Und da er solches gesprochen,
hauchte er sie an und sagt zu ihnen:
Empfanget den heiligen Geist! 23. Wem
Ihr irgend die Sünden erlasset, dem
sind sie erlassen; wem Ihr irgend sie
behaltet, dem sind sie behalten.

24. Thomas aber, Einer von den
Zwölfen, der da Zwilling heißet, war
nicht bei ihnen, da Jesus kam. 25. Es
sagten nun die andern Jünger zu
ihm: Wir haben den Herrn gesehen.
Er aber sprach zu ihnen: Es sei denn,
daß ich in seinen Händen die Nägel=
male gesehen und meinen Finger in
die Nägelmale gelegt und meine Hand
in seine Seite gelegt, werde ich's nicht
glauben.

Matthäus.   Marcus.

16. Die elf Jünger aber zogen nach Galiläa auf den Berg, wohin sie Jesus beschieden hatte. 17. Und da sie ihn sahen, fielen sie vor ihm nieder; Andere aber zweifelten. 18. Und Jesus trat hinzu und redete zu ihnen und sagte: Mir ist alle Gewalt verliehen im Himmel und auf Erden. 19. Gehet hin und bekehret alle Völker und taufet sie auf den Namen des Vaters und des Sohnes und des heiligen Geistes,

Lucas.

stand auf, daß sie die Schriften ein=
sahen, 46. und sprach zu ihnen: Also
stehet es geschrieben, und also mußte
Christus leiden und von den Todten
auferstehen am dritten Tage 47. und
auf seinen Namen Buße und Vergebung
der Sünden verkündigt werden unter
allen Völkern, anfangend von Jeru=
salem. 48. Ihr aber seid deß Zeugen.
49. Und siehe, ich sende die Verheißung
meines Vaters auf Euch; Ihr aber
bleibet in der Stadt, bis daß Ihr aus=
gerüstet worden seid mit Kraft aus der
Höhe!

Johannes.

26. Und nach acht Tagen waren
wiederum seine Jünger drinnen, und
Thomas mit ihnen. Jesus kommt,
da die Thüren verschlossen waren, und
trat in die Mitte und sprach: Friede
sei mit Euch! 27. Darauf spricht er zu
Thomas: Reiche Deinen Finger her
und siehe meine Hände, und reiche
Deine Hand her und lege sie in meine
Seite, und sei nicht ungläubig, sondern
gläubig! 28. Thomas antwortete und
sprach zu ihm: Mein Herr und mein
Gott! 29. Jesus sagt zu ihm: Weil Du
mich gesehen, so glaubest Du? Selig
sind, die nicht sehen und doch glauben!
Cap. 21, 1. Nach diesem offenbarte
sich Jesus wiederum den Jüngern am
See von Tiberias. Er offenbarte sich
aber also. 2. Es waren bei einander
Simon Petrus und Thomas, der da
Zwilling heißet, und Nathanael, der
von Kana in Galiläa, und die Söhne
des Zebedäus und andere zween von
seinen Jüngern. 3. Simon Petrus
sagt zu ihnen: Ich gehe fischen. Sie
sagen zu ihm: Wir gehen auch mit

Matthäus.

20. indem Ihr sie lehret, Alles zu halten, was ich Euch geboten. Und siehe, ich bin bei Euch alle Tage bis an der Welt Ende.

Marcus.

Lucas.

Dir! Sie gingen hinaus und stiegen in das Schiff alsbald; aber in selbiger Nacht fingen sie nichts. 4. Da es aber schon Morgen geworden, stand Jesus am Ufer; jedoch wußten die Jünger nicht, daß es Jesus war. 5. Jesus sagt nun zu ihnen: Kinder, habt Ihr nicht etwas [Fische zur] Zukost? Sie antworteten ihm: Nein! 6. Er aber sprach zu ihnen: Werfet zur rechten Seite des Schiffes das Netz, so werdet Ihr finden. Sie warfen es nun und vermochten es nicht mehr zu ziehen vor der Menge der Fische. 7. Es sagt nun der Jünger, welchen Jesus liebte, zu Petrus: Es ist der Herr! Simon Petrus nun, da er hörte, daß es der Herr wäre, gürtete den Ueberwurf um sich (denn er war nacket) und warf sich ins Meer. 8. Die andern Jünger aber kamen im Schiffe (denn sie waren nicht ferne vom Lande, son= dern bei zweihundert Ellen), indem sie das Netz mit den Fischen nachschleppten. 9. Als sie nun ans Land traten, sehen sie ein Kohlfeuer am Boden und Fische darauf liegend und Brod. 10. Jesus sagt zu ihnen: Bringet von den Fischen, die Ihr jetzt gefangen habt! 11. Simon Petrus trat ins Schiff und zog das Netz ans Land, das voll war von großen Fischen, hundertdreiundfunf= zig; und wiewol deren so viele waren, zerriß doch das Netz nicht. 12. Jesus sagt zu ihnen: Kommt, frühstücket! Keiner aber der Jünger wagte ihn zu fragen: Wer bist Du? Denn sie wußten, daß es der Herr war. 13. Je= sus kommt und nimmt das Brod und giebt es ihnen, und die Fische des=

Matthäus.   Marcus.

Lucas.   Johannes.

gleichen. 14. Das war nun das drit=
Mal, daß Jesus sich seinen Jüngern
offenbarte, nachdem er von den Todten
auferweckt war.

15. Da sie nun gefrühstückt hatten,
sagt Jesus zu Petrus: Simon Jona's
[Sohn], liebest Du mich mehr als Diese?
Er sagt zu ihm: Ja, Herr! Du weißt,
daß ich Dich lieb habe. Er spricht zu
ihm: Weide meine Lämmer! 16. Er
sagt zu ihm wiederum zum zweiten
Male: Simon Jona's [Sohn], liebest
Du mich? Er sagt zu ihm: Ja, Herr!
Du weißt, daß ich Dich lieb habe. Er sagt
zu ihm: Weide meine Schafe! 17. Er
sagt zu ihm zum dritten Male: Simon
Jona's [Sohn], hast Du mich lieb?
Petrus ward traurig, daß er zu ihm
sprach zum dritten Male: Hast Du mich
lieb? und sprach zu ihm: Herr, Du
weißt Alles, Du weißt, daß ich Dich lieb
habe. Jesus sagt zu ihm: Weide
meine Schafe! 18. Wahrlich, wahrlich
sage ich Dir: Da Du jünger warest,
gürtetest Du Dich selbst und wandeltest,
wohin Du wolltest; wenn Du aber alt
bist, so wirst Du Deine Hände aus=
strecken, und ein Anderer wird Dich
gürten und führen, wohin Du nicht
willst. 19. Solches aber sprach er, an=
deutend, durch welchen Tod er Gott
verherrlichen würde.

Und da er solches gesprochen, sagt
er zu ihm: Folge mir! 20. Petrus
aber wandte sich um und sah den
Jünger folgen, den Jesus liebte, der
auch bei dem Mahle sich an seine Brust
legte, und sprach: Herr, wer ist's,
der Dich überliefert? 21. Da Diesen
Petrus sah, sagt er zu Jesu: Herr,

Matthäus.

Lucas.

Johannes.

was aber wird mit Diesem werden? 22. Jesus sagt zu ihm: Wenn ich will, daß er bleibe, bis ich komme, was gehet es Dich an? Du folge mir nach! 23. Es kam nun die Rede aus unter die Brüder, daß selbiger Jünger nicht sterbe. Aber Jesus sprach nicht zu ihm: Er stirbt nicht, sondern: Wenn ich will, daß er bleibe, bis ich komme, was gehet es Dich an?

50. Und er führete sie hinaus gen Bethanien; und seine Hände aufhebend, segnete er sie. 51. Und es geschah, indem er sie segnete, schied er von ihnen und ward aufgehoben in den Himmel. 52. Und sie fielen vor ihm nieder und kehreten zurück nach Jerusalem mit großer Freude. 53. Und sie waren allezeit im Tempel, indem sie Gott lobten und priesen.

Lightning Source UK Ltd.
Milton Keynes UK
UKHW012151210219
337686UK00016B/1471/P